2013年版

中国科技期刊引证报告（扩刊版）

北京万方数据股份有限公司

·北　京·

图书在版编目(CIP)数据

2013年版中国科技期刊引证报告：扩刊版 / 北京万方数据股份有限公司编著. -北京：科学技术文献出版社，2013.9

ISBN 978-7-5023-8283-4

Ⅰ. ①2… Ⅱ. ①北… Ⅲ. ①科技期刊-期刊索引-中国-2013 Ⅳ. ①Z89：N55

中国版本图书馆 CIP 数据核字(2013)第 202962 号

2013年版中国科技期刊引证报告（扩刊版）

策划编辑：周国臻　　责任编辑：周国臻　　责任出版：张志平

出 版 者　科学技术文献出版社
地　　址　北京市复兴路15号　邮编 100038
编 务 部　(010)58882938，58882087（传真）
发 行 部　(010)58882868，58882874（传真）
邮 购 部　(010)58882873
网　　址　http://www.stdp.com.cn
发 行 者　科学技术文献出版社发行　全国各地新华书店经销
印 刷 者　北京时尚印佳彩色印刷有限公司
版　　次　2013年9月第1版　2013年9月第1次印刷
开　　本　787×1092　1/16
字　　数　761千
印　　张　31.5
书　　号　ISBN 978-7-5023-8283-4
定　　价　180.00元

版权所有　违法必究

购买本社图书，凡字迹不清、缺页、倒页、脱页者，本社发行部负责调换

2013年版中国科技期刊引证报告（扩刊版）

主任编委 贺德方

副主任编委 武夷山 乔晓东 蒋勇青 张玉华 潘云涛
郑彦宁 曾建勋 庞景安 姚长青 宋培元
张 勇 马 峥 赵 捷

编写人员 郭 红 袁军鹏 郭 玉 俞征鹿 翟丽华
徐 波 张 梅 贾 佳 高继平 王海燕
高晓培 胡泽文 姜秀兰 苏 成 王菁婷
田瑞强 朱梦皎 杨冬雨 薛晓丽 孟祥昊
李旭林 王立学 周 杰 王 星 池国强
崔士康 张建伟 刘敏健 常迎春 肖 涵
李学慧 杨代庆 杨桂先 杨 希 何 洁
王 娜 沈 丹 孙 瑶 郭文娟 肖 丹
周双拾 刘祥屹 李伏香 李 惠 孙 硕
张海英 张亮亮

2013年版中国科技期刊引证报告（扩刊版）

通信地址：北京市海淀区复兴路15号 100038
北京万方数据股份有限公司
网　　址：www.wanfangdata.com.cn
电　　话：010-58882275
传　　真：010-58882285
电子信箱：wfzhb@wanfangdata.com.cn

前　　言

为了更加科学地建立期刊综合评价指标体系，更加完整地统计期刊的被引用计量指标，更加高效地进行期刊文献计量和评价工作，使期刊统计分析结果具有更大的影响力，使核心期刊遴选具有更强的说服力，推进知识服务系统的发展，中国科学技术信息研究所情报方法研究中心与北京万方数据股份有限公司合作，联合编制出版《中国科技期刊引证报告（扩刊版）》。

《中国科技期刊引证报告（扩刊版）》基本囊括了我国出版的学术技术类科学技术期刊和理论研究性社会科学期刊，是一种专门用于期刊引用分析研究的重要检索评价工具。从中可以清楚地了解期刊引用和被引用的情况，以及引用效率、引用网络、期刊自引等的统计分析。同时，还可以方便地定量评价期刊的相互影响和相互作用，正确评估某种期刊在科学交流体系中的作用和地位，确定高被引作者群等。

《中国科技期刊引证报告（扩刊版）》的出版，是我国期刊界和知识界的一件大事，是《中国科技期刊引证报告（核心版）》的扩展和补充。《中国科技期刊引证报告（扩刊版）》将全方位、完整地提供我国期刊的评估数据，为国家择优支持期刊评定以及国家期刊管理部门和地方省市的期刊管理部门提供科学管理依据，有力地填补我国关于期刊评价数据不全的空白，因此是一项非常重要的科学评价基础工程建设。

《中国科技期刊引证报告（扩刊版）》2013年版，还需不断完善和充实，适时进行指标的增补和修订。衷心希望《中国科技期刊引证报告（扩刊版）》能成为广大读者检索查询的友好助手和得力工具，热忱期待《中国科技期刊引证报告（扩刊版）》能成为社会评估期刊发展状况的参考依据。

在整个编写过程中，尽管力求严格规范，细致准确，精益求精，但由于一些实际情况，例如期刊的更名合并、大学学报版本叠更、期刊引用文献著录不规范、期刊缩简写各异或期刊类目复杂等，给我们的编辑工作带来很大困难。因此错误和疏漏在所难免，诚望广大读者不吝赐教，批评指正。

北京万方数据股份有限公司
2013年8月

主要计量指标统计(6225种期刊)

	平均值	统计数字
总被引频次	1089 次/刊	≥1000 次以上的期刊为 1873 种
影响因子	0.427	≥1 的期刊共 398 种
即年指标	0.067	603 种期刊为 0.000
基金论文比	0.229	310 种期刊无基金论文
海外论文比	0.011	≥0.2 的期刊共 102 种（英文版 77 种） 3787 种期刊无海外论文
他引率	0.91	
平均作者数	2.17 人/篇	
平均引文数	7.01	
来源文献量	357	
地区分布数	19	
机构分布数	173	

目　　录

前　言……………………………………………………………………… Ⅰ

主要计量指标统计（6225种期刊）……………………………………………… Ⅱ

1　编制说明…………………………………………………………………… 1

2　使用说明…………………………………………………………………… 4

3　期刊学科分类表…………………………………………………………… 6

4　名词解释…………………………………………………………………… 7

5　2012年中国科技期刊被引指标按类刊名字顺索引………………………… 9

6　2012年中国科技期刊来源指标按类刊名字顺索引…………………………207

7　中国期刊名称类目索引…………………………………………………… 405

1　编制说明

《中国科技期刊引证报告（扩刊版）》是依托中国科学技术信息研究所国家工程技术数字图书馆“知识服务”系统，在“万方数据——数字化期刊群”基础上，结合中国科技论文与引文数据库(CSTPCD)，以我国正式出版的各学科6225种中英文期刊（其中，社会科学类期刊2145种，自然科学类期刊4080种；英文版期刊179种）为统计源期刊，暂不包括少数民族语种期刊和港、澳、台地区出版的期刊。对全部期刊的引文数据，严格按题名、作者、刊名、年、卷、期、页等进行分项切分后，进行规范化处理和有效链接，经统计分析、编制而成。现将编制过程中的具体处理方法做如下说明。

1.1　总体设计说明

《中国科技期刊引证报告（扩刊版）》按年编卷出版，每版以上一年度在中国出版的中英文版期刊论文引文数据为统计依据。本报告包括：期刊被引用计量指标、来源期刊计量指标，以及期刊名称类目索引。限于篇幅暂未编排各个学科期刊扩展总被引频次和扩展影响因子的分类排序表。为了便于读者多用途、多层次地查询和评价期刊，将在中国科学技术信息研究所国家工程技术数字馆网站（http://www.istic.ac.cn）上采用多种形式的排序格式，包括全部期刊名称字顺排序、学科内期刊名称排序、全部期刊评价指标排序和来源期刊总排序等，以帮助读者综合全面地评价分析期刊，迅速有效地检索出所需要的期刊统计信息。期刊被引用计量指标和来源指标是本报告的主体部分。

《中国科技期刊引证报告（扩刊版）》为《中国科技期刊引证报告》（核心版）提供所有来源期刊的统计基础数据，两者同属一宗，为姊妹篇。所以，两者编制体例和统计原则完全一致。《中国科技期刊引证报告（扩刊版）》包含了《中国科技期刊引证报告》（核心版）所列中国科技核心期刊的期刊来源计量指标、期刊被引计量指标，但由于引文统计样本的差异，两者对应的计量指标会有所不同。

期刊的合并、歧化和新增是社会发展的必然趋势，在对各期刊被引用数据进行统计的过程中，尽量按编者所掌握的情况做出归并。

1.2　期刊评价指标的选择

为了全面、准确、公正、客观地评价和利用期刊，《中国科技期刊引证报告（扩刊版）》在与国际评价体系保持一致的基础上，结合中国期刊的实际情况，选择了18项计量指标，基本涵盖和描述了期刊的各个方面。这些指标包括：

（1）期刊引用计量指标：扩展总被引频次、扩展影响因子、扩展学科扩散指标、扩展学科影响指标、扩展引用刊数、扩展即年指标、扩展他引率、扩展被引半衰期和扩展H指数。

（2）来源期刊计量指标：来源文献量、平均引文数、平均作者数、地区分布数、机构分布数、海外论文比、基金论文比、文献选出率和引用半衰期。

其中，期刊引用计量指标主要显示该期刊被读者使用和重视的程度，以及在科学交流中的地位和作用，是评价期刊质量优劣的重要依据和客观标准。

来源期刊计量指标通过对来源文献方面的统计分析，全面描述了该期刊的学术水平、编辑状况和科学交流程度，也是评价期刊的重要依据。

由于目前国内所有数据库多数都采用镜像包库方式服务和使用，与网上点击率和全文下载量相关的社会使用期刊情况数据难以统计完整。即便列出也是以点带面。所以暂不列相关网络使用的计量指标。

1.3　期刊的学科分类

《中国科技期刊引证报告（扩刊版）》依照《中国图书资料分类法》，参考其他同类研究的类目体系，并在调查征求期刊编辑部意见的基础上，设计新的分类体系。将统计源期刊分为基础科学、工业技术、农业科学、医药卫生、哲学政法、社会科学、经济管理、教科文艺等8个大类，共124个小类（具体类目见期刊学科分类表）。

大学学报按其报道内容的学科属性和学校特征，分别在8大类下设专门类目。由于很多期刊的研究内容是跨学科的，同时，新的学科不断涌现，给期刊的分类造成很大困难，有时很难准确反映期刊的学科内容。这里的分类是仅按一种分类编排的，不妥之处敬请读者批评指正，以便我们使之不断修正完善。

1.4　各类指标的编排

《中国科技期刊引证报告（扩刊版）》分为3部分，其中，期刊被引用计量指标和来源指标是本报告的主体部分。

（1）期刊被引指标（按类刊名字顺索引表）——这是一个主表，包含6225种期刊的各项引用数据。指标包括扩展总被引频次和扩展H指数等9项指标。全表按照类目编排，每一类目下按期刊名称字顺排列。为保证数据的公正性和客观性，期刊引文数据仅取文献类型为期刊的引文条目进行统计，剔出与刊名相同或部分相同的非期刊引文条目。不包括内部期刊发表论文的引文，更不包括在境外出版的中文期刊或非法出版期刊发表论文的引文。

（2）期刊来源指标（按类刊名字顺索引表）——这是一个主表，包含6225种期刊来源文献的各项指标数据。指标包括来源文献量、基金论文比、引用半衰期和文献选出率等9项指标。全表按照类目编排，每一类目下按期刊名称字顺排列。为保证数据的客观性和公正性，来源期刊数据仅取期刊正式刊期中的数据，而增刊、专辑、专刊和特刊等数据未予采用。

（3）期刊名称类目索引包括期刊的名称、学科分类和各项被引用数据、来源文献数据所在页码等信息。

1.5 特殊情况的规范化处理

（1）目前，期刊改名的现象很多，尤其是随着大学的合并与升格，学报更名的现象更为普遍。例如，《东北工学院学报》改为《东北大学学报》等。本报告所刊统计数据一律按新刊名计算引文数据。

（2）对于引文中采用中英文对照格式，即在一条中文引文之后又列出其英文翻译的参考文献者，一律按一条引文处理。对于一篇论文后重复引用一篇文章者，一律按一条引文处理。

（3）计算被引半衰期时，有些新加入统计源的期刊被引用数据太少无法计算，因此会出现个别无数值现象。而对于一些半衰期大于等于10年的期刊，则表示为“≥10”。

（4）在计算影响因子时，由于某些期刊或前两年数据不全，或新创办而不可能有前两年数据，所以无法计算影响因子值。

（5）由于部分期刊被引指标很低，报告出版时，未予统计归入。有需要者，请与北京万方数据股份有限公司联系。

2 使用说明

《中国科技期刊引证报告（扩刊版）》是基于论文引文统计，而编制的专用于中国期刊分析与评价的科学计量工具。

作为科学计量工具，本报告可用于定量分析和科学评价期刊的学术特征和学科地位，较为客观地反映期刊发展的趋势和规律，为科研管理和决策提供依据。因此，本报告在期刊分析评价和科学计量学研究与应用等方面具有其他检索评价工具无法取代的独特功能。正确使用和充分开发本报告，可以使其成为科研工作者、期刊编辑部、图书情报人员、科研管理者和科学计量学家的得力助手和有效工具。

现将本报告的主要功能和使用方法进行如下的介绍。

2.1 主要功能

《中国科技期刊引证报告（扩刊版）》应用引文分析方法及各种量化指标，可以清楚地表明：

- 在某一学科领域内，哪些期刊学术影响力最大；
- 某一种期刊被引用了多少次；
- 某一种期刊出版后多久被引用；
- 某一种期刊引用其他期刊多少次；
- 某一种期刊在学科中的学术指标所在位置。

根据使用者的工作性质，本报告可以给使用者不同的有益提示。例如：

• 科研人员：帮助您确定相关领域的核心期刊并发表您的论文，提高您论文的知名度，让更多的同行专家了解、引用、评价您的论文；

• 期刊编辑：帮助您与同类刊物相比较并评估本刊的地位，从而确定本刊的编辑和出版策略；

• 科研管理人员：帮助您科学地评价期刊，为您开展期刊评比和择优资助提供决策依据；

• 图书情报人员：帮助您更有效地管理馆藏期刊文献，确定核心期刊，合理运用有限的期刊订购预算；

• 科学计量学家：帮助您开展期刊评价研究和文献老化研究，以及学科的科学评估。

2.2 查阅方法

1. 期刊引用数据的查阅

如果读者需要了解期刊被引用的情况，可查阅期刊被引指标按类刊名字顺索引表，找到待检索的期刊，从中查阅到该期刊的各项被引用指标数据，包括扩展总被引频次、扩展影响因子、扩展学科扩散指标、扩展学科影响指标、扩展即年指标、扩展他引率、扩展引用刊数、扩展被引半衰期和扩展H指数。

如果在字顺索引表中难以检索到需查阅的期刊，可通过期刊名称类目索引，确定该期刊的学科分类，然后再依上述步骤查阅。

2. 来源期刊数据的查阅

如果读者需要了解来源期刊的有关指标数据，可查阅期刊来源指标按类刊名字顺索引表，查阅到该期刊来源文献的多项指标数据，包括来源文献量、平均引文数、平均作者数、地区分布数、机构分布数、海外论文比、基金论文比、文献选出率和引用半衰期。

如果在字顺索引表中难以检索到需查阅的期刊，可通过期刊名称类目索引，确定该期刊的学科分类，然后再依上述步骤查阅。

3. 期刊在学科内学术指标位置的查阅

如果读者希望了解期刊在其学科领域中的地位，可查询期刊被引指标按类刊名字顺索引表，查阅本学科期刊的扩展影响因子或扩展总被引频次值，进行分析对比，自行确定该期刊按这两项指标排序的学科位置。还可以对照各学科平均扩展总被引频次和平均扩展影响因子值，了解由于学科不同所造成的指标差异的整体情况。

2.3 评价方法

利用《中国科技期刊引证报告（扩刊版）》评价期刊有两种方式，即单一指标评价和综合指标评价。具体方法如下：

1. 单一指标评价

单一指标评价主要是指按照扩展影响因子和扩展总被引频次这两个国际通行评价指标，对期刊进行评价。这时可通过对期刊的扩展影响因子和扩展总被引频次进行对比排序，确定该期刊在同类期刊中所处的位置，从而对该期刊的学术影响力和学科地位进行评价和评估。

单一指标评价也可以通过期刊来源指标按类刊名字顺索引表对期刊的编辑状况、交流范围、论文质量和老化速率等情况进行分析、比较、统计和评估。

2. 综合指标评价

由于期刊评价工作是一项非常复杂的工作，涉及领域广，学科差异大，影响因素多，因此单一指标往往难以全面、准确地评价期刊的学术水平和学科地位，这时一般需要通过综合指标评价，以使期刊评价更加客观、全面和准确。

要进行期刊的综合指标评价，首先需要建立期刊综合评价指标体系，利用数学方法确定各指标的权重值，然后求出期刊的综合指标排序值，最终得到期刊综合指标的排序。

这种期刊评价方法已被广泛地推广和使用，中国科学技术信息研究所已经建立期刊综合评价指标体系，可以利用该体系的指标值，通过层次分析法和模糊隶属度转化，确定各学科指标的权重值，最终得出每一个期刊的综合指标排序值，完成对期刊的评价。

3 期刊学科分类表

社会科学

CA-0 大学学报(人文社科)
CA-1 学院学报(人文社科)
C0 社会科学理论
C91 社会学
C92 人口与民族
C97 劳动与人才
CK0 历史
CK85 文物考古

哲学政法

BA-D 大学学报(政治外交)
BA-9 大学学报(公检法)
BA-F 管理干部学院学报
BAA 马列主义理论
B0 哲学
B84 心理学
B9 宗教
BD 政治
BD2 党建
BD8 外交
BD9 法律

经济管理

FA 大学学报(经济管理)
F0 经济学
F2 经济与管理
F3 农业经济
F4 工业经济
F7 贸易经济
F8 财政金融

教科文艺

GA-0 大学学报(教育)
GA-1 师范大学学报
GA-2 师范学院学报
GA-3 师范专科学校学报
GA-3 职业大学学报(成人电大教育)
GA-8 大学学报(体育)
GA-H 大学学报(语言文字)
GA-J 大学学报(艺术)
G0 文化
G21 新闻出版
G25 图书情报
G27 档案
G3 科研管理
G4 教育
G8 体育
GH 语言文字
GH3 外语
GI 文学
GJ 艺术

基础科学

NA-1 大学学报(自然科学)
NA-2 学院学报(自然科学)
NA-3 专科学校学报(自然科学)
NA-4 师范大学学报(自然科学)
NT 自然科学总论
N01 数学
N03 力学
N04 物理学
N06 化学
NP1 天文学
NP2 测绘学
NP3 地球科学
NP4 大气科学(气象学)
NP5 地质学
NP7 海洋学
NP9 地理学
NQ 生物学

农业科学

SA 大学学报(农业科学)
ST 农业科学总论
S1 农业基础科学
S2 农业工程
S3 农学(农艺学)
S4 植物保护
S5 农作物
S6 园艺
S7 林业
S8 畜牧兽医
S9 水产渔业

医药卫生

RA-0 大学学报(医药卫生)
RA-1 医学院校学报
RT 医药卫生总论
R1 预防医学与卫生学
R16 医疗保健
R2 中国医学
R3 基础医学
R4 临床医学
R5 内科学
R6 外科学
R71 妇产科学与儿科学
R73 肿瘤学
R74 神经病与精神病学
R75 皮肤病与性病学
R76 眼耳鼻咽喉科学
R78 口腔科学
R8 特种医学
R9 药学

工业技术

TA-0 大学学报(工业技术)
TA-E 大学学报(石油化工)
TA-F 大学学报(机电冶金)
TA-N 大学学报(电子电信)
TA-P 大学学报(气象、环境、地矿)
TA-S 大学学报(轻工纺织)
TA-U 大学学报(建筑工程)
TA-V 大学学报(航空航天)
TA-Y 大学学报(交通航运)
TB 一般工业技术
TD 矿业工程
TE 石油、天然气工业
TF 冶金工业
TG 金属学、金属工艺
TH 机械仪表工业
TJ 军事科技
TK 动力工程
TL 原子能技术
TM 电工技术
TN 无线电电子学、电信技术
TP 自动化、计算机技术
TQ 化学工业
TS-0 轻工业、手工业(除食品、纺织)
TS-1 纺织
TS-2 食品
TU 建筑科学
TV 水利工程
TZ-0 交通运输
TZ-2 铁路运输
TZ-4 公路运输
TZ-6 水路运输
TY 航空、航天
TX 环境与安全科学

4 名词解释

为方便读者查阅和使用，现将《中国科技期刊引证报告》（扩刊版）中所使用的期刊评价指标的理论意义和具体算法简要解释如下：

扩展总被引频次：指该期刊自创刊以来所登载的全部论文在统计当年被引用的总次数。这是一个非常客观实际的评价指标，可以显示该期刊被使用和受重视的程度，以及在科学交流中的作用和地位。

扩展影响因子：这是一个国际上通行的期刊评价指标，是E・加菲尔德于1972年提出的。由于它是一个相对统计量，所以可公平地评价和处理各类期刊。通常，期刊影响因子越大，它的学术影响力和作用也越大。具体算法为：

$$\text{扩展影响因子}=\frac{\text{该刊前两年发表论文在统计当年被引用的总次数}}{\text{该刊前两年发表论文总数}}$$

扩展即年指标：这是一个表征期刊即时反应速率的指标，主要描述期刊当年发表的论文在当年被引用的情况。具体算法为：

$$\text{扩展即年指标}=\frac{\text{该期刊当年发表论文在统计当年被引用的总次数}}{\text{该期刊当年发表论文总数}}$$

扩展他引率：指该期刊全部被引次数中，被其他刊引用次数所占的比例。具体算法为：

$$\text{扩展他引率}=\frac{\text{被其他刊引用的次数}}{\text{期刊被引用的总次数}}$$

扩展引用刊数：引用被评价期刊的期刊数，反映被评价期刊被使用的范围。

扩展学科扩散指标：指在统计源期刊范围内，引用该刊的期刊数量与其所在学科全部期刊数量之比。

$$\text{扩展学科扩散指标}=\frac{\text{引用刊数}}{\text{所在学科期刊数}}$$

扩展学科影响指标：指期刊所在学科内，引用该刊的期刊数占全部期刊数量的比例。

$$\text{扩展学科影响指标}=\frac{\text{所在学科内引用被评价期刊的数量}}{\text{所在学科期刊数}}$$

扩展被引半衰期：指该期刊在统计当年被引用的全部次数中，较新一半是在多长一段时间内发表的。被引半衰期是测度期刊老化速度的一种指标，通常不是针对个别文献或某一组文献，而是对某一学科或专业领域的文献的总和而言。

扩展H指数：指该期刊在统计当年被引的论文中，至少有h篇论文的被引频次不低于h次。

来源文献量：指来源期刊在统计当年发表的全部论文数，它们是统计期刊引用数据的来源。

文献选出率：按统计源的选取原则选出的文献数与期刊的发表文献数之比。

参考文献量：指来源期刊论文所引用的全部参考文献数，是衡量该期刊科学交流程度和吸收外部信息能力的一个指标。

平均引文数：指来源期刊每一篇论文平均引用的参考文献数。

平均作者数：指来源期刊每一篇论文平均拥有的作者数，是衡量该期刊科学生产能力的一个指标。

地区分布数：指来源期刊登载论文所涉及的地区数，按全国31个省市计(不包括港澳台)。这是衡量期刊论文覆盖面和全国影响力大小的一个指标。

机构分布数：指来源期刊论文的作者所涉及的机构数。这是衡量期刊科学生产能力的另一个指标。

海外论文比：指来源期刊中，海外作者发表论文占全部论文的比例。这是衡量期刊国际交流程度的一个指标。

基金论文比：指来源期刊中，各类基金资助的论文占全部论文的比例。这是衡量期刊论文学术质量的重要指标。

引用半衰期：指该期刊引用的全部参考文献中，较新一半是在多长一段时间内发表的。通过这个指标可以反映出作者利用文献的新颖度。

5　2012年中国科技期刊被引指标

按类刊名字顺索引

期刊类别	期刊名称	扩展总被引频次	扩展影响因子	扩展即年指标	扩展他引率	扩展引用刊数	扩展学科影响指标	扩展学科扩散指标	扩展被引半衰期	扩展H指标
大学学报(人文社科)	安徽大学学报(哲学社会科学版)	703	0.386	0.118	1.00	439	0.24	2.34	6.88	4
	安徽工业大学学报(社会科学版)	1115	0.291	0.017	0.99	485	0.14	2.58	5.27	4
	安徽理工大学学报(社会科学版)	304	0.272	0.030	1.00	199	0.08	1.06	5.76	4
	安徽农业大学学报(社会科学版)	623	0.269	0.062	0.99	356	0.16	1.89	5.77	4
	北方民族大学学报(哲学社会科学版)	291	0.245	0.095	0.94	182	0.12	0.97	4.84	3
	北华大学学报(社会科学版)	339	0.286	0.041	0.97	228	0.09	1.21	5.58	3
	北京大学学报(哲学社会科学版)	2287	0.945	0.191	1.00	1085	0.59	5.77	9.81	13
	北京工商大学学报(社会科学版)	862	0.680	0.175	0.97	378	0.16	2.01	5.56	6
	北京工业大学学报(社会科学版)	258	0.414	0.094	0.89	167	0.08	0.89	4.60	4
	北京化工大学学报(社会科学版)	173	0.305	0.029	0.99	132	0.06	0.70	4.81	3
	北京交通大学学报(社会科学版)	455	0.577	0.083	0.97	257	0.11	1.37	4.67	6
	北京科技大学学报(社会科学版)	455	0.429	0.057	0.98	306	0.13	1.63	5.09	5
	北京理工大学学报(社会科学版)	705	0.357	0.119	0.95	408	0.19	2.17	5.64	5
	北京联合大学学报(人文社会科学版)	264	0.271	0.128	0.98	197	0.08	1.05	5.84	4
	北京林业大学学报(社会科学版)	420	0.602	0.042	0.98	244	0.10	1.30	5.03	4
	北京邮电大学学报(社会科学版)	412	0.618	0.062	0.99	276	0.10	1.47	4.10	4
	渤海大学学报(哲学社会科学版)	367	0.182	0.025	0.98	230	0.09	1.22	6.61	3
	长安大学学报(社会科学版)	214	0.282	0.012	0.98	160	0.06	0.85	5.00	3
	长春大学学报(社会科学版)	528	0.318	0.083	0.99	270	0.06	1.44	4.31	3
	长春工业大学学报(社会科学版)	254	0.160	0.025	1.00	161	0.05	0.86	4.33	3
	长春理工大学学报(社会科学版)	1370	0.605	0.082	0.99	575	0.14	3.06	2.61	5
	长江大学学报(社会科学版)	985	0.262	0.023	0.99	510	0.15	2.71	3.33	5
	常州大学学报(社会科学版)	349	0.691	0.197	0.87	154	0.05	0.82	2.77	5
	成都大学学报(社会科学版)	480	0.211	0.033	0.99	308	0.12	1.64	5.21	4
	成都理工大学学报(社会科学版)	288	0.309	0.084	1.00	194	0.09	1.03	4.67	4
	重庆大学学报(社会科学版)	1231	0.710	0.144	0.97	609	0.26	3.24	5.80	7
	重庆工商大学学报(社会科学版)	624	0.456	0.071	0.99	348	0.15	1.85	5.11	4
	重庆交通大学学报(社会科学版)	696	0.427	0.046	0.87	334	0.11	1.78	4.57	5
	重庆理工大学学报(社会科学版)	1076	0.715	0.117	0.86	467	0.22	2.48	3.29	5
	重庆邮电大学学报(社会科学版)	736	0.912	0.195	0.82	321	0.12	1.71	3.51	6
	大连海事大学学报(社会科学版)	358	0.294	0.021	0.99	242	0.11	1.29	3.85	4
	大连理工大学学报(社会科学版)	479	0.659	0.079	0.85	285	0.16	1.52	4.71	6
	电子科技大学学报(社会科学版)	517	0.395	0.053	0.98	312	0.13	1.66	5.40	6

2012 年中国科技期刊被引指标按类刊名字顺索引(续)

期刊类别	期刊名称	扩展总被引频次	扩展影响因子	扩展即年指标	扩展他引率	扩展引用刊数	扩展学科影响指标	扩展学科扩散指标	扩展被引半衰期	扩展H指标
大学学报(人文社科)	东北大学学报(社会科学版)	616	0.532	0.059	0.98	378	0.20	2.01	6.28	5
	东北农业大学学报(社会科学版)	517	0.339	0.043	0.97	280	0.09	1.49	4.07	4
	东华大学学报(社会科学版)	202	0.264	0.015	1.00	129	0.04	0.69	5.89	4
	东华理工大学学报(社会科学版)	415	0.665	0.067	0.83	216	0.08	1.15	4.53	4
	东南大学学报(哲学社会科学版)	833	0.513	0.126	0.99	524	0.23	2.79	5.11	5
	福建农林大学学报(哲学社会科学版)	523	0.444	0.073	0.96	297	0.10	1.58	4.79	5
	福建医科大学学报(社会科学版)	291	0.326	0.056	0.94	177	0.04	0.94	5.79	3
	福州大学学报(哲学社会科学版)	395	0.346	0.058	0.98	264	0.13	1.40	5.79	4
	复旦学报(社会科学版)	1015	0.565	0.110	1.00	611	0.34	3.25	9.18	7
	甘肃联合大学学报(社会科学版)	370	0.264	0.061	1.00	223	0.14	1.19	4.92	3
	广东工业大学学报(社会科学版)	669	0.316	0.053	1.00	336	0.06	1.79	5.48	4
	广西大学学报(哲学社会科学版)	1029	0.400	0.052	0.93	503	0.14	2.68	5.04	5
	广西民族大学学报(哲学社会科学版)	1308	0.357	0.053	0.96	582	0.33	3.10	6.64	7
	广州大学学报(社会科学版)	719	0.321	0.030	0.99	439	0.18	2.34	6.08	5
	贵州大学学报(社会科学版)	362	0.236	0.079	0.96	230	0.08	1.22	6.13	4
	哈尔滨工业大学学报(社会科学版)	330	0.271	0.084	1.00	261	0.14	1.39	5.67	3
	哈尔滨商业大学学报(社会科学版)	603	0.627	0.092	0.97	282	0.09	1.50	3.97	5
	哈尔滨师范大学社会科学学报	37	0.150	0.013	0.95	24	0.01	0.13	1.74	2
	海军工程大学学报(综合版)	54	0.189	-	0.91	42	0.01	0.22	2.65	2
	海南大学学报(人文社会科学版)	357	0.349	0.023	0.99	271	0.14	1.44	5.20	3
	杭州师范大学学报(社会科学版)	464	0.310	0.017	0.99	317	0.16	1.69	8.16	4
	合肥工业大学学报(社会科学版)	896	0.424	0.068	0.99	461	0.11	2.45	5.28	6
	河北大学学报(哲学社会科学版)	824	0.680	0.193	0.95	424	0.22	2.26	4.84	5
	河北工程大学学报(社会科学版)	457	0.334	0.032	0.94	260	0.06	1.38	4.69	3
	河北科技大学学报(社会科学版)	237	0.382	0.081	0.95	170	0.06	0.90	5.16	4
	河北联合大学学报(社会科学版)	585	0.253	0.061	0.99	292	0.09	1.55	3.58	5
	河海大学学报(哲学社会科学版)	406	0.515	0.052	0.92	270	0.13	1.44	6.18	4
	河南大学学报(社会科学版)	886	0.500	0.118	0.99	524	0.22	2.79	6.60	5
	河南工业大学学报(社会科学版)	436	0.402	0.035	0.98	269	0.05	1.43	4.11	4
	河南科技大学学报(社会科学版)	238	0.177	0.068	0.98	169	0.11	0.90	5.71	3
	河南理工大学学报(社会科学版)	243	0.250	0.035	0.98	170	0.06	0.90	4.50	4
	湖北大学学报(哲学社会科学版)	641	0.280	0.049	0.98	417	0.24	2.22	7.47	5
	湖南大学学报(社会科学版)	720	0.492	0.090	0.99	436	0.23	2.32	5.63	5

期刊类别	期刊名称	扩展总被引频次	扩展影响因子	扩展即年指标	扩展他引率	扩展引用刊数	扩展学科影响指标	扩展学科扩散指标	扩展被引半衰期	扩展H指标
大学学报(人文社科)	湖南工业大学学报(社会科学版)	427	0.274	0.027	0.94	254	0.07	1.35	4.38	3
	湖南科技大学学报(社会科学版)	540	0.653	0.127	0.96	305	0.15	1.62	2.85	4
	湖南农业大学学报(社会科学版)	656	0.463	0.125	0.99	381	0.15	2.03	4.74	4
	华北电力大学学报(社会科学版)	398	0.340	0.024	0.99	265	0.12	1.41	4.04	4
	华东理工大学学报(社会科学版)	380	0.390	-	0.99	263	0.14	1.40	5.75	4
	华南理工大学学报(社会科学版)	455	0.398	0.043	0.99	282	0.09	1.50	6.25	5
	华南农业大学学报(社会科学版)	397	0.630	0.089	0.98	280	0.16	1.49	4.47	5
	华侨大学学报(哲学社会科学版)	262	0.303	0.059	0.99	206	0.09	1.10	7.44	4
	华中科技大学学报(社会科学版)	673	0.636	0.064	0.99	441	0.28	2.35	5.49	6
	华中农业大学学报(社会科学版)	842	0.801	0.238	0.96	456	0.19	2.43	4.10	6
	淮北师范大学学报(哲学社会科学版)	452	0.180	0.025	0.98	265	0.07	1.41	6.13	4
	吉林大学社会科学学报	1076	0.705	0.083	1.00	618	0.39	3.29	6.77	8
	吉首大学学报(社会科学版)	1029	1.124	0.370	0.97	485	0.28	2.58	2.67	6
	集美大学学报(哲学社会科学版)	222	0.265	0.072	0.99	149	0.07	0.79	5.91	3
	济南大学学报(社会科学版)	293	0.349	0.029	0.97	218	0.06	1.16	5.53	4
	暨南学报(哲学社会科学版)	690	0.384	0.082	0.93	416	0.22	2.21	6.53	5
	江汉大学学报(社会科学版)	338	0.356	0.059	0.98	229	0.10	1.22	5.24	4
	江汉学术	286	0.158	0.008	0.95	176	0.11	0.94	7.38	3
	江南大学学报(人文社会科学版)	444	0.238	0.050	0.99	295	0.13	1.57	5.87	5
	江苏科技大学学报(社会科学版)	239	0.309	0.014	0.99	163	0.07	0.87	4.84	4
	江西农业大学学报(社会科学版)	530	0.538	0.090	0.98	323	0.10	1.72	4.88	4
	井冈山大学学报(社会科学版)	258	0.406	0.083	0.99	182	0.07	0.97	3.21	5
	昆明理工大学学报(社会科学版)	469	0.345	0.068	0.91	289	0.14	1.54	5.19	5
	兰州大学学报(社会科学版)	793	0.343	0.086	1.00	516	0.26	2.74	6.89	5
	辽宁大学学报(哲学社会科学版)	556	0.280	0.080	0.99	359	0.23	1.91	7.51	4
	辽宁工程技术大学学报(社会科学版)	684	0.397	0.170	0.89	349	0.10	1.86	5.55	5
	辽宁工业大学学报(社会科学版)	664	0.325	0.050	0.96	328	0.12	1.74	4.60	4
	聊城大学学报(社会科学版)	388	0.129	0.029	0.96	235	0.09	1.25	5.98	3
	鲁东大学学报(哲学社会科学版)	244	0.154	0.035	1.00	166	0.04	0.88	6.33	3
	内蒙古大学学报(哲学社会科学版)	493	0.377	0.031	0.96	296	0.14	1.57	6.31	3
	内蒙古工业大学学报(社会科学版)	148	0.266	0.017	0.99	107	0.03	0.57	6.32	3
	内蒙古民族大学学报	622	0.204	0.049	0.99	354	0.06	1.88	3.39	4
	内蒙古民族大学学报(社会科学版)	338	0.233	0.039	0.94	209	0.11	1.11	4.53	3

期刊类别	期刊名称	扩展总被引频次	扩展影响因子	扩展即年指标	扩展他引率	扩展引用刊数	扩展学科影响指标	扩展学科扩散指标	扩展被引半衰期	扩展H指标
大学学报(人文社科)	内蒙古农业大学学报(社会科学版)	1378	0.275	0.036	0.87	560	0.21	2.98	3.63	5
	南昌大学学报(人文社会科学版)	592	0.423	0.041	0.96	385	0.16	2.05	5.69	4
	南昌航空大学学报(社会科学版)	196	0.298	0.060	0.99	135	0.05	0.72	6.52	4
	南华大学学报(社会科学版)	403	0.250	0.012	0.99	280	0.10	1.49	5.45	3
	南京大学学报(哲学·人文科学·社会科学)	851	0.801	0.232	1.00	533	0.31	2.84	7.51	7
	南京工业大学学报(社会科学版)	264	0.352	0.111	0.98	179	0.07	0.95	5.71	3
	南京航空航天大学学报(社会科学版)	299	0.281	0.025	0.99	194	0.07	1.03	5.73	5
	南京理工大学学报(社会科学版)	393	0.300	0.075	0.97	248	0.14	1.32	6.66	4
	南京林业大学学报(人文社会科学版)	281	0.307	0.066	0.98	205	0.11	1.09	5.56	3
	南京农业大学学报(社会科学版)	499	0.777	0.148	0.97	309	0.16	1.64	4.76	5
	南京医科大学学报(社会科学版)	502	0.791	0.053	0.95	278	0.04	1.48	4.45	5
	南京邮电大学学报(社会科学版)	266	0.576	0.114	0.99	175	0.07	0.93	3.77	4
	南京中医药大学学报(社会科学版)	203	0.331	0.051	0.98	140	0.02	0.74	5.96	3
	南开学报(哲学社会科学版)	714	0.654	0.077	1.00	473	0.23	2.52	7.10	7
	南通大学学报(社会科学版)	366	0.338	0.055	0.95	243	0.13	1.29	5.06	4
	宁波大学学报(人文科学版)	534	0.338	0.065	0.98	339	0.12	1.80	5.37	4
	宁夏大学学报(人文社会科学版)	567	0.200	0.013	0.99	341	0.18	1.81	6.30	5
	齐齐哈尔大学学报(哲学社会科学版)	782	0.223	0.027	0.99	392	0.09	2.09	5.80	4
	青岛科技大学学报(社会科学版)	262	0.389	0.021	1.00	191	0.06	1.02	5.33	3
	青岛农业大学学报(社会科学版)	176	0.293	0.028	0.97	134	0.05	0.71	4.48	3
	青海民族大学学报(社会科学版)	312	0.114	0.038	0.95	184	0.09	0.98	7.33	4
	清华大学学报(哲学社会科学版)	1015	0.761	0.215	1.00	639	0.39	3.40	7.05	9
	三峡大学学报(人文社会科学版)	593	0.519	0.118	0.97	338	0.12	1.80	4.52	4
	山东大学学报(哲学社会科学版)	796	0.571	0.122	0.98	502	0.24	2.67	5.80	7
	山东科技大学学报(社会科学版)	263	0.256	0.026	0.99	199	0.11	1.06	5.97	4
	山东理工大学学报(社会科学版)	393	0.262	0.045	0.99	250	0.10	1.33	5.62	4
	山东农业大学学报(社会科学版)	298	0.324	0.021	0.99	202	0.07	1.07	6.35	5
	山西大同大学学报(社会科学版)	175	0.170	0.027	0.91	108	0.04	0.57	3.58	3
	山西大学学报(哲学社会科学版)	644	0.375	0.147	0.99	416	0.27	2.21	6.72	5
	山西农业大学学报(社会科学版)	470	0.265	0.032	0.95	284	0.09	1.51	4.89	4
	汕头大学学报(人文社会科学版)	224	0.120	0.080	0.98	176	0.07	0.94	8.68	3
	上海大学学报(社会科学版)	525	0.628	0.147	0.99	335	0.20	1.78	6.27	4

期刊类别	期刊名称	扩展总被引频次	扩展影响因子	扩展即年指标	扩展他引率	扩展引用刊数	扩展学科影响指标	扩展学科扩散指标	扩展被引半衰期	扩展H指标
大学学报(人文社科)	上海交通大学学报(哲学社会科学版)	376	0.368	0.163	0.98	286	0.19	1.52	6.09	5
	上海理工大学学报(社会科学版)	144	-	0.063	0.99	105	0.04	0.56	7.56	4
	深圳大学学报(人文社会科学版)	673	0.449	0.082	1.00	441	0.20	2.35	6.27	6
	沈阳工业大学学报(社会科学版)	163	0.487	0.093	0.71	94	0.05	0.50	2.94	4
	沈阳建筑大学学报(社会科学版)	352	0.422	0.146	0.93	205	0.04	1.09	4.16	4
	沈阳农业大学学报(社会科学版)	705	0.493	0.067	0.86	341	0.14	1.81	4.53	4
	石河子大学学报(哲学社会科学版)	261	0.266	0.078	0.98	175	0.07	0.93	4.50	3
	石家庄铁道大学学报(社会科学版)	78	0.171	0.033	0.97	59	0.02	0.31	3.20	3
	苏州大学学报(哲学社会科学版)	780	0.481	0.088	0.99	466	0.26	2.48	5.11	6
	太原大学学报	348	0.252	0.039	1.00	214	0.05	1.14	5.15	4
	太原理工大学学报(社会科学版)	253	0.285	0.070	1.00	172	0.08	0.91	6.26	3
	天津大学学报(社会科学版)	466	0.496	0.044	0.96	323	0.18	1.72	5.31	5
	同济大学学报(社会科学版)	511	0.311	0.052	0.99	354	0.19	1.88	6.29	7
	温州大学学报(社会科学版)	241	0.224	0.074	0.99	181	0.09	0.96	6.67	3
	五邑大学学报(社会科学版)	95	0.074	-	0.96	66	0.03	0.35	7.20	3
	武汉大学学报(人文科学版)	399	0.225	0.046	0.98	275	0.20	1.46	6.91	3
	武汉大学学报(哲学社会科学版)	1118	0.761	0.175	1.00	614	0.37	3.27	6.46	5
	武汉科技大学学报(社会科学版)	427	0.269	0.059	0.99	280	0.12	1.49	6.35	4
	武汉理工大学学报(社会科学版)	625	0.357	0.056	1.00	408	0.20	2.17	5.67	4
	西安电子科技大学学报(社会科学版)	398	0.386	0.087	0.97	263	0.11	1.40	4.43	4
	西安建筑科技大学学报(社会科学版)	261	0.279	-	0.99	184	0.02	0.98	5.38	3
	西安交通大学学报(社会科学版)	569	0.762	0.167	0.96	350	0.15	1.86	4.35	6
	西安石油大学学报(社会科学版)	240	0.223	0.034	0.99	163	0.05	0.87	6.75	3
	西北大学学报(哲学社会科学版)	899	0.447	0.097	0.96	507	0.26	2.70	6.12	5
	西北工业大学学报(社会科学版)	391	0.371	0.052	0.99	265	0.06	1.41	6.11	5
	西北民族大学学报(哲学社会科学版)	435	0.247	0.040	0.99	266	0.15	1.41	6.67	3
	西北农林科技大学学报(社会科学版)	701	0.493	0.153	0.97	414	0.20	2.20	4.77	5
	西华大学学报(哲学社会科学版)	522	0.430	0.150	0.91	275	0.13	1.46	5.55	5
	西南交通大学学报(社会科学版)	534	0.379	0.093	0.96	324	0.10	1.72	5.35	5
	西南科技大学学报(哲学社会科学版)	445	0.346	0.093	1.00	270	0.09	1.44	5.41	4
	西南民族大学学报(人文社科版)	3019	0.460	0.065	0.95	1089	0.52	5.79	6.58	7
	西南农业大学学报(社会科学版)	1085	0.311	0.052	0.91	483	0.13	2.57	3.62	5
	西南石油大学学报(社会科学版)	174	0.365	0.139	0.95	124	0.07	0.66	2.31	3

期刊类别	期刊名称	扩展总被引频次	扩展影响因子	扩展即年指标	扩展他引率	扩展引用刊数	扩展学科影响指标	扩展学科扩散指标	扩展被引半衰期	扩展H指标
大学学报(人文社科)	湘潭大学学报(哲学社会科学版)	835	0.416	0.089	0.98	488	0.27	2.60	6.22	4
	烟台大学学报(哲学社会科学版)	287	0.452	0.051	0.98	209	0.14	1.11	7.13	4
	延安大学学报(社会科学版)	334	0.124	0.048	0.99	225	0.13	1.20	6.22	4
	延边大学学报(社会科学版)	366	0.326	0.057	0.95	223	0.10	1.19	5.24	3
	燕山大学学报(哲学社会科学版)	293	0.265	0.032	0.91	211	0.08	1.12	5.15	4
	扬州大学学报(人文社会科学版)	541	0.400	0.081	0.90	328	0.22	1.74	5.41	4
	云南民族大学学报(哲学社会科学版)	628	0.317	0.043	0.96	375	0.14	1.99	6.33	4
	浙江大学学报(人文社会科学版)	1416	1.012	0.294	0.99	781	0.43	4.15	5.82	8
	郑州大学学报(哲学社会科学版)	989	0.354	0.064	0.98	578	0.37	3.07	6.92	6
	中北大学学报(社会科学版)	456	0.246	0.060	0.99	270	0.13	1.44	5.59	4
	中国地质大学学报(社会科学版)	725	0.763	0.079	0.99	458	0.26	2.44	4.78	6
	中国矿业大学学报(社会科学版)	303	0.292	0.029	0.97	215	0.11	1.14	5.70	4
	中国农业大学学报(社会科学版)	492	0.568	0.150	0.97	322	0.19	1.71	5.02	6
	中国人民大学学报	1764	1.261	0.178	0.99	842	0.48	4.48	6.80	11
	中国人民公安大学学报(社会科学版)	879	0.675	0.083	0.96	316	0.15	1.68	6.32	5
	中国社会科学院研究生院学报	617	0.548	0.102	0.99	422	0.22	2.24	5.87	5
	中国石油大学学报(社会科学版)	399	0.357	0.031	0.96	263	0.12	1.40	5.08	4
	中南大学学报(社会科学版)	549	0.420	0.083	0.97	331	0.19	1.76	4.82	5
	中南林业科技大学学报(社会科学版)	929	0.529	0.209	0.77	371	0.16	1.97	3.65	5
	中南民族大学学报(人文社会科学版)	1237	0.472	0.057	0.98	587	0.35	3.12	6.77	6
	中山大学学报(社会科学版)	1106	0.576	0.075	0.99	662	0.37	3.52	7.27	8
	中央民族大学学报(哲学社会科学版)	748	0.385	0.064	0.99	387	0.22	2.06	7.60	6
	平均	553	0.404	0.075	0.97	318	0.14	1.69	5.44	4
学院学报(人文社科)	安庆师范学院学报(社会科学版)	585	0.208	0.017	0.99	361	0.30	4.75	4.85	4
	宝鸡文理学院学报(社会科学版)	243	0.174	0.026	0.95	171	0.16	2.25	6.10	3
	北京教育学院学报(社会科学版)	242	0.245	0.028	0.96	166	0.12	2.18	6.05	3
	长春工程学院学报(社会科学版)	270	0.176	0.034	0.82	147	0.12	1.93	5.29	3
	长春师范学院学报(人文社会科学版)	620	0.260	0.074	1.00	306	0.20	4.03	5.09	3
	长沙铁道学院学报(社会科学版)	780	0.201	0.035	0.99	387	0.20	5.09	4.50	5
	常州工学院学报(社会科学版)	247	0.150	0.006	0.96	152	0.12	2.00	5.63	3
	巢湖学院学报	352	0.203	0.065	0.99	228	0.14	3.00	4.27	3
	赤峰学院学报(哲学社会科学版)	1171	0.210	0.055	0.99	458	0.14	6.03	3.19	4
	重庆科技学院学报(社会科学版)	2055	0.258	0.050	0.99	773	0.36	10.17	2.87	5

期刊类别	期刊名称	扩展总被引频次	扩展影响因子	扩展即年指标	扩展他引率	扩展引用刊数	扩展学科影响指标	扩展学科扩散指标	扩展被引半衰期	扩展H指标
学院学报(人文社科)	重庆文理学院学报(社会科学版)	520	0.407	0.047	0.95	259	0.13	3.41	4.08	5
	大理学院学报	914	0.340	0.063	0.89	432	0.09	5.68	4.53	5
	佛山科学技术学院学报(社会科学版)	181	0.145	-	0.99	137	0.09	1.80	6.22	3
	阜阳师范学院学报(社会科学版)	424	0.213	0.037	1.00	255	0.21	3.36	4.94	3
	广西师范学院学报(哲学社会科学版)	469	0.347	0.046	1.00	284	0.17	3.74	5.91	4
	贵阳学院学报(社会科学版)	177	0.104	0.030	0.99	109	0.12	1.43	7.57	3
	贵州民族大学学报(哲学社会科学版)	575	0.183	0.039	0.97	295	0.16	3.88	6.01	4
	哈尔滨学院学报	736	0.169	0.038	1.00	411	0.33	5.41	6.10	5
	合肥学院学报(社会科学版)	263	0.162	0.029	0.98	178	0.11	2.34	4.88	3
	河北北方学院学报(社会科学版)	317	0.254	0.040	0.97	194	0.09	2.55	4.49	3
	河北科技师范学院学报(社会科学版)	265	0.248	0.057	0.98	174	0.09	2.29	5.11	3
	河南工程学院学报(社会科学版)	193	0.275	0.011	1.00	133	0.03	1.75	5.63	3
	河南教育学院学报(哲学社会科学版)	455	0.185	0.094	0.97	271	0.24	3.57	6.14	4
	河南科技学院学报(社会科学版)	358	0.336	0.039	0.96	198	0.09	2.61	2.13	3
	湖北经济学院学报(人文社会科学版)	1488	0.248	0.066	0.99	599	0.33	7.88	3.44	5
	湖北理工学院学报(人文社会科学版)	223	0.317	0.085	0.89	125	0.07	1.64	3.67	3
	湖北民族学院学报(哲学社会科学版)	527	0.290	0.033	0.91	295	0.17	3.88	5.61	4
	湖北师范学院学报(哲学社会科学版)	563	0.283	0.023	0.98	325	0.20	4.28	5.06	4
	湖南城市学院学报	275	0.189	0.034	0.99	197	0.11	2.59	6.06	3
	湖南工程学院学报(社会科学版)	298	0.294	0.034	0.98	192	0.09	2.53	4.76	3
	湖南人文科技学院学报	435	0.148	0.031	0.98	252	0.17	3.32	5.71	3
	华北水利水电学院学报(社科版)	402	0.217	0.048	0.97	245	0.13	3.22	3.78	4
	淮海工学院学报(社会科学版)	474	0.203	0.009	0.97	265	0.14	3.49	2.07	3
	淮阴师范学院学报(哲学社会科学版)	296	0.180	0.006	1.00	206	0.14	2.71	6.50	3
	江南社会学院学报	150	0.200	0.027	0.99	122	0.09	1.61	4.79	3
	江苏教育学院学报(社会科学版)	549	0.242	0.031	1.00	298	0.18	3.92	5.37	4
	金陵科技学院学报(社会科学版)	167	0.204	0.051	0.99	112	0.05	1.47	4.58	3
	九江学院学报(哲学社会科学版)	266	0.144	0.008	0.99	197	0.05	2.59	5.83	3
	廊坊师范学院学报(社会科学版)	242	0.207	0.043	0.99	164	0.09	2.16	4.00	3
	辽东学院学报(社会科学版)	334	0.437	0.039	0.64	148	0.08	1.95	3.28	3
	辽宁医学院学报(社会科学版)	303	0.274	0.058	0.99	208	0.11	2.74	4.08	4
	洛阳理工学院学报(社会科学版)	258	0.224	0.036	0.96	178	0.11	2.34	5.76	3
	牡丹江师范学院学报(哲学社会科学版)	747	0.339	0.114	0.70	261	0.14	3.43	4.13	3

期刊类别	期刊名称	扩展总被引频次	扩展影响因子	扩展即年指标	扩展他引率	扩展引用刊数	扩展学科影响指标	扩展学科扩散指标	扩展被引半衰期	扩展H指标
学院学报(人文社科)	南京工程学院学报(社会科学版)	220	0.317	0.033	0.99	143	0.05	1.88	5.56	4
	南京体育学院学报(社会科学版)	1957	1.086	0.021	0.98	368	0.14	4.84	6.39	5
	南京晓庄学院学报	259	0.195	0.006	0.98	182	0.08	2.39	6.10	3
	琼州学院学报	513	0.200	0.044	0.99	287	0.14	3.78	4.70	4
	三明学院学报	261	0.263	0.044	0.72	141	0.07	1.86	4.76	3
	山东女子学院学报	172	0.185	0.076	0.94	112	0.09	1.47	4.05	3
	山西高等学校社会科学学报	1201	0.324	0.090	0.99	564	0.28	7.42	5.01	4
	陕西理工学院学报(社会科学版)	275	0.374	0.156	0.88	162	0.12	2.13	5.98	3
	邵阳学院学报(社会科学版)	494	0.284	0.076	0.97	273	0.18	3.59	5.39	3
	沈阳工程学院学报(社会科学版)	422	0.287	0.080	1.00	235	0.08	3.09	5.09	4
	四川理工学院学报(社会科学版)	740	1.051	0.307	0.93	301	0.25	3.96	2.62	6
	苏州科技学院学报(社会科学版)	242	0.154	0.054	1.00	166	0.09	2.18	6.81	3
	太原师范学院学报(社会科学版)	500	0.179	0.004	0.99	288	0.25	3.79	5.06	4
	唐山学院学报	233	0.126	0.021	0.97	163	0.07	2.14	4.77	3
	西安文理学院学报(社会科学版)	332	0.200	0.044	0.99	220	0.08	2.89	4.50	3
	西昌学院学报(社会科学版)	247	0.131	0.006	0.98	163	0.07	2.14	5.43	3
	西藏民族学院学报(哲学社会科学版)	302	0.152	0.019	0.89	154	0.08	2.03	7.18	3
	新乡学院学报(社会科学版)	435	0.162	0.028	1.00	250	0.17	3.29	4.64	3
	信阳师范学院学报(哲学社会科学版)	411	0.206	0.016	0.96	271	0.13	3.57	6.39	3
	徐州工程学院学报(社会科学版)	123	0.201	0.078	0.96	88	0.05	1.16	3.08	2
	许昌学院学报	372	0.132	0.009	0.99	263	0.17	3.46	6.56	3
	盐城工学院学报(社会科学版)	177	0.215	0.024	0.98	111	0.07	1.46	6.33	3
	盐城师范学院学报(人文社会科学版)	321	0.187	0.021	0.99	206	0.20	2.71	6.58	3
	伊犁师范学院学报(社科版)	204	0.136	0.023	0.88	123	0.07	1.62	5.52	3
	宜宾学院学报	573	0.190	0.028	0.92	309	0.25	4.07	4.54	4
	漳州师范学院学报(哲学社会科学版)	310	0.240	0.044	0.97	209	0.14	2.75	5.08	3
	浙江海洋学院学报(人文科学版)	327	0.250	0.008	0.97	192	0.16	2.53	5.75	4
	郑州航空工业管理学院学报(社会科学版)	627	0.215	0.063	1.00	345	0.14	4.54	4.71	4
	郑州轻工业学院学报(社会科学版)	251	0.226	0.048	0.95	165	0.07	2.17	4.88	3
	中国石油大学胜利学院学报	229	0.187	0.053	0.99	145	0.05	1.91	5.12	3
	中华女子学院学报	460	0.375	0.046	0.89	241	0.16	3.17	4.87	5
	平均	454	0.250	0.045	0.96	239	0.14	3.15	5.05	3
	北京社会科学	573	0.654	0.047	1.00	375	0.20	2.95	5.38	6

期刊类别	期刊名称	扩展总被引频次	扩展影响因子	扩展即年指标	扩展他引率	扩展引用刊数	扩展学科影响指标	扩展学科扩散指标	扩展被引半衰期	扩展H指标
社会科学理论	才智	3623	-	0.029	0.98	688	0.17	5.42	2.13	5
	长白学刊	477	0.382	0.089	0.98	300	0.22	2.36	4.36	3
	重庆社会科学	557	0.358	0.092	0.99	380	0.24	2.99	4.13	5
	船山学刊	224	0.086	0.021	0.95	151	0.14	1.19	6.55	2
	创新	234	0.284	0.110	0.97	164	0.13	1.29	2.94	4
	大江周刊(论坛)	123	0.031	0.009	0.98	78	0.05	0.61	1.63	2
	大庆社会科学	251	0.155	0.033	0.97	137	0.08	1.08	3.81	2
	东方论坛	216	0.101	-	0.99	175	0.13	1.38	7.18	4
	东疆学刊	204	0.385	0.110	0.97	135	0.06	1.06	5.62	3
	东南亚南亚研究	93	0.164	0.035	0.95	62	0.04	0.49	5.50	2
	东岳论丛	1121	0.394	0.036	1.00	639	0.43	5.03	4.07	5
	福建论坛(人文社会科学版)	1383	0.458	0.059	0.99	734	0.39	5.78	4.43	6
	甘肃社会科学	1433	0.505	0.072	0.97	733	0.43	5.77	5.08	7
	观察与思考	319	0.792	0.067	1.00	201	0.08	1.58	3.79	3
	广东社会科学	791	0.487	0.114	1.00	522	0.34	4.11	4.95	5
	广西社会科学	1465	0.395	0.080	0.97	750	0.37	5.91	5.35	6
	贵州社会科学	886	0.459	0.085	0.99	475	0.30	3.74	4.18	5
	桂海论丛	253	0.177	0.062	0.96	175	0.15	1.38	5.23	3
	国际社会科学杂志	225	0.111	-	1.00	171	0.12	1.35	>10	4
	河北学刊	1206	0.451	0.124	0.99	681	0.42	5.36	4.84	6
	河南社会科学	1249	0.545	0.074	0.99	673	0.39	5.30	4.35	7
	黑河学刊	760	0.189	0.052	1.00	368	0.17	2.90	2.60	4
	黑龙江社会科学	532	0.311	0.038	1.00	349	0.24	2.75	4.73	3
	湖北社会科学	1814	0.416	0.125	0.99	838	0.38	6.60	4.20	6
	湖南社会科学	1135	0.449	0.046	0.97	596	0.32	4.69	4.99	5
	湖湘论坛	926	1.003	0.165	0.99	495	0.35	3.90	4.07	5
	华章	2203	0.085	0.025	0.98	508	0.13	4.00	1.89	5
	江海学刊	1298	0.588	0.122	0.99	707	0.50	5.57	6.78	7
	江汉论坛	1256	0.408	0.087	0.98	646	0.45	5.09	6.21	5
	江淮论坛	698	0.605	0.139	0.96	443	0.24	3.49	4.10	6
	江南论坛	233	0.118	0.027	1.00	172	0.07	1.35	4.29	3
	江苏社会科学	1486	0.517	0.085	1.00	777	0.51	6.12	6.46	8
	江西社会科学	2357	0.464	0.088	0.99	998	0.49	7.86	5.72	9

期刊类别	期刊名称	扩展总被引频次	扩展影响因子	扩展即年指标	扩展他引率	扩展引用刊数	扩展学科影响指标	扩展学科扩散指标	扩展被引半衰期	扩展H指标
社会科学理论	金山	110	0.029	0.005	0.99	66	0.05	0.52	2.00	2
	晋阳学刊	347	0.172	0.042	0.98	250	0.24	1.97	7.62	4
	开发研究	886	0.529	0.064	0.94	445	0.23	3.50	4.34	5
	兰州学刊	1249	0.249	0.062	0.99	678	0.39	5.34	4.66	6
	老区建设	263	0.122	0.012	1.00	163	0.06	1.28	3.27	3
	理论观察	722	0.179	0.027	0.99	385	0.13	3.03	4.75	4
	理论界	1584	0.163	0.019	0.99	680	0.28	5.35	5.15	5
	理论学刊	1054	0.388	0.074	0.99	576	0.39	4.54	5.14	6
	理论与现代化	344	0.333	0.050	0.99	267	0.20	2.10	5.64	4
	理论月刊	1528	0.372	0.077	0.99	747	0.35	5.88	4.38	5
	岭南学刊	296	0.292	0.032	0.98	204	0.16	1.61	4.28	4
	内蒙古社会科学	600	0.352	0.068	0.99	372	0.31	2.93	6.46	5
	南都学坛	466	0.215	0.054	0.95	292	0.18	2.30	7.46	4
	南京社会科学	1440	0.598	0.133	1.00	757	0.44	5.96	5.09	7
	宁夏社会科学	602	0.306	0.087	0.98	395	0.21	3.11	5.23	4
	品牌	229	0.122	0.023	0.99	118	0.06	0.93	1.83	3
	齐鲁学刊	696	0.399	0.092	0.96	383	0.25	3.02	7.50	5
	前沿	2025	0.294	0.117	0.99	879	0.44	6.92	3.70	7
	前沿科学	83	0.314	0.214	0.87	62	0.02	0.49	4.21	3
	求是学刊	645	0.432	0.040	1.00	414	0.35	3.26	7.39	5
	求索	2752	0.495	0.137	0.84	956	0.46	7.53	3.66	6
	人文杂志	762	0.422	0.076	0.99	493	0.33	3.88	7.79	5
	山东社会科学	1852	0.706	0.194	0.93	793	0.43	6.24	3.69	6
	社会观察	238	0.288	0.033	1.00	185	0.12	1.46	3.82	3
	社会科学	1880	0.854	0.115	0.99	901	0.53	7.09	5.22	8
	社会科学管理与评论	158	0.454	0.045	0.90	114	0.08	0.90	3.84	4
	社会科学辑刊	808	0.280	0.063	1.00	515	0.39	4.06	6.05	5
	社会科学家	1519	0.409	0.051	0.99	763	0.35	6.01	4.47	6
	社会科学论坛	753	0.171	0.031	1.00	454	0.24	3.57	5.19	4
	社会科学研究	1441	0.669	0.107	0.99	763	0.47	6.01	6.53	8
	社会科学战线	1718	0.267	0.026	0.98	862	0.53	6.79	6.59	5
	社科纵横	1600	0.353	0.050	0.99	708	0.31	5.57	3.98	5
	世纪桥	825	0.162	0.036	0.99	378	0.16	2.98	3.21	3

期刊类别	期刊名称	扩展总被引频次	扩展影响因子	扩展即年指标	扩展他引率	扩展引用刊数	扩展学科影响指标	扩展学科扩散指标	扩展被引半衰期	扩展H指标
社会科学理论	思想战线	1071	0.630	0.118	0.98	555	0.38	4.37	6.48	6
	四川省情	55	0.010	0.005	1.00	40	0.01	0.31	5.21	2
	探索与争鸣	1108	0.692	0.165	0.98	602	0.44	4.74	4.07	7
	唐都学刊	264	0.131	0.021	0.95	182	0.19	1.43	7.73	2
	天津社会科学	940	0.470	0.102	0.99	548	0.46	4.31	7.98	6
	天中学刊	489	0.200	0.049	0.99	304	0.09	2.39	6.24	3
	文史哲	851	0.424	0.111	0.99	480	0.39	3.78	9.10	5
	西域研究	202	0.144	0.054	0.86	98	0.09	0.77	9.19	3
	西藏研究	483	0.225	0.027	0.95	136	0.07	1.07	>10	3
	现代交际	517	0.112	0.021	0.98	254	0.15	2.00	2.07	3
	新疆社会科学(汉文版)	356	0.297	0.040	0.99	221	0.17	1.74	4.63	3
	新疆社科论坛	196	0.203	0.043	0.98	135	0.08	1.06	4.97	3
	新西部(下旬刊)	1410	0.139	0.023	1.00	436	0.14	3.43	3.13	4
	学术界	931	0.385	0.070	0.99	581	0.36	4.57	4.79	5
	学术论坛	2145	0.576	0.090	0.96	910	0.42	7.17	4.10	6
	学术探索	629	0.321	0.067	0.97	387	0.26	3.05	5.55	4
	学术研究	1723	0.667	0.157	0.99	872	0.46	6.87	5.71	6
	学术月刊	1555	0.680	0.133	0.98	788	0.49	6.20	6.04	8
	学习与探索	1332	0.494	0.097	0.99	696	0.53	5.48	5.16	7
	学园	445	0.081	0.019	0.97	186	0.09	1.46	1.82	3
	阴山学刊(社会科学版)	174	0.094	-	0.97	112	0.07	0.88	6.82	2
	殷都学刊	200	0.090	0.022	0.95	134	0.09	1.06	9.65	3
	阅江学刊	102	0.299	0.031	0.91	69	0.04	0.54	2.29	3
	云梦学刊	488	0.257	0.072	0.98	296	0.13	2.33	6.05	3
	云南社会科学	783	0.514	0.100	0.98	440	0.34	3.46	5.53	5
	浙江社会科学	1584	0.676	0.075	0.99	828	0.44	6.52	5.84	8
	浙江学刊	1019	0.377	0.064	1.00	620	0.39	4.88	7.70	6
	中国国情国力	425	0.297	0.079	1.00	273	0.16	2.15	3.51	3
	中国社会科学	6386	4.902	0.657	0.99	1441	0.69	11.35	7.80	26
	中州学刊	1509	0.491	0.086	1.00	746	0.44	5.87	4.97	7
	平均	953	0.400	0.074	0.98	460	0.27	3.63	5.23	4
	柴达木开发研究	55	0.066	0.023	0.96	41	0.05	0.66	4.65	2
	大观周刊	524	0.037	0.010	0.98	184	0.05	2.97	1.32	3

期刊类别	期刊名称	扩展总被引频次	扩展影响因子	扩展即年指标	扩展他引率	扩展引用刊数	扩展学科影响指标	扩展学科扩散指标	扩展被引半衰期	扩展H指标
社会学	当代青年研究	804	0.378	0.065	0.97	398	0.16	6.42	5.78	6
	妇女研究论丛	556	0.474	0.110	0.91	260	0.16	4.19	7.15	4
	科学发展	226	0.504	0.092	0.95	145	0.02	2.34	2.51	4
	南方论刊	711	0.195	0.028	0.98	327	0.05	5.27	3.70	5
	攀登(汉文版)	256	0.184	0.024	0.98	188	0.10	3.03	5.21	3
	青春岁月	429	0.069	0.015	0.98	178	0.10	2.87	1.51	3
	青年探索	517	0.712	0.087	0.99	296	0.15	4.77	5.40	5
	青年研究	1108	1.204	0.113	0.96	502	0.19	8.10	8.19	7
	青少年研究-山东省团校学报	336	0.346	0.050	0.99	192	0.11	3.10	4.87	4
	社会	997	1.453	0.197	0.97	474	0.18	7.65	5.94	8
	社会学研究	3824	3.421	0.646	0.97	939	0.27	15.15	7.61	18
	台湾研究	87	0.191	0.056	0.94	62	0.03	1.00	4.05	3
	台湾研究集刊	209	0.523	0.116	0.82	110	0.05	1.77	4.43	3
	无线互联科技	173	0.202	0.031	0.98	93	0.06	1.50	1.31	3
	武陵学刊	412	0.212	0.058	0.95	282	0.06	4.55	5.89	4
	新东方	186	0.158	0.034	0.96	135	0.05	2.18	5.07	3
	平均	633	0.574	0.098	0.96	267	0.10	4.31	4.70	4
人口与民族	广西民族研究	603	0.420	0.050	0.95	275	0.27	10.58	7.11	5
	贵州民族研究	956	0.496	0.044	0.92	400	0.27	15.38	6.21	5
	黑龙江民族丛刊	539	0.275	0.035	0.88	244	0.35	9.38	5.81	4
	回族研究	247	0.164	0.031	0.85	96	0.23	3.69	8.50	3
	满族研究	143	0.129	0.011	0.94	84	0.27	3.23	9.05	3
	民族论坛	224	0.201	0.027	1.00	163	0.19	6.27	4.54	3
	民族学刊	54	0.402	0.110	0.78	27	0.12	1.04	1.58	3
	民族研究	970	0.890	0.101	0.98	366	0.42	14.08	8.76	8
	南方人口	393	0.940	0.148	0.72	178	0.27	6.85	6.06	6
	青海民族研究	364	0.308	0.048	0.91	202	0.19	7.77	6.00	4
	人口学刊	885	1.719	0.149	0.94	415	0.27	15.96	5.80	7
	人口研究	1915	2.790	0.318	0.96	601	0.38	23.12	6.53	14
	人口与发展	658	0.912	0.089	0.97	315	0.27	12.12	4.70	6
	人口与计划生育	239	0.064	0.014	1.00	114	0.27	4.38	5.72	3
	人口与经济	1264	1.473	0.276	0.97	527	0.38	20.27	5.75	8
	世界民族	294	0.239	0.044	0.97	153	0.38	5.88	9.23	4

期刊类别	期刊名称	扩展总被引频次	扩展影响因子	扩展即年指标	扩展他引率	扩展引用刊数	扩展学科影响指标	扩展学科扩散指标	扩展被引半衰期	扩展H指标
人口与民族	西北民族研究	420	0.238	0.088	0.99	233	0.42	8.96	7.56	5
	西北人口	703	0.777	0.060	0.93	368	0.35	14.15	4.06	5
	中国民族	187	0.266	0.008	1.00	127	0.27	4.88	8.25	3
	中国人口科学	1593	2.326	0.203	0.97	548	0.35	21.08	5.92	11
	中国藏学	446	0.164	0.050	0.99	126	0.23	4.85	>10	4
	平均	623	0.723	0.091	0.93	264	0.29	10.19	6.55	5
劳动与人才	人类工效学	460	0.249	0.011	0.96	281	0.23	21.62	7.78	5
	人力资源	498	0.286	0.061	1.00	211	0.23	16.23	3.77	3
	人力资源管理	1456	0.342	0.071	0.97	542	0.15	41.69	2.36	5
	社会保障研究	332	0.849	0.087	0.96	199	0.23	15.31	2.91	5
	中国劳动	524	0.250	0.033	0.98	249	0.31	19.15	6.55	6
	中国人力资源开发	1484	0.445	0.039	0.94	450	0.31	34.62	5.90	6
	平均	792	0.404	0.050	0.97	322	0.24	24.77	4.88	5
历史	安徽史学	283	0.244	0.049	0.94	167	0.22	2.83	8.02	3
	北方文物	281	0.111	0.042	0.83	97	0.14	1.64	>10	3
	当代中国史研究	347	0.289	0.035	0.91	182	0.10	3.08	6.88	4
	敦煌学辑刊	217	0.207	0.029	0.89	90	0.12	1.53	8.57	3
	敦煌研究	523	0.197	0.038	0.85	181	0.24	3.07	>10	3
	广西地方志	62	0.064	-	0.85	39	0.10	0.66	7.64	2
	贵州文史丛刊	171	0.090	-	0.95	120	0.08	2.03	>10	3
	郭沫若学刊	105	0.068	-	0.56	33	0.02	0.56	9.13	2
	海交史研究	43	0.219	-	0.91	23	0.08	0.39	>10	2
	黑龙江史志	660	0.161	0.022	0.98	314	0.15	5.32	3.32	4
	华侨华人历史研究	170	0.343	0.212	0.79	78	0.02	1.32	8.44	4
	江淮文史	34	0.058	-	1.00	29	0.03	0.49	7.13	1
	近代史研究	684	0.595	0.025	0.96	304	0.32	5.15	>10	6
	军事历史	77	0.042	0.019	0.99	50	0.10	0.85	>10	2
	军事历史研究	145	0.100	0.025	0.83	92	0.17	1.56	8.35	3
	历史研究	1301	0.671	0.038	0.96	504	0.49	8.54	>10	5
	岭南文史	67	0.082	0.015	0.90	52	0.03	0.88	>10	2
	蒲松龄研究	69	0.060	-	0.81	37	0.02	0.63	9.33	2
	清史研究	298	0.432	0.083	0.96	165	0.34	2.80	9.59	3
	人文地理	2696	1.454	0.078	0.93	686	0.07	11.63	6.82	9

期刊类别	期刊名称	扩展总被引频次	扩展影响因子	扩展即年指标	扩展他引率	扩展引用刊数	扩展学科影响指标	扩展学科扩散指标	扩展被引半衰期	扩展H指标
历史	史林	413	0.176	0.032	0.94	232	0.29	3.93	7.55	5
	史学集刊	314	0.374	0.052	0.98	197	0.29	3.34	6.80	3
	史学理论研究	345	0.318	0.070	0.94	196	0.19	3.32	9.53	4
	史学史研究	172	0.216	0.018	0.97	120	0.20	2.03	>10	2
	史学月刊	867	0.263	0.054	0.96	439	0.44	7.44	8.66	3
	世界历史	469	0.392	0.018	0.79	222	0.20	3.76	9.55	4
	丝绸之路	199	0.080	0.007	0.94	116	0.10	1.97	3.12	2
	文史	15	0.059	-	0.80	10	0.07	0.17	4.25	2
	文史博览(理论)	200	0.114	0.015	1.00	139	-	2.36	3.54	3
	文史杂志	309	0.125	0.020	0.99	178	0.27	3.02	>10	3
	文史知识	251	0.073	-	1.00	173	0.15	2.93	>10	3
	新疆地方志	37	0.053	-	0.95	28	0.07	0.47	7.10	2
	中国地方志	119	0.162	-	0.73	49	0.14	0.83	5.33	3
	中国历史地理论丛	379	0.294	0.063	0.90	185	0.24	3.14	>10	3
	中国名城	135	0.306	0.064	0.85	83	0.05	1.41	2.56	3
	中国史研究	443	0.263	-	0.93	210	0.36	3.56	>10	3
	中国史研究动态	73	0.020	0.016	1.00	59	0.17	1.00	>10	2
	中国文物科学研究	59	0.206	0.012	0.88	35	0.05	0.59	2.68	2
	中华文史论丛	177	0.415	0.071	0.94	106	0.20	1.80	6.04	3
	中华医史杂志	220	0.094	0.030	0.95	130	0.05	2.20	>10	3
	平均	330	0.251	0.037	0.91	151	0.16	2.57	8.70	3
文物考古	草原文物	82	0.107	0.091	0.91	40	0.26	2.11	>10	2
	华夏考古	414	0.234	0.043	0.76	105	0.74	5.53	>10	4
	江汉考古	354	0.281	0.014	0.81	110	0.68	5.79	>10	3
	考古	2696	0.692	0.095	0.92	349	0.84	18.37	>10	6
	考古学报	1192	0.857	-	0.98	251	0.84	13.21	>10	6
	考古与文物	712	0.270	0.065	0.87	183	0.79	9.63	>10	4
	民俗研究	398	0.343	0.075	0.85	206	0.16	10.84	8.21	4
	农业考古	917	0.175	0.021	0.83	396	0.74	20.84	6.82	4
	四川文物	317	0.189	0.113	0.81	132	0.68	6.95	>10	3
	文物	3204	0.721	0.063	0.95	454	0.84	23.89	>10	7
	文物保护与考古科学	309	0.373	-	0.73	104	0.53	5.47	7.29	4
	文物春秋	195	0.080	-	0.77	90	0.74	4.74	>10	2

期刊类别	期刊名称	扩展总被引频次	扩展影响因子	扩展即年指标	扩展他引率	扩展引用刊数	扩展学科影响指标	扩展学科扩散指标	扩展被引半衰期	扩展H指标
文物考古	文物世界	133	0.033	-	0.94	89	0.58	4.68	6.94	2
	寻根	112	0.057	-	1.00	83	0.11	4.37	6.21	3
	中国边疆史地研究	288	0.202	0.100	0.97	142	0.11	7.47	7.85	4
	中国国家博物馆馆刊	173	0.085	0.020	0.90	94	0.63	4.95	8.42	2
	中原文物	651	0.172	-	0.89	154	0.74	8.11	>10	4
	平均	714	0.287	0.041	0.88	175	0.59	9.23	>10	3
大学学报(政治外交)	北京青年政治学院学报	250	0.551	0.056	1.00	171	0.11	2.04	4.30	4
	北京行政学院学报	543	0.492	0.115	0.98	349	0.32	4.15	5.02	5
	兵团党校学报	85	0.170	0.019	0.94	53	0.11	0.63	3.30	2
	长春市委党校学报	182	0.185	0.046	0.99	134	0.17	1.60	5.36	3
	成都行政学院学报	219	0.223	0.023	1.00	137	0.10	1.63	5.32	3
	重庆社会主义学院学报	140	0.171	0.070	0.96	95	0.25	1.13	3.16	3
	福建省社会主义学院学报	161	0.178	0.047	0.99	125	0.21	1.49	3.67	3
	福建行政学院学报	273	0.354	0.018	1.00	197	0.17	2.35	4.67	4
	福州党校学报	172	0.286	0.083	0.98	130	0.13	1.55	3.79	3
	甘肃行政学院学报	374	0.631	0.088	0.99	250	0.31	2.98	4.19	5
	广东省社会主义学院学报	98	0.162	0.023	0.92	75	0.13	0.89	4.25	3
	广东行政学院学报	351	0.350	0.036	0.94	224	0.24	2.67	5.32	4
	广西社会主义学院学报	112	0.135	0.021	0.91	79	0.21	0.94	3.55	3
	广州社会主义学院学报	74	0.179	0.010	1.00	57	0.12	0.68	3.62	2
	贵阳市委党校学报	63	0.113	-	1.00	45	0.04	0.54	4.39	2
	贵州社会主义学院学报	24	0.089	0.018	0.96	19	0.05	0.23	3.20	1
	国际安全研究	288	0.271	0.045	0.98	196	0.05	2.33	6.00	4
	国家教育行政学院学报	1383	0.938	0.142	0.99	566	0.13	6.74	4.04	8
	国家行政学院学报	1083	1.084	0.191	1.00	539	0.48	6.42	4.72	7
	哈尔滨市委党校学报	184	0.148	0.057	1.00	125	0.13	1.49	4.82	3
	河北省社会主义学院学报	117	0.189	0.024	0.98	77	0.06	0.92	4.05	3
	黑龙江省社会主义学院学报	50	0.132	-	0.98	39	0.10	0.46	4.33	2
	湖北省社会主义学院学报	134	0.156	0.058	0.97	93	0.14	1.11	4.28	3
	湖北行政学院学报	291	0.405	0.084	0.97	194	0.31	2.31	4.65	4
	湖南省社会主义学院学报	115	0.161	0.007	0.98	88	0.17	1.05	4.42	3
	湖南行政学院学报	314	0.257	0.035	0.99	201	0.15	2.39	4.43	4
	佳木斯大学社会科学学报	871	0.260	0.025	0.98	405	0.11	4.82	5.03	5

期刊类别	期刊名称	扩展总被引频次	扩展影响因子	扩展即年指标	扩展他引率	扩展引用刊数	扩展学科影响指标	扩展学科扩散指标	扩展被引半衰期	扩展H指标
大学学报(政治外交)	江苏省社会主义学院学报	103	0.122	0.021	0.96	70	0.17	0.83	3.85	3
	江苏行政学院学报	515	0.530	0.119	0.99	333	0.37	3.96	4.73	5
	江西行政学院学报	265	0.221	0.107	0.99	182	0.10	2.17	6.07	3
	辽宁省社会主义学院学报	49	0.101	0.033	1.00	35	0.08	0.42	3.17	2
	辽宁行政学院学报	1731	0.276	0.061	0.99	664	0.25	7.90	4.23	5
	南京政治学院学报	435	0.274	0.042	0.98	284	0.17	3.38	5.34	4
	宁夏党校学报	166	0.161	0.015	0.99	119	0.14	1.42	4.50	3
	山东行政学院学报	416	0.193	0.036	0.99	236	0.11	2.81	4.45	4
	山西社会主义学院学报	49	0.144	-	0.98	38	0.06	0.45	4.10	2
	陕西社会主义学院学报	64	0.279	0.033	0.97	50	0.08	0.60	3.17	2
	陕西行政学院学报	236	0.213	0.029	0.99	162	0.12	1.93	4.59	3
	上海市社会主义学院学报	74	0.247	0.014	0.99	48	0.20	0.57	2.97	2
	上海行政学院学报	323	0.709	0.237	0.99	217	0.25	2.58	4.02	5
	胜利油田党校学报	288	0.189	0.053	0.98	129	0.06	1.54	4.21	4
	四川省社会主义学院学报	43	0.133	-	0.95	36	0.11	0.43	3.21	3
	四川行政学院学报	274	0.261	0.019	0.99	200	0.25	2.38	4.57	3
	天津市社会主义学院学报	33	0.035	-	0.97	26	0.13	0.31	4.92	2
	天津行政学院学报	234	0.330	0.067	1.00	177	0.27	2.11	4.22	4
	天水行政学院学报	174	0.141	0.011	0.99	129	0.13	1.54	4.29	3
	西安政治学院学报	263	0.216	0.005	0.82	121	0.06	1.44	4.68	3
	延边党校学报	131	0.138	0.017	0.99	98	0.05	1.17	2.65	2
	云南社会主义学院学报	56	0.151	0.039	0.98	38	0.05	0.45	2.44	2
	云南行政学院学报	641	0.336	0.069	0.98	387	0.40	4.61	4.54	5
	浙江青年专修学院学报	135	0.297	-	1.00	87	0.01	1.04	4.76	3
	中共成都市委党校学报	146	0.125	0.032	0.99	105	0.08	1.25	5.04	2
	中共福建省委党校学报	1181	0.969	0.180	0.99	578	0.45	6.88	3.80	5
	中共贵州省委党校学报	179	0.127	0.053	0.99	130	0.06	1.55	3.74	3
	中共桂林市委党校学报	78	0.208	0.014	1.00	58	0.04	0.69	4.31	2
	中共杭州市委党校学报	194	0.195	0.021	0.99	149	0.18	1.77	5.29	3
	中共合肥市委党校学报	48	-	-	1.00	38	0.02	0.45	3.93	2
	中共济南市委党校学报	212	0.183	0.014	0.97	151	0.14	1.80	5.19	4
	中共乐山市委党校学报	110	0.114	0.014	1.00	76	0.08	0.90	3.26	2
	中共南昌市委党校学报	60	0.121	0.021	1.00	48	0.08	0.57	3.62	2

期刊类别	期刊名称	扩展总被引频次	扩展影响因子	扩展即年指标	扩展他引率	扩展引用刊数	扩展学科影响指标	扩展学科扩散指标	扩展被引半衰期	扩展H指标
大学学报(政治外交)	中共南京市委党校学报	161	0.189	0.035	1.00	130	0.14	1.55	4.68	3
	中共南宁市委党校学报	84	0.136	0.104	0.96	58	0.05	0.69	4.22	2
	中共宁波市委党校学报	229	0.247	0.058	0.97	163	0.18	1.94	4.27	3
	中共青岛市委党校青岛行政学院学报	197	0.209	0.019	0.98	143	0.19	1.70	3.68	3
	中共山西省委党校学报	409	0.302	0.102	0.91	226	0.19	2.69	3.67	4
	中共山西省直机关党校学报	129	0.186	0.068	0.94	72	0.11	0.86	3.28	2
	中共石家庄市委党校学报	138	0.268	0.024	0.99	100	0.06	1.19	3.25	2
	中共四川省委党校学报	148	0.121	0.088	1.00	113	0.13	1.35	5.19	3
	中共四川省委省级机关党校学报	152	0.283	0.137	0.99	95	0.12	1.13	2.98	3
	中共太原市委党校学报	139	0.168	0.050	1.00	92	0.06	1.10	3.65	2
	中共天津市委党校学报	193	0.257	0.059	0.99	143	0.21	1.70	4.28	4
	中共乌鲁木齐市委党校学报	45	0.146	0.017	1.00	32	0.05	0.38	3.50	2
	中共伊犁州委党校学报	87	0.074	0.007	1.00	59	0.06	0.70	4.82	2
	中共银川市委党校学报	111	0.124	0.017	1.00	90	0.11	1.07	3.95	3
	中共云南省委党校学报	255	0.166	0.030	0.99	171	0.23	2.04	3.50	2
	中共浙江省委党校学报	397	0.426	0.115	0.98	259	0.36	3.08	5.24	5
	中共郑州市委党校学报	323	0.175	0.068	0.99	199	0.12	2.37	4.28	3
	中共中央党校学报	703	0.757	0.099	1.00	438	0.48	5.21	4.20	6
	中共珠海市委党校珠海市行政学院学报	64	0.219	0.038	1.00	45	0.06	0.54	2.79	2
	中国劳动关系学院学报	677	0.664	0.090	0.94	289	0.19	3.44	4.09	5
	中国青年政治学院学报	886	0.293	0.180	0.99	474	0.20	5.64	6.60	7
	平均	274	0.263	0.050	0.98	162	0.15	1.94	4.21	3
大学学报(公检法)	北京警察学院学报	231	0.179	0.041	0.98	120	0.63	4.44	4.71	3
	法律科学-西北政法学院学报	1516	1.215	0.173	0.98	485	0.81	17.96	6.75	8
	福建警察学院学报	259	0.228	0.036	0.98	124	0.56	4.59	6.02	4
	甘肃政法学院学报	490	0.449	0.092	0.98	262	0.59	9.70	5.26	4
	公安学刊-浙江警察学院学报	216	0.193	0.026	0.94	121	0.63	4.48	5.55	3
	国家检察官学院学报	729	0.820	0.301	0.97	275	0.70	10.19	5.06	6
	河南财经政法大学学报	566	0.345	0.205	0.99	288	0.59	10.67	5.40	5
	河南警察学院学报	223	0.145	0.077	0.93	113	0.52	4.19	4.29	3
	湖北警官学院学报	247	0.184	0.031	0.97	144	0.56	5.33	4.22	3
	华东政法大学学报	659	0.709	0.049	0.99	313	0.59	11.59	5.56	5
	江苏警官学院学报	438	0.196	0.038	0.98	207	0.59	7.67	5.86	4

期刊类别	期刊名称	扩展总被引频次	扩展影响因子	扩展即年指标	扩展他引率	扩展引用刊数	扩展学科影响指标	扩展学科扩散指标	扩展被引半衰期	扩展H指标
大学学报(公检法)	江西警察学院学报	282	0.230	0.051	0.96	133	0.59	4.93	4.69	3
	辽宁警专学报	241	0.199	0.050	0.93	142	0.52	5.26	4.06	3
	山东警察学院学报	369	0.383	0.089	0.95	167	0.85	6.19	4.88	4
	山西警官高等专科学校学报	121	0.203	0.011	0.95	78	0.44	2.89	4.95	3
	上海公安高等专科学校学报(公安理论与实践)	193	0.204	0.009	0.97	97	0.44	3.59	4.73	3
	四川警察学院学报	195	0.219	0.042	0.98	114	0.44	4.22	4.14	3
	铁道警官高等专科学校学报	210	0.131	0.016	0.95	118	0.63	4.37	4.80	3
	武警学院学报	467	0.185	0.027	0.93	210	0.22	7.78	4.32	4
	西南政法大学学报	478	0.536	0.045	0.99	289	0.44	10.70	5.44	4
	新疆警官高等专科学校学报	81	0.237	-	0.98	63	0.22	2.33	4.17	2
	云南大学学报(法学版)	415	0.294	0.013	0.99	249	0.52	9.22	5.61	4
	云南警官学院学报	250	0.237	0.050	0.94	123	0.56	4.56	4.08	3
	政法论坛-中国政法大学学报	1871	1.303	0.281	0.99	608	0.81	22.52	7.14	8
	中国刑警学院学报	46	0.069	0.012	0.98	22	0.15	0.81	4.33	2
	平均	431	0.364	0.071	0.97	194	0.54	7.21	5.04	3
管理干部学院学报	北京石油管理干部学院学报	123	0.241	0.050	0.99	68	0.05	1.74	3.31	3
	北京市工会干部学院学报	78	0.210	0.036	0.99	50	0.08	1.28	4.44	2
	北京市经济管理干部学院学报	220	0.479	0.060	0.99	136	0.08	3.49	5.04	4
	福建金融管理干部学院学报	116	0.296	0.048	1.00	90	0.03	2.31	4.05	3
	工会理论研究-上海工会管理干部学院学报	80	0.106	0.038	1.00	50	0.05	1.28	4.56	3
	工会论坛-山东管理学院学报	677	0.214	0.067	0.99	260	0.08	6.67	3.89	3
	广东青年职业学院学报	255	0.343	0.045	0.99	179	0.13	4.59	5.79	5
	广西经济管理干部学院学报	180	0.314	0.053	0.99	130	0.03	3.33	3.94	3
	广西青年干部学院学报	437	0.236	0.035	0.99	225	0.13	5.77	6.08	4
	广西政法管理干部学院学报	350	0.244	0.031	0.99	209	0.18	5.36	6.62	4
	广州市公安管理干部学院学报	90	0.192	-	0.96	67	0.13	1.72	4.65	3
	国家林业局管理干部学院学报	104	0.228	0.059	1.00	74	-	1.90	5.00	3
	河北青年管理干部学院学报	265	0.208	0.058	0.99	178	0.10	4.56	4.43	3
	黑河学院学报	51	0.140	0.034	0.96	40	0.03	1.03	1.69	2
	黑龙江省政法管理干部学院学报	371	0.148	0.022	0.99	229	0.13	5.87	4.39	3
	吉林省经济管理干部学院学报	389	0.420	0.062	0.99	201	0.13	5.15	3.46	4
	理论学习-山东干部函授大学学报	450	0.254	0.042	1.00	276	0.15	7.08	4.68	4

期刊类别	期刊名称	扩展总被引频次	扩展影响因子	扩展即年指标	扩展他引率	扩展引用刊数	扩展学科影响指标	扩展学科扩散指标	扩展被引半衰期	扩展H指标
管理干部学院学报	辽宁公安司法管理干部学院学报	150	0.123	0.033	0.97	95	0.15	2.44	4.21	2
	辽宁经济职业技术学院·辽宁经济管理干部学院学报	380	0.188	0.053	0.98	186	0.08	4.77	3.62	3
	南京人口管理干部学院学报	255	0.420	0.051	0.98	174	0.05	4.46	5.09	4
	山东青年政治学院学报	781	0.410	0.091	0.99	384	0.26	9.85	5.08	5
	山东省农业管理干部学院学报	631	0.200	0.034	0.99	343	0.10	8.79	4.31	4
	山西经济管理干部学院学报	340	0.331	0.057	0.98	189	0.10	4.85	3.48	4
	山西煤炭管理干部学院学报	423	0.174	0.014	1.00	222	0.08	5.69	3.98	4
	山西青年管理干部学院学报	295	0.263	0.048	1.00	178	0.13	4.56	4.67	3
	山西省政法管理干部学院学报	136	0.142	0.053	1.00	85	0.08	2.18	3.42	2
	上海青年管理干部学院学报	115	0.147	0.013	0.97	78	0.08	2.00	4.59	2
	上海市经济管理干部学院学报	85	0.176	-	1.00	66	-	1.69	4.50	3
	上海政法学院学报	355	0.318	0.107	0.99	211	0.15	5.41	5.15	4
	石油化工管理干部学院学报	137	0.249	0.057	0.98	72	0.03	1.85	3.80	3
	四川省干部函授学院学报	51	0.140	0.032	0.96	38	0.03	0.97	2.43	2
	天津市财贸管理干部学院学报	213	0.383	0.066	1.00	137	0.03	3.51	2.98	3
	天津市工会管理干部学院学报	104	0.107	-	0.98	65	0.13	1.67	6.86	2
	武汉公安干部学院学报	189	0.507	0.116	0.48	56	0.10	1.44	2.66	2
	武汉冶金管理干部学院学报	148	0.240	0.022	0.99	106	0.08	2.72	4.63	3
	中国井冈山干部学院学报	80	0.164	0.056	0.93	62	0.05	1.59	2.75	2
	中国延安干部学院学报	106	0.296	0.134	0.93	79	0.03	2.03	2.24	3
	平均	248	0.250	0.048	0.97	142	0.09	3.66	4.23	3
马列主义理论	马克思主义研究	1167	0.898	0.162	0.90	468	0.67	78.00	3.75	8
	马克思主义与现实	1228	0.526	0.085	0.99	561	0.67	93.50	7.12	11
	毛泽东邓小平理论研究	630	0.634	0.118	0.99	368	0.67	61.33	4.25	6
	毛泽东思想研究	397	0.223	0.066	0.96	219	0.50	36.50	5.62	4
	平均	855	0.570	0.108	0.96	404	0.63	67.33	5.19	7
哲学	道德与文明	823	0.504	0.069	0.98	417	0.36	18.95	5.63	6
	第欧根尼	38	0.025	-	0.95	30	0.14	1.36	>10	2
	管子学刊	161	0.080	0.019	0.77	89	0.14	4.05	9.35	3
	科学技术哲学研究	518	0.226	0.042	0.97	314	0.32	14.27	7.79	4
	孔子研究	333	0.221	0.060	0.97	201	0.41	9.14	9.16	3
	伦理学研究	455	0.438	0.070	0.94	280	0.36	12.73	5.00	4

期刊类别	期刊名称	扩展总被引频次	扩展影响因子	扩展即年指标	扩展他引率	扩展引用刊数	扩展学科影响指标	扩展学科扩散指标	扩展被引半衰期	扩展H指标
哲学	世界哲学	369	0.209	0.051	0.99	235	0.59	10.68	>10	4
	系统科学学报	349	0.395	0.146	0.92	214	0.14	9.73	6.68	5
	现代哲学	286	0.142	0.039	0.98	195	0.27	8.86	6.83	4
	学海	948	0.548	0.063	0.99	531	0.18	24.14	5.53	7
	哲学动态	823	0.258	0.055	0.97	455	0.41	20.68	6.95	5
	哲学研究	1858	0.684	0.093	0.99	718	0.77	32.64	7.71	7
	中国哲学史	234	0.147	0.029	0.97	149	0.50	6.77	9.21	3
	周易研究	196	0.231	-	0.80	71	0.27	3.23	6.76	3
	自然辩证法通讯	660	0.362	0.079	0.97	330	0.41	15.00	8.60	5
	自然辩证法研究	1424	0.310	0.081	0.94	662	0.45	30.09	8.27	7
	平均	592	0.299	0.056	0.94	305	0.36	13.90	7.99	4
心理学	心理发展与教育	1897	1.112	0.205	0.96	537	0.82	48.82	7.73	12
	心理科学	5784	0.741	0.080	0.97	1180	0.82	107.27	7.73	15
	心理科学进展	3049	1.351	0.190	0.93	917	0.82	83.36	6.23	15
	心理学报	3854	1.528	0.231	0.93	918	0.82	83.45	7.82	20
	心理学探新	813	0.573	0.051	0.98	387	0.73	35.18	7.21	8
	心理研究	299	0.657	0.096	0.96	175	0.73	15.91	3.12	4
	心理与行为研究	557	0.879	0.139	0.96	266	0.82	24.18	6.45	8
	应用心理学	684	0.265	0.100	0.99	360	0.82	32.73	9.72	8
	中小学心理健康教育	396	0.404	0.078	0.95	188	0.18	17.09	4.39	3
	平均	1925	0.834	0.130	0.96	547	0.73	49.78	6.71	10
宗教	法音	71	0.017	-	0.97	49	0.31	3.77	>10	2
	佛教文化	33	0.015	-	1.00	25	0.15	1.92	>10	2
	科学与无神论	41	0.101	0.011	0.71	24	0.15	1.85	5.00	2
	世界宗教文化	107	0.196	0.054	0.89	79	0.23	6.08	4.33	2
	世界宗教研究	342	0.257	0.013	0.91	196	0.38	15.08	9.39	4
	五台山研究	39	0.028	-	0.79	25	0.15	1.92	>10	1
	中国道教	81	0.052	-	0.94	59	0.31	4.54	8.63	2
	中国穆斯林	69	0.064	-	0.93	46	0.31	3.54	6.67	2
	中国宗教	214	0.082	0.006	1.00	127	0.31	9.77	6.12	3
	宗教学研究	258	0.103	0.010	0.88	150	0.46	11.54	7.31	3
	平均	125	0.092	0.009	0.90	78	0.28	6.00	8.28	2
	北京观察	119	0.078	0.019	1.00	95	0.04	1.19	5.89	2

期刊类别	期刊名称	扩展总被引频次	扩展影响因子	扩展即年指标	扩展他引率	扩展引用刊数	扩展学科影响指标	扩展学科扩散指标	扩展被引半衰期	扩展H指标
政治	大连干部学刊	155	0.166	0.029	1.00	120	0.03	1.50	4.05	3
	甘肃理论学刊	341	0.185	0.043	1.00	235	0.10	2.94	5.24	4
	公共行政评论	206	0.730	0.108	0.90	128	0.10	1.60	3.55	5
	军队政工理论研究	149	0.068	0.019	0.97	90	0.04	1.13	4.92	2
	抗日战争研究	168	0.146	-	0.88	90	0.03	1.13	>10	2
	科学社会主义	593	0.350	0.100	1.00	324	0.19	4.05	4.66	6
	理论导报	273	0.150	0.023	1.00	175	0.06	2.19	3.14	4
	理论导刊	1079	0.378	0.094	0.99	572	0.23	7.15	4.01	6
	理论视野	404	0.447	0.054	0.99	239	0.21	2.99	3.41	4
	理论探索	1238	0.983	0.378	0.99	527	0.25	6.59	3.45	6
	理论探讨	1204	0.774	0.174	0.99	587	0.29	7.34	4.36	6
	理论研究	590	1.053	0.300	1.00	330	0.10	4.13	3.08	3
	理论与改革	899	0.611	0.131	0.99	483	0.25	6.04	4.41	5
	两岸关系	54	0.068	0.006	1.00	43	0.01	0.54	4.57	2
	瞭望	757	0.106	0.030	1.00	479	0.25	5.99	4.74	3
	领导科学	616	0.159	0.034	0.99	318	0.18	3.98	3.25	4
	内蒙古统战理论研究	28	0.060	0.013	1.00	20	0.01	0.25	3.75	2
	青年与社会·中外教育研究	338	0.087	0.018	0.99	169	0.03	2.11	2.63	3
	人大研究	259	0.113	0.022	0.94	143	0.09	1.79	6.66	3
	人民论坛	1896	0.884	0.081	1.00	862	0.33	10.78	2.33	6
	人权	108	-	0.045	0.72	59	0.06	0.74	4.88	2
	社会福利	282	0.104	0.013	0.99	136	0.08	1.70	5.44	3
	社会主义论坛	40	0.023	0.002	1.00	29	-	0.36	3.33	2
	社会主义研究	718	0.561	0.133	0.98	408	0.25	5.10	4.81	6
	石油政工研究	96	0.092	-	1.00	42	-	0.53	5.39	3
	实践(思想理论版)	48	0.052	0.008	1.00	41	0.01	0.51	2.92	2
	思想教育研究	2489	1.431	0.258	0.98	630	0.11	7.88	3.44	8
	思想政治工作研究	634	0.523	0.048	1.00	298	0.10	3.73	3.29	5
	探求	178	0.165	0.027	0.99	134	0.06	1.68	5.75	3
	探索	1052	0.720	0.051	0.98	546	0.29	6.83	5.01	6
	团结	74	0.086	-	1.00	57	0.03	0.71	3.90	2
	外交评论	402	0.799	0.232	0.91	187	0.06	2.34	4.20	5
	新视野	554	0.477	0.090	0.99	350	0.21	4.38	4.65	5

期刊类别	期刊名称	扩展总被引频次	扩展影响因子	扩展即年指标	扩展他引率	扩展引用刊数	扩展学科影响指标	扩展学科扩散指标	扩展被引半衰期	扩展H指标
政治	行政管理改革	289	0.657	0.186	0.95	197	0.14	2.46	1.80	5
	行政论坛	545	0.502	0.237	0.97	304	0.20	3.80	4.84	5
	学习论坛	482	0.421	0.136	0.94	288	0.13	3.60	3.57	4
	政策瞭望	113	0.128	0.035	1.00	81	0.01	1.01	4.22	3
	政治学研究	1001	1.167	0.101	0.97	469	0.30	5.86	6.00	8
	职业	1542	0.141	0.041	0.98	396	0.04	4.95	2.53	4
	中国机关后勤	31	0.020	-	1.00	17	-	0.21	6.50	2
	中国民政	174	0.077	0.004	1.00	111	0.09	1.39	5.66	3
	中国青年研究	2324	1.168	0.168	0.97	777	0.15	9.71	4.33	8
	中国社会保障	488	0.338	0.017	1.00	262	0.06	3.27	3.83	5
	中国特色社会主义研究	483	0.426	0.264	0.99	297	0.19	3.71	5.15	5
	中国统一战线	96	0.058	0.017	1.00	45	0.01	0.56	2.83	3
	中国行政管理	3475	1.351	0.353	0.97	985	0.36	12.31	5.14	12
	平均	618	0.406	0.088	0.98	280	0.12	3.51	4.39	4
党建	传承(学术理论版)	260	0.089	0.004	0.98	168	0.03	4.94	3.06	2
	党建研究	367	0.324	0.043	1.00	208	0.26	6.12	3.61	5
	党史博采(理论版)	215	0.107	0.028	0.97	121	0.12	3.56	3.39	3
	党史研究与教学	198	0.190	0.014	0.79	101	0.18	2.97	6.38	3
	党政干部论坛	212	0.148	0.009	1.00	148	0.06	4.35	5.05	4
	党政干部学刊	346	0.263	0.032	0.99	219	0.09	6.44	3.43	4
	福建党史月刊	77	0.048	0.003	1.00	60	0.09	1.76	6.38	2
	理论学习与探索	166	0.103	0.008	0.99	104	0.09	3.06	4.32	3
	前进	111	0.106	0.029	1.00	88	-	2.59	3.11	3
	求实	1556	0.495	0.113	0.99	680	0.32	20.00	4.44	6
	求是	3242	1.432	0.618	1.00	1174	0.35	34.53	3.18	17
	上海党史与党建	270	0.224	0.062	0.90	164	0.24	4.82	3.77	3
	实事求是	210	0.179	0.024	0.99	141	0.12	4.15	4.38	3
	学校党建与思想教育(高教版)	2978	1.225	0.243	0.99	643	0.18	18.91	3.63	7
	学校党建与思想教育(普教版)	371	0.197	0.037	1.00	183	0.12	5.38	2.56	3
	中共党史研究	592	0.535	0.156	0.92	251	0.35	7.38	6.77	4
	中国党政干部论坛	796	0.445	0.067	1.00	455	0.26	13.38	4.95	7
	平均	703	0.359	0.088	0.97	288	0.17	8.49	4.26	4
	Contemporary International Relations	2	0.011	0.018		1	0.02	0.02	1.00	1

期刊类别	期刊名称	扩展总被引频次	扩展影响因子	扩展即年指标	扩展他引率	扩展引用刊数	扩展学科影响指标	扩展学科扩散指标	扩展被引半衰期	扩展H指标
外交	阿拉伯世界研究	132	0.279	0.091	0.85	69	0.12	1.68	5.69	3
	当代韩国	84	0.079	-	0.93	52	0.12	1.27	7.50	2
	当代世界	313	0.422	0.147	0.99	199	0.56	4.85	2.81	4
	当代世界社会主义问题	163	0.204	0.047	0.96	105	0.15	2.56	7.74	3
	当代世界与社会主义	794	0.555	0.168	0.98	436	0.34	10.63	4.34	5
	当代亚太	496	1.232	0.571	0.91	235	0.63	5.73	5.05	6
	德国研究	184	0.303	0.250	0.97	127	0.12	3.10	5.86	3
	东北亚论坛	507	0.926	0.258	0.88	253	0.46	6.17	4.10	5
	东南学术	750	0.492	0.080	1.00	454	0.07	11.07	6.11	6
	东南亚研究	302	0.417	0.031	0.87	157	0.41	3.83	5.85	4
	东南亚纵横	548	0.330	0.032	0.96	252	0.29	6.15	4.69	4
	俄罗斯研究	228	0.742	0.444	0.64	83	0.20	2.02	3.72	4
	俄罗斯中亚东欧研究	273	0.522	0.039	0.92	120	0.27	2.93	4.74	3
	法国研究	93	0.097	0.028	0.99	60	0.05	1.46	8.00	2
	国际观察	253	0.388	0.091	0.97	157	0.54	3.83	5.22	4
	国际论坛	237	0.361	0.103	0.96	144	0.56	3.51	5.14	4
	国际问题研究	307	0.877	0.250	0.99	153	0.63	3.73	3.65	5
	国际研究参考	152	0.181	0.008	0.95	104	0.37	2.54	5.19	3
	国际政治研究	240	0.374	0.047	0.95	132	0.59	3.22	5.61	4
	国外理论动态	557	0.449	0.078	1.00	294	0.44	7.17	4.40	5
	国外社会科学	936	0.353	0.052	1.00	583	0.27	14.22	>10	8
	和平与发展	128	0.430	0.221	0.95	81	0.41	1.98	2.68	3
	拉丁美洲研究	226	0.392	0.018	0.84	102	0.27	2.49	5.40	3
	美国研究	343	0.605	0.047	0.96	201	0.49	4.90	9.21	5
	南亚研究	159	0.548	0.156	0.91	78	0.29	1.90	3.84	4
	南亚研究季刊	196	0.317	0.029	0.81	88	0.24	2.15	5.38	3
	南洋问题研究	184	0.358	0.044	0.94	106	0.34	2.59	6.67	5
	欧洲研究	350	0.727	0.088	0.96	190	0.51	4.63	5.56	5
	日本问题研究	170	0.259	0.159	0.90	112	0.12	2.73	6.15	3
	日本学刊	348	0.483	0.197	0.93	188	0.34	4.59	6.26	4
	日本研究	222	0.180	-	0.97	142	0.22	3.46	7.48	3
	世界经济与政治	1029	1.029	0.220	0.93	394	0.76	9.61	5.70	7
	太平洋学报	459	0.620	0.098	0.97	286	0.46	6.98	4.07	5

期刊类别	期刊名称	扩展总被引频次	扩展影响因子	扩展即年指标	扩展他引率	扩展引用刊数	扩展学科影响指标	扩展学科扩散指标	扩展被引半衰期	扩展H指标
外交	外国问题研究	87	0.052	0.029	1.00	61	0.10	1.49	7.75	3
	西伯利亚研究	193	0.182	0.033	0.91	98	0.15	2.39	4.73	3
	西亚非洲	344	0.395	0.097	0.85	131	0.32	3.20	4.87	4
	现代国际关系	721	0.737	0.306	0.96	302	0.73	7.37	4.34	6
	平均	334	0.445	0.120	0.91	177	0.34	4.32	5.44	4
法律	北方法学	254	0.476	0.049	0.98	152	0.43	1.90	3.38	4
	比较法研究	881	0.623	0.165	0.98	367	0.65	4.59	8.53	7
	当代法学	1078	0.884	0.211	0.98	429	0.68	5.36	6.03	6
	电子知识产权	582	0.559	0.104	0.96	247	0.31	3.09	4.14	5
	东方法学	257	0.542	0.135	0.97	162	0.43	2.02	3.11	5
	法律适用	1297	0.518	0.112	0.96	395	0.69	4.94	5.08	7
	法商研究	1968	1.620	0.354	0.97	560	0.73	7.00	6.88	9
	法学	2986	1.377	0.203	0.98	670	0.71	8.38	6.26	10
	法学家	1299	1.642	0.400	0.97	432	0.68	5.40	5.48	8
	法学论坛	1272	1.353	0.211	0.99	476	0.68	5.95	4.94	8
	法学评论	1457	0.765	0.168	0.99	535	0.68	6.69	7.94	7
	法学研究	2959	1.686	0.347	0.98	632	0.74	7.90	8.87	14
	法学杂志	2012	0.726	0.201	0.95	638	0.73	7.97	4.03	8
	法制与经济(下旬刊)	232	0.066	0.015	1.00	126	0.10	1.57	2.68	3
	法制与经济(中旬刊)	226	0.063	0.011	1.00	124	0.06	1.55	2.04	3
	法制与社会	4860	0.157	0.037	0.94	1134	0.64	14.18	3.25	5
	法制与社会发展	983	1.012	0.139	0.96	394	0.63	4.92	7.73	7
	法治研究	326	0.441	0.114	0.95	183	0.40	2.29	2.61	4
	犯罪研究	245	0.262	0.084	0.93	133	0.36	1.66	5.30	4
	犯罪与改造研究	187	0.203	0.019	0.74	67	0.16	0.84	3.76	3
	公安研究	558	0.520	0.029	0.97	170	0.24	2.13	3.90	4
	广东公安科技	113	0.092	-	0.90	70	0.09	0.88	6.57	2
	海峡法学	46	0.326	0.015	0.89	38	0.09	0.48	2.13	2
	河北法学	2117	0.684	0.203	0.83	638	0.69	7.97	4.90	6
	环球法律评论	791	0.515	0.082	0.99	366	0.60	4.58	7.46	6
	警察技术	220	0.355	0.045	0.66	97	0.14	1.21	4.00	3
	科技与法律	381	0.420	0.033	0.92	221	0.26	2.76	4.93	5
	青少年犯罪问题	343	0.421	0.071	1.00	170	0.20	2.13	5.66	4

期刊类别	期刊名称	扩展总被引频次	扩展影响因子	扩展即年指标	扩展他引率	扩展引用刊数	扩展学科影响指标	扩展学科扩散指标	扩展被引半衰期	扩展H指标
法律	清华法学	343	0.863	0.110	0.99	179	0.53	2.24	3.39	6
	人民检察	1434	0.991	0.076	0.97	324	0.56	4.05	5.19	8
	人民司法	876	0.197	0.022	0.94	308	0.63	3.85	4.88	5
	森林公安	30	0.027	-	1.00	22	0.06	0.28	6.33	1
	山东审判	162	0.127	0.014	0.95	97	0.34	1.21	5.23	3
	时代法学	362	0.537	0.069	0.97	220	0.41	2.75	4.79	4
	天津法学	92	0.288	-	0.99	73	0.19	0.91	3.77	3
	西部法学评论	260	0.266	0.009	0.99	165	0.31	2.06	4.53	3
	现代法学	1982	1.240	0.266	0.99	583	0.69	7.29	7.56	9
	刑事技术	554	0.277	0.014	0.73	156	0.16	1.95	5.73	4
	行政法学研究	722	0.697	0.110	0.95	322	0.49	4.03	6.79	6
	行政与法	859	0.297	0.060	0.98	453	0.45	5.66	4.78	5
	征信	406	0.498	0.051	0.91	180	0.11	2.25	4.30	4
	证据科学	438	1.040	0.250	0.92	207	0.44	2.59	4.90	4
	政法论丛	546	1.078	0.158	0.96	243	0.49	3.04	3.84	5
	政法学刊	367	0.194	0.021	0.99	196	0.35	2.45	6.43	3
	政治与法律	1345	0.775	0.172	0.97	472	0.60	5.90	4.71	6
	知识产权	913	1.081	0.190	0.88	314	0.36	3.92	4.20	7
	中国版权	103	0.206	0.052	0.93	46	0.18	0.57	3.81	3
	中国法学	3529	3.994	0.653	0.98	710	0.75	8.88	7.01	14
	中国公证	137	0.095	0.019	0.87	42	0.10	0.53	4.74	2
	中国海商法研究	205	0.423	0.043	0.79	59	0.14	0.74	4.03	3
	中国监狱学刊	225	0.157	0.010	0.68	61	0.13	0.76	5.36	3
	中国检察官	494	0.152	0.056	0.96	177	0.40	2.21	2.77	4
	中国司法	627	0.280	0.027	0.96	240	0.48	3.00	4.74	5
	中国司法鉴定	490	0.495	0.074	0.80	174	0.35	2.17	4.16	4
	中国刑事法杂志	1055	0.727	0.150	0.95	305	0.56	3.81	4.55	6
	中外法学	1212	1.351	0.282	0.99	381	0.66	4.76	7.48	8
	平均	887	0.655	0.116	0.93	291	0.42	3.65	5.03	5
	北京财贸职业学院学报	88	0.270	0.020	0.97	61	0.05	1.11	4.67	3
	长春金融高等专科学校学报	184	0.360	0.080	0.98	116	0.04	2.11	2.94	3
	东北财经大学学报	748	0.637	0.135	0.98	369	0.24	6.71	5.28	5
	福建商业高等专科学校学报	320	0.332	0.062	1.00	184	0.04	3.35	4.63	4

期刊类别	期刊名称	扩展总被引频次	扩展影响因子	扩展即年指标	扩展他引率	扩展引用刊数	扩展学科影响指标	扩展学科扩散指标	扩展被引半衰期	扩展H指标
大学学报(经济管理)	广东财经职业学院学报	132	-	0.023	1.00	87	0.07	1.58	5.47	3
	广东商学院学报	397	0.822	0.203	0.99	236	0.35	4.29	3.98	4
	广东外语外贸大学学报	680	0.541	0.088	0.98	347	0.13	6.31	5.13	5
	广西财经学院学报	430	0.397	0.075	0.99	255	0.25	4.64	4.56	3
	贵州财经大学学报	522	0.897	0.188	0.99	268	0.24	4.87	3.73	5
	贵州商业高等专科学校学报	133	0.184	0.068	0.97	78	0.02	1.42	5.32	3
	国际商务-对外经济贸易大学学报	515	1.133	0.182	0.95	228	0.27	4.15	4.08	6
	河北经贸大学学报	477	0.808	0.211	0.95	260	0.18	4.73	3.98	4
	河北经贸大学学报(综合版)	138	0.176	0.016	1.00	103	0.13	1.87	3.84	3
	河南财政税务高等专科学校学报	344	0.351	0.045	0.99	184	0.09	3.35	3.69	4
	湖北经济学院学报	409	0.551	0.109	0.99	273	0.11	4.96	4.01	4
	湖南财政经济学院学报	590	0.373	0.079	0.97	280	0.15	5.09	4.17	5
	湖南商学院学报	593	0.388	0.048	0.98	316	0.16	5.75	6.20	4
	湖南税务高等专科学校学报	172	0.206	0.027	0.99	113	0.09	2.05	5.36	2
	吉林工商学院学报	305	0.358	0.029	0.98	203	0.09	3.69	2.92	4
	江西财经大学学报	867	1.312	0.185	0.93	389	0.27	7.07	4.00	6
	金融管理与研究	136	3.062	0.034	1.00	92	0.02	1.67	3.91	2
	金融教育研究	392	0.323	0.157	0.98	190	0.07	3.45	3.93	3
	金融经济学研究	361	1.114	0.164	0.97	202	0.25	3.67	3.25	5
	兰州商学院学报	451	0.494	0.116	0.93	257	0.24	4.67	5.34	4
	内蒙古财经学院学报	350	0.361	0.032	0.99	182	0.16	3.31	4.79	3
	内蒙古财经学院学报(综合版)	319	0.305	0.034	0.97	177	0.09	3.22	3.48	4
	南京财经大学学报	457	0.461	0.061	1.00	276	0.18	5.02	5.63	4
	南京审计学院学报	355	0.724	0.176	0.86	187	0.18	3.40	4.11	4
	山东财经大学学报	349	0.410	0.039	0.99	204	0.16	3.71	4.85	4
	山东工商学院学报	389	0.299	0.044	0.98	215	0.15	3.91	4.85	3
	山西财经大学学报	2349	2.170	0.580	0.99	761	0.64	13.84	3.82	6
	山西财政税务专科学校学报	237	0.252	0.074	1.00	129	0.07	2.35	4.57	3
	上海财经大学学报(哲学社会科学版)	590	1.158	0.233	0.99	324	0.33	5.89	4.53	6
	上海海关学院学报	57	0.173	0.027	0.77	29	0.04	0.53	3.10	2
	上海金融学院学报	207	0.384	0.101	0.98	147	0.15	2.67	5.12	4
	上海商学院学报	275	0.299	0.027	0.98	175	0.07	3.18	4.01	4
	石家庄经济学院学报	486	0.337	0.056	0.99	293	0.20	5.33	5.61	4

期刊类别	期刊名称	扩展总被引频次	扩展影响因子	扩展即年指标	扩展他引率	扩展引用刊数	扩展学科影响指标	扩展学科扩散指标	扩展被引半衰期	扩展H指标
大学学报(经济管理)	首都经济贸易大学学报	494	0.509	0.110	1.00	303	0.24	5.51	4.88	4
	税收经济研究	70	-	0.109	0.90	45	0.09	0.82	1.44	3
	天津商业大学学报	383	0.590	0.027	0.98	223	0.15	4.05	4.72	5
	天津市经理学院学报	308	0.231	0.022	1.00	166	0.05	3.02	3.98	4
	铜陵学院学报	401	0.231	0.017	0.99	259	0.11	4.71	4.22	4
	武汉商业服务学院学报	248	0.347	0.018	0.98	170	0.04	3.09	3.41	3
	西安财经学院学报	512	0.615	0.125	0.90	260	0.25	4.73	4.08	4
	西部经济管理论坛-四川经济管理学院学报	126	0.324	0.070	0.75	66	0.05	1.20	2.84	2
	现代财经-天津财经大学学报	967	0.610	0.165	1.00	442	0.51	8.04	4.79	5
	新疆财经大学学报	170	0.325	0.073	0.99	125	0.04	2.27	4.54	3
	云南财经大学学报	651	0.757	0.098	1.00	354	0.25	6.44	4.53	5
	浙江工商大学学报	365	0.830	0.164	0.99	199	0.11	3.62	4.00	5
	中国农业银行武汉培训学院学报	187	0.217	0.042	0.99	106	0.04	1.93	3.97	3
	中南财经政法大学学报	1483	1.544	0.300	0.97	576	0.49	10.47	4.63	6
	中央财经大学学报	1646	1.114	0.160	0.99	563	0.65	10.24	4.68	7
	平均	457	0.590	0.102	0.97	231	0.17	4.21	4.30	4
经济学	China & World Economy	135	0.447	0.081	0.84	80	0.18	0.70	4.72	2
	WTO 经济导刊	192	0.316	0.015	0.99	125	0.15	1.10	3.98	3
	北方经济	1390	0.227	0.040	0.99	521	0.38	4.57	4.31	5
	边疆经济与文化	1284	0.219	0.050	0.99	513	0.27	4.50	3.82	5
	财政研究	1430	0.880	0.154	0.98	472	0.46	4.14	4.21	8
	产经评论	368	0.615	0.108	0.96	231	0.32	2.03	4.37	4
	产业与科技论坛	1947	0.192	0.024	0.99	637	0.33	5.59	2.90	5
	当代经济	3345	0.423	0.072	0.99	807	0.46	7.08	3.36	7
	当代经济科学	1002	1.195	0.202	0.99	422	0.46	3.70	5.61	7
	当代经济研究	896	0.717	0.148	0.98	407	0.40	3.57	5.11	6
	发展	656	0.101	0.020	1.00	313	0.20	2.75	3.55	4
	发展研究	792	0.373	0.101	0.97	419	0.35	3.68	3.73	6
	改革	1418	1.175	0.212	0.96	572	0.52	5.02	3.49	9
	改革与开放	1444	0.237	0.058	0.99	489	0.24	4.29	2.33	5
	改革与战略	1970	0.533	0.117	0.98	715	0.47	6.27	3.78	6
	广东经济	164	0.245	0.043	0.99	114	0.14	1.00	3.25	3
	国际经济合作	868	0.613	0.099	0.95	366	0.40	3.21	4.46	5

期刊类别	期刊名称	扩展总被引频次	扩展影响因子	扩展即年指标	扩展他引率	扩展引用刊数	扩展学科影响指标	扩展学科扩散指标	扩展被引半衰期	扩展H指标
经济学	国际经济评论	1301	2.465	0.312	1.00	469	0.50	4.11	6.10	9
	合作经济与科技	2863	0.389	0.100	0.99	708	0.35	6.21	2.93	6
	宏观经济研究	1223	1.282	0.277	0.99	512	0.52	4.49	4.13	7
	环渤海经济瞭望	192	0.183	0.023	0.98	120	0.13	1.05	3.21	2
	环境经济	313	0.412	0.017	1.00	212	0.18	1.86	3.82	4
	活力	313	0.033	0.008	0.98	128	0.11	1.12	2.60	3
	技术经济与管理研究	1306	0.730	0.133	0.97	546	0.33	4.79	3.99	7
	价值工程	7630	0.345	0.109	0.94	1310	0.37	11.49	2.10	9
	金融评论	144	1.103	0.069	0.94	97	0.18	0.85	2.09	4
	经济	221	0.197	0.088	1.00	156	0.14	1.37	3.19	3
	经济导刊	613	0.329	0.048	1.00	309	0.27	2.71	2.65	4
	经济界	208	0.316	0.009	1.00	136	0.20	1.19	5.36	4
	经济经纬	1222	0.890	0.157	0.98	499	0.48	4.38	4.69	6
	经济科学	1581	1.584	0.178	0.99	511	0.52	4.48	7.08	11
	经济论坛	2372	0.406	0.079	0.99	725	0.47	6.36	4.34	5
	经济评论	1317	1.425	0.225	0.98	495	0.54	4.34	5.41	8
	经济社会体制比较	1393	1.238	0.150	0.99	651	0.54	5.71	5.44	9
	经济师	6005	0.392	0.116	0.98	1091	0.41	9.57	4.37	8
	经济数学	232	0.457	0.049	0.94	167	0.11	1.46	4.62	4
	经济问题	1963	0.782	0.176	0.97	671	0.53	5.89	4.63	7
	经济问题探索	2701	0.931	0.173	0.97	855	0.54	7.50	4.47	8
	经济学动态	2217	1.080	0.113	0.97	672	0.60	5.89	3.94	9
	经济学家	1849	1.896	0.319	0.99	631	0.51	5.54	4.47	12
	经济研究	19008	7.737	0.734	0.98	1288	0.68	11.30	7.22	45
	经济研究参考	2231	0.796	0.065	0.99	721	0.52	6.32	4.27	8
	经济研究导刊	5798	0.337	0.086	0.98	1267	0.53	11.11	2.59	8
	经济与管理评论	579	0.526	0.126	0.97	317	0.32	2.78	4.55	4
	经济与社会发展	1576	0.257	0.023	0.99	665	0.29	5.83	4.89	5
	经济资料译丛	25	0.155	-	1.00	23	0.01	0.20	6.50	2
	经济纵横	2461	1.182	0.211	0.99	749	0.53	6.57	3.88	8
	军事经济研究	252	0.098	0.010	0.93	91	0.11	0.80	4.82	3
	开放导报	614	0.752	0.124	0.99	342	0.32	3.00	3.60	7
	开放时代	967	1.125	0.294	0.93	429	0.20	3.76	4.35	9

期刊类别	期刊名称	扩展总被引频次	扩展影响因子	扩展即年指标	扩展他引率	扩展引用刊数	扩展学科影响指标	扩展学科扩散指标	扩展被引半衰期	扩展H指标
经济学	科技和产业	724	0.348	0.067	0.98	384	0.25	3.37	3.40	5
	会计与经济研究	323	0.793	0.156	0.99	156	0.23	1.37	3.78	4
	辽宁经济	724	0.206	0.030	1.00	247	0.21	2.17	3.96	5
	南方经济	1029	1.745	0.128	0.88	439	0.45	3.85	5.13	9
	南开经济研究	1138	1.518	0.444	1.00	450	0.52	3.95	6.79	9
	青海国土经略	122	0.092	0.003	1.00	69	0.04	0.61	>10	3
	全球科技经济瞭望	251	0.236	0.057	0.90	141	0.09	1.24	5.41	3
	山东经济战略研究	145	0.147	0.032	1.00	81	0.11	0.71	4.96	3
	商情	1070	0.046	0.011	0.99	329	0.15	2.89	2.06	4
	商业研究	4644	0.866	0.135	0.99	1031	0.49	9.04	6.13	8
	上海经济	120	0.957	0.017	1.00	87	0.14	0.76	3.75	2
	上海经济研究	1379	0.830	0.124	0.99	550	0.55	4.82	5.38	9
	生产力研究	3638	0.495	0.082	0.99	1001	0.53	8.78	3.98	7
	世界经济	3792	3.270	0.252	0.98	650	0.61	5.70	6.30	18
	世界经济文汇	684	1.298	0.043	0.98	322	0.41	2.82	6.07	7
	世界经济研究	1663	1.272	0.131	0.97	493	0.54	4.32	4.92	10
	世界经济与政治论坛	554	0.806	0.098	0.98	306	0.32	2.68	4.68	6
	数量经济技术经济研究	4288	2.294	0.226	0.98	775	0.58	6.80	5.68	16
	特区经济	2720	0.317	0.080	0.98	813	0.43	7.13	4.08	6
	特区实践与理论	162	0.159	0.027	0.98	128	0.09	1.12	4.60	3
	天府新论	635	0.397	0.098	0.98	386	0.26	3.39	4.86	4
	卫生经济研究	1411	0.718	0.162	0.97	390	0.22	3.42	4.60	6
	西部论坛	416	0.500	0.096	0.99	244	0.27	2.14	5.28	4
	西藏发展论坛	49	0.099	0.011	0.94	31	0.02	0.27	4.25	1
	现代经济(现代物业中旬刊)	720	0.188	0.028	0.99	321	0.25	2.82	3.56	4
	现代经济信息	4497	0.291	0.046	0.96	677	0.33	5.94	2.33	9
	现代日本经济	409	1.198	0.161	0.88	210	0.25	1.84	4.17	5
	亚太经济	714	0.774	0.210	0.94	326	0.35	2.86	3.64	5
	浙江经济	442	0.122	0.013	1.00	255	0.27	2.24	4.62	4
	知识经济	2011	0.203	0.035	1.00	622	0.27	5.46	2.33	6
	中国发展	259	0.435	0.054	0.98	191	0.21	1.68	4.08	4
	中国发展观察	598	0.537	0.072	1.00	368	0.33	3.23	3.51	6
	中国房地产业	709	-	0.014	0.94	164	0.19	1.44	1.57	4

期刊类别	期刊名称	扩展总被引频次	扩展影响因子	扩展即年指标	扩展他引率	扩展引用刊数	扩展学科影响指标	扩展学科扩散指标	扩展被引半衰期	扩展H指标
经济学	中国集体经济	2860	0.268	0.058	0.98	732	0.37	6.42	2.64	7
	中国经济史研究	480	0.242	0.040	0.93	252	0.14	2.21	>10	4
	中国经济问题	369	0.922	0.153	0.93	209	0.32	1.83	4.53	5
	中国社会经济史研究	288	0.110	-	0.94	171	0.05	1.50	>10	3
	资源开发与市场	1338	0.571	0.084	0.95	595	0.25	5.22	4.63	6
	资源与产业	982	0.733	0.109	0.89	429	0.29	3.76	4.17	7
	平均	1576	0.745	0.109	0.97	447	0.33	3.92	4.48	6
经济与管理	财会研究	2721	0.775	0.173	0.98	470	0.31	3.13	3.54	9
	财会月刊(会计版)	1180	0.381	0.038	0.97	234	0.23	1.56	4.72	5
	财会月刊(理论版)	910	0.348	0.022	0.96	281	0.28	1.87	4.20	4
	财会月刊(综合版)	1193	0.364	0.064	0.98	284	0.27	1.89	4.55	5
	财务与会计	1662	0.842	0.187	1.00	281	0.27	1.87	4.23	6
	产权导刊	125	0.123	0.005	0.96	76	0.03	0.51	3.60	3
	城市	324	0.232	0.059	0.96	195	0.14	1.30	4.09	4
	城市公用事业	120	0.118	-	0.99	87	0.05	0.58	7.13	2
	城市观察	194	0.528	0.033	0.93	120	0.07	0.80	2.41	5
	城市管理与科技	190	0.175	0.034	0.98	128	0.05	0.85	6.19	3
	城市开发(物业管理)	8	0.006	0.004	1.00	5	0.01	0.03	2.50	1
	城市问题	1666	0.761	0.114	0.93	634	0.21	4.23	5.32	8
	当代经济管理	854	0.641	0.244	0.99	407	0.28	2.71	3.47	5
	工程管理学报	808	0.986	0.326	0.81	242	0.17	1.61	4.09	6
	工业工程与管理	1022	0.674	0.062	0.95	424	0.23	2.83	5.69	6
	公共管理学报	659	1.570	0.200	0.97	389	0.20	2.59	4.46	7
	管理案例研究与评论	109	0.583	0.227	0.93	55	0.05	0.37	2.69	3
	管理工程师	106	0.202	0.093	1.00	68	0.01	0.45	2.47	2
	管理科学	1307	1.900	0.304	0.98	479	0.36	3.19	4.97	8
	管理科学学报	1934	1.593	0.240	0.89	549	0.33	3.66	6.19	10
	管理评论	1357	0.954	0.136	0.96	497	0.33	3.31	3.92	8
	管理世界	10210	2.385	0.141	0.97	1139	0.48	7.59	5.82	23
	管理现代化	489	0.402	0.054	1.00	267	0.17	1.78	5.86	5
	管理学报	1825	1.138	0.153	0.91	573	0.37	3.82	3.70	8
	广义虚拟经济研究	67	0.671	0.111	0.33	17	0.01	0.11	2.34	4
	国际城市规划	887	0.710	0.081	0.94	273	0.11	1.82	5.57	6

期刊类别	期刊名称	扩展总被引频次	扩展影响因子	扩展即年指标	扩展他引率	扩展引用刊数	扩展学科影响指标	扩展学科扩散指标	扩展被引半衰期	扩展H指标
经济与管理	国外医学(卫生经济分册)	116	0.151	-	0.94	76	0.01	0.51	8.31	4
	国有资产管理	138	0.092	0.014	1.00	77	0.05	0.51	4.36	2
	海峡科学	666	0.195	0.018	0.99	382	0.12	2.55	4.35	4
	宏观经济管理	887	0.607	0.114	1.00	420	0.23	2.80	2.83	5
	华东经济管理	1897	0.707	0.175	0.98	693	0.37	4.62	4.02	6
	交通财会	747	0.407	0.131	0.95	157	0.18	1.05	4.34	5
	交通企业管理	558	0.219	0.026	1.00	228	0.13	1.52	3.97	5
	教育财会研究	554	0.891	0.202	0.98	193	0.12	1.29	4.31	5
	教育与经济	571	0.922	0.092	0.98	299	0.13	1.99	6.82	6
	经济管理	2196	0.589	0.073	0.98	678	0.39	4.52	5.12	8
	经济理论与经济管理	1739	1.717	0.324	0.99	596	0.33	3.97	5.05	9
	经济体制改革	1250	0.891	0.136	0.99	561	0.33	3.74	4.35	7
	经济与管理	1204	0.783	0.181	0.97	493	0.33	3.29	4.40	6
	经济与管理研究	1305	0.895	0.121	0.99	517	0.35	3.45	4.24	8
	经营与管理	636	0.255	0.055	0.99	270	0.19	1.80	3.24	4
	决策	201	0.195	0.020	1.00	156	0.09	1.04	3.41	3
	决策探索	510	0.157	0.015	1.00	268	0.14	1.79	4.47	4
	科技创业月刊	1868	0.258	0.059	0.99	676	0.26	4.51	4.08	5
	会计师	983	0.368	0.203	1.00	195	0.19	1.30	2.37	4
	会计研究	10278	5.290	0.490	0.97	723	0.47	4.82	6.51	27
	会计之友	6953	0.684	0.174	0.95	728	0.37	4.85	3.58	9
	秘书	140	0.051	0.025	1.00	80	0.03	0.53	6.38	3
	秘书工作	92	0.037	0.017	1.00	58	0.01	0.39	4.28	2
	秘书之友	154	0.061	0.039	1.00	84	0.03	0.56	6.00	3
	民营科技	3256	0.458	0.077	0.99	494	0.19	3.29	2.20	7
	内蒙古统计	159	0.117	0.010	1.00	86	0.08	0.57	4.86	2
	南北桥	103	0.033	0.011	1.00	58	0.03	0.39	3.60	2
	南开管理评论	2418	2.497	0.086	0.98	548	0.41	3.65	5.61	11
	农业科研经济管理	211	0.688	0.314	0.75	81	0.06	0.54	3.63	4
	企业导报	3322	0.323	0.049	0.68	564	0.27	3.76	2.31	7
	企业改革与管理	508	1.946	0.007	1.00	227	0.17	1.51	5.64	5
	企业管理	1166	0.564	0.164	0.99	365	0.28	2.43	4.11	5
	企业活力	634	0.265	0.061	0.99	291	0.21	1.94	5.23	4

期刊类别	期刊名称	扩展总被引频次	扩展影响因子	扩展即年指标	扩展他引率	扩展引用刊数	扩展学科影响指标	扩展学科扩散指标	扩展被引半衰期	扩展H指标
经济与管理	企业技术开发(下半月)	381	0.085	0.015	0.99	163	0.08	1.09	2.38	3
	企业技术开发(学术版)	911	0.218	0.067	0.99	348	0.15	2.32	2.98	4
	企业家天地(下旬刊)	1513	0.158	0.016	1.00	469	0.22	3.13	3.36	4
	企业家天地(中旬刊)	829	-	0.048	1.00	311	0.17	2.07	3.02	4
	企业经济	2404	0.523	0.130	0.99	716	0.39	4.77	4.89	6
	企业科技与发展	1220	0.261	0.055	0.99	453	0.21	3.02	3.10	5
	企业研究(策划与财富)	363	0.542	0.076	1.00	161	0.11	1.07	2.50	3
	商品与质量·理论研究	607	0.133	0.017	0.99	238	0.09	1.59	1.81	4
	商品与质量·学术观察	324	0.053	0.018	0.98	104	0.07	0.69	1.43	3
	商业会计	1761	0.393	0.130	0.94	304	0.28	2.03	2.54	6
	上海管理科学	332	0.186	0.057	0.98	218	0.19	1.45	6.17	4
	上海企业	247	0.100	0.008	1.00	141	0.08	0.94	5.37	3
	审计研究	2435	2.522	0.313	0.94	313	0.36	2.09	5.54	14
	审计与经济研究	1206	1.790	0.603	0.90	302	0.32	2.01	4.70	8
	施工企业管理	265	0.074	0.024	1.00	108	0.12	0.72	5.94	3
	数理统计与管理	1278	0.719	0.075	0.91	589	0.27	3.93	5.91	8
	天津经济	233	0.286	0.073	0.98	116	0.07	0.77	2.77	3
	通信企业管理	189	0.100	0.024	1.00	113	0.09	0.75	4.64	3
	统计科学与实践	380	0.267	0.037	0.98	230	0.15	1.53	4.17	5
	统计研究	3448	1.804	0.277	0.94	857	0.39	5.71	5.69	13
	统计与管理	105	0.180	0.031	0.98	70	0.04	0.47	1.64	3
	统计与决策	4830	0.473	0.083	0.95	1265	0.45	8.43	4.41	8
	统计与信息论坛	924	0.577	0.136	0.92	469	0.19	3.13	4.37	7
	统计与咨询	207	0.128	0.042	1.00	124	0.08	0.83	4.26	3
	外国经济与管理	1638	1.133	0.167	0.99	548	0.37	3.65	6.65	8
	西部财会	324	0.227	0.044	0.99	134	0.14	0.89	3.24	3
	现代管理科学	2025	0.476	0.105	0.99	655	0.35	4.37	4.87	7
	现代企业	537	0.178	0.027	1.00	190	0.17	1.27	4.49	4
	现代企业教育	1938	0.178	0.024	0.98	548	0.13	3.65	3.38	4
	现代审计与经济	188	0.251	0.041	1.00	78	0.10	0.52	3.83	4
	现代物业	314	0.242	0.050	0.96	117	0.09	0.78	1.73	4
	项目管理技术	494	0.362	0.072	0.85	198	0.15	1.32	3.49	4
	新财经	281	0.414	0.038	1.00	151	0.12	1.01	2.23	3

期刊类别	期刊名称	扩展总被引频次	扩展影响因子	扩展即年指标	扩展他引率	扩展引用刊数	扩展学科影响指标	扩展学科扩散指标	扩展被引半衰期	扩展H指标
经济与管理	新财经(理论版)	296	0.044	0.016	0.95	75	0.07	0.50	1.54	3
	沿海企业与科技	1325	0.306	0.035	0.99	431	0.17	2.87	4.35	6
	研究与发展管理	1347	0.955	0.113	0.97	425	0.32	2.83	6.21	7
	冶金财会	404	0.266	0.089	1.00	102	0.11	0.68	3.97	4
	预测	915	0.827	0.037	0.99	416	0.29	2.77	7.97	6
	职业时空	1697	0.308	0.057	0.98	557	0.17	3.71	3.29	5
	中国电力企业管理	863	0.395	0.034	1.00	225	0.13	1.50	3.88	5
	中国改革	565	0.209	0.046	1.00	352	0.11	2.35	6.32	6
	中国工程咨询	292	0.142	0.019	1.00	154	0.11	1.03	5.52	3
	中国管理科学	2442	1.202	0.076	0.91	652	0.35	4.35	6.01	11
	中国管理信息化	2853	0.499	0.141	0.97	647	0.36	4.31	2.96	8
	中国合作经济	164	0.292	0.031	1.00	108	0.05	0.72	3.52	4
	中国煤炭工业	287	0.105	0.017	1.00	101	0.06	0.67	5.21	4
	中国内部审计	459	-	0.140	0.98	141	0.15	0.94	3.03	3
	中国农业会计	720	0.419	0.155	0.99	173	0.17	1.15	3.62	6
	中国社会组织	105	0.154	0.027	1.00	75	0.02	0.50	1.79	3
	中国审计	514	0.096	0.019	1.00	146	0.17	0.97	5.41	4
	中国统计	570	0.145	0.031	0.99	301	0.18	2.01	6.03	4
	中国物业管理	125	0.082	0.012	1.00	61	0.03	0.41	4.27	2
	中国乡镇企业会计	1844	0.320	0.085	0.99	296	0.21	1.97	2.77	6
	中国注册会计师	599	0.429	0.064	0.95	148	0.19	0.99	5.01	5
	中国资产评估	179	0.163	0.016	0.94	83	0.11	0.55	5.58	3
	中国总会计师	1008	0.411	0.055	1.00	193	0.19	1.29	2.81	5
	中外管理	223	0.127	0.010	1.00	134	0.09	0.89	5.60	3
	中外企业文化	250	0.253	0.016	1.00	124	0.11	0.83	5.24	4
	中小企业管理与科技	5801	0.252	0.062	0.98	725	0.24	4.83	2.58	8
	平均	1180	0.558	0.092	0.97	314	0.19	2.10	4.27	5
农业经济	安徽行政学院学报	446	0.287	0.012	0.99	259	0.36	9.25	4.52	4
	调研世界	678	0.558	0.087	0.98	332	0.39	11.86	4.76	5
	国土资源信息化	234	0.452	0.084	0.73	102	0.11	3.64	5.53	4
	江苏农村经济	267	0.129	0.052	1.00	138	0.25	4.93	3.30	4
	林业经济问题	664	0.640	0.029	0.88	241	0.32	8.61	5.20	5
	南方农村	221	0.320	0.017	0.94	134	0.29	4.79	3.81	3

期刊类别	期刊名称	扩展总被引频次	扩展影响因子	扩展即年指标	扩展他引率	扩展引用刊数	扩展学科影响指标	扩展学科扩散指标	扩展被引半衰期	扩展H指标
农业经济	农场经济管理	168	0.078	0.013	0.99	92	0.18	3.29	5.00	3
	农村财政与财务	169	0.159	0.028	1.00	102	0.04	3.64	3.43	3
	农村金融研究	509	0.708	0.161	0.96	229	0.32	8.18	2.84	6
	农村经济	2461	0.997	0.136	0.97	749	0.57	26.75	4.24	7
	农村经济与科技	844	0.226	0.067	0.98	381	0.36	13.61	2.94	4
	农村经营管理	363	0.193	0.024	1.00	176	0.46	6.29	3.96	5
	农业技术经济	1767	1.483	0.191	0.94	508	0.54	18.14	4.93	9
	农业经济	1828	0.728	0.127	0.95	594	0.50	21.21	3.77	5
	农业经济问题	3794	2.040	0.309	0.97	824	0.57	29.43	5.19	11
	农业经济与管理	206	0.671	0.116	1.00	120	0.25	4.29	2.80	4
	上海农村经济	102	0.172	0.021	1.00	69	0.21	2.46	3.72	3
	生态经济	2579	0.871	0.160	0.96	865	0.39	30.89	3.69	8
	台湾农业探索	220	0.345	0.033	0.90	122	0.25	4.36	4.48	3
	中国农村观察	1422	2.248	0.310	0.97	532	0.54	19.00	6.89	10
	中国农村经济	3428	2.618	0.038	0.96	768	0.54	27.43	6.55	13
	中国土地	702	0.412	0.053	1.00	266	0.29	9.50	6.75	6
	中国土地科学	2182	1.169	0.017	0.87	476	0.50	17.00	4.93	11
	平均	1098	0.761	0.091	0.95	351	0.36	12.55	4.49	5
工业经济	产业经济研究	624	1.147	0.288	0.95	303	0.25	12.63	4.41	7
	工业技术经济	1701	0.445	0.101	0.99	647	0.29	26.96	5.07	6
	化学工业	369	0.410	0.027	0.98	205	0.08	8.54	5.58	4
	技术经济	1449	0.815	0.243	0.85	547	0.17	22.79	3.93	6
	建筑经济	2114	0.652	0.135	0.94	449	0.21	18.71	5.01	8
	旅游科学	941	1.136	0.132	0.96	332	0.21	13.83	5.76	8
	旅游论坛	517	0.669	0.064	0.94	254	0.13	10.58	3.20	5
	旅游学刊	5056	3.102	0.573	0.95	816	0.21	34.00	6.11	15
	煤炭经济研究	958	0.375	0.083	0.94	312	0.29	13.00	4.81	5
	内蒙古煤炭经济	443	0.235	0.028	0.99	170	0.04	7.08	3.59	4
	铁道经济研究	181	0.538	0.203	0.70	82	0.13	3.42	3.31	4
	冶金经济与管理	144	0.181	0.048	0.90	88	0.08	3.67	5.20	3
	邮政研究	62	0.091	0.027	0.95	31	0.08	1.29	3.68	2
	中国储运	262	0.190	0.012	0.97	134	0.08	5.58	3.93	3
	中国工业经济	5719	3.016	0.553	0.97	926	0.38	38.58	5.72	21

期刊类别	期刊名称	扩展总被引频次	扩展影响因子	扩展即年指标	扩展他引率	扩展引用刊数	扩展学科影响指标	扩展学科扩散指标	扩展被引半衰期	扩展H指标
	中国军转民	53	0.084	-	1.00	38	0.04	1.58	2.94	2
	平均	1287	0.818	0.157	0.94	333	0.17	13.89	4.52	6
贸易经济	北方经贸	1604	0.268	0.063	0.99	490	0.36	8.45	4.02	6
	财贸经济	3074	1.779	0.209	0.98	698	0.53	12.03	4.95	12
	电子商务	743	0.397	0.141	0.93	258	0.36	4.45	2.48	4
	对外经贸	1147	0.314	0.020	0.98	379	0.41	6.53	3.30	5
	对外经贸实务	658	0.414	0.338	0.96	292	0.40	5.03	2.67	4
	俄罗斯中亚东欧市场	231	0.352	0.065	0.94	98	0.21	1.69	4.17	3
	工商行政管理	131	0.052	-	0.97	71	0.12	1.22	4.08	3
	广告大观(理论版)	185	-	0.024	0.92	102	0.16	1.76	3.88	3
	国际经贸探索	805	0.810	0.161	0.96	368	0.41	6.34	4.24	6
	国际贸易	945	1.167	0.283	1.00	347	0.47	5.98	3.75	7
	国际贸易问题	2640	1.730	0.283	0.94	573	0.50	9.88	4.67	10
	国际商务研究	350	0.767	0.094	0.99	191	0.29	3.29	5.65	5
	技术与市场	1454	0.271	0.060	0.99	447	0.29	7.71	2.11	5
	价格理论与实践	1216	0.559	0.120	0.82	414	0.41	7.14	3.14	5
	价格月刊	681	0.359	0.061	0.95	320	0.41	5.52	3.99	5
	江苏商论	1295	0.310	0.056	0.97	454	0.52	7.83	4.15	5
	科技经济市场	1175	0.253	0.040	0.99	439	0.36	7.57	3.87	5
	旅游研究	300	0.488	0.062	0.99	183	0.14	3.16	4.68	4
	商场现代化	9330	0.293	0.049	0.98	1424	0.52	24.55	4.41	8
	商业经济	2815	0.487	0.116	0.99	693	0.52	11.95	2.92	7
	商业经济与管理	1365	1.099	0.171	0.97	470	0.48	8.10	5.21	8
	世界贸易组织动态与研究	178	0.562	0.278	0.94	103	0.24	1.78	3.52	3
	市场论坛	809	0.269	0.055	0.98	359	0.38	6.19	3.92	5
	市场研究	304	0.216	0.036	1.00	179	0.29	3.09	4.93	4
	市场周刊·理论研究	624	0.124	0.017	0.99	293	0.38	5.05	4.37	4
	物流技术	2414	0.464	0.066	0.82	623	0.45	10.74	4.23	7
	物流技术与应用	407	0.472	0.035	1.00	183	0.28	3.16	3.83	6
	物流科技	1607	0.507	0.098	0.95	465	0.40	8.02	3.95	6
	现代商业	5873	0.295	0.060	0.96	805	0.45	13.88	2.78	7
	现代营销	820	0.212	0.050	0.98	242	0.31	4.17	1.60	4
	消费经济	771	0.641	0.083	0.94	346	0.36	5.97	5.03	5

期刊类别	期刊名称	扩展总被引频次	扩展影响因子	扩展即年指标	扩展他引率	扩展引用刊数	扩展学科影响指标	扩展学科扩散指标	扩展被引半衰期	扩展H指标
贸易经济	销售与市场	205	0.148	0.010	1.00	104	0.28	1.79	2.68	2
	中国电子商情·通信市场	35	0.054	0.006	1.00	30	-	0.52	3.56	2
	中国电子商务	758	0.083	0.024	0.95	234	0.24	4.03	1.87	4
	中国对外贸易	703	0.690	0.136	1.00	233	0.31	4.02	1.58	3
	中国工商管理研究	295	0.100	0.035	0.95	162	0.24	2.79	5.17	4
	中国海关	53	0.073	0.003	1.00	38	0.09	0.66	3.50	2
	中国经贸	816	0.104	0.025	0.98	254	0.31	4.38	2.31	3
	中国经贸导刊	1440	0.347	0.064	1.00	592	0.45	10.21	2.66	6
	中国流通经济	1360	0.896	0.230	0.96	464	0.50	8.00	3.74	8
	中国商界	2184	0.179	0.046	0.99	567	0.43	9.78	2.81	5
	中国市场	3062	0.336	0.099	0.93	787	0.47	13.57	2.53	6
	中国物价	426	0.316	0.043	0.97	227	0.33	3.91	4.25	4
	中国物流与采购	923	0.415	0.031	1.00	310	0.40	5.34	4.49	6
	中国纤检	402	0.228	0.016	0.86	130	0.05	2.24	3.32	4
	中华商标	232	0.094	0.036	0.92	110	0.14	1.90	5.14	3
	平均	1279	0.435	0.087	0.96	359	0.34	6.20	3.70	5
财政金融	保险研究	1314	0.903	0.200	0.83	368	0.51	4.91	3.94	7
	财经界	3148	0.354	0.104	0.95	428	0.33	5.71	2.41	6
	财经科学	1697	1.155	0.264	0.99	600	0.53	8.00	5.19	7
	财经理论与实践	1327	0.983	0.115	0.98	485	0.56	6.47	5.35	7
	财经论丛	789	0.990	0.117	0.95	360	0.44	4.80	5.14	6
	财经问题研究	2240	1.188	0.153	0.99	707	0.63	9.43	5.11	10
	财经研究	2774	1.549	0.214	0.99	656	0.64	8.75	6.02	12
	财会通讯	6061	0.442	0.110	0.94	705	0.51	9.40	3.41	8
	财贸研究	1092	0.821	0.125	0.99	436	0.41	5.81	5.30	6
	财务与金融	355	0.836	0.140	0.96	161	0.24	2.15	2.63	5
	当代财经	2272	1.336	0.297	0.94	659	0.56	8.79	5.50	7
	地方财政研究	563	0.601	0.148	0.99	291	0.33	3.88	3.21	6
	福建金融	278	0.245	0.028	0.95	158	0.41	2.11	4.08	3
	甘肃金融	227	0.143	0.047	0.98	128	0.35	1.71	2.81	3
	国际金融研究	1869	2.080	0.338	0.96	431	0.60	5.75	4.64	10
	国际商务财会	495	0.381	0.068	0.96	137	0.21	1.83	2.93	6
	海南金融	512	0.382	0.109	0.96	219	0.44	2.92	3.37	4

期刊类别	期刊名称	扩展总被引频次	扩展影响因子	扩展即年指标	扩展他引率	扩展引用刊数	扩展学科影响指标	扩展学科扩散指标	扩展被引半衰期	扩展H指标
财政金融	河北金融	269	0.208	0.039	0.93	118	0.28	1.57	3.10	3
	黑龙江金融	207	0.112	0.016	1.00	104	0.27	1.39	3.55	3
	湖北农村金融研究	72	0.059	0.007	1.00	46	0.11	0.61	3.47	2
	华北金融	411	0.350	0.127	1.00	181	0.52	2.41	3.09	4
	吉林金融研究	103	0.075	0.074	0.99	66	0.29	0.88	2.17	2
	金融发展研究	644	0.604	0.112	0.93	230	0.45	3.07	3.32	4
	金融经济(理论版)	720	0.144	0.026	1.00	253	0.39	3.37	3.42	3
	金融会计	408	0.415	0.102	0.97	129	0.39	1.72	3.65	4
	金融理论与实践	1333	0.688	0.187	0.97	404	0.59	5.39	3.88	7
	金融论坛	829	0.854	0.110	0.95	273	0.51	3.64	4.88	6
	金融研究	6237	3.009	0.225	0.95	674	0.65	8.99	5.90	18
	金融与经济	1088	0.620	0.082	0.99	398	0.49	5.31	3.75	6
	金融纵横	344	0.868	0.040	0.93	153	0.44	2.04	3.02	3
	绿色财会	390	0.252	0.069	0.90	126	0.13	1.68	4.36	4
	南方金融	752	0.449	0.139	0.95	286	0.51	3.81	3.86	5
	青海金融	170	0.158	0.068	0.96	91	0.27	1.21	2.94	3
	区域金融研究	425	0.396	0.030	0.95	190	0.41	2.53	3.39	4
	上海保险	353	0.292	0.036	1.00	155	0.33	2.07	4.34	4
	上海金融	1384	0.828	0.138	0.98	415	0.63	5.53	4.25	8
	涉外税务	799	0.672	0.020	0.96	241	0.27	3.21	4.24	6
	审计与理财	460	0.157	0.039	1.00	153	0.20	2.04	4.03	5
	时代金融(下旬)	364	-	0.015	0.98	147	0.20	1.96	1.69	3
	税务研究	2004	1.271	0.130	0.91	400	0.43	5.33	3.67	11
	税务与经济	572	0.696	0.227	0.92	260	0.28	3.47	3.96	4
	投资研究	341	0.522	0.237	0.66	137	0.32	1.83	2.18	5
	投资与合作	150	0.037	0.012	0.95	69	0.07	0.92	1.39	2
	武汉金融	708	0.492	0.109	0.97	251	0.55	3.35	3.31	5
	西部金融	594	0.393	0.162	0.79	209	0.41	2.79	2.79	5
	西南金融	529	0.392	0.124	0.97	224	0.49	2.99	3.28	5
	现代商业银行	85	0.015	0.005	1.00	52	0.17	0.69	7.67	2
	新疆财经	282	0.481	0.135	0.98	138	0.15	1.84	4.01	3
	新金融	560	0.635	0.227	0.97	233	0.55	3.11	3.58	5
	银行家	745	0.353	0.116	1.00	284	0.53	3.79	3.10	4

期刊类别	期刊名称	扩展总被引频次	扩展影响因子	扩展即年指标	扩展他引率	扩展引用刊数	扩展学科影响指标	扩展学科扩散指标	扩展被引半衰期	扩展H指标
财政金融	浙江金融	830	0.595	0.049	0.98	310	0.45	4.13	3.55	7
	证券市场导报	1111	1.015	0.137	0.95	332	0.57	4.43	5.09	7
	中国保险	269	0.247	0.032	1.00	134	0.31	1.79	4.39	3
	中国财政	605	0.261	0.021	1.00	283	0.31	3.77	2.90	4
	中国城市金融	94	0.047	0.005	1.00	48	0.17	0.64	6.80	2
	中国金融	2678	0.740	0.228	1.00	543	0.64	7.24	2.80	9
	中国科技投资	472	0.430	0.066	1.00	258	0.28	3.44	3.22	4
	中国钱币	138	0.101	-	0.57	35	0.01	0.47	>10	2
	中国税务	222	0.578	0.023	1.00	107	0.19	1.43	3.18	3
	中国外资(下半月)	1549	0.223	0.111	0.97	334	0.35	4.45	1.63	5
	中国证券期货	868	0.232	0.055	0.96	279	0.33	3.72	1.71	4
	资本市场	212	0.181	0.052	1.00	124	0.29	1.65	2.63	4
	平均	980	0.579	0.353	0.95	272	0.38	3.63	3.87	5
大学学报(教育)	蚌埠学院学报	9	-	0.048	1.00	7	-	0.16	-	1
	兵团教育学院学报	282	0.178	0.008	0.98	160	0.16	3.72	6.67	4
	长春工业大学学报(高教研究版)	507	0.445	0.018	0.99	275	0.26	6.40	4.01	5
	长春教育学院学报	487	0.248	0.048	0.99	242	0.23	5.63	1.91	4
	成都师范学院学报	1200	0.262	0.037	0.99	506	0.40	11.77	5.52	4
	重庆第二师范学院学报	447	0.222	0.073	0.96	267	0.30	6.21	4.62	4
	大连教育学院学报	328	0.238	0.035	0.98	186	0.19	4.33	6.17	3
	福建教育学院学报	662	0.331	0.051	1.00	324	0.33	7.53	4.95	3
	广东第二师范学院学报	375	0.399	0.061	0.90	233	0.09	5.42	6.66	5
	广西教育学院学报	835	0.254	0.058	0.98	392	0.30	9.12	5.68	5
	贵州师范学院学报	418	0.194	0.035	0.99	241	0.21	5.60	4.32	3
	河北农业大学学报(农林教育版)	487	0.399	0.044	0.98	264	0.19	6.14	4.90	4
	河北师范大学学报(教育科学版)	1074	0.498	0.082	0.98	489	0.51	11.37	4.21	5
	黑龙江教育学院学报	1457	0.280	0.050	0.99	553	0.37	12.86	3.75	5
	湖南师范大学教育科学学报	1165	0.888	0.310	0.90	455	0.53	10.58	4.67	5
	鸡西大学学报	547	0.177	0.042	0.99	320	0.21	7.44	3.14	4
	集美大学学报(教育科学版)	373	0.439	0.100	0.97	218	0.23	5.07	5.51	4
	江西教育学院学报	515	0.221	0.040	0.98	304	0.19	7.07	5.84	4
	开封教育学院学报	241	0.173	0.019	1.00	145	0.09	3.37	4.53	3
	辽宁教育行政学院学报	1636	0.339	0.045	1.00	545	0.51	12.67	5.09	6

期刊类别	期刊名称	扩展总被引频次	扩展影响因子	扩展即年指标	扩展他引率	扩展引用刊数	扩展学科影响指标	扩展学科扩散指标	扩展被引半衰期	扩展H指标
大学学报(教育)	临沂大学学报	376	0.215	0.026	0.99	261	0.21	6.07	6.66	3
	牡丹江教育学院学报	628	0.187	0.036	1.00	332	0.35	7.72	4.16	3
	内蒙古师范大学学报(教育科学版)	1355	0.296	0.051	0.98	525	0.42	12.21	5.18	5
	南昌教育学院学报	845	0.280	0.067	1.00	342	0.28	7.95	1.86	4
	宁波大学学报(教育科学版)	1167	0.512	0.059	0.99	515	0.44	11.98	5.99	6
	宁波教育学院学报	475	0.260	0.048	1.00	233	0.28	5.42	4.45	4
	齐鲁师范学院学报	526	0.241	0.035	0.99	316	0.33	7.35	6.40	4
	陕西教育学院学报	294	0.214	0.025	0.96	191	0.23	4.44	6.58	3
	沈阳教育学院学报	474	0.277	0.008	0.99	271	0.21	6.30	5.30	4
	苏州教育学院学报	258	0.235	0.018	0.98	160	0.23	3.72	4.23	3
	宿州教育学院学报	509	0.219	0.067	1.00	258	0.19	6.00	3.96	3
	太原大学教育学院学报	389	0.322	0.070	1.00	201	0.09	4.67	4.48	5
	天津师范大学学报(基础教育版)	230	0.378	0.031	0.99	135	0.21	3.14	6.11	4
	潍坊工程职业学院学报	310	0.165	0.046	0.97	182	0.14	4.23	4.83	3
	武夷学院学报	236	0.228	0.021	0.97	157	0.12	3.65	4.50	3
	厦门城市职业学院学报	179	0.266	0.103	0.98	120	0.21	2.79	5.07	3
	新疆教育学院学报	254	0.264	0.018	0.93	140	0.14	3.26	5.63	4
	延边教育学院学报	374	0.191	0.023	0.99	146	0.26	3.40	4.24	4
	扬州大学学报(高教研究版)	908	0.871	0.164	0.94	389	0.23	9.05	4.94	6
	扬州教育学院学报	214	0.219	0.038	0.99	137	0.16	3.19	5.67	3
	浙江外国语学院学报	327	0.248	0.009	0.99	207	0.21	4.81	5.97	4
	平均	570	0.299	0.053	0.98	276	0.25	6.43	4.84	3
师范大学学报	安徽师范大学学报(人文社会科学版)	653	0.415	0.024	0.99	404	0.18	11.88	7.47	6
	北京师范大学学报(社会科学版)	2173	0.930	0.167	1.00	928	0.59	27.29	9.74	13
	重庆师范大学学报(哲学社会科学版)	330	0.253	0.089	0.98	184	0.21	5.41	6.31	3
	东北师大学报(哲学社会科学版)	1429	0.819	0.172	0.87	630	0.32	18.53	4.36	6
	福建师范大学学报(哲学社会科学版)	844	0.302	0.116	1.00	533	0.26	15.68	6.91	5
	广西师范大学学报(哲学社会科学版)	668	0.328	0.033	0.97	385	0.26	11.32	6.53	5
	贵州师范大学学报(社会科学版)	498	0.203	0.052	0.99	321	0.18	9.44	6.81	4
	河北师范大学学报(哲学社会科学版)	562	0.295	0.037	0.99	367	0.21	10.79	6.53	4
	河南师范大学学报(哲学社会科学版)	1245	0.362	0.050	0.97	667	0.38	19.62	5.32	6
	湖南师范大学社会科学学报	1008	0.789	0.114	0.93	531	0.24	15.62	5.34	6
	华东师范大学学报(哲学社会科学版)	668	0.390	0.048	1.00	456	0.26	13.41	7.99	5

期刊类别	期刊名称	扩展总被引频次	扩展影响因子	扩展即年指标	扩展他引率	扩展引用刊数	扩展学科影响指标	扩展学科扩散指标	扩展被引半衰期	扩展H指标
师范大学学报	华南师范大学学报(社会科学版)	851	0.502	0.040	1.00	543	0.26	15.97	6.58	6
	华中师范大学学报(人文社会科学版)	1530	1.167	0.220	0.99	765	0.38	22.50	6.40	9
	吉林师范大学学报(人文社会科学版)	546	0.312	0.069	0.98	322	0.06	9.47	4.72	5
	江苏师范大学学报(哲学社会科学版)	495	0.421	0.030	0.98	304	0.15	8.94	5.56	5
	江西师范大学学报(哲学社会科学版)	573	0.443	0.102	0.99	358	0.26	10.53	5.84	5
	辽宁师范大学学报(社会科学版)	683	0.376	0.023	1.00	409	0.12	12.03	7.14	5
	内蒙古师范大学学报(哲学社会科学版)	637	0.230	0.027	0.98	345	0.15	10.15	6.41	3
	南京师大学报(社会科学版)	1083	0.448	0.060	0.99	652	0.29	19.18	8.31	7
	青海师范大学学报(哲学社会科学版)	458	0.202	0.016	0.98	283	0.15	8.32	6.33	4
	山东师范大学学报(人文社会科学版)	804	0.354	0.232	0.98	463	0.32	13.62	7.27	6
	山西师大学报(社会科学版)	696	0.372	0.059	0.98	420	0.15	12.35	5.03	4
	陕西师范大学学报(哲学社会科学版)	1137	0.394	0.077	0.99	596	0.35	17.53	8.02	5
	上海师范大学学报(哲学社会科学版)	565	0.471	0.074	0.98	369	0.35	10.85	7.76	4
	沈阳师范大学学报(社会科学版)	823	0.304	0.043	0.98	436	0.24	12.82	4.88	5
	首都师范大学学报(社会科学版)	783	0.430	0.061	0.99	498	0.29	14.65	6.50	6
	西北师大学报(社会科学版)	792	0.540	0.038	0.97	461	0.44	13.56	7.28	5
	西华师范大学学报(哲学社会科学版)	517	0.272	0.008	0.98	327	0.09	9.62	7.89	4
	西南大学学报(社会科学版)	1604	0.638	0.109	0.95	668	0.41	19.65	6.27	8
	新疆师范大学学报(哲学社会科学版)	449	0.766	0.222	0.93	220	0.18	6.47	5.62	5
	云南师范大学学报(哲学社会科学版)	642	0.478	0.040	0.98	354	0.24	10.41	6.57	5
	浙江师范大学学报(社会科学版)	709	0.553	0.087	0.96	405	0.26	11.91	6.86	6
	平均	826	0.461	0.079	0.98	456	0.26	13.42	6.58	5
师范学院学报	安康学院学报	444	0.173	0.054	0.96	259	0.12	3.12	4.96	4
	安顺学院学报	236	0.170	0.049	0.98	147	0.10	1.77	4.15	3
	安阳师范学院学报	563	0.261	0.024	1.00	331	0.14	3.99	6.11	4
	鞍山师范学院学报	516	0.312	0.083	0.90	288	0.11	3.47	5.34	4
	百色学院学报	331	0.197	0.030	0.95	193	0.19	2.33	4.91	4
	保定学院学报	304	0.199	0.052	0.98	222	0.12	2.67	5.22	3
	保山学院学报	231	0.152	0.084	0.91	140	0.11	1.69	5.61	3
	毕节学院学报	275	0.166	0.017	0.88	153	0.16	1.84	3.77	3
	滨州学院学报	366	0.282	0.019	0.90	218	0.07	2.63	5.22	4
	沧州师范学院学报	350	0.156	0.058	0.97	194	0.11	2.34	6.25	3
	长江师范学院学报	395	0.264	0.062	0.91	221	0.12	2.66	4.63	4

期刊类别	期刊名称	扩展总被引频次	扩展影响因子	扩展即年指标	扩展他引率	扩展引用刊数	扩展学科影响指标	扩展学科扩散指标	扩展被引半衰期	扩展H指标
师范学院学报	长治学院学报	315	0.202	0.028	0.98	201	0.10	2.42	5.04	3
	池州学院学报	492	0.176	0.033	0.97	296	0.20	3.57	4.90	5
	滁州学院学报	385	0.269	0.040	0.98	231	0.13	2.78	3.63	3
	楚雄师范学院学报	342	0.131	0.025	0.96	230	0.13	2.77	5.86	4
	大庆师范学院学报	387	0.228	0.030	0.99	255	0.17	3.07	4.52	3
	福建师大福清分校学报	339	0.290	0.045	0.98	221	0.16	2.66	4.99	4
	赣南师范学院学报	603	0.241	0.023	0.98	371	0.23	4.47	6.93	4
	广西民族师范学院学报	264	0.194	0.016	0.98	175	0.11	2.11	4.32	3
	邯郸学院学报	136	0.143	-	0.98	103	0.10	1.24	4.84	2
	韩山师范学院学报	241	0.144	0.031	0.96	165	0.12	1.99	6.18	3
	合肥师范学院学报	504	0.223	0.014	1.00	310	0.14	3.73	5.77	5
	河北科技师范学院学报	393	0.348	0.047	0.98	229	0.05	2.76	8.26	4
	河北民族师范学院学报	478	0.294	0.110	0.98	226	0.16	2.72	6.37	3
	河西学院学报	313	0.151	0.026	0.99	216	0.13	2.60	5.97	3
	菏泽学院学报	262	0.199	0.011	0.99	193	0.10	2.33	5.04	3
	贺州学院学报	193	0.189	0.045	0.98	134	0.07	1.61	4.13	3
	衡水学院学报	433	0.331	0.122	0.89	240	0.11	2.89	3.56	4
	衡阳师范学院学报	520	0.203	0.038	0.96	332	0.18	4.00	6.06	4
	湖北第二师范学院学报	767	0.193	0.031	0.98	414	0.19	4.99	4.93	5
	湖南第一师范学院学报	479	0.271	0.038	0.92	268	0.07	3.23	4.27	3
	湖州师范学院学报	479	0.219	0.011	0.99	304	0.20	3.66	6.35	4
	淮南师范学院学报	417	0.177	0.040	1.00	266	0.14	3.20	4.49	4
	黄冈师范学院学报	400	0.181	0.027	0.99	254	0.19	3.06	4.61	3
	吉林工程技术师范学院学报	663	0.346	0.084	0.99	338	0.12	4.07	3.47	4
	集宁师范学院学报	98	0.139	-	0.97	71	0.05	0.86	5.50	2
	济宁学院学报	296	0.137	0.034	0.98	190	0.17	2.29	6.46	3
	江苏技术师范学院学报	645	0.343	0.034	0.99	318	0.10	3.83	3.95	6
	江西科技师范大学学报	410	0.188	0.019	1.00	256	0.07	3.08	6.30	3
	晋中学院学报	255	0.161	0.015	0.98	172	0.08	2.07	4.97	3
	喀什师范学院学报	277	0.128	0.025	0.86	164	0.11	1.98	6.39	3
	凯里学院学报	432	0.144	0.030	0.98	256	0.11	3.08	5.01	3
	昆明学院学报	354	0.244	0.027	0.88	201	0.12	2.42	4.16	4
	乐山师范学院学报	661	0.187	0.025	0.97	364	0.29	4.39	5.13	4

期刊类别	期刊名称	扩展总被引频次	扩展影响因子	扩展即年指标	扩展他引率	扩展引用刊数	扩展学科影响指标	扩展学科扩散指标	扩展被引半衰期	扩展H指标
师范学院学报	六盘水师范学院学报	133	0.111	0.033	0.98	89	0.04	1.07	5.73	2
	龙岩学院学报	558	0.281	0.053	0.98	325	0.19	3.92	6.30	4
	洛阳师范学院学报	585	0.194	0.045	0.99	359	0.14	4.33	5.27	4
	绵阳师范学院学报	509	0.154	0.011	0.98	332	0.22	4.00	4.28	4
	内江师范学院学报	777	0.248	0.060	0.80	339	0.20	4.08	3.76	4
	南京师范大学文学院学报	191	0.143	-	0.99	141	0.12	1.70	5.59	3
	南阳师范学院学报	636	0.238	0.027	0.96	407	0.23	4.90	4.83	4
	宁夏师范学院学报	243	0.118	0.014	0.97	177	0.14	2.13	6.26	3
	平顶山学院学报	255	0.135	0.036	0.99	182	0.08	2.19	5.88	3
	黔南民族师范学院学报	245	0.172	0.011	0.95	155	0.06	1.87	6.00	3
	青岛大学师范学院学报	223	0.107	-	0.99	151	0.11	1.82	8.19	3
	青海师范大学民族师范学院学报	53	0.115	-	0.96	43	0.04	0.52	5.50	2
	曲靖师范学院学报	376	0.175	0.045	0.98	252	0.18	3.04	6.23	3
	泉州师范学院学报	352	0.236	0.020	0.97	251	0.13	3.02	6.08	3
	商洛学院学报	264	0.225	0.070	0.88	174	0.10	2.10	4.86	3
	商丘师范学院学报	598	0.146	0.027	0.95	376	0.16	4.53	5.57	4
	上饶师范学院学报	262	0.177	0.014	0.95	175	0.11	2.11	7.15	3
	石家庄学院学报	317	0.236	0.079	0.99	237	0.11	2.86	4.95	3
	四川民族学院学报	198	0.158	0.014	0.97	123	0.07	1.48	5.50	2
	四川文理学院学报	588	0.536	0.118	0.78	260	0.18	3.13	3.32	5
	绥化学院学报	469	0.127	0.018	0.98	274	0.13	3.30	4.71	3
	唐山师范学院学报	466	0.176	0.029	0.98	315	0.16	3.80	5.32	4
	天津职业技术师范大学学报	220	0.236	0.038	1.00	165	0.11	1.99	6.21	4
	天水师范学院学报	333	0.168	0.024	0.96	216	0.08	2.60	5.10	3
	通化师范学院学报	741	0.186	0.061	0.96	402	0.20	4.84	4.49	4
	铜仁学院学报	242	0.173	0.033	0.95	161	0.16	1.94	3.64	4
	渭南师范学院学报	371	0.224	0.019	0.94	217	0.12	2.61	6.31	3
	文山学院学报	219	0.206	0.079	0.82	125	0.06	1.51	4.16	3
	咸阳师范学院学报	267	0.169	0.030	0.92	179	0.12	2.16	5.02	3
	忻州师范学院学报	409	0.219	0.037	0.99	260	0.14	3.13	4.61	4
	兴义民族师范学院学报	137	0.103	0.005	0.96	103	0.11	1.24	4.68	2
	玉林师范学院学报	404	0.189	0.031	0.98	265	0.16	3.19	5.68	3
	玉溪师范学院学报	313	0.166	0.022	0.99	222	0.08	2.67	6.83	3

期刊类别	期刊名称	扩展总被引频次	扩展影响因子	扩展即年指标	扩展他引率	扩展引用刊数	扩展学科影响指标	扩展学科扩散指标	扩展被引半衰期	扩展H指标
师范学院学报	枣庄学院学报	270	0.195	0.022	1.00	184	0.07	2.22	4.90	3
	湛江师范学院学报	390	0.192	0.014	0.97	268	0.16	3.23	6.53	4
	周口师范学院学报	444	0.187	0.071	0.96	280	0.17	3.37	5.61	3
	遵义师范学院学报	252	0.163	0.017	0.99	171	0.14	2.06	4.50	3
	平均	377	0.202	0.036	0.96	230	0.13	2.78	5.28	3
师范专科学校学报	阿坝师范高等专科学校学报	251	0.121	0.063	0.99	154	0.12	9.06	5.76	3
	甘肃高师学报	413	0.192	0.015	0.97	236	0.18	13.88	6.02	3
	桂林师范高等专科学校学报	372	0.277	0.047	0.97	191	0.18	11.24	4.79	3
	和田师范专科学校学报	762	0.162	0.047	0.99	354	0.41	20.82	3.97	3
	焦作师范高等专科学校学报	144	0.223	0.028	0.97	99	0.06	5.82	4.81	2
	荆楚学刊	203	0.224	-	0.99	140	0.06	8.24	4.10	3
	景德镇高专学报	275	0.163	0.023	0.97	154	0.12	9.06	4.88	3
	连云港师范高等专科学校学报	199	0.113	0.018	0.99	138	0.18	8.12	7.82	3
	辽宁师专学报(社会科学版)	714	0.188	0.040	1.00	310	0.18	18.24	5.52	3
	柳州师专学报	293	0.145	0.031	0.95	182	0.06	10.71	5.41	3
	宁德师专学报(哲学社会科学版)	174	0.158	-	1.00	113	-	6.65	5.77	3
	齐齐哈尔师范高等专科学校学报	433	0.171	0.024	0.99	227	0.18	13.35	3.84	4
	思茅师范高等专科学校学报	232	0.120	0.043	0.97	147	0.24	8.65	4.55	2
	郧阳师范高等专科学校学报	331	0.168	0.032	0.97	208	0.18	12.24	5.40	3
	昭通师范高等专科学校学报	164	0.143	0.021	0.85	89	0.06	5.24	5.58	2
	平均	330	0.171	0.029	0.97	182	0.15	10.75	5.21	2
职业大学学报(成人电大教育)	安徽电气工程职业技术学院学报	294	0.338	0.018	1.00	154	0.06	0.99	4.54	4
	安徽电子信息职业技术学院学报	476	0.226	0.069	0.99	258	0.11	1.66	4.81	4
	安徽广播电视大学学报	240	0.190	0.051	0.97	152	0.08	0.98	5.30	3
	安徽警官职业学院学报	178	0.134	0.005	0.99	123	0.05	0.79	4.67	3
	安徽科技学院学报	632	0.326	0.041	0.99	369	0.07	2.38	6.12	4
	安徽商贸职业技术学院学报(社会科学版)	198	0.311	0.136	0.98	131	0.12	0.85	5.04	4
	安徽水利水电职业技术学院学报	286	0.271	0.089	0.99	136	0.03	0.88	3.95	4
	安徽卫生职业技术学院学报	864	0.366	0.063	0.97	299	0.03	1.93	3.90	5
	安徽冶金科技职业学院学报	206	0.183	0.078	0.93	120	0.03	0.77	4.38	4
	安徽职业技术学院学报	229	0.448	0.035	0.98	136	0.08	0.88	4.39	4
	包头职业技术学院学报	112	0.201	0.031	0.95	72	0.05	0.46	2.75	2
	保险职业学院学报	285	0.265	0.036	0.94	155	0.03	1.00	4.26	4

期刊类别	期刊名称	扩展总被引频次	扩展影响因子	扩展即年指标	扩展他引率	扩展引用刊数	扩展学科影响指标	扩展学科扩散指标	扩展被引半衰期	扩展H指标
职业大学学报(成人电大教育)	北京工业职业技术学院学报	399	0.394	0.065	0.98	216	0.15	1.39	4.22	5
	北京广播电视大学学报	137	0.263	0.059	0.93	87	0.10	0.56	4.54	3
	北京劳动保障职业学院学报	202	0.445	0.067	0.99	135	0.06	0.87	4.48	4
	北京农业职业学院学报	275	0.354	0.049	0.93	175	0.08	1.13	4.42	4
	北京政法职业学院学报	156	0.208	0.071	0.96	112	0.08	0.72	4.64	2
	长江工程职业技术学院学报	248	0.212	0.043	1.00	161	0.06	1.04	5.60	4
	长沙航空职业技术学院学报	194	0.259	0.048	0.99	125	0.08	0.81	5.10	3
	长沙民政职业技术学院学报	359	0.330	0.061	0.98	206	0.08	1.33	4.12	5
	长沙通信职业技术学院学报	240	0.314	0.031	0.99	143	0.10	0.92	4.20	3
	常州信息职业技术学院学报	530	0.520	0.044	0.89	242	0.17	1.56	3.72	4
	成都航空职业技术学院学报	253	0.347	0.045	0.99	147	0.10	0.95	4.14	4
	重庆电子工程职业学院学报	648	0.289	0.016	0.99	346	0.20	2.23	4.24	4
	重庆广播电视大学学报	173	0.243	0.040	0.97	111	0.10	0.72	4.37	3
	滁州职业技术学院学报	163	0.206	0.039	0.99	114	0.10	0.74	4.65	3
	当代继续教育	276	0.245	0.034	0.95	161	0.06	1.04	4.67	3
	福建广播电视大学学报	174	0.184	0.044	0.95	118	0.10	0.76	3.73	2
	甘肃广播电视大学学报	147	0.181	0.028	0.97	110	0.08	0.71	5.25	3
	高等职业教育-天津职业大学学报	678	0.618	0.049	0.99	279	0.28	1.80	3.99	5
	广播电视大学学报	159	0.178	0.042	0.99	117	0.05	0.75	6.32	3
	广东广播电视大学学报	242	0.264	0.029	0.95	160	0.10	1.03	4.37	3
	广东技术师范学院学报(社会科学版)	595	0.333	0.055	1.00	347	0.21	2.24	4.50	4
	广东技术师范学院学报(职业教育)	103	0.379	0.024	0.96	65	0.08	0.42	2.98	3
	广东交通职业技术学院学报	301	0.335	0.044	0.98	166	0.09	1.07	4.35	4
	广东农工商职业技术学院学报	177	0.276	0.037	0.99	119	0.08	0.77	4.62	3
	广东轻工职业技术学院学报	184	0.270	-	0.99	131	0.10	0.85	4.68	4
	广东水利电力职业技术学院学报	160	0.229	0.024	0.99	105	0.08	0.68	4.80	3
	广西广播电视大学学报	170	0.243	-	0.97	111	0.12	0.72	4.78	3
	广州城市职业学院学报	78	0.212	0.036	0.97	64	0.06	0.41	3.00	3
	广州广播电视大学学报	190	0.264	0.054	0.98	143	0.16	0.92	3.41	4
	贵州广播电视大学学报	10	0.014	0.015	0.90	9	0.01	0.06	3.40	1
	贵州警官职业学院学报	206	0.181	0.051	0.99	133	0.03	0.86	4.64	2
	哈尔滨职业技术学院学报	445	0.229	0.044	1.00	241	0.22	1.55	3.36	4
	海南广播电视大学学报	181	0.171	0.030	0.98	127	0.10	0.82	4.27	3

期刊类别	期刊名称	扩展总被引频次	扩展影响因子	扩展即年指标	扩展他引率	扩展引用刊数	扩展学科影响指标	扩展学科扩散指标	扩展被引半衰期	扩展H指标
职业大学学报(成人电大教育)	邯郸职业技术学院学报	167	0.191	0.019	0.99	117	0.03	0.75	5.03	2
	河北大学成人教育学院学报	383	0.330	0.150	0.83	187	0.13	1.21	3.87	4
	河北工业大学学报(社会科学版)	180	0.329	0.116	0.99	140	0.05	0.90	4.39	3
	河北公安警察职业学院学报	91	0.176	0.047	0.95	58	0.01	0.37	3.69	2
	河北广播电视大学学报	409	0.353	0.033	0.95	221	0.21	1.43	4.02	5
	河北旅游职业学院学报	236	0.215	0.032	0.98	137	0.09	0.88	4.92	4
	河北能源职业技术学院学报	262	0.252	0.040	1.00	148	0.08	0.95	4.06	3
	河北软件职业技术学院学报	169	0.275	0.032	0.99	109	0.06	0.70	4.40	4
	河南广播电视大学学报	219	0.192	0.023	0.96	137	0.10	0.88	4.70	2
	河南司法警官职业学院学报	169	0.181	0.042	0.99	103	0.04	0.66	4.97	3
	湖北成人教育学院学报	538	0.261	0.067	1.00	259	0.14	1.67	3.34	4
	湖北广播电视大学学报	1373	0.290	0.067	0.99	519	0.34	3.35	3.01	4
	湖北函授大学学报	499	0.213	0.050	0.98	264	0.15	1.70	2.00	4
	湖北职业技术学院学报	276	0.386	0.019	0.97	183	0.12	1.18	4.34	4
	湖南大众传媒职业技术学院学报	308	0.181	0.065	0.98	181	0.06	1.17	4.45	3
	湖南工业职业技术学院学报	554	0.256	0.018	0.99	291	0.21	1.88	3.71	4
	湖南广播电视大学学报	226	0.315	0.103	0.95	140	0.12	0.90	4.97	3
	湖南环境生物职业技术学院学报	287	0.280	0.025	0.99	192	0.06	1.24	4.72	4
	湖州职业技术学院学报	185	0.294	0.061	0.97	123	0.08	0.79	4.22	3
	淮北职业技术学院学报	510	0.310	0.052	0.97	235	0.10	1.52	2.97	5
	黄冈职业技术学院学报	339	0.344	0.055	0.97	185	0.14	1.19	3.80	3
	黄河水利职业技术学院学报	344	0.346	0.120	0.97	187	0.07	1.21	4.90	4
	吉林广播电视大学学报	706	0.250	0.056	0.99	346	0.21	2.23	2.49	4
	济南职业学院学报	407	0.301	0.050	0.99	214	0.15	1.38	4.02	4
	济源职业技术学院学报	144	0.220	-	0.99	96	0.08	0.62	3.29	3
	江苏广播电视大学学报	381	0.450	0.058	0.93	210	0.23	1.35	4.32	4
	江苏建筑职业技术学院学报	328	0.670	0.043	0.97	192	0.16	1.24	3.19	6
	江苏经贸职业技术学院学报	268	0.324	0.031	0.97	153	0.11	0.99	3.67	3
	江西电力职业技术学院学报	254	0.215	0.018	0.99	143	0.06	0.92	5.06	3
	江西广播电视大学学报	191	0.262	0.035	0.94	128	0.10	0.83	4.55	3
	江西青年职业学院学报	181	0.253	0.008	1.00	118	0.05	0.76	3.89	3
	金华职业技术学院学报	338	0.408	0.043	0.99	225	0.15	1.45	3.96	4
	晋城职业技术学院学报	120	0.184	0.047	0.98	88	0.12	0.57	2.63	2

期刊类别	期刊名称	扩展总被引频次	扩展影响因子	扩展即年指标	扩展他引率	扩展引用刊数	扩展学科影响指标	扩展学科扩散指标	扩展被引半衰期	扩展H指标
职业大学学报(成人电大教育)	九江职业技术学院学报	242	0.227	0.033	0.98	149	0.15	0.96	4.14	3
	兰州石化职业技术学院学报	160	0.307	0.031	0.93	108	0.09	0.70	3.89	4
	黎明职业大学学报	153	0.218	0.039	0.98	108	0.06	0.70	4.61	2
	连云港职业技术学院学报	139	0.135	0.019	0.99	97	0.03	0.63	5.08	3
	辽宁高职学报	1706	0.460	0.080	0.97	488	0.54	3.15	4.31	6
	辽宁广播电视大学学报	226	0.220	0.037	1.00	136	0.09	0.88	3.57	3
	辽宁农业职业技术学院学报	362	0.288	0.065	0.99	201	0.11	1.30	4.38	4
	柳州职业技术学院学报	287	0.294	0.050	0.99	176	0.14	1.14	4.29	4
	漯河职业技术学院学报	461	0.184	0.038	1.00	247	0.17	1.59	3.78	4
	闽西职业技术学院学报	324	0.392	0.043	0.95	209	0.17	1.35	4.92	4
	南京工业职业技术学院学报	273	0.223	0.027	0.98	171	0.14	1.10	4.74	4
	南京广播电视大学学报	177	0.303	0.052	0.98	106	0.14	0.68	3.63	3
	南宁职业技术学院学报	256	0.246	0.076	0.97	152	0.12	0.98	3.84	3
	南通纺织职业技术学院学报	185	0.201	0.067	0.98	136	0.09	0.88	4.87	3
	南通航运职业技术学院学报	238	0.217	0.037	0.97	145	0.06	0.94	4.67	3
	南通职业大学学报	288	0.356	0.049	0.95	188	0.11	1.21	4.96	3
	宁波广播电视大学学报	210	0.204	0.007	1.00	149	0.06	0.96	4.67	4
	宁波职业技术学院学报	389	0.274	0.042	0.99	227	0.15	1.46	4.61	4
	濮阳职业技术学院学报	325	0.150	0.018	0.98	177	0.07	1.14	4.63	3
	青岛职业技术学院学报	289	0.347	0.140	0.97	173	0.10	1.12	4.00	3
	清远职业技术学院学报	101	0.136	0.015	0.95	76	0.08	0.49	2.70	3
	三门峡职业技术学院学报	154	0.135	0.016	0.90	84	0.09	0.54	3.84	2
	沙洲职业工学院学报	128	0.295	0.036	0.95	82	0.06	0.53	4.36	3
	山东广播电视大学学报	150	0.205	0.033	0.96	96	0.08	0.62	4.54	2
	山东商业职业技术学院学报	382	0.410	0.066	0.99	202	0.14	1.30	3.80	4
	山西广播电视大学学报	577	0.337	0.250	0.98	260	0.18	1.68	3.76	4
	陕西广播电视大学学报	159	0.178	0.032	0.97	109	0.12	0.70	5.04	3
	陕西青年职业学院学报	163	0.276	0.048	1.00	106	0.06	0.68	4.35	3
	商丘职业技术学院学报	321	0.163	0.020	0.99	195	0.09	1.26	4.08	4
	上海城市管理	223	0.317	0.078	0.98	173	0.03	1.12	4.06	3
	深圳信息职业技术学院学报	198	0.313	0.026	0.98	132	0.15	0.85	4.63	4
	深圳职业技术学院学报	186	0.190	0.066	1.00	140	0.08	0.90	4.94	3
	十堰职业技术学院学报	295	0.242	0.079	0.96	187	0.17	1.21	3.84	4

期刊类别	期刊名称	扩展总被引频次	扩展影响因子	扩展即年指标	扩展他引率	扩展引用刊数	扩展学科影响指标	扩展学科扩散指标	扩展被引半衰期	扩展H指标
职业大学学报(成人电大教育)	石家庄铁路职业技术学院学报	220	0.329	0.019	0.99	130	0.05	0.84	4.06	3
	石家庄职业技术学院学报	326	0.349	0.036	0.99	202	0.12	1.30	4.30	3
	顺德职业技术学院学报	125	0.215	0.034	0.97	93	0.07	0.60	3.69	2
	四川职业技术学院学报	421	0.252	0.062	0.98	224	0.13	1.45	4.57	4
	苏州工艺美术职业技术学院学报	35	0.056	-	1.00	23	-	0.15	5.38	2
	苏州市职业大学学报	260	0.361	0.030	0.97	151	0.08	0.97	4.76	3
	太原城市职业技术学院学报	1233	0.204	0.056	0.99	442	0.29	2.85	3.04	4
	泰州职业技术学院学报	312	0.211	0.022	1.00	196	0.06	1.26	4.56	3
	天津电大学报	138	0.264	0.042	0.96	87	0.12	0.56	3.70	3
	天津职业院校联合学报	656	0.375	0.058	0.98	302	0.25	1.95	3.56	5
	铜陵职业技术学院学报	181	0.202	0.018	0.99	129	0.05	0.83	3.43	3
	温州职业技术学院学报	275	0.373	0.042	0.93	145	0.14	0.94	4.63	3
	乌鲁木齐职业大学学报	127	0.155	0.028	0.98	102	0.06	0.66	5.56	3
	无锡商业职业技术学院学报	460	0.411	0.075	0.95	223	0.15	1.44	3.98	4
	无锡职业技术学院学报	392	0.357	0.125	0.98	215	0.21	1.39	3.89	4
	芜湖职业技术学院学报	236	0.224	0.056	1.00	154	0.08	0.99	4.61	3
	武汉船舶职业技术学院学报	328	0.252	0.020	0.99	201	0.15	1.30	3.66	3
	武汉工程职业技术学院学报	158	0.258	0.043	0.92	108	0.06	0.70	4.88	3
	武汉交通职业学院学报	144	0.262	0.011	1.00	104	0.05	0.67	4.50	3
	武汉职业技术学院学报	458	0.266	0.062	0.99	261	0.23	1.68	4.54	4
	厦门广播电视大学学报	105	0.257	0.014	1.00	75	0.08	0.48	3.23	3
	襄阳职业技术学院学报	453	0.279	0.052	0.96	260	0.20	1.68	4.13	5
	新疆广播电视大学学报	86	0.120	0.030	0.94	62	0.06	0.40	5.58	2
	新疆职业大学学报	227	0.207	0.022	0.99	152	0.07	0.98	4.57	3
	邢台职业技术学院学报	388	0.249	0.046	0.98	217	0.14	1.40	5.11	4
	烟台职业学院学报	133	0.183	0.047	0.99	87	0.06	0.56	5.34	3
	延安职业技术学院学报	316	0.213	0.047	1.00	196	0.09	1.26	3.58	3
	扬州职业大学学报	144	0.191	0.032	0.96	92	0.05	0.59	5.75	3
	杨凌职业技术学院学报	246	0.304	0.048	1.00	167	0.10	1.08	4.23	3
	岳阳职业技术学院学报	322	0.293	0.046	0.97	208	0.12	1.34	3.67	3
	云南电大学报	127	0.262	0.044	0.94	91	0.09	0.59	3.95	3
	张家口职业技术学院学报	190	0.344	0.059	1.00	128	0.11	0.83	3.45	4
	漳州职业技术学院学报	235	0.284	0.052	1.00	164	0.11	1.06	4.01	3

期刊类别	期刊名称	扩展总被引频次	扩展影响因子	扩展即年指标	扩展他引率	扩展引用刊数	扩展学科影响指标	扩展学科扩散指标	扩展被引半衰期	扩展H指标
	浙江传媒学院学报	276	0.231	0.036	0.96	161	0.05	1.04	4.64	3
	浙江纺织服装职业技术学院学报	182	0.199	0.056	0.96	117	0.05	0.75	4.56	3
	浙江工贸职业技术学院学报	115	0.269	0.030	0.97	80	0.05	0.52	3.60	3
	浙江工商职业技术学院学报	308	0.339	0.043	0.99	175	0.11	1.13	4.47	3
	浙江交通职业技术学院学报	203	0.294	0.053	0.99	130	0.06	0.84	5.83	3
	浙江艺术职业学院学报	101	0.160	0.023	0.95	63	0.02	0.41	4.39	2
	郑州铁路职业技术学院学报	253	0.176	0.050	1.00	144	0.08	0.93	4.67	3
	平均	292	0.269	0.046	0.97	164	0.11	1.06	4.27	3
大学学报(体育)	北京体育大学学报	8095	0.941	0.200	0.97	848	0.88	53.00	7.07	13
	成都体育学院学报	3030	0.933	0.199	0.98	497	0.88	31.06	6.77	9
	广州体育学院学报	2211	0.741	0.143	0.98	422	0.88	26.38	7.37	8
	哈尔滨体育学院学报	1487	0.593	0.095	0.85	299	0.88	18.69	6.51	6
	河北体育学院学报	975	0.657	0.115	0.79	252	0.88	15.75	5.25	5
	吉林体育学院学报	1415	0.379	0.040	0.98	339	0.88	21.19	5.30	5
	军事体育进修学院学报	611	0.284	0.053	0.96	202	0.88	12.63	6.95	5
	山东体育学院学报	2111	0.730	0.090	0.98	423	0.88	26.44	5.54	8
	上海体育学院学报	2670	1.573	0.232	0.98	464	0.88	29.00	7.39	10
	沈阳体育学院学报	1729	0.625	0.034	0.96	378	0.88	23.63	6.75	7
	首都体育学院学报	1995	0.758	0.140	0.99	430	0.88	26.88	7.04	7
	天津体育学院学报	2099	1.053	0.052	0.90	395	0.88	24.69	6.90	10
	武汉体育学院学报	3812	1.013	0.126	0.96	576	0.88	36.00	7.33	9
	西安体育学院学报	2440	0.931	0.146	0.98	454	0.88	28.38	7.50	9
	平均	2477	0.801	0.119	0.95	427	0.88	26.69	6.69	7
大学学报(语言文字)	北京第二外国语学院学报	1252	0.550	0.085	0.99	515	0.50	51.50	6.84	7
	解放军外国语学院学报	2225	0.829	0.116	0.98	583	0.80	58.30	8.39	11
	山东师范大学外国语学院学报(基础英语教育)	410	0.265	0.010	0.98	160	0.20	16.00	7.41	4
	天津外国语大学学报	599	0.682	0.136	0.93	270	0.50	27.00	6.72	5
	外国语文(四川外语学院学报)	1861	0.664	0.045	0.97	507	0.60	50.70	7.69	8
	梧州学院学报	201	0.254	0.009	0.99	144	0.20	14.40	4.40	3
	西安外国语大学学报	1203	0.759	0.130	0.94	411	0.70	41.10	7.22	7
	云南师范大学学报(对外汉语教学与研究版)	360	0.362	0.107	0.91	158	0.10	15.80	6.03	3

期刊类别	期刊名称	扩展总被引频次	扩展影响因子	扩展即年指标	扩展他引率	扩展引用刊数	扩展学科影响指标	扩展学科扩散指标	扩展被引半衰期	扩展H指标
	平均	1013	0.546	0.080	0.96	343	0.45	34.35	6.84	6
大学学报(艺术)	北京电影学院学报	323	0.328	0.027	0.97	104	0.25	5.20	7.00	4
	北京舞蹈学院学报	352	0.216	0.009	0.94	94	0.15	4.70	7.53	4
	贵州大学学报(艺术版)	99	0.050	-	0.99	55	0.05	2.75	6.42	2
	湖北美术学院学报	51	0.049	0.009	0.96	36	0.05	1.80	7.42	2
	黄钟-武汉音乐学院学报	496	0.211	0.094	0.96	128	0.40	6.40	8.94	4
	吉林艺术学院学报	140	0.119	0.032	1.00	71	0.05	3.55	6.57	2
	交响-西安音乐学院学报	386	0.229	-	0.92	128	0.45	6.40	9.58	4
	解放军艺术学院学报	138	0.148	0.010	0.95	93	0.10	4.65	5.95	2
	内蒙古大学艺术学院学报	66	0.111	-	0.97	43	0.05	2.15	4.33	2
	南京艺术学院学报(美术与设计版)	377	0.218	0.018	0.97	176	0.25	8.80	4.77	4
	南京艺术学院学报(音乐与表演版)	259	0.137	0.018	0.97	108	0.40	5.40	7.78	3
	天津美术学院学报	18	0.016	0.009	1.00	13	-	0.65	6.00	1
	天津音乐学院学报(天籁)	202	0.151	0.014	0.98	75	0.30	3.75	9.68	3
	戏剧-中央戏剧学院学报	108	0.129	-	0.89	64	0.25	3.20	9.92	2
	新疆艺术学院学报	109	0.094	-	0.95	64	0.10	3.20	5.50	2
	星海音乐学院学报	343	0.201	0.011	0.96	109	0.40	5.45	8.29	3
	云南艺术学院学报	174	0.137	0.013	0.99	104	0.25	5.20	8.21	3
	中央音乐学院学报	628	0.417	0.289	0.98	153	0.60	7.65	>10	5
	平均	237	0.165	0.031	0.96	89	0.23	4.49	7.64	2
文化	东方企业文化	1055	0.160	0.034	0.97	350	0.08	14.00	1.80	5
	东南文化	510	0.333	0.020	0.90	232	0.16	9.28	>10	4
	华夏文化	50	0.000	-	1.00	46	0.04	1.84	>10	2
	科学文化评论	84	0.130	0.017	0.86	50	0.04	2.00	6.11	3
	世界家苑	137	-	0.004	0.93	52	0.04	2.08	1.45	3
	文化遗产	112	0.245	0.053	0.92	71	0.04	2.84	3.63	4
	艺苑	114	0.076	0.011	0.97	76	0.04	3.04	4.50	2
	中国文化	167	0.183	0.500	0.96	127	0.08	5.08	>10	3
	中国文化研究	256	0.182	0.019	0.98	179	0.12	7.16	8.70	3
	中华文化论坛	357	0.157	0.005	0.99	233	0.08	9.32	5.00	3
	平均	284	0.147	0.066	0.95	141	0.07	5.66	7.36	3
	编辑学报	2613	1.523	0.319	0.73	385	0.30	8.37	5.06	8
	编辑学刊	213	0.244	0.052	0.98	123	0.30	2.67	7.21	3

期刊类别	期刊名称	扩展总被引频次	扩展影响因子	扩展即年指标	扩展他引率	扩展引用刊数	扩展学科影响指标	扩展学科扩散指标	扩展被引半衰期	扩展H指标
新闻出版	编辑之友	828	0.383	0.070	0.87	266	0.48	5.78	3.11	4
	采写编	82	0.054	0.039	1.00	47	0.26	1.02	3.89	2
	出版发行研究	707	0.392	0.090	0.90	232	0.43	5.04	3.93	4
	出版广角	202	0.252	0.036	0.96	108	0.28	2.35	3.79	2
	出版科学	341	0.373	0.087	0.99	147	0.39	3.20	4.09	4
	传媒观察	390	0.247	0.063	0.97	188	0.52	4.09	4.03	4
	当代传播	876	0.618	0.072	0.96	347	0.59	7.54	4.17	6
	电视研究	454	0.254	0.030	0.98	161	0.54	3.50	4.76	3
	东南传播	821	0.248	0.056	0.91	341	0.63	7.41	3.17	5
	国际新闻界	972	0.493	0.023	0.93	371	0.63	8.07	4.97	7
	红旗文稿	672	0.840	0.270	1.00	404	0.22	8.78	2.65	6
	今传媒(学术版)	502	0.192	0.052	0.94	205	0.46	4.46	2.36	6
	科技与出版	582	0.365	0.078	0.83	201	0.39	4.37	3.59	3
	青年记者	1147	0.139	0.033	0.95	366	0.72	7.96	3.12	5
	声屏世界	304	0.087	0.018	0.99	115	0.43	2.50	4.72	3
	现代传播	1773	0.547	0.099	0.99	561	0.70	12.20	4.33	8
	新闻爱好者	826	0.231	0.174	0.93	303	0.48	6.59	2.53	4
	新闻爱好者(下半月)	691	0.163	0.050	0.95	265	0.46	5.76	2.66	3
	新闻传播	653	-	0.016	0.90	209	0.50	4.54	2.56	3
	新闻大学	507	0.611	0.076	0.94	224	0.57	4.87	5.23	6
	新闻记者	815	0.535	0.075	0.97	320	0.61	6.96	4.51	6
	新闻界	1130	0.465	0.106	0.97	415	0.52	9.02	3.45	7
	新闻实践	267	0.123	0.020	1.00	122	0.46	2.65	3.64	4
	新闻与传播研究	634	1.637	0.086	0.96	284	0.54	6.17	5.31	6
	新闻与写作	519	0.310	0.155	1.00	216	0.57	4.70	2.89	6
	新闻战线	434	0.127	0.034	0.99	176	0.61	3.83	5.97	4
	新闻知识	579	0.221	0.032	0.97	250	0.54	5.43	3.21	4
	中国编辑	278	0.347	0.085	0.97	127	0.41	2.76	3.69	4
	中国出版	751	0.355	0.058	0.86	281	0.52	6.11	2.69	4
	中国广播电视学刊	695	0.188	0.048	0.96	226	0.52	4.91	4.86	5
	中国记者	578	0.227	0.048	0.99	202	0.70	4.39	3.46	5
	中国科技期刊研究	2130	1.257	0.351	0.68	339	0.28	7.37	4.13	8
	平均	734	0.413	0.085	0.94	250	0.49	5.45	3.93	4

期刊类别	期刊名称	扩展总被引频次	扩展影响因子	扩展即年指标	扩展他引率	扩展引用刊数	扩展学科影响指标	扩展学科扩散指标	扩展被引半衰期	扩展H指标
图书情报	大学图书馆学报	2731	2.410	0.388	0.98	413	0.88	9.60	4.85	14
	大学图书情报学刊	831	0.810	0.138	0.99	257	0.81	5.98	4.50	5
	高校图书馆工作	1193	1.063	0.167	0.98	299	0.79	6.95	4.37	7
	古籍整理研究学刊	194	0.123	0.022	0.98	136	0.19	3.16	8.42	2
	国家图书馆学刊	828	1.779	0.183	0.99	207	0.86	4.81	4.50	8
	河北科技图苑	468	0.339	-	0.88	178	0.67	4.14	4.50	3
	河南图书馆学刊	919	0.438	0.033	0.98	258	0.79	6.00	4.31	4
	晋图学刊	519	0.507	0.117	0.98	187	0.74	4.35	4.47	4
	科技情报开发与经济	8537	0.322	0.060	0.97	1653	0.84	38.44	4.65	8
	农业图书情报学刊	2167	0.439	0.114	0.94	523	0.84	12.16	3.47	6
	情报科学	3170	1.011	0.168	0.95	700	0.86	16.28	4.92	9
	情报理论与实践	2277	1.059	0.167	0.93	461	0.86	10.72	3.86	10
	情报探索	1523	0.464	0.066	0.97	434	0.84	10.09	3.92	6
	情报学报	1702	1.114	0.113	0.89	339	0.77	7.88	5.80	8
	情报杂志	4028	0.989	0.139	0.93	845	0.86	19.65	4.28	9
	情报资料工作	1365	1.141	0.260	0.95	312	0.86	7.26	4.68	7
	山东图书馆学刊	486	0.282	0.042	0.97	159	0.77	3.70	5.36	4
	数字图书馆论坛	351	0.515	0.068	0.91	114	0.84	2.65	3.44	5
	四川图书馆学报	603	0.580	0.146	0.97	189	0.79	4.40	4.22	4
	图书馆	2398	0.998	0.140	0.94	396	0.88	9.21	4.92	9
	图书馆工作与研究	2690	1.194	0.185	0.95	434	0.81	10.09	3.77	10
	图书馆建设	3090	1.304	0.168	0.95	441	0.86	10.26	4.10	10
	图书馆界	497	0.582	0.064	0.98	173	0.79	4.02	3.41	4
	图书馆理论与实践	2062	0.895	0.131	0.97	423	0.88	9.84	3.93	8
	图书馆论坛	3829	1.352	0.325	0.97	525	0.86	12.21	5.47	9
	图书馆学刊	2174	0.683	0.126	0.93	417	0.86	9.70	3.82	6
	图书馆学研究	2978	2.039	0.197	0.95	493	0.86	11.47	3.49	10
	图书馆研究	764	0.663	0.124	0.97	202	0.79	4.70	3.71	5
	图书馆杂志	2614	1.318	0.315	0.96	412	0.88	9.58	4.65	11
	图书情报工作	5170	1.025	0.222	0.92	672	0.91	15.63	3.97	12
	图书情报知识	1364	1.399	0.149	0.99	318	0.86	7.40	6.18	8
	图书与情报	1806	1.654	0.174	0.98	376	0.86	8.74	3.69	11
	文献	288	0.125	0.009	0.94	177	0.33	4.12	>10	3

期刊类别	期刊名称	扩展总被引频次	扩展影响因子	扩展即年指标	扩展他引率	扩展引用刊数	扩展学科影响指标	扩展学科扩散指标	扩展被引半衰期	扩展H指标
图书情报	现代情报	3801	0.761	0.158	0.96	738	0.86	17.16	4.90	7
	现代图书情报技术	1488	0.918	0.121	0.91	334	0.86	7.77	5.27	7
	新世纪图书馆	892	0.609	0.107	0.95	226	0.84	5.26	3.92	5
	中国典籍与文化	166	0.089	0.022	0.98	116	0.16	2.70	9.18	3
	中国图书馆学报	3042	3.805	0.805	0.98	451	0.86	10.49	6.18	14
	中国图书评论	249	0.113	0.034	1.00	194	0.23	4.51	5.43	3
	中华医学图书情报杂志	902	0.636	0.132	0.82	268	0.81	6.23	3.49	4
	平均	1903	0.939	0.152	0.95	386	0.77	8.98	4.86	7
档案	北京档案	548	0.287	0.065	0.97	162	0.57	5.79	5.00	4
	党的文献	327	0.233	0.115	0.92	155	0.07	5.54	8.00	4
	档案	270	0.257	0.051	0.96	120	0.57	4.29	4.79	3
	档案管理	602	0.444	0.113	0.90	175	0.61	6.25	4.17	4
	档案时空	176	0.085	-	0.97	80	0.50	2.86	6.97	2
	档案学通讯	1378	0.898	0.166	0.90	244	0.64	8.71	5.88	7
	档案学研究	780	0.833	0.183	0.94	174	0.61	6.21	5.15	6
	档案与建设	446	0.187	0.012	0.98	170	0.54	6.07	5.64	4
	故宫博物院院刊	327	0.085	0.013	0.91	145	0.25	5.18	>10	3
	黑龙江档案	460	0.358	0.033	0.96	167	0.46	5.96	2.68	4
	湖北档案	186	0.174	0.024	0.97	85	0.50	3.04	5.42	2
	兰台世界	1832	0.159	0.025	0.89	435	0.68	15.54	4.24	5
	历史档案	298	0.099	-	0.94	155	0.21	5.54	>10	3
	民国档案	241	0.093	0.016	0.93	136	0.18	4.86	>10	3
	山东档案	323	0.149	0.007	1.00	125	0.39	4.46	6.11	5
	山西档案	334	0.429	0.019	0.99	115	0.57	4.11	4.36	3
	陕西档案	181	0.136	0.006	1.00	82	0.29	2.93	4.30	3
	四川档案	145	0.061	0.021	0.99	63	0.43	2.25	6.41	2
	文博	314	0.127	0.017	0.98	153	0.11	5.46	>10	3
	云南档案	412	0.224	0.015	0.98	161	0.50	5.75	3.73	5
	浙江档案	575	0.240	0.015	0.98	178	0.61	6.36	6.61	5
	中国档案	871	0.292	0.057	0.99	213	0.64	7.61	5.72	6
	平均	501	0.266	0.044	0.96	158	0.45	5.67	6.96	3
	China Standardization	1	0.000	-	1.00	1	-	0.02	-	1
	标准科学	573	0.301	0.098	0.82	288	0.31	4.72	4.14	4

期刊类别	期刊名称	扩展总被引频次	扩展影响因子	扩展即年指标	扩展他引率	扩展引用刊数	扩展学科影响指标	扩展学科扩散指标	扩展被引半衰期	扩展H指标
科研管理	船舶标准化工程师	8	0.009	-	1.00	7	-	0.11	4.50	1
	船舶标准化与质量	1	0.000	0.018		1	0.02	0.02	-	1
	电信工程技术与标准化	425	0.293	0.047	0.96	174	0.07	2.85	3.82	4
	管理学刊	683	0.453	0.125	0.98	326	0.15	5.34	5.93	4
	航空标准化与质量	127	0.112	0.010	0.92	86	0.08	1.41	7.94	3
	航天标准化	57	0.156	0.024	0.91	39	0.05	0.64	5.08	3
	机械工业标准化与质量	121	0.118	0.016	1.00	85	0.02	1.39	4.46	3
	技术与创新管理	574	0.437	0.085	0.96	304	0.30	4.98	3.80	4
	交通标准化	1226	0.187	0.060	0.93	375	0.15	6.15	3.84	5
	决策与信息(下旬刊)	195	0.030	0.009	0.99	108	0.05	1.77	2.43	2
	决策咨询	212	0.359	0.021	0.98	160	0.11	2.62	4.03	3
	科技成果管理与研究	118	0.109	0.005	0.93	81	0.08	1.33	2.98	3
	科技成果纵横	238	0.204	0.006	1.00	154	0.23	2.52	4.16	3
	科技导报	2182	0.406	0.115	0.95	1124	0.41	18.43	4.94	9
	科技管理研究	5126	0.609	0.074	0.92	1245	0.59	20.41	3.58	7
	科技进步与对策	4861	0.886	0.143	0.92	1171	0.56	19.20	3.91	9
	科技与管理	1008	0.611	0.091	0.98	478	0.31	7.84	4.83	6
	科技与经济	513	0.578	0.129	0.97	284	0.28	4.66	4.38	4
	科学·经济·社会	280	0.280	0.118	1.00	208	0.13	3.41	4.33	4
	科学管理研究	1656	1.123	0.212	0.98	635	0.44	10.41	5.45	7
	科学技术与工程	2925	0.263	0.037	0.94	1251	0.21	20.51	3.55	6
	科学决策	496	1.020	0.261	0.99	270	0.15	4.43	3.35	5
	科学学研究	3190	1.303	0.264	0.95	766	0.49	12.56	5.10	11
	科学学与科学技术管理	3672	1.200	0.130	0.96	830	0.48	13.61	5.16	9
	科学与财富	458	0.059	0.019	0.99	174	0.03	2.85	1.63	4
	科学与管理	414	0.429	0.128	0.98	245	0.20	4.02	4.77	4
	科学与社会	275	0.452	0.032	0.99	199	0.21	3.26	4.80	4
	科研管理	2714	1.332	0.169	0.96	684	0.43	11.21	5.96	9
	软科学	1987	0.896	0.119	0.99	709	0.44	11.62	3.92	7
	未来与发展	471	0.332	0.103	0.98	309	0.26	5.07	3.03	5
	信息技术与标准化	250	0.267	0.057	0.99	152	0.15	2.49	4.44	4
	学会	236	0.170	0.033	0.79	136	0.08	2.23	4.96	3
	冶金标准化与质量	100	0.026	-	0.99	71	0.07	1.16	7.50	3

2012年中国科技期刊被引指标按类刊名字顺索引(续)

期刊类别	期刊名称	扩展总被引频次	扩展影响因子	扩展即年指标	扩展他引率	扩展引用刊数	扩展学科影响指标	扩展学科扩散指标	扩展被引半衰期	扩展H指标
科研管理	冶金信息导刊	83	0.038	0.009	0.99	61	0.03	1.00	6.83	2
	仪器仪表标准化与计量	129	0.185	-	0.98	89	0.07	1.46	5.45	3
	印刷质量与标准化	76	0.069	0.013	1.00	47	0.03	0.77	4.11	2
	云南科技管理	149	0.156	0.066	0.97	108	0.10	1.77	4.31	3
	质量与标准化	84	0.139	0.011	1.00	69	0.07	1.13	4.50	3
	智能系统学报	286	0.551	0.096	0.93	163	0.03	2.67	4.09	6
	中国标准导报	41	0.034	0.024	0.93	29	0.07	0.48	4.75	1
	中国标准化	425	0.289	0.264	0.80	171	0.21	2.80	4.73	4
	中国发明与专利	258	0.368	0.015	1.00	131	0.21	2.15	3.38	4
	中国高校科技	758	0.591	0.250	0.91	338	0.30	5.54	2.57	5
	中国环境管理	56	0.142	0.026	0.98	45	0.03	0.74	6.17	2
	中国科技产业	387	0.546	0.077	1.00	231	0.31	3.79	4.39	5
	中国科技成果	181	0.043	0.009	0.98	144	0.07	2.36	4.34	3
	中国科技奖励	106	0.170	0.004	1.00	62	0.13	1.02	4.92	2
	中国科技论坛	2446	1.297	0.201	0.93	800	0.51	13.11	4.01	9
	中国科技史杂志	225	0.131	0.021	0.97	138	0.05	2.26	>10	4
	中国科技信息	8002	0.292	0.052	0.99	1639	0.39	26.87	4.64	9
	中国软科学	5158	2.041	0.225	0.98	1178	0.48	19.31	6.36	13
	中国信息界	446	0.513	0.054	0.94	244	0.15	4.00	2.40	5
	平均	1049	0.419	0.077	0.94	348	0.20	5.71	4.51	4
教育	班主任	208	0.035	0.010	1.00	90	0.11	0.21	6.69	3
	北京大学教育评论	1030	1.287	0.404	0.99	424	0.29	1.00	6.81	9
	北京教育(高教版)	551	0.267	0.052	0.99	277	0.16	0.65	5.24	5
	北京教育(普教版)	293	0.074	0.015	1.00	149	0.15	0.35	6.37	4
	比较教育研究	2466	0.744	0.072	0.98	733	0.42	1.72	7.66	10
	成人教育	1988	0.674	0.141	0.94	538	0.28	1.26	3.51	6
	创新与创业教育	218	0.579	0.120	0.83	106	0.08	0.25	1.93	4
	大学(学术版)	198	0.578	0.097	0.99	134	0.12	0.31	2.51	3
	大学教育科学	906	0.857	0.116	0.97	397	0.26	0.93	5.18	7
	当代教师教育	151	0.476	0.029	0.95	97	0.12	0.23	3.11	3
	当代教育科学	1755	0.384	0.061	0.99	597	0.40	1.40	6.10	6
	当代教育理论与实践	645	0.389	0.098	0.96	327	0.15	0.77	1.92	4
	当代教育论坛	3186	0.229	0.294	0.99	818	0.40	1.92	4.43	6

期刊类别	期刊名称	扩展总被引频次	扩展影响因子	扩展即年指标	扩展他引率	扩展引用刊数	扩展学科影响指标	扩展学科扩散指标	扩展被引半衰期	扩展H指标
教育	当代教育与文化	182	0.456	0.093	0.95	125	0.10	0.29	2.48	4
	当代职业教育	325	0.505	0.074	0.97	163	0.11	0.38	1.80	4
	地理教育	216	0.054	0.016	1.00	96	0.10	0.23	5.90	3
	电化教育研究	4109	1.344	0.301	0.95	732	0.37	1.72	7.06	16
	都市家教(上半月)	158	0.027	0.010	0.98	68	0.07	0.16	1.48	3
	都市家教(下半月)	205	0.024	0.006	0.98	82	0.09	0.19	1.86	3
	读写算-素质教育论坛	332	0.090	0.015	1.00	130	0.13	0.31	3.49	3
	读与写(教育教学刊)	1161	0.132	0.018	0.99	328	0.20	0.77	3.10	5
	纺织服装教育	197	0.275	0.086	0.71	81	0.06	0.19	2.88	3
	福建基础教育研究	135	0.060	0.015	0.95	64	0.06	0.15	2.27	2
	复旦教育论坛	857	0.922	0.130	0.98	415	0.21	0.97	5.31	7
	高等财经教育研究	591	0.805	0.158	0.98	297	0.15	0.70	5.06	5
	高等工程教育研究	3132	2.903	0.333	0.94	711	0.29	1.67	4.56	14
	高等函授学报(哲学社会科学版)	605	0.272	0.046	0.98	308	0.16	0.72	3.83	4
	高等继续教育学报	317	0.192	0.068	0.97	179	0.08	0.42	4.77	3
	高等建筑教育	1302	0.649	0.107	0.87	353	0.18	0.83	4.46	6
	高等教育研究	5529	2.594	0.411	0.98	1129	0.41	2.65	6.15	15
	高等教育研究学报	789	0.599	0.094	0.93	300	0.17	0.70	4.33	6
	高等理科教育	1746	0.726	0.126	0.96	514	0.25	1.21	5.75	7
	高教发展与评估	752	0.785	0.130	0.99	357	0.21	0.84	5.63	6
	高教论坛	2824	0.820	0.172	0.99	755	0.29	1.77	4.31	7
	高教探索	2137	1.204	0.297	0.99	706	0.31	1.66	5.20	12
	高师理科学刊	496	0.333	0.093	0.93	290	0.07	0.68	4.54	3
	高校辅导员学刊	417	0.811	0.100	0.98	196	0.09	0.46	2.47	4
	高校后勤研究	374	0.252	0.071	1.00	156	0.06	0.37	3.84	3
	高校教育管理	691	0.750	0.522	0.98	344	0.21	0.81	4.56	6
	高校理论战线	711	0.686	0.163	0.99	359	0.12	0.84	5.09	7
	高中数理化	61	0.028	0.009	1.00	38	0.05	0.09	1.98	2
	工业技术与职业教育	179	0.435	0.165	0.85	105	0.05	0.25	2.99	3
	广东教育(高中版)	13	0.013	0.003	1.00	8	0.01	0.02	2.75	1
	广东教育(职教版)	124	0.107	0.019	0.93	73	0.06	0.17	2.03	3
	广东教育(综合版)	174	0.055	0.005	1.00	81	0.09	0.19	4.90	3
	广西教育C(职业与高等教育版)	303	0.111	0.022	0.97	153	0.11	0.36	2.62	3

期刊类别	期刊名称	扩展总被引频次	扩展影响因子	扩展即年指标	扩展他引率	扩展引用刊数	扩展学科影响指标	扩展学科扩散指标	扩展被引半衰期	扩展H指标
教育	广州职业教育论坛	242	0.542	0.036	0.99	139	0.08	0.33	4.36	4
	贵州教育	211	0.033	0.009	1.00	104	0.11	0.24	6.50	3
	航海教育研究	440	0.381	0.109	0.93	190	0.11	0.45	4.29	5
	河北理科教学研究	42	0.022	-	0.86	25	0.03	0.06	4.93	2
	河南教育(高校版)	319	0.135	0.027	0.98	163	0.08	0.38	3.87	3
	河南教育(上旬)	464	0.105	0.031	1.00	199	0.18	0.47	4.63	4
	黑河教育	203	0.069	0.019	1.00	88	0.08	0.21	2.73	2
	黑龙江高教研究	5438	1.021	0.244	0.98	1103	0.41	2.59	4.96	11
	黑龙江教育(高教研究与评估版)	1383	0.492	0.108	0.97	524	0.26	1.23	3.75	6
	湖南教育(上旬刊)	340	0.076	0.018	1.00	154	0.15	0.36	8.55	4
	华文教学与研究	276	0.433	-	0.94	126	0.04	0.30	7.12	4
	化工高等教育	1402	1.003	0.065	0.87	319	0.16	0.75	5.23	7
	化学教学	894	0.361	0.153	0.83	192	0.16	0.45	4.46	5
	化学教育	1437	0.418	0.106	0.84	357	0.20	0.84	5.92	6
	环境教育	203	0.117	0.007	1.00	131	0.05	0.31	5.09	4
	机械职业教育	811	0.308	0.105	0.98	283	0.16	0.66	4.80	5
	基础教育	305	0.411	0.076	0.99	151	0.17	0.35	4.14	4
	基础教育参考	323	0.047	0.010	0.99	169	0.18	0.40	5.29	3
	基础教育论坛(综合版)	83	0.073	0.052	1.00	38	0.06	0.09	1.51	2
	基础教育研究	597	0.129	0.020	1.00	244	0.21	0.57	4.57	4
	基础医学教育	2258	0.910	0.168	0.84	431	0.13	1.01	3.98	6
	吉林省教育学院学报(下旬)	840	0.269	0.029	1.00	365	0.18	0.86	2.99	4
	继续教育	677	0.501	0.204	0.81	252	0.15	0.59	3.41	4
	继续教育研究	2607	0.675	0.147	0.95	740	0.35	1.74	3.19	6
	江苏高教	2944	1.082	0.229	0.98	800	0.35	1.88	5.41	10
	江西教育	510	0.045	0.007	1.00	193	0.19	0.45	5.42	4
	教师	804	0.074	0.024	0.99	248	0.19	0.58	2.18	3
	教师教育研究	1547	1.525	0.130	0.99	507	0.36	1.19	6.89	9
	教书育人(高教论坛)	752	0.184	0.041	0.98	303	0.18	0.71	4.61	4
	教书育人(教师新概念)	140	0.029	0.013	1.00	82	0.10	0.19	4.56	2
	教书育人(校长参考)	101	0.037	0.008	1.00	73	0.08	0.17	3.75	2
	教学研究	1447	1.372	0.319	0.98	509	0.30	1.19	4.59	6
	教学与管理(理论版)	1822	0.304	0.059	0.98	529	0.32	1.24	4.69	5

期刊类别	期刊名称	扩展总被引频次	扩展影响因子	扩展即年指标	扩展他引率	扩展引用刊数	扩展学科影响指标	扩展学科扩散指标	扩展被引半衰期	扩展H指标
教育	教学与管理(小学版)	203	0.074	0.022	0.98	98	0.11	0.23	4.88	2
	教学与管理(中学版)	1253	0.351	0.063	0.99	373	0.33	0.88	5.57	5
	教学与研究	1157	0.699	0.123	0.99	586	0.16	1.38	5.86	8
	教学月刊(小学版)语文	93	0.029	0.015	1.00	40	0.07	0.09	6.15	3
	教学月刊(中学版)	521	0.121	0.026	0.99	156	0.18	0.37	5.17	3
	教育导刊(上半月)	988	0.433	0.066	1.00	407	0.31	0.96	4.90	5
	教育导刊(下半月)	284	0.112	0.004	0.97	109	0.11	0.26	4.92	3
	教育发展研究	4277	0.954	0.153	0.98	926	0.47	2.17	5.91	13
	教育教学论坛	2412	0.136	0.062	0.96	528	0.29	1.24	1.65	4
	教育界	302	0.029	0.010	0.94	124	0.11	0.29	1.66	3
	教育科学	1760	1.696	0.284	1.00	639	0.40	1.50	6.37	8
	教育科学论坛	425	0.158	0.025	0.99	206	0.21	0.48	5.16	4
	教育科学研究	1825	1.503	0.344	0.99	543	0.40	1.27	4.96	7
	教育评论	1515	0.448	0.097	0.98	585	0.34	1.37	6.85	7
	教育实践与研究	1119	0.237	0.047	0.99	322	0.26	0.76	5.14	5
	教育探索	5566	0.976	0.157	0.99	1101	0.47	2.58	4.48	10
	教育文化论坛	88	0.234	0.025	0.93	71	0.03	0.17	2.22	3
	教育信息技术	109	0.040	-	0.99	62	0.06	0.15	4.42	2
	教育学报	1117	1.000	0.186	0.99	404	0.38	0.95	7.43	7
	教育学术月刊	1724	0.599	0.108	0.96	631	0.36	1.48	4.49	6
	教育研究	8049	2.554	0.392	0.99	1199	0.54	2.81	7.24	20
	教育研究与评论(小学教育教学版)	15	0.013	0.005	1.00	11	0.01	0.03	2.50	1
	教育研究与评论(中学教育教学版)	29	0.036	0.014	0.76	18	0.04	0.04	1.79	1
	教育研究与实验	1095	0.713	0.070	0.99	464	0.33	1.09	7.36	7
	教育艺术	538	0.102	0.033	1.00	174	0.14	0.41	4.21	4
	教育与教学研究	1726	0.486	0.081	0.99	587	0.28	1.38	4.22	6
	教育与考试	107	0.185	0.008	0.95	74	0.06	0.17	3.43	3
	教育与职业	11509	0.858	0.210	0.97	1251	0.43	2.94	3.85	14
	金融教学与研究	425	0.411	0.126	0.99	202	0.04	0.47	5.15	4
	金融理论与教学	214	0.200	0.035	0.97	124	0.04	0.29	3.68	4
	开放教育研究	1244	1.353	0.673	0.95	352	0.23	0.83	4.86	9
	考试(教研)	261	-	0.007	0.97	87	0.11	0.20	2.67	3
	科教导刊	1575	0.131	0.029	0.97	542	0.23	1.27	1.87	4

期刊类别	期刊名称	扩展总被引频次	扩展影响因子	扩展即年指标	扩展他引率	扩展引用刊数	扩展学科影响指标	扩展学科扩散指标	扩展被引半衰期	扩展H指标
教育	科教文汇	4693	0.177	0.021	0.98	977	0.37	2.29	3.67	5
	课程·教材·教法	3282	0.956	0.311	0.97	609	0.44	1.43	7.65	10
	课程教材教学研究(中教研究)	120	0.079	0.012	1.00	58	0.06	0.14	4.08	2
	课外阅读(中旬)	172	0.026	0.012	0.98	72	0.08	0.17	1.42	2
	历史教学	531	0.179	0.064	0.92	241	0.14	0.57	7.94	4
	历史教学问题	210	0.108	0.018	0.96	135	0.07	0.32	8.42	3
	辽宁教育	217	0.079	0.021	1.00	102	0.10	0.24	7.90	3
	陇东学院学报	181	0.151	0.029	0.98	135	0.04	0.32	3.33	3
	逻辑学研究	1097	0.385	0.074	1.00	525	0.16	1.23	7.47	6
	煤炭高等教育	958	0.432	0.096	0.98	413	0.20	0.97	5.93	5
	美术教育研究	234	0.100	0.021	0.88	94	0.05	0.22	1.50	2
	民族教育研究	711	0.481	0.120	0.96	325	0.17	0.76	5.64	5
	内蒙古电大学刊	489	0.200	0.030	1.00	255	0.09	0.60	5.08	3
	青海教育	364	0.057	0.012	1.00	121	0.12	0.28	6.67	4
	清华大学教育研究	1994	1.759	0.223	0.99	687	0.35	1.61	6.97	14
	全球教育展望	1805	0.705	0.165	0.98	566	0.43	1.33	8.15	10
	人民教育	1468	0.424	0.145	1.00	461	0.40	1.08	6.94	7
	软件导刊·教育技术	473	0.208	0.030	0.97	213	0.09	0.50	3.27	3
	陕西教育(高教)	566	0.126	0.028	0.99	232	0.15	0.54	3.42	4
	上海教育科研	1579	0.324	0.063	0.98	493	0.40	1.16	6.36	7
	设计艺术研究	1491	0.453	0.040	1.00	531	0.27	1.25	6.00	7
	生物学教学	783	0.149	0.033	0.91	315	0.15	0.74	6.28	4
	师道·情智	72	0.024	-	1.00	38	0.04	0.09	5.57	3
	时代教育	950	0.085	0.016	0.99	259	0.19	0.61	2.78	4
	世界教育信息	460	0.234	0.022	0.98	239	0.20	0.56	4.64	4
	思想理论教育(上半月综合版)	990	0.479	0.159	0.98	411	0.19	0.96	5.43	6
	思想理论教育(下半月行动版)	254	0.118	0.014	0.98	142	0.10	0.33	4.07	3
	思想理论教育导刊	2743	1.666	0.257	0.97	704	0.23	1.65	3.43	11
	思想政治教育研究	1688	1.138	0.102	0.92	512	0.22	1.20	4.03	7
	四川教育	135	0.046	0.003	1.00	74	0.08	0.17	9.05	3
	天津教育	315	0.092	0.006	1.00	151	0.17	0.35	6.80	4
	天津市教科院学报	524	0.277	0.037	0.99	272	0.21	0.64	5.64	4
	外国教育研究	1719	0.493	0.057	0.99	616	0.41	1.45	7.56	10

期刊类别	期刊名称	扩展总被引频次	扩展影响因子	扩展即年指标	扩展他引率	扩展引用刊数	扩展学科影响指标	扩展学科扩散指标	扩展被引半衰期	扩展H指标
教育	外国中小学教育	598	0.352	0.067	0.96	277	0.27	0.65	5.63	4
	卫生职业教育	4209	0.273	0.075	0.91	765	0.23	1.80	4.25	7
	文教资料	3131	0.120	0.024	0.99	731	0.29	1.72	3.75	5
	物理教学	170	0.087	0.031	0.94	71	0.08	0.17	5.00	3
	西北成人教育学报	243	0.166	0.038	1.00	146	0.10	0.34	4.72	3
	西北医学教育	2752	0.786	0.222	0.92	529	0.17	1.24	3.95	9
	西藏教育	107	0.094	0.011	0.96	55	0.05	0.13	2.63	2
	现代大学教育	1229	0.987	0.221	0.92	519	0.25	1.22	6.63	7
	现代教育管理	1035	0.813	0.239	0.88	414	0.25	0.97	2.33	5
	现代教育技术	2303	1.043	0.239	0.93	577	0.28	1.35	3.61	10
	现代教育科学(高教研究)	2331	1.135	0.274	0.99	763	0.36	1.79	4.29	8
	现代教育科学(普教研究)	500	0.224	0.027	0.98	233	0.20	0.55	4.15	3
	现代教育科学(小学教师)	119	0.044	0.014	1.00	53	0.08	0.12	2.53	2
	现代特殊教育	249	0.095	0.013	0.92	100	0.10	0.23	5.05	4
	现代远程教育研究	622	1.529	0.400	0.92	235	0.18	0.55	3.26	6
	现代远距离教育	729	1.036	0.231	0.96	259	0.18	0.61	4.42	6
	现代中小学教育	800	0.312	0.064	0.94	267	0.25	0.63	5.65	6
	小学教学	109	0.016	0.017	0.97	48	0.07	0.11	5.94	2
	小学教学研究(教学版)	240	0.078	0.021	1.00	86	0.12	0.20	4.80	3
	新疆职业教育研究	193	0.354	0.051	0.97	127	0.06	0.30	4.55	3
	新课程学习・下旬	563	0.073	0.013	0.99	143	0.15	0.34	1.92	4
	新课程学习・中旬	676	0.078	0.012	0.99	167	0.16	0.39	1.92	3
	新课程研究(上旬)	1076	0.204	0.047	0.99	261	0.22	0.61	2.94	5
	新课程研究(下旬)	308	0.055	0.017	0.99	119	0.14	0.28	2.96	4
	新课程研究(中旬-单)	554	0.208	0.087	0.98	197	0.15	0.46	2.93	3
	新课程研究(中旬-双)	104	0.071	0.019	0.98	67	0.04	0.16	2.24	2
	新校园(理论版)	222	0.039	0.010	0.99	92	0.11	0.22	1.98	3
	学理论	1967	0.156	0.022	0.97	744	0.22	1.75	2.37	5
	学前教育研究	1858	1.209	0.112	0.88	385	0.27	0.90	5.64	9
	学位与研究生教育	1866	1.291	0.114	0.91	504	0.25	1.18	4.97	10
	研究生教育研究	604	0.979	0.088	0.98	303	0.19	0.71	5.34	6
	药学教育	791	0.746	0.142	0.93	220	0.10	0.52	5.39	5
	幼儿教育・教育教学	519	0.111	0.010	1.00	152	0.15	0.36	6.58	3

期刊类别	期刊名称	扩展总被引频次	扩展影响因子	扩展即年指标	扩展他引率	扩展引用刊数	扩展学科影响指标	扩展学科扩散指标	扩展被引半衰期	扩展H指标
教育	幼儿教育・教育科学	176	0.114	0.085	0.78	65	0.06	0.15	4.92	3
	语文学刊	1044	0.084	0.011	0.95	369	0.18	0.87	3.83	4
	远程教育杂志	771	1.412	0.382	0.90	246	0.17	0.58	3.78	8
	早期教育(教师版)	231	0.066	0.011	1.00	100	0.11	0.23	6.68	3
	浙江医学教育	26	0.059	0.022	0.88	19	0.01	0.04	2.50	1
	政治思想史	26	0.110	0.149	0.81	15	0.01	0.04	2.30	2
	职大学报	165	0.125	0.021	0.95	113	0.04	0.27	4.52	3
	职教论坛	4776	0.721	0.186	0.96	741	0.33	1.74	4.30	14
	职教通讯	1448	0.432	0.105	0.97	384	0.22	0.90	5.49	8
	职业技术教育	6767	1.484	0.209	0.97	847	0.35	1.99	4.63	14
	职业教育(下旬)	117	0.151	0.012	0.98	54	0.04	0.13	2.64	3
	职业教育研究	5362	0.649	0.140	0.96	767	0.32	1.80	4.34	9
	中等数学	131	0.201	0.082	0.31	14	0.01	0.03	2.83	3
	中国成人教育	6768	0.515	0.083	0.98	1109	0.40	2.60	4.05	9
	中国大学教学	5081	2.057	0.327	0.98	934	0.35	2.19	4.68	16
	中国地质教育	901	0.665	0.159	0.76	258	0.16	0.61	5.16	6
	中国电化教育	4467	1.612	0.290	0.92	729	0.37	1.71	5.62	14
	中国电力教育	6530	0.464	0.105	0.91	1083	0.32	2.54	2.81	9
	中国高等教育	6411	1.693	3.205	1.00	1168	0.39	2.74	4.76	15
	中国高教研究	6366	1.771	0.293	0.99	1110	0.38	2.61	5.48	17
	中国教师	500	0.086	0.021	0.99	249	0.24	0.58	4.16	3
	中国教育技术装备	1920	0.141	0.061	0.95	459	0.27	1.08	2.57	5
	中国教育网络	272	0.194	0.026	1.00	153	0.06	0.36	3.47	3
	中国教育信息化・高教职教	1720	0.726	0.168	0.95	515	0.26	1.21	4.09	6
	中国教育信息化・基础教育	281	0.173	0.037	0.97	120	0.11	0.28	3.10	3
	中国教育学刊	2468	0.854	0.201	0.99	658	0.42	1.54	6.76	10
	中国考试	264	0.313	0.064	0.83	133	0.11	0.31	4.36	3
	中国林业教育	793	0.766	0.191	0.91	307	0.16	0.72	4.44	5
	中国民族教育	289	0.176	0.064	1.00	160	0.14	0.38	4.11	4
	中国农业教育	528	0.500	0.154	0.93	252	0.14	0.59	5.23	4
	中国轻工教育	492	0.435	0.095	0.96	243	0.12	0.57	3.67	4
	中国数学教育(初中版)	370	0.967	0.090	0.17	26	0.04	0.06	2.43	6
	中国数学教育(高中版)	269	0.477	0.114	0.40	42	0.07	0.10	2.39	4

期刊类别	期刊名称	扩展总被引频次	扩展影响因子	扩展即年指标	扩展他引率	扩展引用刊数	扩展学科影响指标	扩展学科扩散指标	扩展被引半衰期	扩展H指标
教育	中国特殊教育	1567	0.698	0.150	0.81	398	0.21	0.93	5.75	6
	中国卫生资源	815	0.732	0.159	0.93	251	0.01	0.59	4.50	6
	中国现代教育装备	2304	0.418	0.058	0.94	579	0.26	1.36	3.11	6
	中国校外教育(基教版)	363	0.059	0.010	0.99	115	0.12	0.27	2.39	4
	中国校外教育(理论)	3484	0.273	0.094	0.99	720	0.32	1.69	2.92	5
	中国冶金教育	670	0.561	0.085	0.89	276	0.14	0.65	4.11	5
	中国医学教育技术	864	0.693	0.171	0.84	296	0.12	0.69	3.93	5
	中国音乐教育	594	0.160	0.026	1.00	159	0.13	0.37	8.52	4
	中国远程教育(综合版)	2124	1.618	0.319	0.94	435	0.23	1.02	5.75	9
	中国职业技术教育	5999	0.760	0.204	0.97	792	0.35	1.86	5.13	17
	中华医学教育探索杂志	2916	0.854	0.061	0.87	531	0.15	1.25	3.88	9
	中华医学教育杂志	1494	0.426	0.030	0.91	326	0.10	0.77	5.98	7
	中小学管理	436	0.206	0.061	0.98	178	0.19	0.42	7.50	4
	中小学教师培训	586	0.267	0.060	0.96	227	0.25	0.53	5.85	4
	中小学教学研究	351	0.092	0.018	1.00	113	0.13	0.27	4.96	4
	中小学实验与装备	113	0.043	0.017	1.00	51	0.07	0.12	6.20	3
	中小学信息技术教育	628	0.098	0.026	0.99	189	0.18	0.44	6.48	7
	中小学英语教学与研究	1997	0.588	0.192	0.94	199	0.20	0.47	6.78	7
	中学地理教学参考	321	0.102	0.033	0.98	99	0.10	0.23	7.26	3
	中学化学教学参考	971	0.476	0.120	0.90	133	0.16	0.31	4.98	6
	中学生物学	310	0.105	0.022	0.90	105	0.11	0.25	4.77	3
	中学数学	510	0.113	0.026	0.91	124	0.14	0.29	6.52	5
	中学数学教学	136	0.094	-	1.00	58	0.07	0.14	7.64	3
	中学数学研究	273	0.150	0.072	0.88	83	0.09	0.19	5.39	4
	中学数学月刊	270	0.145	0.054	0.91	86	0.11	0.20	4.78	4
	中学数学杂志(初中版)	41	0.028	0.036	1.00	17	0.03	0.04	4.63	2
	中学数学杂志(高中版)	34	0.029	0.018	1.00	18	0.02	0.04	4.50	2
	中学语文教学	623	0.157	0.073	0.97	163	0.18	0.38	6.96	4
	中学政治教学参考	317	0.142	0.036	0.97	89	0.10	0.21	4.32	3
	中医教育	696	0.504	0.094	0.91	233	0.08	0.55	5.04	5
	平均	1227	0.471	0.109	0.95	324	0.18	0.76	4.60	5
体育	安徽体育科技	1029	0.424	0.036	0.99	256	0.64	7.11	7.62	5
	冰雪运动	1719	1.159	0.238	0.30	96	0.33	2.67	5.84	5

期刊类别	期刊名称	扩展总被引频次	扩展影响因子	扩展即年指标	扩展他引率	扩展引用刊数	扩展学科影响指标	扩展学科扩散指标	扩展被引半衰期	扩展H指标
体育	搏击·武术科学	912	0.199	0.027	0.80	217	0.58	6.03	4.65	4
	福建体育科技	758	0.336	0.051	0.98	219	0.67	6.08	8.36	5
	湖北体育科技	1514	0.375	0.074	0.98	346	0.69	9.61	6.94	5
	辽宁体育科技	1392	0.289	0.039	0.99	284	0.64	7.89	7.42	5
	山东体育科技	1011	0.656	0.015	0.97	263	0.69	7.31	7.43	6
	四川体育科学	987	0.368	0.091	0.99	303	0.67	8.42	8.14	4
	体育成人教育学刊	1036	0.426	0.083	0.95	256	0.67	7.11	6.58	6
	体育教学	1072	0.133	0.028	0.97	194	0.50	5.39	6.94	7
	体育科技	876	0.348	0.006	0.99	242	0.64	6.72	7.78	6
	体育科技文献通报	1293	0.268	0.076	0.96	340	0.69	9.44	3.91	5
	体育科学	4575	1.696	0.291	0.97	612	0.75	17.00	7.99	13
	体育科学研究	834	0.488	0.123	0.99	242	0.67	6.72	6.34	5
	体育科研	1139	0.711	0.073	0.96	270	0.75	7.50	6.60	6
	体育师友	454	0.121	0.019	0.98	133	0.36	3.69	7.03	5
	体育文化导刊	4044	0.759	0.116	0.96	519	0.75	14.42	5.73	9
	体育学刊	4543	1.383	0.208	0.96	600	0.72	16.67	6.75	11
	体育研究与教育	1036	0.457	0.037	0.98	291	0.67	8.08	6.21	5
	体育与科学	2408	1.321	0.223	0.97	428	0.69	11.89	7.31	10
	运动	480	0.174	0.023	0.90	169	0.56	4.69	2.00	3
	浙江体育科学	1230	0.482	0.090	0.97	324	0.75	9.00	6.69	5
	中国体育教练员	286	0.161	0.068	0.99	103	0.69	2.86	7.24	4
	中国体育科技	2941	1.187	0.143	0.98	464	0.69	12.89	8.05	8
	平均	1565	0.580	0.091	0.94	298	0.64	8.30	6.65	6
语言文字	辞书研究	411	0.159	0.054	0.86	162	0.26	2.08	>10	4
	当代外语研究	141	0.571	0.158	0.86	84	0.13	1.08	2.01	3
	当代修辞学	836	0.925	0.087	0.90	300	0.26	3.85	6.92	6
	当代语言学	941	0.683	0.070	0.98	329	0.31	4.22	>10	9
	方言	736	0.438	0.056	0.91	201	0.27	2.58	>10	6
	疯狂英语(教师版)	225	0.129	0.039	0.97	123	0.10	1.58	3.87	2
	古汉语研究	443	0.620	0.096	0.97	175	0.26	2.24	>10	3
	汉语学报	231	0.843	0.089	0.97	98	0.21	1.26	4.33	3
	汉语学习	1187	0.693	0.089	0.94	303	0.32	3.88	>10	6
	汉字文化	176	0.127	-	0.91	95	0.12	1.22	5.91	3

期刊类别	期刊名称	扩展总被引频次	扩展影响因子	扩展即年指标	扩展他引率	扩展引用刊数	扩展学科影响指标	扩展学科扩散指标	扩展被引半衰期	扩展H指标
语言文字	基础教育外语教学研究	588	0.106	0.022	0.97	165	0.14	2.12	8.17	6
	满语研究	102	0.179	0.022	0.92	53	0.04	0.68	7.50	3
	民族语文	433	0.354	0.023	0.86	149	0.17	1.91	>10	4
	山东外语教学	1722	0.767	0.191	0.97	511	0.28	6.55	8.15	9
	上海翻译	1237	1.354	0.211	0.96	353	0.17	4.53	6.28	10
	世界汉语教学	1289	1.136	0.205	0.96	307	0.36	3.94	9.73	7
	外语电化教学	2234	2.259	0.345	0.95	503	0.17	6.45	6.46	14
	文理导航(上旬)	283	0.137	0.036	0.98	76	0.06	0.97	1.75	3
	文理导航(下旬)	150	0.079	0.013	0.99	52	0.06	0.67	1.77	2
	文理导航(中旬)	169	0.088	0.015	0.99	64	0.06	0.82	1.72	3
	现代语文(教学研究)	609	0.088	0.017	0.97	203	0.14	2.60	3.93	3
	现代语文(学术综合)	108	0.019	0.006	0.98	67	0.05	0.86	3.68	2
	现代语文(语言研究)	437	0.066	0.009	0.91	204	0.27	2.62	4.95	4
	语文建设	837	0.163	0.084	0.99	320	0.29	4.10	>10	5
	语文教学通讯·D刊(学术刊)	196	-	0.037	0.98	61	0.05	0.78	4.93	3
	语文教学与研究(大众版)	209	0.146	0.005	1.00	93	0.09	1.19	4.85	3
	语文教学与研究(教师版)	467	0.678	0.028	1.00	123	0.10	1.58	6.13	4
	语文研究	605	0.785	0.058	0.95	216	0.28	2.77	>10	4
	语言教学与研究	1858	0.727	0.093	0.98	490	0.41	6.28	>10	9
	语言科学	639	0.611	0.098	0.97	290	0.33	3.72	7.16	6
	语言文字应用	1772	1.000	0.273	0.96	503	0.41	6.45	>10	8
	语言研究	905	0.840	0.151	0.97	289	0.29	3.71	>10	6
	语言与翻译(汉文版)	330	0.263	0.031	0.93	151	0.15	1.94	7.88	4
	中国翻译	4634	3.611	0.882	0.97	652	0.19	8.36	9.35	20
	中国科技翻译	1005	0.787	0.127	0.96	346	0.15	4.44	8.01	8
	中国语文	2662	0.921	0.061	0.95	461	0.36	5.91	>10	13
	中学生英语(外语教学与研究)	144	0.118	0.013	0.91	47	0.04	0.60	1.84	3
	中学语文(上旬·教学大参考)	245	0.109	0.025	0.99	97	0.09	1.24	4.19	2
	中学语文(下旬·大语文论坛)	81	0.023	0.003	1.00	33	0.06	0.42	2.76	1
	平均	801	0.580	0.098	0.95	224	0.19	2.88	7.24	5
外语	日语学习与研究	579	0.505	0.055	0.85	175	0.25	10.94	7.54	6
	日语知识	140	0.037	0.018	1.00	58	0.06	3.63	8.24	2
	外国语	3101	1.401	0.313	0.99	634	0.81	39.63	>10	16

期刊类别	期刊名称	扩展总被引频次	扩展影响因子	扩展即年指标	扩展他引率	扩展引用刊数	扩展学科影响指标	扩展学科扩散指标	扩展被引半衰期	扩展H指标
外语	外国语言文学	614	0.380	0.025	1.00	307	0.69	19.19	7.95	6
	外语教学	3660	1.594	0.372	0.93	702	0.81	43.88	7.56	14
	外语教学理论与实践	1593	2.149	0.169	0.98	478	0.75	29.88	7.96	14
	外语教学与研究	7502	5.675	0.750	1.00	930	0.81	58.13	>10	29
	外语界	6471	4.156	0.836	0.98	788	0.63	49.25	8.54	22
	外语学刊	2636	1.375	0.141	0.89	594	0.81	37.13	5.30	11
	外语研究	2050	1.311	0.182	0.99	544	0.81	34.00	7.81	15
	外语与外语教学	5134	1.160	0.352	0.99	810	0.81	50.63	8.87	21
	现代外语	2263	2.065	0.245	0.98	583	0.81	36.44	9.75	14
	中国俄语教学	301	0.310	0.027	0.79	101	0.31	6.31	7.50	4
	中国外语	1715	2.957	0.282	0.97	500	0.75	31.25	3.71	14
	平均	2697	1.791	0.269	0.95	514	0.65	32.16	8.01	13
文学	安徽文学(下半月)	897	0.069	0.011	0.99	304	0.17	2.32	3.55	4
	北方文学(下旬刊)	140	0.041	0.013	0.96	73	0.06	0.56	1.61	2
	长江学术	93	0.096	-	1.00	77	0.04	0.59	4.38	2
	大众文艺	1773	0.097	0.020	0.93	458	0.13	3.50	2.38	4
	当代外国文学	465	0.456	0.094	0.87	182	0.18	1.39	6.13	4
	当代文坛	460	0.221	0.030	0.92	218	0.22	1.66	5.42	4
	当代作家评论	791	0.323	0.048	0.93	271	0.27	2.07	9.38	5
	杜甫研究学刊	96	0.082	-	0.71	43	0.05	0.33	>10	2
	俄罗斯文艺	95	0.058	0.045	0.88	51	0.08	0.39	9.00	2
	飞天	113	0.043	0.010	0.99	80	0.06	0.61	2.43	2
	国外文学	368	0.233	0.012	0.98	193	0.18	1.47	>10	4
	红楼梦学刊	486	0.230	0.047	0.78	138	0.14	1.05	9.96	3
	华文文学	148	0.169	-	0.91	92	0.11	0.70	6.87	3
	剧作家	154	1.500	0.021	1.00	66	0.06	0.50	4.74	2
	鲁迅研究月刊	412	0.353	0.020	0.86	150	0.15	1.15	>10	3
	民族文学研究	336	0.196	0.008	0.90	151	0.10	1.15	8.13	3
	名作欣赏	703	0.233	0.058	1.00	300	0.24	2.29	4.53	3
	明清小说研究	243	0.086	0.011	0.95	143	0.10	1.09	9.74	2
	南方文坛	362	0.159	0.025	0.96	164	0.19	1.25	6.31	4
	山花	131	0.045	0.005	0.97	84	0.15	0.64	5.22	2
	神州(中旬刊)	289	0.093	0.036	1.00	118	0.05	0.90	1.29	2

期刊类别	期刊名称	扩展总被引频次	扩展影响因子	扩展即年指标	扩展他引率	扩展引用刊数	扩展学科影响指标	扩展学科扩散指标	扩展被引半衰期	扩展H指标
文学	时代文学	588	0.048	0.016	0.98	264	0.16	2.02	3.60	3
	世界华文文学论坛	76	0.080	-	0.99	47	0.08	0.36	7.50	3
	外国文学	799	0.413	0.061	0.96	305	0.22	2.33	8.59	6
	外国文学动态	99	0.051	-	1.00	68	0.12	0.52	8.17	2
	外国文学评论	716	0.318	0.092	0.99	306	0.25	2.34	>10	6
	外国文学研究	1231	0.378	0.025	0.97	375	0.23	2.86	9.29	6
	文学教育(下)	251	-	0.010	1.00	111	0.04	0.85	3.06	3
	文学教育(中)	246	-	0.018	0.98	122	0.06	0.93	1.96	3
	文学评论	1597	0.457	0.101	0.99	511	0.35	3.90	>10	7
	文学遗产	693	0.265	0.066	0.98	317	0.19	2.42	>10	3
	文艺生活·文海艺苑	120	0.023	0.002	0.99	62	0.04	0.47	2.18	2
	文艺生活·文艺理论	152	0.026	0.004	0.97	75	0.05	0.57	1.98	2
	文艺研究	1318	0.283	0.038	0.98	530	0.33	4.05	7.42	7
	戏剧文学	162	0.062	0.021	0.93	74	0.08	0.56	5.65	2
	小说评论	467	0.204	0.047	0.96	204	0.23	1.56	7.53	4
	校园心理	151	0.205	0.033	0.99	95	0.04	0.73	2.66	3
	新文学史料	313	2.333	0.009	1.00	132	0.15	1.01	>10	3
	扬子江评论	71	0.133	0.025	0.94	51	0.11	0.39	3.53	2
	译林	97	0.098	-	1.00	61	0.08	0.47	6.25	3
	中国比较文学	317	0.228	0.030	0.98	187	0.16	1.43	8.13	4
	中国文学研究	253	0.151	0.180	1.00	166	0.18	1.27	8.93	3
	中国现代文学研究丛刊	620	0.252	0.007	0.92	253	0.24	1.93	>10	4
	中国韵文学刊	104	0.101	0.012	0.92	74	0.08	0.56	8.10	2
	平均	431	0.248	0.030	0.95	176	0.14	1.34	6.90	3
艺术	北方音乐	212	0.085	0.011	0.95	85	0.14	0.94	2.41	2
	大舞台	732	0.119	0.026	0.93	209	0.22	2.32	2.14	3
	当代电影	906	0.262	0.100	0.87	230	0.23	2.56	5.42	5
	当代戏剧	80	0.198	-	0.96	53	0.10	0.59	6.60	2
	电影评介	1028	0.106	0.029	0.93	322	0.26	3.58	4.19	4
	电影文学	1585	0.223	0.032	0.57	262	0.21	2.91	2.77	4
	电影新作	41	0.045	0.027	0.98	22	0.06	0.24	6.79	2
	电影艺术	661	0.322	0.119	0.96	188	0.19	2.09	7.46	4
	雕塑	89	0.047	0.024	1.00	48	0.11	0.53	7.65	2

期刊类别	期刊名称	扩展总被引频次	扩展影响因子	扩展即年指标	扩展他引率	扩展引用刊数	扩展学科影响指标	扩展学科扩散指标	扩展被引半衰期	扩展H指标
艺术	福建艺术	106	0.039	0.005	0.96	68	0.14	0.76	6.92	2
	歌海	119	0.077	0.024	0.98	58	0.11	0.64	3.50	2
	乐府新声	386	0.135	0.038	0.96	105	0.20	1.17	6.84	4
	乐器	251	0.355	0.005	1.00	81	0.18	0.90	8.69	2
	美术	381	0.069	0.007	1.00	131	0.27	1.46	>10	3
	美术大观	870	0.098	0.028	0.98	280	0.22	3.11	3.60	3
	美术观察	523	0.110	0.026	0.99	214	0.28	2.38	7.13	3
	美术界	81	0.038	0.005	0.96	50	0.09	0.56	3.44	2
	美术学报	56	0.082	0.027	0.98	35	0.07	0.39	6.17	2
	美术研究	355	0.149	0.009	0.97	154	0.24	1.71	>10	4
	美与时代(上旬刊)	196	0.113	0.017	0.98	98	0.13	1.09	2.76	3
	美与时代(下旬刊)	363	0.079	0.009	0.99	148	0.20	1.64	5.48	3
	美苑	145	0.211	-	1.00	79	0.16	0.88	6.90	2
	民族艺术	296	0.181	0.078	0.94	164	0.22	1.82	8.68	4
	民族艺术研究	305	0.229	0.066	0.87	139	0.17	1.54	6.46	3
	民族音乐	189	0.100	0.010	0.95	76	0.14	0.84	3.71	3
	齐鲁艺苑	157	0.058	0.013	0.96	90	0.14	1.00	7.83	3
	人民音乐(评论版)	1163	0.180	0.037	0.99	238	0.31	2.64	9.90	4
	设计艺术	188	0.122	0.008	0.99	107	0.14	1.19	6.18	3
	世界电影	173	1.889	0.500	1.00	69	0.09	0.77	>10	3
	世界美术	70	0.350	-	0.99	43	0.14	0.48	>10	2
	书画世界	21	0.047	0.008	0.95	15	0.02	0.17	3.67	1
	四川戏剧	256	0.122	0.044	0.94	124	0.20	1.38	4.36	2
	文艺理论研究	385	0.283	0.041	0.98	228	0.18	2.53	8.41	3
	文艺理论与批评	327	0.228	0.011	0.94	195	0.14	2.17	6.93	3
	文艺评论	254	0.092	0.027	0.96	153	0.11	1.70	7.18	3
	文艺争鸣	1037	0.314	0.076	0.94	397	0.29	4.41	4.52	6
	西藏艺术研究	108	0.121	-	0.94	44	0.12	0.49	>10	2
	戏剧丛刊	22	0.011	-	1.00	18	0.03	0.20	5.00	1
	戏剧艺术	190	0.092	-	0.93	96	0.24	1.07	>10	2
	戏曲艺术	169	0.096	-	0.95	83	0.23	0.92	8.59	2
	演艺科技	109	0.080	0.018	0.92	46	0.08	0.51	4.39	2
	艺海	332	0.085	0.018	1.00	153	0.17	1.70	3.09	3

2012年中国科技期刊被引指标按类刊名字顺索引(续)

期刊类别	期刊名称	扩展总被引频次	扩展影响因子	扩展即年指标	扩展他引率	扩展引用刊数	扩展学科影响指标	扩展学科扩散指标	扩展被引半衰期	扩展H指标
艺术	艺术百家	866	0.235	0.060	0.98	339	0.41	3.77	4.61	4
	艺术广角	118	-	0.833	0.97	77	0.09	0.86	6.08	2
	艺术科技	64	0.222	0.015	0.95	36	0.07	0.40	4.80	2
	艺术评论	307	0.149	0.065	1.00	164	0.29	1.82	3.84	3
	艺术探索	414	0.139	0.004	0.98	182	0.30	2.02	5.07	4
	艺术研究	291	0.130	0.014	0.99	126	0.19	1.40	4.40	2
	音乐创作	124	0.126	0.022	0.90	56	0.13	0.62	2.97	2
	音乐探索	425	0.283	0.073	0.98	135	0.24	1.50	6.52	4
	音乐研究	703	0.345	0.045	0.94	168	0.28	1.87	>10	5
	音乐艺术	384	0.247	0.013	0.98	107	0.28	1.19	>10	4
	中国美术教育	273	0.146	-	0.99	103	0.08	1.14	9.32	4
	中国书法	52	0.029	0.005	0.79	32	0.08	0.36	8.40	2
	中国戏剧	161	0.175	0.004	1.00	67	0.17	0.74	>10	2
	中国音乐	1251	0.278	0.054	0.93	254	0.29	2.82	8.14	6
	中国音乐学	574	0.324	0.107	0.97	149	0.29	1.66	>10	5
	装饰	1490	0.275	0.034	0.98	413	0.27	4.59	6.61	5
	平均	384	0.479	0.048	0.96	133	0.18	1.49	7.20	3
大学学报(自然科学)	Journal of Beijing Institute of Technology	163	0.117	-	0.94	111	0.07	0.62	8.47	4
	Journal of Chongqing University (English Edition)	19	0.059	-	1.00	18	0.01	0.10	8.50	1
	Journal of Donghua University (English Edition)	102	0.034	-	0.88	61	0.03	0.34	6.58	2
	Journal of Southeast University (English Edition)	260	0.252	0.023	0.99	188	0.11	1.05	5.07	3
	Journal of Zhejiang University Science A: Applied Physics & Engineering	449	0.288	0.058	0.90	277	0.13	1.55	5.46	4
	Journal of Zhejiang University Science B: Biomedicine & Biotechnology	560	0.606	0.183	0.86	336	0.04	1.88	4.26	5
	Transactions of Tianjin University	122	0.164	0.085	0.98	89	0.04	0.50	5.00	2
	Tsinghua Science and Technology	236	0.146	0.039	0.99	184	0.09	1.03	4.96	4
	Wuhan University Journal of Natural Sciences	128	0.088	0.022	0.94	93	0.04	0.52	6.36	3

期刊类别	期刊名称	扩展总被引频次	扩展影响因子	扩展即年指标	扩展他引率	扩展引用刊数	扩展学科影响指标	扩展学科扩散指标	扩展被引半衰期	扩展H指标
大学学报(自然科学)	安徽大学学报(自然科学版)	460	0.353	0.018	0.95	337	0.14	1.88	5.92	5
	安徽工程大学学报	218	0.305	0.020	0.97	163	0.04	0.91	5.77	3
	安徽工业大学学报(自然科学版)	365	0.397	0.089	0.87	224	0.10	1.25	5.15	4
	安徽理工大学学报(自然科学版)	310	0.250	0.014	0.98	200	0.08	1.12	7.76	3
	北华大学学报(自然科学版)	726	0.434	0.139	0.92	401	0.08	2.24	5.82	6
	北京大学学报(自然科学版)	1809	0.868	0.068	0.98	866	0.30	4.84	7.31	12
	北京交通大学学报	934	0.461	0.051	0.97	495	0.26	2.77	6.61	6
	北京联合大学学报(自然科学版)	345	0.567	0.030	0.99	265	0.08	1.48	5.72	5
	渤海大学学报(自然科学版)	280	0.406	0.091	0.84	181	0.06	1.01	5.72	4
	长安大学学报(自然科学版)	1560	0.789	0.151	0.96	447	0.21	2.50	6.82	6
	长春工业大学学报(自然科学版)	450	0.323	0.084	0.76	268	0.08	1.50	5.28	4
	长江大学学报(自科版)农学卷	293	0.490	0.012	0.97	193	0.04	1.08	4.50	4
	长江大学学报(自然版)理工卷	714	0.176	0.012	0.97	437	0.10	2.44	3.40	4
	长沙大学学报	862	0.367	0.124	0.98	467	0.05	2.61	4.18	5
	长沙理工大学学报(自然科学版)	217	0.433	0.047	0.90	148	0.06	0.83	5.02	4
	成都大学学报(自然科学版)	340	0.264	0.044	0.98	249	0.07	1.39	6.08	5
	成都理工大学学报(自然科学版)	1531	1.091	0.131	0.96	383	0.13	2.14	7.86	9
	重庆大学学报	2558	0.658	0.056	0.96	1156	0.32	6.46	7.10	9
	重庆工商大学学报(自然科学版)	528	0.408	0.085	0.84	336	0.08	1.88	4.69	4
	重庆邮电大学学报(自然科学版)	714	0.851	0.092	0.93	279	0.10	1.56	3.67	6
	大连大学学报	514	0.175	0.027	0.99	390	0.05	2.18	6.77	5
	大连理工大学学报	1299	0.406	0.032	0.98	667	0.28	3.73	7.94	7
	电子科技大学学报	1117	0.603	0.052	0.98	517	0.30	2.89	5.40	7
	东北大学学报(自然科学版)	2179	0.464	0.068	0.95	835	0.39	4.66	5.83	8
	东华大学学报(自然科学版)	736	0.384	0.053	0.95	348	0.12	1.94	7.25	5
	东华理工大学学报(自然科学版)	495	0.575	0.014	0.83	253	0.09	1.41	7.02	4
	东南大学学报(自然科学版)	2008	0.562	0.100	0.97	866	0.42	4.84	6.38	7
	鄂州大学学报	255	0.226	0.071	0.98	184	0.02	1.03	4.40	3
	福建农林大学学报(自然科学版)	1397	0.707	0.078	0.94	432	0.11	2.41	7.74	7
	福州大学学报(自然科学版)	724	0.243	0.063	0.98	474	0.22	2.65	7.31	5
	复旦学报(自然科学版)	657	0.313	0.016	0.99	468	0.21	2.61	8.35	6
	甘肃联合大学学报(自然科学版)	464	0.378	0.106	0.90	276	0.06	1.54	3.58	4
	广东海洋大学学报	784	0.521	0.064	0.95	290	0.07	1.62	5.98	5

期刊类别	期刊名称	扩展总被引频次	扩展影响因子	扩展即年指标	扩展他引率	扩展引用刊数	扩展学科影响指标	扩展学科扩散指标	扩展被引半衰期	扩展H指标
大学学报(自然科学)	广东技术师范学院学报(自然科学版)	90	0.132	0.008	0.98	62	0.01	0.35	3.92	1
	广西大学学报(自然科学版)	975	0.719	0.095	0.73	440	0.18	2.46	4.35	5
	广西民族大学学报(自然科学版)	355	0.314	0.010	0.89	245	0.08	1.37	5.99	4
	广州大学学报(自然科学版)	346	0.241	0.010	0.98	256	0.07	1.43	6.35	4
	贵州大学学报(自然科学版)	391	0.242	0.021	0.96	285	0.10	1.59	4.79	5
	国防科技大学学报	891	0.414	0.036	0.94	385	0.15	2.15	6.29	5
	哈尔滨工程大学学报	1259	0.529	0.093	0.91	512	0.24	2.86	5.03	5
	哈尔滨商业大学学报(自然科学版)	663	0.343	0.186	0.86	380	0.11	2.12	5.80	4
	哈尔滨师范大学自然科学学报	382	0.133	-	0.97	255	0.11	1.42	8.00	4
	海南大学学报(自然科学版)	434	0.348	0.050	0.94	287	0.10	1.60	7.46	5
	合肥工业大学学报(自然科学版)	1910	0.529	0.099	0.81	835	0.34	4.66	4.93	6
	河北大学学报(自然科学版)	570	0.387	0.134	0.89	335	0.09	1.87	6.20	4
	河北联合大学学报(自然科学版)	381	0.286	0.047	0.99	280	0.08	1.56	5.78	4
	河海大学学报(自然科学版)	1598	0.845	0.080	0.94	555	0.20	3.10	7.62	7
	河南大学学报(自然科学版)	522	0.400	0.100	0.90	346	0.09	1.93	5.70	5
	河南工业大学学报(自然科学版)	956	0.639	0.092	0.95	313	0.11	1.75	7.01	6
	河南科技大学学报(自然科学版)	471	0.304	0.069	0.84	289	0.15	1.61	6.04	3
	河南理工大学学报(自然科学版)	618	0.399	0.041	0.88	301	0.11	1.68	5.33	6
	黑龙江大学自然科学学报	400	0.244	0.057	0.90	256	0.12	1.43	5.55	4
	湖北大学学报(自然科学版)	396	0.278	0.036	0.98	281	0.10	1.57	6.99	4
	湖南大学学报(自然科学版)	1198	0.460	0.057	0.96	619	0.26	3.46	5.84	5
	湖南科技大学学报(自然科学版)	530	0.548	0.098	0.95	304	0.12	1.70	5.10	5
	湖南农业大学学报(自然科学版)	1890	0.787	0.089	0.95	473	0.14	2.64	7.52	9
	华东理工大学学报(自然科学版)	953	0.370	0.023	0.98	510	0.19	2.85	7.20	5
	华南理工大学学报(自然科学版)	2039	0.540	0.076	0.92	854	0.38	4.77	6.11	7
	华侨大学学报(自然科学版)	469	0.319	0.061	0.86	306	0.13	1.71	4.88	3
	华中科技大学学报(自然科学版)	2462	0.446	0.104	0.93	973	0.44	5.44	6.27	6
	吉林大学学报(理学版)	1036	0.512	0.098	0.90	528	0.26	2.95	5.32	7
	吉首大学学报(自然科学版)	412	0.309	0.040	0.95	304	0.10	1.70	5.16	4
	集美大学学报(自然科学版)	387	0.441	0.047	0.96	207	0.07	1.16	6.98	5
	济南大学学报(自然科学版)	440	0.505	0.117	0.97	305	0.09	1.70	5.33	4
	暨南大学学报(自然科学与医学版)	779	0.495	0.051	0.93	461	0.10	2.58	6.46	6
	佳木斯大学学报(自然科学版)	400	0.189	0.015	0.97	274	0.14	1.53	4.79	3

期刊类别	期刊名称	扩展总被引频次	扩展影响因子	扩展即年指标	扩展他引率	扩展引用刊数	扩展学科影响指标	扩展学科扩散指标	扩展被引半衰期	扩展H指标
大学学报(自然科学)	江汉大学学报(自然科学版)	273	0.225	0.017	0.98	201	0.03	1.12	6.11	3
	江南大学学报(自然科学版)	380	0.209	0.033	0.93	266	0.11	1.49	5.85	4
	江苏大学学报(自然科学版)	912	0.507	0.090	0.96	465	0.26	2.60	6.47	6
	江苏科技大学学报(自然科学版)	457	0.430	0.031	0.77	244	0.09	1.36	4.92	4
	江西理工大学学报	610	0.591	0.111	0.81	315	0.09	1.76	4.46	5
	焦作大学学报	280	0.180	0.022	0.98	171	0.04	0.96	5.00	3
	解放军理工大学学报(自然科学版)	552	0.299	0.039	0.98	314	0.18	1.75	6.04	4
	井冈山大学学报(自然科学版)	346	0.296	0.041	0.96	245	0.04	1.37	3.88	4
	开封大学学报	262	0.266	0.035	1.00	172	0.02	0.96	5.68	4
	空军工程大学学报(自然科学版)	480	0.467	0.089	0.85	212	0.07	1.18	5.38	4
	昆明理工大学学报(自然科学版)	736	0.445	0.074	0.93	469	0.15	2.62	7.14	4
	兰州大学学报(自然科学版)	1250	0.620	0.085	0.89	588	0.29	3.28	6.71	7
	兰州理工大学学报	854	0.368	0.036	0.88	461	0.23	2.58	5.38	6
	辽宁大学学报(自然科学版)	330	0.370	0.011	0.97	251	0.07	1.40	6.76	4
	辽宁工程技术大学学报(自然科学版)	1759	0.469	0.064	0.94	696	0.25	3.89	5.96	7
	辽宁工业大学学报(自然科学版)	270	0.194	0.010	0.98	207	0.07	1.16	5.93	3
	聊城大学学报(自然科学版)	284	0.323	0.020	0.79	165	0.07	0.92	5.48	4
	鲁东大学学报(自然科学版)	196	0.314	0.051	0.97	148	0.04	0.83	4.90	3
	牡丹江大学学报	566	0.155	0.034	1.00	321	0.03	1.79	3.31	4
	内蒙古大学学报(自然科学版)	612	0.300	0.027	0.95	325	0.13	1.82	9.20	4
	内蒙古工业大学学报(自然科学版)	136	0.179	0.019	0.94	113	0.01	0.63	6.03	2
	内蒙古民族大学学报(自然科学版)	584	0.284	0.048	0.93	348	0.07	1.94	5.23	5
	南昌大学学报(理科版)	584	0.434	0.039	0.79	330	0.11	1.84	5.96	5
	南华大学学报(自然科学版)	262	0.207	0.012	0.98	213	0.07	1.19	6.16	3
	南京大学学报(数学半年刊)	51	0.182	-	0.98	45	0.09	0.25	6.33	2
	南京大学学报(自然科学版)	1145	0.627	0.455	0.87	509	0.17	2.84	9.04	9
	南京工业大学学报(自然科学版)	732	0.504	0.042	0.95	422	0.15	2.36	6.86	5
	南京理工大学学报(自然科学版)	956	0.524	0.058	0.79	410	0.20	2.29	5.76	5
	南京林业大学学报(自然科学版)	2205	0.830	0.080	0.92	552	0.15	3.08	6.85	8
	南京信息工程大学学报	156	0.518	0.267	0.60	81	0.03	0.45	1.95	6
	南京邮电大学学报(自然科学版)	420	0.693	0.023	0.97	240	0.09	1.34	3.49	7
	南开大学学报(自然科学版)	395	0.303	0.035	0.98	308	0.15	1.72	6.44	4
	南通大学学报(自然科学版)	208	0.336	0.075	0.89	146	0.06	0.82	5.15	5

期刊类别	期刊名称	扩展总被引频次	扩展影响因子	扩展即年指标	扩展他引率	扩展引用刊数	扩展学科影响指标	扩展学科扩散指标	扩展被引半衰期	扩展H指标
大学学报(自然科学)	宁波大学学报(理工版)	388	0.348	0.046	0.97	289	0.14	1.61	5.51	4
	宁夏大学学报(自然科学版)	386	0.283	0.010	0.96	272	0.09	1.52	7.50	4
	齐齐哈尔大学学报(自然科学版)	333	0.233	0.100	0.98	239	0.06	1.34	5.12	3
	青岛大学学报(自然科学版)	186	0.141	-	0.96	151	0.07	0.84	7.73	3
	青岛科技大学学报(自然科学版)	349	0.271	0.028	0.94	231	0.08	1.29	6.29	3
	青海大学学报(自然科学版)	493	0.244	0.033	0.98	325	0.08	1.82	6.47	5
	清华大学学报(自然科学版)	3685	0.554	0.067	0.98	1339	0.49	7.48	7.19	10
	三峡大学学报(自然科学版)	461	0.298	0.032	0.94	292	0.12	1.63	5.21	4
	山东大学学报(理学版)	929	0.463	0.077	0.88	451	0.31	2.52	4.18	8
	山东科技大学学报(自然科学版)	516	0.408	0.092	0.94	295	0.12	1.65	6.33	6
	山东理工大学学报(自然科学版)	381	0.324	-	0.97	287	0.16	1.60	5.44	3
	山东农业大学学报(自然科学版)	1274	0.605	0.129	0.99	484	0.14	2.70	8.61	6
	山西大同大学学报(自然科学版)	222	0.288	0.017	0.93	167	0.07	0.93	3.07	4
	山西大学学报(自然科学版)	527	0.345	0.068	0.94	369	0.16	2.06	8.10	5
	山西农业大学学报(自然科学版)	787	0.443	0.017	0.98	376	0.08	2.10	6.93	7
	陕西科技大学学报(自然科学版)	558	0.269	0.040	0.99	369	0.11	2.06	4.99	4
	汕头大学学报(自然科学版)	176	0.556	0.078	0.85	118	0.06	0.66	5.00	4
	上海大学学报(自然科学版)	499	0.280	0.025	0.94	353	0.13	1.97	7.26	4
	上海交通大学学报	2700	0.423	0.066	0.96	1068	0.39	5.97	6.98	7
	深圳大学学报(理工版)	415	0.650	0.106	0.76	248	0.11	1.39	4.32	5
	沈阳大学学报(自然科学版)	513	0.283	0.158	0.95	303	0.05	1.69	5.50	4
	石河子大学学报(自然科学版)	865	0.611	0.037	0.81	346	0.08	1.93	5.48	5
	食品科学技术学报	455	0.647	0.134	0.95	298	0.07	1.66	4.96	5
	四川大学学报(工程科学版)	1408	0.550	0.103	0.94	618	0.23	3.45	5.50	9
	四川大学学报(自然科学版)	1350	0.532	0.091	0.67	536	0.31	2.99	5.59	5
	苏州大学学报(自然科学版)	213	0.186	0.060	0.99	171	0.06	0.96	6.77	3
	塔里木大学学报	339	0.301	-	0.90	193	0.03	1.08	5.94	4
	天津大学学报	1440	0.573	0.056	0.98	747	0.31	4.17	6.16	6
	天津理工大学学报	393	0.271	0.030	0.98	272	0.11	1.52	5.94	4
	同济大学学报(自然科学版)	3054	0.610	0.067	0.98	1024	0.42	5.72	7.17	9
	温州大学学报(自然科学版)	223	0.220	0.102	0.99	169	0.03	0.94	8.28	3
	五邑大学学报(自然科学版)	120	0.157	-	0.96	101	0.06	0.56	7.08	3
	武汉大学学报(理学版)	862	0.456	0.069	0.98	532	0.23	2.97	7.46	6

期刊类别	期刊名称	扩展总被引频次	扩展影响因子	扩展即年指标	扩展他引率	扩展引用刊数	扩展学科影响指标	扩展学科扩散指标	扩展被引半衰期	扩展H指标
大学学报(自然科学)	武汉纺织大学学报	676	0.248	0.026	1.00	385	0.06	2.15	6.22	4
	武汉科技大学学报(自然科学版)	555	0.361	0.055	0.95	347	0.10	1.94	5.83	5
	西安电子科技大学学报(自然科学版)	1109	0.723	0.090	0.81	375	0.21	2.09	5.07	6
	西安交通大学学报	2340	0.665	0.125	0.94	899	0.37	5.02	6.95	8
	西北大学学报(自然科学版)	1361	0.444	0.075	0.97	679	0.17	3.79	6.54	7
	西北民族大学学报(自然科学版)	222	0.185	0.012	0.99	177	0.06	0.99	6.40	3
	西北农林科技大学学报(自然科学版)	3741	0.670	0.111	0.95	808	0.25	4.51	6.17	8
	西华大学学报(自然科学版)	538	0.395	0.032	0.94	323	0.12	1.80	4.67	5
	西南大学学报(自然科学版)	2494	0.607	0.085	0.91	678	0.25	3.79	5.74	8
	西南交通大学学报	1680	0.846	0.084	0.89	648	0.26	3.62	6.85	7
	西南科技大学学报	307	0.323	0.038	0.98	240	0.07	1.34	6.38	3
	西南民族大学学报(自然科学版)	762	0.336	0.042	0.94	476	0.18	2.66	5.34	5
	西藏大学学报(社会科学版)	258	0.407	0.057	0.78	127	0.02	0.71	3.99	4
	西藏大学学报(自然科学版)	56	0.124	-	0.91	40	0.03	0.22	3.90	2
	厦门大学学报(自然科学版)	1601	0.448	0.066	0.98	753	0.26	4.21	7.25	7
	湘潭大学自然科学学报	372	0.286	0.010	0.94	258	0.12	1.44	8.17	4
	新疆大学学报(自然科学版)	370	0.215	0.023	0.92	242	0.13	1.35	7.83	4
	烟台大学学报(自然科学与工程版)	213	0.305	0.030	0.88	156	0.11	0.87	5.55	4
	延安大学学报(自然科学版)	303	0.251	0.047	0.97	215	0.08	1.20	6.02	3
	延边大学学报(自然科学版)	215	0.263	0.014	0.87	154	0.06	0.86	5.44	3
	燕山大学学报	353	0.279	0.050	0.94	248	0.11	1.39	5.98	4
	扬州大学学报(自然科学版)	303	0.411	0.080	0.82	194	0.09	1.08	6.26	4
	云南大学学报(自然科学版)	1253	0.913	0.098	0.92	616	0.22	3.44	6.29	5
	云南民族大学学报(自然科学版)	349	0.541	0.081	0.83	201	0.07	1.12	3.76	4
	浙江大学学报(理学版)	1009	0.495	0.043	0.95	651	0.25	3.64	7.39	6
	郑州大学学报(理学版)	298	0.341	0.019	0.81	196	0.10	1.09	5.33	3
	中国传媒大学学报(自然科学版)	125	0.274	0.055	0.90	97	0.03	0.54	4.97	3
	中国海洋大学学报(自然科学版)	2064	0.595	0.043	0.95	578	0.25	3.23	6.87	8
	中国科学技术大学学报	746	0.321	0.035	0.99	482	0.30	2.69	6.03	6
	中国科学院研究生院学报	458	0.367	0.073	0.98	322	0.15	1.80	5.54	5
	中国人民公安大学学报(自然科学版)	376	0.299	0.020	0.94	216	0.04	1.21	5.47	4
	中南大学学报(自然科学版)	2515	0.686	0.080	0.89	864	0.36	4.83	4.64	9
	中南民族大学学报(自然科学版)	329	0.393	0.052	0.90	206	0.08	1.15	4.81	4

期刊类别	期刊名称	扩展总被引频次	扩展影响因子	扩展即年指标	扩展他引率	扩展引用刊数	扩展学科影响指标	扩展学科扩散指标	扩展被引半衰期	扩展H指标
	中山大学学报(自然科学版)	1922	0.530	0.081	0.95	913	0.29	5.10	7.69	7
	中央民族大学学报(自然科学版)	319	0.527	0.028	0.99	239	0.03	1.34	5.14	4
	中州大学学报	505	0.279	0.020	0.98	297	0.03	1.66	4.63	4
	平均	758	0.405	0.060	0.93	368	0.14	2.06	5.96	4
学院学报(自然科学)	安徽建筑工业学院学报(自然科学版)	471	0.280	0.015	0.93	260	0.06	2.89	5.32	5
	宝鸡文理学院学报(自然科学版)	215	0.199	0.043	0.86	153	0.09	1.70	6.42	3
	北京城市学院学报	367	0.367	0.085	0.99	218	0.09	2.42	4.70	5
	北京教育学院学报(自然科学版)	76	0.241	-	0.95	56	0.02	0.62	3.43	3
	昌吉学院学报	236	0.129	0.008	0.98	164	0.11	1.82	5.29	3
	长春工程学院学报(自然科学版)	247	0.202	0.027	0.94	163	0.06	1.81	4.68	3
	赤峰学院学报(自然科学版)	1078	0.243	0.014	0.98	488	0.21	5.42	2.70	5
	重庆科技学院学报(自然科学版)	524	0.266	0.030	0.99	319	0.08	3.54	3.63	5
	重庆三峡学院学报	533	0.465	0.072	0.90	264	0.10	2.93	3.63	4
	重庆文理学院学报(自然科学版)	455	0.392	0.079	0.89	260	0.07	2.89	4.07	4
	大连民族学院学报	402	0.271	0.027	0.96	269	0.14	2.99	5.89	3
	德州学院学报	293	0.266	0.066	0.99	210	0.10	2.33	5.13	3
	东莞理工学院学报	288	0.265	0.052	0.94	201	0.08	2.23	4.41	3
	防灾科技学院学报	275	0.366	-	0.94	164	0.02	1.82	4.28	4
	佛山科学技术学院学报(自然科学版)	267	0.239	0.048	0.97	196	0.04	2.18	5.71	4
	广东石油化工学院学报	210	0.216	0.027	0.98	157	0.08	1.74	4.33	3
	贵阳学院学报(自然科学版)	104	0.194	0.025	0.99	84	0.03	0.93	3.84	3
	合肥学院学报(自然科学版)	210	0.270	0.047	0.96	161	0.08	1.79	5.09	3
	河北北方学院学报(自然科学版)	286	0.251	0.027	0.92	201	0.04	2.23	4.13	4
	河池学院学报	346	0.167	0.048	0.95	219	0.08	2.43	5.56	3
	河南科技学院学报(自然科学版)	510	0.309	0.082	0.96	294	0.07	3.27	5.84	3
	黑龙江科技学院学报	311	0.343	0.080	0.88	173	0.03	1.92	4.86	3
	红河学院学报	247	0.201	0.025	0.99	184	0.09	2.04	4.13	3
	呼伦贝尔学院学报	306	0.144	0.018	1.00	193	0.08	2.14	6.27	3
	湖北工程学院学报	332	0.210	0.077	0.96	213	0.09	2.37	4.89	3
	湖北科技学院学报	878	0.184	0.023	0.99	429	0.16	4.77	3.75	4
	湖北民族学院学报(自然科学版)	358	0.277	0.118	0.84	216	0.16	2.40	5.78	4
	湖北文理学院学报	342	0.232	0.043	0.94	228	0.07	2.53	4.26	4
	湖南城市学院学报(自然科学版)	169	0.184	0.013	1.00	133	0.01	1.48	6.71	4

期刊类别	期刊名称	扩展总被引频次	扩展影响因子	扩展即年指标	扩展他引率	扩展引用刊数	扩展学科影响指标	扩展学科扩散指标	扩展被引半衰期	扩展H指标
学院学报(自然科学)	湖南工程学院学报(自然科学版)	170	0.196	0.030	0.98	142	0.03	1.58	6.17	2
	湖南科技学院学报	1779	0.239	0.047	0.98	727	0.26	8.08	4.69	6
	湖南理工学院学报(自然科学版)	205	0.227	0.043	0.94	144	0.07	1.60	5.00	3
	湖南文理学院学报(自然科学版)	224	0.245	0.022	0.93	156	0.07	1.73	6.30	3
	华北水利水电学院学报	571	0.289	0.050	0.93	359	0.14	3.99	4.98	4
	怀化学院学报	943	0.215	0.052	0.95	483	0.20	5.37	4.78	5
	淮海工学院学报(自然科学版)	291	0.404	0.011	0.91	195	0.06	2.17	5.32	4
	黄山学院学报	411	0.283	0.028	0.99	253	0.12	2.81	4.61	3
	惠州学院学报	400	0.273	0.061	0.99	266	0.09	2.96	5.37	4
	嘉兴学院学报	478	0.279	0.038	0.98	303	0.14	3.37	6.12	4
	嘉应学院学报	361	0.208	0.026	0.91	228	0.10	2.53	5.08	3
	金陵科技学院学报	296	0.412	0.077	0.94	178	0.03	1.98	5.12	3
	荆楚理工学院学报	323	0.186	0.021	0.97	234	0.10	2.60	4.71	4
	九江学院学报(自然科学版)	127	0.171	0.038	1.00	93	0.01	1.03	2.82	2
	丽水学院学报	437	0.198	0.055	1.00	278	0.08	3.09	5.76	4
	辽东学院学报(自然科学版)	246	0.618	0.254	0.59	116	0.02	1.29	2.99	3
	辽宁科技学院学报	318	0.247	0.030	1.00	222	0.09	2.47	4.34	3
	吕梁学院学报	141	0.139	-	0.98	97	0.06	1.08	5.75	2
	洛阳理工学院学报(自然科学版)	241	0.282	0.034	1.00	187	0.09	2.08	5.70	3
	闽江学院学报	343	0.189	-	0.99	233	0.10	2.59	6.46	3
	南京工程学院学报(自然科学版)	80	0.093	-	0.99	72	0.04	0.80	6.36	3
	南京体育学院学报(自然科学版)	597	0.320	0.058	0.90	206	0.10	2.29	4.43	5
	南阳理工学院学报	96	0.111	0.026	0.96	79	0.03	0.88	3.00	3
	宁德师范学院学报(自然科学版)	247	0.212	0.008	0.98	132	0.06	1.47	5.70	4
	攀枝花学院学报	399	0.203	0.050	0.98	255	0.10	2.83	5.72	5
	莆田学院学报	281	0.342	0.028	0.87	183	0.13	2.03	4.98	3
	山东轻工业学院学报(自然科学版)	269	0.365	0.030	0.95	196	0.04	2.18	5.07	4
	陕西理工学院学报(自然科学版)	246	0.450	0.062	0.90	169	0.07	1.88	5.03	3
	上海应用技术学院学报(自然科学版)	182	0.315	0.053	0.88	133	0.06	1.48	5.00	3
	韶关学院学报	808	0.211	0.022	0.99	462	0.21	5.13	4.82	5
	邵阳学院学报(自然科学版)	213	0.393	0.029	0.85	131	0.04	1.46	5.57	3
	绍兴文理学院学报	658	0.203	0.021	0.99	409	0.14	4.54	5.89	4
	沈阳工程学院学报(自然科学版)	258	0.288	0.084	0.91	173	0.04	1.92	4.80	4

期刊类别	期刊名称	扩展总被引频次	扩展影响因子	扩展即年指标	扩展他引率	扩展引用刊数	扩展学科影响指标	扩展学科扩散指标	扩展被引半衰期	扩展H指标
学院学报(自然科学)	四川理工学院学报(自然科学版)	455	0.322	0.190	0.81	253	0.12	2.81	3.82	4
	苏州科技学院学报(自然科学版)	119	0.169	-	0.96	98	0.06	1.09	5.31	3
	宿州学院学报	612	0.258	0.054	0.85	319	0.13	3.54	3.43	4
	台州学院学报	263	0.189	0.036	0.97	183	0.11	2.03	6.03	3
	泰山学院学报	314	0.188	0.018	0.96	210	0.09	2.33	6.81	3
	天津城市建设学院学报	212	0.264	-	0.96	166	0.04	1.84	6.38	3
	皖西学院学报	521	0.248	0.046	0.98	325	0.11	3.61	5.30	5
	潍坊学院学报	495	0.174	0.023	0.98	297	0.06	3.30	5.32	4
	西安文理学院学报(自然科学版)	289	0.251	0.047	0.94	209	0.09	2.32	4.89	4
	西昌学院学报(自然科学版)	303	0.203	0.006	0.94	202	0.07	2.24	4.80	3
	厦门理工学院学报	184	0.220	0.031	0.97	141	0.08	1.57	4.90	3
	湘南学院学报	356	0.249	0.061	0.98	237	0.09	2.63	5.07	4
	新乡学院学报(自然科学版)	128	0.177	0.033	0.90	88	0.07	0.98	2.45	3
	新余学院学报	325	0.157	0.033	0.98	205	0.06	2.28	4.55	3
	邢台学院学报	251	0.148	0.020	0.99	169	0.04	1.88	4.66	3
	徐州工程学院学报(自然科学版)	315	0.457	0.047	0.96	193	0.09	2.14	4.90	3
	盐城工学院学报(自然科学版)	139	0.113	-	0.99	103	0.02	1.14	6.41	3
	宜春学院学报	872	0.213	0.039	0.97	512	0.22	5.69	3.43	5
	榆林学院学报	311	0.262	0.052	0.98	216	0.11	2.40	4.02	4
	运城学院学报	336	0.176	0.050	0.96	199	0.08	2.21	5.73	3
	肇庆学院学报	301	0.196	0.045	0.96	195	0.10	2.17	6.27	3
	浙江海洋学院学报(自然科学版)	591	0.509	0.046	0.96	236	0.08	2.62	7.10	5
	浙江科技学院学报	312	0.434	0.061	0.97	209	0.11	2.32	4.53	4
	浙江万里学院学报	429	0.288	0.061	0.99	273	0.13	3.03	5.31	3
	中国计量学院学报	306	0.516	0.013	0.77	192	0.04	2.13	5.17	4
	装备学院学报	535	0.366	0.053	0.87	216	0.02	2.40	5.03	4
	平均	366	0.261	0.042	0.95	220	0.09	2.45	4.99	3
	河北工程技术高等专科学校学报	222	0.287	0.029	0.95	119	0.13	14.88	5.13	3
	兰州工业学院学报	193	0.220	0.053	0.98	130	0.13	16.25	4.38	4
	辽宁师专学报(自然科学版)	246	0.127	0.038	1.00	150	0.13	18.75	5.95	3
	萍乡高等专科学校学报	235	0.186	0.016	0.97	151	0.13	18.88	4.55	3
	浙江水利水电专科学校学报	222	0.220	0.077	0.93	129	0.13	16.13	4.06	3
	镇江高专学报	317	0.256	0.099	0.96	170	0.13	21.25	4.96	3

期刊类别	期刊名称	扩展总被引频次	扩展影响因子	扩展即年指标	扩展他引率	扩展引用刊数	扩展学科影响指标	扩展学科扩散指标	扩展被引半衰期	扩展H指标
	平均	239	0.216	0.052	0.97	141	0.13	17.69	4.84	3
师范大学学报(自然科学)	安徽师范大学学报(自然科学版)	701	0.500	0.069	0.82	377	0.25	7.11	5.93	5
	安庆师范学院学报(自然科学版)	380	0.237	0.020	0.98	263	0.15	4.96	6.09	4
	北京师范大学学报(自然科学版)	954	0.417	0.058	0.97	561	0.38	10.58	7.50	8
	重庆师范大学学报(自然科学版)	550	0.708	0.109	0.85	305	0.19	5.75	4.50	6
	东北师大学报(自然科学版)	764	0.750	0.056	0.85	402	0.32	7.58	7.04	5
	福建师范大学学报(自然科学版)	628	0.466	0.058	0.96	415	0.25	7.83	6.26	5
	阜阳师范学院学报(自然科学版)	207	0.229	0.021	0.93	146	0.13	2.75	5.47	3
	广西师范大学学报(自然科学版)	572	0.400	0.033	0.85	307	0.25	5.79	5.86	4
	广西师范学院学报(自然科学版)	332	0.238	0.103	0.94	234	0.19	4.42	6.58	3
	贵州师范大学学报(自然科学版)	538	0.388	0.031	0.95	320	0.32	6.04	7.30	5
	海南师范大学学报(自然科学版)	289	0.305	0.070	0.88	199	0.09	3.75	4.97	4
	杭州师范大学学报(自然科学版)	357	0.316	0.044	0.96	269	0.21	5.08	7.07	4
	河北师范大学学报(自然科学版)	571	0.271	0.054	0.93	382	0.32	7.21	6.78	4
	河南教育学院学报(自然科学版)	293	0.301	0.051	0.93	173	0.13	3.26	4.72	4
	河南师范大学学报(自然科学版)	800	0.329	0.046	0.86	437	0.36	8.25	4.60	5
	湖北师范学院学报(自然科学版)	273	0.196	0.066	0.97	195	0.15	3.68	6.30	3
	湖南师范大学自然科学学报	487	0.575	0.082	0.84	289	0.19	5.45	6.31	4
	华东师范大学学报(自然科学版)	705	0.552	0.055	0.95	399	0.36	7.53	6.24	7
	华南师范大学学报(自然科学版)	550	0.581	0.050	0.93	365	0.21	6.89	6.00	5
	华中师范大学学报(自然科学版)	679	0.192	0.024	0.93	424	0.26	8.00	7.68	5
	淮北师范大学学报(自然科学版)	220	0.254	0.022	0.97	150	0.19	2.83	6.50	3
	淮阴师范学院学报(自然科学版)	114	0.130	-	1.00	93	0.06	1.75	5.56	3
	吉林师范大学学报(自然科学版)	533	0.321	0.052	0.94	354	0.19	6.68	5.79	4
	江苏师范大学学报(自然科学版)	219	0.221	0.044	0.91	162	0.13	3.06	7.28	3
	江西师范大学学报(自然科学版)	565	0.447	0.053	0.76	303	0.34	5.72	5.31	4
	廊坊师范学院学报(自然科学版)	242	0.219	0.039	0.98	159	0.09	3.00	2.92	3
	辽宁师范大学学报(自然科学版)	475	0.303	0.035	0.91	322	0.25	6.08	6.51	4
	牡丹江师范学院学报(自然科学版)	394	0.445	0.089	0.61	144	0.06	2.72	3.81	4
	内蒙古师范大学学报(自然科学汉文版)	451	0.361	0.036	0.88	262	0.25	4.94	5.40	5
	南京师大学报(自然科学版)	544	0.392	0.010	0.97	371	0.23	7.00	7.15	5
	南京师范大学学报(工程技术版)	218	0.235	0.014	0.94	160	0.06	3.02	5.80	4
	青海师范大学学报(自然科学版)	301	0.222	0.079	1.00	220	0.17	4.15	6.77	4

期刊类别	期刊名称	扩展总被引频次	扩展影响因子	扩展即年指标	扩展他引率	扩展引用刊数	扩展学科影响指标	扩展学科扩散指标	扩展被引半衰期	扩展H指标
师范大学学报(自然科学)	曲阜师范大学学报(自然科学版)	327	0.295	0.046	0.85	214	0.26	4.04	7.34	3
	山东师范大学学报(自然科学版)	578	0.114	0.033	0.97	359	0.15	6.77	6.76	4
	山西师范大学学报(自然科学版)	394	0.310	0.009	0.96	281	0.15	5.30	5.38	4
	陕西师范大学学报(自然科学版)	865	0.513	0.092	0.93	500	0.38	9.43	6.96	5
	上海师范大学学报(自然科学版)	411	0.248	0.042	0.96	301	0.19	5.68	6.98	5
	沈阳师范大学学报(自然科学版)	495	0.591	0.104	0.75	251	0.19	4.74	3.95	4
	首都师范大学学报(自然科学版)	614	0.403	0.039	0.99	428	0.32	8.08	6.51	6
	四川师范大学学报(自然科学版)	794	0.520	0.052	0.73	357	0.36	6.74	5.22	5
	太原师范学院学报(自然科学版)	242	0.171	-	0.98	184	0.11	3.47	5.03	3
	天津师范大学学报(自然科学版)	301	0.338	0.060	0.93	186	0.19	3.51	5.99	4
	西北师范大学学报(自然科学版)	718	0.363	0.080	0.93	407	0.28	7.68	6.71	6
	西华师范大学学报(自然科学版)	386	0.238	0.024	0.95	238	0.23	4.49	8.33	4
	西南师范大学学报(自然科学版)	1617	0.725	0.050	0.83	645	0.45	12.17	5.23	6
	新疆师范大学学报(自然科学版)	324	0.291	0.082	0.91	216	0.19	4.08	5.65	4
	信阳师范学院学报(自然科学版)	475	0.430	0.119	0.85	263	0.21	4.96	5.05	5
	伊犁师范学院学报(自然科学版)	80	0.186	-	0.94	61	0.08	1.15	3.37	3
	云南师范大学学报(自然科学版)	474	0.427	0.075	0.92	316	0.15	5.96	7.17	5
	漳州师范学院学报(自然科学版)	236	0.178	0.039	0.96	162	0.06	3.06	5.65	3
	浙江师范大学学报(自然科学版)	405	0.350	0.023	0.94	268	0.19	5.06	6.63	5
	平均	483	0.357	0.050	0.91	290	0.21	5.48	6.00	4
自然科学总论	Bulletin of the Chinese Academy of Sciences	11	0.053	-	1.00	8	-	0.08	3.75	1
	High Technology Letters	76	0.089	-	0.96	65	0.03	0.61	7.06	2
	Journal of Control Theory and Applications	143	0.337	0.036	0.96	89	0.05	0.84	3.75	3
	Journal of Systems Science and Systems Engineering	114	0.271	-	0.80	70	0.02	0.66	8.26	3
	安徽科技	354	0.147	0.028	0.99	230	0.14	2.17	4.61	4
	大科技·科技天地	454	0.036	0.009	0.94	120	0.14	1.13	1.57	3
	大众科技	1893	0.231	0.063	0.99	697	0.30	6.58	3.97	7
	电大理工	118	0.132	0.074	0.99	79	0.11	0.75	3.67	2
	福建分析测试	330	0.374	0.030	0.99	190	0.07	1.79	4.99	4
	复杂系统与复杂性科学	279	0.699	0.040	0.91	150	0.10	1.42	4.58	6

期刊类别	期刊名称	扩展总被引频次	扩展影响因子	扩展即年指标	扩展他引率	扩展引用刊数	扩展学科影响指标	扩展学科扩散指标	扩展被引半衰期	扩展H指标
自然科学总论	甘肃科技	2708	0.225	0.033	0.99	1007	0.35	9.50	3.98	6
	甘肃科技纵横	1022	0.230	0.043	1.00	420	0.22	3.96	4.78	6
	甘肃科学学报	536	0.386	0.044	0.80	307	0.13	2.90	6.00	4
	高技术通讯	805	0.206	0.015	0.97	468	0.21	4.42	8.08	4
	高科技与产业化	282	0.218	0.005	1.00	194	0.12	1.83	3.74	3
	广东科技	2730	0.423	0.042	0.98	474	0.29	4.47	3.64	9
	广西科学	427	0.311	0.042	0.92	260	0.10	2.45	7.34	5
	广西科学院学报	367	0.388	0.022	0.97	250	0.10	2.36	5.39	4
	贵州科学	385	0.286	0.039	0.95	213	0.05	2.01	7.09	4
	杭州科技	95	0.167	-	1.00	71	0.06	0.67	5.60	3
	河北省科学院学报	207	0.222	-	0.99	163	0.08	1.54	7.07	3
	河南科技	1003	0.431	0.051	1.00	410	0.24	3.87	2.68	5
	河南科学	964	0.303	0.099	0.85	533	0.21	5.03	4.64	6
	黑龙江科技信息	10612	0.236	0.057	0.98	1232	0.35	11.62	2.77	11
	江苏科技信息	351	0.321	0.073	0.99	202	0.18	1.91	3.10	4
	江西科学	563	0.237	0.024	0.96	375	0.16	3.54	5.72	5
	今日科技	165	0.142	0.009	1.00	121	0.09	1.14	6.53	3
	科海故事博览·科技探索	151	0.041	0.004	1.00	70	0.08	0.66	1.78	3
	科海故事博览·科教创新	291	0.031	0.002	0.99	128	0.11	1.21	2.77	3
	科海故事博览·科教论坛	100	0.022	0.003	1.00	50	0.01	0.47	2.10	2
	科技传播	1942	0.217	0.047	0.98	466	0.25	4.40	1.91	6
	科技创新导报	10559	0.292	0.068	0.97	1597	0.42	15.07	3.17	10
	科技创新与生产力	693	0.267	0.043	0.95	364	0.25	3.43	4.25	4
	科技创业	281	0.732	0.340	1.00	167	0.13	1.58	3.55	2
	科技创业家	192	-	0.006	0.97	75	0.13	0.71	1.36	2
	科技风	3006	0.164	0.027	0.98	541	0.28	5.10	2.52	7
	科技广场	1276	0.239	0.043	0.98	547	0.25	5.16	3.69	5
	科技通报	844	0.341	0.032	0.97	564	0.12	5.32	6.33	5
	科技与企业	877	0.230	0.067	0.97	199	0.17	1.88	-	4
	科技与生活	853	0.103	0.019	0.99	205	0.21	1.93	2.26	5
	科技致富向导	2761	0.161	0.032	0.97	459	0.25	4.33	1.70	6
	科技资讯	10814	0.275	0.055	0.98	1507	0.42	14.22	3.35	11
	科普研究	284	0.864	0.147	0.81	112	0.13	1.06	3.20	6

期刊类别	期刊名称	扩展总被引频次	扩展影响因子	扩展即年指标	扩展他引率	扩展引用刊数	扩展学科影响指标	扩展学科扩散指标	扩展被引半衰期	扩展H指标
自然科学总论	科协论坛(下半月)	1054	0.174	0.030	1.00	408	0.24	3.85	3.16	5
	科学(上海)	2215	0.976	0.181	1.00	650	0.08	6.13	>10	4
	科学大众(科学教育)	783	-	0.032	1.00	244	0.16	2.30	2.40	4
	科学观察	154	-	-	0.95	97	0.07	0.92	4.60	4
	科学通报	9612	1.273	0.348	0.94	1627	0.38	15.35	8.28	16
	科学中国人	204	0.103	0.012	1.00	158	0.06	1.49	7.50	4
	科学咨询	1198	0.068	0.017	0.99	409	0.25	3.86	3.16	4
	控制理论与应用	2133	0.858	0.094	0.84	533	0.25	5.03	5.17	9
	内江科技	1973	0.176	0.032	0.99	654	0.28	6.17	3.42	5
	内蒙古科技与经济	3145	0.230	0.041	0.98	814	0.32	7.68	4.03	5
	青海科技	364	0.194	-	1.00	229	0.12	2.16	4.03	4
	山东科学	376	0.273	0.047	0.95	254	0.10	2.40	6.00	4
	山西科技	721	0.257	0.059	0.99	377	0.25	3.56	4.08	5
	石河子科技	224	0.111	0.018	1.00	127	0.14	1.20	5.70	3
	实验科学与技术	1794	0.940	0.117	0.91	457	0.23	4.31	3.43	8
	实验室科学	2048	0.865	0.111	0.86	479	0.22	4.52	3.77	7
	世界科技研究与发展	693	0.105	0.018	0.97	462	0.19	4.36	7.64	7
	世界科学	156	0.327	0.011	1.00	130	0.07	1.23	>10	3
	天津科技	265	0.163	0.033	0.98	174	0.13	1.64	3.91	3
	武夷科学	176	0.342	-	0.93	97	0.05	0.92	8.60	4
	西藏科技	433	0.147	0.019	0.97	272	0.15	2.57	5.13	3
	系统工程	2696	0.728	0.073	0.97	856	0.22	8.08	6.39	10
	系统工程理论与实践	5296	1.151	0.112	0.94	1191	0.35	11.24	7.47	15
	系统管理学报	809	0.616	0.052	0.96	368	0.09	3.47	6.10	5
	厦门科技	126	0.163	0.017	1.00	99	0.08	0.93	5.18	3
	阴山学刊(自然科学版)	110	0.120	0.024	0.97	86	0.07	0.81	4.57	3
	应用科技	651	0.433	0.093	0.99	403	0.20	3.80	5.41	4
	应用科学学报	532	0.532	0.048	0.94	344	0.08	3.25	5.46	5
	中国工程科学	1924	0.790	0.099	0.97	977	0.30	9.22	6.94	10
	中国基础科学	264	0.262	0.017	0.96	190	0.16	1.79	6.71	5
	中国科技论文	500	0.450	0.057	0.93	351	0.17	3.31	4.01	5
	中国科技术语	146	0.248	0.048	0.86	86	0.01	0.81	4.72	3
	中国科技资源导刊	114	0.233	0.042	0.80	60	0.07	0.57	3.57	3

期刊类别	期刊名称	扩展总被引频次	扩展影响因子	扩展即年指标	扩展他引率	扩展引用刊数	扩展学科影响指标	扩展学科扩散指标	扩展被引半衰期	扩展H指标
自然科学总论	中国科技纵横	1095	0.065	0.020	0.99	318	0.23	3.00	2.01	4
	中国科教创新导刊	5740	0.155	0.048	0.97	880	0.29	8.30	3.05	5
	中国科学基金	580	0.653	0.103	0.90	337	0.20	3.18	5.76	7
	中国科学院院刊	668	0.710	0.195	0.96	431	0.19	4.07	5.91	7
	中国西部科技	2377	0.253	0.052	0.99	844	0.34	7.96	3.58	7
	自然科学史研究	238	0.275	0.054	0.89	116	0.03	1.09	>10	3
	自然杂志	746	0.597	0.048	0.99	527	0.19	4.97	>10	7
	平均	1400	0.326	0.051	0.96	392	0.17	3.70	4.90	5
数学	Acta Mathematica Scientia	400	0.309	0.037	0.74	132	0.62	2.40	4.90	4
	Acta Mathematica Sinica	398	0.191	0.052	0.85	123	0.55	2.24	6.06	3
	Acta Mathematicae Applicatae Sinica	195	0.172	0.014	0.94	112	0.53	2.04	7.69	3
	Analysis in Theory and Applications	24	0.071	0.026	0.71	16	0.13	0.29	4.33	2
	Applied Mathematics A Journal of Chinese Universities, B	94	0.118	0.163	0.94	60	0.33	1.09	6.11	3
	Applied Mathematics and Mechanics	309	0.281	0.059	0.76	150	0.29	2.73	5.16	4
	Chinese Annals of Mathematics, Series B	126	0.109	0.058	0.89	56	0.45	1.02	>10	3
	Chinese Quarterly Journal of Mathematics	99	0.087	0.011	0.97	65	0.27	1.18	6.25	3
	Communications in Mathematical Research	92	0.014	-	0.96	56	0.33	1.02	>10	2
	Journal of Computational Mathematics	225	0.202	0.048	0.94	99	0.40	1.80	7.75	3
	Journal of Partial Differential Equations	40	0.000	0.045	0.95	34	0.27	0.62	>10	1
	Journal of Systems Science and Complexity	151	0.158	0.032	0.87	84	0.40	1.53	4.76	3
	Science China (Mathematics)	780	0.276	0.052	0.93	243	0.64	4.42	7.45	5
	纯粹数学与应用数学	375	0.355	0.042	0.78	166	0.29	3.02	4.62	4
	大学数学	982	0.280	0.037	0.94	378	0.31	6.87	6.39	7
	高等数学研究	461	0.253	0.065	0.86	195	0.11	3.55	5.11	4
	高等学校计算数学学报	209	0.216	-	0.95	113	0.33	2.05	9.71	4
	高校应用数学学报 A 辑	293	0.370	0.073	0.98	185	0.44	3.36	8.18	4
	工程数学学报	738	0.360	0.034	0.87	305	0.42	5.55	6.96	5
	计算数学	402	0.654	0.026	0.92	169	0.44	3.07	8.33	5

期刊类别	期刊名称	扩展总被引频次	扩展影响因子	扩展即年指标	扩展他引率	扩展引用刊数	扩展学科影响指标	扩展学科扩散指标	扩展被引半衰期	扩展H指标
数学	模糊系统与数学	907	0.423	0.068	0.82	324	0.25	5.89	7.50	8
	生物数学学报	685	0.440	0.047	0.76	282	0.18	5.13	8.06	5
	数学的实践与认识	2302	0.326	0.042	0.89	876	0.38	15.93	4.66	7
	数学教学	300	-	0.043	0.90	101	0.11	1.84	6.10	4
	数学教学研究	322	0.164	0.033	0.95	113	0.11	2.05	4.49	3
	数学教育学报	1895	1.170	0.256	0.75	338	0.16	6.15	6.43	9
	数学进展	460	0.227	0.024	0.95	186	0.60	3.38	7.99	6
	数学理论与应用	185	0.153	0.013	0.99	150	0.16	2.73	7.13	3
	数学年刊A辑	372	0.195	0.016	0.95	157	0.53	2.85	>10	4
	数学通报	1136	0.464	0.079	0.90	262	0.18	4.76	7.46	6
	数学物理学报	568	0.307	0.080	0.90	206	0.58	3.75	5.60	5
	数学学报	1013	0.368	0.091	0.95	263	0.62	4.78	8.52	7
	数学研究	137	0.174	0.041	0.99	89	0.22	1.62	7.08	3
	数学研究及应用	353	0.136	0.039	0.97	167	0.55	3.04	7.34	5
	数学杂志	461	0.239	0.025	0.66	172	0.42	3.13	6.50	4
	系统工程学报	1375	0.865	0.038	0.91	482	0.18	8.76	6.95	8
	系统科学与数学	562	0.444	0.021	0.92	282	0.53	5.13	5.35	5
	应用概率统计	230	0.180	-	0.96	133	0.27	2.42	9.17	4
	应用数学	336	0.150	0.022	0.95	192	0.42	3.49	7.02	4
	应用数学和力学	723	0.300	0.051	0.87	351	0.38	6.38	7.95	5
	应用数学学报	717	0.406	0.043	0.96	293	0.65	5.33	8.68	6
	应用数学与计算数学学报	85	0.133	0.060	0.98	64	0.15	1.16	9.08	3
	运筹学学报	143	0.159	0.080	0.94	98	0.20	1.78	6.38	3
	运筹与管理	1038	0.542	0.046	0.92	451	0.11	8.20	5.92	7
	中国科学(数学)	1109	0.708	0.124	0.94	574	0.60	10.44	>10	7
	中学教研(数学)	110	-	0.010	0.91	53	0.11	0.96	8.13	2
	平均	519	0.286	0.049	0.90	204	0.35	3.72	7.29	4
力学	Acta Mechanica Sinica (English Series)	366	0.405	0.028	0.78	131	0.70	6.55	5.16	3
	Acta Mechanica Solida Sinica	194	0.466	0.017	0.79	87	0.55	4.35	4.28	3
	Journal of Rock Mechanics and Geotechnical Engineering	39	0.393	0.026	0.85	18	0.15	0.90	1.97	2
	动力学与控制学报	229	0.480	0.045	0.74	104	0.55	5.20	4.10	3
	工程力学	3221	0.474	0.075	0.88	610	0.60	30.50	5.74	9

期刊类别	期刊名称	扩展总被引频次	扩展影响因子	扩展即年指标	扩展他引率	扩展引用刊数	扩展学科影响指标	扩展学科扩散指标	扩展被引半衰期	扩展H指标
力学	固体力学学报	529	0.543	0.013	0.91	242	0.70	12.10	6.87	4
	计算力学学报	1125	0.475	0.055	0.81	387	0.75	19.35	6.69	7
	力学季刊	383	0.257	0.011	0.95	211	0.70	10.55	7.29	5
	力学进展	1086	0.713	0.037	0.96	457	0.85	22.85	8.20	10
	力学学报	1249	0.610	0.090	0.93	375	0.75	18.75	7.75	7
	力学与实践	902	0.354	0.171	0.86	421	0.60	21.05	8.49	5
	实验力学	527	0.261	0.009	0.91	278	0.50	13.90	7.48	5
	岩石力学与工程学报	12229	1.759	0.226	0.89	830	0.70	41.50	7.07	19
	岩土力学	8004	1.224	0.162	0.88	721	0.75	36.05	5.36	12
	应用力学学报	682	0.341	0.039	0.95	321	0.70	16.05	7.47	5
	振动工程学报	1231	0.567	0.111	0.96	376	0.60	18.80	8.02	7
	平均	1999	0.583	0.070	0.88	348	0.63	17.40	6.37	6
物理学	Advances in Atmospheric Sciences	1318	1.004	0.111	0.87	161	0.07	2.93	7.96	9
	Chinese Journal of Acoustics	35	0.119	0.135	0.89	19	0.11	0.35	3.50	2
	Chinese Journal of Chemical Physics	317	0.161	0.070	0.91	178	0.29	3.24	8.30	3
	Chinese Physics B	4743	0.973	0.207	0.52	331	0.60	6.02	3.00	4
	Chinese Physics C	262	0.192	0.075	0.68	57	0.31	1.04	3.06	3
	Chinese Physics Letters	2686	0.467	0.150	0.66	364	0.69	6.62	3.99	4
	Communications in Theoretical Physics	1026	0.478	0.097	0.64	145	0.36	2.64	3.73	3
	Journal of Thermal Science	130	0.227	0.070	0.78	72	0.13	1.31	4.71	3
	Plasma Science and Technology	243	0.197	0.047	0.67	83	0.25	1.51	4.37	2
	Science China Physics, Mechanics & Astronomy	889	0.678	0.263	0.57	182	0.42	3.31	2.42	4
	波谱学杂志	297	0.575	0.051	0.67	134	0.05	2.44	5.38	4
	大学物理	1000	0.396	0.060	0.82	309	0.25	5.62	7.35	6
	大学物理实验	586	0.466	0.072	0.77	188	0.20	3.42	4.28	5
	低温工程	425	0.467	0.038	0.91	160	0.24	2.91	7.45	3
	低温物理学报	163	0.190	0.033	0.63	58	0.15	1.05	5.88	3
	低温与超导	377	0.306	0.046	0.71	164	0.20	2.98	3.76	3
	低温与特气	205	0.225	0.028	0.91	110	0.07	2.00	7.78	3
	发光学报	1209	1.498	0.275	0.51	224	0.33	4.07	2.71	6
	高压物理学报	339	0.289	0.064	0.81	135	0.20	2.45	6.42	4
	工程热物理学报	2140	0.311	0.039	0.92	557	0.29	10.13	6.09	7

期刊类别	期刊名称	扩展总被引频次	扩展影响因子	扩展即年指标	扩展他引率	扩展引用刊数	扩展学科影响指标	扩展学科扩散指标	扩展被引半衰期	扩展H指标
物理学	光谱实验室	2219	0.528	0.060	0.87	647	0.16	11.76	4.45	7
	光谱学与光谱分析	5388	0.922	0.129	0.97	1104	0.53	20.07	4.63	9
	光散射学报	298	0.531	0.013	0.76	117	0.25	2.13	5.53	4
	光学学报	5131	1.671	0.264	0.68	542	0.55	9.85	3.43	9
	光子学报	2501	0.662	0.158	0.79	500	0.49	9.09	4.94	8
	广西物理	123	-	0.113	0.65	58	0.09	1.05	3.94	3
	核聚变与等离子体物理	180	0.285	0.015	0.73	62	0.25	1.13	5.00	3
	红外与毫米波学报	961	0.790	0.094	0.94	311	0.25	5.65	5.85	7
	计算物理	584	0.587	0.045	0.70	241	0.35	4.38	5.27	4
	技术物理教学	88	0.063	0.022	0.99	56	0.09	1.02	5.59	2
	量子电子学报	574	0.622	0.041	0.59	161	0.24	2.93	5.34	6
	量子光学学报	97	0.288	0.015	0.72	47	0.27	0.85	3.91	3
	强激光与粒子束	2288	0.450	0.034	0.59	313	0.53	5.69	5.01	6
	声学技术	727	0.365	0.017	0.85	289	0.16	5.25	5.38	6
	声学学报	976	0.648	0.133	0.81	262	0.20	4.76	8.26	6
	物理	674	0.239	0.090	0.96	368	0.58	6.69	8.46	5
	物理测试	216	0.113	-	0.99	131	0.07	2.38	7.00	3
	物理教师	352	0.090	0.022	1.00	132	0.13	2.40	6.56	3
	物理教学探讨	650	0.153	0.096	0.55	124	0.15	2.25	3.73	5
	物理实验	839	0.636	0.121	0.75	218	0.29	3.96	6.50	5
	物理通报	322	0.100	0.021	0.84	119	0.15	2.16	5.07	3
	物理学报	12225	1.373	0.164	0.59	929	0.75	16.89	4.10	9
	物理学进展	239	0.786	-	0.94	147	0.42	2.67	8.55	4
	物理与工程	460	0.439	0.090	0.90	205	0.16	3.73	5.58	5
	现代物理知识	160	0.115	0.012	1.00	124	0.13	2.25	8.50	3
	液晶与显示	697	0.885	0.203	0.57	182	0.18	3.31	3.22	5
	应用光学	1088	0.581	0.086	0.80	315	0.35	5.73	4.96	6
	应用声学	512	0.385	0.056	0.94	260	0.18	4.73	7.56	4
	原子核物理评论	221	0.311	0.027	0.74	78	0.20	1.42	5.94	4
	原子与分子物理学报	629	0.560	0.071	0.44	126	0.33	2.29	4.29	4
	质谱学报	587	0.738	0.085	0.94	256	0.09	4.65	6.72	5
	中国科学(物理学 力学 天文学)	589	0.589	0.068	0.91	266	0.49	4.84	3.44	6
	平均	1172	0.495	0.083	0.78	236	0.27	4.31	5.36	4

期刊类别	期刊名称	扩展总被引频次	扩展影响因子	扩展即年指标	扩展他引率	扩展引用刊数	扩展学科影响指标	扩展学科扩散指标	扩展被引半衰期	扩展H指标
化学	Chemical Research in Chinese Universities	633	0.594	0.140	0.62	171	0.61	3.89	3.27	4
	Chinese Chemical Letters	1327	0.570	0.175	0.71	329	0.82	7.48	3.85	3
	Chinese Journal of Chemistry	797	0.323	0.176	0.60	181	0.80	4.11	3.65	4
	Chinese Journal of Polymer Science	300	0.730	0.112	0.68	75	0.43	1.70	2.96	2
	Chinese Journal of Structural Chemistry	463	0.257	0.044	0.58	135	0.43	3.07	4.46	3
	Science China (Chemistry)	704	0.505	0.204	0.68	227	0.61	5.16	2.84	4
	催化学报	2623	1.292	0.191	0.81	410	0.70	9.32	5.54	7
	大学化学	906	0.742	0.092	0.92	297	0.34	6.75	6.17	6
	电化学	371	0.510	0.052	0.92	169	0.43	3.84	6.53	4
	分析测试学报	2913	1.194	0.175	0.88	689	0.70	15.66	4.86	8
	分析化学	5646	1.559	0.307	0.91	986	0.77	22.41	6.06	10
	分析科学学报	1298	0.636	0.024	0.86	456	0.55	10.36	6.15	6
	分析试验室	2926	0.830	0.080	0.89	665	0.59	15.11	4.97	7
	分子催化	675	1.036	0.092	0.80	186	0.48	4.23	6.16	5
	分子科学学报	324	0.584	0.063	0.64	150	0.39	3.41	4.23	4
	高等学校化学学报	4933	1.139	0.194	0.80	879	0.95	19.98	5.94	7
	高分子材料科学与工程	2903	0.450	0.060	0.92	519	0.59	11.80	6.35	6
	高分子通报	1372	0.683	0.100	0.89	407	0.61	9.25	6.49	5
	高分子学报	1919	1.119	0.217	0.81	377	0.80	8.57	5.69	7
	功能高分子学报	671	0.543	0.114	0.96	262	0.55	5.95	8.90	6
	广州化学	227	0.367	0.060	0.97	161	0.25	3.66	6.29	4
	合成化学	669	0.334	0.045	0.89	265	0.61	6.02	5.71	4
	化学分析计量	720	0.449	0.076	0.94	336	0.27	7.64	4.90	5
	化学进展	2389	0.908	0.090	0.93	737	0.93	16.75	5.39	10
	化学试剂	1031	0.314	0.029	0.89	373	0.70	8.48	5.60	5
	化学通报(印刷版)	1440	0.465	0.082	0.96	618	0.73	14.05	8.71	5
	化学学报	3517	0.913	0.136	0.88	724	0.91	16.45	5.49	7
	化学研究	458	0.471	0.041	0.91	238	0.52	5.41	5.17	4
	化学研究与应用	1494	0.476	0.069	0.89	573	0.75	13.02	5.36	6
	化学与黏合	521	0.333	0.008	0.97	216	0.27	4.91	6.02	4
	化学与生物工程	1156	0.434	0.065	0.97	550	0.50	12.50	4.72	5
	环境化学	2424	0.920	0.082	0.88	608	0.59	13.82	6.35	8

期刊类别	期刊名称	扩展总被引频次	扩展影响因子	扩展即年指标	扩展他引率	扩展引用刊数	扩展学科影响指标	扩展学科扩散指标	扩展被引半衰期	扩展H指标
化学	煤炭转化	873	0.717	0.116	0.80	246	0.20	5.59	7.75	6
	燃料化学学报	1797	0.920	0.118	0.82	376	0.43	8.55	7.00	7
	色谱	3133	1.755	0.272	0.89	644	0.57	14.64	5.50	9
	无机化学学报	2662	0.872	0.169	0.83	527	0.77	11.98	4.86	7
	物理化学学报	3439	1.150	0.255	0.78	635	0.91	14.43	4.28	7
	应用化学	1953	0.625	0.071	0.93	591	0.86	13.43	6.25	7
	影像科学与光化学	264	0.536	0.157	0.71	106	0.39	2.41	6.60	4
	有机化学	2082	0.912	0.179	0.75	417	0.77	9.48	4.66	6
	中国科学(化学)	1601	0.696	0.148	0.95	597	0.80	13.57	>10	9
	中国无机分析化学	172	-	0.453	0.34	31	0.11	0.70	1.36	5
	平均	1612	0.711	0.127	0.83	408	0.60	9.27	5.70	5
天文学	Research in Astronomy and Astrophysics	270	0.395	0.224	0.66	48	0.63	6.00	3.74	2
	时间频率学报	66	0.217	0.054	0.77	38	0.25	4.75	6.05	2
	天文学报	222	0.375	0.098	0.87	84	0.75	10.50	6.80	4
	天文学进展	158	0.275	0.059	0.80	78	0.63	9.75	6.81	4
	天文研究与技术-国家天文台台刊	130	0.223	0.069	0.64	48	0.75	6.00	5.14	2
	平均	169	0.297	0.101	0.75	59	0.60	7.40	5.71	2
测绘学	北京测绘	387	0.396	0.088	0.81	168	0.73	6.46	4.99	4
	测绘	198	0.230	0.050	0.97	116	0.69	4.46	5.74	3
	测绘标准化	98	0.235	0.056	0.98	55	0.38	2.12	3.68	2
	测绘地理信息	542	0.430	0.058	0.98	220	0.77	8.46	6.28	5
	测绘工程	742	0.437	0.015	0.97	297	0.85	11.42	6.53	6
	测绘技术装备	151	0.187	0.011	0.96	87	0.54	3.35	4.91	4
	测绘科学	2400	0.566	0.065	0.91	613	0.92	23.58	4.65	7
	测绘科学技术学报	593	0.404	0.067	0.87	206	0.77	7.92	6.02	5
	测绘通报	2501	0.811	0.067	0.89	521	0.88	20.04	6.15	7
	测绘学报	1984	1.328	0.138	0.82	383	0.88	14.73	6.75	10
	测绘与空间地理信息	1170	0.402	0.033	0.82	342	0.85	13.15	4.00	5
	大地测量与地球动力学	1401	0.691	0.098	0.80	256	0.77	9.85	4.78	7
	大地测量与地球动力学(英文版)	5	0.068	0.026	0.80	2	0.08	0.08	1.38	1
	地矿测绘	260	0.317	0.017	0.97	120	0.54	4.62	6.50	4
	地理空间信息	910	0.418	0.072	0.85	307	0.88	11.81	4.09	6
	地理信息世界	494	0.551	0.057	0.93	185	0.77	7.12	5.20	7

期刊类别	期刊名称	扩展总被引频次	扩展影响因子	扩展即年指标	扩展他引率	扩展引用刊数	扩展学科影响指标	扩展学科扩散指标	扩展被引半衰期	扩展H指标
测绘学	国土资源遥感	1072	0.756	0.126	0.86	335	0.62	12.88	6.65	8
	海洋测绘	667	0.511	0.043	0.69	215	0.81	8.27	5.53	5
	江西测绘	85	0.135	0.031	0.99	48	0.35	1.85	3.96	2
	全球定位系统	325	0.308	0.045	0.91	151	0.62	5.81	5.04	4
	现代测绘	366	0.305	0.039	0.97	163	0.65	6.27	5.92	4
	遥感技术与应用	1277	0.954	0.053	0.88	383	0.73	14.73	5.85	6
	遥感信息	730	0.449	0.063	0.94	297	0.81	11.42	5.87	6
	遥感学报	2238	1.092	0.089	0.96	526	0.77	20.23	7.67	12
	平均	858	0.499	0.059	0.90	249	0.69	9.61	5.34	5
地球科学	Applied Geophysics	222	0.663	0.151	0.82	60	0.13	1.15	3.96	5
	Frontiers of Earth Science	50	0.168	0.130	0.94	32	0.12	0.62	3.15	2
	GEOSCIENCE FRONTIERS	50	0.318	0.366	0.58	18	0.12	0.35	-	2
	Journal of Arid Land	41	0.500	0.040	0.71	20	0.08	0.38	1.80	2
	Journal of Earth Science	267	0.556	0.263	0.84	102	0.31	1.96	3.59	4
	Sciences in Cold and Arid Regions	21	0.084	-	0.76	13	0.04	0.25	2.90	1
	大地构造与成矿学	1232	1.561	0.282	0.87	183	0.42	3.52	5.93	9
	地球化学	2054	1.158	0.167	0.96	311	0.48	5.98	>10	13
	地球科学进展	3689	1.111	0.189	0.96	786	0.73	15.12	7.77	16
	地球科学与环境学报	845	1.643	0.273	0.91	293	0.50	5.63	5.79	7
	地球物理学报	6625	1.760	0.392	0.78	501	0.83	9.63	6.04	16
	地球物理学进展	3200	0.816	0.095	0.61	414	0.60	7.96	5.68	10
	地球信息科学学报	849	0.745	0.110	0.88	342	0.27	6.58	4.90	7
	地球学报	2099	2.115	0.938	0.82	358	0.67	6.88	6.37	12
	地球与环境	872	0.691	0.132	0.93	354	0.44	6.81	7.52	7
	地学前缘	3874	1.061	0.227	0.95	514	0.73	9.88	7.73	17
	地震	744	0.679	0.075	0.90	124	0.40	2.38	8.14	5
	地震地磁观测与研究	719	0.418	0.065	0.56	87	0.31	1.67	5.91	4
	地震地质	1370	0.740	0.174	0.90	195	0.60	3.75	9.41	8
	地震工程学报	656	0.449	0.056	0.76	142	0.48	2.73	6.35	4
	地震工程与工程振动	1965	0.537	0.078	0.90	359	0.31	6.90	8.21	8
	地震学报	1487	0.801	0.115	0.94	197	0.48	3.79	9.83	8
	地震研究	704	0.615	0.079	0.78	139	0.40	2.67	7.57	5
	第四纪研究	3086	1.996	0.135	0.67	431	0.71	8.29	6.84	14

期刊类别	期刊名称	扩展总被引频次	扩展影响因子	扩展即年指标	扩展他引率	扩展引用刊数	扩展学科影响指标	扩展学科扩散指标	扩展被引半衰期	扩展H指标
地球科学	复杂油气藏	107	0.394	-	0.86	54	0.08	1.04	2.67	3
	干旱区研究	1957	1.075	0.061	0.82	376	0.29	7.23	6.16	9
	古地理学报	1252	1.358	0.158	0.86	190	0.46	3.65	6.63	10
	古脊椎动物学报	353	0.435	0.077	0.65	46	0.19	0.88	>10	3
	古生物学报	748	0.534	0.095	0.87	113	0.35	2.17	>10	5
	华北地震科学	296	0.827	0.352	0.62	69	0.38	1.33	5.76	4
	华南地震	375	0.318	-	0.84	102	0.38	1.96	9.50	5
	空间科学学报	442	0.364	0.026	0.80	182	0.19	3.50	6.82	5
	矿物岩石地球化学通报	843	0.664	0.054	0.96	272	0.46	5.23	8.24	8
	内陆地震	246	0.296	0.122	0.72	66	0.38	1.27	8.00	4
	气象水文海洋仪器	362	0.419	0.061	0.70	111	0.04	2.13	3.61	4
	气象与减灾研究	351	0.794	0.133	0.70	125	0.15	2.40	5.48	5
	世界地震工程	905	0.545	0.009	0.92	281	0.25	5.40	7.79	6
	天然气地球科学	2023	1.335	0.167	0.70	202	0.35	3.88	5.22	10
	微体古生物学报	342	0.389	0.054	0.74	82	0.25	1.58	>10	4
	物探与化探	1576	0.837	0.051	0.77	343	0.50	6.60	6.75	7
	灾害学	1423	1.038	0.276	0.84	464	0.50	8.92	5.42	7
	震灾防御技术	174	0.482	0.060	0.82	76	0.35	1.46	4.33	4
	中国地震	662	0.479	0.045	0.92	127	0.40	2.44	>10	5
	中国沙漠	4449	1.814	0.121	0.64	449	0.40	8.63	6.03	12
	自然灾害学报	2562	0.710	0.073	0.90	672	0.58	12.92	7.40	12
	平均	1292	0.806	0.145	0.81	230	0.38	4.43	6.80	7
大气科学(气象学)	Acta Meteorologica Sinica	323	0.437	0.250	0.87	88	0.64	2.67	6.81	4
	Advances in Climate Change Research	37	0.213	-	0.84	17	0.03	0.52	3.94	2
	暴雨灾害	493	1.102	0.148	0.72	125	0.76	3.79	4.28	6
	大气科学	3904	1.684	0.333	0.90	297	0.94	9.00	8.65	14
	大气科学学报	1623	0.946	0.048	0.91	284	0.94	8.61	7.16	7
	大气与环境光学学报	204	0.460	0.043	0.85	87	0.12	2.64	4.42	4
	干旱气象	869	1.260	0.112	0.63	192	0.85	5.82	4.78	8
	高原气象	4221	1.768	0.091	0.67	271	0.94	8.21	6.87	12
	高原山地气象研究	479	1.038	0.183	0.62	138	0.55	4.18	4.04	6
	广东气象	1092	0.975	0.174	0.51	162	0.76	4.91	4.55	7
	贵州气象	355	0.285	0.032	0.81	110	0.52	3.33	5.24	4

期刊类别	期刊名称	扩展总被引频次	扩展影响因子	扩展即年指标	扩展他引率	扩展引用刊数	扩展学科影响指标	扩展学科扩散指标	扩展被引半衰期	扩展H指标
大气科学(气象学)	黑龙江气象	175	0.162	0.022	0.95	81	0.36	2.45	6.06	3
	内蒙古气象	231	0.176	0.029	0.96	103	0.45	3.12	5.54	3
	气候变化研究进展	1207	1.452	0.309	0.94	328	0.79	9.94	5.18	13
	气候与环境研究	1693	1.248	0.458	0.90	288	0.91	8.73	7.10	14
	气象	4508	2.207	0.416	0.75	410	0.94	12.42	5.92	11
	气象科技	2108	1.098	0.075	0.72	371	0.94	11.24	5.57	8
	气象科学	1406	0.875	0.088	0.83	257	0.91	7.79	5.59	7
	气象水文装备	28	0.030	-	0.79	19	0.09	0.58	3.50	2
	气象学报	3559	1.022	0.205	0.93	339	0.94	10.27	9.32	15
	气象研究与应用	1410	0.570	0.129	0.52	214	0.76	6.48	4.83	6
	气象与环境科学	829	0.723	0.121	0.70	212	0.76	6.42	4.67	6
	气象与环境学报	737	1.401	0.081	0.70	242	0.76	7.33	4.16	6
	热带气象学报	1753	0.856	0.065	0.78	226	0.91	6.85	6.93	10
	沙漠与绿洲气象	659	0.641	0.049	0.86	148	0.67	4.48	4.64	7
	山东气象	382	0.382	0.021	0.94	120	0.64	3.64	6.23	4
	陕西气象	391	0.408	0.094	0.76	132	0.61	4.00	5.28	4
	应用气象学报	3255	1.591	0.213	0.86	396	0.94	12.00	7.92	13
	浙江气象	172	0.242	0.081	0.95	86	0.55	2.61	6.62	3
	平均	1313	0.871	0.133	0.80	198	0.69	6.00	5.72	7
地质学	Acta Geologica Sinica	873	0.940	0.220	0.69	125	0.53	1.89	5.22	5
	Advances in Polar Science	22	0.059	-	0.45	9	0.02	0.14	>10	1
	Chinese Journal of Geochemistry	147	0.182	0.088	0.81	77	0.27	1.17	6.74	2
	Earthquake Engineering and Engineering Vibration	125	0.308	0.058	0.82	59	0.06	0.89	4.35	3
	Earthquake Research in China	20	0.011	-	0.55	8	0.03	0.12	>10	1
	Global Geology	17	0.093	-	0.88	11	0.05	0.17	3.88	2
	Science China (Earth Sciences)	1462	0.621	0.138	0.92	285	0.52	4.32	6.20	7
	安徽地质	298	0.364	-	0.94	141	0.38	2.14	8.35	4
	冰川冻土	3695	2.177	0.516	0.70	420	0.41	6.36	7.00	12
	沉积学报	3506	1.315	0.102	0.93	307	0.73	4.65	9.02	13
	沉积与特提斯地质	671	0.474	0.050	0.95	157	0.55	2.38	8.85	5
	城市地质	94	0.250	0.036	0.80	57	0.15	0.86	4.44	3
	地层学杂志	886	0.880	0.246	0.85	151	0.58	2.29	8.80	6

期刊类别	期刊名称	扩展总被引频次	扩展影响因子	扩展即年指标	扩展他引率	扩展引用刊数	扩展学科影响指标	扩展学科扩散指标	扩展被引半衰期	扩展H指标
地质学	地下水	691	0.240	0.025	0.93	288	0.29	4.36	4.42	4
	地域研究与开发	1915	1.107	0.119	0.94	618	0.14	9.36	5.73	9
	地质调查与研究	386	0.465	0.064	0.94	127	0.48	1.92	7.29	5
	地质科技情报	1547	0.823	0.106	0.91	374	0.74	5.67	7.33	9
	地质科学	1740	0.730	0.103	0.90	227	0.65	3.44	9.52	10
	地质力学学报	558	1.013	-	0.92	207	0.64	3.14	7.05	7
	地质论评	3044	1.500	0.330	0.94	342	0.79	5.18	9.39	14
	地质通报	3351	1.597	0.344	0.91	407	0.85	6.17	5.59	14
	地质学报	4574	2.077	0.408	0.94	350	0.82	5.30	6.22	17
	地质学刊	559	0.512	0.013	0.92	229	0.61	3.47	9.30	5
	地质与勘探	1968	1.078	0.181	0.92	316	0.68	4.79	8.49	8
	地质与资源	432	0.382	0.039	0.87	161	0.48	2.44	7.19	5
	地质灾害与环境保护	524	0.328	0.047	0.94	250	0.29	3.79	7.94	5
	地质找矿论丛	596	0.427	0.038	0.95	163	0.55	2.47	8.42	5
	地质装备	70	0.125	0.018	1.00	52	0.02	0.79	4.73	3
	防灾减灾学报	164	0.299	0.015	0.87	63	0.14	0.95	7.58	4
	福建地质	215	0.161	0.020	0.90	95	0.33	1.44	9.00	4
	甘肃地质	237	0.356	0.061	0.87	77	0.33	1.17	6.97	4
	高校地质学报	1562	1.156	0.178	0.95	246	0.73	3.73	7.52	13
	高原地震	131	0.299	0.051	0.79	51	0.18	0.77	5.00	3
	工程地质学报	1582	1.061	0.090	0.87	378	0.44	5.73	5.69	10
	贵州地质	598	0.430	0.048	0.87	163	0.52	2.47	>10	5
	国际地震动态	376	0.180	-	0.94	120	0.23	1.82	6.83	4
	海洋地质与第四纪地质	1305	0.540	0.035	0.85	249	0.56	3.77	8.42	7
	华南地质与矿产	335	0.194	0.060	0.90	106	0.50	1.61	8.70	5
	化工矿产地质	232	0.307	0.049	0.95	120	0.33	1.82	9.39	4
	吉林地质	480	0.233	0.024	0.88	170	0.47	2.58	7.86	4
	矿床地质	3372	2.595	0.549	0.91	204	0.62	3.09	6.94	19
	矿物岩石	1129	0.775	0.145	0.93	254	0.62	3.85	8.45	7
	山西地震	150	0.213	0.038	0.87	57	0.09	0.86	7.07	3
	陕西地质	140	0.123	0.027	0.96	79	0.35	1.20	9.57	3
	上海国土资源	604	1.289	0.553	0.50	193	0.39	2.92	2.80	5
	石油实验地质	2054	1.770	0.417	0.86	177	0.55	2.68	6.77	9

期刊类别	期刊名称	扩展总被引频次	扩展影响因子	扩展即年指标	扩展他引率	扩展引用刊数	扩展学科影响指标	扩展学科扩散指标	扩展被引半衰期	扩展H指标
地质学	世界地质	826	0.756	0.073	0.75	267	0.68	4.05	6.69	7
	水文	1024	0.682	0.071	0.94	331	0.24	5.02	6.52	7
	水文地质工程地质	1592	0.752	0.109	0.94	470	0.58	7.12	7.62	7
	四川地震	116	0.145	-	0.88	55	0.17	0.83	>10	3
	四川地质学报	408	0.238	0.039	0.97	205	0.56	3.11	6.86	4
	西北地质	851	0.891	0.303	0.74	185	0.58	2.80	6.55	9
	现代地质	1994	1.067	0.117	0.87	330	0.70	5.00	6.37	9
	新疆地质	1056	0.665	0.073	0.89	160	0.59	2.42	8.47	9
	岩矿测试	1636	1.370	0.371	0.81	321	0.52	4.86	4.54	10
	岩石矿物学杂志	1334	1.075	0.322	0.94	245	0.59	3.71	7.36	10
	岩石学报	6984	2.083	0.727	0.76	233	0.71	3.53	5.52	23
	铀矿地质	519	0.491	0.094	0.86	114	0.42	1.73	9.24	5
	云南地质	484	0.227	0.024	0.97	142	0.48	2.15	>10	5
	中国地质	2220	1.165	0.164	0.86	323	0.82	4.89	5.61	12
	中国地质灾害与防治学报	1019	0.612	0.076	0.95	366	0.48	5.55	7.85	6
	中国国土资源经济	627	0.403	0.118	0.91	250	0.17	3.79	4.55	5
	中国科学(地球科学)	5014	1.500	0.179	0.96	581	0.91	8.80	7.73	17
	中国岩溶	920	0.884	0.149	0.88	263	0.48	3.98	8.96	7
	平均	1204	0.735	0.135	0.87	211	0.46	3.21	7.34	7
海洋学	Acta Oceanologica Sinica	296	0.296	0.066	0.83	121	0.56	4.48	5.78	3
	China Ocean Engineering	284	0.350	0.037	0.80	109	0.33	4.04	6.75	4
	Chinese Journal of Oceanology and Limnology	364	0.333	0.320	0.85	143	0.63	5.30	3.83	4
	Marine Science Bulletin	31	0.250	0.063	0.94	26	0.11	0.96	4.50	2
	海岸工程	394	0.517	0.075	0.97	174	0.70	6.44	8.17	3
	海洋地质前沿	505	0.461	0.030	0.89	200	0.59	7.41	5.98	6
	海洋工程	622	0.473	-	0.87	207	0.59	7.67	7.43	5
	海洋湖沼通报	802	0.567	0.021	0.95	251	0.74	9.30	6.83	5
	海洋技术	572	0.421	0.092	0.92	256	0.67	9.48	6.47	4
	海洋开发与管理	823	0.504	0.036	0.85	275	0.52	10.19	4.51	5
	海洋科学	2327	0.566	0.048	0.91	503	0.70	18.63	8.13	8
	海洋科学进展	825	0.625	0.074	0.95	257	0.74	9.52	7.38	7
	海洋通报	1264	0.643	0.066	0.94	364	0.81	13.48	8.00	7

期刊类别	期刊名称	扩展总被引频次	扩展影响因子	扩展即年指标	扩展他引率	扩展引用刊数	扩展学科影响指标	扩展学科扩散指标	扩展被引半衰期	扩展H指标
海洋学	海洋信息	124	0.267	0.025	0.97	82	0.44	3.04	6.89	3
	海洋学报(中文版)	2206	0.842	0.117	0.94	402	0.85	14.89	9.13	8
	海洋学研究	469	0.549	-	0.97	189	0.67	7.00	8.10	6
	海洋与湖沼	2642	1.218	0.097	0.88	408	0.78	15.11	>10	9
	海洋预报	393	0.390	-	0.83	132	0.59	4.89	7.52	4
	湖泊科学	2551	1.664	0.157	0.91	437	0.52	16.19	6.10	13
	热带海洋学报	1162	0.828	0.048	0.90	270	0.74	10.00	7.26	7
	盐湖研究	324	0.260	-	0.92	154	0.07	5.70	6.94	5
	应用海洋学学报	946	0.635	0.012	0.94	266	0.70	9.85	9.88	5
	平均	905	0.575	0.063	0.91	237	0.59	8.80	7.09	5
地理学	Chinese Geographical Science	244	0.558	0.077	0.89	118	0.29	3.47	4.39	4
	Geospatial Information Science	90	0.169	-	0.97	62	0.09	1.82	5.53	3
	Journal of Geographical Sciences	394	0.974	0.049	0.90	140	0.35	4.12	3.73	6
	地理科学	4516	2.052	0.238	0.84	812	0.56	23.88	7.00	13
	地理科学进展	3128	1.646	0.160	0.92	707	0.56	20.79	5.97	14
	地理学报	8396	2.861	0.278	0.96	1023	0.53	30.09	8.40	22
	地理研究	5143	2.273	0.261	0.90	928	0.53	27.29	6.49	18
	地理与地理信息科学	2005	1.027	0.107	0.94	637	0.50	18.74	6.84	9
	干旱区地理	2089	1.533	0.105	0.82	440	0.44	12.94	6.15	9
	国土资源	364	0.381	0.003	1.00	205	0.26	6.03	7.41	4
	国土资源导刊	344	0.139	0.027	1.00	192	0.18	5.65	8.81	4
	国土资源科技管理	559	0.191	0.037	0.97	268	0.32	7.88	6.01	5
	国土资源情报	373	0.406	0.064	0.94	201	0.26	5.91	4.23	4
	华北国土资源	166	0.162	0.108	0.92	80	0.09	2.35	>10	3
	极地研究	327	0.568	0.021	0.80	106	0.09	3.12	8.38	5
	经济地理	5430	1.965	0.266	0.86	1002	0.53	29.47	5.53	14
	南方国土资源	297	0.086	0.006	0.98	144	0.12	4.24	9.83	4
	热带地理	891	0.691	0.184	0.92	397	0.47	11.68	7.00	6
	山地学报	1644	1.015	0.087	0.94	451	0.38	13.26	7.35	9
	山东国土资源	583	0.359	0.045	0.59	185	0.32	5.44	3.92	5
	世界地理研究	587	0.735	0.037	0.95	299	0.38	8.79	6.04	6
	亚热带资源与环境学报	295	0.598	-	0.96	176	0.21	5.18	5.41	4
	云南地理环境研究	590	0.422	0.043	0.96	337	0.35	9.91	5.47	5

期刊类别	期刊名称	扩展总被引频次	扩展影响因子	扩展即年指标	扩展他引率	扩展引用刊数	扩展学科影响指标	扩展学科扩散指标	扩展被引半衰期	扩展H指标
地理学	浙江国土资源	147	0.069	0.003	1.00	94	0.18	2.76	5.40	2
	资源导刊	250	0.027	0.005	1.00	133	0.12	3.91	>10	3
	资源调查与环境	315	0.286	0.023	0.97	154	0.15	4.53	9.04	4
	资源环境与工程	459	0.185	0.027	0.95	261	0.21	7.68	5.41	4
	平均	1467	0.792	0.084	0.92	353	0.31	10.40	6.85	7
生物学	Acta Biochimica et Biophysica Sinica	874	0.858	0.138	0.92	446	0.48	5.01	5.58	5
	Cell Research	1515	1.126	1.058	0.94	512	0.48	5.75	4.22	7
	Current Zoology	1345	0.067	0.244	0.98	313	0.44	3.52	>10	8
	Frontiers in Biology	37	0.078	-	0.95	31	0.13	0.35	3.85	2
	Genomics、Proteomics & Bioinformatics	57	0.179	0.455	0.26	15	0.03	0.17	2.75	2
	Insect Science	202	0.594	0.110	0.79	59	0.18	0.66	4.06	3
	Journal of Biomedical Research	77	0.200	-	0.99	66	0.03	0.74	4.28	2
	Journal of Bionic Engineering	171	0.515	0.089	0.71	80	0.03	0.90	3.92	3
	Journal of Genetics and Genomics	1862	0.673	0.239	0.98	448	0.58	5.03	9.38	8
	Journal of Integrative Plant Biology	3510	0.926	0.880	0.88	573	0.57	6.44	>10	10
	Journal of Molecular Cell Biology	346	0.082	0.174	1.00	212	0.26	2.38	7.70	4
	Journal of Systematics and Evolution	1075	0.670	0.308	0.92	268	0.30	3.01	>10	6
	Molecular Plant	502	1.472	0.478	0.53	96	0.29	1.08	2.47	4
	Science China (Life Sciences)	1060	1.988	0.319	0.82	291	0.49	3.27	2.44	9
	Virologica Sinica	440	0.412	0.104	0.98	201	0.20	2.26	8.26	5
	氨基酸和生物资源	749	0.565	0.040	0.96	344	0.26	3.87	7.92	7
	病毒学报	814	0.822	0.109	0.93	263	0.26	2.96	6.65	8
	动物分类学报	752	0.408	0.065	0.75	170	0.30	1.91	7.19	5
	动物学研究	1242	0.723	0.159	0.93	335	0.45	3.76	8.96	7
	动物学杂志	1533	0.668	0.090	0.92	369	0.40	4.15	8.12	6
	分子诊断与治疗杂志	159	0.561	0.096	0.94	109	0.07	1.22	2.35	4
	工业微生物	430	0.171	-	0.97	194	0.24	2.18	8.11	5
	广西植物	1536	0.622	0.074	0.90	383	0.38	4.30	7.38	7
	基因组学与应用生物学	518	0.793	0.020	0.96	223	0.29	2.51	3.14	5
	激光生物学报	483	0.152	0.019	0.96	278	0.26	3.12	6.24	6
	菌物学报	1652	1.237	0.483	0.78	304	0.35	3.42	5.93	9
	昆虫分类学报	275	0.262	0.021	0.81	79	0.15	0.89	>10	3
	昆虫学报	2558	0.914	0.200	0.90	363	0.45	4.08	7.62	9

期刊类别	期刊名称	扩展总被引频次	扩展影响因子	扩展即年指标	扩展他引率	扩展引用刊数	扩展学科影响指标	扩展学科扩散指标	扩展被引半衰期	扩展H指标
生物学	热带生物学报	331	0.399	-	0.99	197	0.11	2.21	6.85	5
	热带亚热带植物学报	1178	0.774	0.084	0.96	373	0.42	4.19	7.69	8
	人类学学报	902	0.624	0.100	0.77	134	0.07	1.51	>10	9
	生命的化学	712	0.264	0.025	0.96	411	0.44	4.62	7.55	5
	生命科学	719	0.434	0.060	0.97	429	0.39	4.82	5.43	5
	生命科学研究	501	0.368	0.078	0.97	319	0.30	3.58	6.81	5
	生态科学	979	0.254	0.026	0.97	373	0.29	4.19	7.93	7
	生态学报	17425	1.699	0.118	0.91	1222	0.65	13.73	6.10	22
	生态学杂志	6284	1.161	0.146	0.90	849	0.54	9.54	6.15	14
	生物产业技术	53	0.153	0.040	0.91	40	0.07	0.45	3.32	2
	生物多样性	2331	1.574	0.326	0.93	470	0.51	5.28	8.42	13
	生物工程学报	1710	0.814	0.083	0.96	539	0.55	6.06	5.46	8
	生物化学与生物物理进展	1746	1.183	0.342	0.85	660	0.52	7.42	6.12	9
	生物技术	1246	0.537	0.039	0.97	502	0.46	5.64	6.39	6
	生物技术通报	1561	0.532	0.070	0.95	522	0.48	5.87	3.88	6
	生物技术通讯	862	0.362	0.037	0.96	435	0.37	4.89	5.54	5
	生物加工过程	379	0.552	0.092	0.92	201	0.15	2.26	4.43	4
	生物物理学报	490	0.565	0.083	0.94	336	0.27	3.78	6.54	5
	生物信息学	153	0.287	0.060	0.86	107	0.11	1.20	4.25	3
	生物学通报	1627	0.353	0.046	0.94	692	0.54	7.78	8.79	8
	生物学杂志	1143	0.622	0.067	0.95	554	0.53	6.22	5.65	7
	实验动物科学	607	0.436	0.012	0.92	288	0.18	3.24	5.69	6
	实验动物与比较医学	451	0.327	0.040	0.82	212	0.10	2.38	7.06	5
	兽类学报	822	0.592	0.125	0.81	166	0.30	1.87	9.92	5
	水生生物学报	2701	1.173	0.175	0.90	399	0.52	4.48	8.36	10
	水生态学杂志	3267	1.559	0.179	0.98	556	0.22	6.25	7.31	6
	四川动物	1162	0.471	0.067	0.88	332	0.34	3.73	5.43	4
	天然产物研究与开发	3048	0.650	0.046	0.92	678	0.34	7.62	6.82	9
	微生物学报	2312	0.962	0.089	0.95	609	0.52	6.84	6.32	8
	微生物学通报	3469	1.003	0.156	0.95	830	0.56	9.33	6.07	8
	微生物学杂志	1165	0.590	0.063	0.96	496	0.37	5.57	6.78	6
	西北植物学报	5444	0.953	0.069	0.93	636	0.56	7.15	6.94	12
	现代电生理学杂志	138	0.221	0.040	0.95	93	0.01	1.04	5.92	3

期刊类别	期刊名称	扩展总被引频次	扩展影响因子	扩展即年指标	扩展他引率	扩展引用刊数	扩展学科影响指标	扩展学科扩散指标	扩展被引半衰期	扩展H指标
生物学	现代生物医学进展	2757	0.410	0.043	0.88	840	0.35	9.44	3.26	8
	野生动物	391	0.257	0.032	0.86	133	0.21	1.49	7.81	3
	遗传	2577	1.030	0.147	0.92	632	0.70	7.10	6.48	10
	应用昆虫学报	2507	0.723	0.111	0.90	353	0.35	3.97	7.61	10
	应用生态学报	12370	1.993	0.215	0.90	971	0.53	10.91	7.09	18
	应用与环境生物学报	2203	0.835	0.069	0.92	613	0.56	6.89	7.44	9
	植物分类与资源学报	1806	0.566	0.325	0.95	409	0.40	4.60	>10	9
	植物科学学报	1487	0.650	0.085	0.97	398	0.38	4.47	8.78	8
	植物生理学报	4767	0.565	0.119	0.97	563	0.52	6.33	>10	13
	植物生态学报	5296	2.107	0.149	0.95	533	0.45	5.99	8.57	16
	植物学报	2445	1.569	0.172	0.97	488	0.52	5.48	9.90	12
	中国比较医学杂志	1050	0.548	0.043	0.90	432	0.26	4.85	5.02	5
	中国科学(生命科学)	792	0.668	0.084	0.95	402	0.44	4.52	4.95	8
	中国生物工程杂志	1766	0.662	0.149	0.96	629	0.55	7.07	5.79	9
	中国生物化学与分子生物学报	892	0.452	0.181	0.88	422	0.48	4.74	5.99	5
	中国实验动物学报	619	0.572	0.053	0.90	311	0.22	3.49	5.21	6
	中国细胞生物学学报	709	0.536	0.074	0.93	385	0.38	4.33	5.12	5
	中国野生植物资源	1423	0.693	0.033	0.98	494	0.25	5.55	8.25	8
	中国真菌学杂志	412	0.719	0.076	0.78	162	0.09	1.82	3.81	5
	中学生物教学	306	0.148	0.026	0.92	87	0.02	0.98	6.44	4
	蛛形学报	129	0.173	-	0.86	53	0.11	0.60	>10	4
	平均	1699	0.684	0.136	0.90	377	0.34	4.25	6.83	6
大学学报(农业科学)	Journal of Northeast Agricultural University (English Edition)	24	0.055	-	1.00	21	0.08	0.53	4.50	1
	安徽农业大学学报	1363	0.683	0.093	0.97	511	0.73	12.78	7.97	7
	北京林业大学学报	3357	0.942	0.173	0.97	597	0.68	14.93	7.80	9
	北京农学院学报	704	0.443	0.056	0.98	329	0.55	8.22	6.70	5
	大连海洋大学学报	1007	0.729	0.173	0.87	210	0.28	5.25	6.28	7
	东北林业大学学报	3035	0.692	0.077	0.93	668	0.75	16.70	5.55	7
	东北农业大学学报	2134	0.865	0.055	0.87	573	0.78	14.32	4.55	7
	福建林学院学报	1194	0.943	0.085	0.95	292	0.43	7.30	9.20	6
	甘肃农业大学学报	1515	0.802	0.119	0.86	440	0.70	11.00	6.06	6
	河北农业大学学报	1675	0.562	0.052	0.97	531	0.65	13.28	7.97	6

期刊类别	期刊名称	扩展总被引频次	扩展影响因子	扩展即年指标	扩展他引率	扩展引用刊数	扩展学科影响指标	扩展学科扩散指标	扩展被引半衰期	扩展H指标
大学学报(农业科学)	河南农业大学学报	1382	0.611	0.035	0.96	413	0.68	10.32	8.27	7
	黑龙江八一农垦大学学报	677	0.430	0.099	0.86	274	0.38	6.85	5.67	5
	华南农业大学学报	1422	0.672	0.122	0.98	462	0.63	11.55	8.85	7
	华中农业大学学报	2039	1.118	0.250	0.95	560	0.78	14.00	7.22	8
	吉林农业大学学报	1651	0.739	0.219	0.92	487	0.65	12.18	7.83	7
	吉林农业科技学院学报	239	0.270	0.029	0.98	156	0.05	3.90	3.41	3
	江西农业大学学报	2177	0.929	0.127	0.90	551	0.70	13.78	6.50	7
	南京农业大学学报	2088	0.948	0.153	0.95	517	0.83	12.93	9.06	8
	青岛农业大学学报(自然科学版)	544	0.490	0.047	0.98	252	0.55	6.30	7.36	5
	上海海洋大学学报	1326	0.979	0.138	0.84	281	0.33	7.03	5.97	6
	上海交通大学学报(农业科学版)	880	0.498	0.020	0.94	354	0.63	8.85	6.75	6
	沈阳农业大学学报	1849	0.497	0.033	0.97	524	0.70	13.10	7.69	8
	四川农业大学学报	931	0.522	0.068	0.99	363	0.70	9.07	9.49	6
	天津农学院学报	315	0.362	0.048	0.99	212	0.30	5.30	6.95	4
	西北林学院学报	2778	0.968	0.126	0.80	537	0.63	13.43	5.52	8
	西南林业大学学报	756	0.518	0.088	0.95	278	0.50	6.95	6.01	6
	新疆农业大学学报	785	0.583	0.078	0.93	322	0.45	8.05	6.45	6
	信阳农业高等专科学校学报	295	0.179	0.005	0.99	204	0.10	5.10	5.24	3
	延边大学农学学报	310	0.554	0.054	0.86	161	0.30	4.03	6.31	3
	扬州大学学报(农业与生命科学版)	796	0.662	0.027	0.88	261	0.63	6.53	8.03	6
	云南农业大学学报	1623	0.807	0.122	0.97	494	0.70	12.35	6.40	7
	云南农业大学学报(社会科学版)	98	0.154	0.058	0.97	75	0.05	1.88	2.86	3
	浙江大学学报(农业与生命科学版)	1695	0.813	0.052	0.98	545	0.70	13.63	8.99	8
	浙江农林大学学报	1576	0.812	0.113	0.94	422	0.68	10.55	6.58	7
	郑州牧业工程高等专科学校学报	272	0.246	0.008	0.98	167	0.08	4.17	6.05	3
	中国农业大学学报	2147	0.907	0.174	0.96	635	0.73	15.88	8.96	8
	中南林业科技大学学报	2258	0.894	0.289	0.79	518	0.60	12.95	4.44	7
	仲恺农业工程学院学报	311	0.208	0.063	0.96	176	0.28	4.40	7.52	4
	平均	1295	0.634	0.093	0.94	378	0.53	9.46	6.76	5
	Agricultural Science & Technology	2123	1.914	0.140	0.82	173	0.31	1.97	2.18	9
	安徽农学通报	3730	0.238	0.069	0.97	869	0.64	9.88	3.83	7
	安徽农业科学	24771	0.629	0.125	0.86	2397	0.68	27.24	3.33	12
	北京农业	795	0.162	0.029	0.97	313	0.50	3.56	3.05	4

期刊类别	期刊名称	扩展总被引频次	扩展影响因子	扩展即年指标	扩展他引率	扩展引用刊数	扩展学科影响指标	扩展学科扩散指标	扩展被引半衰期	扩展H指标
农业科学总论	福建农业	210	0.090	0.015	1.00	97	0.27	1.10	4.84	3
	福建农业科技	642	0.251	0.046	0.98	216	0.45	2.45	6.34	4
	福建农业学报	956	0.678	0.084	0.86	306	0.45	3.48	5.60	8
	甘肃农业科技	975	0.283	0.123	0.83	255	0.50	2.90	6.53	4
	高等农业教育	2145	0.793	0.087	0.90	585	0.25	6.65	5.81	7
	古今农业	209	0.284	0.016	0.94	114	0.14	1.30	7.47	3
	广东农业科学	3818	0.561	0.085	0.89	836	0.61	9.50	2.92	8
	广西农学报	406	0.308	0.036	0.93	177	0.38	2.01	4.43	4
	贵州农业科学	2972	0.641	0.090	0.86	621	0.58	7.06	3.61	7
	河北农业科学	1935	0.553	0.060	0.83	523	0.57	5.94	3.64	6
	河南农业	787	0.137	0.055	0.98	305	0.42	3.47	3.07	4
	河南农业科学	3929	0.947	0.139	0.93	512	0.59	5.82	5.90	9
	黑龙江农业科学	1378	0.342	0.056	0.94	381	0.59	4.33	4.18	6
	湖北农业科学	3168	0.535	0.063	0.90	736	0.60	8.36	3.25	6
	湖南农业	145	0.052	0.008	1.00	83	0.19	0.94	5.65	2
	湖南农业科学	2146	0.652	0.103	0.94	516	0.57	5.86	3.01	6
	华北农学报	4355	1.323	0.165	0.96	453	0.56	5.15	5.30	10
	吉林农业	933	0.395	0.172	1.00	306	0.44	3.48	2.08	4
	吉林农业科学	760	0.460	0.073	0.97	231	0.44	2.63	7.51	5
	江苏农业科学	3823	0.628	0.049	0.86	674	0.58	7.66	3.46	7
	江苏农业学报	1664	0.917	0.043	0.91	377	0.51	4.28	4.29	7
	江西农业学报	3601	0.905	0.173	0.94	675	0.59	7.67	3.41	10
	辽宁农业科学	877	0.353	0.051	0.96	262	0.50	2.98	8.10	5
	内蒙古农业科技	2994	1.168	0.258	0.94	311	0.55	3.53	3.98	8
	南方农业学报	1756	0.730	0.130	0.86	404	0.50	4.59	3.99	6
	宁夏农林科技	1669	0.797	0.087	0.78	292	0.51	3.32	2.79	6
	农村百事通	150	0.054	0.013	1.00	88	0.19	1.00	4.04	2
	农村科技	379	0.079	0.036	1.00	139	0.35	1.58	3.52	2
	农村实用科技信息	482	0.144	0.062	1.00	152	0.28	1.73	2.47	4
	农村新技术	182	0.068	0.023	1.00	105	0.19	1.19	3.45	2
	农技服务	1088	0.178	0.040	0.93	279	0.56	3.17	3.43	4
	农学学报	461	0.331	0.159	0.96	211	0.50	2.40	3.30	4
	农业科技管理	952	1.042	0.194	0.69	252	0.45	2.86	3.78	5

期刊类别	期刊名称	扩展总被引频次	扩展影响因子	扩展即年指标	扩展他引率	扩展引用刊数	扩展学科影响指标	扩展学科扩散指标	扩展被引半衰期	扩展H指标
农业科学总论	农业科技通讯	1219	0.207	0.061	0.90	250	0.61	2.84	3.36	4
	农业科技与信息	886	0.167	0.048	1.00	332	0.49	3.77	3.49	6
	农业科学研究	546	0.352	0.034	0.98	270	0.39	3.07	7.06	6
	农业网络信息	1221	0.363	0.050	0.96	503	0.47	5.72	4.25	5
	农业与技术	758	0.213	0.023	0.98	378	0.45	4.30	5.75	4
	农业展望	379	0.571	0.195	0.88	180	0.30	2.05	2.77	4
	青海农林科技	303	0.226	0.030	0.98	145	0.36	1.65	7.08	3
	山西农业科学	2298	0.845	0.234	0.80	388	0.57	4.41	4.34	6
	陕西农业科学	1442	0.344	0.068	0.95	439	0.59	4.99	4.66	5
	上海农业科技	971	0.214	0.060	0.97	246	0.51	2.80	4.59	5
	上海农业学报	1085	0.496	0.036	0.96	366	0.51	4.16	8.03	7
	世界农业	1330	0.346	0.114	0.94	541	0.58	6.15	6.50	5
	四川农业科技	400	0.123	0.059	1.00	166	0.39	1.89	4.33	3
	天津农林科技	212	0.256	0.068	0.98	108	0.36	1.23	6.85	3
	天津农业科学	1182	0.714	0.172	0.88	269	0.49	3.06	4.07	5
	西北农业学报	2859	0.752	0.089	0.91	532	0.53	6.05	4.85	8
	西南农业学报	3504	1.293	0.136	0.92	504	0.57	5.73	4.03	9
	西藏农业科技	75	0.116	-	0.89	45	0.15	0.51	8.50	3
	现代农村科技	474	0.082	0.038	1.00	167	0.36	1.90	2.20	3
	现代农业	812	0.133	0.062	0.99	295	0.49	3.35	3.09	4
	现代农业科技	8797	0.333	0.112	0.77	1067	0.69	12.13	2.83	9
	新疆农业科技	327	0.114	0.027	1.00	136	0.40	1.55	4.39	3
	新疆农业科学	1746	0.626	0.077	0.87	407	0.51	4.63	4.67	6
	新农村	263	0.283	0.051	1.00	139	0.20	1.58	2.25	3
	云南农业	395	0.156	0.046	0.97	133	0.34	1.51	3.42	4
	云南农业科技	499	0.204	0.030	0.99	188	0.40	2.14	6.79	3
	浙江农业科学	1604	0.549	0.168	0.81	371	0.56	4.22	3.69	6
	浙江农业学报	1305	0.835	0.099	0.94	395	0.45	4.49	5.84	7
	中国农村科技	179	0.232	0.034	1.00	103	0.25	1.17	5.45	3
	中国农史	395	0.288	0.031	0.94	178	0.16	2.02	>10	4
	中国农学通报	11160	0.879	0.113	0.90	1293	0.66	14.69	3.90	12
	中国农业科技导报	1207	0.974	0.075	0.95	433	0.59	4.92	5.47	8
	中国农业科学	10250	1.612	0.113	0.94	823	0.60	9.35	6.18	16

期刊类别	期刊名称	扩展总被引频次	扩展影响因子	扩展即年指标	扩展他引率	扩展引用刊数	扩展学科影响指标	扩展学科扩散指标	扩展被引半衰期	扩展H指标
	中国农业信息	266	0.205	0.033	1.00	133	0.33	1.51	3.97	4
	平均	2024	0.489	0.081	0.93	382	0.45	4.35	4.60	5
农业基础科学	An International Journal Pedosphere	928	0.842	0.070	0.94	240	0.59	8.89	5.95	5
	干旱地区农业研究	3193	0.889	0.075	0.91	453	0.74	16.78	6.25	9
	核农学报	1839	0.953	0.100	0.78	337	0.48	12.48	5.28	8
	菌物研究	242	0.388	0.022	0.93	126	0.15	4.67	5.97	4
	农产品质量与安全	370	0.879	0.098	0.91	168	0.07	6.22	2.97	4
	山地农业生物学报	774	0.538	0.053	0.96	314	0.56	11.63	7.30	6
	山东农业科学	2231	0.796	0.111	0.81	439	0.52	16.26	3.93	8
	山西水土保持科技	118	0.143	0.053	0.99	83	0.37	3.07	6.25	2
	湿地科学	783	1.500	0.361	0.71	220	0.22	8.15	4.84	8
	水土保持通报	2137	0.729	0.075	0.93	447	0.70	16.56	5.96	9
	水土保持学报	5510	1.159	0.098	0.90	589	0.78	21.81	7.24	12
	水土保持研究	2861	0.751	0.133	0.90	579	0.70	21.44	5.89	8
	水土保持应用技术	270	0.204	0.008	0.91	131	0.44	4.85	6.50	3
	土壤	2570	1.080	0.068	0.95	504	0.74	18.67	7.20	10
	土壤通报	3719	0.827	0.082	0.94	535	0.74	19.81	7.02	11
	土壤学报	4773	1.367	0.127	0.94	589	0.74	21.81	8.10	14
	亚热带水土保持	249	0.280	0.039	0.92	125	0.48	4.63	5.45	4
	中国农技推广	558	0.239	0.082	1.00	159	0.26	5.89	5.05	5
	中国农业气象	1912	1.629	0.224	0.89	342	0.52	12.67	5.51	9
	中国农业资源与区划	787	1.178	0.137	0.83	298	0.52	11.04	4.97	7
	中国生态农业学报	3517	1.397	0.246	0.92	573	0.78	21.22	5.41	10
	中国水土保持科学	1097	0.838	0.167	0.92	302	0.59	11.19	4.96	7
	中国土壤与肥料	1714	1.093	0.213	0.92	305	0.63	11.30	6.62	9
	中国沼气	768	0.568	0.138	0.90	218	0.30	8.07	6.31	7
	平均	1788	0.844	0.116	0.90	336	0.53	12.46	5.87	7
农业工程	Journal of Mountain Science	87	0.271	0.047	0.69	41	0.02	0.93	3.31	3
	当代农机	133	0.277	0.081	0.86	55	0.27	1.25	3.03	2
	福建农机	77	0.108	0.043	0.96	46	0.20	1.05	4.41	3
	灌溉排水学报	1316	0.562	0.098	0.93	271	0.25	6.16	6.30	6
	广西农业机械化	80	0.136	0.016	1.00	36	0.18	0.82	4.00	2
	河北农机	90	0.140	0.023	1.00	30	0.20	0.68	2.46	3

期刊类别	期刊名称	扩展总被引频次	扩展影响因子	扩展即年指标	扩展他引率	扩展引用刊数	扩展学科影响指标	扩展学科扩散指标	扩展被引半衰期	扩展H指标
农业工程	湖北农机化	93	0.088	0.032	0.96	55	0.25	1.25	3.26	2
	湖南农机	465	0.174	0.020	0.98	242	0.25	5.50	2.62	3
	江苏农机化	80	0.116	0.034	0.99	37	0.20	0.84	3.25	2
	南方农机	75	0.065	0.008	1.00	42	0.18	0.95	4.44	2
	农产品加工·创新版	157	0.282	0.041	0.94	95	0.11	2.16	2.52	3
	农产品加工·学刊	1288	0.404	0.083	0.95	397	0.20	9.02	4.06	6
	农产品加工·综合刊	728	0.600	0.156	1.00	270	0.18	6.14	3.87	5
	农村牧区机械化	117	0.141	0.020	0.99	58	0.16	1.32	4.69	3
	农机化研究	3162	0.534	0.102	0.85	711	0.59	16.16	4.60	7
	农机科技推广	247	0.152	0.036	1.00	70	0.39	1.59	3.21	3
	农机使用与维修	273	0.088	0.032	0.99	102	0.25	2.32	3.31	3
	农业工程技术·农产品加工业	136	0.257	-	1.00	89	0.09	2.02	4.02	3
	农业工程技术·温室园艺	281	0.168	0.012	1.00	107	0.18	2.43	5.54	3
	农业工程技术·新能源产业	126	0.158	0.014	1.00	78	0.11	1.77	3.03	2
	农业工程学报	15277	2.296	0.452	0.73	1206	0.59	27.41	4.74	17
	农业机械学报	5680	1.492	0.229	0.81	783	0.55	17.80	4.45	11
	农业科技与装备	589	0.391	0.086	0.88	245	0.36	5.57	2.93	6
	农业系统科学与综合研究	666	0.478	-	1.00	294	0.20	6.68	7.53	5
	农业现代化研究	1786	1.402	0.151	0.92	574	0.27	13.05	4.92	8
	农业装备技术	282	0.220	0.080	0.99	123	0.34	2.80	5.17	4
	农业装备与车辆工程	451	0.326	0.073	0.84	207	0.23	4.70	4.03	4
	排灌机械工程学报	781	1.353	0.355	0.84	174	0.14	3.95	3.55	6
	热带农业工程	198	0.327	0.009	0.92	88	0.11	2.00	3.30	3
	山东农机化	75	0.356	0.005	1.00	36	0.09	0.82	5.50	2
	四川农业与农机	68	0.133	0.027	1.00	34	0.18	0.77	3.50	3
	拖拉机与农用运输车	363	0.197	0.031	0.95	176	0.20	4.00	4.76	3
	现代化农业	564	0.161	0.051	0.97	219	0.34	4.98	6.19	4
	新疆农机化	277	0.241	0.047	0.91	73	0.32	1.66	4.96	4
	新疆农垦经济	428	0.285	0.059	0.88	200	0.18	4.55	4.21	3
	新疆农垦科技	353	0.159	0.038	0.88	142	0.18	3.23	5.35	3
	中国农机化学报	737	0.629	0.085	0.89	256	0.48	5.82	4.06	6
	中国农垦	146	0.081	0.023	1.00	87	0.09	1.98	3.44	3
	平均	992	0.401	0.071	0.93	203	0.24	4.64	4.17	4

2012年中国科技期刊被引指标按类刊名字顺索引(续)

期刊类别	期刊名称	扩展总被引频次	扩展影响因子	扩展即年指标	扩展他引率	扩展引用刊数	扩展学科影响指标	扩展学科扩散指标	扩展被引半衰期	扩展H指标
农学(农艺学)	保鲜与加工	721	0.936	0.105	0.91	169	0.09	15.36	5.79	5
	分子植物育种	1382	0.907	0.083	0.95	252	0.27	22.91	5.21	7
	耕作与栽培	863	0.338	0.036	0.97	193	0.27	17.55	8.24	6
	特产研究	552	0.461	0.047	0.96	222	0.18	20.18	7.69	5
	现代种业	65	0.070	-	0.98	28	0.18	2.55	3.73	2
	中国种业	1400	0.342	0.125	0.82	266	0.55	24.18	4.82	6
	种子	2499	0.505	0.082	0.86	359	0.55	32.64	5.79	7
	种子科技	376	0.145	0.055	0.97	106	0.45	9.64	4.44	4
	种子世界	348	0.121	0.052	1.00	123	0.36	11.18	5.10	3
	平均	911	0.425	0.065	0.94	190	0.32	17.35	5.65	5
植物保护	广西植保	231	0.333	0.054	0.98	107	0.58	5.63	5.84	3
	湖北植保	301	0.276	0.190	0.97	108	0.42	5.68	4.20	4
	环境昆虫学报	509	0.665	0.035	0.91	154	0.42	8.11	5.59	6
	农药科学与管理	755	0.353	0.101	0.94	223	0.68	11.74	6.44	6
	农业生物技术学报	1448	0.835	0.106	0.95	369	0.58	19.42	6.06	7
	生物灾害科学	230	0.246	0.027	0.93	108	0.58	5.68	6.60	3
	现代农药	513	0.531	0.086	0.91	198	0.47	10.42	5.17	5
	杂草科学	659	0.613	0.079	0.93	174	0.63	9.16	7.23	5
	植物保护	2520	0.876	0.146	0.93	362	0.74	19.05	6.35	10
	植物保护学报	1583	0.878	0.113	0.94	258	0.74	13.58	7.78	7
	植物病理学报	1794	0.990	0.092	0.95	290	0.74	15.26	9.31	7
	植物检疫	973	0.433	0.068	0.83	191	0.63	10.05	7.42	6
	植物医生	295	0.215	0.078	0.98	125	0.47	6.58	4.75	3
	植物营养与肥料学报	4294	1.802	0.187	0.92	363	0.26	19.11	6.48	15
	中国生物防治学报	1118	0.972	0.160	0.89	232	0.63	12.21	7.91	7
	中国植保导刊	1142	0.722	0.268	0.89	234	0.74	12.32	4.84	7
	平均	1147	0.671	0.112	0.93	218	0.58	11.50	6.37	6
农作物	Rice Science	113	0.304	0.021	0.93	66	0.26	1.57	4.62	3
	北方水稻	484	0.344	0.109	0.90	126	0.38	3.00	4.52	5
	茶叶	470	0.350	-	0.91	149	0.17	3.55	7.80	5
	茶叶科学	1342	1.275	0.138	0.89	278	0.24	6.62	7.89	7
	大豆科技	456	0.447	0.065	0.78	116	0.19	2.76	5.85	4
	大豆科学	1734	0.800	0.076	0.78	273	0.31	6.50	5.46	7

期刊类别	期刊名称	扩展总被引频次	扩展影响因子	扩展即年指标	扩展他引率	扩展引用刊数	扩展学科影响指标	扩展学科扩散指标	扩展被引半衰期	扩展H指标
农作物	大麦与谷类科学	204	0.223	0.079	0.89	73	0.17	1.74	4.90	3
	福建茶叶	492	0.288	0.038	0.95	145	0.14	3.45	8.14	4
	福建稻麦科技	202	0.245	0.066	0.77	68	0.26	1.62	5.19	3
	福建热作科技	263	0.242	0.022	0.97	121	0.17	2.88	8.50	3
	广西蔗糖	177	0.293	0.060	0.99	51	0.17	1.21	7.24	3
	花生学报	476	0.659	0.100	0.90	117	0.29	2.79	7.85	6
	麦类作物学报	2062	0.880	0.101	0.84	253	0.45	6.02	5.96	8
	棉花科学	219	0.332	0.096	0.76	63	0.24	1.50	3.50	2
	棉花学报	1414	1.242	0.141	0.85	192	0.36	4.57	7.12	7
	农业研究与应用	481	0.366	0.097	0.95	166	0.38	3.95	5.42	4
	热带农业科技	319	0.275	0.037	0.95	110	0.24	2.62	7.44	3
	热带农业科学	1122	0.452	0.102	0.91	333	0.40	7.93	6.61	6
	热带作物学报	1754	0.713	0.096	0.82	349	0.52	8.31	3.78	6
	世界热带农业信息	126	0.566	0.007	1.00	50	0.12	1.19	5.36	3
	特种经济动植物	502	0.113	0.037	1.00	200	0.14	4.76	6.99	4
	亚热带农业研究	427	0.468	0.069	0.97	168	0.29	4.00	6.32	4
	亚热带植物科学	656	0.600	0.152	0.96	248	0.33	5.90	7.17	5
	玉米科学	3002	0.974	0.134	0.88	299	0.55	7.12	6.39	9
	园艺与种苗	1500	1.487	0.362	0.85	207	0.33	4.93	3.40	8
	杂交水稻	1144	0.520	0.079	0.82	142	0.45	3.38	6.78	7
	植物遗传资源学报	1328	1.146	0.106	0.78	224	0.67	5.33	4.85	8
	中国茶叶	736	0.397	0.024	1.00	195	0.26	4.64	7.09	5
	中国稻米	903	0.770	0.228	0.83	167	0.43	3.98	4.62	6
	中国粮食经济	153	0.105	0.008	1.00	91	0.02	2.17	4.29	3
	中国麻业科学	457	0.456	0.091	0.80	120	0.21	2.86	6.67	4
	中国棉花	948	1.042	0.216	0.80	169	0.24	4.02	7.13	5
	中国热带农业	389	0.408	0.048	0.93	119	0.26	2.83	4.13	4
	中国水稻科学	2283	1.394	0.168	0.92	281	0.57	6.69	7.27	10
	中国糖料	582	0.653	0.085	0.80	118	0.29	2.81	4.85	5
	中国油料作物学报	1716	1.294	0.080	0.91	262	0.50	6.24	7.03	8
	种业导刊	952	1.216	0.567	0.66	78	0.21	1.86	2.74	7
	作物学报	7038	1.914	0.255	0.92	440	0.76	10.48	6.96	13
	作物研究	1002	0.778	0.123	0.89	241	0.52	5.74	6.03	6

期刊类别	期刊名称	扩展总被引频次	扩展影响因子	扩展即年指标	扩展他引率	扩展引用刊数	扩展学科影响指标	扩展学科扩散指标	扩展被引半衰期	扩展H指标
	作物杂志	1289	0.688	0.193	0.92	261	0.62	6.21	4.79	5
	平均	1022	0.668	0.112	0.88	178	0.33	4.24	5.97	5
园艺	北方果树	498	0.208	0.040	0.99	148	0.23	3.70	7.39	4
	北方园艺	4207	0.427	0.062	0.87	565	0.63	14.13	3.72	7
	长江蔬菜	1293	0.263	0.059	0.90	249	0.33	6.22	4.20	5
	福建果树	312	0.297	-	0.97	120	0.33	3.00	8.38	4
	广东园林	458	0.355	0.028	0.94	166	0.15	4.15	5.96	5
	果树学报	2841	0.942	0.104	0.92	318	0.43	7.95	6.89	10
	河北果树	361	0.216	0.121	0.99	135	0.28	3.38	6.29	3
	河北林果研究	605	0.376	-	0.95	239	0.28	5.97	7.24	4
	吉林蔬菜	344	0.147	0.071	1.00	110	0.20	2.75	3.65	3
	辣椒杂志	179	0.294	0.051	0.93	76	0.25	1.90	6.16	4
	落叶果树	541	0.381	0.136	0.97	168	0.40	4.20	7.97	5
	南方农业(园林花卉版)	92	0.082	-	1.00	55	0.08	1.38	4.11	3
	南方园艺	321	0.281	0.040	0.88	123	0.33	3.08	5.53	4
	人参研究	236	0.258	0.067	0.92	116	0.10	2.90	7.85	4
	山西果树	424	0.262	0.086	1.00	131	0.28	3.27	6.87	4
	上海蔬菜	444	0.159	0.042	1.00	128	0.38	3.20	5.15	3
	食用菌	997	0.309	0.131	0.92	216	0.25	5.40	6.46	4
	食用菌学报	668	0.741	0.063	0.88	178	0.23	4.45	6.61	6
	蔬菜	404	0.173	0.052	0.95	144	0.38	3.60	5.68	3
	西北园艺(蔬菜)	369	0.177	0.067	1.00	127	0.40	3.17	5.68	3
	现代园艺	979	0.251	0.066	0.91	233	0.33	5.83	1.88	5
	烟台果树	191	0.187	0.040	1.00	74	0.30	1.85	4.77	4
	园艺学报	6106	1.333	0.194	0.89	477	0.65	11.93	7.17	12
	浙江柑橘	151	0.096	0.016	0.95	62	0.18	1.55	6.91	3
	中国瓜菜	614	0.524	0.115	0.79	122	0.28	3.05	5.44	5
	中国果菜	392	0.130	0.034	1.00	138	0.48	3.45	5.03	3
	中国果树	896	0.260	0.055	0.94	196	0.40	4.90	8.43	5
	中国果业信息	255	0.080	0.188	0.87	92	0.23	2.30	5.47	4
	中国马铃薯	847	0.681	0.102	0.82	174	0.23	4.35	7.46	5
	中国南方果树	1096	0.474	0.151	0.85	206	0.38	5.15	6.75	5
	中国食用菌	1063	0.562	0.095	0.91	248	0.28	6.20	7.83	5

期刊类别	期刊名称	扩展总被引频次	扩展影响因子	扩展即年指标	扩展他引率	扩展引用刊数	扩展学科影响指标	扩展学科扩散指标	扩展被引半衰期	扩展H指标
园艺	中国蔬菜	2071	0.440	0.091	0.94	320	0.40	8.00	6.01	7
	中国园艺文摘	637	0.190	0.051	0.94	207	0.45	5.17	2.15	4
	平均	936	0.350	0.073	0.93	183	0.32	4.59	5.97	4
林业	Forestry Studies in China	82	0.190	-	0.91	55	0.13	0.76	6.21	2
	Journal of Forestry Research	428	0.425	0.011	0.95	179	0.29	2.49	6.65	4
	安徽林业科技	191	0.276	0.031	0.98	79	0.33	1.10	6.04	3
	桉树科技	191	0.646	0.075	0.81	62	0.26	0.86	6.50	4
	防护林科技	894	0.286	0.051	0.95	250	0.63	3.47	6.22	4
	风景园林	248	0.309	0.032	0.91	100	0.15	1.39	4.75	5
	甘肃林业	88	2.700	0.051	1.00	52	0.11	0.72	3.50	3
	甘肃林业科技	347	0.340	0.026	0.94	138	0.38	1.92	7.74	4
	广西林业	129	0.062	0.005	1.00	70	0.29	0.97	6.77	3
	广西林业科学	650	0.580	0.087	0.91	166	0.50	2.31	7.17	6
	贵州林业科技	319	0.336	0.037	0.94	136	0.46	1.89	8.50	4
	国际沙棘研究与开发	112	0.467	0.188	0.73	51	0.14	0.71	5.25	2
	河北林业科技	787	0.301	0.029	0.95	235	0.53	3.26	6.00	4
	河南林业科技	432	0.286	-	0.98	165	0.42	2.29	7.54	4
	湖北林业科技	437	0.297	0.078	0.91	169	0.44	2.35	6.04	4
	湖南林业科技	830	0.438	0.064	0.87	261	0.50	3.63	7.07	5
	华东森林经理	283	0.418	0.013	0.95	111	0.42	1.54	6.35	4
	吉林林业科技	408	0.155	0.058	0.97	185	0.47	2.57	8.67	4
	江苏林业科技	659	0.437	0.033	0.94	214	0.50	2.97	7.92	5
	江西林业科技	553	0.309	0.096	0.96	199	0.54	2.76	7.09	5
	经济林研究	1355	1.083	0.160	0.83	289	0.57	4.01	7.11	7
	辽宁林业科技	613	0.319	0.091	0.89	208	0.51	2.89	7.26	4
	林区教学	484	0.131	0.029	0.97	235	0.03	3.26	3.33	4
	林业调查规划	825	0.374	0.043	0.92	279	0.63	3.88	5.36	5
	林业机械与木工设备	577	0.278	0.083	0.87	196	0.25	2.72	5.40	4
	林业建设	169	0.149	0.055	0.97	97	0.24	1.35	5.19	3
	林业勘察设计	346	0.332	0.010	0.95	140	0.44	1.94	5.05	3
	林业科技	674	0.333	0.057	0.97	245	0.60	3.40	7.90	4
	林业科技开发	1414	0.549	0.090	0.95	313	0.64	4.35	6.07	7
	林业科技情报	525	0.278	0.049	0.90	224	0.31	3.11	4.62	4

期刊类别	期刊名称	扩展总被引频次	扩展影响因子	扩展即年指标	扩展他引率	扩展引用刊数	扩展学科影响指标	扩展学科扩散指标	扩展被引半衰期	扩展H指标
林业	林业科学	5284	1.102	0.079	0.94	621	0.75	8.63	6.65	12
	林业科学研究	2754	1.232	0.086	0.95	409	0.67	5.68	7.82	11
	林业劳动安全	71	0.083	-	0.97	42	0.07	0.58	6.27	3
	林业实用技术	1112	0.234	0.042	0.96	280	0.56	3.89	7.52	5
	林业与生态	185	0.298	0.007	1.00	97	0.26	1.35	5.50	3
	林业资源管理	815	0.582	0.053	0.91	242	0.67	3.36	6.23	5
	绿色科技	528	0.221	0.051	0.91	218	0.31	3.03	1.80	3
	木材工业	727	0.655	0.376	0.86	159	0.29	2.21	6.81	5
	内蒙古林业	259	0.116	0.014	1.00	114	0.31	1.58	5.40	3
	内蒙古林业调查设计	401	0.205	0.090	0.97	166	0.46	2.31	3.63	3
	内蒙古林业科技	306	0.336	0.042	0.92	135	0.33	1.88	6.94	4
	热带林业	216	0.304	0.035	0.96	94	0.31	1.31	6.19	3
	森林防火	246	0.256	-	0.93	83	0.31	1.15	9.25	3
	森林工程	968	0.874	0.269	0.83	260	0.40	3.61	4.74	5
	山东林业科技	991	0.295	0.057	0.97	332	0.60	4.61	6.44	6
	山西林业	182	0.141	0.021	0.97	91	0.28	1.26	5.32	3
	山西林业科技	318	0.273	0.054	0.96	149	0.47	2.07	6.75	4
	陕西林业科技	587	0.238	0.038	0.94	233	0.51	3.24	8.09	4
	湿地科学与管理	239	0.379	0.044	0.91	125	0.26	1.74	5.20	4
	世界林业研究	1351	0.863	0.116	0.97	358	0.72	4.97	7.88	7
	四川林业科技	703	0.421	0.047	0.89	244	0.57	3.39	6.09	6
	西部林业科学	642	0.645	0.109	0.84	175	0.46	2.43	6.63	5
	新疆林业	176	0.147	0.016	1.00	87	0.15	1.21	6.04	3
	云南林业	158	0.354	0.011	1.00	75	0.28	1.04	6.38	3
	浙江林业科技	1001	0.522	0.035	0.95	291	0.53	4.04	7.35	5
	植物研究	1403	0.659	0.088	0.92	356	0.46	4.94	6.87	6
	中国城市林业	413	0.416	0.115	0.75	152	0.39	2.11	4.73	5
	中国林副特产	982	0.294	0.054	0.98	360	0.54	5.00	6.20	5
	中国林业	745	0.652	0.026	1.00	248	0.63	3.44	4.41	4
	中国林业经济	292	0.483	0.111	0.93	156	0.33	2.17	3.89	4
	中国森林病虫	788	0.727	0.171	0.94	184	0.57	2.56	7.74	6
	中南林业调查规划	354	0.318	0.047	0.94	170	0.49	2.36	7.57	4
	竹子研究汇刊	669	0.480	-	0.92	159	0.38	2.21	>10	5

期刊类别	期刊名称	扩展总被引频次	扩展影响因子	扩展即年指标	扩展他引率	扩展引用刊数	扩展学科影响指标	扩展学科扩散指标	扩展被引半衰期	扩展H指标
	平均	649	0.443	0.062	0.93	189	0.41	2.64	6.32	4
畜牧兽医	Chinese Birds	24	0.254	0.257	0.50	10	0.01	0.10	1.50	2
	北方蚕业	167	0.202	0.012	0.83	53	0.13	0.51	5.41	3
	北方牧业	190	0.069	0.008	1.00	89	0.42	0.86	3.32	3
	蚕桑茶叶通讯	167	0.159	0.024	0.96	78	0.09	0.75	5.57	3
	蚕桑通报	263	0.830	0.043	0.92	77	0.12	0.74	6.96	4
	蚕学通讯	134	0.178	-	0.87	47	0.13	0.45	7.10	3
	蚕业科学	1155	0.705	0.135	0.73	229	0.17	2.20	6.23	6
	草地学报	1764	1.342	0.171	0.78	277	0.33	2.66	5.05	7
	草食家畜	364	0.247	0.022	0.94	123	0.40	1.18	8.50	3
	草业科学	3252	1.045	0.122	0.77	428	0.42	4.12	5.37	9
	草业学报	3487	2.664	0.167	0.71	344	0.35	3.31	4.10	11
	草业与畜牧	601	0.157	0.038	0.93	195	0.39	1.88	6.69	4
	草原与草坪	935	0.814	0.149	0.70	209	0.28	2.01	5.82	6
	当代畜牧	381	0.082	0.023	0.98	150	0.57	1.44	6.40	3
	当代畜禽养殖业	153	0.063	0.005	1.00	85	0.35	0.82	5.39	2
	动物医学进展	1984	0.550	0.076	0.88	504	0.65	4.85	5.07	7
	动物营养学报	1905	1.253	0.224	0.81	240	0.63	2.31	3.91	8
	福建畜牧兽医	405	0.155	0.047	0.97	143	0.51	1.38	6.73	4
	甘肃畜牧兽医	255	0.147	0.042	0.99	114	0.50	1.10	7.77	3
	广东蚕业	102	0.194	0.020	0.93	54	0.15	0.52	6.00	3
	广东饲料	270	0.181	0.015	0.99	133	0.46	1.28	5.74	3
	广东畜牧兽医科技	216	0.199	0.049	0.97	102	0.45	0.98	5.52	3
	广西蚕业	206	0.416	0.100	0.77	56	0.09	0.54	5.33	3
	广西畜牧兽医	290	0.153	0.078	0.92	112	0.44	1.08	5.56	3
	贵州畜牧兽医	241	0.137	0.032	0.96	112	0.40	1.08	6.12	3
	国外畜牧学-猪与禽	225	0.093	0.039	0.98	98	0.45	0.94	4.32	3
	河南畜牧兽医(市场版)	227	0.095	0.051	1.00	92	0.42	0.88	6.59	2
	黑龙江动物繁殖	183	0.125	0.024	0.96	68	0.33	0.65	4.66	3
	黑龙江畜牧兽医(上半月)	1786	0.254	0.049	0.93	351	0.73	3.38	5.29	5
	湖北畜牧兽医	214	0.134	0.071	0.98	96	0.39	0.92	4.21	3
	湖南饲料	94	0.153	0.022	1.00	63	0.25	0.61	4.56	2
	湖南畜牧兽医	165	0.115	0.015	0.97	82	0.40	0.79	6.48	3

期刊类别	期刊名称	扩展总被引频次	扩展影响因子	扩展即年指标	扩展他引率	扩展引用刊数	扩展学科影响指标	扩展学科扩散指标	扩展被引半衰期	扩展H指标
畜牧兽医	吉林畜牧兽医	342	0.137	0.019	1.00	138	0.49	1.33	5.39	3
	家禽科学	1499	0.317	0.023	0.97	253	0.64	2.43	8.79	5
	家畜生态学报	787	0.517	0.060	0.95	209	0.59	2.01	5.41	6
	江苏蚕业	212	0.279	0.133	0.87	49	0.08	0.47	6.63	4
	江西饲料	152	0.211	0.058	0.99	94	0.28	0.90	7.21	3
	江西畜牧兽医杂志	208	0.130	0.050	1.00	102	0.44	0.98	6.19	3
	今日畜牧兽医	250	0.065	0.010	1.00	102	0.50	0.98	5.42	3
	今日养猪业	62	0.086	0.027	1.00	35	0.27	0.34	3.69	2
	经济动物学报	287	0.500	0.046	0.97	135	0.38	1.30	6.54	4
	蜜蜂杂志	277	0.071	0.019	0.91	111	0.09	1.07	6.80	3
	内蒙古草业	220	0.195	0.036	0.97	89	0.16	0.86	9.07	4
	农村养殖技术	152	0.038	0.004	1.00	75	0.33	0.72	4.00	2
	青海畜牧兽医杂志	495	0.117	0.041	0.82	132	0.52	1.27	7.67	3
	山东畜牧兽医	431	0.103	0.032	0.98	132	0.59	1.27	3.37	3
	上海畜牧兽医通讯	606	0.163	0.039	0.97	203	0.58	1.95	4.92	4
	兽医导刊	252	0.145	0.026	1.00	96	0.38	0.92	2.89	3
	四川蚕业	107	0.182	0.050	1.00	35	0.09	0.34	3.47	2
	四川畜牧兽医	493	0.121	0.016	0.99	188	0.61	1.81	7.27	3
	饲料博览	797	0.495	0.304	0.86	210	0.60	2.02	6.46	6
	饲料工业	2285	0.469	0.117	0.92	406	0.67	3.90	5.79	6
	饲料广角	447	0.160	0.013	1.00	165	0.50	1.59	5.79	4
	饲料研究	1248	0.898	0.230	0.94	274	0.61	2.63	5.56	5
	饲料与畜牧·新饲料	206	0.165	0.021	0.99	109	0.37	1.05	4.57	3
	现代畜牧兽医	429	0.136	0.046	0.93	161	0.61	1.55	5.58	3
	新疆畜牧业	248	0.118	0.017	0.92	104	0.34	1.00	4.50	3
	畜牧兽医科技信息	647	0.081	0.013	0.98	198	0.56	1.90	4.37	3
	畜牧兽医学报	2235	0.873	0.091	0.94	325	0.69	3.13	5.85	8
	畜牧兽医杂志	828	0.378	0.186	0.76	203	0.59	1.95	3.52	5
	畜牧与兽医	1620	0.453	0.037	0.93	289	0.66	2.78	5.55	7
	畜牧与饲料科学	2612	0.587	0.099	0.91	366	0.63	3.52	3.11	9
	畜禽业	671	0.103	0.039	0.98	183	0.61	1.76	5.45	4
	养禽与禽病防治	286	0.102	0.016	0.96	88	0.41	0.85	6.81	3
	养殖技术顾问	636	0.055	0.021	0.99	172	0.56	1.65	2.61	3

期刊类别	期刊名称	扩展总被引频次	扩展影响因子	扩展即年指标	扩展他引率	扩展引用刊数	扩展学科影响指标	扩展学科扩散指标	扩展被引半衰期	扩展H指标
畜牧兽医	养殖与饲料	411	0.123	0.027	0.98	150	0.55	1.44	4.03	3
	养猪	577	0.273	0.034	0.87	129	0.53	1.24	5.81	5
	云南畜牧兽医	193	0.077	0.017	1.00	90	0.45	0.87	6.31	3
	浙江畜牧兽医	212	0.203	0.060	0.98	104	0.42	1.00	5.71	3
	中国蚕业	407	0.421	0.244	0.81	91	0.13	0.88	5.63	4
	中国草地学报	1748	1.178	0.203	0.86	271	0.30	2.61	6.93	7
	中国草食动物科学	694	0.235	0.071	0.81	141	0.52	1.36	6.40	5
	中国动物保健	331	0.133	0.024	0.97	131	0.47	1.26	4.20	5
	中国动物传染病学报	413	0.717	0.088	0.96	121	0.43	1.16	4.81	5
	中国动物检疫	1093	0.465	0.174	0.70	229	0.56	2.20	3.63	5
	中国蜂业	353	0.147	0.014	0.96	109	0.15	1.05	5.06	3
	中国工作犬业	91	0.055	0.006	1.00	44	0.19	0.42	5.04	2
	中国家禽	1944	0.429	0.119	0.80	284	0.65	2.73	5.37	6
	中国奶牛	1370	0.528	0.425	0.56	169	0.51	1.63	4.28	6
	中国牛业科学	561	0.277	0.048	0.88	138	0.49	1.33	5.57	4
	中国兽药杂志	898	0.469	0.055	0.89	294	0.54	2.83	6.39	7
	中国兽医科学	1598	0.566	0.054	0.94	308	0.62	2.96	6.96	6
	中国兽医学报	1677	0.466	0.045	0.90	318	0.63	3.06	6.23	6
	中国兽医杂志	1914	0.421	0.039	0.95	333	0.63	3.20	6.28	6
	中国饲料	1541	0.580	0.076	0.91	317	0.63	3.05	6.92	5
	中国畜牧兽医	2632	0.648	0.131	0.79	406	0.68	3.90	3.56	7
	中国畜牧兽医文摘	202	-	0.015	0.90	75	0.36	0.72	1.56	2
	中国畜牧业	336	0.102	0.034	1.00	167	0.49	1.61	3.89	3
	中国畜牧杂志	2086	0.597	0.095	0.94	346	0.68	3.33	5.57	7
	中国畜禽种业	453	0.086	0.023	0.99	131	0.53	1.26	2.65	4
	中国养兔	276	-	0.005	0.71	61	0.29	0.59	8.44	4
	中国预防兽医学报	1554	0.609	0.111	0.93	226	0.54	2.17	6.14	8
	中国猪业	139	0.077	0.038	0.94	68	0.31	0.65	3.16	2
	中兽医学杂志	247	0.091	0.014	0.99	119	0.43	1.14	7.74	3
	中兽医医药杂志	612	0.242	0.025	0.94	243	0.52	2.34	6.65	5
	猪业科学	620	0.217	0.044	0.93	196	0.58	1.88	6.59	4
	平均	739	0.334	0.067	0.91	167	0.43	1.61	5.47	4
	淡水渔业	1226	0.672	0.080	0.91	216	0.69	8.31	7.94	6

期刊类别	期刊名称	扩展总被引频次	扩展影响因子	扩展即年指标	扩展他引率	扩展引用刊数	扩展学科影响指标	扩展学科扩散指标	扩展被引半衰期	扩展H指标
水产渔业	当代水产	271	0.099	-	1.00	110	0.58	4.23	8.38	4
	福建水产	439	0.377	0.056	0.88	131	0.65	5.04	6.64	5
	海洋渔业	762	1.215	0.116	0.84	167	0.69	6.42	5.69	6
	河北渔业	422	0.231	0.019	0.94	161	0.65	6.19	4.40	4
	黑龙江水产	109	0.069	0.066	1.00	59	0.42	2.27	5.17	2
	江西水产科技	199	0.379	0.029	0.97	98	0.62	3.77	5.96	3
	科学养鱼	614	0.097	0.019	1.00	147	0.69	5.65	5.32	4
	南方水产科学	724	1.411	0.297	0.85	169	0.65	6.50	3.96	7
	齐鲁渔业	420	0.087	0.007	0.96	132	0.69	5.08	6.67	3
	水产科技情报	523	0.409	0.027	0.96	166	0.69	6.38	8.64	5
	水产科学	1426	0.770	0.083	0.95	301	0.69	11.58	5.81	7
	水产学报	3119	1.215	0.148	0.90	330	0.69	12.69	7.67	10
	水产学杂志	323	0.591	-	0.89	110	0.58	4.23	6.47	4
	水产养殖	495	0.271	0.045	0.96	148	0.69	5.69	5.36	4
	渔业科学进展	1419	1.058	0.085	0.90	244	0.65	9.38	5.98	8
	渔业现代化	716	0.797	0.173	0.82	182	0.69	7.00	5.18	6
	渔业信息与战略	349	0.407	0.020	0.96	120	0.62	4.62	6.37	4
	中国水产	871	0.328	0.075	1.00	238	0.69	9.15	6.08	5
	中国水产科学	2298	1.199	0.132	0.94	299	0.65	11.50	6.47	9
	中国渔业经济	580	0.503	0.030	0.78	174	0.62	6.69	4.51	5
	中国渔业质量与标准	26	-	0.063	0.65	16	0.12	0.62	1.41	2
	平均	787	0.554	0.071	0.91	169	0.62	6.50	5.91	5
大学学报(医药卫生)	Journal of Medical Colleges of PLA	59	0.080	-	1.00	56	0.05	0.86	5.72	2
	Medical Bulletin of Shanghai Jiaotong University	7	0.000	-	1.00	7	0.03	0.11	7.75	1
	安徽医科大学学报	1477	0.766	0.138	0.83	500	0.48	7.69	4.03	5
	北京大学学报(医学版)	1983	1.032	0.131	0.98	715	0.60	11.00	7.11	10
	北京中医药大学学报	3393	1.108	0.117	0.97	477	0.42	7.34	7.96	13
	北京中医药大学学报(中医临床版)	437	0.420	0.110	0.98	203	0.20	3.12	4.99	4
	长春中医药大学学报	2224	0.510	0.119	0.91	450	0.29	6.92	3.88	7
	长江大学学报(自科版)医学卷	444	0.668	0.016	0.97	214	0.11	3.29	3.42	4
	成都中医药大学学报	1083	0.793	0.088	0.99	421	0.26	6.48	6.63	6
	重庆医科大学学报	1991	0.656	0.060	0.98	662	0.57	10.18	3.89	7

期刊类别	期刊名称	扩展总被引频次	扩展影响因子	扩展即年指标	扩展他引率	扩展引用刊数	扩展学科影响指标	扩展学科扩散指标	扩展被引半衰期	扩展H指标
大学学报(医药卫生)	大连医科大学学报	877	0.531	0.096	0.99	426	0.32	6.55	4.80	6
	第二军医大学学报	2471	0.507	0.069	0.98	835	0.68	12.85	7.01	8
	第三军医大学学报	4412	0.645	0.123	0.88	956	0.83	14.71	5.17	8
	东南大学学报(医学版)	802	0.662	0.155	0.84	349	0.29	5.37	4.28	6
	福建医科大学学报	712	0.423	0.085	0.95	377	0.32	5.80	5.73	5
	福建中医药大学学报	941	0.604	0.026	0.96	332	0.28	5.11	6.05	6
	复旦学报(医学版)	1345	0.799	0.071	1.00	590	0.48	9.08	5.98	8
	广西医科大学学报	2429	0.483	0.039	0.99	669	0.48	10.29	5.68	7
	广州中医药大学学报	1446	0.592	0.054	0.98	361	0.35	5.55	6.52	7
	哈尔滨医科大学学报	927	0.487	0.033	0.98	437	0.37	6.72	5.76	5
	河北联合大学学报(医学版)	1756	0.377	0.089	1.00	547	0.23	8.42	3.86	5
	河北医科大学学报	1012	0.221	0.036	0.97	432	0.28	6.65	4.67	5
	河南大学学报(医学版)	360	0.381	0.011	0.98	229	0.14	3.52	5.34	4
	河南科技大学学报(医学版)	613	0.490	0.090	0.99	274	0.17	4.22	4.53	6
	湖北中医药大学学报	794	0.533	0.057	0.97	322	0.28	4.95	4.64	5
	湖南师范大学学报(医学版)	290	0.349	0.020	0.99	176	0.11	2.71	4.39	3
	湖南中医药大学学报	1600	0.641	0.108	0.95	425	0.37	6.54	4.46	6
	华中科技大学学报(医学版)	1267	0.836	0.122	0.89	537	0.45	8.26	5.30	6
	吉林大学学报(医学版)	1688	0.673	0.104	0.95	597	0.48	9.18	6.08	6
	江苏大学学报(医学版)	750	0.517	0.064	0.97	376	0.25	5.78	5.90	5
	昆明医科大学学报	1515	0.518	0.059	0.97	504	0.37	7.75	3.57	6
	兰州大学学报(医学版)	493	0.478	0.091	0.91	286	0.25	4.40	6.47	4
	辽宁中医药大学学报	3838	0.480	0.068	0.97	643	0.48	9.89	3.73	7
	南昌大学学报(医学版)	1281	0.417	0.046	0.98	444	0.35	6.83	3.81	5
	南方医科大学学报	4261	0.917	0.207	0.96	947	0.78	14.57	4.21	9
	南京医科大学学报(自然科学版)	1825	0.457	0.080	0.90	605	0.49	9.31	4.81	7
	南京中医药大学学报	1713	0.937	0.084	0.99	395	0.26	6.08	6.76	9
	宁夏医科大学学报	1264	0.429	0.042	0.97	488	0.45	7.51	3.85	5
	山东大学学报(医学版)	1476	0.534	0.047	0.91	595	0.63	9.15	4.46	6
	山东中医药大学学报	1586	0.438	0.084	0.99	381	0.34	5.86	7.65	7
	山西医科大学学报	1434	0.565	0.087	0.99	598	0.46	9.20	5.19	6
	上海交通大学学报(医学版)	2224	0.629	0.072	0.98	728	0.65	11.20	4.84	7
	上海中医药大学学报	1103	0.785	0.146	0.91	319	0.37	4.91	5.16	6

期刊类别	期刊名称	扩展总被引频次	扩展影响因子	扩展即年指标	扩展他引率	扩展引用刊数	扩展学科影响指标	扩展学科扩散指标	扩展被引半衰期	扩展H指标
大学学报(医药卫生)	沈阳药科大学学报	1819	0.609	0.048	0.96	478	0.48	7.35	6.62	7
	首都医科大学学报	1677	1.140	0.097	0.97	584	0.55	8.98	4.85	8
	四川大学学报(医学版)	1832	0.669	0.272	0.96	681	0.65	10.48	5.55	7
	苏州大学学报(医学版)	1752	0.416	0.053	0.93	574	0.52	8.83	5.68	6
	天津医科大学学报	1013	0.486	0.030	0.99	458	0.45	7.05	5.26	5
	天津中医药大学学报	654	0.717	0.083	0.93	225	0.23	3.46	6.30	5
	同济大学学报(医学版)	1092	0.606	0.070	0.96	498	0.37	7.66	5.08	7
	武汉大学学报(医学版)	975	0.475	0.092	0.98	475	0.37	7.31	5.54	6
	西安交通大学学报(医学版)	1210	0.748	0.115	0.95	529	0.57	8.14	5.30	7
	新疆医科大学学报	2201	0.559	0.087	0.84	653	0.42	10.05	4.48	7
	延安大学学报(医学科学版)	404	0.355	0.027	1.00	214	0.08	3.29	4.06	4
	延边大学医学学报	415	0.376	0.039	0.95	232	0.18	3.57	6.08	5
	浙江大学学报(医学版)	802	0.739	0.118	0.97	451	0.38	6.94	5.72	6
	浙江中医药大学学报	2359	0.521	0.078	0.98	564	0.37	8.68	5.02	7
	郑州大学学报(医学版)	1666	0.468	0.092	0.93	567	0.45	8.72	5.30	5
	中国药科大学学报	1418	0.565	0.084	0.98	477	0.54	7.34	9.50	7
	中国医科大学学报	1481	0.496	0.091	0.98	572	0.52	8.80	5.42	7
	中国医学科学院学报	1888	1.095	0.078	0.99	678	0.51	10.43	6.23	12
	中南大学学报(医学版)	1639	0.812	0.096	0.98	667	0.57	10.26	5.63	9
	中山大学学报(医学科学版)	1528	0.803	0.066	0.97	583	0.51	8.97	5.06	7
	平均	1451	0.588	0.080	0.96	476	0.39	7.34	5.38	6
医学院校学报	安徽中医学院学报	1276	0.709	0.052	0.97	360	0.22	6.67	7.91	6
	白求恩军医学院学报	1215	0.613	0.100	0.95	359	0.30	6.65	3.66	7
	包头医学院学报	978	0.405	0.037	0.96	384	0.46	7.11	3.58	5
	蚌埠医学院学报	1571	0.476	0.069	0.96	429	0.39	7.94	3.68	5
	滨州医学院学报	669	0.337	-	0.99	299	0.33	5.54	5.93	5
	长治医学院学报	590	0.364	0.059	0.98	251	0.22	4.65	4.71	5
	成都医学院学报	361	0.683	0.162	0.99	166	0.20	3.07	3.03	4
	承德医学院学报	845	0.424	0.067	0.99	377	0.35	6.98	4.28	5
	川北医学院学报	916	0.485	0.105	0.89	336	0.28	6.22	4.98	6
	甘肃中医学院学报	764	0.509	0.085	0.98	301	0.28	5.57	5.55	5
	赣南医学院学报	1396	0.344	0.031	0.98	467	0.39	8.65	4.15	6
	广东药学院学报	1185	0.710	0.099	0.96	471	0.30	8.72	5.88	6

期刊类别	期刊名称	扩展总被引频次	扩展影响因子	扩展即年指标	扩展他引率	扩展引用刊数	扩展学科影响指标	扩展学科扩散指标	扩展被引半衰期	扩展H指标
医学院校学报	广东医学院学报	1515	0.502	0.053	0.98	524	0.56	9.70	5.03	7
	广西中医药大学学报	1148	0.426	0.044	0.98	423	0.28	7.83	5.63	6
	广州医学院学报	483	0.143	0.012	1.00	271	0.24	5.02	7.07	4
	贵阳医学院学报	929	0.502	0.043	0.98	400	0.41	7.41	4.53	5
	贵阳中医学院学报	998	0.349	0.056	0.99	322	0.35	5.96	4.89	4
	海南医学院学报	1817	0.660	0.117	0.97	449	0.37	8.31	3.18	6
	河南职工医学院学报	677	0.336	0.057	0.98	276	0.15	5.11	3.63	5
	菏泽医学专科学校学报	467	0.247	0.019	0.99	211	0.20	3.91	5.80	4
	湖北科技学院学报(医学版)	596	0.245	0.016	1.00	250	0.24	4.63	4.32	4
	湖北民族学院学报(医学版)	433	0.462	0.062	0.94	230	0.24	4.26	4.65	4
	湖北医药学院学报	635	0.405	0.025	0.88	276	0.28	5.11	3.99	4
	吉林医药学院学报	461	0.394	0.040	0.99	283	0.26	5.24	4.22	5
	济宁医学院学报	534	0.408	0.049	0.99	303	0.31	5.61	4.82	4
	江西中医学院学报	958	0.412	0.008	0.99	358	0.33	6.63	5.73	6
	解放军医学院学报	1198	0.444	0.069	0.90	482	0.41	8.93	3.53	5
	辽宁医学院学报	661	0.363	0.090	0.99	325	0.31	6.02	4.36	4
	泸州医学院学报	777	0.394	0.032	0.98	367	0.26	6.80	4.83	5
	牡丹江医学院学报	886	0.374	0.043	0.99	398	0.26	7.37	4.29	5
	内蒙古医科大学学报	582	0.634	0.058	0.87	278	0.30	5.15	4.17	4
	齐齐哈尔医学院学报	6598	0.454	0.070	0.98	835	0.76	15.46	3.57	8
	黔南民族医专学报	233	0.248	0.013	0.99	132	0.13	2.44	3.92	4
	青岛大学医学院学报	1186	0.799	0.105	0.88	426	0.22	7.89	4.32	6
	青海医学院学报	250	0.310	0.019	0.99	178	0.09	3.30	6.17	3
	山东医学高等专科学校学报	469	0.303	0.039	0.99	209	0.13	3.87	4.48	4
	山西职工医学院学报	495	0.391	0.060	0.99	223	0.09	4.13	3.76	4
	山西中医学院学报	659	0.443	0.030	0.92	252	0.13	4.67	4.53	5
	陕西中医学院学报	1278	0.521	0.180	0.95	321	0.28	5.94	5.24	6
	汕头大学医学院学报	312	0.362	-	0.97	210	0.17	3.89	6.45	4
	沈阳医学院学报	373	0.492	0.063	0.99	216	0.15	4.00	5.65	5
	泰山医学院学报	853	0.293	0.022	0.99	378	0.39	7.00	4.32	5
	皖南医学院学报	542	0.517	0.069	0.94	254	0.22	4.70	3.97	4
	潍坊医学院学报	422	0.117	0.006	0.98	242	0.22	4.48	6.61	4
	温州医学院学报	782	0.418	0.059	0.93	373	0.28	6.91	5.14	5

期刊类别	期刊名称	扩展总被引频次	扩展影响因子	扩展即年指标	扩展他引率	扩展引用刊数	扩展学科影响指标	扩展学科扩散指标	扩展被引半衰期	扩展H指标
医学院校学报	武警后勤学院学报(医学版)	1089	0.506	0.056	0.92	400	0.41	7.41	3.61	5
	湘南学院学报(医学版)	333	0.155	0.023	0.99	185	0.17	3.43	6.02	4
	新乡医学院学报	1355	0.762	0.172	0.86	389	0.39	7.20	4.35	6
	徐州医学院学报	1004	0.374	0.036	0.97	397	0.39	7.35	4.78	6
	右江民族医学院学报	1920	0.393	0.074	0.98	497	0.46	9.20	4.28	6
	云南中医学院学报	716	0.429	0.073	0.90	272	0.24	5.04	6.36	5
	遵义医学院学报	704	0.325	0.012	0.99	345	0.31	6.39	4.83	4
	平均	944	0.430	0.057	0.96	333	0.29	6.18	4.78	4
医药卫生总论	BMJ Chinese Edition	114	0.029	-	1.00	86	0.14	0.66	7.57	4
	Chinese Medical Journal	4444	0.906	0.163	0.84	903	0.79	6.89	4.12	8
	Chinese Medical Sciences Journal	230	0.438	-	0.98	157	0.20	1.20	4.88	4
	Frontiers of Medicine	89	0.433	0.263	0.97	69	0.12	0.53	1.83	3
	安徽医学	2388	0.628	0.084	0.88	524	0.60	4.00	3.31	8
	安徽医药	4305	1.045	0.112	0.79	718	0.72	5.48	3.59	9
	包头医学	408	0.338	0.088	1.00	169	0.34	1.29	3.86	4
	北京医学	1543	0.405	0.046	0.99	511	0.64	3.90	5.37	7
	重庆医学	8810	0.889	0.126	0.94	984	0.85	7.51	3.68	10
	当代医学	11456	0.837	0.238	0.76	847	0.81	6.47	2.40	10
	甘肃医药	410	0.307	0.059	0.99	203	0.36	1.55	2.42	4
	广东医学	6258	0.721	0.120	0.97	850	0.76	6.49	4.03	8
	广西医学	4896	0.724	0.122	0.95	687	0.73	5.24	4.73	7
	广州医药	1057	0.598	0.080	1.00	409	0.57	3.12	5.12	6
	贵州医药	1370	0.307	0.041	0.98	442	0.53	3.37	4.73	6
	国际医药卫生导报	4517	0.539	0.056	0.80	623	0.69	4.76	4.38	9
	哈尔滨医药	1218	0.386	0.067	0.99	320	0.54	2.44	4.03	6
	海南医学	5355	0.668	0.124	0.87	682	0.76	5.21	3.22	8
	航空航天医学杂志	1596	0.358	0.082	0.98	364	0.53	2.78	2.53	5
	河北医学	3365	0.787	0.183	0.99	537	0.70	4.10	3.70	7
	河南医学研究	411	0.325	0.012	0.98	234	0.35	1.79	5.05	5
	黑龙江医学	1754	0.387	0.055	1.00	467	0.62	3.56	5.39	7
	黑龙江医药	1447	0.420	0.044	0.99	462	0.47	3.53	3.61	6
	黑龙江医药科学	1387	0.317	0.040	0.93	499	0.51	3.81	5.14	4
	华南国防医学杂志	728	0.566	0.130	0.85	273	0.46	2.08	3.79	5

期刊类别	期刊名称	扩展总被引频次	扩展影响因子	扩展即年指标	扩展他引率	扩展引用刊数	扩展学科影响指标	扩展学科扩散指标	扩展被引半衰期	扩展H指标
医药卫生总论	华西医学	3081	0.423	0.121	0.96	703	0.78	5.37	4.43	8
	华夏医学	1512	0.331	0.017	0.99	458	0.60	3.50	5.68	5
	淮海医药	1163	0.443	0.089	0.99	345	0.52	2.63	4.17	5
	吉林医学	10606	0.528	0.160	0.91	782	0.79	5.97	2.36	9
	江苏医药	2659	0.548	0.065	0.90	626	0.68	4.78	4.06	6
	江西医药	1508	0.330	0.032	1.00	445	0.59	3.40	4.12	5
	交通医学	1059	0.367	0.034	0.96	386	0.48	2.95	4.97	5
	解放军医药杂志	1569	0.690	0.175	0.93	352	0.53	2.69	3.51	6
	辽宁医学杂志	505	0.301	0.022	0.99	236	0.44	1.80	5.64	4
	内蒙古医学杂志	1525	0.318	0.047	0.99	424	0.58	3.24	4.21	5
	宁夏医学杂志	1929	0.405	0.058	0.96	518	0.60	3.95	4.05	5
	农垦医学	445	0.241	0.005	0.98	231	0.35	1.76	4.58	4
	齐鲁医学杂志	1282	0.748	0.031	0.90	382	0.53	2.92	4.60	6
	青岛医药卫生	638	0.325	0.076	0.91	232	0.42	1.77	4.23	5
	青海医药杂志	1241	0.257	0.014	0.99	354	0.54	2.70	4.67	5
	求医问药(学术版)	368	0.069	0.010	0.95	101	0.23	0.77	1.34	4
	全科医学临床与教育	781	0.462	0.042	0.98	301	0.47	2.30	3.58	7
	人民军医	2420	0.613	0.087	0.73	474	0.63	3.62	3.96	9
	山东医药	11483	0.769	0.082	0.98	973	0.77	7.43	3.54	9
	山西医药杂志(下半月版)	1062	0.244	0.033	0.98	298	0.47	2.27	2.76	5
	陕西医学杂志	3429	0.640	0.096	0.92	599	0.68	4.57	3.83	7
	上海医学	2041	0.680	0.051	0.97	595	0.71	4.54	5.98	8
	生理学报	753	0.745	0.053	0.93	368	0.27	2.81	6.92	5
	实用医技杂志	6775	0.464	0.110	0.97	797	0.77	6.08	5.39	8
	实用医药杂志	2514	0.420	0.053	0.98	608	0.72	4.64	4.55	7
	首都医药	1225	0.265	0.047	0.97	412	0.45	3.15	4.47	6
	四川医学	3567	0.619	0.092	0.98	644	0.74	4.92	4.05	7
	天津医药	1751	0.512	0.039	0.97	598	0.66	4.56	4.71	7
	微创医学	2040	0.752	0.139	0.95	421	0.59	3.21	4.66	7
	西北国防医学杂志	790	0.386	0.041	0.96	342	0.47	2.61	4.98	6
	西部医学	2825	0.591	0.143	0.93	535	0.69	4.08	2.93	7
	西南国防医药	1749	0.427	0.064	0.94	526	0.65	4.02	3.46	6
	西南军医	2261	0.589	0.110	0.99	530	0.65	4.05	3.51	8

期刊类别	期刊名称	扩展总被引频次	扩展影响因子	扩展即年指标	扩展他引率	扩展引用刊数	扩展学科影响指标	扩展学科扩散指标	扩展被引半衰期	扩展H指标
医药卫生总论	西藏医药杂志	227	0.176	-	0.99	148	0.24	1.13	6.73	3
	现代临床医学	904	0.571	0.117	1.00	307	0.46	2.34	3.94	6
	现代实用医学	2044	0.433	0.041	0.99	534	0.65	4.08	3.82	7
	现代医学	1266	0.871	0.083	0.87	405	0.52	3.09	4.14	6
	现代医药卫生	7730	0.347	0.086	0.89	861	0.79	6.57	4.55	8
	协和医学杂志	85	0.591	0.068	0.99	72	0.15	0.55	1.76	4
	新疆医学	1060	0.237	0.026	0.99	332	0.51	2.53	3.63	4
	新医学	2602	0.679	0.060	0.95	538	0.65	4.11	6.11	9
	亚太传统医药	2142	0.421	0.057	0.96	520	0.50	3.97	2.83	7
	药学研究	1102	0.375	0.067	0.96	398	0.41	3.04	5.15	6
	医学理论与实践	4839	0.471	0.103	0.99	691	0.76	5.27	3.99	8
	医学新知杂志	528	0.294	0.171	1.00	241	0.37	1.84	4.55	5
	医学信息	6678	0.366	0.004	0.98	871	0.77	6.65	2.23	7
	医学信息学杂志	835	0.663	0.091	0.91	282	0.31	2.15	3.11	5
	医学研究生学报	2671	1.432	0.160	0.72	616	0.65	4.70	3.83	8
	医学研究与教育	669	0.572	0.119	0.92	294	0.40	2.24	3.56	4
	医学研究杂志	2210	0.543	0.046	0.98	713	0.69	5.44	4.39	7
	医学与法学	20	0.047	-	0.70	13	0.02	0.10	3.40	2
	医学与社会	2736	1.240	0.174	0.81	576	0.53	4.40	3.44	9
	医学与哲学	4092	0.702	0.111	0.77	775	0.66	5.92	4.92	10
	医学争鸣	34	0.163	0.080	0.35	10	0.02	0.08	1.71	3
	医学综述	5419	0.676	0.101	0.98	927	0.79	7.08	3.76	10
	医药论坛杂志	3685	0.236	0.042	0.99	634	0.69	4.84	4.57	6
	医药前沿	334	-	0.009	0.87	105	0.21	0.80	1.09	3
	医院院长论坛	197	0.544	0.073	0.99	106	0.21	0.81	2.89	4
	右江医学	1366	0.515	0.081	0.93	344	0.49	2.63	3.91	5
	云南医药	660	0.285	0.032	0.99	285	0.43	2.18	4.72	4
	浙江实用医学	695	0.402	0.029	0.99	297	0.44	2.27	4.27	4
	浙江医学	1426	0.162	0.031	0.97	464	0.57	3.54	5.15	5
	中国病毒病杂志	120	0.330	0.120	0.86	80	0.11	0.61	1.45	4
	中国当代医药	7371	0.590	0.133	0.97	704	0.69	5.37	2.21	10
	中国高等医学教育	5235	0.912	0.117	0.91	671	0.55	5.12	4.08	12
	中国社会医学杂志	1100	0.931	0.102	0.87	367	0.44	2.80	4.55	8

期刊类别	期刊名称	扩展总被引频次	扩展影响因子	扩展即年指标	扩展他引率	扩展引用刊数	扩展学科影响指标	扩展学科扩散指标	扩展被引半衰期	扩展H指标
医药卫生总论	中国实用医刊	2971	0.340	0.036	0.96	544	0.65	4.15	4.10	7
	中国实用医药	16519	0.523	0.093	0.97	1012	0.83	7.73	2.76	10
	中国数字医学	1013	0.535	0.115	0.73	206	0.23	1.57	3.14	6
	中国现代医生	9424	0.672	0.124	0.98	788	0.79	6.02	3.00	10
	中国现代医学杂志	5789	0.479	0.062	0.94	969	0.76	7.40	5.83	8
	中国乡村医药	1117	0.203	0.040	0.97	313	0.46	2.39	4.41	5
	中国医刊	2160	0.285	0.036	0.92	502	0.67	3.83	6.25	8
	中国医疗保险	321	1.600	0.277	0.78	124	0.17	0.95	1.86	4
	中国医疗前沿	3018	0.354	0.069	0.98	648	0.77	4.95	3.31	7
	中国医疗设备	3134	0.862	0.111	0.70	442	0.56	3.37	3.95	7
	中国医师进修杂志	4069	0.423	0.052	0.86	561	0.69	4.28	4.94	8
	中国医师杂志	2781	0.300	0.036	0.94	612	0.67	4.67	6.62	7
	中国医学创新	6239	0.494	0.140	0.92	511	0.66	3.90	2.17	7
	中国医学伦理学	2291	0.947	0.240	0.74	462	0.50	3.53	4.67	8
	中国医学前沿杂志(电子版)	374	1.587	0.179	0.92	196	0.31	1.50	1.71	6
	中国医学装备	978	0.608	0.097	0.76	275	0.32	2.10	3.49	5
	中国医药	2241	0.737	0.121	0.90	339	0.52	2.59	3.01	7
	中国医药导报	13361	0.735	0.175	0.97	1016	0.84	7.76	3.35	10
	中国医药科学	1879	-	0.124	0.95	307	0.47	2.34	1.39	6
	中国医药指南	11624	0.453	0.082	0.93	887	0.82	6.77	2.13	9
	中华全科医师杂志	1341	0.347	0.075	0.89	406	0.56	3.10	5.81	8
	中华全科医学	4557	0.843	0.098	0.73	606	0.73	4.63	3.79	8
	中华医学科研管理杂志	473	0.354	0.048	0.79	180	0.25	1.37	6.15	4
	中华医学杂志	10106	0.885	0.159	0.94	1103	0.91	8.42	6.57	20
	中南医学科学杂志	975	0.529	0.049	0.93	374	0.52	2.85	4.42	5
	中日友好医院学报	860	0.817	0.163	0.99	376	0.53	2.87	5.79	6
	中外健康文摘	4584	0.085	0.020	0.92	557	0.69	4.25	1.97	7
	中外医学研究	4904	0.402	0.204	0.95	524	0.66	4.00	1.63	7
	中医药管理杂志	1441	0.524	0.909	1.00	423	0.47	3.23	3.49	5
	转化医学杂志	2	-	0.038		1	0.01	0.01	-	1
	平均	2816	0.517	0.092	0.92	471	0.54	3.60	3.95	6
	安徽预防医学杂志	549	0.303	0.054	0.91	228	0.44	1.98	4.92	5
	保健医学研究与实践	395	0.434	0.036	0.99	216	0.29	1.88	4.15	5

期刊类别	期刊名称	扩展总被引频次	扩展影响因子	扩展即年指标	扩展他引率	扩展引用刊数	扩展学科影响指标	扩展学科扩散指标	扩展被引半衰期	扩展H指标
预防医学与卫生学	工企医刊	570	0.191	0.051	1.00	185	0.18	1.61	4.28	4
	工业卫生与职业病	691	0.471	0.040	0.95	262	0.40	2.28	7.70	5
	公共卫生与预防医学	1254	0.555	0.054	0.89	396	0.64	3.44	4.57	6
	广东微量元素科学	1168	0.520	0.034	0.94	491	0.31	4.27	7.37	6
	国际检验医学杂志	5077	1.103	0.137	0.62	613	0.45	5.33	2.85	9
	海峡预防医学杂志	1138	0.309	0.030	0.94	393	0.61	3.42	5.19	6
	河南预防医学杂志	621	0.354	0.059	0.96	274	0.45	2.38	4.55	5
	华南预防医学	1148	0.905	0.090	0.96	308	0.57	2.68	4.78	7
	环境卫生学杂志	812	-	0.123	1.00	408	0.47	3.55	8.44	6
	环境与健康杂志	2233	0.499	0.180	0.84	662	0.58	5.76	4.93	8
	环境与职业医学	1132	0.500	0.088	0.94	441	0.57	3.83	5.85	6
	基层医学论坛	4458	0.322	0.085	0.97	529	0.46	4.60	2.96	6
	疾病监测	2236	1.278	0.158	0.93	331	0.58	2.88	4.09	11
	疾病监测与控制	405	0.260	0.033	0.97	215	0.33	1.87	2.49	5
	江苏卫生事业管理	781	0.430	0.060	0.95	237	0.28	2.06	3.29	4
	江苏预防医学	1205	1.017	0.239	0.84	292	0.57	2.54	3.45	7
	解放军预防医学杂志	950	0.400	0.022	0.94	338	0.41	2.94	6.89	6
	口岸卫生控制	237	0.247	0.047	0.83	108	0.25	0.94	5.56	3
	临床医学工程	1801	0.526	0.068	0.94	459	0.32	3.99	2.58	6
	热带病与寄生虫学	225	0.165	0.049	0.76	72	0.20	0.63	5.86	5
	热带医学杂志	1679	0.504	0.056	0.82	493	0.55	4.29	4.46	6
	上海预防医学	1654	0.615	0.059	0.98	464	0.65	4.03	5.25	7
	社区医学杂志	2673	0.493	0.087	0.79	467	0.47	4.06	3.38	6
	实用预防医学	4226	0.651	0.147	0.89	801	0.72	6.97	4.18	9
	首都公共卫生	280	0.580	0.069	0.91	125	0.43	1.09	3.30	4
	微量元素与健康研究	1254	0.376	0.111	0.96	501	0.37	4.36	7.06	7
	卫生软科学	825	0.479	0.050	0.94	340	0.50	2.96	3.95	6
	卫生研究	2147	0.649	0.075	0.96	707	0.63	6.15	6.50	10
	现代医用影像学	451	0.343	0.030	0.95	190	0.14	1.65	4.55	4
	现代医院	4394	0.885	0.136	0.87	627	0.48	5.45	3.35	8
	现代预防医学	8409	0.589	0.077	0.94	1222	0.78	10.63	4.29	11
	医疗装备	1192	0.310	0.059	0.92	291	0.22	2.53	4.24	5
	医学动物防制	1005	0.257	0.041	0.88	316	0.51	2.75	4.72	5

期刊类别	期刊名称	扩展总被引频次	扩展影响因子	扩展即年指标	扩展他引率	扩展引用刊数	扩展学科影响指标	扩展学科扩散指标	扩展被引半衰期	扩展H指标
预防医学与卫生学	应用预防医学	744	0.426	0.036	0.96	268	0.56	2.33	4.82	5
	营养学报	2801	1.138	0.075	0.68	623	0.47	5.42	7.46	10
	预防医学论坛	1430	0.394	0.062	0.90	408	0.65	3.55	4.38	6
	预防医学情报杂志	1328	0.496	0.027	0.92	412	0.63	3.58	4.73	6
	浙江预防医学	2424	0.781	0.096	0.86	527	0.70	4.58	4.00	7
	职业卫生与病伤	502	0.403	0.028	0.98	235	0.37	2.04	5.07	5
	职业卫生与应急救援	353	0.253	0.025	0.95	169	0.36	1.47	6.52	4
	职业与健康	4009	0.379	0.047	0.91	769	0.75	6.69	4.71	6
	中国病案	2196	0.950	0.250	0.68	319	0.37	2.77	2.97	8
	中国病原生物学杂志	1784	0.867	0.183	0.73	347	0.42	3.02	4.10	7
	中国城乡企业卫生	448	0.184	0.041	0.98	205	0.28	1.78	3.54	4
	中国地方病防治杂志	894	0.375	0.054	0.87	245	0.45	2.13	6.13	7
	中国防痨杂志	2880	1.449	0.439	0.90	359	0.56	3.12	5.60	11
	中国辐射卫生	809	0.355	0.042	0.85	279	0.36	2.43	4.99	4
	中国妇幼健康研究	1351	0.399	0.060	0.95	389	0.46	3.38	5.33	7
	中国工业医学杂志	915	0.414	0.037	0.93	321	0.48	2.79	6.42	5
	中国公共卫生	8094	0.930	0.151	0.84	1232	0.77	10.71	5.53	11
	中国公共卫生管理	1294	0.440	0.085	0.90	341	0.66	2.97	4.62	7
	中国国境卫生检疫杂志	509	0.346	0.019	0.73	160	0.26	1.39	5.80	5
	中国计划生育和妇产科	344	0.770	0.192	0.94	147	0.18	1.28	2.40	5
	中国临床研究	1476	0.446	0.095	0.95	393	0.32	3.42	2.86	5
	中国慢性病预防与控制	2227	0.705	0.071	0.96	482	0.59	4.19	5.69	12
	中国媒介生物学及控制杂志	1371	0.654	0.103	0.72	208	0.38	1.81	5.64	6
	中国煤炭工业医学杂志	2764	0.361	0.043	0.90	495	0.38	4.30	3.85	4
	中国民康医学	4181	0.336	0.069	0.94	614	0.48	5.34	3.79	6
	中国农村卫生事业管理	1531	0.429	0.080	0.87	416	0.57	3.62	4.28	6
	中国热带医学	3310	0.450	0.058	0.93	695	0.67	6.04	4.77	7
	中国社区医师	2122	0.355	0.128	1.00	457	0.45	3.97	4.40	5
	中国社区医师(医学专业)	8463	0.245	0.064	0.97	677	0.56	5.89	2.20	6
	中国实用乡村医生杂志	489	0.090	0.009	0.98	211	0.17	1.83	5.68	5
	中国食品卫生杂志	1267	0.906	0.101	0.93	415	0.50	3.61	6.19	9
	中国食品药品监管	158	0.121	0.063	1.00	89	0.09	0.77	3.75	3
	中国卫生产业	979	0.209	0.031	0.96	253	0.25	2.20	1.49	4

期刊类别	期刊名称	扩展总被引频次	扩展影响因子	扩展即年指标	扩展他引率	扩展引用刊数	扩展学科影响指标	扩展学科扩散指标	扩展被引半衰期	扩展H指标
预防医学与卫生学	中国卫生法制	231	0.291	0.074	0.92	112	0.17	0.97	4.87	4
	中国卫生工程学	476	0.268	0.050	0.92	236	0.40	2.05	4.93	4
	中国卫生监督杂志	575	0.589	0.067	0.88	189	0.44	1.64	4.79	5
	中国卫生经济	3510	1.259	0.281	0.88	549	0.47	4.77	4.47	10
	中国卫生事业管理	2784	1.128	0.177	0.94	606	0.59	5.27	4.45	8
	中国卫生统计	2310	0.980	0.088	0.86	625	0.61	5.43	5.00	11
	中国卫生信息管理杂志	114	0.162	0.169	0.58	40	0.09	0.35	2.82	2
	中国卫生政策研究	605	1.138	0.225	0.87	198	0.31	1.72	2.54	7
	中国卫生质量管理	1207	0.958	0.111	0.89	325	0.36	2.83	3.93	7
	中国消毒学杂志	1993	0.695	0.079	0.75	376	0.51	3.27	4.13	9
	中国校医	1448	0.304	0.029	0.87	436	0.43	3.79	4.94	5
	中国学校卫生	5282	0.817	0.137	0.78	803	0.57	6.98	5.23	11
	中国冶金工业医学杂志	939	1.660	0.386	1.00	307	0.23	2.67	4.61	4
	中国医院	2549	1.470	0.278	0.94	442	0.37	3.84	3.81	9
	中国医院建筑与装备	178	0.208	0.026	0.94	77	0.08	0.67	3.41	3
	中国医院统计	1334	0.696	0.036	0.73	272	0.43	2.37	5.79	7
	中国预防医学杂志	2027	0.813	0.145	0.96	543	0.69	4.72	4.14	8
	中国职业医学	1241	0.590	0.033	0.88	334	0.47	2.90	5.96	6
	中华传染病杂志	2395	0.789	0.075	0.94	486	0.48	4.23	7.57	13
	中华地方病学杂志	1758	0.764	0.057	0.78	324	0.52	2.82	6.86	9
	中华疾病控制杂志	2496	1.191	0.154	0.80	526	0.67	4.57	4.21	11
	中华健康管理学杂志	589	0.827	0.148	0.59	157	0.28	1.37	3.17	7
	中华结核和呼吸杂志	11023	0.997	0.307	0.97	770	0.57	6.70	7.46	27
	中华劳动卫生职业病杂志	1569	0.381	0.091	0.85	458	0.52	3.98	6.89	6
	中华流行病学杂志	7228	1.357	0.277	0.97	899	0.73	7.82	7.44	19
	中华卫生杀虫药械	508	0.350	0.054	0.66	95	0.18	0.83	4.98	4
	中华预防医学杂志	2760	1.045	0.305	0.92	717	0.73	6.23	6.92	12
	平均	1935	0.593	0.100	0.89	400	0.45	3.48	4.79	6
医疗保健	家庭医学	132	0.017	0.008	1.00	96	0.05	1.32	6.65	2
	健康必读(下旬刊)	675	0.073	0.014	0.95	158	0.05	2.16	1.54	3
	健康必读(中旬刊)	278	0.040	0.014	0.94	69	0.05	0.95	1.09	3
	健康研究	235	0.543	0.088	0.95	157	0.07	2.15	2.53	4
	江苏卫生保健	439	0.326	0.055	0.96	192	0.10	2.63	3.77	4

期刊类别	期刊名称	扩展总被引频次	扩展影响因子	扩展即年指标	扩展他引率	扩展引用刊数	扩展学科影响指标	扩展学科扩散指标	扩展被引半衰期	扩展H指标
医疗保健	老年医学与保健	502	0.330	0.094	0.96	241	0.23	3.30	5.51	5
	实用老年医学	1299	0.817	0.142	0.87	388	0.26	5.32	5.26	7
	心血管康复医学杂志	1502	0.719	0.075	0.85	369	0.25	5.05	5.38	7
	中国初级卫生保健	2882	0.603	0.097	0.96	524	0.22	7.18	3.76	8
	中国健康教育	3139	0.881	0.136	0.89	553	0.16	7.58	5.67	12
	中国康复	2119	0.855	0.124	0.93	429	0.29	5.88	5.93	7
	中国康复理论与实践	3621	0.805	0.109	0.91	624	0.29	8.55	5.42	11
	中国康复医学杂志	4590	2.320	0.315	0.92	632	0.33	8.66	5.71	12
	中国老年保健医学	902	0.465	0.067	0.98	300	0.19	4.11	3.29	6
	中国老年学杂志	7852	0.698	0.092	0.91	1009	0.30	13.82	3.49	11
	中国疗养医学	1939	0.436	0.076	0.75	391	0.23	5.36	3.26	7
	中国临床保健杂志	1665	0.868	0.093	0.89	394	0.26	5.40	4.15	7
	中国听力语言康复科学杂志	321	0.300	0.028	0.76	113	0.07	1.55	5.08	5
	中国医疗器械信息	656	0.450	0.022	0.96	284	0.14	3.89	4.26	6
	中国优生优育	270	0.343	0.024	0.97	159	0.11	2.18	3.61	4
	中国运动医学杂志	1982	0.583	0.088	0.91	477	0.16	6.53	8.53	7
	中华保健医学杂志	943	0.756	0.106	0.94	341	0.18	4.67	3.48	6
	中华老年多器官疾病杂志	592	0.495	0.041	0.96	279	0.18	3.82	4.22	6
	中华老年心脑血管病杂志	1848	0.551	0.083	0.92	441	0.23	6.04	4.84	9
	中华老年医学杂志	2527	0.774	0.097	0.88	558	0.27	7.64	6.76	9
	中华物理医学与康复杂志	2953	0.743	0.164	0.83	513	0.27	7.03	6.58	10
	平均	1763	0.607	0.087	0.91	372	0.19	5.11	4.61	6
中国医学	Chinese Herbal Medicines	64	0.495	0.143	0.89	31	0.11	0.32	2.32	3
	Chinese Journal of Integrative Medicine	369	0.539	0.150	0.88	172	0.43	1.79	3.39	3
	Journal of Acupuncture and Tuina Science	568	0.804	0.419	0.83	55	0.31	0.57	4.03	5
	Journal of Traditional Chinese Medicine	129	0.283	0.044	0.91	79	0.33	0.82	4.83	3
	World Journal of Acupuncture-Moxibustion	88	0.222	0.031	0.98	53	0.32	0.55	4.33	3
	按摩与康复医学	775	0.078	0.020	0.96	190	0.60	1.98	6.58	4
	按摩与康复医学(下旬刊)	349	0.059	0.021	0.96	116	0.23	1.21	1.50	3
	按摩与康复医学(中旬刊)	575	0.096	0.042	0.98	164	0.27	1.71	1.45	3
	北京中医药	2088	0.617	0.090	0.97	367	0.91	3.82	4.80	7

期刊类别	期刊名称	扩展总被引频次	扩展影响因子	扩展即年指标	扩展他引率	扩展引用刊数	扩展学科影响指标	扩展学科扩散指标	扩展被引半衰期	扩展H指标
中国医学	福建中医药	1124	0.419	0.080	0.99	310	0.85	3.23	6.37	5
	光明中医	3553	0.470	0.066	0.97	423	0.90	4.41	3.21	7
	广西中医药	1017	0.413	0.057	0.99	282	0.81	2.94	7.11	4
	国际中医中药杂志	1040	0.207	0.042	0.94	340	0.84	3.54	9.13	6
	国医论坛	650	0.104	0.029	0.99	209	0.81	2.18	8.02	4
	河北中医	3439	0.508	0.068	0.95	418	0.90	4.35	3.86	5
	河南中医	2611	0.367	0.058	0.93	402	0.92	4.19	5.18	6
	黑龙江中医药	617	0.227	0.037	0.99	223	0.80	2.32	5.93	4
	湖北中医杂志	2190	0.401	0.092	0.98	383	0.92	3.99	5.47	6
	湖南中医杂志	1277	0.290	0.042	0.96	311	0.89	3.24	6.18	5
	环球中医药	454	0.821	0.118	0.81	160	0.64	1.67	2.42	6
	吉林中医药	3081	0.634	0.110	0.81	390	0.88	4.06	4.79	6
	江苏中医药	3014	0.460	0.053	0.99	454	0.92	4.73	5.47	7
	江西中医药	1634	0.317	0.029	0.99	359	0.91	3.74	5.72	6
	结合医学学报(英文版)	1757	1.052	0.192	0.91	458	0.90	4.77	4.61	8
	辽宁中医杂志	5918	0.623	0.045	0.97	558	0.95	5.81	5.06	8
	内蒙古中医药	3018	0.175	0.058	0.99	482	0.84	5.02	2.59	5
	山东中医杂志	1986	0.283	0.017	0.99	386	0.93	4.02	6.93	6
	山西中医	1487	0.415	0.055	0.99	317	0.93	3.30	4.56	5
	陕西中医	5263	0.568	0.092	0.91	525	0.94	5.47	5.00	7
	上海针灸杂志	3339	0.987	0.081	0.84	316	0.82	3.29	5.23	7
	上海中医药杂志	3372	0.655	0.132	0.93	488	0.94	5.08	6.39	10
	深圳中西医结合杂志	481	0.389	0.048	0.90	221	0.54	2.30	5.78	5
	时珍国医国药	9791	0.699	0.058	0.95	1090	0.93	11.35	4.86	12
	实用中西医结合临床	1335	0.447	0.077	0.93	372	0.80	3.88	4.53	5
	实用中医内科杂志	1852	0.259	0.056	0.98	332	0.85	3.46	4.87	5
	实用中医药杂志	2131	0.381	0.074	0.98	380	0.86	3.96	4.60	6
	世界科学技术-中医药现代化	1293	0.632	0.037	0.94	363	0.71	3.78	5.36	7
	世界中西医结合杂志	1261	0.675	0.128	0.97	334	0.82	3.48	3.10	6
	世界中医药	586	0.349	0.092	0.98	230	0.76	2.40	3.72	5
	四川中医	3406	0.332	0.050	0.97	415	0.92	4.32	5.99	5
	天津中医药	1608	0.657	0.086	0.91	351	0.92	3.66	5.92	7
	西部中医药	2445	0.872	0.268	0.73	383	0.88	3.99	3.65	6

期刊类别	期刊名称	扩展总被引频次	扩展影响因子	扩展即年指标	扩展他引率	扩展引用刊数	扩展学科影响指标	扩展学科扩散指标	扩展被引半衰期	扩展H指标
中国医学	现代中西医结合杂志	13291	0.641	0.159	0.97	933	0.95	9.72	4.11	10
	现代中药研究与实践	1069	0.440	0.033	0.98	377	0.57	3.93	7.56	6
	现代中医药	1098	0.492	0.094	0.92	289	0.83	3.01	5.05	5
	新疆中医药	964	0.352	0.029	0.97	302	0.78	3.15	5.37	6
	新中医	4231	0.450	0.075	0.97	447	0.92	4.66	5.75	7
	药物评价研究	316	2.291	0.162	0.96	139	0.34	1.45	2.06	7
	云南中医中药杂志	1885	0.421	0.070	0.98	400	0.88	4.17	3.98	6
	浙江中西医结合杂志	2079	0.506	0.088	0.99	490	0.92	5.10	4.94	7
	浙江中医杂志	2146	0.399	0.101	0.98	383	0.91	3.99	4.75	6
	针刺研究	1285	1.038	0.112	0.84	238	0.73	2.48	6.42	6
	针灸临床杂志	3137	0.800	0.078	0.92	322	0.84	3.35	6.02	6
	中草药	10105	1.345	0.233	0.91	1040	0.88	10.83	7.54	13
	中成药	6037	0.711	0.092	0.91	790	0.91	8.23	6.43	11
	中国骨伤	3316	1.192	0.372	0.85	446	0.77	4.65	4.88	8
	中国民间疗法	1483	0.208	0.045	0.99	325	0.86	3.39	5.50	4
	中国民族民间医药	3588	0.282	0.053	0.97	614	0.79	6.40	2.71	7
	中国民族医药杂志	1018	0.146	0.026	0.88	274	0.60	2.85	5.79	4
	中国实验方剂学杂志	7657	1.449	0.234	0.53	679	0.86	7.07	2.28	11
	中国现代中药	892	0.543	0.100	0.95	337	0.57	3.51	4.62	6
	中国针灸	5807	0.875	0.125	0.92	411	0.86	4.28	7.44	12
	中国中西医结合急救杂志	1981	1.097	0.318	0.86	354	0.78	3.69	6.33	9
	中国中西医结合肾病杂志	2968	0.789	0.095	0.86	440	0.74	4.58	5.01	10
	中国中西医结合消化杂志	1399	0.676	0.071	0.97	307	0.81	3.20	8.10	10
	中国中西医结合杂志	7576	1.332	0.176	0.97	731	0.95	7.61	8.55	16
	中国中药杂志	10929	1.175	0.145	0.92	1083	0.91	11.28	6.38	12
	中国中医骨伤科杂志	2094	0.487	0.072	0.90	362	0.83	3.77	5.43	7
	中国中医基础医学杂志	3365	0.483	0.060	0.96	481	0.94	5.01	6.98	9
	中国中医急症	5162	0.553	0.091	0.93	517	0.94	5.39	3.91	8
	中国中医药科技	2037	0.463	0.117	0.95	455	0.91	4.74	5.58	7
	中国中医药现代远程教育	4045	0.384	0.036	0.87	580	0.89	6.04	2.54	7
	中国中医药信息杂志	4186	0.599	0.070	0.98	648	0.93	6.75	5.60	9
	中华中医药学刊	5964	0.637	0.069	0.96	752	0.95	7.83	5.14	9
	中华中医药杂志	4606	0.910	0.130	0.86	572	0.96	5.96	4.29	11

2012年中国科技期刊被引指标按类刊名字顺索引(续)

期刊类别	期刊名称	扩展总被引频次	扩展影响因子	扩展即年指标	扩展他引率	扩展引用刊数	扩展学科影响指标	扩展学科扩散指标	扩展被引半衰期	扩展H指标
中国医学	中西医结合肝病杂志	1320	0.766	0.060	0.93	341	0.70	3.55	6.82	7
	中西医结合心脑血管病杂志	3593	0.605	0.148	0.94	508	0.86	5.29	4.05	9
	中西医结合研究	211	0.465	0.089	0.99	134	0.46	1.40	2.53	5
	中药材	6037	0.700	0.030	0.96	892	0.88	9.29	6.75	10
	中医临床研究	1127	0.250	0.089	0.95	275	0.74	2.86	1.70	4
	中医外治杂志	1255	0.434	0.059	0.95	268	0.79	2.79	6.05	6
	中医文献杂志	291	0.146	0.031	0.95	118	0.52	1.23	7.32	3
	中医学报	1999	0.541	0.074	0.92	409	0.88	4.26	4.07	7
	中医研究	1905	0.482	0.050	0.97	367	0.91	3.82	5.14	6
	中医药导报	2941	0.588	0.095	0.93	540	0.92	5.63	4.18	7
	中医药临床杂志	1754	0.451	0.061	0.96	363	0.89	3.78	4.80	6
	中医药通报	340	0.255	0.033	0.98	153	0.68	1.59	5.64	4
	中医药文化	118	0.076	0.038	0.93	73	0.28	0.76	5.00	2
	中医药信息	1912	0.879	0.278	0.97	425	0.90	4.43	4.28	8
	中医药学报	1918	0.927	0.109	0.98	429	0.91	4.47	4.92	7
	中医杂志	5996	0.937	0.174	0.94	529	0.94	5.51	6.18	10
	中医正骨	2866	0.625	0.178	0.91	402	0.80	4.19	5.64	6
	平均	2677	0.571	0.096	0.93	398	0.78	4.15	5.08	6
基础医学	Biomedical and Environmental Sciences	385	0.707	0.091	0.97	250	0.15	3.21	4.48	5
	Chinese Journal of Biomedical Engineering	6	0.045	-	1.00	5	0.03	0.06	>10	1
	北京生物医学工程	505	0.231	0.015	0.89	271	0.24	3.47	5.93	5
	毒理学杂志	846	0.339	0.036	0.96	384	0.19	4.92	5.97	7
	国际病理科学与临床杂志	737	0.638	0.057	0.97	389	0.27	4.99	6.51	5
	国际流行病学传染病学杂志	574	0.340	0.009	0.97	278	0.22	3.56	6.97	6
	国际免疫学杂志	500	0.430	0.009	0.89	252	0.19	3.23	7.00	5
	国际生物医学工程杂志	329	0.123	-	0.96	228	0.23	2.92	8.89	4
	国际生物制品学杂志	119	0.145	0.015	0.95	82	0.09	1.05	7.18	3
	国际遗传学杂志	341	0.252	0.030	0.97	223	0.17	2.86	7.42	4
	国外医学(医学地理分册)	301	0.426	0.075	0.82	165	0.09	2.12	5.52	4
	河北中医药学报	488	0.442	0.070	0.90	196	0.06	2.51	4.99	4
	基础医学与临床	1253	0.442	0.067	0.88	536	0.41	6.87	5.60	6
	寄生虫与医学昆虫学报	192	0.311	0.024	0.91	83	0.09	1.06	8.12	4

期刊类别	期刊名称	扩展总被引频次	扩展影响因子	扩展即年指标	扩展他引率	扩展引用刊数	扩展学科影响指标	扩展学科扩散指标	扩展被引半衰期	扩展H指标
基础医学	解放军医学杂志	3193	1.017	0.266	0.89	733	0.56	9.40	4.81	10
	解放军医院管理杂志	3222	0.849	0.091	0.82	403	0.17	5.17	4.14	10
	解剖科学进展	675	0.664	0.086	0.75	319	0.24	4.09	4.17	5
	解剖学报	739	0.314	0.065	0.92	343	0.24	4.40	6.91	5
	解剖学研究	578	0.471	0.030	0.91	272	0.23	3.49	4.93	5
	解剖学杂志	1203	0.355	0.052	0.85	422	0.31	5.41	5.53	6
	解剖与临床	497	0.232	0.021	0.94	240	0.17	3.08	5.45	4
	军事医学	640	0.414	0.032	0.91	369	0.35	4.73	4.99	5
	临床心身疾病杂志	1129	0.332	0.033	0.87	311	0.09	3.99	5.13	5
	临床与实验病理学杂志	1909	0.770	0.105	0.75	444	0.35	5.69	5.03	7
	免疫学杂志	1074	0.775	0.145	0.70	402	0.32	5.15	3.93	6
	生理科学进展	801	0.689	0.078	0.99	449	0.32	5.76	8.27	6
	生物医学工程学进展	277	0.461	0.069	0.99	182	0.19	2.33	5.65	4
	生物医学工程学杂志	1248	0.385	0.053	0.94	583	0.40	7.47	6.30	6
	生物医学工程研究	254	0.363	0.015	0.96	175	0.15	2.24	5.04	4
	生物医学工程与临床	464	0.363	0.078	0.97	258	0.21	3.31	4.58	4
	数理医药学杂志	1132	0.382	0.051	0.96	544	0.22	6.97	5.39	6
	四川解剖学杂志	478	0.382	0.047	0.96	253	0.22	3.24	5.08	5
	四川生理科学杂志	414	0.339	0.058	0.95	249	0.17	3.19	5.94	5
	微生物学免疫学进展	405	0.513	0.074	0.95	214	0.18	2.74	5.43	4
	微生物与感染	230	0.392	0.068	0.99	153	0.12	1.96	5.08	5
	微循环学杂志	700	0.724	0.125	0.92	315	0.22	4.04	6.08	5
	武警医学	1400	0.394	0.065	0.87	460	0.24	5.90	5.03	5
	细胞与分子免疫学杂志	1698	0.709	0.143	0.83	577	0.55	7.40	3.57	6
	现代免疫学	582	0.491	0.019	0.83	289	0.31	3.71	7.48	4
	现代医院管理	863	0.997	0.110	0.96	265	0.15	3.40	3.52	6
	医疗卫生装备	3322	0.662	0.094	0.69	513	0.35	6.58	4.02	8
	医学分子生物学杂志	327	0.242	-	0.94	213	0.21	2.73	6.48	3
	医用生物力学	614	1.058	0.231	0.58	191	0.13	2.45	4.04	5
	医院管理论坛	901	0.574	0.128	0.92	272	0.14	3.49	4.06	6
	诊断病理学杂志	1045	0.388	0.058	0.93	330	0.24	4.23	6.68	5
	中国病理生理杂志	3161	0.830	0.133	0.85	764	0.54	9.79	5.12	6
	中国寄生虫学与寄生虫病杂志	1212	0.638	0.132	0.86	255	0.19	3.27	7.24	8

期刊类别	期刊名称	扩展总被引频次	扩展影响因子	扩展即年指标	扩展他引率	扩展引用刊数	扩展学科影响指标	扩展学科扩散指标	扩展被引半衰期	扩展H指标
基础医学	中国健康心理学杂志	4250	0.767	0.102	0.83	868	0.19	11.13	4.71	9
	中国免疫学杂志	1435	0.668	0.127	0.95	533	0.41	6.83	5.27	6
	中国男科学杂志	1269	0.372	0.037	0.87	344	0.17	4.41	5.86	6
	中国人兽共患病学报	1799	0.673	0.093	0.91	427	0.26	5.47	5.49	7
	中国生物医学工程学报	745	0.515	0.076	0.89	360	0.23	4.62	5.43	5
	中国生物制品学杂志	1035	0.480	0.076	0.77	363	0.33	4.65	4.03	6
	中国实验血液学杂志	1264	0.498	0.066	0.87	397	0.31	5.09	4.58	6
	中国微生态学杂志	1844	0.507	0.063	0.92	573	0.24	7.35	5.69	8
	中国血液流变学杂志	1019	0.261	0.019	0.97	384	0.24	4.92	6.03	6
	中国医疗器械杂志	739	0.594	0.099	0.94	271	0.23	3.47	5.41	5
	中国医学工程	887	0.221	0.041	0.99	364	0.22	4.67	2.82	4
	中国医学物理学杂志	642	0.420	0.037	0.80	288	0.21	3.69	5.08	4
	中国医药生物技术	255	0.550	0.074	0.93	180	0.15	2.31	3.18	5
	中国医院管理	5397	1.830	0.253	0.87	608	0.23	7.79	4.65	13
	中国疫苗和免疫	2557	1.451	0.133	0.92	247	0.18	3.17	5.75	13
	中国应用生理学杂志	690	0.517	0.136	0.92	358	0.33	4.59	5.84	5
	中国组织工程研究	15478	0.625	0.059	0.89	1429	0.74	18.32	6.35	15
	中国组织化学与细胞化学杂志	551	0.481	0.008	0.95	300	0.26	3.85	5.18	5
	中华病理学杂志	1953	0.742	0.139	0.90	484	0.40	6.21	6.51	9
	中华高血压杂志	3589	2.094	0.138	0.91	542	0.27	6.95	5.47	15
	中华麻醉学杂志	3965	0.609	0.051	0.93	480	0.29	6.15	7.51	14
	中华男科学杂志	2235	0.981	0.109	0.79	463	0.31	5.94	5.33	9
	中华危重病急救医学	4857	1.583	0.274	0.86	587	0.29	7.53	6.61	14
	中华微生物学和免疫学杂志	1176	0.327	0.009	0.94	443	0.36	5.68	7.15	6
	中华血液学杂志	1810	0.718	0.061	0.93	458	0.29	5.87	7.46	8
	中华医学遗传学杂志	1158	0.445	0.049	0.90	378	0.33	4.85	6.72	6
	中华医院管理杂志	5078	1.136	0.162	0.92	553	0.27	7.09	6.98	15
	平均	1495	0.583	0.078	0.90	375	0.25	4.81	5.69	6
临床医学	标记免疫分析与临床	576	0.606	0.058	0.97	272	0.27	2.50	3.95	6
	当代护士(学术版)	4035	0.520	0.124	0.93	339	0.40	3.11	4.35	7
	当代护士(专科版)	1651	0.373	0.069	0.85	227	0.32	2.08	2.33	5
	当代护士(综合版)	585	0.988	0.085	1.00	145	0.25	1.33	4.86	6
	感染、炎症、修复	218	0.208	0.045	0.86	136	0.24	1.25	4.86	4

期刊类别	期刊名称	扩展总被引频次	扩展影响因子	扩展即年指标	扩展他引率	扩展引用刊数	扩展学科影响指标	扩展学科扩散指标	扩展被引半衰期	扩展H指标
临床医学	国际呼吸杂志	1632	0.380	0.034	0.95	444	0.58	4.07	6.08	8
	国际护理学杂志	5213	0.397	0.055	0.97	420	0.48	3.85	6.68	17
	国际脑血管病杂志	1604	0.442	0.018	0.95	381	0.37	3.50	7.91	9
	国际输血及血液学杂志	389	0.184	0.029	0.99	200	0.35	1.83	7.32	4
	护理管理杂志	6535	2.495	0.201	0.87	413	0.50	3.79	4.66	17
	护理实践与研究	8167	1.022	0.134	0.92	501	0.58	4.60	3.11	11
	护理学报	6770	1.251	0.157	0.91	544	0.57	4.99	4.57	13
	护理学杂志	15380	1.413	0.199	0.90	697	0.62	6.39	5.57	19
	护理研究	20980	1.070	0.143	0.96	766	0.60	7.03	5.08	20
	护理与康复	3432	0.835	0.150	0.83	361	0.47	3.31	4.02	10
	护士进修杂志	14339	1.272	0.208	0.97	611	0.54	5.61	5.20	19
	检验医学	2387	0.970	0.073	0.96	483	0.50	4.43	5.57	8
	检验医学与临床	5157	0.698	0.110	0.90	643	0.69	5.90	2.82	8
	解放军护理杂志	8971	1.269	0.162	0.93	548	0.56	5.03	5.08	16
	临床肺科杂志	6470	0.958	0.193	0.82	587	0.68	5.39	3.57	10
	临床肝胆病杂志	1494	0.821	0.080	0.93	427	0.46	3.92	4.87	7
	临床骨科杂志	2512	1.151	0.082	0.81	334	0.39	3.06	3.80	8
	临床和实验医学杂志	5501	0.744	0.154	0.96	715	0.76	6.56	4.04	9
	临床护理杂志	2346	1.191	0.220	0.99	351	0.43	3.22	4.47	9
	临床荟萃	3720	0.346	0.058	0.95	639	0.68	5.86	6.05	8
	临床急诊杂志	586	0.628	0.071	0.90	220	0.39	2.02	3.46	4
	临床检验杂志	2388	0.702	0.155	0.89	459	0.48	4.21	6.78	11
	临床军医杂志	2273	0.790	0.079	0.92	552	0.57	5.06	4.31	6
	临床麻醉学杂志	6291	1.342	0.124	0.94	535	0.56	4.91	5.45	16
	临床泌尿外科杂志	3588	0.743	0.068	0.96	436	0.49	4.00	6.50	14
	临床肾脏病杂志	287	0.222	0.010	0.95	143	0.20	1.31	3.66	3
	临床输血与检验	1028	0.860	0.096	0.94	228	0.35	2.09	4.67	6
	临床误诊误治	3306	0.567	0.106	0.89	500	0.58	4.59	3.71	7
	临床心电学杂志	956	0.523	0.067	0.94	248	0.28	2.28	6.01	8
	临床医学	3613	0.648	0.115	0.99	571	0.65	5.24	3.77	7
	临床医药实践	2394	1.112	0.136	0.99	495	0.63	4.54	3.71	6
	岭南急诊医学杂志	586	0.180	0.004	0.97	225	0.39	2.06	5.41	4
	齐鲁护理杂志	12022	1.342	0.108	0.95	528	0.56	4.84	3.77	11

期刊类别	期刊名称	扩展总被引频次	扩展影响因子	扩展即年指标	扩展他引率	扩展引用刊数	扩展学科影响指标	扩展学科扩散指标	扩展被引半衰期	扩展H指标
临床医学	全科护理	8652	0.834	0.154	0.94	487	0.46	4.47	2.93	9
	上海护理	1847	0.890	0.127	0.98	306	0.48	2.81	5.13	11
	上海医学影像	770	0.472	0.068	0.99	253	0.33	2.32	5.33	7
	蛇志	534	0.331	0.085	0.82	192	0.27	1.76	4.48	5
	神经损伤与功能重建	551	0.440	0.106	0.97	248	0.30	2.28	5.59	5
	实验与检验医学	1599	0.758	0.130	0.82	353	0.41	3.24	3.78	6
	实用骨科杂志	2250	0.999	0.128	0.92	336	0.50	3.08	3.92	8
	实用检验医师杂志	28	0.149	0.014	0.71	20	0.04	0.18	2.00	1
	实用临床医学	2861	0.503	0.042	0.99	567	0.67	5.20	4.22	7
	实用临床医药杂志	5592	0.840	0.099	0.91	609	0.72	5.59	3.23	10
	实用疼痛学杂志	477	0.311	0.007	0.95	208	0.27	1.91	5.33	6
	实用医学影像杂志	726	0.576	0.051	0.99	255	0.27	2.34	4.97	5
	实用医学杂志	11873	0.898	0.125	0.89	966	0.88	8.86	3.88	11
	实用医院临床杂志	1814	0.785	0.153	0.85	472	0.58	4.33	3.55	8
	天津护理	1502	0.675	0.063	0.91	263	0.35	2.41	4.83	7
	现代检验医学杂志	1513	0.474	0.032	0.95	360	0.43	3.30	4.99	6
	现代临床护理	3084	1.272	0.085	0.91	333	0.40	3.06	4.04	9
	现代泌尿外科杂志	984	0.652	0.086	0.94	269	0.34	2.47	4.17	6
	现代诊断与治疗	897	0.508	0.020	0.98	335	0.43	3.07	4.67	5
	血栓与止血学	500	0.615	0.023	0.96	239	0.36	2.19	5.18	6
	循证医学	389	0.534	0.049	0.97	240	0.30	2.20	5.03	5
	医学检验与临床	652	0.229	0.025	0.99	248	0.33	2.28	4.49	4
	医学临床研究	3003	0.392	0.055	0.95	626	0.72	5.74	4.66	8
	影像诊断与介入放射学	492	0.353	0.008	0.98	220	0.28	2.02	5.42	5
	浙江临床医学	2909	0.350	0.062	0.94	566	0.67	5.19	5.14	7
	诊断学理论与实践	658	0.516	0.065	0.98	340	0.47	3.12	4.39	6
	中国 CT 和 MRI 杂志	1146	1.053	0.113	0.77	257	0.28	2.36	4.05	6
	中国感染控制杂志	1373	1.017	0.156	0.96	325	0.43	2.98	4.84	10
	中国感染与化疗杂志	1973	3.009	0.255	0.95	393	0.48	3.61	3.96	14
	中国骨科临床与基础研究杂志	100	0.508	0.053	0.72	49	0.04	0.45	2.59	3
	中国骨质疏松杂志	1839	0.575	0.080	0.84	420	0.42	3.85	6.13	8
	中国呼吸与危重监护杂志	1325	1.054	0.356	0.92	352	0.53	3.23	4.35	9
	中国护理管理	5545	2.436	0.287	0.95	414	0.48	3.80	3.99	20

期刊类别	期刊名称	扩展总被引频次	扩展影响因子	扩展即年指标	扩展他引率	扩展引用刊数	扩展学科影响指标	扩展学科扩散指标	扩展被引半衰期	扩展H指标
临床医学	中国急救复苏与灾害医学杂志	1113	0.525	0.057	0.55	232	0.39	2.13	3.06	6
	中国急救医学	4109	0.811	0.110	0.95	586	0.65	5.38	6.46	12
	中国介入心脏病学杂志	700	0.474	0.114	0.92	264	0.38	2.42	5.84	6
	中国介入影像与治疗学	905	0.762	0.110	0.88	297	0.37	2.72	3.90	7
	中国临床护理	269	0.286	0.061	0.94	87	0.17	0.80	2.33	4
	中国临床解剖学杂志	2114	0.663	0.044	0.92	436	0.38	4.00	7.09	10
	中国临床药学杂志	853	0.554	0.061	0.97	309	0.26	2.83	6.58	6
	中国临床医生	2437	0.857	0.157	0.96	518	0.54	4.75	5.36	7
	中国临床医学	2534	0.817	0.065	0.98	608	0.71	5.58	5.27	9
	中国临床医学影像杂志	1835	0.623	0.078	0.98	416	0.43	3.82	4.76	7
	中国脑血管病杂志	942	0.544	0.129	0.94	313	0.37	2.87	4.99	9
	中国全科医学	10790	1.463	0.275	0.89	954	0.81	8.75	3.24	12
	中国实验诊断学	3021	0.626	0.097	0.97	662	0.65	6.07	3.55	8
	中国实用护理杂志	20029	0.901	0.212	0.97	590	0.58	5.41	6.85	22
	中国输血杂志	3973	1.111	0.165	0.80	411	0.50	3.77	4.63	11
	中国疼痛医学杂志	1641	1.421	0.157	0.91	406	0.45	3.72	5.16	9
	中国卫生检验杂志	5731	0.552	0.059	0.89	953	0.45	8.74	4.54	8
	中国误诊学杂志	15627	0.274	0.054	0.96	958	0.93	8.79	4.12	10
	中国血吸虫病防治杂志	1841	1.276	0.223	0.55	174	0.08	1.60	4.51	10
	中国循环杂志	1362	0.840	0.064	0.86	384	0.52	3.52	6.89	7
	中国循证医学杂志	2084	1.362	0.446	0.89	576	0.60	5.28	3.74	11
	中国中西医结合影像学杂志	441	0.296	0.041	0.80	186	0.22	1.71	4.41	4
	中国综合临床	2957	0.663	0.100	0.93	539	0.62	4.94	6.15	7
	中华风湿病学杂志	2082	0.843	0.115	0.92	454	0.59	4.17	7.26	12
	中华护理教育	1258	0.945	0.133	0.89	219	0.32	2.01	3.67	7
	中华护理杂志	26512	3.458	0.546	0.98	768	0.64	7.05	7.47	38
	中华急诊医学杂志	3927	0.866	0.113	0.86	564	0.65	5.17	6.25	12
	中华检验医学杂志	5184	1.100	0.261	0.96	665	0.68	6.10	6.96	18
	中华临床感染病杂志	351	0.802	0.078	0.86	154	0.25	1.41	2.74	7
	中华临床医师杂志(电子版)	2626	0.637	0.113	0.67	537	0.61	4.93	1.86	7
	中华临床营养杂志	925	0.615	0.136	0.96	295	0.41	2.71	5.86	8
	中华生物医学工程杂志	533	0.220	0.025	0.98	262	0.32	2.40	7.36	5
	中华实用诊断与治疗杂志	3537	0.976	0.169	0.67	555	0.72	5.09	3.79	8

期刊类别	期刊名称	扩展总被引频次	扩展影响因子	扩展即年指标	扩展他引率	扩展引用刊数	扩展学科影响指标	扩展学科扩散指标	扩展被引半衰期	扩展H指标
	中华现代护理杂志	13047	0.644	0.071	0.87	587	0.60	5.39	5.33	14
	中华医院感染学杂志	22789	1.754	0.159	0.73	811	0.78	7.44	3.80	29
	平均	3857	0.819	0.113	0.91	420	0.47	3.86	4.75	9
内科学	Journal of Geriatric Cardiology	16	0.096	0.054	0.94	15	0.01	0.19	1.71	2
	South China Journal of Cardiology	7	0.062	-	0.57	4	0.03	0.05	2.25	1
	World Journal of Gastroenterology	8602	1.092	0.190	0.88	914	0.57	11.57	5.10	10
	传染病信息	938	1.079	0.076	0.82	290	0.19	3.67	4.49	8
	肝脏	1417	0.591	0.052	0.89	392	0.28	4.96	5.74	9
	高原医学杂志	488	0.322	-	0.86	164	0.08	2.08	7.38	5
	国际病毒学杂志	394	2.033	0.127	0.67	121	0.05	1.53	3.08	6
	国际老年医学杂志	330	0.392	0.056	0.99	208	0.11	2.63	6.77	4
	国际内分泌代谢杂志	1509	0.389	0.039	1.00	479	0.30	6.06	7.93	11
	国际消化病杂志	809	0.600	0.081	1.00	338	0.25	4.28	5.73	6
	国际心血管病杂志	699	0.371	0.081	1.00	287	0.34	3.63	6.51	6
	国际医学寄生虫病杂志	244	0.298	0.060	0.93	116	0.06	1.47	6.05	3
	罕少疾病杂志	514	0.380	0.016	0.87	206	0.10	2.61	5.23	4
	寄生虫病与感染性疾病	371	0.272	0.050	0.80	120	0.08	1.52	6.37	5
	江苏实用心电学杂志	458	0.234	0.039	0.92	191	0.19	2.42	4.81	3
	结核病与肺部健康杂志	532	2.422	0.231	0.98	179	0.11	2.27	5.97	3
	临床内科杂志	2045	0.422	0.067	0.97	527	0.62	6.67	6.24	7
	临床消化病杂志	951	0.712	0.054	0.99	320	0.25	4.05	5.00	7
	临床心血管病杂志	2031	0.760	0.088	0.92	445	0.44	5.63	5.11	8
	临床血液学杂志	917	1.039	0.111	0.97	292	0.15	3.70	4.19	4
	临床血液学杂志(输血与检验版)	133	0.111	-	0.99	64	0.04	0.81	3.84	3
	岭南心血管病杂志	568	0.568	0.031	0.98	259	0.25	3.28	4.45	5
	内科	1201	0.522	0.133	0.95	329	0.25	4.16	3.79	6
	内科急危重症杂志	917	0.688	0.101	0.97	313	0.24	3.96	5.51	6
	内科理论与实践	338	0.629	0.034	0.97	212	0.25	2.68	3.13	4
	实用肝脏病杂志	1478	1.108	0.130	0.83	370	0.29	4.68	4.09	8
	实用糖尿病杂志	1075	0.303	0.055	0.97	311	0.19	3.94	5.61	5
	实用心脑肺血管病杂志	3693	0.764	0.264	0.90	489	0.29	6.19	2.41	7
	世界华人消化杂志	5734	0.864	0.098	0.91	822	0.49	10.41	4.93	10
	胃肠病学	1801	0.594	0.152	0.96	447	0.35	5.66	5.60	12

期刊类别	期刊名称	扩展总被引频次	扩展影响因子	扩展即年指标	扩展他引率	扩展引用刊数	扩展学科影响指标	扩展学科扩散指标	扩展被引半衰期	扩展H指标
内科学	胃肠病学和肝病学杂志	1601	0.644	0.091	0.94	469	0.30	5.94	4.46	8
	现代消化及介入诊疗	908	0.839	0.045	0.97	304	0.23	3.85	4.59	9
	心电与循环	458	0.253	0.048	0.87	144	0.20	1.82	5.79	5
	心肺血管病杂志	1127	1.169	0.116	0.71	354	0.33	4.48	3.79	6
	心脑血管病防治	853	0.513	0.077	0.98	303	0.30	3.84	3.93	5
	心血管病学进展	1858	0.955	0.084	0.99	464	0.39	5.87	4.49	8
	心脏杂志	946	0.319	0.023	0.94	345	0.29	4.37	6.06	5
	疑难病杂志	1729	0.610	0.088	0.87	388	0.30	4.91	3.81	7
	中国动脉硬化杂志	1580	0.697	0.060	0.83	431	0.41	5.46	5.03	7
	中国分子心脏病学杂志	288	0.466	0.073	0.97	180	0.18	2.28	4.56	5
	中国肝脏病杂志(电子版)	69	0.402	0.150	0.68	44	0.05	0.56	1.82	3
	中国肛肠病杂志	997	0.156	0.036	0.91	225	0.06	2.85	7.34	6
	中国临床新医学	306	0.159	0.032	0.97	145	0.08	1.84	2.79	3
	中国实用内科杂志	6211	1.001	0.165	1.00	725	0.76	9.18	6.34	15
	中国糖尿病杂志	3718	0.831	0.359	0.97	585	0.46	7.41	7.57	18
	中国心血管病研究	1634	0.551	0.067	0.70	359	0.32	4.54	5.26	8
	中国心血管杂志	755	0.560	0.113	0.97	289	0.27	3.66	5.60	6
	中国心脏起搏与心电生理杂志	1281	0.711	0.113	0.87	302	0.33	3.82	5.29	8
	中国血液净化	2334	1.087	0.113	0.94	363	0.25	4.59	5.52	10
	中国循证心血管医学杂志	327	0.995	0.199	0.87	123	0.16	1.56	1.86	5
	中国卒中杂志	834	0.435	0.091	0.95	282	0.16	3.57	4.82	8
	中华肺部疾病杂志(电子版)	147	0.545	0.074	0.87	94	0.08	1.19	1.84	4
	中华肝脏病杂志	5761	1.578	0.157	0.97	671	0.52	8.49	7.35	21
	中华临床免疫和变态反应杂志	177	0.636	0.088	0.92	119	0.06	1.51	3.13	4
	中华内分泌代谢杂志	3440	1.079	0.163	0.90	609	0.48	7.71	6.54	16
	中华内科杂志	7254	1.115	0.188	0.98	843	0.80	10.67	7.31	28
	中华肾脏病杂志	2507	0.612	0.079	0.93	463	0.33	5.86	7.00	11
	中华糖尿病杂志	422	1.138	0.168	0.85	198	0.27	2.51	2.50	6
	中华危重症医学杂志(电子版)	125	0.610	0.068	0.92	92	0.04	1.16	2.52	3
	中华消化内镜杂志	3234	0.806	0.160	0.95	445	0.34	5.63	7.37	14
	中华消化杂志	5104	0.764	0.126	0.98	599	0.39	7.58	8.09	23
	中华哮喘杂志(电子版)	203	0.381	0.080	0.98	124	0.05	1.57	3.41	3
	中华心律失常学杂志	707	0.407	0.075	0.86	234	0.29	2.96	6.93	6

期刊类别	期刊名称	扩展总被引频次	扩展影响因子	扩展即年指标	扩展他引率	扩展引用刊数	扩展学科影响指标	扩展学科扩散指标	扩展被引半衰期	扩展H指标
内科学	中华心血管病杂志	10567	2.249	0.404	0.98	735	0.65	9.30	7.65	31
	中华胰腺病杂志	584	0.320	0.078	0.91	240	0.23	3.04	6.51	5
	平均	1696	0.697	0.100	0.91	330	0.26	4.19	5.04	7
外科学	Asian Journal of Andrology	695	0.580	0.558	0.74	217	0.14	2.52	4.17	4
	Chinese Journal of Traumatology	365	0.431	0.036	0.97	193	0.33	2.24	5.53	5
	肠外与肠内营养	1545	1.143	0.179	0.92	380	0.40	4.42	5.91	11
	创伤外科杂志	1741	0.837	0.105	0.96	387	0.47	4.50	4.88	10
	腹部外科	1279	0.508	0.043	0.97	292	0.41	3.40	6.80	8
	腹腔镜外科杂志	2959	1.341	0.241	0.91	332	0.42	3.86	3.68	11
	肝胆外科杂志	1556	0.842	0.118	0.95	347	0.41	4.03	5.72	7
	肝胆胰外科杂志	1485	0.986	0.122	0.89	312	0.34	3.63	4.49	7
	骨科	60	0.327	0.089	0.90	44	0.06	0.51	1.65	3
	国际骨科学杂志	1072	1.007	0.121	0.93	329	0.43	3.83	4.78	7
	国际麻醉学与复苏杂志	1564	0.534	0.014	0.98	382	0.19	4.44	8.81	11
	国际泌尿系统杂志	709	0.169	0.012	0.98	312	0.20	3.63	7.78	7
	国际外科学杂志	1216	0.486	0.107	0.87	379	0.50	4.41	5.20	6
	国际移植与血液净化杂志	166	0.134	0.011	0.97	102	0.05	1.19	6.15	3
	河南外科学杂志	1715	0.500	0.155	0.98	315	0.30	3.66	3.41	6
	脊柱外科杂志	660	0.794	0.041	0.92	211	0.27	2.45	4.88	7
	结直肠肛门外科	1061	1.771	0.088	0.95	263	0.26	3.06	4.37	6
	颈腰痛杂志	1526	0.686	0.117	0.91	318	0.26	3.70	6.34	6
	局解手术学杂志	1888	0.768	0.110	0.82	395	0.43	4.59	4.18	7
	抗感染药学	408	0.579	0.194	0.93	190	0.02	2.21	3.68	5
	临床外科杂志	2586	0.441	0.061	0.96	481	0.63	5.59	5.86	10
	岭南现代临床外科	630	0.478	0.082	0.90	229	0.34	2.66	4.05	6
	麻醉与镇痛	141	0.188	0.011	1.00	84	0.02	0.98	8.47	3
	肾脏病与透析肾移植杂志	1513	0.755	0.108	0.95	396	0.17	4.60	8.09	9
	生物骨科材料与临床研究	451	0.558	0.099	0.92	190	0.26	2.21	4.09	5
	实用手外科杂志	808	0.758	0.043	0.59	167	0.30	1.94	4.84	5
	外科理论与实践	1547	0.799	0.099	0.98	391	0.48	4.55	5.88	10
	现代泌尿生殖肿瘤杂志	201	0.381	0.053	0.79	91	0.08	1.06	2.92	3
	浙江创伤外科	1110	0.379	0.070	0.90	272	0.29	3.16	3.60	4
	中国骨与关节损伤杂志	6322	1.349	0.170	0.78	422	0.44	4.91	4.85	14

期刊类别	期刊名称	扩展总被引频次	扩展影响因子	扩展即年指标	扩展他引率	扩展引用刊数	扩展学科影响指标	扩展学科扩散指标	扩展被引半衰期	扩展H指标
外科学	中国骨与关节外科	190	0.528	0.043	0.93	105	0.16	1.22	2.64	4
	中国脊柱脊髓杂志	3246	1.177	0.107	0.93	410	0.38	4.77	6.09	11
	中国矫形外科杂志	6886	0.839	0.117	0.85	572	0.52	6.65	5.58	12
	中国美容整形外科杂志	1469	1.066	0.213	0.75	265	0.29	3.08	5.07	7
	中国普通外科杂志	3677	0.971	0.172	0.84	487	0.55	5.66	5.37	10
	中国普外基础与临床杂志	2630	1.034	0.133	0.87	460	0.47	5.35	4.36	10
	中国伤残医学	1558	0.308	0.049	0.97	366	0.21	4.26	2.99	4
	中国烧伤创疡杂志	737	0.433	0.071	0.69	160	0.09	1.86	7.38	7
	中国实用外科杂志	9800	1.751	0.242	0.96	629	0.65	7.31	6.97	24
	中国体外循环杂志	396	0.743	0.088	0.84	162	0.13	1.88	4.81	4
	中国微创外科杂志	4953	1.311	0.235	0.91	524	0.74	6.09	4.86	12
	中国现代普通外科进展	1366	0.697	0.098	0.94	343	0.42	3.99	3.45	8
	中国现代手术学杂志	822	0.536	0.079	0.97	285	0.51	3.31	5.13	6
	中国胸心血管外科临床杂志	1346	0.797	0.132	0.86	345	0.33	4.01	5.14	9
	中国修复重建外科杂志	3191	0.961	0.144	0.90	515	0.64	5.99	4.81	8
	中国血管外科杂志(电子版)	84	0.417	0.024	0.70	48	0.14	0.56	2.00	3
	中国中西医结合外科杂志	1453	0.532	0.063	0.95	404	0.36	4.70	5.58	7
	中华创伤骨科杂志	3789	0.970	0.133	0.94	398	0.47	4.63	6.39	15
	中华创伤杂志	3764	0.791	0.067	0.94	535	0.67	6.22	7.40	13
	中华肝胆外科杂志	2519	0.831	0.091	0.84	420	0.44	4.88	6.68	9
	中华骨科杂志	6673	1.246	0.167	0.97	560	0.47	6.51	8.48	21
	中华骨质疏松和骨矿盐疾病杂志	197	1.454	0.068	0.88	103	0.13	1.20	1.80	4
	中华关节外科杂志(电子版)	646	0.825	0.165	0.79	221	0.29	2.57	3.39	6
	中华泌尿外科杂志	4750	0.888	0.076	0.92	503	0.41	5.85	7.77	17
	中华内分泌外科杂志	310	0.522	0.074	0.77	127	0.22	1.48	2.78	4
	中华普通外科学文献(电子版)	463	0.653	0.127	0.93	227	0.34	2.64	3.24	5
	中华普通外科杂志	3303	0.549	0.067	0.95	498	0.50	5.79	7.44	14
	中华普外科手术学杂志(电子版)	447	0.959	0.195	0.86	147	0.34	1.71	3.15	6
	中华器官移植杂志	670	0.406	0.048	0.86	244	0.31	2.84	6.08	5
	中华腔镜泌尿外科杂志(电子版)	628	1.115	0.169	0.88	182	0.24	2.12	3.02	7
	中华腔镜外科杂志(电子版)	273	0.860	0.120	0.81	113	0.23	1.31	2.16	5
	中华疝和腹壁外科杂志(电子版)	652	1.354	0.144	0.59	130	0.23	1.51	2.87	9
	中华烧伤杂志	1513	0.728	0.132	0.86	337	0.38	3.92	6.99	7

期刊类别	期刊名称	扩展总被引频次	扩展影响因子	扩展即年指标	扩展他引率	扩展引用刊数	扩展学科影响指标	扩展学科扩散指标	扩展被引半衰期	扩展H指标
外科学	中华实验和临床感染病杂志(电子版)	388	1.145	0.064	0.89	180	0.05	2.09	3.12	8
	中华实验外科杂志	3848	0.591	0.058	0.52	590	0.71	6.86	5.78	8
	中华手外科杂志	2058	0.782	0.066	0.83	287	0.38	3.34	7.90	9
	中华损伤与修复杂志(电子版)	493	0.728	0.058	0.80	180	0.29	2.09	3.07	5
	中华外科杂志	7899	0.912	0.117	0.98	771	0.86	8.97	7.59	21
	中华胃肠外科杂志	2846	0.987	0.235	0.89	425	0.42	4.94	5.99	13
	中华显微外科杂志	2601	1.187	0.124	0.72	318	0.47	3.70	6.14	10
	中华消化外科杂志	1218	1.273	0.200	0.84	307	0.47	3.57	3.83	10
	中华胸心血管外科杂志	1751	0.627	0.048	0.93	377	0.36	4.38	7.40	8
	中华医学美学美容杂志	954	0.521	0.040	0.84	219	0.19	2.55	7.03	6
	中华移植杂志(电子版)	99	0.454	0.078	0.92	58	0.16	0.67	2.64	4
	中华整形外科杂志	1414	0.682	0.065	0.92	304	0.43	3.53	7.30	7
	组织工程与重建外科杂志	260	0.420	0.021	0.97	137	0.22	1.59	4.06	4
	平均	1831	0.777	0.109	0.88	307	0.34	3.58	5.12	8
妇产科学与儿科学	Journal of Reproduction and Contraception	35	0.226	0.037	0.86	26	0.22	0.70	4.83	2
	儿科药学杂志	1305	0.927	0.135	0.92	306	0.41	8.27	4.84	9
	国际儿科学杂志	1124	0.439	0.058	0.90	337	0.59	9.11	6.65	8
	国际妇产科学杂志	1269	0.787	0.117	1.00	367	0.46	9.92	6.03	9
	国际生殖健康/计划生育杂志	636	0.732	0.172	0.96	272	0.43	7.35	4.58	5
	临床儿科杂志	3757	1.319	0.133	0.97	552	0.73	14.92	5.18	13
	临床小儿外科杂志	670	0.365	0.054	0.89	235	0.46	6.35	5.24	4
	生殖医学杂志	1060	0.325	0.057	0.96	351	0.49	9.49	7.20	5
	生殖与避孕	1334	0.641	0.116	0.87	358	0.51	9.68	6.17	8
	实用妇产科杂志	7207	1.434	0.176	0.99	547	0.73	14.78	6.51	20
	现代妇产科进展	2514	0.678	0.071	0.98	439	0.57	11.86	5.62	12
	中国产前诊断杂志(电子版)	48	0.319	-	0.92	37	0.19	1.00	2.57	2
	中国当代儿科杂志	1964	0.861	0.214	0.89	446	0.59	12.05	4.55	9
	中国儿童保健杂志	2774	0.740	0.089	0.90	477	0.65	12.89	5.41	9
	中国妇产科临床杂志	1682	1.121	0.211	0.98	381	0.54	10.30	4.96	10
	中国妇幼保健	14101	0.690	0.128	0.90	777	0.86	21.00	4.55	11
	中国妇幼卫生杂志	122	0.722	0.195	0.94	81	0.22	2.19	2.02	3
	中国计划生育学杂志	3064	1.186	0.299	0.94	416	0.46	11.24	5.34	10

期刊类别	期刊名称	扩展总被引频次	扩展影响因子	扩展即年指标	扩展他引率	扩展引用刊数	扩展学科影响指标	扩展学科扩散指标	扩展被引半衰期	扩展H指标
妇产科学与儿科学	中国生育健康杂志	675	0.444	0.069	0.95	237	0.49	6.41	5.01	7
	中国实用儿科杂志	4968	1.167	0.122	0.97	548	0.70	14.81	7.71	18
	中国实用妇科与产科杂志	10142	1.770	0.223	0.99	604	0.68	16.32	7.26	24
	中国小儿急救医学	1808	0.754	0.062	0.90	323	0.57	8.73	5.38	11
	中国小儿血液与肿瘤杂志	369	0.466	0.077	0.97	180	0.38	4.86	5.23	4
	中国新生儿科杂志	1514	1.117	0.175	0.90	306	0.59	8.27	5.03	9
	中国循证儿科杂志	597	1.300	0.144	0.97	248	0.62	6.70	3.54	8
	中国优生与遗传杂志	3472	0.450	0.070	0.90	548	0.84	14.81	5.17	7
	中国中西医结合儿科学	528	0.564	0.065	0.95	188	0.24	5.08	2.63	4
	中华儿科杂志	8125	1.938	0.272	0.98	741	0.73	20.03	7.46	29
	中华妇产科杂志	8204	1.497	0.127	0.98	675	0.76	18.24	8.44	25
	中华妇幼临床医学杂志(电子版)	707	0.880	0.109	0.92	265	0.68	7.16	3.31	6
	中华实用儿科临床杂志	5966	0.979	0.159	0.89	672	0.70	18.16	5.14	14
	中华围产医学杂志	1561	0.991	0.088	0.88	327	0.78	8.84	6.71	11
	中华小儿外科杂志	1755	0.442	0.059	0.90	374	0.62	10.11	7.61	8
	中医儿科杂志	522	0.630	0.063	0.94	149	0.19	4.03	3.99	5
	平均	2811	0.850	0.122	0.93	376	0.55	10.17	5.35	9
肿瘤学	Cancer Biology & Medicine	30	0.009	-	1.00	28	0.13	0.74	4.79	2
	Chinese Journal of Cancer	3031	1.214	0.217	1.00	661	0.89	17.39	6.51	11
	Chinese Journal of Cancer Research	84	0.235	0.111	0.88	66	0.29	1.74	4.00	2
	Chinese-German Journal of Clinical Oncology	336	0.383	0.069	0.74	180	0.53	4.74	3.85	3
	癌变·畸变·突变	549	0.358	0.043	0.96	315	0.29	8.29	5.81	4
	癌症进展	822	0.732	0.067	0.98	340	0.66	8.95	5.00	7
	白血病·淋巴瘤	546	0.299	0.047	0.55	160	0.32	4.21	4.62	4
	国际肿瘤学杂志	811	0.171	0.022	1.00	376	0.61	9.89	7.74	5
	临床肿瘤学杂志	2119	0.927	0.099	0.97	508	0.79	13.37	4.31	10
	实用癌症杂志	1382	0.776	0.137	0.87	400	0.74	10.53	4.57	6
	实用肿瘤学杂志	826	0.437	0.079	0.87	338	0.68	8.89	5.56	5
	实用肿瘤杂志	1278	0.723	0.105	0.88	407	0.74	10.71	6.17	7
	现代肿瘤医学	3744	0.719	0.094	0.88	654	0.79	17.21	3.68	8
	中国癌症防治杂志	209	0.551	0.077	0.93	118	0.39	3.11	2.55	4
	中国癌症杂志	1760	0.959	0.087	0.97	489	0.79	12.87	5.29	9

期刊类别	期刊名称	扩展总被引频次	扩展影响因子	扩展即年指标	扩展他引率	扩展引用刊数	扩展学科影响指标	扩展学科扩散指标	扩展被引半衰期	扩展H指标
肿瘤学	中国肺癌杂志	1412	1.017	0.210	0.96	404	0.76	10.63	4.42	7
	中国骨与关节杂志	369	0.250	0.007	0.94	172	0.26	4.53	5.01	4
	中国肿瘤	2308	0.995	0.374	0.90	560	0.82	14.74	5.68	12
	中国肿瘤临床	2866	0.425	0.077	0.96	584	0.87	15.37	6.19	9
	中国肿瘤临床与康复	1049	0.501	0.028	0.99	380	0.61	10.00	6.58	5
	中国肿瘤生物治疗杂志	520	0.573	0.063	0.92	280	0.61	7.37	4.00	5
	中国肿瘤外科杂志	112	0.306	0.049	0.80	64	0.24	1.68	2.26	3
	中华放射肿瘤学杂志	1812	0.845	0.126	0.90	333	0.71	8.76	6.37	11
	中华乳腺病杂志(电子版)	449	0.768	0.073	0.90	199	0.45	5.24	3.40	6
	中华肿瘤防治杂志	3373	0.930	0.122	0.80	584	0.84	15.37	4.36	7
	中华肿瘤杂志	3672	1.218	0.118	0.94	644	0.87	16.95	7.34	12
	肿瘤	1617	0.895	0.257	0.90	504	0.76	13.26	4.57	7
	肿瘤防治研究	1446	0.463	0.059	0.95	473	0.74	12.45	5.10	6
	肿瘤基础与临床	977	0.675	0.137	0.91	345	0.66	9.08	3.89	5
	肿瘤学杂志	1117	0.536	0.087	0.90	379	0.66	9.97	4.33	6
	肿瘤研究与临床	1059	0.370	0.025	0.74	331	0.66	8.71	5.91	5
	肿瘤药学	183	-	0.281	0.56	52	0.16	1.37	1.39	5
	肿瘤预防与治疗	409	0.315	0.047	0.98	208	0.58	5.47	4.65	4
	平均	1281	0.593	0.103	0.89	349	0.60	9.20	4.85	6
神经病与精神病学	Neural Regeneration Research	232	0.162	0.032	0.89	130	0.33	3.61	2.71	4
	Neuroscience Bulletin	335	0.538	0.372	0.87	190	0.47	5.28	4.87	4
	癫痫与神经电生理学杂志	432	0.180	0.046	0.90	190	0.58	5.28	6.81	4
	国际精神病学杂志	1045	0.493	0.063	1.00	317	0.39	8.81	9.42	8
	国际神经病学神经外科学杂志	1060	0.492	0.083	0.93	354	0.72	9.83	6.96	6
	精神医学杂志	1210	0.891	0.077	0.91	313	0.42	8.69	4.63	6
	立体定向和功能性神经外科杂志	544	0.498	0.058	0.85	181	0.44	5.03	5.63	5
	临床精神医学杂志	2847	0.709	0.098	0.96	484	0.58	13.44	7.77	10
	临床神经病学杂志	2053	0.662	0.081	0.91	435	0.69	12.08	6.87	11
	临床神经外科杂志	429	0.459	0.042	0.73	133	0.33	3.69	4.29	5
	脑与神经疾病杂志	1090	0.620	0.087	0.98	348	0.67	9.67	5.90	6
	上海精神医学	1580	0.583	1.245	0.93	397	0.44	11.03	8.19	9
	神经病学与神经康复学杂志	207	0.500	0.063	1.00	142	0.42	3.94	3.90	3
	神经疾病与精神卫生	793	0.358	0.039	0.89	308	0.64	8.56	5.50	6

期刊类别	期刊名称	扩展总被引频次	扩展影响因子	扩展即年指标	扩展他引率	扩展引用刊数	扩展学科影响指标	扩展学科扩散指标	扩展被引半衰期	扩展H指标
神经病与精神病学	神经解剖学杂志	381	0.318	0.056	0.91	199	0.44	5.53	5.31	3
	四川精神卫生	540	0.517	-	0.97	197	0.39	5.47	5.90	4
	中风与神经疾病杂志	1855	0.435	0.072	0.95	427	0.78	11.86	6.48	7
	中国临床神经科学	919	0.530	0.129	0.89	332	0.64	9.22	5.73	6
	中国临床神经外科杂志	2047	0.950	0.136	0.90	365	0.56	10.14	4.53	8
	中国临床心理学杂志	3477	1.094	0.088	0.90	767	0.44	21.31	6.81	13
	中国神经精神疾病杂志	2721	0.932	0.091	0.92	571	0.89	15.86	6.99	10
	中国神经免疫学和神经病学杂志	706	0.606	0.096	0.92	299	0.58	8.31	4.88	6
	中国实用神经疾病杂志	6329	0.741	0.151	0.87	602	0.75	16.72	3.52	10
	中国微侵袭神经外科杂志	1297	0.578	0.048	0.90	302	0.50	8.39	5.47	8
	中国现代神经疾病杂志	738	0.564	0.104	0.82	266	0.58	7.39	5.18	6
	中国心理卫生杂志	6572	1.367	0.228	0.95	1011	0.56	28.08	9.62	16
	中华精神科杂志	1720	0.803	0.065	0.96	396	0.61	11.00	>10	10
	中华脑血管病杂志(电子版)	175	0.638	0.070	0.95	118	0.36	3.28	2.76	4
	中华神经科杂志	8784	1.877	0.265	0.95	650	0.89	18.06	>10	26
	中华神经外科疾病研究杂志	1161	0.771	0.072	0.91	323	0.61	8.97	4.82	7
	中华神经外科杂志	4731	0.843	0.124	0.85	488	0.67	13.56	6.70	14
	中华神经医学杂志	1934	0.860	0.125	0.87	438	0.75	12.17	5.13	8
	中华行为医学与脑科学杂志	4620	0.993	0.169	0.83	812	0.61	22.56	7.16	13
	卒中与神经疾病	753	0.610	0.107	0.98	288	0.61	8.00	6.19	6
	平均	1921	0.682	0.135	0.91	375	0.57	10.44	6.29	8
皮肤病与性病学	国际皮肤性病学杂志	699	0.243	0.039	0.98	249	0.79	17.79	8.91	6
	临床皮肤科杂志	2485	0.258	0.028	0.91	429	0.86	30.64	7.21	9
	皮肤病与性病	637	0.470	0.062	0.95	242	0.71	17.29	4.79	5
	皮肤性病诊疗学杂志	570	0.533	0.021	0.89	200	0.79	14.29	4.27	5
	实用皮肤病学杂志	161	0.429	0.044	0.91	93	0.64	6.64	2.68	4
	中国艾滋病性病	2547	1.050	0.260	0.90	322	0.79	23.00	5.33	11
	中国麻风皮肤病杂志	1509	0.154	0.024	0.89	344	0.86	24.57	5.76	6
	中国皮肤性病学杂志	2836	0.681	0.070	0.86	484	0.86	34.57	5.20	8
	中国性科学	674	0.420	0.099	0.88	293	0.64	20.93	4.39	5
	中国医学文摘-皮肤科学	101	0.357	0.042	0.95	64	0.36	4.57	3.09	3
	中国中西医结合皮肤性病学杂志	742	0.480	0.042	0.93	236	0.79	16.86	4.14	5
	中华皮肤科杂志	2942	0.501	0.047	0.88	472	0.86	33.71	7.85	12

期刊类别	期刊名称	扩展总被引频次	扩展影响因子	扩展即年指标	扩展他引率	扩展引用刊数	扩展学科影响指标	扩展学科扩散指标	扩展被引半衰期	扩展H指标
	平均	1325	0.465	0.065	0.91	285	0.75	20.41	5.30	6
眼耳鼻咽喉科学	Eye Science	202	0.177	0.020	0.99	93	0.53	3.10	8.78	4
	Journal of Otology	9	0.121	-	0.67	7	0.13	0.23	3.50	2
	国际耳鼻咽喉头颈外科杂志	579	0.199	0.032	0.99	237	0.40	7.90	8.72	7
	国际眼科杂志	3457	0.535	0.090	0.84	452	0.67	15.07	4.08	8
	国际眼科纵览	623	0.236	0.024	0.99	186	0.57	6.20	8.87	6
	临床耳鼻咽喉头颈外科杂志	3401	0.745	0.057	0.93	508	0.60	16.93	5.98	9
	临床眼科杂志	1027	0.456	0.032	0.95	260	0.63	8.67	5.63	5
	器官移植	112	0.619	0.027	0.67	59	0.03	1.97	2.00	4
	山东大学耳鼻喉眼学报	612	0.389	0.040	0.93	226	0.70	7.53	5.00	4
	实用防盲技术	111	0.360	-	0.95	69	0.37	2.30	3.41	3
	听力学及言语疾病杂志	1176	0.783	0.095	0.85	264	0.40	8.80	5.04	6
	眼科	854	0.590	0.126	0.94	211	0.60	7.03	6.42	6
	眼科新进展	1608	0.514	0.072	0.89	298	0.60	9.93	5.59	6
	中国耳鼻咽喉颅底外科杂志	976	0.597	0.083	0.79	259	0.43	8.63	5.89	6
	中国耳鼻咽喉头颈外科	1626	0.564	0.068	0.85	342	0.57	11.40	5.87	9
	中国实用眼科杂志	3365	0.394	0.047	0.92	381	0.63	12.70	7.47	9
	中国斜视与小儿眼科杂志	677	0.732	0.054	0.89	157	0.50	5.23	8.45	6
	中国眼耳鼻喉科杂志	813	0.405	0.060	0.95	284	0.83	9.47	5.11	4
	中国医学文摘-耳鼻咽喉科学	241	-	0.065	0.99	130	0.47	4.33	4.35	5
	中国中西医结合耳鼻咽喉科杂志	697	0.296	0.017	0.92	237	0.37	7.90	6.50	4
	中国中医眼科杂志	643	0.475	0.057	0.85	202	0.37	6.73	5.34	4
	中华耳鼻咽喉头颈外科杂志	5217	1.010	0.143	0.91	579	0.50	19.30	7.06	21
	中华耳科学杂志	588	0.585	0.062	0.85	181	0.40	6.03	5.05	7
	中华实验眼科杂志	1343	0.378	0.050	0.83	302	0.57	10.07	5.50	7
	中华眼底病杂志	1182	0.462	0.041	0.80	220	0.53	7.33	7.11	8
	中华眼科杂志	3883	0.773	0.117	0.93	448	0.60	14.93	8.47	14
	中华眼视光学与视觉科学杂志	734	0.456	0.030	0.89	192	0.57	6.40	6.49	6
	中华眼外伤职业眼病杂志	2581	0.438	0.019	0.84	294	0.60	9.80	7.04	6
	平均	1369	0.475	0.055	0.89	252	0.51	8.43	6.03	6
	International Journal of Oral Science	38	0.393	0.025	0.87	28	0.38	1.08	2.45	3
	北京口腔医学	705	0.841	0.103	0.90	229	0.85	8.81	5.37	5
	广东牙病防治	758	0.361	0.035	0.92	234	0.77	9.00	5.55	5

期刊类别	期刊名称	扩展总被引频次	扩展影响因子	扩展即年指标	扩展他引率	扩展引用刊数	扩展学科影响指标	扩展学科扩散指标	扩展被引半衰期	扩展H指标
口腔科学	国际口腔医学杂志	1050	0.469	0.071	0.98	303	0.85	11.65	5.37	6
	华西口腔医学杂志	1634	0.797	0.165	0.97	358	0.88	13.77	6.11	7
	口腔材料器械杂志	332	0.427	0.051	0.97	139	0.81	5.35	7.80	4
	口腔颌面外科杂志	1471	1.086	0.101	0.94	319	0.88	12.27	6.64	6
	口腔颌面修复学杂志	786	0.686	0.054	0.86	181	0.81	6.96	5.70	6
	口腔生物医学	40	0.346	0.038	0.73	26	0.50	1.00	2.00	2
	口腔医学	1680	0.685	0.067	0.83	330	0.85	12.69	5.09	6
	口腔医学研究	1636	0.729	0.055	0.86	335	0.88	12.88	4.78	7
	临床口腔医学杂志	1615	0.489	0.060	0.94	373	0.81	14.35	6.14	6
	上海口腔医学	1060	0.510	0.126	0.94	287	0.88	11.04	6.35	6
	实用口腔医学杂志	1914	0.769	0.128	0.89	390	0.88	15.00	6.22	7
	现代口腔医学杂志	1354	0.522	0.057	0.97	317	0.85	12.19	7.22	6
	牙体牙髓牙周病学杂志	1431	0.390	0.044	0.94	288	0.81	11.08	7.08	7
	中国口腔颌面外科杂志	495	0.504	0.047	0.92	194	0.65	7.46	5.40	5
	中国口腔医学继续教育杂志	24	0.040	0.037	1.00	18	0.15	0.69	3.92	2
	中国口腔种植学杂志	326	0.509	0.018	0.90	122	0.73	4.69	4.95	3
	中国实用口腔科杂志	812	0.730	0.055	0.93	238	0.77	9.15	3.00	6
	中华口腔医学研究杂志(电子版)	226	0.507	0.032	0.95	104	0.73	4.00	3.04	4
	中华口腔医学杂志	2570	0.493	0.071	0.94	429	0.85	16.50	8.21	11
	中华口腔正畸学杂志	651	0.487	-	0.96	165	0.77	6.35	8.58	7
	中华老年口腔医学杂志	501	0.567	0.099	0.83	153	0.69	5.88	4.65	5
	平均	962	0.556	0.064	0.91	231	0.75	8.91	5.48	5
特种医学	法医学杂志	666	0.404	0.052	0.83	248	0.12	7.52	5.66	5
	放射免疫学杂志	1765	0.500	0.065	0.88	434	0.21	13.15	4.64	7
	放射学实践	2602	0.708	0.057	0.95	448	0.67	13.58	4.93	7
	国际放射医学核医学杂志	271	0.149	0.032	0.92	159	0.36	4.82	7.77	3
	国际医学放射学杂志	688	0.698	0.053	0.98	270	0.52	8.18	5.81	5
	海军医学杂志	762	0.450	0.124	0.86	303	0.18	9.18	4.60	5
	航天医学与医学工程	575	0.339	0.019	0.83	239	0.30	7.24	8.14	4
	介入放射学杂志	2621	1.220	0.125	0.85	448	0.48	13.58	4.64	10
	空军医学杂志	304	0.385	0.011	0.99	161	0.18	4.88	4.94	4
	临床超声医学杂志	1535	0.323	0.032	0.93	345	0.45	10.45	5.17	7
	临床放射学杂志	3864	0.665	0.068	0.95	530	0.73	16.06	5.97	9

期刊类别	期刊名称	扩展总被引频次	扩展影响因子	扩展即年指标	扩展他引率	扩展引用刊数	扩展学科影响指标	扩展学科扩散指标	扩展被引半衰期	扩展H指标
特种医学	实用放射学杂志	3964	0.498	0.051	0.89	500	0.73	15.15	5.97	8
	医学影像学杂志	3030	0.684	0.059	0.87	477	0.64	14.45	4.17	7
	中国超声医学杂志	4129	0.675	0.059	0.96	504	0.61	15.27	6.28	11
	中国法医学杂志	695	0.292	0.023	0.78	227	0.12	6.88	6.05	5
	中国激光医学杂志	537	0.729	0.147	0.83	200	0.03	6.06	5.69	5
	中国内镜杂志	5189	0.752	0.144	0.92	516	0.45	15.64	6.45	11
	中国体视学与图像分析	272	0.214	0.063	0.86	169	0.12	5.12	6.55	4
	中国现代医药杂志	2172	0.494	0.079	0.99	556	0.27	16.85	3.81	7
	中国医学计算机成像杂志	948	0.854	0.023	0.92	308	0.52	9.33	5.92	6
	中国医学影像技术	5949	0.829	0.086	0.93	668	0.76	20.24	5.14	11
	中国医学影像学杂志	1739	0.952	0.095	0.93	405	0.52	12.27	5.08	7
	中华超声影像学杂志	3001	0.622	0.064	0.90	471	0.58	14.27	6.44	11
	中华放射学杂志	6722	1.032	0.110	0.94	632	0.67	19.15	8.02	15
	中华放射医学与防护杂志	1212	0.410	0.097	0.88	354	0.55	10.73	7.31	6
	中华航海医学与高气压医学杂志	629	0.406	0.101	0.83	209	0.15	6.33	6.01	5
	中华航空航天医学杂志	569	0.423	0.030	0.72	129	0.21	3.91	7.73	5
	中华核医学与分子影像杂志	952	0.525	0.191	0.78	276	0.42	8.36	6.91	6
	中华医学超声杂志(电子版)	1046	0.655	0.126	0.83	286	0.42	8.67	2.82	8
	平均	1958	0.579	0.073	0.89	355	0.40	10.78	5.78	6
药学	Acta Pharmacologica Sinica	2078	0.681	0.335	0.93	675	0.69	9.12	7.17	7
	Fujian Medical Journal	2133	0.519	0.073	1.00	509	0.42	6.88	4.99	5
	Journal of Chinese Pharmaceutical Sciences	309	0.390	0.027	0.91	165	0.43	2.23	7.02	3
	北方药学	584	0.307	0.089	0.98	202	0.31	2.73	1.40	4
	东南国防医药	1034	0.625	0.138	0.75	294	0.36	3.97	3.83	7
	国际药学研究杂志	774	0.789	0.067	0.99	404	0.59	5.46	6.41	7
	国外医药(抗生素分册)	591	0.654	0.061	0.99	277	0.51	3.74	8.63	6
	海峡药学	4328	0.476	0.077	0.94	730	0.85	9.86	3.54	7
	河北医药	6469	0.656	0.086	0.92	741	0.58	10.01	3.00	8
	华西药学杂志	1835	0.566	0.059	0.93	524	0.74	7.08	5.93	8
	解放军药学学报	1063	0.632	0.021	0.95	400	0.70	5.41	5.12	6
	今日药学	892	0.500	0.078	0.94	329	0.69	4.45	4.62	5
	临床合理用药杂志	5791	0.514	0.135	0.96	627	0.66	8.47	1.97	7

期刊类别	期刊名称	扩展总被引频次	扩展影响因子	扩展即年指标	扩展他引率	扩展引用刊数	扩展学科影响指标	扩展学科扩散指标	扩展被引半衰期	扩展H指标
药学	临床药物治疗杂志	568	0.849	0.169	1.00	247	0.54	3.34	4.11	7
	山西医药杂志	2364	0.505	0.105	0.97	564	0.53	7.62	3.79	5
	上海医药	1029	0.794	0.101	0.97	403	0.64	5.45	4.31	7
	实用药物与临床	1695	1.355	0.176	0.92	371	0.65	5.01	3.55	7
	世界临床药物	994	0.650	0.047	0.98	372	0.68	5.03	5.91	7
	天津药学	1162	0.601	0.074	0.99	426	0.69	5.76	5.69	7
	西北药学杂志	1449	0.686	0.137	0.87	423	0.64	5.72	4.93	7
	现代药物与临床	795	0.841	0.204	0.96	306	0.47	4.14	5.85	6
	药品评价	702	0.458	0.061	0.88	265	0.58	3.58	3.88	7
	药物不良反应杂志	1558	0.953	0.076	0.93	364	0.76	4.92	5.88	8
	药物分析杂志	3811	0.902	0.116	0.78	571	0.73	7.72	4.76	8
	药物流行病学杂志	1146	0.570	0.114	0.90	293	0.69	3.96	5.56	5
	药物生物技术	587	0.452	0.031	0.88	297	0.41	4.01	6.21	4
	药学服务与研究	977	0.657	0.057	0.93	301	0.66	4.07	4.71	8
	药学进展	805	0.658	0.107	0.99	364	0.66	4.92	6.83	6
	药学实践杂志	929	0.553	0.056	0.98	381	0.68	5.15	5.99	6
	药学学报	4242	1.256	0.162	0.91	802	0.78	10.84	9.15	10
	药学与临床研究	758	0.592	0.024	0.98	315	0.58	4.26	4.72	4
	医药导报	4051	0.844	0.099	0.91	705	0.82	9.53	4.64	11
	医药工程设计	234	0.226	0.050	0.85	127	0.22	1.72	5.95	3
	中国处方药	500	-	0.019	1.00	227	0.47	3.07	6.07	5
	中国海洋药物	753	0.478	0.147	0.93	276	0.36	3.73	8.42	6
	中国基层医药	7459	0.920	0.086	0.61	512	0.51	6.92	2.57	8
	中国抗生素杂志	1799	1.113	0.071	0.92	487	0.72	6.58	5.23	9
	中国临床药理学与治疗学	1823	0.716	0.112	0.88	553	0.76	7.47	5.91	8
	中国临床药理学杂志	1561	0.918	0.075	0.95	454	0.70	6.14	5.14	10
	中国生化药物杂志	1421	1.068	0.081	0.85	514	0.62	6.95	5.66	8
	中国天然药物	1034	0.934	0.111	0.97	328	0.57	4.43	5.63	9
	中国现代药物应用	8381	0.497	0.106	0.99	798	0.78	10.78	2.73	9
	中国现代应用药学	1948	0.801	0.097	0.89	532	0.78	7.19	5.74	7
	中国新药与临床杂志	2354	0.653	0.084	0.94	534	0.70	7.22	7.56	10
	中国新药杂志	4132	0.690	0.098	0.95	813	0.91	10.99	6.04	12
	中国药房	9551	0.868	0.130	0.82	903	0.86	12.20	4.38	14

期刊类别	期刊名称	扩展总被引频次	扩展影响因子	扩展即年指标	扩展他引率	扩展引用刊数	扩展学科影响指标	扩展学科扩散指标	扩展被引半衰期	扩展H指标
药学	中国药理学通报	4892	1.248	0.211	0.85	842	0.82	11.38	5.15	12
	中国药理学与毒理学杂志	674	0.550	0.056	0.96	311	0.50	4.20	7.55	6
	中国药品标准	512	0.338	0.048	0.97	169	0.53	2.28	5.72	5
	中国药师	3579	0.604	0.082	0.85	585	0.85	7.91	4.17	7
	中国药事	1942	0.617	0.085	0.91	474	0.74	6.41	4.53	9
	中国药物化学杂志	758	0.622	0.165	0.97	334	0.61	4.51	5.76	5
	中国药物经济学	97	0.406	0.015	0.89	57	0.15	0.77	2.52	3
	中国药物警戒	1093	0.855	0.126	0.93	259	0.64	3.50	3.12	8
	中国药物滥用防治杂志	504	0.402	0.031	0.89	190	0.35	2.57	5.53	4
	中国药物依赖性杂志	693	0.565	0.116	0.82	242	0.39	3.27	5.50	6
	中国药物应用与监测	1285	1.658	0.267	0.96	386	0.72	5.22	3.76	7
	中国药物与临床	2171	0.573	0.109	0.95	583	0.68	7.88	3.24	6
	中国药学杂志	5236	0.751	0.102	0.93	896	0.91	12.11	6.84	11
	中国药业	5184	0.677	0.124	0.88	758	0.82	10.24	3.70	10
	中国医药导刊	2840	0.457	0.146	0.73	452	0.51	6.11	3.02	7
	中国医院药学杂志	5316	0.532	0.051	0.96	745	0.85	10.07	5.62	11
	中国医院用药评价与分析	1918	0.829	0.125	0.90	391	0.70	5.28	3.56	7
	中国执业药师	536	1.000	0.195	0.88	179	0.53	2.42	2.42	5
	中南药学	1190	0.697	0.124	0.88	393	0.77	5.31	3.96	8
	中药新药与临床药理	1901	0.923	0.106	0.97	483	0.70	6.53	5.96	9
	平均	2163	0.692	0.102	0.92	445	0.63	6.03	5.04	7
大学学报(工业技术)	Journal of Central South University	618	0.387	0.039	0.70	239	0.12	3.62	4.02	5
	Journal of Harbin Institute of Technology	126	0.089	0.023	0.98	102	0.09	1.55	4.87	2
	Journal of Wuhan University of Technology (Materials Science Edition)	350	0.251	0.026	0.77	163	0.12	2.47	3.98	3
	安阳工学院学报	451	0.253	0.062	0.97	274	0.09	4.15	4.67	3
	北方工业大学学报	273	0.261	0.029	0.99	205	0.11	3.11	7.77	4
	北京工业大学学报	1132	0.376	0.020	0.95	587	0.36	8.89	5.34	5
	北京科技大学学报	1995	0.670	0.100	0.94	613	0.32	9.29	5.99	7
	北京理工大学学报	1746	0.464	0.066	0.97	764	0.48	11.58	6.46	7
	长春理工大学学报(自然科学版)	879	1.028	0.184	0.92	488	0.15	7.39	2.98	4
	常熟理工学院学报	477	0.141	0.006	0.97	318	0.03	4.82	5.18	4

期刊类别	期刊名称	扩展总被引频次	扩展影响因子	扩展即年指标	扩展他引率	扩展引用刊数	扩展学科影响指标	扩展学科扩散指标	扩展被引半衰期	扩展H指标
大学学报(工业技术)	常州工学院学报	420	0.323	0.044	0.98	254	0.06	3.85	5.35	3
	重庆理工大学学报(自然科学版)	1573	0.784	0.067	0.90	680	0.29	10.30	4.84	6
	福建工程学院学报	363	0.281	0.015	0.97	252	0.09	3.82	4.92	4
	广东工业大学学报	344	0.368	0.024	0.97	264	0.09	4.00	6.58	4
	广西工学院学报	412	0.462	0.138	0.73	216	0.08	3.27	5.84	4
	桂林理工大学学报	698	0.373	0.051	0.92	339	0.08	5.14	8.75	4
	哈尔滨工业大学学报	2777	0.453	0.044	0.98	1063	0.59	16.11	6.39	7
	哈尔滨理工大学学报	697	0.493	0.076	0.83	380	0.24	5.76	4.79	5
	海军工程大学学报	718	0.455	0.067	0.82	268	0.18	4.06	6.05	5
	河北工业大学学报	529	0.349	0.014	0.97	359	0.18	5.44	6.56	5
	河北科技大学学报	439	0.562	0.163	0.76	221	0.08	3.35	4.44	4
	河南城建学院学报	290	0.250	0.059	0.99	191	0.09	2.89	4.91	3
	黑龙江大学工程学报	390	0.390	0.057	0.98	202	0.05	3.06	6.18	4
	黑龙江工程学院学报(自然科学版)	221	0.318	0.036	0.95	156	0.06	2.36	5.72	3
	后勤工程学院学报	230	0.208	0.019	0.83	142	0.08	2.15	5.13	3
	湖北工业大学学报	483	0.236	0.050	0.95	342	0.06	5.18	5.10	4
	湖北理工学院学报	268	0.208	0.047	0.94	182	0.06	2.76	4.63	3
	湖南工业大学学报	584	0.467	0.108	0.94	378	0.12	5.73	4.72	4
	淮阴工学院学报	260	0.220	0.075	0.96	184	0.05	2.79	6.28	4
	黄河科技大学学报	309	0.236	0.035	0.96	194	0.02	2.94	4.50	3
	吉林大学学报(工学版)	1415	0.548	0.096	0.89	555	0.42	8.41	4.37	6
	交通运输部管理干部学院学报	42	-	-	0.98	32	0.03	0.48	4.87	2
	军械工程学院学报	301	0.207	0.020	0.98	167	0.11	2.53	6.22	4
	辽宁科技大学学报	300	0.167	0.015	0.98	223	0.08	3.38	5.55	3
	南昌大学学报(工科版)	340	0.472	0.033	0.85	217	0.12	3.29	5.47	3
	南昌工程学院学报	196	0.174	0.025	0.96	152	0.11	2.30	5.40	3
	宁波工程学院学报	388	0.301	0.034	0.99	232	0.02	3.52	5.27	3
	青岛大学学报(工程技术版)	307	0.476	0.082	0.84	216	0.06	3.27	6.53	4
	山东大学学报(工学版)	735	0.494	0.059	0.83	409	0.24	6.20	4.96	6
	上海第二工业大学学报	128	0.311	-	0.96	100	0.02	1.52	4.57	3
	上海工程技术大学学报	227	0.220	0.024	0.94	180	0.05	2.73	4.95	3
	上海理工大学学报	467	0.289	0.058	0.97	331	0.12	5.02	7.05	4
	沈阳工业大学学报	621	0.380	0.048	0.93	363	0.21	5.50	5.64	5

期刊类别	期刊名称	扩展总被引频次	扩展影响因子	扩展即年指标	扩展他引率	扩展引用刊数	扩展学科影响指标	扩展学科扩散指标	扩展被引半衰期	扩展H指标
大学学报(工业技术)	沈阳理工大学学报	271	0.223	0.016	0.97	201	0.14	3.05	4.96	3
	苏州大学学报(工科版)	385	0.224	0.043	0.98	264	0.11	4.00	6.88	4
	苏州科技学院学报(工程技术版)	223	0.169	0.029	0.96	161	0.08	2.44	7.55	3
	太原理工大学学报	890	0.306	0.070	0.98	517	0.27	7.83	7.41	5
	天津工业大学学报	536	0.383	0.087	0.90	283	0.11	4.29	6.14	4
	武汉大学学报(工学版)	1202	0.427	0.041	0.98	538	0.23	8.15	7.12	7
	武汉工业学院学报	484	0.332	0.038	1.00	308	0.09	4.67	6.53	4
	武汉理工大学学报	2941	0.490	0.100	0.90	1106	0.48	16.76	5.05	7
	武警工程大学学报	79	0.056	0.019	0.71	44	0.05	0.67	5.25	2
	西安工程大学学报	577	0.439	0.087	0.90	281	0.14	4.26	4.51	4
	西安工业大学学报	344	0.249	0.030	0.92	232	0.17	3.52	5.35	4
	西安理工大学学报	465	0.378	0.022	0.97	310	0.12	4.70	6.62	5
	西北工业大学学报	882	0.441	0.018	0.96	398	0.23	6.03	6.41	5
	浙江大学学报(工学版)	2179	0.419	0.065	0.94	836	0.45	12.67	5.87	7
	浙江工业大学学报	834	0.579	0.064	0.99	562	0.12	8.52	4.97	6
	浙江理工大学学报	524	0.320	0.025	0.96	345	0.12	5.23	4.64	4
	郑州大学学报(工学版)	602	0.402	0.044	0.94	372	0.21	5.64	5.86	4
	中北大学学报(自然科学版)	485	0.260	-	0.93	316	0.17	4.79	6.10	5
	中原工学院学报	295	0.189	0.019	0.99	218	0.09	3.30	5.73	3
	平均	640	0.350	0.049	0.93	330	0.15	5.01	5.59	4
大学学报(石油化工)	北京化工大学学报(自然科学版)	890	0.497	0.041	0.96	465	0.50	29.06	6.25	6
	北京石油化工学院学报	200	0.230	0.052	0.97	154	0.13	9.63	6.45	4
	常州大学学报(自然科学版)	290	0.336	0.120	0.92	200	0.25	12.50	6.76	4
	承德石油高等专科学校学报	250	0.307	0.051	0.98	164	0.13	10.25	5.33	4
	东北石油大学学报	1408	0.918	0.207	0.73	349	0.56	21.81	6.67	7
	吉林化工学院学报	464	0.300	0.066	0.92	306	0.06	19.13	4.51	4
	江汉石油职工大学学报	356	0.231	0.025	0.97	172	0.19	10.75	4.45	4
	辽宁石油化工大学学报	490	0.482	0.095	0.83	219	0.38	13.69	6.33	5
	沈阳化工大学学报	241	0.265	0.038	0.98	179	0.19	11.19	5.60	3
	石油化工高等学校学报	523	0.591	0.075	0.87	216	0.56	13.50	5.64	4
	武汉工程大学学报	891	0.571	0.144	0.84	505	0.25	31.56	3.29	5
	西安石油大学学报(自然科学版)	1248	0.789	0.167	0.92	347	0.50	21.69	5.85	7
	西南石油大学学报(自然科学版)	2039	1.098	0.169	0.92	326	0.56	20.38	5.19	7

期刊类别	期刊名称	扩展总被引频次	扩展影响因子	扩展即年指标	扩展他引率	扩展引用刊数	扩展学科影响指标	扩展学科扩散指标	扩展被引半衰期	扩展H指标
	中国石油大学学报(自然科学版)	2454	0.809	0.089	0.91	488	0.56	30.50	8.07	9
	平均	838	0.530	0.096	0.91	292	0.34	18.26	5.74	5
大学学报(机电冶金)	北京电力高等专科学校学报(社会科学版)	635	0.070	0.019	0.98	229	0.20	15.27	1.94	3
	北京信息科技大学学报(自然科学版)	264	0.373	0.009	0.92	178	0.07	11.87	5.29	4
	成都工业学院学报	179	0.221	0.027	0.98	128	0.20	8.53	4.84	3
	重庆电力高等专科学校学报	299	0.336	0.062	0.97	151	0.20	10.07	3.43	3
	东北电力大学学报	401	0.243	0.036	0.96	244	0.27	16.27	4.98	5
	河南机电高等专科学校学报	429	0.212	0.046	0.99	258	0.13	17.20	4.93	3
	华北电力大学学报(自然科学版)	928	0.608	0.081	0.95	394	0.47	26.27	6.08	5
	昆明冶金高等专科学校学报	341	0.336	0.024	0.97	198	0.13	13.20	4.88	3
	内蒙古科技大学学报	258	0.170	-	0.97	172	0.07	11.47	6.90	3
	山东电力高等专科学校学报	213	0.258	0.066	0.98	130	0.27	8.67	4.27	3
	上海电力学院学报	352	0.277	0.064	0.97	229	0.27	15.27	4.63	4
	太原科技大学学报	403	0.437	0.065	0.69	202	0.07	13.47	4.82	5
	装甲兵工程学院学报	370	0.394	0.065	0.88	190	0.13	12.67	4.58	4
	平均	390	0.303	0.043	0.94	207	0.19	13.86	4.74	3
大学学报(电子电信)	北京电子科技学院学报	182	0.278	0.047	0.98	125	0.08	9.62	5.52	3
	北京邮电大学学报	887	0.813	0.064	0.94	384	0.31	29.54	4.30	7
	桂林电子科技大学学报	388	0.205	0.035	0.96	229	0.08	17.62	5.42	4
	杭州电子科技大学学报	415	0.221	0.023	0.98	283	0.15	21.77	5.44	4
	吉林大学学报(信息科学版)	470	0.646	0.063	0.81	228	0.23	17.54	4.73	4
	空军预警学院学报	207	0.266	0.054	0.87	127	0.15	9.77	3.79	3
	上海电机学院学报	185	0.241	-	0.91	128	0.08	9.85	5.12	3
	武汉大学学报(信息科学版)	3355	0.817	0.096	0.82	649	0.54	49.92	6.29	11
	武汉理工大学学报(信息与管理工程版)	1089	0.453	0.076	0.92	584	0.15	44.92	5.47	5
	西安邮电学院学报	731	0.558	0.088	0.84	334	0.15	25.69	3.61	4
	信息工程大学学报	248	0.239	-	0.98	162	0.23	12.46	4.79	3
	平均	741	0.431	0.050	0.91	293	0.20	22.61	4.95	4
大学学报(气象、环	Journal of Ocean University of China	128	0.290	0.066	0.83	68	0.11	7.56	4.83	2
	成都信息工程学院学报	420	0.352	0.038	0.95	245	0.22	27.22	5.70	4
	地球科学-中国地质大学学报	2797	1.185	0.135	0.92	467	0.56	51.89	8.86	11
	华北科技学院学报	334	0.225	0.023	0.97	197	0.22	21.89	5.39	3
	吉林大学学报(地球科学版)	2672	1.159	0.228	0.81	504	0.44	56.00	5.74	11

期刊类别	期刊名称	扩展总被引频次	扩展影响因子	扩展即年指标	扩展他引率	扩展引用刊数	扩展学科影响指标	扩展学科扩散指标	扩展被引半衰期	扩展H指标
境、地矿)	西安科技大学学报	914	0.730	0.027	0.87	365	0.44	40.56	5.06	5
	中国矿业大学学报	3039	1.087	0.091	0.92	636	0.56	70.67	7.84	14
	平均	1472	0.718	0.087	0.90	354	0.36	39.40	6.20	7
大学学报(轻工纺织)	北京服装学院学报(自然科学版)	123	0.333	0.022	0.93	78	0.27	7.09	4.88	2
	北京印刷学院学报	246	0.216	0.031	0.96	169	0.09	15.36	5.23	4
	成都纺织高等专科学校学报	163	0.208	0.043	0.99	118	0.18	10.73	5.03	3
	大连工业大学学报	483	0.416	0.116	0.92	283	0.09	25.73	5.23	4
	河南工程学院学报(自然科学版)	125	0.170	0.069	0.98	97	0.09	8.82	4.20	3
	四川烹饪高等专科学校学报	191	0.259	0.070	0.88	115	0.18	10.45	3.05	3
	天津科技大学学报	371	0.398	0.010	0.95	237	0.18	21.55	5.74	4
	扬州大学烹饪学报	178	0.220	0.088	0.94	112	0.18	10.18	6.90	3
	郑州轻工业学院学报(自然科学版)	462	0.258	0.049	0.94	269	0.18	24.45	5.41	4
	平均	260	0.275	0.055	0.94	164	0.16	14.93	5.07	3
大学学报(建筑工程)	北京建筑工程学院学报	339	0.307	-	0.99	233	0.20	23.30	7.81	4
	河北工程大学学报(自然科学版)	414	0.606	0.143	0.83	230	0.50	23.00	4.42	4
	河北建筑工程学院学报	302	0.127	-	0.99	157	0.20	15.70	7.21	4
	吉林建筑工程学院学报	316	0.288	0.069	0.97	202	0.30	20.20	3.61	4
	青岛理工大学学报	502	0.261	0.039	0.96	302	0.40	30.20	5.79	4
	山东建筑大学学报	591	0.648	0.145	0.68	276	0.30	27.60	4.18	5
	沈阳建筑大学学报(自然科学版)	917	0.511	0.094	0.82	411	0.40	41.10	4.86	5
	西安建筑科技大学学报(自然科学版)	882	0.552	0.058	0.90	437	0.50	43.70	5.55	6
	平均	532	0.413	0.069	0.89	281	0.35	28.10	5.43	4
大学学报(航空航天)	Transactions of Nanjing University of Aeronautics and Astronautics	129	0.271	-	0.95	95	0.21	6.79	6.10	3
	北华航天工业学院学报	284	0.231	0.099	1.00	189	0.21	13.50	4.58	3
	北京航空航天大学学报	2004	0.482	0.034	0.95	635	0.57	45.36	6.15	7
	桂林航天工业学院学报	323	0.198	0.062	0.98	196	0.21	14.00	4.43	3
	海军航空工程学院学报	422	0.371	0.019	0.90	178	0.14	12.71	4.32	4
	南昌航空大学学报(自然科学版)	152	0.129	0.013	0.94	117	0.07	8.36	6.80	2
	南京航空航天大学学报	1063	0.498	0.068	0.97	471	0.50	33.64	6.79	6
	沈阳航空航天大学学报	425	0.336	0.024	0.88	271	0.29	19.36	5.45	3
	西安航空学院学报	356	0.303	0.071	0.90	200	0.14	14.29	4.28	4
	郑州航空工业管理学院学报	452	0.373	0.092	0.99	275	0.07	19.64	4.21	3

期刊类别	期刊名称	扩展总被引频次	扩展影响因子	扩展即年指标	扩展他引率	扩展引用刊数	扩展学科影响指标	扩展学科扩散指标	扩展被引半衰期	扩展H指标
	中国民航大学学报	366	0.293	0.065	0.97	213	0.29	15.21	6.11	4
	中国民航飞行学院学报	254	0.267	0.052	0.95	149	0.21	10.64	4.96	3
	平均	519	0.313	0.050	0.95	249	0.24	17.79	5.35	3
大学学报(交通航运)	Journal of Shanghai Jiaotong University (Science)	106	0.109	0.015	0.97	82	0.12	4.82	4.18	2
	重庆交通大学学报(自然科学版)	1325	0.385	0.061	0.91	455	0.59	26.76	5.95	5
	大连海事大学学报	640	0.344	0.030	0.95	352	0.53	20.71	6.03	5
	大连交通大学学报	351	0.270	0.058	0.93	239	0.18	14.06	5.28	4
	广州航海高等专科学校学报	80	0.107	0.035	0.95	62	0.12	3.65	4.40	2
	湖北汽车工业学院学报	223	0.369	0.062	0.89	148	0.18	8.71	5.41	3
	华东交通大学学报	911	0.601	0.156	0.88	488	0.18	28.71	5.88	6
	军事交通学院学报	152	0.175	0.015	0.78	90	0.12	5.29	3.03	3
	兰州交通大学学报	754	0.282	0.015	0.97	470	0.29	27.65	5.87	5
	辽宁省交通高等专科学校学报	309	0.370	0.029	0.99	162	0.18	9.53	4.02	5
	青岛远洋船员职业学院学报	164	0.210	0.022	0.98	91	0.18	5.35	5.00	3
	山东交通学院学报	187	0.200	0.014	0.98	137	0.18	8.06	6.28	3
	上海海事大学学报	433	0.579	0.068	0.75	198	0.47	11.65	5.48	4
	石家庄铁道大学学报(自然科学版)	421	0.383	0.034	0.87	207	0.18	12.18	6.68	4
	武汉理工大学学报(交通科学与工程版)	1288	0.372	0.022	0.90	529	0.53	31.12	5.73	5
	平均	489	0.317	0.042	0.91	247	0.27	14.55	5.28	3
一般工业技术	China's Refractories	19	0.178	-	0.84	10	0.02	0.12	3.50	2
	Engineering Sciences	66	0.145	0.043	0.86	45	0.04	0.56	4.00	2
	Frontiers of Materials Science	33	0.102	0.029	0.85	20	0.06	0.25	3.45	2
	International Journal of Plant Engineering and Management	22	0.050	-	0.86	16	0.01	0.20	6.50	1
	Journal of Materials Science & Technology	588	0.493	0.086	0.82	182	0.19	2.25	4.70	3
	Science China Technological Sciences	1329	0.773	0.150	0.73	373	0.16	4.60	2.76	6
	包装工程	3312	0.504	0.090	0.57	579	0.26	7.15	4.63	7
	包装世界	166	0.149	0.013	0.97	101	0.06	1.25	3.59	2
	包装学报	99	0.417	0.202	0.71	46	0.06	0.57	1.86	2
	材料保护	1669	0.309	0.060	0.87	389	0.23	4.80	7.77	6
	材料导报	3791	0.377	0.021	0.93	957	0.40	11.81	5.74	7

2012年中国科技期刊被引指标按类刊名字顺索引(续)

期刊类别	期刊名称	扩展总被引频次	扩展影响因子	扩展即年指标	扩展他引率	扩展引用刊数	扩展学科影响指标	扩展学科扩散指标	扩展被引半衰期	扩展H指标
一般工业技术	材料工程	1514	0.327	0.047	0.91	404	0.21	4.99	6.05	5
	材料开发与应用	453	0.304	0.014	0.95	236	0.20	2.91	6.38	4
	材料科学与工程学报	1073	0.279	0.078	0.97	481	0.27	5.94	7.10	6
	材料科学与工艺	1190	0.413	0.024	0.97	368	0.26	4.54	7.85	5
	材料研究学报	802	0.483	0.073	0.94	315	0.28	3.89	7.15	4
	测试技术学报	438	0.288	0.051	0.92	234	0.11	2.89	6.89	4
	成组技术与生产现代化	117	0.151	-	0.97	79	0.04	0.98	7.44	3
	复合材料学报	1739	0.768	0.065	0.75	377	0.30	4.65	6.13	7
	工程爆破	498	0.467	0.019	0.77	146	0.02	1.80	6.42	4
	工程地球物理学报	767	0.532	0.054	0.80	259	0.05	3.20	5.01	7
	工程建设	246	0.246	0.047	1.00	144	0.05	1.78	6.41	4
	工程质量	461	0.160	0.071	0.97	156	0.09	1.93	5.91	4
	工业工程	784	0.574	0.029	0.95	355	0.09	4.38	4.77	5
	工业计量	285	0.195	0.058	0.98	149	0.15	1.84	6.11	3
	功能材料	3151	0.552	0.116	0.76	705	0.40	8.70	5.12	6
	功能材料与器件学报	279	0.203	0.012	0.92	161	0.15	1.99	6.26	4
	广西质量监督导报	256	0.225	0.011	1.00	115	0.04	1.42	4.25	6
	硅谷	2292	0.166	0.030	0.98	627	0.11	7.74	2.81	7
	合成材料老化与应用	237	0.398	0.017	0.89	113	0.09	1.40	6.32	5
	河北工业科技	392	0.374	0.094	0.89	219	0.09	2.70	4.98	4
	核标准计量与质量	17	0.029	-	0.94	12	0.01	0.15	7.83	1
	衡器	131	0.105	0.024	0.79	64	0.07	0.79	4.65	3
	计量与测试技术	711	0.203	0.029	0.97	339	0.25	4.19	3.88	5
	冷藏技术	85	0.083	-	0.82	42	0.07	0.52	9.25	2
	理化检验-化学分册	2300	0.488	0.064	0.89	548	0.19	6.77	5.56	6
	理化检验-物理分册	464	0.142	0.018	0.84	217	0.15	2.68	6.86	4
	宁夏工程技术	235	0.234	0.049	0.96	166	0.06	2.05	5.66	3
	热喷涂技术	43	0.378	0.017	0.86	30	0.05	0.37	2.63	2
	上海计量测试	165	0.147	0.022	0.95	113	0.10	1.40	5.80	3
	设备管理与维修	499	0.090	0.046	0.99	213	0.12	2.63	5.46	5
	深冷技术	126	0.057	0.032	0.97	68	0.10	0.84	7.92	2
	声学与电子工程	131	0.128	-	0.93	75	0.05	0.93	7.30	2
	实验技术与管理	6652	1.577	0.192	0.76	891	0.19	11.00	3.79	12

期刊类别	期刊名称	扩展总被引频次	扩展影响因子	扩展即年指标	扩展他引率	扩展引用刊数	扩展学科影响指标	扩展学科扩散指标	扩展被引半衰期	扩展H指标
一般工业技术	实验室研究与探索	8432	1.915	0.155	0.80	1141	0.21	14.09	3.97	13
	数字与缩微影像	65	0.162	0.010	0.89	42	0.01	0.52	4.05	2
	塑料包装	107	0.166	-	0.98	62	0.11	0.77	4.96	2
	图学学报	834	0.515	0.034	0.91	320	0.12	3.95	5.21	6
	现代测量与实验室管理	326	0.270	0.058	0.98	195	0.17	2.41	4.95	4
	新材料产业	406	0.318	0.053	0.99	244	0.14	3.01	4.30	4
	新技术新工艺	733	0.165	0.016	0.97	329	0.27	4.06	5.53	4
	应用基础与工程科学学报	748	0.705	0.043	0.84	413	0.10	5.10	5.34	5
	噪声与振动控制	844	0.370	0.036	0.88	356	0.17	4.40	4.93	5
	真空	762	0.566	0.043	0.89	279	0.30	3.44	6.38	4
	真空科学与技术学报	1081	1.228	0.081	0.49	215	0.20	2.65	3.94	7
	真空与低温	228	0.255	-	0.86	121	0.17	1.49	7.83	4
	制冷	249	0.245	0.029	0.93	120	0.09	1.48	8.48	3
	制冷技术	187	0.365	-	0.96	102	0.11	1.26	5.13	3
	制冷与空调	695	0.451	0.108	0.88	236	0.15	2.91	5.35	5
	制冷与空调(四川)	369	0.316	0.041	0.66	135	0.06	1.67	3.88	4
	质量与可靠性	140	0.195	-	0.86	88	0.05	1.09	6.54	3
	中国包装	177	0.265	0.045	0.98	93	0.06	1.15	5.93	2
	中国材料进展	432	0.746	0.033	0.98	201	0.22	2.48	3.70	6
	中国测试	781	0.381	0.022	0.91	429	0.26	5.30	5.24	5
	中国计量	621	0.128	0.021	1.00	251	0.16	3.10	4.37	4
	中国科学(技术科学)	1471	0.676	0.150	0.90	530	0.17	6.54	5.73	10
	中国新技术新产品	7129	0.382	0.101	0.97	853	0.20	10.53	2.36	10
	中国质量	471	0.148	0.045	1.00	242	0.09	2.99	8.54	4
	中国质量技术监督	188	0.165	0.008	1.00	110	0.05	1.36	3.76	3
	平均	972	0.368	0.047	0.89	264	0.14	3.27	5.43	4
矿业工程	International Journal of Minerals, Metallurgy and Materials	305	0.290	0.034	0.81	147	0.14	2.07	4.39	4
	Journal of Coal Science & Engineering (China)	108	0.201	0.026	0.96	63	0.24	0.89	4.52	3
	Lnternational Journal of Mining Science and Technology	611	0.658	0.026	0.69	185	0.39	2.61	3.69	5
	采矿技术	816	0.427	0.079	0.79	223	0.59	3.14	4.77	6

期刊类别	期刊名称	扩展总被引频次	扩展影响因子	扩展即年指标	扩展他引率	扩展引用刊数	扩展学科影响指标	扩展学科扩散指标	扩展被引半衰期	扩展H指标
矿业工程	采矿与安全工程学报	1626	1.164	0.090	0.90	196	0.59	2.76	5.47	9
	当代矿工	108	0.018	0.001	1.00	56	0.08	0.79	5.00	3
	非金属矿	944	0.606	0.060	0.90	308	0.35	4.34	6.16	4
	粉煤灰	233	0.188	0.023	0.97	145	0.10	2.04	6.50	3
	工矿自动化	1266	0.543	0.121	0.80	303	0.51	4.27	3.46	7
	河北煤炭	366	0.196	0.044	1.00	146	0.52	2.06	5.11	3
	江西煤炭科技	262	0.133	0.028	0.98	124	0.42	1.75	4.32	3
	洁净煤技术	941	0.806	0.354	0.55	220	0.44	3.10	3.73	6
	金属矿山	2938	0.634	0.092	0.85	541	0.69	7.62	4.70	8
	勘察科学技术	434	0.235	0.074	0.96	228	0.23	3.21	8.45	4
	矿产保护与利用	550	0.473	0.036	0.97	218	0.38	3.07	7.38	6
	矿产与地质	1005	0.340	0.021	0.95	222	0.31	3.13	8.18	5
	矿产综合利用	644	0.790	0.157	0.89	220	0.28	3.10	7.05	5
	矿山测量	544	0.366	0.056	0.88	213	0.39	3.00	5.17	5
	矿山机械	1531	0.270	0.049	0.87	409	0.59	5.76	5.18	6
	矿物学报	1308	1.050	0.039	0.94	303	0.28	4.27	7.85	7
	矿冶	712	0.606	0.038	0.92	280	0.41	3.94	6.79	5
	矿冶工程	1272	0.742	0.097	0.81	337	0.55	4.75	6.10	7
	矿业安全与环保	1255	0.560	0.088	0.95	285	0.70	4.01	5.96	6
	矿业工程	542	0.280	0.037	0.97	230	0.44	3.24	6.29	4
	矿业工程研究	137	0.644	0.015	0.89	71	0.32	1.00	2.57	4
	矿业研究与开发	971	0.584	0.098	0.87	297	0.58	4.18	5.62	5
	露天采矿技术	423	0.215	0.052	0.82	146	0.41	2.06	4.83	4
	煤	614	0.181	0.020	0.98	199	0.59	2.80	4.26	4
	煤矿安全	2075	0.425	0.072	0.85	317	0.66	4.46	5.08	6
	煤矿爆破	119	0.150	0.133	0.92	50	0.13	0.70	7.09	3
	煤矿机电	652	0.241	0.084	0.92	209	0.52	2.94	5.05	4
	煤矿机械	3870	0.512	0.060	0.66	591	0.56	8.32	3.78	6
	煤矿开采	1054	0.705	0.101	0.89	185	0.63	2.61	4.39	6
	煤矿现代化	578	0.210	0.062	0.99	192	0.54	2.70	4.45	5
	煤气与热力	1913	0.720	0.121	0.47	289	0.18	4.07	5.36	6
	煤炭工程	2121	0.553	0.090	0.84	384	0.68	5.41	4.53	7
	煤炭技术	3099	0.407	0.069	0.86	583	0.72	8.21	3.68	7

期刊类别	期刊名称	扩展总被引频次	扩展影响因子	扩展即年指标	扩展他引率	扩展引用刊数	扩展学科影响指标	扩展学科扩散指标	扩展被引半衰期	扩展H指标
矿业工程	煤炭加工与综合利用	506	0.430	0.049	0.97	180	0.54	2.54	5.61	5
	煤炭科技	414	0.254	0.031	1.00	157	0.54	2.21	5.02	3
	煤炭科学技术	3251	1.060	0.159	0.85	416	0.75	5.86	5.21	10
	煤炭学报	5963	1.777	0.185	0.82	666	0.77	9.38	5.28	15
	煤田地质与勘探	1365	0.650	0.107	0.93	325	0.59	4.58	8.48	7
	煤质技术	356	0.195	0.033	0.94	149	0.37	2.10	5.39	3
	能源技术与管理	639	0.236	0.035	0.95	237	0.58	3.34	4.50	5
	能源与节能	309	0.196	0.041	0.98	182	0.11	2.56	2.92	4
	山东煤炭科技	922	0.168	0.027	0.98	243	0.63	3.42	3.52	5
	山西焦煤科技	461	0.254	0.035	0.99	174	0.49	2.45	4.31	4
	山西煤炭	338	0.218	0.018	0.95	148	0.54	2.08	3.95	3
	陕西煤炭	388	0.164	0.023	0.96	158	0.45	2.23	4.08	4
	上海煤气	101	0.106	0.054	1.00	59	0.06	0.83	5.61	3
	神华科技	200	0.235	0.070	0.96	116	0.35	1.63	3.23	3
	水力采煤与管道运输	139	0.099	0.006	1.00	74	0.31	1.04	4.85	3
	探矿工程-岩土钻掘工程	1280	0.683	0.103	0.67	283	0.41	3.99	4.52	6
	同煤科技	140	0.200	0.053	1.00	81	0.21	1.14	5.10	3
	西部探矿工程	2329	0.199	0.036	0.97	562	0.61	7.92	6.32	6
	现代矿业	608	0.331	0.036	0.92	211	0.46	2.97	2.64	5
	选煤技术	783	0.584	0.074	0.68	141	0.45	1.99	5.67	5
	铀矿冶	214	0.235	0.038	0.79	83	0.15	1.17	9.50	4
	有色金属(矿山部分)	381	0.541	0.075	0.81	137	0.37	1.93	4.11	4
	凿岩机械气动工具	103	0.187	-	0.83	53	0.07	0.75	8.06	2
	中国非金属矿工业导刊	436	0.272	0.052	0.83	210	0.24	2.96	6.64	4
	中国矿业	2168	0.625	0.075	0.95	625	0.76	8.80	5.17	7
	中国煤层气	272	0.471	0.054	0.93	92	0.41	1.30	4.93	4
	中国煤炭	1844	0.662	0.187	0.75	361	0.63	5.08	4.25	7
	中国煤炭地质	1195	0.507	0.084	0.82	296	0.56	4.17	4.85	6
	中国锰业	413	0.576	0.046	0.85	122	0.14	1.72	6.61	6
	中国钨业	384	0.591	0.054	0.75	126	0.18	1.77	5.64	4
	中州煤炭	894	0.255	0.054	0.93	197	0.54	2.77	3.53	4
	平均	981	0.442	0.067	0.88	234	0.43	3.31	5.24	5

期刊类别	期刊名称	扩展总被引频次	扩展影响因子	扩展即年指标	扩展他引率	扩展引用刊数	扩展学科影响指标	扩展学科扩散指标	扩展被引半衰期	扩展H指标
石油、天然气工业	China Petroleum Processing and Petrochemical Technology	38	0.188	-	0.92	20	0.08	0.23	3.50	2
	Journal of Natural Gas Chemistry	345	0.777	0.111	0.66	80	0.09	0.93	2.87	3
	Petroleum Science	156	0.603	0.029	0.78	76	0.19	0.88	2.94	3
	测井技术	1269	0.461	0.030	0.86	202	0.43	2.35	7.94	7
	大庆石油地质与开发	2895	0.963	0.181	0.57	237	0.56	2.76	6.51	9
	当代石油石化	411	0.374	0.084	0.99	190	0.35	2.21	5.72	5
	断块油气田	2132	1.546	0.182	0.59	207	0.52	2.41	4.42	7
	国际石油经济	672	0.660	0.236	0.90	273	0.37	3.17	3.80	6
	海相油气地质	553	0.943	0.067	0.91	108	0.30	1.26	5.90	7
	海洋石油	442	0.380	-	0.92	129	0.42	1.50	6.04	5
	焊管	510	0.285	0.032	0.81	144	0.15	1.67	5.53	6
	节能技术	828	0.748	0.042	0.69	308	0.13	3.58	5.45	6
	精细石油化工进展	753	0.337	0.024	0.94	262	0.40	3.05	6.20	6
	炼油技术与工程	976	0.364	0.068	0.90	187	0.36	2.17	7.20	6
	炼油与化工	242	0.275	0.026	0.95	133	0.27	1.55	5.19	4
	录井工程	357	0.432	0.058	0.55	69	0.27	0.80	5.19	5
	齐鲁石油化工	253	0.180	0.033	0.95	125	0.23	1.45	8.20	3
	石化技术	244	0.296	0.013	0.98	123	0.23	1.43	7.42	3
	石油地球物理勘探	2023	0.662	0.061	0.86	215	0.36	2.50	7.58	7
	石油地质与工程	1144	0.644	0.073	0.76	184	0.53	2.14	4.45	5
	石油工程建设	627	0.401	0.054	0.86	220	0.33	2.56	5.68	4
	石油工业技术监督	392	0.226	0.037	0.95	155	0.35	1.80	5.27	4
	石油规划设计	374	0.409	0.108	0.95	160	0.30	1.86	5.96	4
	石油化工	2099	0.693	0.091	0.80	394	0.33	4.58	6.86	6
	石油化工安全环保技术	256	0.244	0.072	0.98	112	0.17	1.30	5.09	4
	石油化工腐蚀与防护	491	0.229	0.039	0.95	154	0.24	1.79	7.05	4
	石油化工技术与经济	285	0.310	0.024	0.96	154	0.29	1.79	6.30	4
	石油化工设备	946	0.729	0.141	0.61	235	0.21	2.73	4.31	5
	石油化工设备技术	401	0.307	0.057	0.95	150	0.26	1.74	7.69	4
	石油化工设计	196	0.165	0.069	0.98	106	0.21	1.23	6.54	3
	石油化工应用	492	0.274	0.057	0.92	203	0.45	2.36	3.34	5
	石油化工自动化	574	0.469	0.086	0.73	173	0.15	2.01	5.53	5

期刊类别	期刊名称	扩展总被引频次	扩展影响因子	扩展即年指标	扩展他引率	扩展引用刊数	扩展学科影响指标	扩展学科扩散指标	扩展被引半衰期	扩展H指标
石油、天然气工业	石油机械	1739	0.432	0.027	0.77	319	0.50	3.71	6.62	6
	石油教育	495	-	0.060	0.96	216	0.02	2.51	5.03	3
	石油勘探与开发	4916	3.370	0.640	0.91	312	0.56	3.63	7.96	17
	石油科技论坛	349	0.728	0.259	0.54	106	0.24	1.23	2.94	4
	石油库与加油站	122	0.170	0.012	1.00	57	0.10	0.66	6.09	3
	石油矿场机械	1892	1.158	0.201	0.52	233	0.45	2.71	3.76	6
	石油沥青	486	0.306	0.044	0.91	146	0.07	1.70	6.49	5
	石油炼制与化工	1363	0.509	0.112	0.83	261	0.40	3.03	7.54	6
	石油商技	155	0.115	0.015	0.89	75	0.16	0.87	5.83	3
	石油石化节能	446	0.268	0.021	0.97	157	0.49	1.83	5.69	5
	石油天然气学报	2386	0.762	0.056	0.92	349	0.60	4.06	4.98	6
	石油物探	1405	0.908	0.140	0.84	159	0.31	1.85	7.33	7
	石油学报	5692	2.227	0.287	0.86	437	0.60	5.08	6.66	17
	石油学报(石油加工)	983	0.514	0.054	0.86	255	0.41	2.97	6.01	6
	石油与天然气地质	3085	2.812	0.441	0.83	197	0.40	2.29	6.53	11
	石油与天然气化工	1115	0.745	0.094	0.83	262	0.51	3.05	6.13	5
	石油钻采工艺	2362	0.849	0.116	0.81	239	0.55	2.78	6.36	8
	石油钻探技术	1734	1.196	0.119	0.83	213	0.53	2.48	5.68	7
	世界石油工业	73	0.115	0.032	1.00	38	0.20	0.44	>10	2
	特种油气藏	1816	0.825	0.069	0.77	189	0.50	2.20	6.12	8
	天然气工业	5836	1.428	0.561	0.87	523	0.67	6.08	5.83	16
	天然气勘探与开发	425	0.407	0.013	0.96	132	0.45	1.53	6.55	5
	天然气与石油	772	1.171	0.150	0.62	185	0.45	2.15	3.99	6
	物探装备	177	0.115	0.030	0.92	85	0.13	0.99	5.85	3
	新疆石油地质	2183	0.860	0.065	0.82	200	0.47	2.33	6.65	7
	新疆石油天然气	358	0.242	-	0.99	150	0.49	1.74	6.28	5
	岩性油气藏	1053	1.423	0.117	0.67	123	0.36	1.43	3.56	9
	乙烯工业	160	0.153	-	0.94	68	0.13	0.79	7.00	3
	油气储运	1552	0.634	0.131	0.80	297	0.51	3.45	6.20	6
	油气地质与采收率	2126	1.573	0.146	0.71	213	0.51	2.48	5.28	8
	油气井测试	544	0.246	0.017	0.89	118	0.43	1.37	6.73	5
	油气田地面工程	1760	0.303	0.023	0.90	381	0.63	4.43	4.92	6
	油气田环境保护	411	0.477	0.037	0.91	170	0.31	1.98	6.03	5

期刊类别	期刊名称	扩展总被引频次	扩展影响因子	扩展即年指标	扩展他引率	扩展引用刊数	扩展学科影响指标	扩展学科扩散指标	扩展被引半衰期	扩展H指标
石油、天然气工业	油田化学	1358	0.586	0.027	0.89	210	0.42	2.44	9.69	6
	中国海上油气	962	0.816	0.182	0.82	236	0.53	2.74	6.16	8
	中国海洋平台	380	0.299	0.015	0.91	138	0.19	1.60	7.19	5
	中国石油和化工	232	0.345	0.022	0.79	120	0.21	1.40	3.06	4
	中国石油勘探	887	1.377	0.136	0.77	157	0.38	1.83	5.39	7
	中国石油企业	239	0.108	0.018	1.00	116	0.10	1.35	3.70	3
	钻采工艺	1809	0.577	0.073	0.93	265	0.57	3.08	5.99	6
	钻井液与完井液	1683	0.902	0.078	0.71	161	0.35	1.87	6.06	8
	平均	1108	0.652	0.093	0.85	188	0.35	2.19	5.89	5
冶金工业	Journal of Iron and Steel Research, International	335	0.358	0.026	0.85	109	0.30	1.38	3.91	3
	Journal of Rare Earths	1312	1.113	0.177	0.66	277	0.25	3.51	3.83	4
	Transactions of Nonferrous Metals Society of China	2189	0.730	0.132	0.74	352	0.37	4.46	4.06	5
	鞍钢技术	303	0.232	0.011	0.97	140	0.44	1.77	7.07	5
	包钢科技	290	0.146	0.020	0.98	170	0.35	2.15	5.72	3
	宝钢技术	452	0.219	0.010	0.96	186	0.49	2.35	7.08	5
	材料研究与应用	338	0.316	0.060	0.99	193	0.30	2.44	5.11	4
	材料与冶金学报	252	0.183	0.047	0.96	151	0.49	1.91	7.20	5
	粉末冶金材料科学与工程	453	0.577	0.038	0.72	128	0.23	1.62	3.96	5
	粉末冶金工业	334	0.496	0.016	0.93	122	0.19	1.54	6.57	5
	粉末冶金技术	365	0.325	-	0.93	133	0.27	1.68	7.58	5
	甘肃冶金	334	0.144	0.011	0.96	194	0.34	2.46	4.43	4
	钢铁	2190	0.508	0.086	0.91	370	0.68	4.68	7.49	7
	钢铁钒钛	394	0.352	0.052	0.88	136	0.58	1.72	7.38	4
	钢铁研究	383	0.322	0.020	0.98	168	0.58	2.13	7.34	4
	钢铁研究学报	985	0.418	0.020	0.95	244	0.61	3.09	6.82	5
	河北冶金	227	0.076	0.010	0.97	137	0.43	1.73	6.73	3
	河南冶金	227	0.168	-	0.96	133	0.35	1.68	5.48	3
	黑龙江冶金	92	0.112	0.034	1.00	70	0.09	0.89	4.45	2
	黄金	976	0.510	0.093	0.87	251	0.34	3.18	6.85	5
	黄金科学技术	522	0.697	0.316	0.52	107	0.14	1.35	4.14	5
	金属材料与冶金工程	224	0.125	0.047	0.99	143	0.48	1.81	6.00	4

期刊类别	期刊名称	扩展总被引频次	扩展影响因子	扩展即年指标	扩展他引率	扩展引用刊数	扩展学科影响指标	扩展学科扩散指标	扩展被引半衰期	扩展H指标
冶金工业	宽厚板	199	0.170	0.024	0.93	88	0.37	1.11	6.28	4
	连铸	151	0.156	0.014	0.88	74	0.32	0.94	6.45	3
	炼钢	514	0.303	0.053	0.90	126	0.53	1.59	6.94	4
	炼铁	373	0.372	0.061	0.79	87	0.42	1.10	6.56	4
	南方金属	181	0.197	0.010	1.00	132	0.30	1.67	5.55	3
	山东冶金	451	0.141	0.009	0.97	230	0.48	2.91	5.86	4
	山西冶金	159	0.092	0.021	0.99	115	0.32	1.46	5.19	3
	上海金属	420	0.278	0.038	0.87	160	0.56	2.03	6.55	4
	上海有色金属	184	0.244	0.045	0.95	113	0.23	1.43	8.50	3
	烧结球团	365	0.281	0.009	0.85	111	0.43	1.41	7.52	4
	湿法冶金	467	0.491	0.068	0.83	157	0.35	1.99	7.16	6
	世界钢铁	175	0.394	-	0.96	93	0.37	1.18	3.67	4
	四川冶金	172	0.088	0.010	0.98	122	0.37	1.54	7.08	2
	四川有色金属	177	0.163	-	0.99	119	0.24	1.51	7.08	4
	特钢技术	156	0.135	0.053	0.97	83	0.27	1.05	6.12	4
	特殊钢	583	0.336	0.008	0.92	163	0.49	2.06	7.03	4
	天津冶金	135	0.143	-	0.94	93	0.30	1.18	5.56	3
	铁合金	248	0.177	-	0.83	88	0.35	1.11	7.33	4
	铜业工程	341	0.345	0.054	0.88	173	0.23	2.19	5.04	4
	武钢技术	209	0.156	0.038	0.97	127	0.35	1.61	6.59	4
	稀土	1039	0.742	0.094	0.80	312	0.34	3.95	6.94	6
	稀有金属	1454	0.991	0.103	0.76	353	0.48	4.47	6.08	7
	稀有金属与硬质合金	346	0.397	0.020	0.90	149	0.38	1.89	7.95	4
	新疆钢铁	94	0.130	0.034	0.97	71	0.27	0.90	6.58	2
	新疆有色金属	442	0.145	0.021	0.98	193	0.19	2.44	4.42	3
	冶金丛刊	153	0.146	0.023	0.96	118	0.32	1.49	5.97	2
	冶金分析	1416	0.784	0.119	0.79	304	0.47	3.85	5.15	6
	冶金管理	119	0.196	0.024	1.00	76	0.16	0.96	3.66	3
	冶金设备	320	0.137	0.026	0.94	155	0.35	1.96	6.77	4
	冶金设备管理与维修	12	0.000	0.012	0.92	9	0.04	0.11	7.00	1
	冶金自动化	488	0.444	0.104	0.87	214	0.42	2.71	5.79	4
	硬质合金	377	0.556	0.169	0.58	95	0.15	1.20	6.41	4
	有色金属(选矿部分)	673	0.657	0.103	0.78	97	0.37	1.23	5.72	5

期刊类别	期刊名称	扩展总被引频次	扩展影响因子	扩展即年指标	扩展他引率	扩展引用刊数	扩展学科影响指标	扩展学科扩散指标	扩展被引半衰期	扩展H指标
冶金工业	有色金属(冶炼部分)	661	0.668	0.209	0.69	149	0.38	1.89	6.24	5
	有色金属工程	931	0.585	0.074	0.99	357	0.42	4.52	7.54	5
	有色金属科学与工程	269	0.598	0.128	0.80	126	0.24	1.59	4.03	4
	有色金属设计	153	0.243	-	0.99	107	0.18	1.35	5.90	3
	有色矿冶	490	0.280	0.014	0.96	247	0.32	3.13	6.82	4
	有色冶金节能	131	0.180	0.012	0.99	85	0.16	1.08	5.43	3
	有色冶金设计与研究	307	0.224	0.026	0.94	186	0.20	2.35	5.47	4
	云南冶金	556	0.606	-	0.82	220	0.42	2.78	6.83	5
	轧钢	543	0.340	0.032	0.84	151	0.51	1.91	6.47	5
	中国钢铁业	72	0.153	0.077	0.99	46	0.15	0.58	3.57	3
	中国矿山工程	326	0.414	0.046	0.97	133	0.18	1.68	6.02	4
	中国钼业	448	0.373	0.025	0.80	144	0.24	1.82	7.24	4
	中国冶金	484	0.421	0.039	0.85	180	0.51	2.28	5.31	5
	中国有色金属	218	0.107	0.013	1.00	132	0.25	1.67	3.96	3
	中国有色金属学报	3758	0.863	0.050	0.87	547	0.58	6.92	6.04	9
	中国有色冶金	416	0.322	0.031	0.90	128	0.38	1.62	6.52	4
	平均	500	0.345	0.047	0.90	161	0.35	2.04	6.04	4
金属学、金属工艺	Acta Metallurgica Sinica	184	0.240	0.018	0.93	91	0.38	1.63	5.82	3
	China Foundry	51	0.176	0.016	0.53	14	0.14	0.25	3.17	3
	China Welding	84	0.137	-	0.82	42	0.21	0.75	5.81	3
	材料热处理学报	1506	0.572	0.055	0.75	288	0.63	5.14	4.53	6
	大型铸锻件	173	0.214	0.011	0.85	82	0.27	1.46	5.40	3
	电焊机	781	0.304	0.057	0.76	218	0.30	3.89	5.09	4
	锻压技术	1096	0.566	0.076	0.66	195	0.43	3.48	4.83	5
	锻压装备与制造技术	583	0.331	0.028	0.59	125	0.25	2.23	5.64	4
	锻造与冲压	24	0.019	0.005	1.00	11	0.07	0.20	6.25	1
	钢管	364	0.430	0.124	0.69	98	0.23	1.75	5.04	4
	贵金属	463	0.595	0.067	0.64	129	0.16	2.30	8.86	4
	焊接	605	0.155	0.006	0.89	195	0.39	3.48	6.72	5
	焊接技术	617	0.232	0.024	0.92	220	0.39	3.93	6.85	5
	焊接学报	1991	0.540	0.088	0.69	300	0.52	5.36	5.64	6
	湖南有色金属	524	0.333	0.023	0.96	215	0.21	3.84	6.48	5
	金刚石与磨料磨具工程	480	0.360	0.044	0.73	120	0.18	2.14	6.70	4

期刊类别	期刊名称	扩展总被引频次	扩展影响因子	扩展即年指标	扩展他引率	扩展引用刊数	扩展学科影响指标	扩展学科扩散指标	扩展被引半衰期	扩展H指标
金属学、金属工艺	金属功能材料	290	0.373	0.014	0.96	137	0.29	2.45	4.58	4
	金属热处理	1979	0.469	0.086	0.75	353	0.66	6.30	6.20	7
	金属世界	173	0.172	0.031	0.96	120	0.21	2.14	4.77	2
	金属学报	2974	0.989	0.121	0.88	438	0.71	7.82	7.50	7
	金属制品	580	0.632	0.176	0.34	94	0.13	1.68	4.81	4
	铝加工	221	0.193	-	0.95	94	0.36	1.68	7.15	3
	模具工业	827	0.626	0.085	0.59	164	0.27	2.93	3.92	5
	模具技术	272	0.246	0.011	0.89	109	0.20	1.95	6.46	3
	模具制造	300	0.134	0.013	0.86	134	0.29	2.39	4.70	3
	轻合金加工技术	655	0.245	0.037	0.86	176	0.52	3.14	7.68	5
	轻金属	934	0.367	0.031	0.86	272	0.43	4.86	7.37	5
	全面腐蚀控制	261	0.210	0.012	0.92	138	0.16	2.46	5.84	3
	热处理	250	0.282	0.018	0.88	109	0.38	1.95	4.77	3
	热处理技术与装备	275	0.337	0.030	0.87	134	0.36	2.39	4.74	4
	热加工工艺	2898	0.343	0.028	0.55	386	0.73	6.89	3.70	6
	失效分析与预防	171	0.427	0.034	0.77	83	0.20	1.48	4.00	3
	世界有色金属	374	0.160	0.006	0.99	185	0.32	3.30	6.96	4
	钛工业进展	377	0.713	0.094	0.82	137	0.38	2.45	6.65	6
	特种铸造及有色合金	1466	0.431	0.076	0.66	206	0.59	3.68	5.45	6
	稀有金属材料与工程	3333	0.606	0.043	0.87	563	0.63	10.05	5.18	6
	现代铸铁	346	0.332	0.065	0.53	55	0.27	0.98	6.02	3
	有色金属加工	211	0.202	-	0.94	105	0.30	1.88	5.43	3
	有色设备	110	0.105	0.011	0.93	82	0.09	1.46	6.75	2
	中国表面工程	706	0.924	0.181	0.76	208	0.39	3.71	4.79	6
	中国腐蚀与防护学报	789	0.564	0.063	0.88	221	0.43	3.95	7.86	5
	中国稀土学报	1427	0.844	0.153	0.84	411	0.45	7.34	7.15	7
	中国铸造装备与技术	264	0.192	0.019	0.91	92	0.30	1.64	6.80	3
	铸造	1360	0.349	0.065	0.80	216	0.59	3.86	7.03	5
	铸造工程	48	0.066	0.014	1.00	19	0.18	0.34	6.60	2
	铸造技术	1497	0.491	0.094	0.61	270	0.57	4.82	4.52	6
	铸造设备与工艺	266	0.196	0.083	0.75	89	0.36	1.59	6.28	4
	组合机床与自动化加工技术	1116	0.481	0.037	0.77	320	0.20	5.71	4.65	5
	平均	755	0.373	0.049	0.80	176	0.35	3.15	5.82	4

期刊类别	期刊名称	扩展总被引频次	扩展影响因子	扩展即年指标	扩展他引率	扩展引用刊数	扩展学科影响指标	扩展学科扩散指标	扩展被引半衰期	扩展H指标
机械仪表工业	Chinese Journal of Mechanical Engineering	698	0.754	0.129	0.93	196	0.30	1.87	4.78	5
	Frontiers of Mechanical Engineering	37	0.048	-	0.89	18	0.05	0.17	3.89	2
	变压器	1098	0.571	0.075	0.84	219	0.15	2.09	6.16	6
	传感技术学报	2294	0.895	0.142	0.68	551	0.43	5.25	4.46	9
	电加工与模具	353	0.231	0.011	0.82	120	0.19	1.14	7.18	4
	电子机械工程	313	0.215	0.040	0.78	158	0.26	1.50	6.48	4
	发电与空调	310	0.197	0.007	0.95	150	0.08	1.43	5.42	3
	阀门	175	0.191	0.020	0.80	80	0.21	0.76	6.45	3
	分析测试技术与仪器	388	0.443	0.078	0.95	191	0.05	1.82	6.95	6
	分析仪器	494	0.430	0.027	0.95	288	0.12	2.74	5.20	5
	风机技术	377	0.320	0.016	0.60	125	0.18	1.19	5.49	4
	工程机械	768	0.259	0.032	0.92	246	0.33	2.34	6.65	5
	工程机械与维修	252	0.067	0.003	1.00	104	0.21	0.99	5.56	3
	工程设计学报	413	0.432	0.084	0.88	226	0.35	2.15	5.37	4
	工程与试验	149	0.150	0.047	0.95	101	0.14	0.96	5.55	3
	工具技术	979	0.213	0.018	0.87	281	0.44	2.68	6.11	5
	工业仪表与自动化装置	536	0.368	0.152	0.95	263	0.25	2.50	4.94	3
	管道技术与设备	467	0.295	0.039	0.89	180	0.15	1.71	5.90	5
	光学技术	1292	0.479	0.055	0.93	411	0.30	3.91	6.55	5
	光学精密工程	3538	1.585	0.226	0.73	483	0.44	4.60	3.80	10
	光学仪器	378	0.272	0.045	0.77	165	0.18	1.57	6.33	4
	哈尔滨轴承	61	0.046	-	1.00	43	0.14	0.41	5.06	2
	机床与液压	3436	0.400	0.031	0.73	634	0.64	6.04	4.72	7
	机电工程技术	797	0.235	0.024	0.97	375	0.49	3.57	4.51	4
	机电技术	273	0.213	0.027	0.97	181	0.20	1.72	2.90	3
	机械	661	0.325	0.028	0.93	283	0.42	2.70	5.21	4
	机械传动	687	0.350	0.030	0.80	221	0.42	2.10	4.84	5
	机械工程材料	1012	0.208	0.013	0.90	325	0.28	3.10	6.84	5
	机械工程师	1126	0.134	0.018	0.94	418	0.50	3.98	5.23	5
	机械工程学报	6453	1.140	0.124	0.81	839	0.68	7.99	5.14	11
	机械工程与自动化	864	0.251	0.036	0.98	402	0.39	3.83	4.12	4
	机械管理开发	1004	0.282	0.036	0.95	436	0.34	4.15	3.92	4

期刊类别	期刊名称	扩展总被引频次	扩展影响因子	扩展即年指标	扩展他引率	扩展引用刊数	扩展学科影响指标	扩展学科扩散指标	扩展被引半衰期	扩展H指标
机械仪表工业	机械科学与技术	1720	0.301	0.022	0.87	514	0.51	4.90	6.77	5
	机械强度	1089	0.259	0.065	0.84	371	0.43	3.53	6.80	6
	机械设计	1363	0.476	0.043	0.85	412	0.43	3.92	5.96	6
	机械设计与研究	770	0.415	0.035	0.87	300	0.43	2.86	5.75	4
	机械设计与制造	2908	0.341	0.036	0.88	714	0.59	6.80	4.11	6
	机械设计与制造工程	842	0.344	0.048	0.97	379	0.37	3.61	4.72	5
	机械研究与应用	649	0.239	0.029	0.94	285	0.40	2.71	4.94	4
	机械与电子	697	0.318	0.031	0.97	343	0.46	3.27	4.65	4
	机械制造	703	0.183	0.013	0.97	303	0.37	2.89	6.11	4
	机械制造与自动化	684	0.251	0.013	0.98	307	0.36	2.92	4.92	5
	计量技术	698	0.173	0.010	0.69	247	0.35	2.35	7.35	4
	计量学报	625	0.241	0.025	0.83	261	0.33	2.49	6.61	5
	教学仪器与实验	290	0.095	0.011	0.95	110	0.03	1.05	5.86	4
	金属加工(冷加工)	342	0.055	0.004	1.00	149	0.28	1.42	4.91	3
	金属加工(热加工)	418	0.079	0.008	1.00	172	0.31	1.64	4.66	3
	精密成形工程	76	0.207	0.007	0.82	37	0.09	0.35	2.39	2
	精密制造与自动化	213	0.331	0.026	0.93	113	0.30	1.08	5.52	3
	流体机械	1755	1.302	0.564	0.73	374	0.37	3.56	4.58	7
	摩擦学学报	1260	1.005	0.126	0.75	286	0.34	2.72	7.40	8
	纳米技术与精密工程	231	0.388	0.080	0.84	120	0.20	1.14	3.84	3
	起重运输机械	817	0.221	0.034	0.89	278	0.33	2.65	5.46	4
	润滑与密封	1729	0.434	0.071	0.74	422	0.48	4.02	5.81	6
	生命科学仪器	310	0.203	0.028	0.99	219	0.05	2.09	4.91	4
	石油仪器	408	0.123	0.019	0.92	165	0.16	1.57	6.36	3
	实验教学与仪器	236	0.050	0.011	1.00	103	0.01	0.98	5.40	3
	世界制造技术与装备市场	101	0.122	-	1.00	69	0.15	0.66	7.46	3
	水泵技术	319	0.189	0.042	0.93	120	0.14	1.14	8.29	3
	通用机械	296	0.120	0.028	0.97	139	0.25	1.32	5.51	3
	无损检测	928	0.265	0.025	0.82	296	0.32	2.82	7.39	6
	无损探伤	198	0.144	0.009	0.90	105	0.13	1.00	6.86	3
	现代机械	414	0.210	0.025	1.00	276	0.33	2.63	5.34	4
	现代科学仪器	941	0.381	0.060	0.89	439	0.21	4.18	5.82	5
	现代仪器与医疗	469	0.217	0.105	0.86	261	0.10	2.49	5.99	5

期刊类别	期刊名称	扩展总被引频次	扩展影响因子	扩展即年指标	扩展他引率	扩展引用刊数	扩展学科影响指标	扩展学科扩散指标	扩展被引半衰期	扩展H指标
机械仪表工业	现代制造工程	1220	0.310	0.042	0.90	458	0.50	4.36	5.30	5
	现代制造技术与装备	324	0.196	0.029	0.98	183	0.30	1.74	4.49	4
	小型内燃机与摩托车	297	0.221	0.007	0.90	150	0.20	1.43	5.06	3
	压力容器	1297	1.239	0.695	0.67	242	0.33	2.30	4.56	7
	压缩机技术	248	0.241	0.039	0.82	107	0.15	1.02	6.00	4
	液压气动与密封	700	0.513	0.095	0.57	179	0.30	1.70	3.85	6
	液压与气动	1146	0.314	0.031	0.81	323	0.46	3.08	5.51	4
	一重技术	267	0.109	0.008	0.96	148	0.22	1.41	6.68	3
	仪表技术	531	0.327	0.032	0.96	258	0.22	2.46	4.11	4
	仪表技术与传感器	1790	0.613	0.052	0.83	515	0.46	4.90	4.22	7
	仪器仪表学报	5771	1.975	0.199	0.78	884	0.58	8.42	4.41	10
	仪器仪表用户	486	0.265	0.037	0.97	266	0.22	2.53	4.53	3
	仪器仪表与分析监测	198	0.320	0.017	0.99	149	0.15	1.42	6.15	3
	振动与冲击	3248	0.764	0.073	0.76	643	0.50	6.12	4.11	9
	制造技术与机床	1148	0.259	0.029	0.89	310	0.50	2.95	5.06	5
	中国工程机械学报	308	0.388	0.021	0.94	169	0.30	1.61	4.65	4
	中国惯性技术学报	1018	0.752	0.086	0.81	228	0.21	2.17	4.87	7
	中国机械工程	4142	0.493	0.081	0.90	811	0.61	7.72	6.48	8
	中国设备工程	411	0.124	0.019	0.96	188	0.17	1.79	5.52	3
	中国仪器仪表	406	0.189	0.017	1.00	227	0.20	2.16	5.36	4
	中国重型装备	116	0.125	-	1.00	78	0.13	0.74	6.14	2
	重型机械	375	0.180	0.061	0.86	148	0.26	1.41	7.79	3
	轴承	590	0.265	0.034	0.74	176	0.38	1.68	5.93	5
	装备环境工程	515	0.421	0.052	0.78	203	0.21	1.93	4.85	5
	装备制造技术	1192	0.244	0.027	0.97	502	0.44	4.78	3.34	5
	自动化仪表	1372	0.586	0.083	0.89	482	0.43	4.59	5.26	6
	自动化与仪表	485	0.442	0.068	0.93	231	0.24	2.20	3.82	5
	平均	932	0.365	0.057	0.88	278	0.30	2.66	5.42	4
军事科技	Journal of China Ordnance	28	0.116	-	1.00	26	0.11	0.48	3.60	1
	爆破	815	1.124	0.071	0.68	162	0.20	3.00	4.55	7
	爆破器材	455	0.531	0.174	0.73	114	0.19	2.11	7.73	4
	爆炸与冲击	1018	0.396	0.056	0.91	260	0.35	4.81	8.20	6
	兵工学报	1660	0.615	0.035	0.92	459	0.50	8.50	4.98	7

期刊类别	期刊名称	扩展总被引频次	扩展影响因子	扩展即年指标	扩展他引率	扩展引用刊数	扩展学科影响指标	扩展学科扩散指标	扩展被引半衰期	扩展H指标
军事科技	兵工自动化	995	0.406	0.032	0.89	353	0.37	6.54	4.37	4
	兵器材料科学与工程	650	0.348	0.045	0.93	290	0.22	5.37	6.67	5
	弹道学报	494	0.406	0.067	0.90	162	0.43	3.00	5.85	4
	弹箭与制导学报	1216	0.238	0.025	0.88	350	0.48	6.48	5.60	4
	防护工程	114	0.214	0.022	0.49	38	0.11	0.70	4.70	2
	飞航导弹	712	0.521	0.065	0.72	173	0.43	3.20	5.28	4
	工兵装备研究	89	0.109	0.011	0.30	23	0.07	0.43	5.94	2
	国防	142	0.052	0.004	1.00	81	0.11	1.50	4.88	2
	国防科技	253	0.243	0.026	0.93	131	0.22	2.43	4.80	4
	国防科技工业	85	0.092	0.008	1.00	56	0.11	1.04	4.27	2
	含能材料	841	0.401	0.018	0.72	160	0.33	2.96	5.79	5
	航空兵器	255	0.222	0.022	0.94	123	0.28	2.28	6.58	3
	火工品	243	0.108	-	0.83	82	0.30	1.52	6.89	3
	火控雷达技术	228	0.222	-	0.89	107	0.22	1.98	5.43	3
	火力与指挥控制	1487	0.328	0.020	0.87	327	0.41	6.06	4.28	5
	火炮发射与控制学报	269	0.296	0.010	0.82	111	0.26	2.06	5.07	4
	火炸药学报	978	0.595	0.032	0.78	146	0.33	2.70	6.56	6
	军民两用技术与产品	79	0.255	0.031	0.97	69	0.11	1.28	6.05	2
	军事运筹与系统工程	259	0.395	0.078	0.88	77	0.28	1.43	5.22	4
	水雷战与舰船防护	85	0.099	0.010	0.88	39	0.13	0.72	5.65	3
	四川兵工学报	976	0.553	0.042	0.85	281	0.41	5.20	2.53	6
	现代防御技术	444	0.118	0.025	0.89	150	0.31	2.78	5.91	4
	鱼雷技术	304	0.305	0.020	0.76	102	0.24	1.89	5.49	4
	战术导弹技术	407	0.396	0.007	0.86	135	0.35	2.50	5.13	4
	战术导弹控制技术	102	0.103	-	0.96	74	0.20	1.37	6.44	2
	指挥控制与仿真	574	0.356	0.061	0.89	152	0.31	2.81	4.50	5
	指挥信息系统与技术	155	0.655	0.179	0.54	47	0.09	0.87	1.81	3
	制导与引信	140	0.192	0.041	0.90	75	0.28	1.39	7.35	3
	中国军事科学	111	0.105	0.061	0.92	51	0.15	0.94	5.81	3
	平均	490	0.327	0.038	0.84	146	0.26	2.72	5.41	3
	Journal of Hydrodynamics	571	0.933	0.089	0.67	168	0.11	3.00	4.04	5
	柴油机	190	0.136	0.011	0.94	110	0.20	1.96	7.42	3
	柴油机设计与制造	98	0.142	-	0.97	72	0.11	1.29	6.27	2

期刊类别	期刊名称	扩展总被引频次	扩展影响因子	扩展即年指标	扩展他引率	扩展引用刊数	扩展学科影响指标	扩展学科扩散指标	扩展被引半衰期	扩展H指标
动力工程	车用发动机	455	0.367	0.076	0.87	169	0.23	3.02	5.38	4
	电力与能源	118	–	0.089	0.96	72	0.13	1.29	1.77	3
	电气传动	864	0.462	0.064	0.88	288	0.21	5.14	5.07	5
	动力工程学报	1479	0.532	0.065	0.83	360	0.48	6.43	6.24	6
	风能	202	0.324	0.152	0.76	89	0.23	1.59	3.87	3
	工业锅炉	280	0.362	0.053	0.87	114	0.27	2.04	5.06	6
	工业加热	292	0.042	0.015	0.90	170	0.20	3.04	6.98	4
	工业炉	213	0.127	–	0.92	127	0.16	2.27	6.59	3
	广西电业	390	0.082	0.012	1.00	129	0.04	2.30	4.46	5
	锅炉技术	482	0.420	0.037	0.93	207	0.32	3.70	5.96	4
	锅炉制造	197	0.154	–	0.96	105	0.25	1.88	5.20	3
	国外内燃机	31	0.018	0.012	1.00	20	0.11	0.36	6.25	2
	节能	648	0.271	0.028	0.94	312	0.39	5.57	6.32	4
	可再生能源	1254	0.645	0.055	0.90	487	0.38	8.70	4.82	7
	内燃机	214	0.220	–	0.96	118	0.16	2.11	5.54	3
	内燃机工程	864	0.738	0.032	0.89	238	0.27	4.25	5.89	5
	内燃机学报	937	0.637	0.044	0.89	224	0.29	4.00	7.51	6
	内燃机与动力装置	129	0.168	0.032	0.95	91	0.13	1.63	4.62	3
	内燃机与配件	66	0.090	0.004	1.00	48	0.07	0.86	4.50	2
	能源工程	496	0.534	0.022	0.98	278	0.29	4.96	6.54	6
	能源技术	289	0.147	0.012	1.00	192	0.32	3.43	6.48	4
	能源研究与管理	188	0.363	0.026	0.94	129	0.21	2.30	4.53	3
	能源研究与利用	242	0.253	0.033	0.99	175	0.25	3.13	6.92	3
	能源研究与信息	203	0.362	–	0.99	151	0.20	2.70	6.86	4
	能源与环境	569	0.279	0.031	0.97	326	0.16	5.82	3.92	4
	汽轮机技术	750	0.451	0.028	0.85	216	0.21	3.86	6.08	4
	区域供热	181	0.171	0.028	0.87	78	0.13	1.39	5.81	3
	燃气轮机技术	220	0.169	0.037	0.86	108	0.21	1.93	7.00	3
	燃烧科学与技术	635	0.452	0.044	0.94	248	0.36	4.43	7.16	5
	热科学与技术	245	0.360	0.048	0.82	137	0.16	2.45	6.11	3
	热力透平	186	0.259	0.015	0.86	75	0.23	1.34	4.84	3
	热能动力工程	948	0.399	0.079	0.94	355	0.54	6.34	7.14	5
	上海节能	212	0.291	0.018	0.95	136	0.20	2.43	3.91	3

期刊类别	期刊名称	扩展总被引频次	扩展影响因子	扩展即年指标	扩展他引率	扩展引用刊数	扩展学科影响指标	扩展学科扩散指标	扩展被引半衰期	扩展H指标
动力工程	水电能源科学	1646	0.564	0.073	0.75	440	0.20	7.86	3.10	6
	水动力学研究与进展 A 辑	1040	0.966	0.054	0.88	344	0.14	6.14	6.41	6
	太阳能学报	2712	0.467	0.049	0.87	705	0.52	12.59	6.27	10
	特种设备安全技术	42	0.010	-	1.00	34	0.02	0.61	6.00	2
	微电机	786	0.335	0.066	0.78	248	0.13	4.43	4.59	5
	微特电机	557	0.290	0.030	0.79	194	0.09	3.46	5.07	4
	现代车用动力	107	0.204	-	0.79	52	0.13	0.93	5.50	3
	现代电力	541	0.517	0.045	0.98	237	0.27	4.23	5.78	6
	冶金动力	286	0.184	0.020	0.97	165	0.18	2.95	4.81	3
	冶金能源	354	0.330	0.010	0.94	192	0.27	3.43	5.65	5
	应用能源技术	426	0.332	0.053	0.95	250	0.30	4.46	4.65	4
	中国电机工程学报	15741	1.584	0.180	0.79	910	0.66	16.25	6.03	20
	中国能源	795	1.009	0.178	0.96	398	0.38	7.11	4.77	6
	中外能源	800	0.766	0.179	0.90	356	0.18	6.36	2.78	7
	平均	823	0.378	0.045	0.91	216	0.23	3.88	5.49	4
原子能技术	Nuclear Science and Techniques	91	0.204	0.051	0.68	37	0.44	2.06	3.96	2
	辐射防护	434	0.331	0.108	0.91	155	0.56	8.61	9.18	4
	辐射防护通讯	209	0.239	-	0.91	101	0.56	5.61	8.04	3
	辐射研究与辐射工艺学报	315	0.324	0.029	0.90	169	0.39	9.39	6.89	4
	核安全	66	0.131	-	0.80	38	0.33	2.11	5.26	2
	核电子学与探测技术	685	0.209	0.014	0.75	214	0.56	11.89	5.09	4
	核动力工程	820	0.305	0.043	0.89	232	0.61	12.89	6.64	4
	核化学与放射化学	237	0.271	0.032	0.76	97	0.39	5.39	7.13	3
	核技术	694	0.252	0.037	0.87	298	0.61	16.56	7.01	5
	核科学与工程	360	0.294	0.031	0.84	138	0.72	7.67	8.10	5
	世界核地质科学	142	0.298	-	0.86	71	0.33	3.94	6.13	3
	太阳能	443	0.267	0.030	0.90	217	0.11	12.06	5.07	4
	同位素	179	0.384	0.067	0.88	105	0.44	5.83	6.32	4
	应用泛函分析学报	130	0.207	0.016	0.72	53	0.06	2.94	5.44	4
	原子能科学技术	967	0.327	0.080	0.76	275	0.72	15.28	4.83	5
	平均	384	0.270	0.036	0.83	146	0.46	8.15	6.34	3
	Electricity	9	0.024	-	0.67	7	0.04	0.06	6.25	1
	安全与电磁兼容	139	0.146	0.038	0.96	89	0.11	0.79	6.46	4

期刊类别	期刊名称	扩展总被引频次	扩展影响因子	扩展即年指标	扩展他引率	扩展引用刊数	扩展学科影响指标	扩展学科扩散指标	扩展被引半衰期	扩展H指标
电工技术	大电机技术	398	0.284	0.052	0.92	168	0.36	1.49	7.46	4
	大功率变流技术	91	0.378	0.094	0.86	46	0.17	0.41	2.64	3
	大众用电	327	0.154	0.039	1.00	111	0.19	0.98	4.90	4
	灯与照明	211	0.234	0.054	0.92	110	0.10	0.97	4.89	4
	低压电器	881	0.332	0.058	0.86	293	0.44	2.59	4.27	5
	电测与仪表	1588	0.912	0.159	0.72	399	0.47	3.53	4.58	5
	电池	647	0.554	0.095	0.79	211	0.17	1.87	6.64	5
	电池工业	272	0.279	0.034	0.89	126	0.07	1.12	5.15	3
	电瓷避雷器	842	1.266	0.142	0.41	108	0.29	0.96	5.18	7
	电动工具	29	0.097	0.016	0.86	19	0.02	0.17	>10	2
	电工材料	119	0.154	-	0.82	58	0.04	0.51	6.82	3
	电工电能新技术	521	0.605	0.060	0.91	208	0.42	1.84	6.79	6
	电工电气	194	0.342	0.028	0.95	116	0.26	1.03	2.51	3
	电工技术	619	0.183	0.044	0.97	232	0.47	2.05	4.65	4
	电工技术学报	4076	1.010	0.121	0.84	514	0.65	4.55	5.33	12
	电工文摘	36	0.106	0.034	1.00	23	0.03	0.20	2.23	2
	电机技术	199	0.190	0.030	0.85	105	0.16	0.93	5.11	3
	电机与控制学报	1335	1.142	0.123	0.78	315	0.42	2.79	3.72	7
	电机与控制应用	591	0.496	0.011	0.92	225	0.38	1.99	4.79	5
	电力电容器与无功补偿	673	0.994	0.102	0.57	118	0.33	1.04	4.67	6
	电力电子技术	1780	0.460	0.036	0.87	373	0.50	3.30	4.95	8
	电力建设	1712	0.620	0.063	0.80	347	0.57	3.07	4.93	7
	电力勘测设计	284	0.241	0.028	0.90	152	0.21	1.35	5.47	4
	电力科学与工程	838	0.652	0.188	0.76	283	0.50	2.50	3.76	6
	电力科学与技术学报	413	0.825	0.047	0.83	179	0.39	1.58	4.36	5
	电力系统保护与控制	7349	1.953	0.163	0.66	498	0.65	4.41	3.32	15
	电力系统及其自动化学报	1686	0.924	0.127	0.82	345	0.56	3.05	5.48	9
	电力系统通信	1058	0.888	0.105	0.80	230	0.42	2.04	3.81	6
	电力系统自动化	11925	2.308	0.284	0.83	611	0.66	5.41	5.63	22
	电力信息化	586	0.366	0.067	0.83	168	0.31	1.49	4.00	5
	电力需求侧管理	644	0.534	0.008	0.92	203	0.29	1.80	4.91	6
	电力学报	476	0.357	0.051	0.97	242	0.38	2.14	5.85	4
	电力与电工	196	0.226	0.033	0.97	97	0.29	0.86	6.00	3

期刊类别	期刊名称	扩展总被引频次	扩展影响因子	扩展即年指标	扩展他引率	扩展引用刊数	扩展学科影响指标	扩展学科扩散指标	扩展被引半衰期	扩展H指标
电工技术	电力自动化设备	3853	1.378	0.200	0.77	473	0.63	4.19	4.48	9
	电气传动自动化	271	0.292	0.043	0.97	161	0.23	1.42	6.21	3
	电气防爆	96	0.275	0.020	0.66	32	0.04	0.28	4.37	3
	电气技术	476	0.265	0.026	0.96	225	0.48	1.99	3.38	6
	电气开关	285	0.247	0.029	0.99	145	0.35	1.28	4.69	4
	电气时代	432	0.173	0.011	1.00	225	0.35	1.99	6.00	3
	电气应用	1189	0.174	0.034	0.97	364	0.61	3.22	5.84	5
	电气制造	106	0.121	0.006	1.00	65	0.12	0.58	3.33	2
	电气自动化	429	0.439	0.042	0.93	211	0.28	1.87	4.61	4
	电器工业	186	0.146	0.079	0.99	105	0.19	0.93	4.93	3
	电世界	71	0.013	-	0.99	43	0.08	0.38	8.00	2
	电网技术	10971	1.802	0.212	0.77	622	0.70	5.50	5.76	23
	电网与清洁能源	1106	0.912	0.181	0.85	292	0.47	2.58	3.26	7
	电线电缆	292	0.309	0.048	0.87	124	0.18	1.10	7.26	4
	电源技术	1442	0.497	0.063	0.85	476	0.43	4.21	4.92	6
	电站辅机	103	0.194	-	0.96	68	0.12	0.60	6.37	3
	电站系统工程	670	0.415	0.070	0.93	237	0.29	2.10	5.48	5
	东北电力技术	655	0.412	0.069	0.76	207	0.42	1.83	6.02	4
	东方电气评论	121	0.161	0.033	0.97	75	0.12	0.66	6.50	2
	发电设备	353	0.309	0.086	0.93	168	0.27	1.49	4.96	3
	高电压技术	7298	2.148	0.343	0.64	544	0.64	4.81	4.78	14
	高压电器	2436	1.320	0.072	0.61	261	0.53	2.31	4.10	11
	供用电	592	0.591	0.048	0.87	178	0.47	1.58	4.49	5
	光源与照明	125	0.215	0.015	0.98	72	0.07	0.64	4.89	3
	广东电力	1026	0.496	0.057	0.83	265	0.52	2.35	4.71	6
	广西电力	400	0.231	0.020	0.98	162	0.42	1.43	5.69	4
	贵州电力技术	125	0.025	0.015	0.98	64	0.17	0.57	4.81	3
	黑龙江电力	417	0.229	0.029	0.95	195	0.41	1.73	5.91	4
	湖北电力	536	0.291	0.024	1.00	196	0.39	1.73	4.66	5
	湖南电力	293	0.226	0.017	0.96	154	0.35	1.36	5.75	4
	华北电力技术	902	0.340	0.041	0.94	278	0.51	2.46	6.37	4
	华东电力	2283	0.578	0.083	0.87	430	0.59	3.81	4.12	8
	机床电器	199	0.136	0.031	0.94	112	0.06	0.99	5.50	3

2012年中国科技期刊被引指标按类刊名字顺索引(续)

期刊类别	期刊名称	扩展总被引频次	扩展影响因子	扩展即年指标	扩展他引率	扩展引用刊数	扩展学科影响指标	扩展学科扩散指标	扩展被引半衰期	扩展H指标
电工技术	机电产品开发与创新	709	0.231	0.058	0.96	359	0.06	3.18	3.90	5
	机电工程	1138	0.504	0.080	0.87	420	0.33	3.72	3.82	6
	机电设备	166	0.088	0.020	1.00	111	0.04	0.98	6.93	3
	机电一体化	553	0.149	0.018	0.97	287	0.12	2.54	6.61	4
	机电元件	99	0.198	0.012	0.69	53	0.08	0.47	7.29	4
	吉林电力	318	0.278	0.036	0.99	152	0.39	1.35	5.92	4
	家电科技	186	0.084	0.010	0.90	97	0.06	0.86	6.59	3
	江苏电机工程	458	0.293	0.041	0.96	172	0.50	1.52	5.51	4
	江西电力	224	0.279	0.050	0.96	121	0.35	1.07	5.04	4
	洁净与空调技术	165	0.201	0.010	0.95	92	0.01	0.81	6.53	3
	绝缘材料	659	0.631	0.063	0.70	185	0.22	1.64	5.41	5
	内蒙古电力技术	499	0.301	0.086	0.87	166	0.30	1.47	4.61	4
	南方电网技术	735	0.738	0.133	0.89	144	0.45	1.27	3.25	7
	宁夏电力	226	0.154	0.009	0.98	109	0.23	0.96	4.88	3
	农村电工	491	0.134	0.043	1.00	108	0.14	0.96	4.22	5
	汽车电器	232	0.107	0.016	0.84	108	0.06	0.96	6.25	3
	青海电力	199	0.189	0.033	1.00	100	0.21	0.88	5.46	3
	热力发电	1287	0.501	0.073	0.82	320	0.39	2.83	4.92	5
	日用电器	89	0.077	-	0.98	67	0.10	0.59	8.45	2
	山东电力技术	336	0.314	0.031	0.96	181	0.37	1.60	5.76	3
	山西电力	452	0.326	0.063	0.98	181	0.39	1.60	5.35	4
	陕西电力	991	0.750	0.254	0.81	203	0.42	1.80	3.16	6
	上海大中型电机	57	0.058	0.010	0.89	32	0.06	0.28	6.25	2
	四川电力技术	490	0.297	0.021	0.98	181	0.43	1.60	5.50	4
	现代建筑电气	123	0.297	0.033	0.97	66	0.07	0.58	2.21	3
	移动电源与车辆	80	0.180	0.019	0.81	46	0.03	0.41	5.27	2
	云南电力技术	361	0.222	0.053	0.98	144	0.34	1.27	4.44	4
	照明工程学报	479	0.592	0.072	0.75	183	0.12	1.62	4.37	6
	浙江电力	596	0.405	0.064	0.92	184	0.47	1.63	4.85	4
	中国电力	2836	1.191	0.133	0.93	525	0.65	4.65	6.32	9
	中国电业	34	0.015	0.005	1.00	22	0.02	0.19	4.00	2
	中国照明电器	235	0.365	0.045	0.93	108	0.12	0.96	3.92	3
	平均	979	0.457	0.062	0.88	197	0.30	1.75	5.17	5

期刊类别	期刊名称	扩展总被引频次	扩展影响因子	扩展即年指标	扩展他引率	扩展引用刊数	扩展学科影响指标	扩展学科扩散指标	扩展被引半衰期	扩展H指标
无线电电子学、电信技术	Chinese Optics of Letters	1005	0.849	0.137	0.64	141	0.19	0.89	2.79	4
	Frontiers of Optoelectronics	20	0.057	0.045	0.90	17	0.03	0.11	2.83	2
	Journal of Electronic Science and Technology of China	53	0.101	-	0.68	33	0.04	0.21	4.62	2
	Journal of Electronics(China)	86	0.053	0.011	0.98	56	0.11	0.35	5.33	2
	Journal of Semiconductors	1019	0.301	0.063	0.73	271	0.33	1.70	5.61	4
	Journal of Systems Engineering and Electronics	467	0.539	0.060	0.88	202	0.21	1.27	3.75	4
	Optoelectronics Letters	307	0.832	0.182	0.78	48	0.07	0.30	2.17	4
	The Journal of China Universities of Posts and Telecommunications	138	0.223	-	0.90	74	0.09	0.47	3.60	2
	半导体光电	561	0.261	0.032	0.88	240	0.33	1.51	5.03	6
	半导体技术	552	0.228	0.010	0.85	233	0.31	1.47	5.05	4
	传感器与微系统	1502	0.429	0.068	0.90	533	0.37	3.35	4.41	6
	磁共振成像	213	1.036	0.054	0.77	91	0.01	0.57	2.16	5
	磁性材料及器件	318	0.225	0.027	0.85	146	0.09	0.92	6.92	3
	当代电视	335	0.116	0.022	0.99	130	0.05	0.82	3.69	3
	电波科学学报	1279	0.611	0.035	0.61	253	0.33	1.59	5.13	6
	电光与控制	1099	0.600	0.048	0.73	270	0.31	1.70	4.10	5
	电路与系统学报	479	0.280	0.014	0.93	226	0.30	1.42	6.42	5
	电脑与电信	251	0.209	0.015	0.97	139	0.13	0.87	3.36	4
	电气电子教学学报	1703	0.626	0.070	0.92	395	0.16	2.48	4.87	6
	电声技术	620	0.384	0.072	0.50	167	0.23	1.05	4.64	4
	电视技术	1606	0.501	0.113	0.49	301	0.42	1.89	3.17	6
	电信技术	500	0.267	0.030	1.00	188	0.25	1.18	3.91	4
	电信科学	1192	0.907	0.131	0.95	402	0.35	2.53	3.07	9
	电信快报	184	0.189	0.042	1.00	102	0.19	0.64	4.50	2
	电信网技术	315	0.314	0.051	0.97	153	0.19	0.96	2.94	4
	电讯技术	834	0.376	0.060	0.77	265	0.37	1.67	4.54	4
	电子测量技术	1750	0.847	0.103	0.78	458	0.38	2.88	3.55	6
	电子测量与仪器学报	1739	2.152	0.228	0.88	371	0.33	2.33	3.16	9
	电子测试	350	0.318	0.036	0.86	180	0.19	1.13	2.95	4
	电子产品可靠性与环境试验	234	0.254	0.011	0.91	128	0.14	0.81	6.85	3

期刊类别	期刊名称	扩展总被引频次	扩展影响因子	扩展即年指标	扩展他引率	扩展引用刊数	扩展学科影响指标	扩展学科扩散指标	扩展被引半衰期	扩展H指标
无线电电子学、电信技术	电子产品世界	460	0.334	0.116	0.82	205	0.25	1.29	4.33	4
	电子工业专用设备	227	0.163	0.013	0.86	119	0.16	0.75	5.47	3
	电子工艺技术	550	0.681	0.089	0.57	156	0.19	0.98	4.97	5
	电子技术	582	0.195	0.032	0.98	287	0.28	1.81	4.90	4
	电子技术应用	1395	0.310	0.054	0.95	449	0.38	2.82	5.73	6
	电子科技	920	0.445	0.101	0.91	298	0.32	1.87	2.87	4
	电子器件	703	0.378	0.071	0.83	290	0.35	1.82	5.05	4
	电子设计工程	1404	0.491	0.080	0.86	433	0.36	2.72	1.94	6
	电子设计技术	42	0.051	0.003	1.00	35	0.06	0.22	4.14	2
	电子世界	267	–	0.041	0.96	155	0.14	0.97	1.60	3
	电子显微学报	563	0.452	0.033	0.90	337	0.05	2.12	8.63	5
	电子信息对抗技术	340	0.330	0.044	0.86	114	0.23	0.72	5.24	4
	电子学报	6111	1.139	0.093	0.86	856	0.65	5.38	5.71	16
	电子与封装	250	0.263	0.015	0.85	127	0.18	0.80	4.57	4
	电子与信息学报	3325	1.058	0.113	0.89	539	0.54	3.39	3.84	10
	电子元件与材料	880	0.394	0.056	0.78	274	0.16	1.72	5.84	5
	电子制作	157	0.194	0.003	0.97	89	0.13	0.56	5.48	2
	电子质量	357	0.162	0.033	0.98	214	0.23	1.35	4.76	3
	固体电子学研究与进展	191	0.182	0.008	0.86	90	0.17	0.57	4.88	3
	光电工程	1754	0.767	0.083	0.80	425	0.36	2.67	4.92	6
	光电技术应用	352	0.377	0.043	0.89	185	0.26	1.16	4.61	4
	光电子·激光	2354	1.378	0.164	0.57	400	0.36	2.52	2.92	8
	光电子技术	178	0.311	0.034	0.96	117	0.20	0.74	6.00	3
	光通信技术	459	0.322	0.054	0.78	178	0.30	1.12	4.24	5
	光通信研究	241	0.280	0.055	0.96	120	0.18	0.75	4.64	4
	光纤与电缆及其应用技术	108	0.161	0.013	0.92	76	0.13	0.48	5.75	2
	光学与光电技术	310	0.265	0.030	0.80	138	0.21	0.87	5.17	4
	广播电视信息	240	0.141	0.024	0.98	97	0.11	0.61	3.16	4
	广播与电视技术	521	0.243	0.031	0.93	132	0.21	0.83	4.69	4
	广东通信技术	270	0.234	0.034	0.96	134	0.19	0.84	3.68	3
	广西通信技术	51	0.184	–	1.00	42	0.07	0.26	4.38	2
	国外电子测量技术	1200	1.170	0.241	0.78	267	0.26	1.68	3.07	6
	红外	267	0.362	0.071	0.92	133	0.14	0.84	4.61	4

期刊类别	期刊名称	扩展总被引频次	扩展影响因子	扩展即年指标	扩展他引率	扩展引用刊数	扩展学科影响指标	扩展学科扩散指标	扩展被引半衰期	扩展H指标
无线电电子学、电信技术	红外技术	843	0.570	0.087	0.83	276	0.25	1.74	5.62	5
	红外与激光工程	2927	1.000	0.113	0.51	399	0.40	2.51	4.60	9
	激光技术	814	0.303	0.038	0.62	205	0.21	1.29	6.38	5
	激光与光电子学进展	801	0.609	0.161	0.81	220	0.25	1.38	3.21	5
	激光与红外	1324	0.547	0.047	0.76	360	0.34	2.26	4.60	5
	激光杂志	994	0.445	0.063	0.84	385	0.19	2.42	4.88	5
	舰船电子对抗	334	0.216	0.005	0.93	118	0.25	0.74	4.32	4
	江苏通信	83	0.096	0.003	1.00	58	0.07	0.36	6.04	2
	江西通信科技	34	0.069	-	1.00	26	0.06	0.16	5.00	2
	今日电子	153	0.076	0.007	1.00	112	0.14	0.70	6.29	2
	军事通信技术	99	0.206	0.024	0.97	71	0.14	0.45	3.75	3
	空间电子技术	116	0.101	-	0.99	85	0.17	0.53	5.94	3
	雷达科学与技术	407	0.629	0.031	0.68	128	0.22	0.81	4.05	4
	雷达与对抗	194	0.220	-	0.97	100	0.21	0.63	6.92	3
	内蒙古广播与电视技术	67	0.106	-	1.00	35	0.07	0.22	3.59	3
	山东通信技术	61	0.153	0.016	0.98	45	0.09	0.28	5.30	2
	山西电子技术	268	0.181	0.033	0.97	164	0.15	1.03	3.83	3
	世界电信	131	0.168	0.009	1.00	94	0.09	0.59	5.18	3
	世界电子元器件	138	0.160	0.002	1.00	95	0.14	0.60	6.00	3
	数据采集与处理	678	0.376	0.040	0.96	320	0.31	2.01	5.90	7
	数据通信	185	0.282	0.039	0.97	114	0.18	0.72	4.60	3
	数字技术与应用	725	0.204	0.049	0.97	298	0.18	1.87	1.78	4
	数字通信	196	0.527	0.079	0.84	108	0.11	0.68	2.40	5
	数字通信世界	102	0.144	0.010	1.00	71	0.13	0.45	2.95	2
	太赫兹科学与电子信息学报	438	0.509	0.055	0.55	162	0.28	1.02	3.67	4
	探测与控制学报	415	0.387	0.047	0.82	156	0.19	0.98	4.87	4
	通信电源技术	417	0.347	0.060	0.95	191	0.16	1.20	4.39	5
	通信管理与技术	152	0.241	0.025	1.00	91	0.09	0.57	3.69	3
	通信技术	2295	0.644	0.254	0.60	416	0.46	2.62	3.11	7
	通信学报	2215	1.101	0.112	0.94	502	0.47	3.16	4.91	10
	通信与信息技术	122	0.377	0.043	0.98	88	0.11	0.55	2.86	3
	微波学报	631	0.802	0.053	0.74	210	0.30	1.32	4.52	4
	微电子学	539	0.276	0.044	0.79	211	0.28	1.33	5.36	5

期刊类别	期刊名称	扩展总被引频次	扩展影响因子	扩展即年指标	扩展他引率	扩展引用刊数	扩展学科影响指标	扩展学科扩散指标	扩展被引半衰期	扩展H指标
无线电电子学、电信技术	微纳电子技术	342	0.248	0.059	0.91	197	0.21	1.24	5.27	4
	无线电工程	529	0.291	0.056	0.90	231	0.37	1.45	4.66	5
	无线电通信技术	296	0.195	0.007	0.91	129	0.23	0.81	5.69	3
	无线通信技术	117	0.286	-	0.99	83	0.16	0.52	5.56	3
	系统工程与电子技术	3535	0.743	0.040	0.91	676	0.42	4.25	5.09	9
	现代传输	87	0.265	0.056	0.91	55	0.09	0.35	5.92	2
	现代电视技术	248	0.099	0.009	0.99	92	0.10	0.58	4.88	2
	现代电信科技	329	0.281	0.042	0.96	161	0.24	1.01	3.86	4
	现代电影技术	145	0.141	0.049	0.76	58	0.04	0.36	4.58	3
	现代电子技术	4521	0.507	0.113	0.82	912	0.60	5.74	3.82	7
	现代雷达	1116	0.431	0.025	0.77	259	0.40	1.63	5.74	5
	现代显示	265	0.212	0.039	0.77	116	0.17	0.73	4.66	4
	信号处理	1438	0.639	0.150	0.85	410	0.42	2.58	4.36	6
	信息安全与技术	218	0.320	0.111	0.95	107	0.09	0.67	1.50	3
	信息安全与通信保密	1531	0.884	0.475	0.70	208	0.19	1.31	3.56	6
	信息化研究	603	0.299	0.018	0.99	289	0.32	1.82	5.63	4
	信息技术	1439	0.343	0.059	0.97	586	0.42	3.69	4.14	5
	信息技术与信息化	320	0.296	0.046	0.99	195	0.13	1.23	4.74	3
	信息通信	250	0.203	0.049	0.97	136	0.16	0.86	1.62	3
	信息通信技术	168	0.592	0.061	0.97	108	0.12	0.68	2.40	5
	信息网络安全	630	0.372	0.178	0.79	231	0.13	1.45	2.65	6
	压电与声光	769	0.374	0.024	0.79	297	0.22	1.87	4.70	5
	遥测遥控	196	0.129	0.011	0.89	114	0.19	0.72	6.72	3
	移动通信	791	0.437	0.070	0.88	233	0.29	1.47	2.90	5
	音响技术	85	0.078	0.007	0.93	37	0.06	0.23	4.81	2
	印制电路信息	411	0.212	0.066	0.45	106	0.09	0.67	4.17	3
	应用激光	453	0.166	0.047	0.91	214	0.12	1.35	7.32	5
	影视制作	90	0.098	0.015	1.00	58	0.04	0.36	3.54	3
	邮电设计技术	398	0.395	0.126	0.91	149	0.22	0.94	3.04	4
	有线电视技术	402	0.165	0.032	0.92	142	0.20	0.89	4.32	3
	真空电子技术	252	0.302	0.011	0.83	114	0.14	0.72	5.90	4
	中国电视	330	0.226	0.017	0.95	118	0.02	0.74	5.24	3
	中国电子科学研究院学报	331	0.402	0.030	0.93	164	0.32	1.03	3.60	5

期刊类别	期刊名称	扩展总被引频次	扩展影响因子	扩展即年指标	扩展他引率	扩展引用刊数	扩展学科影响指标	扩展学科扩散指标	扩展被引半衰期	扩展H指标
无线电电子学、电信技术	中国光学	208	0.651	0.045	0.78	65	0.10	0.41	2.64	4
	中国激光	3815	1.382	0.237	0.71	421	0.28	2.65	3.41	8
	中国集成电路	186	0.170	0.003	0.97	112	0.23	0.70	4.67	3
	中国通信	211	0.576	0.094	0.36	59	0.09	0.37	2.08	3
	中国无线电	198	0.088	0.004	0.92	97	0.18	0.61	5.18	4
	中国新通信	343	0.222	0.019	0.98	176	0.19	1.11	4.10	3
	中国有线电视	601	0.256	0.084	0.84	147	0.23	0.92	4.86	3
	中兴通讯技术	407	1.154	0.247	0.93	172	0.24	1.08	2.86	6
	平均	695	0.399	0.059	0.87	203	0.22	1.28	4.41	4
自动化、计算机技术	CAD/CAM与制造业信息化	268	0.128	0.020	1.00	175	0.16	1.79	7.02	3
	CT理论与应用研究	298	0.576	0.085	0.77	150	0.11	1.53	5.35	5
	International Journal of Automation and computing	254	0.845	0.113	0.30	60	0.17	0.61	2.98	4
	Journal of Computer Science and Technology	356	0.419	0.059	0.94	146	0.38	1.49	5.50	4
	办公自动化(综合版)	372	0.300	0.075	0.98	191	0.16	1.95	2.85	5
	传动技术	74	0.105	0.033	0.97	56	0.01	0.57	7.55	2
	传感器世界	302	0.196	0.044	0.99	199	0.23	2.03	7.08	4
	单片机与嵌入式系统应用	962	0.461	0.061	0.91	338	0.42	3.45	4.86	6
	电脑编程技巧与维护	723	0.251	0.053	0.94	271	0.37	2.77	2.61	4
	电脑开发与应用	672	0.340	0.062	0.98	325	0.46	3.32	3.96	5
	电脑与信息技术	284	0.317	0.038	0.98	173	0.36	1.77	4.98	3
	电脑知识与技术	4880	0.266	0.063	0.91	988	0.59	10.08	3.06	8
	电子政务	484	0.462	0.171	0.86	198	0.16	2.02	3.47	4
	福建电脑	1784	0.217	0.042	0.97	517	0.46	5.28	3.75	6
	高性能计算技术	22	0.060	-	0.82	16	0.09	0.16	3.67	2
	工业控制计算机	1128	0.260	0.048	0.95	439	0.43	4.48	4.35	4
	化学传感器	148	0.229	0.017	0.93	95	0.02	0.97	6.22	2
	机器人	1256	0.829	0.058	0.91	353	0.49	3.60	7.27	7
	机器人技术与应用	206	0.247	-	0.99	123	0.18	1.26	7.39	4
	计算机安全	569	0.365	0.107	0.96	232	0.38	2.37	3.30	4
	计算机仿真	4521	0.585	0.048	0.78	921	0.61	9.40	4.40	8
	计算机辅助工程	309	0.374	0.040	0.85	180	0.18	1.84	5.33	4

期刊类别	期刊名称	扩展总被引频次	扩展影响因子	扩展即年指标	扩展他引率	扩展引用刊数	扩展学科影响指标	扩展学科扩散指标	扩展被引半衰期	扩展H指标
自动化、计算机技术	计算机辅助设计与图形学学报	2235	0.658	0.064	0.90	554	0.57	5.65	6.60	9
	计算机工程	9690	0.620	0.058	0.85	1316	0.77	13.43	4.26	10
	计算机工程与科学	1550	0.382	0.050	0.97	549	0.57	5.60	4.38	6
	计算机工程与设计	5264	0.595	0.058	0.87	1048	0.65	10.69	4.26	9
	计算机工程与应用	9953	0.520	0.092	0.90	1496	0.73	15.27	4.75	10
	计算机光盘软件与应用	928	0.104	0.059	0.83	264	0.27	2.69	1.49	3
	计算机集成制造系统	2985	1.236	0.085	0.82	549	0.55	5.60	4.68	11
	计算机技术与发展	3497	0.737	0.080	0.68	731	0.64	7.46	3.88	8
	计算机教育	4380	1.209	0.230	0.85	608	0.29	6.20	3.07	9
	计算机科学	4386	0.856	0.097	0.89	860	0.68	8.78	4.07	10
	计算机科学与探索	164	0.258	0.064	0.99	86	0.30	0.88	3.00	4
	计算机时代	719	0.403	0.116	0.96	305	0.37	3.11	3.68	4
	计算机系统应用	1270	0.372	0.082	0.92	470	0.50	4.80	3.37	5
	计算机学报	4533	1.788	0.177	0.97	724	0.71	7.39	5.91	18
	计算机研究与发展	3453	0.690	0.164	0.93	636	0.68	6.49	5.90	12
	计算机应用	5370	0.668	0.109	0.92	1023	0.64	10.44	4.42	9
	计算机应用研究	5517	0.618	0.116	0.91	1056	0.72	10.78	4.31	9
	计算机应用与软件	2459	0.352	0.058	0.93	753	0.60	7.68	4.01	7
	计算机与数字工程	1845	0.642	0.166	0.96	509	0.48	5.19	3.01	8
	计算机与网络	295	0.143	0.071	0.99	163	0.29	1.66	4.70	3
	计算机与现代化	1454	0.397	0.071	0.87	496	0.50	5.06	3.89	5
	计算机与应用化学	1061	0.357	0.059	0.79	406	0.29	4.14	4.51	6
	计算技术与自动化	369	0.308	0.030	0.97	224	0.29	2.29	5.55	4
	金融科技时代	269	0.104	0.010	1.00	137	0.18	1.40	3.84	3
	控制工程	1120	0.532	0.023	0.87	442	0.39	4.51	5.31	8
	控制与决策	3267	0.952	0.095	0.91	721	0.58	7.36	5.46	11
	模式识别与人工智能	914	0.703	0.087	0.93	320	0.49	3.27	5.23	7
	软件	178	0.298	0.054	0.71	98	0.20	1.00	1.53	3
	软件导刊	1142	0.316	0.069	0.96	455	0.41	4.64	2.59	5
	软件工程师	140	0.411	0.121	0.99	100	0.15	1.02	2.95	3
	软件学报	5880	2.032	0.262	0.96	828	0.74	8.45	5.70	22
	数值计算与计算机应用	143	0.292	0.114	0.98	99	0.12	1.01	8.50	3
	网络安全技术与应用	680	0.330	0.071	0.98	264	0.38	2.69	4.06	4

期刊类别	期刊名称	扩展总被引频次	扩展影响因子	扩展即年指标	扩展他引率	扩展引用刊数	扩展学科影响指标	扩展学科扩散指标	扩展被引半衰期	扩展H指标
自动化、计算机技术	网络新媒体技术	458	0.329	0.045	1.00	249	0.39	2.54	5.08	4
	微处理机	381	0.294	0.019	0.98	195	0.34	1.99	4.29	4
	微电子学与计算机	1887	0.456	0.044	0.75	487	0.58	4.97	4.41	6
	微型电脑应用	484	0.256	0.031	0.97	267	0.48	2.72	5.54	5
	微型机与应用	581	0.228	0.044	0.96	288	0.44	2.94	2.60	4
	物联网技术	131	-	0.094	0.67	58	0.10	0.59	1.31	3
	物探化探计算技术	675	0.444	0.031	0.86	221	0.12	2.26	6.48	5
	系统仿真技术	129	0.394	-	0.99	106	0.17	1.08	3.73	3
	系统仿真学报	5864	0.441	0.052	0.93	1109	0.68	11.32	5.44	10
	现代计算机(专业版)	883	0.260	0.060	0.99	373	0.42	3.81	3.39	5
	小型微型计算机系统	1768	0.366	0.055	0.90	496	0.60	5.06	5.37	7
	信息系统工程	660	0.276	0.056	0.98	316	0.27	3.22	2.30	5
	信息与控制	1146	0.424	0.047	0.96	510	0.54	5.20	9.13	7
	制造业自动化	1669	0.387	0.091	0.92	575	0.45	5.87	2.77	6
	智能计算机与应用	398	0.297	0.053	0.99	222	0.31	2.27	3.03	4
	中国金融电脑	217	0.123	0.029	1.00	108	0.13	1.10	5.00	2
	中国科学(信息科学)	305	-	0.126	0.95	163	0.27	1.66	2.74	5
	中国科学：信息科学(英文版)	672	0.565	0.131	0.85	192	0.37	1.96	3.37	6
	中国图象图形学报	2844	0.649	0.069	0.94	704	0.59	7.18	6.20	11
	中文信息学报	1167	0.764	0.095	0.82	227	0.45	2.32	5.87	10
	自动化博览	386	0.212	0.033	0.99	216	0.22	2.20	5.47	4
	自动化技术与应用	1109	0.494	0.066	0.98	464	0.50	4.73	3.86	6
	自动化学报	2890	1.471	0.210	0.87	655	0.62	6.68	5.20	13
	自动化与信息工程	111	0.165	0.038	0.96	87	0.10	0.89	5.08	3
	自动化与仪器仪表	658	0.362	0.055	0.91	305	0.34	3.11	3.56	5
	平均	1680	0.467	0.073	0.91	412	0.40	4.21	4.51	6
化学工业	China Particuology	241	0.436	0.030	0.82	129	0.13	0.73	3.72	3
	Chinese Journal of Chemical Engineering	704	0.798	0.063	0.81	273	0.30	1.55	4.42	4
	Frontiers of Chemical Science and Engineering	29	0.059	-	0.79	23	0.05	0.13	3.79	1
	安徽化工	507	0.308	0.013	0.99	295	0.34	1.68	5.82	5
	表面技术	985	0.446	0.068	0.88	281	0.27	1.60	6.66	5
	玻璃	173	0.107	0.003	0.83	73	0.09	0.41	5.30	3

期刊类别	期刊名称	扩展总被引频次	扩展影响因子	扩展即年指标	扩展他引率	扩展引用刊数	扩展学科影响指标	扩展学科扩散指标	扩展被引半衰期	扩展H指标
化学工业	玻璃纤维	106	0.072	-	0.92	60	0.07	0.34	7.33	3
	玻璃与搪瓷	200	0.233	-	0.89	108	0.11	0.61	8.65	2
	纯碱工业	95	0.072	0.020	0.83	56	0.09	0.32	6.69	2
	大氮肥	222	0.144	0.008	0.88	87	0.18	0.49	6.43	3
	弹性体	512	0.384	0.049	0.90	172	0.32	0.98	5.65	4
	氮肥技术	95	0.114	0.030	0.97	61	0.15	0.35	5.04	2
	当代化工	650	0.336	0.022	0.94	298	0.43	1.69	4.44	5
	电镀与精饰	546	0.509	0.051	0.85	173	0.12	0.98	4.99	5
	电镀与涂饰	850	0.344	0.069	0.85	230	0.26	1.31	5.57	4
	发酵科技通讯	151	0.356	0.027	0.96	87	0.05	0.49	4.16	3
	佛山陶瓷	258	0.161	0.019	0.85	104	0.13	0.59	5.80	3
	腐蚀科学与防护技术	1005	0.401	0.008	0.90	291	0.21	1.65	7.90	6
	腐蚀与防护	1079	0.331	0.024	0.80	289	0.27	1.64	6.42	5
	腐植酸	194	0.135	0.162	0.75	73	0.04	0.41	7.81	3
	高科技纤维与应用	411	0.471	0.033	0.91	173	0.20	0.98	7.41	6
	高校化学工程学报	1322	0.639	0.022	0.83	428	0.46	2.43	5.76	6
	工程塑料应用	1342	0.637	0.049	0.78	318	0.33	1.81	5.29	5
	工业催化	761	0.218	0.031	0.89	261	0.37	1.48	6.38	5
	广州化工	1743	0.353	0.049	0.88	667	0.53	3.79	2.49	5
	硅酸盐通报	1678	0.936	0.056	0.68	424	0.35	2.41	4.22	7
	硅酸盐学报	2854	0.669	0.155	0.86	626	0.44	3.56	6.11	8
	贵州化工	351	0.314	-	0.99	238	0.27	1.35	5.46	3
	国外塑料	163	0.649	-	1.00	84	0.16	0.48	5.35	3
	过程工程学报	1431	0.608	0.075	0.94	529	0.41	3.01	4.85	6
	过滤与分离	197	0.269	0.125	0.93	130	0.13	0.74	6.46	3
	杭州化工	118	0.309	0.022	0.98	93	0.17	0.53	4.54	3
	合成技术及应用	206	0.143	-	0.98	108	0.22	0.61	7.00	3
	合成润滑材料	147	0.125	0.021	0.93	77	0.11	0.44	8.41	3
	合成树脂及塑料	477	0.381	0.049	0.90	152	0.30	0.86	5.95	4
	合成纤维	531	0.395	0.114	0.83	158	0.20	0.90	5.16	4
	合成纤维工业	515	0.312	0.043	0.87	176	0.23	1.00	7.22	4
	合成橡胶工业	713	0.564	0.010	0.88	170	0.30	0.97	8.00	5
	河北化工	821	0.286	0.018	0.98	438	0.44	2.49	4.80	5

期刊类别	期刊名称	扩展总被引频次	扩展影响因子	扩展即年指标	扩展他引率	扩展引用刊数	扩展学科影响指标	扩展学科扩散指标	扩展被引半衰期	扩展H指标
化学工业	河南化工	705	0.217	0.015	0.98	355	0.49	2.02	5.53	4
	化肥工业	298	0.159	0.050	0.96	134	0.25	0.76	7.93	5
	化肥设计	292	0.378	0.047	0.80	117	0.19	0.66	4.65	5
	化工机械	599	0.398	0.036	0.92	215	0.20	1.22	4.82	5
	化工技术与开发	700	0.359	0.058	0.98	365	0.48	2.07	5.00	5
	化工进展	3387	0.904	0.115	0.90	839	0.68	4.77	5.05	9
	化工科技	450	0.357	0.050	0.95	254	0.40	1.44	6.03	4
	化工矿物与加工	745	0.380	0.046	0.90	256	0.24	1.45	7.15	4
	化工设备与管道	505	0.402	0.070	0.88	184	0.17	1.05	5.33	4
	化工设计	269	0.242	-	0.97	145	0.25	0.82	7.23	4
	化工设计通讯	119	0.109	0.024	0.99	78	0.15	0.44	5.90	2
	化工生产与技术	355	0.260	0.019	0.97	192	0.40	1.09	6.73	4
	化工时刊	1011	0.375	0.063	0.98	484	0.48	2.75	5.57	5
	化工新型材料	1741	0.460	0.052	0.91	517	0.61	2.94	4.79	5
	化工学报	3434	0.803	0.094	0.82	808	0.60	4.59	5.11	7
	化工装备技术	384	0.286	0.029	0.96	192	0.18	1.09	7.46	4
	化工自动化及仪表	1123	0.674	0.059	0.70	344	0.13	1.95	2.93	6
	化学反应工程与工艺	479	0.300	0.021	0.94	209	0.36	1.19	6.72	4
	化学工程	1151	0.491	0.089	0.90	427	0.42	2.43	5.40	5
	化学工程师	883	0.255	0.042	0.98	430	0.51	2.44	5.92	5
	化学工程与装备	1060	0.271	0.048	0.97	479	0.36	2.72	2.88	6
	化学工业与工程	625	0.468	0.068	0.95	322	0.45	1.83	6.83	6
	化学工业与工程技术	437	0.295	0.033	0.98	243	0.35	1.38	6.70	4
	化学世界	1271	0.418	0.036	0.97	544	0.49	3.09	8.61	5
	化学推进剂与高分子材料	382	0.318	0.055	0.90	176	0.32	1.00	5.68	4
	江苏陶瓷	125	0.078	0.003	0.99	64	0.10	0.36	7.46	2
	江西化工	517	0.237	0.021	1.00	307	0.26	1.74	5.20	4
	胶体与聚合物	205	0.450	0.036	0.90	108	0.23	0.61	5.25	4
	精细化工	1989	0.523	0.083	0.91	581	0.56	3.30	6.85	6
	精细化工中间体	748	0.619	0.086	0.88	312	0.43	1.77	5.66	4
	精细石油化工	679	0.398	0.058	0.94	270	0.41	1.53	7.27	5
	精细与专用化学品	727	0.454	0.060	0.98	359	0.48	2.04	6.69	5
	景德镇陶瓷	169	0.148	0.015	0.99	51	0.05	0.29	5.97	3

期刊类别	期刊名称	扩展总被引频次	扩展影响因子	扩展即年指标	扩展他引率	扩展引用刊数	扩展学科影响指标	扩展学科扩散指标	扩展被引半衰期	扩展H指标
化学工业	聚氨酯工业	443	0.552	0.014	0.91	135	0.28	0.77	7.10	4
	聚氯乙烯	389	0.353	0.039	0.79	104	0.19	0.59	5.21	4
	聚酯工业	237	0.165	0.044	0.90	101	0.22	0.57	6.21	3
	口腔护理用品工业	132	0.201	0.016	0.76	59	0.07	0.34	6.06	3
	离子交换与吸附	807	0.778	0.029	0.89	311	0.33	1.77	7.67	7
	辽宁化工	941	0.230	0.013	0.99	458	0.51	2.60	5.73	6
	林产工业	514	0.557	0.078	0.92	156	0.11	0.89	6.79	4
	林产化学与工业	1528	0.943	0.067	0.88	424	0.32	2.41	6.36	7
	磷肥与复肥	655	0.343	0.030	0.84	209	0.20	1.19	6.27	5
	硫磷设计与粉体工程	193	0.215	0.043	0.91	100	0.16	0.57	6.55	3
	硫酸工业	305	0.537	0.099	0.68	90	0.15	0.51	5.03	4
	绿色建筑	344	0.152	0.010	0.99	163	0.21	0.93	8.05	3
	氯碱工业	398	0.258	0.070	0.67	123	0.26	0.70	5.44	3
	轮胎工业	312	0.139	0.018	0.78	93	0.09	0.53	6.75	3
	煤化工	516	0.345	0.056	0.96	179	0.25	1.02	7.00	5
	明胶科学与技术	128	0.183	0.021	0.87	66	0.05	0.38	6.88	4
	膜科学与技术	833	0.491	0.023	0.87	279	0.30	1.59	6.76	6
	耐火材料	563	0.313	0.058	0.67	119	0.15	0.68	7.26	4
	耐火与石灰	109	0.114	-	0.97	43	0.03	0.24	9.08	2
	农药	2293	0.648	0.113	0.85	437	0.22	2.48	5.93	7
	农药学学报	947	0.851	0.090	0.90	270	0.07	1.53	6.42	7
	清洗世界	286	0.295	0.018	0.76	132	0.15	0.75	6.00	3
	燃料与化工	392	0.760	0.022	0.93	147	0.19	0.84	5.94	3
	染料与染色	417	0.221	0.037	0.90	162	0.25	0.92	7.50	5
	热固性树脂	566	0.606	0.020	0.90	180	0.31	1.02	6.61	5
	人工晶体学报	1255	0.725	0.103	0.65	304	0.27	1.73	3.80	5
	人造纤维	22	0.000	-	1.00	19	-	0.11	8.50	2
	日用化学工业	999	0.610	0.108	0.85	331	0.36	1.88	7.94	5
	润滑油	364	0.306	0.056	0.91	124	0.17	0.70	7.88	4
	散装水泥	37	0.012	-	1.00	20	-	0.11	5.66	2
	山东化工	446	0.205	0.009	0.98	272	0.37	1.55	4.71	4
	山东陶瓷	120	0.133	-	0.94	77	0.12	0.44	6.11	3
	山西化工	364	0.230	0.015	0.99	222	0.35	1.26	5.92	4

期刊类别	期刊名称	扩展总被引频次	扩展影响因子	扩展即年指标	扩展他引率	扩展引用刊数	扩展学科影响指标	扩展学科扩散指标	扩展被引半衰期	扩展H指标
化学工业	上海化工	461	0.406	0.058	1.00	280	0.40	1.59	6.57	4
	上海染料	46	0.107	-	0.93	34	0.09	0.19	6.67	2
	上海塑料	124	0.221	0.071	0.95	60	0.11	0.34	6.42	3
	上海涂料	446	0.357	0.033	0.88	134	0.22	0.76	4.22	4
	生物质化学工程	755	0.993	0.194	0.92	307	0.24	1.74	6.15	6
	石化技术与应用	502	0.345	0.088	0.93	194	0.31	1.10	6.30	4
	石油和化工设备	278	0.211	0.032	0.95	134	0.13	0.76	3.29	4
	石油化工建设	189	0.166	0.006	0.99	95	0.06	0.54	6.12	3
	世界农药	357	0.432	0.025	0.96	148	0.09	0.84	5.45	5
	世界橡胶工业	264	0.177	-	0.96	118	0.21	0.67	6.67	3
	四川化工	322	0.254	0.018	1.00	208	0.36	1.18	7.85	3
	塑料	1019	0.710	0.077	0.68	214	0.27	1.22	4.17	5
	塑料工业	1435	0.540	0.084	0.86	322	0.43	1.83	5.02	5
	塑料科技	831	0.740	0.088	0.90	239	0.34	1.36	3.82	5
	塑料助剂	303	0.586	0.029	0.91	136	0.24	0.77	4.84	4
	塑性工程学报	891	0.476	0.071	0.87	220	0.05	1.25	5.05	6
	炭素	1464	2.614	0.868	0.98	333	0.32	1.89	8.03	4
	炭素技术	422	0.351	0.039	0.83	165	0.22	0.94	7.57	4
	陶瓷	347	0.223	0.159	0.77	139	0.18	0.79	4.87	4
	陶瓷科学与艺术	110	0.066	0.002	0.92	68	0.09	0.39	7.21	2
	陶瓷学报	346	0.289	0.051	0.92	171	0.14	0.97	5.78	4
	特种橡胶制品	474	0.318	0.009	0.87	145	0.27	0.82	7.20	4
	天津化工	486	0.345	0.007	0.99	275	0.36	1.56	6.06	4
	天然气化工	542	0.481	0.100	0.86	177	0.28	1.01	6.21	5
	涂料工业	1295	0.704	0.101	0.88	306	0.47	1.74	5.16	5
	涂料技术与文摘	136	0.310	0.045	0.94	64	0.15	0.36	3.65	3
	无机材料学报	1940	0.754	0.151	0.87	483	0.44	2.74	6.28	6
	无机盐工业	1109	0.513	0.051	0.87	358	0.48	2.03	5.39	5
	纤维复合材料	368	0.500	0.029	0.91	142	0.16	0.81	7.25	5
	纤维素科学与技术	410	0.474	0.149	0.95	192	0.19	1.09	7.37	5
	现代化工	1948	0.427	0.044	0.96	683	0.65	3.88	5.99	6
	现代技术陶瓷	113	0.218	-	0.97	69	0.11	0.39	7.38	3
	现代塑料加工应用	462	0.463	-	0.95	163	0.27	0.93	7.24	3

期刊类别	期刊名称	扩展总被引频次	扩展影响因子	扩展即年指标	扩展他引率	扩展引用刊数	扩展学科影响指标	扩展学科扩散指标	扩展被引半衰期	扩展H指标
化学工业	现代涂料与涂装	451	0.237	0.023	0.91	166	0.27	0.94	5.03	3
	香料香精化妆品	405	0.370	0.048	0.94	178	0.15	1.01	7.02	4
	橡胶工业	849	0.322	0.057	0.86	222	0.34	1.26	8.13	6
	橡胶科技	144	0.152	0.002	0.97	60	0.13	0.34	4.03	4
	橡塑技术与装备	190	0.123	0.017	0.94	103	0.14	0.59	5.80	2
	橡塑资源利用	66	0.221	0.019	1.00	41	0.11	0.23	5.63	2
	小氮肥	49	0.024	0.009	1.00	33	0.09	0.19	5.56	2
	新型炭材料	732	0.745	0.029	0.85	220	0.24	1.25	7.27	6
	信息记录材料	139	0.317	0.062	0.82	80	0.10	0.45	4.62	3
	盐业与化工	419	0.276	0.010	0.75	143	0.19	0.81	6.81	4
	印染助剂	718	0.487	0.037	0.87	193	0.28	1.10	5.20	5
	应用化工	1629	0.437	0.043	0.93	596	0.55	3.39	3.94	5
	影像技术	119	0.166	0.016	0.87	88	0.04	0.50	5.25	3
	有机氟工业	180	0.218	0.029	0.92	85	0.20	0.48	7.08	4
	有机硅材料	511	0.938	0.220	0.64	145	0.28	0.82	4.77	5
	云南化工	446	0.300	0.028	0.98	260	0.25	1.48	6.38	4
	粘接	581	0.417	0.042	0.86	171	0.29	0.97	5.23	4
	浙江化工	399	0.256	0.042	0.97	238	0.36	1.35	6.80	3
	中氮肥	185	0.106	0.038	0.99	92	0.19	0.52	7.39	2
	中国化工装备	38	0.073	0.016	1.00	26	0.03	0.15	4.75	2
	中国胶粘剂	882	0.686	0.079	0.81	224	0.36	1.27	4.96	5
	中国氯碱	283	0.141	0.044	0.95	124	0.25	0.70	5.33	3
	中国生漆	100	0.197	0.021	0.62	35	0.04	0.20	>10	2
	中国塑料	1248	0.547	0.036	0.85	268	0.41	1.52	6.63	5
	中国陶瓷	1075	0.441	0.112	0.63	242	0.22	1.38	5.59	4
	中国陶瓷工业	233	0.177	0.022	0.93	99	0.11	0.56	7.30	4
	中国涂料	395	0.305	0.086	0.90	143	0.27	0.81	4.88	4
	中国洗涤用品工业	92	0.197	0.003	0.84	43	0.12	0.24	4.40	3
	中国医药工业杂志	1766	0.481	0.057	0.94	495	0.27	2.81	6.64	6
	中外医疗	7182	0.346	0.090	0.98	829	0.10	4.71	2.64	7
	平均	663	0.384	0.050	0.90	220	0.25	1.25	6.03	4
	宝石和宝石学杂志	159	0.234	-	0.79	63	0.05	1.15	7.77	4
	超硬材料工程	157	0.157	0.013	0.74	76	0.04	1.38	5.61	3

期刊类别	期刊名称	扩展总被引频次	扩展影响因子	扩展即年指标	扩展他引率	扩展引用刊数	扩展学科影响指标	扩展学科扩散指标	扩展被引半衰期	扩展H指标
轻工业、手工业(除食品、纺织)	广东印刷	59	0.059	0.003	1.00	39	0.02	0.71	4.56	2
	黑龙江造纸	170	0.149	0.048	0.95	72	0.22	1.31	6.03	3
	湖北造纸	92	0.213	-	0.91	59	0.22	1.07	4.93	2
	湖南造纸	77	0.132	0.020	0.96	45	0.22	0.82	6.10	2
	华东纸业	158	0.114	-	0.96	73	0.29	1.33	5.93	3
	今日印刷	98	0.091	0.031	1.00	67	0.09	1.22	5.63	2
	粮食储藏	484	0.444	0.050	0.79	106	0.02	1.93	6.70	4
	木材加工机械	390	0.738	0.071	0.74	97	0.07	1.76	4.26	4
	木工机床	41	0.156	0.024	0.98	25	0.05	0.45	7.75	2
	皮革科学与工程	452	0.513	0.051	0.84	123	0.11	2.24	5.80	4
	皮革与化工	267	0.455	0.208	0.91	102	0.15	1.85	5.71	4
	轻工机械	558	0.557	0.050	0.77	199	0.15	3.62	3.90	5
	日用化学品科学	457	0.304	0.057	0.85	167	0.11	3.04	5.59	4
	世界竹藤通讯	212	0.309	0.081	0.85	90	0.09	1.64	4.63	3
	天津造纸	80	0.192	0.028	0.98	41	0.18	0.75	7.00	2
	西部皮革	249	0.239	0.017	0.81	91	0.09	1.65	3.57	3
	现代面粉工业	90	0.263	-	0.81	38	0.02	0.69	2.61	3
	蓄电池	221	0.444	0.029	0.67	71	0.02	1.29	6.10	4
	烟草科技	3019	0.919	0.097	0.83	328	0.15	5.96	7.89	11
	艺术设计研究	49	0.092	-	1.00	34	-	0.62	5.75	2
	印刷技术	141	0.045	0.004	1.00	60	0.07	1.09	3.93	2
	印刷世界	83	0.046	0.003	0.93	53	0.11	0.96	6.06	2
	印刷杂志	112	0.054	0.005	1.00	67	0.05	1.22	4.85	2
	造纸化学品	236	0.333	0.019	0.91	78	0.24	1.42	5.95	3
	造纸科学与技术	397	0.286	0.033	0.90	143	0.24	2.60	5.80	4
	纸和造纸	571	0.254	0.076	0.64	136	0.31	2.47	5.78	5
	制冷学报	489	0.622	0.033	0.87	170	0.02	3.09	5.83	5
	中国木材	43	0.057	-	0.72	22	0.05	0.40	>10	2
	中国皮革	968	0.244	0.006	0.67	187	0.13	3.40	6.82	5
	中国人造板	243	0.233	0.143	0.95	82	0.09	1.49	5.18	3
	中国烟草科学	2143	1.413	0.206	0.89	211	0.05	3.84	6.71	11
	中国印刷与包装研究	129	0.293	0.107	0.51	39	0.05	0.71	2.43	4
	中国造纸	1236	0.512	0.126	0.70	240	0.27	4.36	5.55	6

期刊类别	期刊名称	扩展总被引频次	扩展影响因子	扩展即年指标	扩展他引率	扩展引用刊数	扩展学科影响指标	扩展学科扩散指标	扩展被引半衰期	扩展H指标
	中国造纸学报	446	0.553	0.039	0.94	151	0.22	2.75	6.51	4
	中国制笔	4	0.031	-	1.00	4	-	0.07	>10	1
	中华纸业	1377	0.486	0.146	0.48	195	0.27	3.55	3.91	6
	平均	425	0.322	0.048	0.85	101	0.12	1.84	5.91	3
纺织	产业用纺织品	478	0.383	0.017	0.85	121	0.71	3.18	6.74	4
	纺织标准与质量	32	0.068	0.024	0.78	15	0.21	0.39	3.50	2
	纺织导报	634	0.429	0.079	0.96	160	0.68	4.21	4.20	5
	纺织高校基础科学学报	335	0.518	0.103	0.64	109	0.16	2.87	3.42	4
	纺织机械	118	0.077	-	0.94	61	0.45	1.61	5.75	2
	纺织科技进展	450	0.223	0.039	0.93	148	0.63	3.89	4.82	3
	纺织科学研究	79	0.016	-	0.99	51	0.47	1.34	9.33	3
	纺织器材	263	0.326	0.061	0.52	40	0.42	1.05	4.57	4
	纺织学报	1955	0.503	0.076	0.77	343	0.74	9.03	5.46	6
	非织造布	139	0.190	-	0.93	59	0.37	1.55	5.31	3
	福建轻纺	236	0.255	0.038	1.00	152	0.16	4.00	5.74	4
	国际纺织导报	206	0.147	0.006	0.97	84	0.58	2.21	4.84	3
	化纤与纺织技术	117	0.175	-	0.99	58	0.50	1.53	5.68	2
	检验检疫学刊	542	0.261	0.057	0.97	289	0.21	7.61	6.05	4
	江苏纺织	142	0.128	-	1.00	80	0.45	2.11	5.88	3
	江苏丝绸	42	0.030	-	0.95	27	0.34	0.71	8.25	1
	辽宁丝绸	77	0.087	-	1.00	50	0.32	1.32	5.36	3
	毛纺科技	546	0.305	0.041	0.75	114	0.68	3.00	6.08	4
	棉纺织技术	1809	1.154	0.158	0.40	112	0.66	2.95	4.33	6
	轻纺工业与技术	196	0.217	0.012	0.94	95	0.55	2.50	3.00	3
	染整技术	399	0.262	0.012	0.93	118	0.61	3.11	5.45	4
	山东纺织经济	492	0.228	0.041	0.96	239	0.37	6.29	2.93	4
	山东纺织科技	336	0.247	0.077	0.69	97	0.66	2.55	5.98	3
	上海纺织科技	820	0.396	0.037	0.79	140	0.71	3.68	5.59	4
	丝绸	733	0.386	0.049	0.78	163	0.61	4.29	6.46	4
	天津纺织科技	137	0.224	0.021	0.95	68	0.55	1.79	4.59	2
	现代纺织技术	314	0.377	0.106	0.94	109	0.63	2.87	4.60	4
	现代丝绸科学与技术	141	0.154	0.012	0.97	74	0.45	1.95	5.40	2
	印染	1732	0.596	0.071	0.68	235	0.76	6.18	5.48	6

期刊类别	期刊名称	扩展总被引频次	扩展影响因子	扩展即年指标	扩展他引率	扩展引用刊数	扩展学科影响指标	扩展学科扩散指标	扩展被引半衰期	扩展H指标
纺织	针织工业	554	0.224	0.035	0.83	128	0.66	3.37	5.34	4
	中国纺织	80	0.063	0.003	1.00	50	0.26	1.32	5.67	2
	中国棉花加工	85	0.100	0.013	1.00	43	0.05	1.13	5.69	2
	平均	444	0.273	0.037	0.87	113	0.49	2.99	5.36	3
食品	包装与食品机械	601	0.877	0.255	0.63	158	0.50	2.63	3.98	5
	茶业通报	204	0.209	-	0.97	86	0.27	1.43	8.35	4
	茶叶科学技术	328	0.500	0.018	0.93	100	0.27	1.67	6.26	5
	茶叶通讯	324	0.400	-	0.95	115	0.30	1.92	>10	4
	甘蔗糖业	414	0.375	0.038	0.83	100	0.22	1.67	7.76	4
	广东茶业	139	0.264	-	0.79	55	0.13	0.92	6.95	2
	黑龙江粮食	84	0.134	0.015	1.00	62	0.22	1.03	6.62	2
	粮食加工	789	0.545	0.026	0.84	191	0.52	3.18	5.13	5
	粮食科技与经济	379	0.736	0.103	0.73	147	0.43	2.45	3.07	5
	粮食流通技术	137	0.195	0.015	0.96	72	0.27	1.20	4.86	2
	粮食问题研究	71	0.070	0.017	1.00	51	0.02	0.85	6.05	2
	粮食与食品工业	417	0.488	0.033	0.90	138	0.52	2.30	4.72	4
	粮食与饲料工业	1642	0.580	0.117	0.88	333	0.62	5.55	7.79	7
	粮食与油脂	1338	0.623	0.088	0.96	346	0.62	5.77	6.93	7
	粮油仓储科技通讯	205	0.177	0.008	0.70	57	0.23	0.95	5.26	3
	粮油食品科技	808	0.511	0.050	0.98	248	0.62	4.13	6.54	6
	酿酒	1088	0.331	0.032	0.92	193	0.55	3.22	7.25	6
	酿酒科技	2302	0.549	0.114	0.75	316	0.52	5.27	5.71	7
	啤酒科技	251	0.063	0.013	0.67	70	0.30	1.17	6.16	2
	肉类工业	1030	0.361	0.070	0.84	172	0.43	2.87	6.58	5
	肉类研究	970	0.509	0.056	0.89	187	0.53	3.12	4.77	5
	乳业科学与技术	391	0.595	0.029	0.94	133	0.38	2.22	4.82	4
	食品工程	486	0.543	0.080	0.99	223	0.58	3.72	5.23	5
	食品工业	1132	0.410	0.052	0.95	268	0.62	4.47	6.23	5
	食品工业科技	7017	0.709	0.115	0.80	791	0.78	13.18	4.42	9
	食品科技	4820	0.550	0.072	0.95	741	0.70	12.35	5.22	8
	食品科学	16408	1.047	0.085	0.85	1243	0.77	20.72	4.95	13
	食品研究与开发	4744	0.717	0.082	0.94	751	0.73	12.52	4.94	11
	食品与发酵工业	4720	0.651	0.063	0.94	679	0.68	11.32	6.40	10

期刊类别	期刊名称	扩展总被引频次	扩展影响因子	扩展即年指标	扩展他引率	扩展引用刊数	扩展学科影响指标	扩展学科扩散指标	扩展被引半衰期	扩展H指标
食品	食品与发酵科技	628	0.731	0.102	0.85	187	0.58	3.12	3.78	5
	食品与机械	2128	0.913	0.167	0.78	411	0.72	6.85	4.97	7
	食品与生物技术学报	1634	0.846	0.068	0.86	448	0.62	7.47	6.09	7
	食品与药品	976	0.643	0.048	0.98	415	0.50	6.92	5.54	7
	苏盐科技	83	0.079	-	1.00	50	0.02	0.83	5.94	3
	现代食品科技	2675	0.914	0.126	0.75	509	0.70	8.48	4.48	8
	盐业史研究	101	0.125	-	0.87	45	0.02	0.75	9.00	3
	饮料工业	476	0.372	0.077	0.95	176	0.50	2.93	5.57	5
	中国茶叶加工	260	0.343	0.042	0.89	98	0.28	1.63	7.47	4
	中国井矿盐	165	0.258	0.032	0.85	79	0.05	1.32	4.97	3
	中国粮油学报	2543	0.849	0.068	0.88	403	0.65	6.72	4.92	7
	中国酿造	2820	0.652	0.083	0.79	411	0.63	6.85	3.81	8
	中国乳品工业	1299	0.544	0.051	0.90	240	0.55	4.00	6.50	7
	中国乳业	468	0.196	0.021	0.98	185	0.43	3.08	6.66	3
	中国食品	169	0.129	0.004	1.00	117	0.32	1.95	6.50	2
	中国食品工业	187	0.062	0.005	0.97	103	0.40	1.72	5.83	3
	中国食品添加剂	1846	0.567	0.097	0.95	426	0.68	7.10	6.47	8
	中国食品学报	1581	0.917	0.068	0.92	390	0.68	6.50	4.34	7
	中国食物与营养	1974	0.679	0.109	0.96	598	0.63	9.97	5.22	7
	中国甜菜糖业	182	0.093	-	0.87	75	0.22	1.25	8.73	3
	中国调味品	1705	0.622	0.075	0.82	303	0.58	5.05	4.86	6
	中国烟草学报	1515	0.903	0.091	0.95	227	0.13	3.78	6.54	12
	中国油脂	2755	0.858	0.098	0.89	454	0.65	7.57	6.60	9
	中外葡萄与葡萄酒	653	0.463	0.111	0.82	141	0.33	2.35	6.51	4
	平均	1548	0.500	0.060	0.89	273	0.46	4.57	5.94	5
建筑科学	Frontiers of Structural and Civil Engineering	19	0.100	0.049	0.79	13	0.01	0.08	2.17	2
	安徽建筑	1026	0.182	0.024	0.98	284	0.38	1.81	5.82	5
	安装	256	0.157	0.038	0.99	103	0.06	0.66	5.59	4
	北京规划建设	382	0.168	0.087	0.91	173	0.19	1.10	5.63	4
	玻璃钢/复合材料	899	0.924	0.049	0.57	214	0.12	1.36	4.97	7
	城建档案	222	0.150	0.014	1.00	93	0.06	0.59	3.69	4
	城市发展研究	2474	1.021	0.235	0.95	706	0.29	4.50	4.52	9

期刊类别	期刊名称	扩展总被引频次	扩展影响因子	扩展即年指标	扩展他引率	扩展引用刊数	扩展学科影响指标	扩展学科扩散指标	扩展被引半衰期	扩展H指标
建筑科学	城市规划	3599	1.159	0.284	0.94	648	0.37	4.13	7.52	12
	城市规划学刊	1938	1.326	0.287	0.93	455	0.29	2.90	6.28	10
	城市环境设计	109	0.089	0.010	1.00	74	0.14	0.47	5.14	2
	城市开发	303	0.138	0.012	1.00	163	0.14	1.04	5.85	3
	城市勘测	680	0.342	0.052	0.83	228	0.18	1.45	3.87	4
	城市燃气	204	0.220	0.038	0.94	76	0.04	0.48	5.72	3
	城乡建设	366	0.169	0.012	1.00	204	0.18	1.30	6.00	3
	城镇供水	127	0.122	0.022	0.87	68	0.05	0.43	3.62	2
	重庆建筑	321	0.192	0.023	0.98	167	0.22	1.06	5.33	4
	低温建筑技术	880	0.190	0.025	0.95	322	0.46	2.05	4.30	5
	地下空间与工程学报	1904	0.516	0.041	0.85	425	0.43	2.71	5.59	8
	粉煤灰综合利用	453	0.353	0.021	0.94	199	0.24	1.27	6.47	5
	福建建材	400	0.211	0.050	0.99	146	0.20	0.93	3.03	4
	福建建设科技	382	0.259	0.050	0.96	160	0.26	1.02	5.36	5
	福建建筑	713	0.175	0.022	0.98	252	0.43	1.61	4.47	6
	钢结构	735	0.367	0.050	0.85	221	0.31	1.41	5.32	5
	给水排水	2942	0.454	0.090	0.94	592	0.35	3.77	6.26	9
	工程建设与设计	824	0.184	0.042	0.97	306	0.34	1.95	5.36	6
	工程勘察	1064	0.422	0.049	0.93	373	0.27	2.38	6.74	5
	工程抗震与加固改造	650	0.452	0.048	0.90	196	0.29	1.25	5.37	5
	工程与建设	738	0.470	0.086	0.71	202	0.27	1.29	3.39	5
	工业建筑	2745	0.497	0.064	0.92	510	0.56	3.25	6.77	7
	供水技术	192	0.217	0.058	0.95	100	0.06	0.64	3.89	3
	古建园林技术	98	0.073	-	0.99	57	0.10	0.36	9.50	2
	管理工程学报	1605	1.177	0.140	0.97	520	0.04	3.31	6.05	7
	广东建材	1249	0.274	0.030	0.99	269	0.38	1.71	3.89	7
	广东土木与建筑	423	0.124	-	0.98	161	0.27	1.03	6.18	5
	广西城镇建设	376	0.280	0.026	1.00	152	0.19	0.97	4.09	4
	广州建筑	140	0.177	0.029	0.99	89	0.15	0.57	5.00	3
	规划师	2118	1.127	0.321	0.72	439	0.29	2.80	4.82	7
	河南建材	448	0.200	0.037	0.99	152	0.18	0.97	2.67	4
	华中建筑	1237	0.200	0.038	0.92	382	0.38	2.43	5.32	5
	混凝土	2669	0.456	0.068	0.81	459	0.50	2.92	6.31	10

期刊类别	期刊名称	扩展总被引频次	扩展影响因子	扩展即年指标	扩展他引率	扩展引用刊数	扩展学科影响指标	扩展学科扩散指标	扩展被引半衰期	扩展H指标
建筑科学	混凝土世界	119	0.202	0.076	0.95	81	0.15	0.52	2.80	3
	混凝土与水泥制品	654	0.322	0.063	0.89	212	0.31	1.35	7.84	5
	建材发展导向	422	0.160	0.124	1.00	148	0.16	0.94	1.80	3
	建材技术与应用	603	0.337	0.032	0.99	203	0.25	1.29	4.23	6
	建材世界	554	0.219	0.028	0.96	279	0.25	1.78	6.12	5
	建材与装饰	715	-	0.012	0.93	141	0.16	0.90	4.15	8
	建井技术	259	0.289	0.050	0.92	93	0.09	0.59	7.50	4
	建设机械技术与管理	378	0.150	0.044	0.97	172	0.13	1.10	5.65	4
	建设监理	543	0.130	0.033	0.98	139	0.14	0.89	5.86	6
	建设科技	766	0.204	0.024	0.98	308	0.43	1.96	3.72	5
	建筑	564	0.134	0.007	1.00	197	0.25	1.25	5.17	5
	建筑安全	673	0.312	0.106	0.98	165	0.24	1.05	4.70	6
	建筑材料学报	1259	0.691	0.036	0.93	361	0.38	2.30	6.00	7
	建筑电气	369	0.196	0.076	0.89	148	0.14	0.94	5.12	4
	建筑钢结构进展	240	0.306	0.019	0.92	96	0.19	0.61	5.75	5
	建筑工人	156	0.080	0.037	1.00	72	0.13	0.46	6.06	2
	建筑机械(上半月)	454	0.221	0.040	0.93	174	0.11	1.11	6.34	4
	建筑机械化	367	0.180	0.017	0.94	151	0.12	0.96	5.09	4
	建筑技术	1466	0.620	0.119	0.85	339	0.52	2.16	5.81	7
	建筑技术开发	421	0.082	0.003	0.98	171	0.29	1.09	8.12	5
	建筑节能	779	0.384	0.095	0.91	284	0.35	1.81	4.19	5
	建筑结构	2077	0.518	0.292	0.86	359	0.44	2.29	5.62	8
	建筑结构学报	2663	1.092	0.257	0.88	382	0.39	2.43	6.74	11
	建筑科学	1396	0.499	0.128	0.95	473	0.57	3.01	4.53	6
	建筑科学与工程学报	552	0.797	0.069	0.94	220	0.31	1.40	5.42	6
	建筑砌块与砌块建筑	111	0.155	0.050	0.88	47	0.15	0.30	5.63	3
	建筑热能通风空调	540	0.259	0.028	0.94	227	0.20	1.45	6.51	4
	建筑设计管理	394	0.338	0.047	0.98	134	0.20	0.85	2.87	5
	建筑师	323	0.138	0.023	0.92	102	0.20	0.65	7.87	3
	建筑施工	823	0.213	0.042	0.97	211	0.35	1.34	5.14	6
	建筑学报	1888	0.614	0.068	0.99	418	0.48	2.66	6.73	7
	建筑知识	216	1.048	0.080	0.99	99	0.20	0.63	2.27	3
	江苏建材	88	0.203	0.012	1.00	63	0.11	0.40	3.82	2

期刊类别	期刊名称	扩展总被引频次	扩展影响因子	扩展即年指标	扩展他引率	扩展引用刊数	扩展学科影响指标	扩展学科扩散指标	扩展被引半衰期	扩展H指标
建筑科学	江苏建筑	356	0.161	0.021	0.99	160	0.24	1.02	4.73	4
	江西建材	391	0.249	0.075	0.99	116	0.15	0.74	1.81	4
	结构工程师	648	0.451	0.044	0.76	188	0.27	1.20	4.76	5
	居业	54	0.184	0.024	1.00	42	0.06	0.27	2.56	2
	空间结构	325	0.390	0.019	0.89	120	0.22	0.76	7.13	4
	矿产勘查	674	0.383	0.038	0.96	262	0.25	1.67	7.46	5
	门窗	138	0.105	0.137	0.92	61	0.11	0.39	3.32	2
	南方建筑	301	0.303	0.070	0.85	135	0.20	0.86	6.37	3
	暖通空调	2112	0.516	0.091	0.87	403	0.39	2.57	6.36	9
	墙材革新与建筑节能	237	0.196	0.004	0.96	111	0.27	0.71	4.71	3
	山西建筑	12846	0.316	0.050	0.88	1181	0.71	7.52	3.89	11
	上海城市规划	221	0.608	0.073	0.59	68	0.11	0.43	2.60	3
	上海建材	118	0.223	0.012	0.99	66	0.15	0.42	5.43	3
	上海建设科技	205	0.134	0.013	0.99	132	0.23	0.84	5.43	3
	施工技术	2751	0.742	0.188	0.79	440	0.56	2.80	4.33	9
	石材	107	0.092	0.012	0.93	58	0.04	0.37	5.65	2
	时代建筑	510	0.258	0.081	0.86	149	0.25	0.95	6.56	4
	世界建筑	476	0.331	0.010	0.98	160	0.28	1.02	8.91	4
	市政技术	469	0.253	0.041	0.97	222	0.26	1.41	4.43	4
	市政设施管理	16	0.035	-	0.94	10	0.01	0.06	5.00	2
	室内设计	74	0.148	-	0.85	44	0.06	0.28	5.00	2
	室内设计与装修	95	0.148	0.002	1.00	58	0.08	0.37	7.86	3
	水泥	580	0.134	0.035	0.85	182	0.23	1.16	6.31	4
	水泥工程	244	0.159	0.020	0.89	131	0.15	0.83	4.91	3
	水泥技术	181	0.117	0.040	0.93	101	0.17	0.64	6.37	3
	四川建材	1382	0.244	0.036	0.99	242	0.30	1.54	3.95	9
	四川建筑	911	0.180	0.026	0.97	326	0.37	2.08	4.89	5
	四川建筑科学研究	1280	0.257	0.033	0.96	436	0.55	2.78	5.42	5
	四川水泥	56	0.058	-	0.98	42	0.07	0.27	4.57	2
	特种结构	395	0.249	0.018	0.88	172	0.29	1.10	6.18	4
	天津建设科技	164	0.114	0.017	0.99	97	0.15	0.62	5.36	3
	铁道建筑技术	650	0.208	0.036	0.96	215	0.26	1.37	4.45	4
	土工基础	383	0.197	0.039	0.95	198	0.20	1.26	6.35	4

期刊类别	期刊名称	扩展总被引频次	扩展影响因子	扩展即年指标	扩展他引率	扩展引用刊数	扩展学科影响指标	扩展学科扩散指标	扩展被引半衰期	扩展H指标
建筑科学	土木工程学报	3856	1.315	0.157	0.96	641	0.49	4.08	7.06	11
	土木工程与管理学报	522	0.272	0.075	0.98	316	0.36	2.01	6.65	6
	土木建筑工程信息技术	186	0.891	0.152	0.47	56	0.12	0.36	2.27	4
	土木建筑与环境工程	1275	0.669	0.040	0.97	545	0.47	3.47	6.14	6
	现代城市研究	1017	0.834	0.090	0.96	419	0.23	2.67	4.51	8
	消防技术与产品信息	586	0.217	0.059	0.95	206	0.17	1.31	5.88	4
	小城镇建设	515	0.271	0.017	0.92	241	0.23	1.54	5.85	3
	新建筑	630	0.198	0.026	0.98	230	0.31	1.46	9.01	5
	新世纪水泥导报	162	0.154	0.046	0.90	78	0.11	0.50	4.85	2
	新型建筑材料	1447	0.561	0.062	0.86	370	0.39	2.36	5.25	5
	岩土工程技术	380	0.273	0.013	0.97	179	0.21	1.14	7.55	5
	岩土工程学报	6441	1.492	0.094	0.92	632	0.42	4.03	7.56	14
	园林	310	0.209	0.032	1.00	134	0.08	0.85	6.42	3
	云南建筑	47	0.045	0.014	0.60	27	0.04	0.17	4.36	2
	浙江建筑	477	0.163	0.056	0.98	203	0.35	1.29	5.20	5
	智能建筑	139	0.067	0.008	0.94	83	0.06	0.53	4.72	3
	智能建筑电气技术	153	0.225	0.035	0.94	81	0.07	0.52	3.35	3
	智能建筑与城市信息	309	0.153	0.035	1.00	163	0.11	1.04	5.17	3
	中国电梯	160	0.050	0.008	0.82	58	0.03	0.37	4.89	3
	中国粉体技术	432	0.287	0.045	0.90	245	0.04	1.56	6.59	4
	中国给水排水	5519	0.634	0.063	0.86	791	0.33	5.04	5.77	10
	中国建材	188	0.101	0.003	1.00	119	0.12	0.76	7.53	3
	中国建材科技	227	0.180	0.031	0.97	142	0.22	0.90	4.88	3
	中国建设信息	723	0.205	0.062	1.00	274	0.24	1.75	3.84	5
	中国建筑防水	385	0.277	0.061	0.74	126	0.18	0.80	3.68	4
	中国建筑金属结构	78	0.057	0.022	1.00	47	0.13	0.30	4.67	2
	中国勘察设计	206	0.150	0.023	1.00	116	0.15	0.74	4.29	4
	中国市政工程	466	0.180	0.020	0.98	209	0.31	1.33	5.60	4
	中国水泥	258	0.159	0.063	0.98	134	0.20	0.85	4.29	3
	中国消防	23	0.054	-	1.00	15	0.01	0.10	7.00	2
	中国园林	3196	0.922	0.125	0.93	536	0.32	3.41	7.93	12
	中国住宅设施	286	0.376	0.039	0.99	119	0.13	0.76	2.89	3
	中外建筑	802	0.257	0.028	0.98	271	0.39	1.73	4.02	5

期刊类别	期刊名称	扩展总被引频次	扩展影响因子	扩展即年指标	扩展他引率	扩展引用刊数	扩展学科影响指标	扩展学科扩散指标	扩展被引半衰期	扩展H指标
建筑科学	住宅科技	446	0.201	0.043	0.98	191	0.35	1.22	6.46	4
	砖瓦	241	0.121	0.056	0.82	104	0.18	0.66	4.62	3
	砖瓦世界	129	0.123	-	0.94	74	0.12	0.47	6.35	2
	平均	861	0.330	0.055	0.93	222	0.24	1.41	5.30	4
水利工程	International Journal of Sediment Research	209	0.532	0.065	0.55	65	0.13	0.87	4.24	4
	Water Science and Engineering	45	0.286	0.049	0.80	30	0.09	0.40	2.71	2
	北京水务	296	0.229	0.072	0.91	148	0.33	1.97	5.32	4
	长江科学院院报	1036	0.455	0.062	0.93	349	0.65	4.65	6.55	6
	大坝与安全	222	0.152	0.032	0.86	93	0.27	1.24	6.97	3
	东北水利水电	528	0.130	0.028	0.99	252	0.56	3.36	6.35	4
	甘肃水利水电技术	354	0.140	0.015	0.98	170	0.36	2.27	5.28	4
	广东水利水电	531	0.192	0.042	0.90	215	0.49	2.87	5.40	5
	广西水利水电	195	0.101	0.033	1.00	118	0.35	1.57	5.97	3
	海河水利	346	0.143	0.040	1.00	175	0.44	2.33	6.91	4
	河北水利	236	0.089	0.009	1.00	122	0.28	1.63	4.70	3
	红水河	184	0.101	0.006	0.97	108	0.39	1.44	5.91	3
	湖南水利水电	254	0.172	0.035	0.98	128	0.33	1.71	4.68	3
	华电技术	763	0.377	0.068	0.76	273	0.16	3.64	4.01	5
	吉林水利	364	0.134	0.014	0.98	179	0.43	2.39	4.84	3
	江淮水利科技	80	0.085	0.010	0.95	47	0.19	0.63	4.17	2
	江苏水利	334	0.146	0.015	1.00	161	0.44	2.15	5.60	4
	江西水利科技	209	0.079	0.025	0.91	107	0.35	1.43	7.97	3
	节水灌溉	1203	0.696	0.100	0.76	305	0.41	4.07	4.72	6
	净水技术	892	0.900	0.208	0.60	229	0.12	3.05	5.07	6
	内蒙古水利	360	0.105	0.018	0.98	159	0.28	2.12	3.65	4
	南水北调与水利科技	785	0.523	0.216	0.86	278	0.49	3.71	3.66	5
	泥沙研究	836	0.459	0.028	0.91	199	0.36	2.65	9.83	6
	人民长江	2178	0.413	0.064	0.88	577	0.80	7.69	4.39	6
	人民黄河	1760	0.335	0.041	0.76	430	0.68	5.73	4.70	6
	人民珠江	324	0.107	0.045	0.93	158	0.40	2.11	7.19	4
	山东水利	292	0.102	0.012	0.99	135	0.31	1.80	5.67	3
	山西水利	281	0.092	-	1.00	121	0.27	1.61	5.66	4

期刊类别	期刊名称	扩展总被引频次	扩展影响因子	扩展即年指标	扩展他引率	扩展引用刊数	扩展学科影响指标	扩展学科扩散指标	扩展被引半衰期	扩展H指标
水利工程	山西水利科技	268	0.122	0.006	1.00	142	0.31	1.89	7.39	3
	陕西水利	337	0.103	0.029	0.98	136	0.37	1.81	3.18	3
	水电与新能源	167	0.126	0.047	0.99	101	0.24	1.35	4.44	3
	水电站机电技术	164	0.139	0.010	0.82	64	0.21	0.85	5.36	3
	水电站设计	282	0.127	0.037	0.97	141	0.45	1.88	8.15	4
	水电自动化与大坝监测	629	0.527	0.118	0.71	182	0.49	2.43	5.38	5
	水科学进展	2706	1.477	0.131	0.88	501	0.59	6.68	6.70	11
	水科学与工程技术	413	0.186	0.014	0.95	219	0.37	2.92	4.65	4
	水力发电	1140	0.240	0.055	0.94	332	0.64	4.43	6.12	5
	水力发电学报	1224	0.583	0.077	0.86	299	0.61	3.99	5.26	6
	水利发展研究	605	0.343	0.068	0.91	227	0.51	3.03	5.38	5
	水利规划与设计	199	0.121	0.081	0.99	116	0.47	1.55	5.60	4
	水利技术监督	218	0.222	0.078	1.00	114	0.25	1.52	4.74	3
	水利建设与管理	242	0.137	0.035	1.00	105	0.32	1.40	3.54	3
	水利经济	528	0.569	0.056	0.91	226	0.48	3.01	4.85	5
	水利科技	163	0.143	0.104	0.98	106	0.31	1.41	5.40	4
	水利科技与经济	956	0.255	0.063	0.93	324	0.56	4.32	4.10	6
	水利水电工程设计	317	0.367	0.052	1.00	134	0.28	1.79	5.46	5
	水利水电技术	1387	0.331	0.029	0.97	446	0.75	5.95	7.02	7
	水利水电科技进展	924	0.712	0.078	0.90	307	0.65	4.09	6.26	5
	水利水电快报	215	0.104	–	0.99	124	0.45	1.65	7.50	3
	水利水运工程学报	428	0.483	0.053	0.92	165	0.37	2.20	7.88	4
	水利信息化	151	0.348	0.080	0.78	85	0.33	1.13	2.94	3
	水利学报	5130	1.188	0.197	0.90	788	0.73	10.51	8.01	12
	水利与建筑工程学报	621	0.427	0.057	0.81	247	0.43	3.29	3.85	5
	水资源保护	1179	0.934	0.111	0.93	412	0.56	5.49	5.34	7
	水资源与水工程学报	792	0.478	0.051	0.92	323	0.51	4.31	4.29	6
	四川水力发电	400	0.111	0.007	0.99	178	0.45	2.37	5.21	3
	四川水利	174	0.102	0.027	1.00	110	0.28	1.47	6.25	3
	西北水电	359	0.328	0.126	0.69	133	0.35	1.77	4.00	3
	小水电	160	0.098	0.025	0.91	74	0.27	0.99	5.33	4
	云南水力发电	262	0.144	0.008	0.98	130	0.43	1.73	4.77	3
	浙江水利科技	353	0.135	0.024	0.93	161	0.36	2.15	6.66	3

期刊类别	期刊名称	扩展总被引频次	扩展影响因子	扩展即年指标	扩展他引率	扩展引用刊数	扩展学科影响指标	扩展学科扩散指标	扩展被引半衰期	扩展H指标
水利工程	治淮	302	0.106	0.019	1.00	126	0.39	1.68	5.63	4
	中国防汛抗旱	160	0.216	0.067	0.74	81	0.28	1.08	2.82	2
	中国农村水利水电	2046	0.422	0.055	0.87	503	0.72	6.71	5.24	6
	中国水利	2326	0.562	0.216	0.84	500	0.75	6.67	4.93	8
	中国水利水电科学研究院学报	344	0.524	0.036	0.98	181	0.44	2.41	6.79	5
	中国水能及电气化	174	0.195	0.045	0.89	90	0.28	1.20	3.41	3
	中国水土保持	1410	0.472	0.105	0.89	373	0.47	4.97	6.18	6
	平均	661	0.316	0.056	0.91	210	0.41	2.81	5.41	4
交通运输	Journal of Southwest Jiaotong University(English Edition)	39	0.189	0.025	0.79	25	0.02	0.38	3.13	2
	北方交通	685	0.145	0.034	0.97	207	0.22	3.18	4.74	4
	船舶与海洋工程	166	0.354	0.098	0.77	79	0.06	1.22	3.87	2
	国防交通工程与技术	189	0.217	0.053	0.87	104	0.06	1.60	4.40	3
	黑龙江交通科技	1579	0.175	0.034	0.94	305	0.22	4.69	3.61	6
	湖南交通科技	525	0.181	-	0.94	179	0.20	2.75	6.65	5
	集装箱化	145	0.139	0.041	0.95	72	0.09	1.11	4.71	2
	减速顶与调速技术	14	0.058	-	1.00	6	0.02	0.09	7.00	1
	建筑与文化	189	0.129	0.064	0.93	104	0.02	1.60	2.87	3
	交通节能与环保	59	0.169	0.032	0.81	39	0.05	0.60	4.36	2
	交通科技	644	0.260	0.023	0.96	253	0.26	3.89	4.79	4
	交通科技与经济	536	0.281	0.050	0.93	266	0.18	4.09	4.46	4
	交通科学与工程	334	0.445	-	0.97	191	0.15	2.94	6.84	4
	交通信息与安全	664	0.350	0.036	0.90	281	0.17	4.32	4.98	4
	交通运输工程学报	1243	0.822	0.204	0.95	352	0.29	5.42	5.94	6
	交通运输工程与信息学报	236	0.296	0.061	0.98	149	0.20	2.29	5.11	3
	交通运输系统工程与信息	797	0.531	0.094	0.90	290	0.23	4.46	4.74	5
	汽车安全与节能学报	38	0.367	0.021	0.95	24	0.02	0.37	2.28	3
	青海交通科技	261	0.154	0.016	0.99	93	0.06	1.43	4.30	4
	山东交通科技	197	0.149	0.023	0.99	108	0.09	1.66	5.45	3
	山西交通科技	395	0.186	0.053	0.90	144	0.09	2.22	5.91	4
	西部交通科技	231	0.184	0.017	0.92	105	0.14	1.62	3.11	3
	现代交通技术	307	0.330	0.014	0.98	136	0.14	2.09	4.43	3
	中国船检	91	0.185	0.003	1.00	51	0.08	0.78	2.93	2

期刊类别	期刊名称	扩展总被引频次	扩展影响因子	扩展即年指标	扩展他引率	扩展引用刊数	扩展学科影响指标	扩展学科扩散指标	扩展被引半衰期	扩展H指标
交通运输	中国港口	199	0.148	0.018	1.00	109	0.08	1.68	4.34	3
	中国海事	147	0.188	0.018	0.92	68	0.06	1.05	2.96	2
	中国舰船研究	296	0.416	0.033	0.73	112	0.05	1.72	4.02	4
	中国交通信息化	274	0.178	0.018	0.88	110	0.17	1.69	3.53	3
	综合运输	658	1.983	0.086	0.81	252	0.18	3.88	3.85	5
	平均	384	0.318	0.040	0.92	145	0.12	2.24	4.46	3
铁路运输	地下工程与隧道	249	0.243	-	0.98	114	0.30	2.85	9.14	4
	电力机车与城轨车辆	426	0.333	0.025	0.68	117	0.43	2.92	5.53	5
	电气化铁道	269	0.290	-	0.89	101	0.33	2.52	5.90	4
	都市快轨交通	655	0.403	0.046	0.86	205	0.57	5.13	5.07	5
	高速铁路技术	52	0.278	0.042	0.88	29	0.23	0.73	1.78	2
	轨道交通装备与技术	55	0.061	-	0.96	44	0.28	1.10	4.81	2
	国外机车车辆工艺	40	0.023	-	1.00	26	0.10	0.65	9.00	2
	国外内燃机车	37	0.074	0.009	1.00	23	0.13	0.57	9.50	2
	国外铁道车辆	96	0.059	0.018	0.90	45	0.30	1.13	9.83	2
	机车车辆工艺	145	0.103	-	0.95	79	0.30	1.98	6.13	3
	机车电传动	538	0.394	0.030	0.80	169	0.45	4.22	6.09	4
	客车技术	41	0.070	0.012	0.88	30	0.03	0.75	4.50	2
	路基工程	1314	0.490	0.072	0.64	285	0.35	7.13	3.92	5
	内燃机车	181	0.107	0.022	0.90	100	0.25	2.50	5.18	2
	桥梁建设	1514	1.264	0.385	0.75	218	0.25	5.45	5.47	7
	上海铁道科技	171	0.109	0.027	0.99	100	0.45	2.50	4.40	2
	世界桥梁	541	0.779	0.185	0.80	131	0.20	3.27	4.47	5
	隧道建设	941	0.986	0.115	0.74	222	0.38	5.55	4.25	7
	铁道标准设计	1661	0.421	0.080	0.74	310	0.70	7.75	5.08	5
	铁道车辆	404	0.120	0.011	0.93	142	0.50	3.55	7.75	3
	铁道工程学报	1584	0.627	0.050	0.80	367	0.57	9.18	4.92	6
	铁道货运	149	0.090	0.034	0.91	87	0.28	2.17	5.61	2
	铁道机车车辆	368	0.133	0.032	0.88	141	0.53	3.52	5.86	4
	铁道技术监督	220	0.155	0.027	0.93	106	0.45	2.65	4.35	3
	铁道建筑	1956	0.627	0.110	0.63	341	0.60	8.53	4.03	5
	铁道勘察	449	0.229	0.042	0.94	178	0.38	4.45	5.28	4
	铁道科学与工程学报	731	0.584	0.051	0.86	331	0.43	8.28	5.39	4

期刊类别	期刊名称	扩展总被引频次	扩展影响因子	扩展即年指标	扩展他引率	扩展引用刊数	扩展学科影响指标	扩展学科扩散指标	扩展被引半衰期	扩展H指标
铁路运输	铁道通信信号	539	0.209	0.039	0.74	131	0.40	3.27	4.48	3
	铁道学报	1788	0.777	0.097	0.89	465	0.80	11.63	7.18	8
	铁道运输与经济	785	0.297	0.053	0.95	274	0.55	6.85	4.99	4
	铁道运营技术	106	0.182	0.038	0.98	70	0.33	1.75	4.21	2
	铁路采购与物流	263	0.158	0.046	0.95	125	0.08	3.13	4.71	3
	铁路工程造价管理	294	0.730	0.092	0.62	85	0.20	2.13	3.50	5
	铁路节能环保与安全卫生	250	0.163	0.092	0.87	124	0.15	3.10	7.33	4
	铁路通信信号工程技术	158	0.167	0.038	0.90	63	0.25	1.57	3.81	3
	现代隧道技术	807	0.615	0.038	0.90	218	0.35	5.45	5.49	6
	中国铁道科学	1606	0.900	0.060	0.88	440	0.70	11.00	6.48	7
	中国铁路	593	0.242	0.038	0.94	243	0.63	6.08	5.39	4
	平均	578	0.355	0.054	0.86	165	0.37	4.13	5.55	3
公路运输	北京汽车	135	0.159	0.027	0.99	94	0.31	2.61	5.58	3
	车辆与动力技术	216	0.339	0.034	0.95	129	0.25	3.58	6.61	3
	城市道桥与防洪	816	0.201	0.026	0.93	264	0.39	7.33	4.03	4
	城市公共交通	130	0.064	0.007	0.95	86	0.22	2.39	6.73	3
	城市轨道交通研究	1173	0.505	0.039	0.74	275	0.28	7.64	4.90	6
	城市交通	600	0.832	0.063	0.94	203	0.31	5.64	4.40	6
	公路	3118	0.350	0.063	0.94	506	0.42	14.06	6.49	8
	公路工程	1247	0.478	0.040	0.73	265	0.36	7.36	5.55	4
	公路交通技术	771	0.356	0.033	0.92	235	0.33	6.53	5.09	5
	公路交通科技	4064	1.217	0.207	0.90	699	0.72	19.42	5.71	7
	公路与汽运	780	0.370	0.036	0.82	250	0.39	6.94	4.46	4
	广东公路交通	219	0.151	0.012	1.00	109	0.31	3.03	7.59	4
	交通世界(建养机械)	620	0.146	0.022	1.00	155	0.33	4.31	2.72	4
	客车技术与研究	399	0.612	0.042	0.58	98	0.36	2.72	4.26	4
	摩托车技术	89	0.057	-	0.87	46	0.11	1.28	7.58	3
	内蒙古公路与运输	215	0.183	0.020	0.99	109	0.25	3.03	5.86	3
	汽车工程	1841	0.656	0.099	0.94	451	0.58	12.53	5.99	8
	汽车工程师	183	0.162	0.038	0.96	123	0.28	3.42	3.52	3
	汽车工业研究	295	0.358	0.043	0.98	157	0.17	4.36	4.40	3
	汽车工艺与材料	511	0.167	0.011	0.94	230	0.25	6.39	7.06	4
	汽车技术	941	0.400	0.036	0.90	314	0.44	8.72	6.64	4

期刊类别	期刊名称	扩展总被引频次	扩展影响因子	扩展即年指标	扩展他引率	扩展引用刊数	扩展学科影响指标	扩展学科扩散指标	扩展被引半衰期	扩展H指标
公路运输	汽车科技	297	0.288	0.045	0.87	156	0.33	4.33	5.03	3
	汽车零部件	81	0.122	0.005	0.70	47	0.08	1.31	2.60	2
	汽车维护与修理	92	0.030	-	1.00	46	0.08	1.28	5.71	2
	汽车运用	133	0.034	0.010	1.00	76	0.11	2.11	4.70	2
	上海公路	209	0.277	0.041	0.95	95	0.25	2.64	6.71	3
	上海汽车	376	0.258	0.029	0.90	200	0.31	5.56	4.69	4
	现代城市轨道交通	278	0.243	0.030	0.96	114	0.11	3.17	4.28	3
	中国公路学报	2228	0.872	0.177	0.97	487	0.58	13.53	7.89	9
	中外公路	1709	0.408	0.048	0.85	332	0.39	9.22	5.24	5
	重型汽车	69	0.049	0.012	1.00	48	0.19	1.33	7.44	2
	筑路机械与施工机械化	779	0.573	0.054	0.83	186	0.33	5.17	5.10	5
	专用汽车	216	0.195	0.100	0.96	108	0.28	3.00	5.85	3
	平均	752	0.337	0.044	0.91	202	0.31	5.63	5.47	4
水路运输	Journal of Marine Science and Application	113	0.366	0.078	0.83	59	0.24	1.79	3.10	3
	船舶	234	0.267	0.060	0.91	100	0.61	3.03	5.83	3
	船舶工程	641	0.420	0.039	0.93	237	0.58	7.18	6.17	5
	船舶力学	743	0.429	0.056	0.85	181	0.52	5.48	5.97	5
	船电技术	245	0.197	0.032	0.92	156	0.30	4.73	3.84	3
	船海工程	552	0.294	0.010	0.83	236	0.58	7.15	4.16	4
	港工技术	293	0.290	0.109	0.83	130	0.36	3.94	5.67	4
	港口经济	271	0.193	0.011	0.97	135	0.21	4.09	4.26	4
	港口科技	134	0.146	0.015	0.93	76	0.18	2.30	3.88	2
	港口装卸	155	0.060	-	0.94	79	0.21	2.39	6.35	3
	广船科技	32	0.022	-	1.00	23	0.12	0.70	5.60	2
	广东造船	63	0.123	-	0.98	48	0.33	1.45	4.06	2
	航海技术	393	0.196	0.027	0.90	131	0.70	3.97	5.88	3
	机电兵船档案	284	0.251	0.045	0.99	117	0.03	3.55	4.70	4
	舰船电子工程	1385	0.460	0.074	0.91	328	0.30	9.94	3.25	6
	舰船科学技术	915	0.271	0.023	0.90	343	0.52	10.39	4.56	5
	江苏船舶	128	0.143	0.025	0.94	72	0.48	2.18	6.67	3
	上海船舶运输科学研究所学报	65	0.147	-	0.92	57	0.27	1.73	6.58	2
	世界海运	278	0.172	0.063	0.93	139	0.42	4.21	6.40	3

期刊类别	期刊名称	扩展总被引频次	扩展影响因子	扩展即年指标	扩展他引率	扩展引用刊数	扩展学科影响指标	扩展学科扩散指标	扩展被引半衰期	扩展H指标
水路运输	水道港口	415	0.376	0.031	0.81	119	0.30	3.61	5.68	4
	水运工程	1189	0.316	0.063	0.83	309	0.42	9.36	5.42	5
	水运管理	310	0.262	0.118	0.95	146	0.42	4.42	4.32	4
	天津航海	110	0.133	0.047	0.98	60	0.30	1.82	4.86	2
	造船技术	222	0.140	-	0.95	104	0.52	3.15	6.79	3
	中国港湾建设	481	0.279	0.038	0.90	192	0.39	5.82	6.64	5
	中国航海	436	0.472	0.038	0.86	164	0.64	4.97	5.28	4
	中国水运(上半月)	1063	0.689	0.115	1.00	431	0.67	13.06	4.14	4
	中国水运(下半月)	765	0.113	0.033	0.92	273	0.45	8.27	2.99	5
	中国修船	149	0.099	0.026	0.95	96	0.39	2.91	5.75	2
	中国造船	799	0.525	0.038	0.85	247	0.52	7.48	6.51	5
	珠江水运	171	0.094	0.007	1.00	102	0.27	3.09	4.29	3
	平均	420	0.256	0.039	0.92	157	0.40	4.78	5.15	3
航空、航天	Chinese Journal of Aeronautics	392	0.536	0.036	0.93	179	0.39	3.14	4.32	4
	测控技术	1344	0.374	0.052	0.91	469	0.49	8.23	5.49	6
	导弹与航天运载技术	369	0.304	0.024	0.94	171	0.46	3.00	6.88	4
	导航与控制	34	0.085	-	0.71	17	0.07	0.30	3.75	1
	飞机设计	255	0.158	0.020	0.97	151	0.37	2.65	5.97	3
	飞行力学	551	0.327	0.030	0.90	159	0.40	2.79	6.55	4
	飞行器测控学报	304	0.293	0.025	0.87	143	0.30	2.51	6.44	3
	固体火箭技术	770	0.366	0.012	0.79	178	0.37	3.12	6.40	5
	航空材料学报	760	0.410	0.040	0.91	224	0.23	3.93	6.42	6
	航空电子技术	140	0.136	-	0.99	90	0.18	1.58	7.47	3
	航空动力学报	1892	0.459	0.048	0.72	316	0.58	5.54	4.93	6
	航空发动机	344	0.291	0.107	0.76	120	0.33	2.11	7.11	4
	航空工程进展	57	0.313	0.034	0.84	40	0.16	0.70	2.06	2
	航空计算技术	577	0.371	0.024	0.91	275	0.37	4.82	5.05	5
	航空精密制造技术	262	0.158	0.010	0.96	153	0.14	2.68	7.58	3
	航空科学技术	192	0.328	0.014	0.96	112	0.33	1.96	6.29	4
	航空维修与工程	325	0.189	0.030	0.95	163	0.28	2.86	7.45	4
	航空学报	2615	0.836	0.113	0.92	537	0.72	9.42	5.51	7
	航空制造技术	1098	0.327	0.026	0.90	336	0.53	5.89	4.41	6
	航天电子对抗	352	0.243	0.051	0.90	121	0.19	2.12	5.98	4

期刊类别	期刊名称	扩展总被引频次	扩展影响因子	扩展即年指标	扩展他引率	扩展引用刊数	扩展学科影响指标	扩展学科扩散指标	扩展被引半衰期	扩展H指标
航空、航天	航天返回与遥感	300	0.291	0.053	0.80	124	0.30	2.18	6.56	4
	航天工业管理	137	0.098	0.015	1.00	72	0.05	1.26	5.58	3
	航天控制	450	0.404	0.009	0.89	177	0.35	3.11	5.79	5
	航天器工程	432	0.584	0.048	0.82	157	0.33	2.75	4.01	4
	航天器环境工程	370	0.351	0.014	0.70	125	0.30	2.19	4.31	3
	航天制造技术	208	0.179	-	0.97	123	0.23	2.16	6.37	4
	火箭推进	310	0.673	0.138	0.78	80	0.32	1.40	3.71	5
	计测技术	307	0.257	0.045	0.87	164	0.23	2.88	5.16	4
	计算机测量与控制	3032	0.588	0.054	0.71	633	0.44	11.11	3.75	6
	空间控制技术与应用	99	0.289	0.030	0.85	50	0.18	0.88	3.32	3
	空气动力学学报	603	0.459	0.053	0.89	195	0.32	3.42	6.44	5
	民用飞机设计与研究	114	0.266	0.026	0.90	55	0.21	0.96	3.65	2
	强度与环境	267	0.421	0.086	0.84	117	0.30	2.05	5.67	4
	燃气涡轮试验与研究	221	0.155	0.088	0.88	83	0.32	1.46	6.90	3
	上海航天	291	0.162	0.012	0.96	156	0.37	2.74	7.71	4
	实验流体力学	424	0.349	0.025	0.86	187	0.32	3.28	5.69	4
	推进技术	920	0.384	0.031	0.83	168	0.47	2.95	7.88	4
	宇航材料工艺	608	0.286	0.075	0.90	233	0.21	4.09	8.46	4
	宇航计测技术	253	0.211	0.027	0.86	151	0.19	2.65	6.60	3
	宇航学报	2306	0.664	0.058	0.89	417	0.60	7.32	4.74	9
	载人航天	47	0.231	0.021	0.85	25	0.19	0.44	2.75	2
	振动、测试与诊断	755	0.788	0.028	0.65	262	0.21	4.60	4.19	6
	直升机技术	86	0.129	0.070	0.83	51	0.19	0.89	5.29	2
	中国空间科学技术	428	0.388	0.014	0.95	180	0.39	3.16	7.74	4
	平均	581	0.343	0.039	0.87	180	0.32	3.17	5.64	4
环境与安全科学	Chinese Journal of Population, Resources and Environment	11	0.032	-	0.91	10	0.03	0.12	3.50	1
	Frontiers of Environmental Science & Engineering	57	0.194	0.019	0.65	37	0.15	0.43	3.19	2
	Journal of Environmental Sciences	1698	0.807	0.078	0.90	460	0.48	5.35	4.32	6
	Journal of Resources and Ecology	63	0.689	0.028	0.92	42	0.06	0.49	2.18	3
	安全	330	0.257	0.017	0.99	167	0.12	1.94	4.37	3
	安全、健康和环境	365	0.190	0.030	0.93	144	0.16	1.67	4.95	5

期刊类别	期刊名称	扩展总被引频次	扩展影响因子	扩展即年指标	扩展他引率	扩展引用刊数	扩展学科影响指标	扩展学科扩散指标	扩展被引半衰期	扩展H指标
环境与安全科学	安全生产与监督	99	0.128	0.006	1.00	61	0.02	0.71	4.67	3
	安全与环境工程	735	0.485	0.077	0.93	391	0.48	4.55	4.47	6
	安全与环境学报	2122	0.667	0.181	0.61	598	0.55	6.95	5.29	8
	北方环境	611	0.248	0.036	0.95	306	0.34	3.56	2.60	4
	长江流域资源与环境	2888	1.441	0.096	0.91	703	0.56	8.17	5.49	10
	城市环境与城市生态	1077	1.042	0.076	0.98	446	0.50	5.19	9.36	8
	城市与减灾	107	0.160	0.022	1.00	76	0.02	0.88	6.73	4
	电镀与环保	476	0.341	0.026	0.90	140	0.13	1.63	7.59	3
	电力安全技术	675	0.156	0.040	0.98	164	0.06	1.91	5.82	5
	电力科技与环保	618	0.577	0.062	0.81	238	0.38	2.77	5.25	5
	防灾减灾工程学报	618	0.433	0.043	0.97	291	0.09	3.38	5.57	6
	干旱环境监测	391	0.380	0.032	0.99	219	0.34	2.55	7.84	5
	干旱区资源与环境	3236	0.933	0.203	0.87	643	0.41	7.48	4.91	8
	工业安全与环保	1359	0.397	0.060	0.96	548	0.55	6.37	5.46	6
	工业水处理	2487	0.692	0.056	0.92	598	0.53	6.95	6.34	8
	工业用水与废水	992	0.667	0.043	0.84	330	0.44	3.84	5.88	6
	海洋环境科学	1764	0.645	0.059	0.87	392	0.40	4.56	6.12	7
	黑龙江环境通报	287	0.135	0.016	1.00	187	0.22	2.17	6.33	3
	化工环保	1173	0.645	0.135	0.86	390	0.50	4.53	7.06	6
	环保科技	189	0.421	0.058	0.98	129	0.28	1.50	6.12	3
	环境保护	2021	0.353	0.057	1.00	786	0.67	9.14	6.06	8
	环境保护科学	1083	0.603	0.055	0.98	479	0.62	5.57	6.31	7
	环境保护与循环经济	447	0.488	0.035	0.98	261	0.40	3.03	4.06	4
	环境工程	1532	0.728	0.120	0.89	507	0.62	5.90	6.23	6
	环境工程技术学报	79	-	0.082	0.90	52	0.22	0.60	1.46	4
	环境工程学报	3766	0.845	0.072	0.87	813	0.65	9.45	4.81	9
	环境技术	289	0.268	0.078	0.93	158	0.29	1.84	8.98	4
	环境监测管理与技术	1175	1.098	0.171	0.82	345	0.53	4.01	5.22	7
	环境监控与预警	167	0.708	0.035	0.77	74	0.23	0.86	2.50	5
	环境科技	3366	1.242	0.430	0.95	641	0.59	7.45	6.71	5
	环境科学	8269	1.364	0.123	0.86	1006	0.72	11.70	5.57	15
	环境科学导刊	890	0.469	0.085	0.97	393	0.49	4.57	5.41	6
	环境科学学报	5929	1.319	0.185	0.92	976	0.65	11.35	6.24	14

期刊类别	期刊名称	扩展总被引频次	扩展影响因子	扩展即年指标	扩展他引率	扩展引用刊数	扩展学科影响指标	扩展学科扩散指标	扩展被引半衰期	扩展H指标
环境与安全科学	环境科学研究	3551	1.552	0.106	0.87	756	0.64	8.79	5.54	11
	环境科学与管理	2308	0.500	0.063	0.97	800	0.67	9.30	4.33	8
	环境科学与技术	4446	1.138	0.075	0.90	995	0.71	11.57	4.59	9
	环境卫生工程	599	0.351	0.024	0.91	227	0.41	2.64	6.05	6
	环境污染与防治	2401	0.787	0.081	0.92	717	0.70	8.34	5.51	8
	环境与可持续发展	632	0.784	0.318	0.80	297	0.47	3.45	4.53	5
	火灾科学	394	0.457	0.121	0.96	168	0.12	1.95	8.79	6
	劳动保障世界	356	0.303	0.068	0.95	189	0.02	2.20	2.11	3
	能源环境保护	516	0.437	0.028	0.99	283	0.43	3.29	6.87	5
	农业环境科学学报	5782	1.410	0.122	0.90	766	0.62	8.91	5.50	11
	农业环境与发展	634	0.434	0.103	0.93	285	0.31	3.31	5.51	5
	青海环境	139	0.121	-	0.99	97	0.17	1.13	7.86	3
	三峡环境与生态	602	0.418	0.078	0.98	304	0.51	3.53	9.78	6
	上海环境科学	1104	0.691	0.033	0.99	467	0.59	5.43	>10	7
	生态毒理学报	604	0.738	0.031	0.89	232	0.31	2.70	3.82	7
	生态环境学报	5402	1.431	0.168	0.94	927	0.63	10.78	4.90	14
	生态与农村环境学报	1658	1.354	0.169	0.90	475	0.52	5.52	6.18	9
	水处理技术	2281	0.686	0.089	0.90	541	0.49	6.29	4.88	7
	四川环境	971	0.426	0.068	0.96	439	0.48	5.10	6.03	6
	现代职业安全	239	0.138	0.005	1.00	129	0.07	1.50	3.93	3
	消防科学与技术	1860	0.779	0.142	0.60	320	0.16	3.72	4.85	7
	新疆环境保护	202	0.175	0.075	0.99	136	0.26	1.58	9.38	3
	再生资源与循环经济	348	0.484	0.091	0.91	202	0.28	2.35	4.46	4
	植物资源与环境学报	1100	1.000	0.093	0.92	349	0.15	4.06	8.49	7
	中国安防	178	0.234	0.020	1.00	113	-	1.31	2.61	3
	中国安全科学学报	3529	0.928	0.155	0.85	866	0.38	10.07	5.64	9
	中国安全生产科学技术	2124	1.152	0.104	0.60	484	0.22	5.63	3.54	9
	中国个体防护装备	158	0.237	0.008	0.94	77	0.05	0.90	5.79	3
	中国环保产业	559	0.385	0.051	0.97	292	0.47	3.40	4.63	5
	中国环境监测	1680	0.927	0.068	0.95	517	0.58	6.01	6.54	9
	中国环境科学	4802	1.895	0.145	0.85	866	0.64	10.07	6.28	13
	中国减灾	269	0.154	0.009	1.00	185	0.06	2.15	5.71	3
	中国人口·资源与环境	4531	2.421	0.201	0.95	1046	0.57	12.16	4.13	17

期刊类别	期刊名称	扩展总被引频次	扩展影响因子	扩展即年指标	扩展他引率	扩展引用刊数	扩展学科影响指标	扩展学科扩散指标	扩展被引半衰期	扩展H指标
环境与安全科学	中国资源综合利用	785	0.507	0.087	0.98	417	0.37	4.85	5.26	6
	资源节约与环保	106	0.196	0.006	0.99	72	0.06	0.84	2.89	3
	资源科学	4687	1.734	0.190	0.93	922	0.51	10.72	5.12	15
	资源与人居环境	305	0.329	0.009	1.00	197	0.07	2.29	4.45	4
	自然资源学报	4747	1.752	0.173	0.96	814	0.40	9.47	7.39	18
	平均	1541	0.667	0.082	0.92	401	0.37	4.67	5.50	6

6　2012年中国科技期刊来源指标

按类刊名字顺索引

期刊类别	期刊名称	来源文献量	文献选出率	平均引文数	平均作者数	地区分布数	机构分布数	海外论文比	基金论文比	引用半衰期
大学学报(人文社科)	安徽大学学报(哲学社会科学版)	119	1.00	13.08	1.28	16	53	0.025	0.639	>10
	安徽工业大学学报(社会科学版)	408	1.00	6.23	1.63	24	152	0.002	0.542	7.05
	安徽理工大学学报(社会科学版)	100	1.00	8.54	1.38	15	53	-	0.610	7.32
	安徽农业大学学报(社会科学版)	162	0.99	8.09	1.56	16	74	-	0.580	6.11
	北方民族大学学报(哲学社会科学版)	126	0.99	13.80	1.38	23	69	-	0.619	>10
	北华大学学报(社会科学版)	220	0.97	6.90	1.41	26	152	0.014	0.364	8.23
	北京大学学报(哲学社会科学版)	89	0.80	20.57	1.11	13	32	0.022	0.337	>10
	北京工商大学学报(社会科学版)	120	1.00	12.36	1.71	18	59	-	0.742	6.69
	北京工业大学学报(社会科学版)	85	0.92	10.82	1.29	18	63	-	0.588	8.98
	北京化工大学学报(社会科学版)	69	1.00	12.01	1.48	19	46	0.043	0.232	9.90
	北京交通大学学报(社会科学版)	72	0.77	11.47	1.86	13	29	-	0.611	7.89
	北京科技大学学报(社会科学版)	105	0.99	14.55	1.41	20	61	0.019	0.410	>10
	北京理工大学学报(社会科学版)	151	1.00	16.15	2.01	22	81	0.007	0.854	6.90
	北京联合大学学报(人文社会科学版)	78	0.93	11.36	1.29	13	38	0.026	0.359	>10
	北京林业大学学报(社会科学版)	71	0.99	15.42	2.34	13	34	-	0.634	9.29
	北京邮电大学学报(社会科学版)	113	0.97	8.88	2.12	10	26	-	0.513	5.78
	渤海大学学报(哲学社会科学版)	242	0.97	5.79	1.30	19	60	-	0.471	8.32
	长安大学学报(社会科学版)	86	1.00	12.64	1.57	14	48	-	0.453	8.96
	长春大学学报(社会科学版)	216	1.00	7.23	1.34	25	124	-	0.444	8.37
	长春工业大学学报(社会科学版)	283	1.00	6.62	1.27	27	158	-	0.276	8.55
	长春理工大学学报(社会科学版)	922	1.00	5.64	1.34	31	439	0.001	0.359	7.89
	长江大学学报(社会科学版)	946	1.00	3.91	1.21	31	456	0.003	0.252	7.64
	常州大学学报(社会科学版)	122	0.99	9.02	1.39	18	63	0.008	0.410	7.70
	成都大学学报(社会科学版)	184	0.94	9.98	1.37	17	72	0.011	0.288	>10
	成都理工大学学报(社会科学版)	143	1.00	8.94	1.58	24	95	-	0.455	7.46
	重庆大学学报(社会科学版)	167	0.99	14.32	1.92	20	69	-	0.713	7.09
	重庆工商大学学报(社会科学版)	155	0.99	13.19	1.38	20	92	0.013	0.561	7.43
	重庆交通大学学报(社会科学版)	240	1.00	10.00	1.44	25	136	-	0.338	7.11
	重庆理工大学学报(社会科学版)	298	0.93	10.52	1.48	27	144	-	0.423	6.94
	重庆邮电大学学报(社会科学版)	154	0.97	12.49	1.50	23	79	-	0.468	6.92
	大连海事大学学报(社会科学版)	194	1.00	9.64	1.52	19	62	-	0.521	8.59
	大连理工大学学报(社会科学版)	101	1.00	13.49	1.80	21	55	0.010	0.842	7.65
	电子科技大学学报(社会科学版)	133	1.00	13.35	1.61	20	59	-	0.617	7.39

期刊类别	期刊名称	来源文献量	文献选出率	平均引文数	平均作者数	地区分布数	机构分布数	海外论文比	基金论文比	引用半衰期
大学学报(人文社科)	东北大学学报(社会科学版)	101	1.00	13.59	1.84	16	37	0.020	0.545	8.32
	东北农业大学学报(社会科学版)	258	1.00	4.26	1.92	9	47	-	0.512	6.02
	东华大学学报(社会科学版)	66	1.00	7.06	1.61	15	29	-	0.258	6.93
	东华理工大学学报(社会科学版)	90	1.00	10.13	2.06	13	25	-	0.678	8.73
	东南大学学报(哲学社会科学版)	143	1.00	11.92	1.41	14	49	0.007	0.545	>10
	福建农林大学学报(哲学社会科学版)	123	1.00	10.10	1.91	11	35	-	0.610	5.08
	福建医科大学学报(社会科学版)	72	1.00	8.06	1.81	5	27	-	0.444	4.86
	福州大学学报(哲学社会科学版)	120	1.00	7.59	1.28	10	37	0.017	0.433	>10
	复旦学报(社会科学版)	91	0.99	33.21	1.26	13	32	0.022	0.670	>10
	甘肃联合大学学报(社会科学版)	165	1.00	9.47	1.27	26	99	0.006	0.291	>10
	广东工业大学学报(社会科学版)	75	1.00	8.01	1.75	11	40	0.013	0.707	7.37
	广西大学学报(哲学社会科学版)	153	0.99	12.53	1.57	22	79	0.013	0.667	7.67
	广西民族大学学报(哲学社会科学版)	207	0.79	10.79	1.41	19	76	0.034	0.430	>10
	广州大学学报(社会科学版)	203	0.99	10.08	1.41	18	82	-	0.537	9.94
	贵州大学学报(社会科学版)	151	0.93	11.44	1.32	20	67	0.007	0.616	9.88
	哈尔滨工业大学学报(社会科学版)	131	0.98	10.95	1.30	19	73	0.015	0.427	>10
	哈尔滨商业大学学报(社会科学版)	120	0.99	9.59	1.73	19	55	-	0.533	5.35
	哈尔滨师范大学社会科学学报	233	1.00	7.83	1.25	24	139	0.004	0.348	>10
	海军工程大学学报(综合版)	94	1.00	3.29	2.04	15	30	-	0.213	6.62
	海南大学学报(人文社会科学版)	128	0.99	13.03	1.46	22	70	-	0.516	9.61
	杭州师范大学学报(社会科学版)	116	0.98	12.55	1.22	15	55	0.172	0.293	>10
	合肥工业大学学报(社会科学版)	190	1.00	9.69	1.70	20	81	-	0.611	7.68
	河北大学学报(哲学社会科学版)	197	0.98	11.17	1.60	17	83	0.005	0.482	>10
	河北工程大学学报(社会科学版)	154	0.99	6.05	1.74	20	76	-	0.610	7.30
	河北科技大学学报(社会科学版)	74	1.00	9.86	1.57	20	49	-	0.554	7.04
	河北联合大学学报(社会科学版)	360	1.00	7.61	1.77	24	148	-	0.292	8.26
	河海大学学报(哲学社会科学版)	77	1.00	12.52	1.53	13	38	0.013	0.584	6.87
	河南大学学报(社会科学版)	127	1.00	28.94	1.14	18	68	0.016	0.496	>10
	河南工业大学学报(社会科学版)	171	1.00	6.59	1.29	18	84	-	0.415	6.22
	河南科技大学学报(社会科学版)	147	1.00	10.78	1.25	24	87	-	0.510	>10
	河南理工大学学报(社会科学版)	85	1.00	13.14	1.29	16	33	-	0.647	>10
	湖北大学学报(哲学社会科学版)	163	0.98	10.99	1.31	16	70	0.012	0.497	>10
	湖南大学学报(社会科学版)	177	0.97	10.43	1.55	18	64	0.028	0.542	9.28

期刊类别	期刊名称	来源文献量	文献选出率	平均引文数	平均作者数	地区分布数	机构分布数	海外论文比	基金论文比	引用半衰期
大学学报(人文社科)	湖南工业大学学报(社会科学版)	188	0.99	9.08	1.29	23	99	0.005	0.367	7.90
	湖南科技大学学报(社会科学版)	245	0.99	10.36	1.62	23	104	-	0.661	9.74
	湖南农业大学学报(社会科学版)	96	0.91	12.90	1.78	24	70	-	0.573	6.76
	华北电力大学学报(社会科学版)	168	1.00	10.35	1.40	26	92	-	0.393	8.40
	华东理工大学学报(社会科学版)	70	1.00	22.26	1.54	12	28	0.014	0.714	8.54
	华南理工大学学报(社会科学版)	140	0.99	12.02	1.50	16	45	0.007	0.493	7.14
	华南农业大学学报(社会科学版)	79	1.00	17.30	1.70	19	53	-	0.949	7.92
	华侨大学学报(哲学社会科学版)	68	1.00	10.43	1.28	9	27	0.029	0.662	>10
	华中科技大学学报(社会科学版)	109	0.97	14.66	1.31	19	55	0.009	0.578	9.53
	华中农业大学学报(社会科学版)	147	0.99	7.27	2.00	18	52	-	0.741	6.09
	淮北师范大学学报(哲学社会科学版)	278	0.87	9.51	1.23	21	106	-	0.586	>10
	吉林大学社会科学学报	121	0.93	13.11	1.58	15	35	0.033	0.802	>10
	吉首大学学报(社会科学版)	184	0.99	11.00	1.40	27	120	0.011	0.734	>10
	集美大学学报(哲学社会科学版)	83	0.99	7.58	1.23	13	34	-	0.735	>10
	济南大学学报(社会科学版)	102	0.92	11.82	1.25	17	51	-	0.529	>10
	暨南学报(哲学社会科学版)	267	1.00	14.83	1.11	24	106	0.007	0.573	>10
	江汉大学学报(社会科学版)	135	0.97	9.66	1.32	18	83	0.015	0.415	7.70
	江汉学术	122	0.99	12.90	1.16	24	78	0.033	0.410	>10
	江南大学学报(人文社会科学版)	119	0.99	11.06	1.35	20	74	0.050	0.403	>10
	江苏科技大学学报(社会科学版)	73	0.99	10.73	1.29	18	44	-	0.466	9.98
	江西农业大学学报(社会科学版)	78	1.00	9.10	2.23	15	37	0.013	0.872	5.53
	井冈山大学学报(社会科学版)	133	1.00	11.79	1.31	22	79	-	0.699	>10
	昆明理工大学学报(社会科学版)	103	1.00	12.14	1.82	19	35	-	0.864	7.30
	兰州大学学报(社会科学版)	162	0.99	14.07	1.42	20	75	0.006	0.642	9.34
	辽宁大学学报(哲学社会科学版)	125	0.95	14.44	1.61	16	44	0.008	0.728	>10
	辽宁工程技术大学学报(社会科学版)	171	0.99	9.40	1.81	20	75	-	0.579	6.86
	辽宁工业大学学报(社会科学版)	279	1.00	5.28	1.71	17	58	-	0.398	6.13
	聊城大学学报(社会科学版)	139	0.99	11.47	1.26	20	77	0.014	0.324	>10
	鲁东大学学报(哲学社会科学版)	115	0.91	7.77	1.38	22	62	-	0.322	>10
	内蒙古大学学报(哲学社会科学版)	131	1.00	13.15	1.24	22	53	0.008	0.450	>10
	内蒙古工业大学学报(社会科学版)	59	1.00	7.42	2.08	5	6	-	0.508	8.10
	内蒙古民族大学学报	527	1.00	3.17	1.50	24	199	0.002	0.112	7.71
	内蒙古民族大学学报(社会科学版)	155	1.00	7.97	1.30	23	72	-	0.374	9.56

期刊类别	期刊名称	来源文献量	文献选出率	平均引文数	平均作者数	地区分布数	机构分布数	海外论文比	基金论文比	引用半衰期
大学学报(人文社科)	内蒙古农业大学学报(社会科学版)	959	0.99	8.51	1.45	30	335	-	0.284	8.39
	南昌大学学报(人文社会科学版)	169	1.00	12.60	1.37	22	79	0.006	0.876	>10
	南昌航空大学学报(社会科学版)	83	1.00	12.35	1.47	18	49	-	0.639	9.39
	南华大学学报(社会科学版)	167	1.00	10.13	1.60	21	83	-	0.437	>10
	南京大学学报(哲学·人文科学·社会科学)	99	1.00	3.84	1.41	15	45	0.081	0.535	9.86
	南京工业大学学报(社会科学版)	63	0.97	14.51	1.57	12	38	0.079	0.635	6.61
	南京航空航天大学学报(社会科学版)	81	1.00	6.70	1.30	17	52	-	0.457	7.24
	南京理工大学学报(社会科学版)	120	0.98	10.43	1.32	20	71	-	0.333	9.80
	南京林业大学学报(人文社会科学版)	76	0.93	11.83	1.41	15	40	0.053	0.500	>10
	南京农业大学学报(社会科学版)	81	0.99	16.72	1.81	16	42	-	0.790	7.29
	南京医科大学学报(社会科学版)	131	0.99	7.64	2.53	12	47	-	0.374	4.33
	南京邮电大学学报(社会科学版)	79	0.99	11.27	1.46	10	28	-	0.722	8.11
	南京中医药大学学报(社会科学版)	59	0.92	9.49	1.92	13	28	0.034	0.729	8.65
	南开学报(哲学社会科学版)	91	0.96	26.47	1.29	13	32	0.011	0.681	>10
	南通大学学报(社会科学版)	127	1.00	13.47	1.23	11	46	-	0.732	>10
	宁波大学学报(人文科学版)	153	0.99	9.70	1.22	16	62	-	0.477	>10
	宁夏大学学报(人文社会科学版)	227	1.00	20.40	1.38	24	141	-	0.427	>10
	齐齐哈尔大学学报(哲学社会科学版)	338	0.91	7.94	1.37	27	176	0.006	0.364	9.93
	青岛科技大学学报(社会科学版)	95	0.96	9.45	1.65	13	31	-	0.547	8.67
	青岛农业大学学报(社会科学版)	72	1.00	7.75	1.61	19	47	-	0.333	6.94
	青海民族大学学报(社会科学版)	131	1.00	12.33	1.25	20	54	-	0.374	>10
	清华大学学报(哲学社会科学版)	107	1.00	26.56	1.19	20	49	0.028	0.374	>10
	三峡大学学报(人文社会科学版)	161	0.99	9.03	1.32	23	86	0.006	0.460	>10
	山东大学学报(哲学社会科学版)	139	0.95	20.01	1.42	10	53	0.007	0.647	>10
	山东科技大学学报(社会科学版)	76	0.89	15.01	1.54	18	49	-	0.461	7.70
	山东理工大学学报(社会科学版)	134	0.98	9.81	1.32	19	90	-	0.418	8.75
	山东农业大学学报(社会科学版)	95	1.00	7.99	1.82	16	43	-	0.411	6.42
	山西大同大学学报(社会科学版)	182	1.00	6.61	1.28	23	79	0.011	0.313	>10
	山西大学学报(哲学社会科学版)	102	0.98	12.63	1.50	15	46	0.020	0.618	>10
	山西农业大学学报(社会科学版)	282	0.99	10.50	1.61	23	113	-	0.472	5.87
	汕头大学学报(人文社会科学版)	87	1.00	14.18	1.33	16	54	-	0.402	>10
	上海大学学报(社会科学版)	75	1.00	12.71	1.27	13	42	0.027	0.680	9.33

期刊类别	期刊名称	来源文献量	文献选出率	平均引文数	平均作者数	地区分布数	机构分布数	海外论文比	基金论文比	引用半衰期
大学学报(人文社科)	上海交通大学学报(哲学社会科学版)	43	1.00	19.40	1.33	9	15	-	0.674	7.95
	上海理工大学学报(社会科学版)	63	0.95	12.08	1.40	7	25	-	0.381	>10
	深圳大学学报(人文社会科学版)	146	0.86	11.27	1.31	19	77	0.062	0.438	>10
	沈阳工业大学学报(社会科学版)	75	1.00	12.69	2.05	11	22	-	0.880	5.07
	沈阳建筑大学学报(社会科学版)	103	0.96	9.11	2.40	11	29	0.010	0.961	4.69
	沈阳农业大学学报(社会科学版)	193	0.99	8.60	2.01	22	100	-	0.731	5.57
	石河子大学学报(哲学社会科学版)	90	0.98	9.90	1.38	19	48	-	0.511	>10
	石家庄铁道大学学报(社会科学版)	91	0.94	8.22	1.75	19	52	-	0.396	7.36
	苏州大学学报(哲学社会科学版)	170	1.00	14.41	1.24	18	75	0.041	0.547	>10
	太原大学学报	154	1.00	4.32	1.22	19	69	-	0.110	8.94
	太原理工大学学报(社会科学版)	114	1.00	8.20	1.39	17	55	-	0.386	7.71
	天津大学学报(社会科学版)	113	1.00	11.84	2.03	10	34	-	0.593	7.91
	同济大学学报(社会科学版)	96	1.00	4.74	1.22	13	37	0.010	0.490	9.02
	温州大学学报(社会科学版)	95	0.81	12.05	1.20	17	54	0.042	0.305	>10
	五邑大学学报(社会科学版)	86	0.97	9.31	1.19	11	34	-	0.314	>10
	武汉大学学报(人文科学版)	130	1.00	21.33	1.22	17	48	0.046	0.562	>10
	武汉大学学报(哲学社会科学版)	143	1.00	13.31	1.43	14	50	-	0.741	>10
	武汉科技大学学报(社会科学版)	135	1.00	12.53	1.46	23	77	0.037	0.585	9.43
	武汉理工大学学报(社会科学版)	178	0.99	10.48	1.52	27	104	0.034	0.596	8.56
	西安电子科技大学学报(社会科学版)	126	1.00	13.48	1.78	19	53	-	0.571	7.81
	西安建筑科技大学学报(社会科学版)	111	1.00	8.23	1.70	17	67	-	0.441	7.98
	西安交通大学学报(社会科学版)	120	1.00	14.36	2.00	14	39	0.025	0.583	8.12
	西安石油大学学报(社会科学版)	116	0.98	8.75	1.61	17	50	-	0.422	7.35
	西北大学学报(哲学社会科学版)	165	0.75	11.45	1.50	19	67	0.024	0.830	>10
	西北工业大学学报(社会科学版)	97	1.00	12.02	1.68	18	48	0.010	0.546	8.21
	西北民族大学学报(哲学社会科学版)	176	0.98	10.46	1.29	23	80	0.006	0.426	>10
	西北农林科技大学学报(社会科学版)	157	1.00	11.17	1.94	22	81	-	0.592	6.78
	西华大学学报(哲学社会科学版)	127	0.98	14.74	1.37	24	89	0.047	0.480	>10
	西南交通大学学报(社会科学版)	150	0.99	13.23	1.46	24	81	-	0.527	9.81
	西南科技大学学报(哲学社会科学版)	118	1.00	13.31	1.18	22	83	-	0.407	>10
	西南民族大学学报(人文社科版)	569	0.98	10.96	1.42	29	164	0.009	0.634	9.84
	西南农业大学学报(社会科学版)	905	1.00	5.61	1.44	30	438	0.001	0.299	6.43
	西南石油大学学报(社会科学版)	137	1.00	11.12	1.82	22	77	0.007	0.372	6.63

期刊类别	期刊名称	来源文献量	文献选出率	平均引文数	平均作者数	地区分布数	机构分布数	海外论文比	基金论文比	引用半衰期
大学学报(人文社科)	湘潭大学学报(哲学社会科学版)	203	1.00	12.27	1.55	20	66	0.005	0.586	>10
	烟台大学学报(哲学社会科学版)	78	0.98	25.46	1.38	16	34	-	0.410	>10
	延安大学学报(社会科学版)	166	0.99	10.49	1.31	27	92	-	0.482	>10
	延边大学学报(社会科学版)	140	1.00	12.90	1.28	16	59	0.007	0.436	>10
	燕山大学学报(哲学社会科学版)	124	1.00	11.55	1.48	24	69	0.008	0.435	>10
	扬州大学学报(人文社会科学版)	124	1.00	12.46	1.31	14	60	0.016	0.694	>10
	云南民族大学学报(哲学社会科学版)	162	0.98	11.26	1.36	20	79	0.019	0.623	9.37
	浙江大学学报(人文社会科学版)	102	0.94	24.65	1.87	13	48	0.216	0.696	>10
	郑州大学学报(哲学社会科学版)	218	0.91	11.01	1.15	21	102	0.009	0.427	>10
	中北大学学报(社会科学版)	134	1.00	12.08	1.44	22	76	-	0.410	9.28
	中国地质大学学报(社会科学版)	127	1.00	14.20	1.66	20	65	0.008	0.598	7.17
	中国矿业大学学报(社会科学版)	102	0.94	13.89	1.41	23	73	0.010	0.490	>10
	中国农业大学学报(社会科学版)	60	0.83	25.80	1.67	10	28	0.017	0.533	6.98
	中国人民大学学报	118	1.00	14.75	1.30	15	35	0.017	0.407	>10
	中国人民公安大学学报(社会科学版)	132	1.00	11.72	1.40	20	52	-	0.424	6.76
	中国社会科学院研究生院学报	127	0.73	17.78	1.31	20	76	-	0.425	>10
	中国石油大学学报(社会科学版)	131	0.97	9.15	1.60	23	76	-	0.420	7.82
	中南大学学报(社会科学版)	253	1.00	13.87	1.40	24	117	0.004	0.553	>10
	中南林业科技大学学报(社会科学版)	277	0.98	8.46	1.67	22	126	-	0.520	5.71
	中南民族大学学报(人文社会科学版)	211	0.97	11.45	1.40	25	76	-	0.635	9.28
	中山大学学报(社会科学版)	120	1.00	5.42	1.23	14	44	0.075	0.583	9.27
	中央民族大学学报(哲学社会科学版)	157	0.99	10.80	1.24	25	69	0.006	0.522	>10
	平均	160	0.98	11.55	1.50	18	73	0.011	0.521	>10
学院学报(人文社科)	安庆师范学院学报(社会科学版)	234	1.00	8.18	1.20	21	104	-	0.393	>10
	宝鸡文理学院学报(社会科学版)	195	0.96	7.66	1.18	22	108	0.005	0.354	>10
	北京教育学院学报(社会科学版)	109	0.97	6.32	1.27	16	58	-	0.202	6.63
	长春工程学院学报(社会科学版)	177	0.99	5.77	1.44	25	102	-	0.446	7.51
	长春师范学院学报(人文社会科学版)	593	1.00	4.94	1.25	30	331	0.002	0.347	9.28
	长沙铁道学院学报(社会科学版)	491	1.00	5.48	1.37	28	281	-	0.318	6.88
	常州工学院学报(社会科学版)	167	0.99	7.92	1.27	20	74	-	0.287	>10
	巢湖学院学报	216	1.00	8.15	1.59	14	69	-	0.542	8.43
	赤峰学院学报(哲学社会科学版)	1250	1.00	5.91	1.21	30	407	-	0.223	9.63
	重庆科技学院学报(社会科学版)	1868	0.99	4.65	1.37	31	631	0.001	0.260	7.02

期刊类别	期刊名称	来源文献量	文献选出率	平均引文数	平均作者数	地区分布数	机构分布数	海外论文比	基金论文比	引用半衰期
学院学报(人文社科)	重庆文理学院学报(社会科学版)	192	0.99	9.90	1.31	23	122	0.005	0.536	9.59
	大理学院学报	317	0.97	9.07	2.49	19	99	-	0.442	5.75
	佛山科学技术学院学报(社会科学版)	110	1.00	9.21	1.23	16	57	0.027	0.318	>10
	阜阳师范学院学报(社会科学版)	241	1.00	7.45	1.19	22	100	0.004	0.506	>10
	广西师范学院学报(哲学社会科学版)	130	1.00	8.28	1.38	12	44	-	0.462	>10
	贵阳学院学报(社会科学版)	169	0.99	6.79	1.11	22	84	-	0.266	9.85
	贵州民族大学学报(哲学社会科学版)	281	1.00	5.40	1.20	21	80	0.004	0.399	8.93
	哈尔滨学院学报	399	1.00	6.54	1.32	29	235	0.003	0.328	>10
	合肥学院学报(社会科学版)	173	1.00	9.60	1.39	21	84	-	0.543	8.93
	河北北方学院学报(社会科学版)	173	1.00	8.47	1.80	23	75	-	0.457	8.13
	河北科技师范学院学报(社会科学版)	105	1.00	9.90	1.98	22	64	-	0.514	5.62
	河南工程学院学报(社会科学版)	92	1.00	6.64	1.23	17	50	-	0.326	6.48
	河南教育学院学报(哲学社会科学版)	192	0.98	7.80	1.23	19	94	0.010	0.281	>10
	河南科技学院学报(社会科学版)	431	0.92	6.36	1.39	25	188	0.002	0.397	5.95
	湖北经济学院学报(人文社会科学版)	1164	1.00	5.72	1.30	29	484	-	0.194	7.09
	湖北理工学院学报(人文社会科学版)	117	0.98	7.95	1.41	9	36	-	0.479	8.21
	湖北民族学院学报(哲学社会科学版)	214	0.96	9.52	1.32	27	111	0.005	0.603	>10
	湖北师范学院学报(哲学社会科学版)	219	0.98	8.33	1.24	19	59	0.005	0.265	>10
	湖南城市学院学报	145	1.00	8.21	1.35	18	65	-	0.469	>10
	湖南工程学院学报(社会科学版)	116	1.00	7.05	1.61	14	54	-	0.474	7.94
	湖南人文科技学院学报	196	0.98	7.26	1.54	21	90	-	0.418	9.74
	华北水利水电学院学报(社科版)	331	0.95	6.63	1.36	26	127	-	0.329	9.35
	淮海工学院学报(社会科学版)	1083	1.00	5.68	1.29	27	400	0.002	0.275	6.42
	淮阴师范学院学报(哲学社会科学版)	164	1.00	9.38	1.11	20	79	0.049	0.457	>10
	江南社会学院学报	73	1.00	9.29	1.19	17	50	-	0.192	6.34
	江苏教育学院学报(社会科学版)	227	1.00	7.21	1.29	18	110	-	0.269	9.20
	金陵科技学院学报(社会科学版)	78	0.96	7.97	1.50	11	35	-	0.346	7.12
	九江学院学报(哲学社会科学版)	127	1.00	8.35	1.31	23	79	0.031	0.276	>10
	廊坊师范学院学报(社会科学版)	186	1.00	7.45	1.28	26	113	-	0.403	>10
	辽东学院学报(社会科学版)	127	0.91	9.73	1.23	25	73	0.031	0.283	>10
	辽宁医学院学报(社会科学版)	189	1.00	4.48	1.68	19	72	-	0.423	6.42
	洛阳理工学院学报(社会科学版)	140	0.99	8.49	1.19	20	57	-	0.329	7.34
	牡丹江师范学院学报(哲学社会科学版)	298	1.00	8.55	1.25	27	161	-	0.362	>10

期刊类别	期刊名称	来源文献量	文献选出率	平均引文数	平均作者数	地区分布数	机构分布数	海外论文比	基金论文比	引用半衰期
学院学报(人文社科)	南京工程学院学报(社会科学版)	61	1.00	8.79	1.54	10	26	-	0.557	6.94
	南京体育学院学报(社会科学版)	143	1.00	10.64	1.89	27	96	-	0.441	6.34
	南京晓庄学院学报	154	1.00	11.19	1.46	15	53	0.019	0.364	>10
	琼州学院学报	295	1.00	4.25	1.44	20	131	-	0.444	6.64
	三明学院学报	113	1.00	8.81	1.96	6	31	-	0.761	6.71
	山东女子学院学报	132	1.00	6.78	1.35	24	85	-	0.371	9.30
	山西高等学校社会科学学报	413	1.00	5.46	1.36	26	160	-	0.346	6.84
	陕西理工学院学报(社会科学版)	77	0.96	12.44	1.26	11	18	-	0.442	9.14
	邵阳学院学报(社会科学版)	131	1.00	6.95	1.34	21	64	0.008	0.458	8.86
	沈阳工程学院学报(社会科学版)	176	0.99	4.23	1.43	24	95	-	0.261	7.54
	四川理工学院学报(社会科学版)	137	1.00	10.52	1.00	7	14	-	0.905	4.41
	苏州科技学院学报(社会科学版)	112	0.94	10.36	1.18	13	37	-	0.420	>10
	太原师范学院学报(社会科学版)	261	1.00	6.94	1.21	26	127	0.008	0.199	9.36
	唐山学院学报	187	1.00	6.52	1.86	24	87	-	0.316	9.76
	西安文理学院学报(社会科学版)	205	0.98	6.99	1.26	23	103	-	0.327	9.35
	西昌学院学报(社会科学版)	176	1.00	6.76	1.39	25	100	-	0.392	9.89
	西藏民族学院学报(哲学社会科学版)	155	0.90	13.43	1.41	13	35	-	0.329	>10
	新乡学院学报(社会科学版)	400	0.99	4.59	1.14	27	166	-	0.292	9.19
	信阳师范学院学报(哲学社会科学版)	184	1.00	9.80	1.10	20	81	0.005	0.451	>10
	徐州工程学院学报(社会科学版)	128	1.00	10.70	1.28	20	71	-	0.570	>10
	许昌学院学报	234	1.00	8.42	1.39	20	105	0.013	0.359	>10
	盐城工学院学报(社会科学版)	82	0.99	9.28	1.24	14	44	-	0.317	6.99
	盐城师范学院学报(人文社会科学版)	142	1.00	6.08	1.11	25	87	-	0.289	>10
	伊犁师范学院学报(社科版)	133	0.99	9.78	1.29	18	50	0.008	0.308	>10
	宜宾学院学报	359	1.00	8.70	1.43	26	172	0.028	0.362	>10
	漳州师范学院学报(哲学社会科学版)	137	0.99	9.55	1.15	6	31	-	0.387	9.61
	浙江海洋学院学报(人文科学版)	127	1.00	7.35	1.35	8	41	0.008	0.433	7.31
	郑州航空工业管理学院学报(社会科学版)	349	1.00	7.16	1.21	24	177	-	0.284	>10
	郑州轻工业学院学报(社会科学版)	125	1.00	10.08	1.26	19	69	-	0.472	7.22
	中国石油大学胜利学院学报	114	0.97	5.14	1.44	17	62	0.009	0.219	6.96
	中华女子学院学报	131	0.98	10.99	1.31	22	71	0.046	0.397	9.23
	平均	257	0.99	7.87	1.35	20	111	0.005	0.385	9.39
	北京社会科学	85	0.98	1.91	1.45	18	54	0.012	0.447	5.22

期刊类别	期刊名称	来源文献量	文献选出率	平均引文数	平均作者数	地区分布数	机构分布数	海外论文比	基金论文比	引用半衰期
社会科学理论	才智	11643	1.00	2.23	1.18	31	5391	0.001	0.032	6.37
	长白学刊	192	0.89	9.51	1.31	26	121	-	0.500	9.60
	重庆社会科学	282	1.00	8.24	1.35	24	159	-	0.390	8.34
	船山学刊	140	0.98	13.02	1.15	23	83	0.014	0.257	>10
	创新	155	0.95	9.21	1.33	20	87	0.006	0.458	6.43
	大江周刊(论坛)	2524	1.00	2.12	1.17	31	1209	0.000	0.016	7.75
	大庆社会科学	276	0.97	1.39	1.38	16	139	-	0.065	6.64
	东方论坛	122	0.90	12.02	1.25	19	78	0.025	0.426	>10
	东疆学刊	73	0.99	12.37	1.40	16	39	-	0.658	>10
	东南亚南亚研究	57	0.84	15.04	1.30	14	32	0.053	0.333	7.93
	东岳论丛	443	1.00	1.48	1.37	21	152	0.014	0.413	>10
	福建论坛(人文社会科学版)	393	0.98	3.29	1.42	25	171	0.008	0.473	8.37
	甘肃社会科学	377	1.00	12.14	1.42	28	159	-	0.531	>10
	观察与思考	268	0.87	1.08	1.13	11	159	0.004	0.056	>10
	广东社会科学	202	1.00	1.94	1.35	25	112	0.035	0.416	7.05
	广西社会科学	512	1.00	9.20	1.42	28	261	-	0.721	9.90
	贵州社会科学	330	0.99	9.22	1.36	27	149	0.009	0.573	>10
	桂海论丛	162	0.99	8.28	1.28	22	101	-	0.537	6.78
	国际社会科学杂志	33	0.97	39.36	2.15	1	31	0.939	-	>10
	河北学刊	331	0.92	7.40	1.42	25	144	0.003	0.414	>10
	河南社会科学	349	0.93	5.05	1.23	23	176	0.006	0.393	9.72
	黑河学刊	1108	1.00	3.61	1.24	29	650	0.001	0.157	7.23
	黑龙江社会科学	212	0.84	6.31	1.32	24	97	0.005	0.429	>10
	湖北社会科学	618	0.99	9.02	1.31	28	302	0.002	0.455	9.21
	湖南社会科学	367	0.99	5.78	1.37	24	186	-	0.540	8.73
	湖湘论坛	103	0.82	9.33	1.44	13	51	-	0.379	9.89
	华章	11349	1.00	2.65	1.21	31	5094	0.000	0.072	6.77
	江海学刊	197	0.86	10.04	1.30	17	91	0.046	0.452	>10
	江汉论坛	310	0.93	12.53	1.29	27	145	0.006	0.487	>10
	江淮论坛	187	0.98	11.53	1.35	23	97	0.021	0.572	8.90
	江南论坛	441	1.00	-	1.00	17	247	-	-	-
	江苏社会科学	247	1.00	2.19	1.30	17	102	0.020	0.429	7.83
	江西社会科学	543	0.97	10.25	1.41	27	207	0.011	0.519	>10

期刊类别	期刊名称	来源文献量	文献选出率	平均引文数	平均作者数	地区分布数	机构分布数	海外论文比	基金论文比	引用半衰期
社会科学理论	金山	1245	0.93	2.94	1.25	30	665	0.001	0.044	6.94
	晋阳学刊	142	0.96	15.69	1.27	20	77	0.014	0.465	>10
	开发研究	233	1.00	9.70	1.76	28	150	-	0.584	5.62
	兰州学刊	551	1.00	12.04	1.25	28	181	0.004	0.495	>10
	老区建设	432	1.00	0.29	1.42	13	199	-	0.167	5.75
	理论观察	514	1.00	4.58	1.38	31	283	-	0.268	6.72
	理论界	888	0.99	6.56	1.25	28	286	0.002	0.267	9.63
	理论学刊	309	0.99	10.07	1.34	22	123	0.003	0.508	>10
	理论与现代化	120	0.87	12.62	1.37	18	57	-	0.442	9.20
	理论月刊	517	1.00	12.37	1.28	29	214	-	0.545	9.46
	岭南学刊	154	1.00	7.83	1.18	19	83	0.006	0.188	8.57
	内蒙古社会科学	205	0.97	11.38	1.21	28	126	-	0.610	>10
	南都学坛	167	0.87	9.32	1.17	23	82	0.012	0.323	>10
	南京社会科学	270	1.00	2.22	1.40	18	106	0.011	0.519	7.25
	宁夏社会科学	183	1.00	10.66	1.36	25	115	0.005	0.552	>10
	品牌	574	1.00	1.97	1.16	29	407	-	0.078	5.41
	齐鲁学刊	184	1.00	11.65	1.16	23	108	-	0.495	>10
	前沿	945	1.00	5.18	1.27	29	485	0.002	0.349	7.44
	前沿科学	32	0.60	16.03	1.47	9	20	0.030	0.030	>10
	求是学刊	124	0.95	11.10	1.31	21	66	0.040	0.573	>10
	求索	1113	0.99	7.14	1.32	27	362	0.002	0.460	>10
	人文杂志	172	0.99	19.45	1.23	23	79	-	0.570	>10
	山东社会科学	464	0.98	11.82	1.46	25	178	0.013	0.524	>10
	社会观察	459	1.00	-	1.00	8	91	0.054	-	-
	社会科学	261	1.00	27.77	1.21	19	95	0.023	0.529	>10
	社会科学管理与评论	67	1.00	8.85	1.16	19	42	-	0.119	5.51
	社会科学辑刊	286	1.00	11.79	1.30	20	122	0.017	0.545	>10
	社会科学家	455	0.99	10.10	1.34	27	210	-	0.560	>10
	社会科学论坛	355	1.00	1.51	1.12	27	157	0.023	0.135	>10
	社会科学研究	187	0.88	16.22	1.37	21	77	0.005	0.567	>10
	社会科学战线	663	0.96	14.14	1.33	28	176	0.021	0.508	>10
	社科纵横	740	1.00	6.55	1.34	31	362	-	0.297	9.47
	世纪桥	1133	1.00	3.37	1.21	29	507	0.001	0.141	7.86

期刊类别	期刊名称	来源文献量	文献选出率	平均引文数	平均作者数	地区分布数	机构分布数	海外论文比	基金论文比	引用半衰期
社会科学理论	思想战线	220	0.98	9.23	1.33	22	83	0.018	0.518	>10
	四川省情	381	1.00	-	1.00	4	72	-	0.003	-
	探索与争鸣	267	0.98	5.30	1.14	17	87	-	0.307	>10
	唐都学刊	146	0.85	9.79	1.24	20	71	0.007	0.479	>10
	天津社会科学	147	0.99	6.93	1.20	19	68	0.014	0.537	>10
	天中学刊	246	1.00	7.57	1.23	25	133	0.008	0.346	>10
	文史哲	108	1.00	41.70	1.02	20	58	0.083	0.435	>10
	西域研究	56	0.78	45.75	1.16	13	36	0.018	0.429	>10
	西藏研究	74	0.96	14.53	1.36	12	43	-	0.365	>10
	现代交际	2337	1.00	2.82	1.30	29	787	0.002	0.071	6.66
	新疆社会科学(汉文版)	150	0.98	2.31	1.42	21	76	-	0.627	6.10
	新疆社科论坛	161	1.00	6.15	1.14	19	72	-	0.211	8.97
	新西部(下旬刊)	1593	1.00	3.24	1.23	31	763	-	0.121	6.30
	学术界	316	1.00	7.88	1.30	24	161	0.016	0.430	>10
	学术论坛	578	1.00	10.24	1.36	27	275	0.003	0.595	8.24
	学术探索	597	1.00	7.38	1.36	29	282	-	0.400	8.62
	学术研究	287	0.99	15.97	1.33	23	110	0.031	0.505	>10
	学术月刊	195	0.83	18.15	1.13	21	80	0.021	0.400	>10
	学习与探索	422	0.98	7.49	1.33	25	135	0.012	0.609	>10
	学园	3939	1.00	1.94	1.14	31	2350	-	0.043	6.42
	阴山学刊(社会科学版)	141	0.93	10.91	1.14	18	67	0.007	0.348	>10
	殷都学刊	90	0.93	11.62	1.10	19	60	-	0.233	>10
	阅江学刊	130	0.98	12.22	1.38	16	70	0.038	0.577	>10
	云梦学刊	166	0.66	10.47	1.36	21	85	0.012	0.386	>10
	云南社会科学	200	1.00	10.95	1.30	23	97	-	0.500	>10
	浙江社会科学	280	1.00	4.91	1.37	19	124	0.007	0.579	8.58
	浙江学刊	203	1.00	2.17	1.27	20	86	-	0.453	>10
	中国国情国力	267	0.98	3.66	1.27	29	174	0.004	0.127	4.06
	中国社会科学	140	1.00	40.26	1.33	18	67	0.029	0.429	>10
	中州学刊	269	1.00	1.66	1.24	24	129	-	0.509	5.33
	平均	648	0.96	9.43	1.29	22	301	0.019	0.378	>10
	柴达木开发研究	130	0.98	2.74	1.16	15	64	-	0.054	6.00
	大观周刊	15474	1.00	1.94	1.15	31	6766	0.000	0.006	6.96

期刊类别	期刊名称	来源文献量	文献选出率	平均引文数	平均作者数	地区分布数	机构分布数	海外论文比	基金论文比	引用半衰期
社会学	当代青年研究	168	0.99	9.34	1.40	20	113	0.018	0.452	6.57
	妇女研究论丛	100	0.83	16.96	1.39	22	65	0.020	0.430	>10
	科学发展	152	0.96	4.09	1.57	9	72	0.007	0.243	5.39
	南方论刊	644	0.99	2.92	1.01	28	336	-	0.071	6.97
	攀登(汉文版)	167	0.87	6.46	1.16	19	103	-	0.216	7.50
	青春岁月	5607	1.00	2.81	1.21	31	1918	0.000	0.049	7.19
	青年探索	92	0.95	13.03	1.61	17	60	0.141	0.326	8.10
	青年研究	62	1.00	20.18	1.21	16	38	0.016	0.452	8.69
	青少年研究-山东省团校学报	101	1.00	7.96	1.71	16	65	-	0.446	6.77
	社会	71	1.00	27.25	1.18	16	33	0.056	0.648	>10
	社会学研究	79	1.00	26.52	1.37	11	37	0.076	0.557	>10
	台湾研究	71	1.00	10.85	1.39	7	30	0.042	0.338	5.88
	台湾研究集刊	69	1.00	21.03	1.33	11	29	0.029	0.696	>10
	无线互联科技	1776	1.00	2.67	1.34	31	1054	-	0.043	4.97
	武陵学刊	156	0.94	12.08	1.31	19	82	0.032	0.609	>10
	新东方	116	0.94	5.26	1.24	15	56	-	0.190	8.19
	平均	1390	0.97	10.78	1.32	18	606	0.024	0.324	8.12
人口与民族	广西民族研究	120	0.98	15.43	1.27	18	67	-	0.675	>10
	贵州民族研究	251	0.95	8.83	1.35	21	103	-	0.574	>10
	黑龙江民族丛刊	202	0.99	9.68	1.37	22	91	0.005	0.450	>10
	回族研究	98	0.99	10.96	1.23	17	54	0.031	0.194	>10
	满族研究	90	0.92	14.51	1.27	16	59	-	0.311	>10
	民族论坛	445	0.97	-	1.00	6	67	-	-	-
	民族学刊	73	0.92	11.84	1.48	10	26	0.068	0.575	>10
	民族研究	79	1.00	27.14	1.16	19	40	0.025	0.468	>10
	南方人口	54	0.98	15.31	1.67	12	37	-	0.463	8.14
	青海民族研究	124	0.98	15.61	1.35	20	53	0.008	0.500	>10
	人口学刊	67	0.99	14.28	1.99	16	40	-	0.881	8.13
	人口研究	66	1.00	16.06	1.91	13	31	0.015	0.682	8.34
	人口与发展	90	1.00	8.33	1.76	19	65	0.011	0.444	7.82
	人口与计划生育	650	1.00	-	1.07	29	372	-	-	-
	人口与经济	98	1.00	11.04	1.94	18	62	0.010	0.480	5.47
	世界民族	68	1.00	24.94	1.24	19	47	0.044	0.324	>10

期刊类别	期刊名称	来源文献量	文献选出率	平均引文数	平均作者数	地区分布数	机构分布数	海外论文比	基金论文比	引用半衰期
人口与民族	西北民族研究	102	1.00	1.50	1.24	19	52	0.039	0.441	>10
	西北人口	151	1.00	15.26	1.93	26	93	-	0.828	6.31
	中国民族	388	0.99	-	1.02	13	27	-	0.003	-
	中国人口科学	79	1.00	10.63	1.52	16	41	-	0.367	7.69
	中国藏学	60	0.87	0.73	1.33	11	29	0.033	0.083	-
	平均	159	0.98	11.05	1.43	17	69	0.014	0.416	>10
劳动与人才	人类工效学	88	0.99	12.50	3.10	17	46	0.020	0.560	8.45
	人力资源	572	1.00	-	1.00	16	110	0.003	-	-
	人力资源管理	1430	0.99	2.61	1.26	30	969	0.003	0.053	4.92
	社会保障研究	92	1.00	10.01	1.78	23	61	0.011	0.457	5.39
	中国劳动	392	1.00	0.60	1.03	25	153	-	0.038	5.29
	中国人力资源开发	411	1.00	5.15	1.31	25	161	-	0.241	6.35
	平均	497	1.00	5.15	1.53	22	250	0.006	0.225	5.07
历史	安徽史学	103	0.98	45.17	1.19	19	55	-	0.437	>10
	北方文物	71	0.76	14.03	1.49	12	43	-	0.268	>10
	当代中国史研究	86	0.57	16.20	1.12	17	50	-	0.256	>10
	敦煌学辑刊	70	1.00	28.00	1.29	14	33	0.100	0.600	>10
	敦煌研究	106	1.00	14.75	1.44	22	66	0.057	0.462	>10
	广西地方志	88	0.91	9.49	1.06	14	57	-	0.102	>10
	贵州文史丛刊	96	0.94	13.70	1.15	20	68	0.010	0.146	>10
	郭沫若学刊	69	0.84	7.77	1.25	12	36	0.029	0.159	>10
	海交史研究	21	1.00	29.38	1.24	8	18	0.048	0.143	>10
	黑龙江史志	895	0.95	3.70	1.05	31	444	-	0.069	>10
	华侨华人历史研究	33	0.79	36.06	1.12	8	24	0.152	0.485	>10
	江淮文史	103	1.00	-	1.01	9	51	-	0.010	-
	近代史研究	81	1.00	51.93	1.02	14	34	0.086	0.235	>10
	军事历史	54	0.89	8.83	1.44	11	39	-	0.019	-
	军事历史研究	120	0.94	12.31	1.35	19	62	-	0.150	>10
	历史研究	80	1.00	91.19	1.02	13	40	0.088	0.525	>10
	岭南文史	65	0.96	8.06	1.03	4	43	0.031	-	>10
	蒲松龄研究	70	0.99	4.37	1.07	18	46	-	0.100	>10
	清史研究	36	0.59	68.56	1.14	13	26	0.056	0.333	-
	人文地理	167	1.00	28.93	2.41	24	80	0.012	0.892	7.89

期刊类别	期刊名称	来源文献量	文献选出率	平均引文数	平均作者数	地区分布数	机构分布数	海外论文比	基金论文比	引用半衰期
历史	史林	125	1.00	42.74	1.09	17	55	0.072	0.336	>10
	史学集刊	96	0.90	42.11	1.22	18	51	0.094	0.448	>10
	史学理论研究	100	1.00	22.22	1.00	19	40	0.040	0.210	>10
	史学史研究	56	0.85	25.91	1.18	14	30	0.071	0.411	-
	史学月刊	242	0.98	27.15	1.10	21	93	0.037	0.252	>10
	世界历史	110	1.00	44.98	1.12	20	48	0.009	0.336	>10
	丝绸之路	558	1.00	2.93	1.16	25	197	0.005	0.102	9.57
	文史	64	1.00	40.06	1.00		1	-	0.109	-
	文史博览(理论)	331	0.93	7.52	1.44	25	142	-	0.290	>10
	文史杂志	101	0.53	1.38	1.11	10	46	-	0.020	>10
	文史知识	297	1.00	0.01	1.00	18	88	0.017	0.057	-
	新疆地方志	99	1.00	2.34	1.00	13	45	-	-	>10
	中国地方志	73	0.81	6.60	1.12	20	47	-	-	-
	中国历史地理论丛	64	0.89	63.19	1.27	18	35	-	0.531	>10
	中国名城	141	0.96	10.23	1.67	23	96	0.028	0.574	7.41
	中国史研究	58	0.92	56.09	1.07	13	24	0.034	0.276	-
	中国史研究动态	126	1.00	0.22	1.07	26	70	0.056	-	>10
	中国文物科学研究	84	1.00	11.62	1.48	17	45	-	0.131	>10
	中华文史论丛	85	1.00	35.41	1.01	13	33	0.106	0.165	-
	中华医史杂志	67	1.00	14.78	1.88	16	43	0.030	0.328	>10
	平均	129	0.92	23.17	1.27	15	62	0.031	0.243	>10
文物考古	草原文物	11	0.69	16.82	1.73	4	7	0.091	0.091	>10
	华夏考古	69	1.00	24.77	1.64	16	43	0.014	0.449	>10
	江汉考古	70	0.97	21.21	1.57	13	20	-	0.200	>10
	考古	147	1.00	14.53	1.31	21	59	0.014	0.177	>10
	考古学报	17	1.00	49.71	1.12	8	15	-	0.471	>10
	考古与文物	93	0.97	27.86	1.37	20	49	0.011	0.290	>10
	民俗研究	106	0.91	29.86	1.29	17	60	0.057	0.415	>10
	农业考古	527	1.00	9.78	1.27	28	258	0.004	0.275	>10
	四川文物	62	0.93	27.45	1.89	15	30	-	0.097	>10
	文物	126	1.00	13.95	1.44	19	58	0.008	0.230	>10
	文物保护与考古科学	70	0.95	10.91	3.04	12	42	-	0.443	9.99
	文物春秋	91	1.00	7.43	1.31	10	54	-	0.066	>10

期刊类别	期刊名称	来源文献量	文献选出率	平均引文数	平均作者数	地区分布数	机构分布数	海外论文比	基金论文比	引用半衰期
文物考古	文物世界	133	1.00	6.67	1.05	18	90	0.008	0.053	>10
	寻根	132	0.75	-	1.06	23	76	-	0.053	-
	中国边疆史地研究	60	1.00	35.82	1.18	16	37	-	0.533	-
	中国国家博物馆馆刊	254	0.99	15.18	1.24	18	51	0.012	0.079	>10
	中原文物	126	1.00	17.60	1.48	19	85	-	0.143	>10
	平均	123	0.95	19.39	1.47	16	60	0.013	0.239	>10
大学学报(政治外交)	北京青年政治学院学报	71	1.00	6.58	1.23	15	49	-	0.380	7.09
	北京行政学院学报	148	1.00	10.29	1.30	21	72	0.007	0.486	>10
	兵团党校学报	108	0.97	3.66	1.20	11	61	-	0.185	5.08
	长春市委党校学报	108	1.00	4.80	1.41	17	60	0.009	0.241	7.03
	成都行政学院学报	131	0.99	7.73	1.34	19	72	-	0.221	7.33
	重庆社会主义学院学报	158	1.00	5.15	1.26	22	103	-	0.266	6.51
	福建省社会主义学院学报	170	1.00	6.91	1.26	24	124	0.006	0.324	8.29
	福建行政学院学报	110	1.00	8.70	1.47	17	59	-	0.482	6.14
	福州党校学报	108	0.99	5.11	1.16	20	60	-	0.167	5.64
	甘肃行政学院学报	68	1.00	32.72	1.16	16	45	0.029	0.471	9.74
	广东省社会主义学院学报	86	1.00	8.01	1.42	17	57	-	0.163	8.84
	广东行政学院学报	111	1.00	11.33	1.30	13	59	-	0.541	7.57
	广西社会主义学院学报	140	0.95	6.00	1.29	25	103	-	0.179	6.24
	广州社会主义学院学报	98	0.99	8.52	1.17	18	65	0.020	0.255	9.70
	贵阳市委党校学报	94	1.00	4.16	1.31	8	46	-	0.223	4.74
	贵州社会主义学院学报	56	1.00	6.13	1.18	20	41	-	0.232	7.26
	国际安全研究	88	0.99	18.14	1.28	11	50	0.023	0.273	9.14
	国家教育行政学院学报	225	0.98	5.20	1.44	24	144	0.022	0.551	5.59
	国家行政学院学报	141	1.00	7.08	1.41	22	71	0.014	0.418	6.39
	哈尔滨市委党校学报	141	1.00	4.50	1.17	23	87	-	0.163	8.78
	河北省社会主义学院学报	84	0.75	3.79	1.61	19	61	-	0.238	8.60
	黑龙江省社会主义学院学报	71	0.99	3.13	1.24	10	43	-	0.085	7.38
	湖北省社会主义学院学报	138	0.95	3.21	1.30	22	89	-	0.261	7.86
	湖北行政学院学报	107	1.00	10.62	1.24	20	71	0.009	0.495	8.00
	湖南省社会主义学院学报	138	0.84	5.43	1.21	21	89	-	0.275	>10
	湖南行政学院学报	142	1.00	5.18	1.37	15	82	-	0.310	7.93
	佳木斯大学社会科学学报	403	1.00	6.44	1.48	29	176	-	0.452	9.69

期刊类别	期刊名称	来源文献量	文献选出率	平均引文数	平均作者数	地区分布数	机构分布数	海外论文比	基金论文比	引用半衰期
大学学报(政治外交)	江苏省社会主义学院学报	96	0.90	4.94	1.28	17	46	-	0.167	9.07
	江苏行政学院学报	126	0.98	9.51	1.31	17	62	0.016	0.492	8.32
	江西行政学院学报	84	1.00	4.29	1.27	18	42	-	0.345	>10
	辽宁省社会主义学院学报	91	1.00	3.90	1.52	18	65	-	0.462	7.44
	辽宁行政学院学报	826	1.00	5.14	1.32	31	411	-	0.240	7.69
	南京政治学院学报	168	0.92	8.84	1.27	21	80	-	0.250	>10
	宁夏党校学报	137	0.99	4.42	1.28	25	73	-	0.248	5.67
	山东行政学院学报	249	1.00	6.78	1.28	24	136	-	0.225	5.96
	山西社会主义学院学报	61	1.00	6.30	1.20	21	51	-	0.230	7.60
	陕西社会主义学院学报	60	0.90	4.63	1.22	17	37	-	0.117	6.79
	陕西行政学院学报	136	1.00	5.31	1.38	19	79	0.007	0.382	6.34
	上海市社会主义学院学报	70	0.99	5.34	1.23	15	54	-	0.129	>10
	上海行政学院学报	76	1.00	7.99	1.37	14	45	0.013	0.697	9.27
	胜利油田党校学报	246	0.96	3.04	1.12	23	140	-	0.081	6.59
	四川省社会主义学院学报	80	0.96	4.41	1.21	12	46	-	0.188	6.39
	四川行政学院学报	154	1.00	7.64	1.23	23	108	-	0.364	6.35
	天津市社会主义学院学报	58	1.00	7.26	1.10	16	30	-	0.103	8.26
	天津行政学院学报	105	0.98	13.06	1.27	21	62	-	0.514	8.79
	天水行政学院学报	175	0.97	6.13	1.27	21	98	0.006	0.109	7.10
	西安政治学院学报	187	0.83	5.04	1.37	16	34	-	0.075	6.16
	延边党校学报	241	0.98	5.10	1.34	28	142	0.004	0.216	6.58
	云南社会主义学院学报	491	1.00	4.20	1.30	31	352	-	0.151	6.26
	云南行政学院学报	262	1.00	10.95	1.27	27	158	-	0.397	8.96
	浙江青年专修学院学报	73	1.00	4.70	1.33	16	49	-	0.274	5.65
	中共成都市委党校学报	125	0.99	6.22	1.35	20	82	-	0.200	6.82
	中共福建省委党校学报	233	0.95	7.73	1.24	22	113	-	0.429	8.77
	中共贵州省委党校学报	187	0.99	6.51	1.25	25	121	-	0.139	9.63
	中共桂林市委党校学报	72	0.97	3.54	1.10	14	37	-	0.028	7.72
	中共杭州市委党校学报	97	0.95	10.96	1.16	16	61	-	0.464	7.92
	中共合肥市委党校学报	60	0.94	2.67	1.23	7	48	-	0.117	3.93
	中共济南市委党校学报	211	1.00	4.68	1.26	23	107	0.005	0.100	8.67
	中共乐山市委党校学报	209	0.95	3.40	1.22	18	118	-	0.091	7.28
	中共南昌市委党校学报	95	1.00	5.11	1.71	18	57	-	0.211	>10

期刊类别	期刊名称	来源文献量	文献选出率	平均引文数	平均作者数	地区分布数	机构分布数	海外论文比	基金论文比	引用半衰期
大学学报(政治外交)	中共南京市委党校学报	114	0.94	8.18	1.18	21	73	-	0.246	8.01
	中共南宁市委党校学报	77	0.66	4.78	1.21	13	36	-	0.039	4.61
	中共宁波市委党校学报	121	0.94	13.11	1.26	16	82	0.008	0.231	>10
	中共青岛市委党校青岛行政学院学报	162	0.98	6.79	1.42	19	80	0.006	0.235	6.46
	中共山西省委党校学报	235	0.99	4.75	1.25	26	153	-	0.226	6.28
	中共山西省直机关党校学报	147	0.78	4.84	1.23	24	94	-	0.088	6.52
	中共石家庄市委党校学报	124	0.69	3.16	1.25	19	57	-	0.242	8.47
	中共四川省委党校学报	102	1.00	8.67	1.29	19	69	-	0.245	9.45
	中共四川省委省级机关党校学报	139	1.00	10.58	1.45	22	84	0.007	0.669	9.01
	中共太原市委党校学报	159	0.99	2.75	1.31	23	72	-	0.069	6.37
	中共天津市委党校学报	101	1.00	9.95	1.23	17	53	-	0.574	8.09
	中共乌鲁木齐市委党校学报	60	0.95	3.55	1.28	11	43	-	0.017	6.08
	中共伊犁州委党校学报	135	0.94	1.84	1.16	11	72	-	0.037	7.28
	中共银川市委党校学报	181	1.00	3.01	1.19	22	97	-	0.122	6.46
	中共云南省委党校学报	299	0.99	3.79	1.27	28	151	-	0.164	7.86
	中共浙江省委党校学报	113	0.94	14.42	1.27	14	50	-	0.531	9.48
	中共郑州市委党校学报	207	1.00	5.02	1.12	23	125	-	0.251	6.96
	中共中央党校学报	152	1.00	5.01	1.17	27	84	-	0.230	9.08
	中共珠海市委党校珠海市行政学院学报	79	0.96	5.62	1.15	17	54	-	0.051	5.78
	中国劳动关系学院学报	166	0.99	7.10	1.34	21	78	-	0.331	5.72
	中国青年政治学院学报	139	0.93	5.75	1.30	22	76	-	0.410	7.42
	平均	146	0.95	6.60	1.27	19	83	0.003	0.263	7.69
大学学报(公检法)	北京警察学院学报	146	1.00	6.67	1.25	18	39	-	0.192	5.43
	法律科学-西北政法学院学报	133	0.99	21.63	1.17	15	62	0.038	0.556	9.41
	福建警察学院学报	110	1.00	7.75	1.43	21	57	-	0.282	5.49
	甘肃政法学院学报	109	1.00	13.11	1.16	20	56	0.018	0.523	9.11
	公安学刊-浙江警察学院学报	154	0.99	2.23	1.34	12	68	-	0.123	5.93
	国家检察官学院学报	113	0.98	20.52	1.20	16	47	-	0.372	9.08
	河南财经政法大学学报	127	0.99	15.48	1.17	18	54	0.008	0.551	8.26
	河南警察学院学报	169	0.99	7.61	1.22	23	72	-	0.189	6.49
	湖北警官学院学报	806	1.00	6.07	1.31	30	289	0.001	0.156	6.71
	华东政法大学学报	103	1.00	29.70	1.12	15	60	0.078	0.485	>10
	江苏警官学院学报	208	0.81	7.31	1.38	18	89	0.005	0.236	8.71

期刊类别	期刊名称	来源文献量	文献选出率	平均引文数	平均作者数	地区分布数	机构分布数	海外论文比	基金论文比	引用半衰期
大学学报(公检法)	江西警察学院学报	158	0.93	6.80	1.46	21	65	0.006	0.259	6.06
	辽宁警专学报	159	1.00	4.78	1.28	18	47	-	0.189	4.95
	山东警察学院学报	146	0.97	10.52	1.36	20	70	0.027	0.404	7.18
	山西警官高等专科学校学报	92	1.00	6.41	1.26	13	35	-	0.152	7.17
	上海公安高等专科学校学报(公安理论与实践)	115	0.95	5.73	1.46	17	51	-	0.130	6.38
	四川警察学院学报	118	0.99	8.52	1.35	20	58	-	0.322	7.07
	铁道警官高等专科学校学报	192	1.00	4.27	1.20	19	63	-	0.156	7.06
	武警学院学报	371	0.89	4.29	1.29	29	144	-	0.097	7.93
	西南政法大学学报	110	1.00	11.10	1.30	21	54	-	0.336	6.52
	新疆警官高等专科学校学报	67	0.96	3.01	1.46	13	31	-	0.343	6.00
	云南大学学报(法学版)	159	1.00	14.37	1.33	26	77	0.006	0.358	9.45
	云南警官学院学报	161	0.97	4.15	1.32	21	63	-	0.186	5.74
	政法论坛-中国政法大学学报	114	1.00	25.67	1.06	16	53	-	0.368	>10
	中国刑警学院学报	83	1.00	5.06	1.76	14	22	-	0.229	7.53
	平均	168	0.98	10.11	1.31	18	69	0.007	0.288	7.71
管理干部学院学报	北京石油管理干部学院学报	100	0.96	1.74	1.41	15	47	-	0.010	4.28
	北京市工会干部学院学报	56	0.92	2.50	1.14	14	36	-	0.036	5.57
	北京市经济管理干部学院学报	67	0.99	7.01	1.42	12	39	-	0.149	5.20
	福建金融管理干部学院学报	42	1.00	6.57	1.31	14	28	-	0.190	4.50
	工会理论研究-上海工会管理干部学院学报	133	1.00	-	1.00	14	69	-	0.060	-
	工会论坛-山东管理学院学报	447	1.00	2.99	1.24	25	282	-	0.076	6.56
	广东青年职业学院学报	88	1.00	5.40	1.24	18	49	-	0.239	4.77
	广西经济管理干部学院学报	75	0.99	10.51	1.63	17	38	-	0.547	6.68
	广西青年干部学院学报	142	0.98	5.65	1.43	21	103	-	0.373	5.52
	广西政法管理干部学院学报	159	0.99	10.66	1.27	22	85	-	0.302	7.58
	广州市公安管理干部学院学报	67	1.00	8.40	1.45	12	32	-	0.164	6.55
	国家林业局管理干部学院学报	51	0.98	5.06	1.69	17	35	-	0.098	5.33
	河北青年管理干部学院学报	172	0.99	4.34	1.52	23	115	-	0.326	8.41
	黑河学院学报	207	1.00	4.74	1.44	25	124	0.034	0.440	7.83
	黑龙江省政法管理干部学院学报	273	1.00	7.71	1.27	26	144	0.007	0.194	7.62
	吉林省经济管理干部学院学报	211	1.00	4.18	1.30	17	80	0.005	0.199	5.23
	理论学习-山东干部函授大学学报	236	0.87	-	1.19	22	141	0.008	0.013	-

期刊类别	期刊名称	来源文献量	文献选出率	平均引文数	平均作者数	地区分布数	机构分布数	海外论文比	基金论文比	引用半衰期
管理干部学院学报	辽宁公安司法管理干部学院学报	213	1.00	4.34	1.19	16	63	-	0.136	5.88
	辽宁经济职业技术学院·辽宁经济管理干部学院学报	342	1.00	4.15	1.28	19	140	-	0.123	5.80
	南京人口管理干部学院学报	59	0.95	12.05	1.83	15	42	-	0.661	5.50
	山东青年政治学院学报	176	0.99	7.70	1.39	18	105	0.006	0.432	8.49
	山东省农业管理干部学院学报	465	1.00	5.94	1.36	25	231	-	0.163	7.74
	山西经济管理干部学院学报	192	1.00	4.53	1.13	16	87	-	0.094	5.41
	山西煤炭管理干部学院学报	365	1.00	3.57	1.16	19	185	-	0.074	6.52
	山西青年管理干部学院学报	145	0.98	5.36	1.26	23	99	-	0.179	6.75
	山西省政法管理干部学院学报	206	1.00	2.52	1.27	20	90	0.005	0.063	6.24
	上海青年管理干部学院学报	77	0.92	3.99	1.34	10	36	0.013	0.117	7.02
	上海市经济管理干部学院学报	62	1.00	5.71	1.37	14	49	-	0.194	6.16
	上海政法学院学报	103	0.77	9.61	1.18	17	66	0.019	0.049	6.99
	石油化工管理干部学院学报	87	0.98	2.82	1.26	14	50	-	-	4.63
	四川省干部函授学院学报	125	1.00	6.30	1.22	16	63	-	0.168	7.17
	天津市财贸管理干部学院学报	106	0.98	5.61	1.31	13	48	-	0.226	5.03
	天津市工会管理干部学院学报	76	1.00	3.64	1.20	15	47	-	0.066	4.50
	武汉公安干部学院学报	95	0.94	5.55	1.38	17	40	-	0.379	6.08
	武汉冶金管理干部学院学报	91	1.00	4.86	1.31	10	40	-	0.143	7.56
	中国井冈山干部学院学报	126	0.81	8.30	1.21	21	66	-	0.373	>10
	中国延安干部学院学报	97	0.91	12.62	1.10	16	49	-	0.206	>10
	平均	154	0.97	5.58	1.31	17	82	0.003	0.196	6.42
马列主义理论	马克思主义研究	272	1.00	17.00	1.18	26	121	0.018	0.342	>10
	马克思主义与现实	188	1.00	13.68	1.24	22	92	0.064	0.340	>10
	毛泽东邓小平理论研究	195	0.86	8.37	1.24	23	82	-	0.359	9.80
	毛泽东思想研究	183	0.97	7.22	1.39	22	100	-	0.393	>10
	平均	209	0.96	11.57	1.26	23	98	0.021	0.359	>10
哲学	道德与文明	159	0.87	8.74	1.17	25	94	0.006	0.434	>10
	第欧根尼	21	1.00	24.90	1.86		1	-	0.048	>10
	管子学刊	105	0.93	7.52	1.23	18	60	0.010	0.276	>10
	科学技术哲学研究	119	0.98	12.15	1.39	19	59	0.008	0.630	>10
	孔子研究	83	0.86	13.83	1.05	18	63	0.060	0.289	>10
	伦理学研究	143	0.93	12.01	1.22	23	81	-	0.580	>10

期刊类别	期刊名称	来源文献量	文献选出率	平均引文数	平均作者数	地区分布数	机构分布数	海外论文比	基金论文比	引用半衰期
哲学	世界哲学	99	1.00	19.55	1.27	15	50	0.182	0.212	>10
	系统科学学报	89	1.00	7.11	1.81	24	65	-	0.618	8.13
	现代哲学	102	0.93	23.39	1.26	18	58	0.108	0.549	>10
	学海	206	1.00	2.64	1.36	18	86	0.010	0.558	8.02
	哲学动态	220	0.96	9.45	1.15	26	93	0.009	0.382	>10
	哲学研究	246	1.00	9.36	1.08	24	93	-	0.366	>10
	中国哲学史	70	1.00	22.79	1.04	18	38	0.014	0.314	-
	周易研究	75	0.99	28.04	1.08	17	47	0.107	0.427	>10
	自然辩证法通讯	127	0.98	16.31	1.48	21	77	0.008	0.646	>10
	自然辩证法研究	285	0.93	12.55	1.46	26	140	-	0.544	>10
	平均	134	0.96	14.40	1.31	19	69	0.033	0.430	>10
心理学	心理发展与教育	88	1.00	29.08	3.41	19	33	-	0.875	7.59
	心理科学	262	1.00	22.99	2.79	24	97	0.004	0.847	8.43
	心理科学进展	216	0.98	55.67	3.00	25	65	0.019	0.759	6.79
	心理学报	148	0.95	42.53	3.39	20	53	0.080	0.850	8.62
	心理学探新	98	0.96	19.30	2.79	20	55	0.061	0.643	8.07
	心理研究	94	1.00	21.47	2.35	17	52	-	0.691	8.88
	心理与行为研究	79	0.99	21.68	3.08	18	37	-	0.911	>10
	应用心理学	30	0.97	23.30	2.80	5	16	-	0.800	8.22
	中小学心理健康教育	141	0.27	6.45	1.70	20	76	-	0.085	7.39
	平均	128	0.90	26.94	2.81	18	53	0.018	0.718	8.27
宗教	法音	401	0.98	1.55	1.00	20	75	0.052	0.015	-
	佛教文化	242	1.00	-	1.19	14	13	-	-	-
	科学与无神论	91	1.00	3.96	1.00	11	41	0.011	0.011	>10
	世界宗教文化	112	0.96	18.15	1.25	20	74	0.143	0.295	>10
	世界宗教研究	154	0.99	31.58	1.16	23	72	0.013	0.409	>10
	五台山研究	34	0.67	5.41	1.18	15	28	0.029	0.206	>10
	中国道教	82	0.80	8.33	1.07	19	53	0.037	0.134	-
	中国穆斯林	218	0.97	1.24	1.00	15	51	0.009	0.028	>10
	中国宗教	502	1.00	0.01	1.00	21	97	-	0.032	1.50
	宗教学研究	208	1.00	17.21	1.15	23	88	0.010	0.428	>10
	平均	204	0.94	8.74	1.02	18	59	0.030	0.156	>10
	北京观察	480	1.00	-	1.00	7	110	0.010	-	-

期刊类别	期刊名称	来源文献量	文献选出率	平均引文数	平均作者数	地区分布数	机构分布数	海外论文比	基金论文比	引用半衰期
政治	大连干部学刊	136	0.60	4.43	1.21	20	87	-	0.125	6.08
	甘肃理论学刊	186	1.00	9.86	1.28	24	97	0.005	0.522	9.94
	公共行政评论	37	0.59	44.00	1.86	8	21	0.270	0.595	7.37
	军队政工理论研究	266	0.83	1.36	1.35	26	133	-	0.026	6.79
	抗日战争研究	65	1.00	29.00	1.17	19	38	0.031	0.277	>10
	科学社会主义	249	0.97	0.75	1.00	23	55	0.004	0.297	4.69
	理论导报	567	1.00	0.14	1.01	20	229	0.002	0.076	6.59
	理论导刊	394	1.00	9.86	1.35	29	240	-	0.553	8.11
	理论视野	223	0.83	3.81	1.16	26	126	0.004	0.233	>10
	理论探索	209	1.00	6.38	1.35	25	126	-	0.603	6.57
	理论探讨	247	1.00	9.09	1.46	23	123	-	0.644	7.78
	理论研究	110	1.00	5.50	1.26	21	62	-	0.191	8.45
	理论与改革	229	1.00	14.29	1.35	25	140	-	0.550	8.06
	两岸关系	360	1.00	-	1.05	11	49	0.014	-	-
	瞭望	1173	0.66	-	1.58	15	138	0.009	0.002	-
	领导科学	823	0.84	0.51	1.16	30	477	0.001	0.141	7.42
	内蒙古统战理论研究	78	0.91	0.83	1.19	7	63	-	-	3.36
	青年与社会·中外教育研究	1789	1.00	2.26	1.27	31	1048	0.001	0.097	6.57
	人大研究	225	1.00	1.85	1.04	24	123	-	0.067	7.22
	人民论坛	1601	0.97	0.49	1.13	31	585	0.012	0.107	8.07
	人权	66	0.81	5.44	1.09	14	48	0.045	-	8.60
	社会福利	304	0.68	0.37	1.26	29	170	0.003	0.003	3.96
	社会主义论坛	493	1.00	-	1.00	15	237	0.002	-	-
	社会主义研究	180	0.98	12.63	1.37	22	97	-	0.683	9.03
	石油政工研究	136	0.85	-	1.46	22	92	-	-	-
	实践(思想理论版)	254	0.82	-	1.12	15	144	-	0.008	-
	思想教育研究	314	0.98	6.28	1.59	25	175	-	0.548	6.75
	思想政治工作研究	496	1.00	-	1.00	26	200	0.002	0.016	-
	探求	113	1.00	6.02	1.33	10	60	0.009	0.177	5.93
	探索	217	0.98	11.61	1.34	24	146	0.005	0.562	7.60
	团结	159	0.99	-	1.00	23	78	-	0.013	-
	外交评论	69	0.96	52.87	1.13	10	32	-	0.507	>10
	新视野	177	1.00	5.83	1.33	20	103	0.006	0.367	8.46

期刊类别	期刊名称	来源文献量	文献选出率	平均引文数	平均作者数	地区分布数	机构分布数	海外论文比	基金论文比	引用半衰期
政治	行政管理改革	226	1.00	1.74	1.13	23	125	0.031	0.075	5.50
	行政论坛	114	1.00	11.23	1.30	23	84	-	0.807	6.82
	学习论坛	214	0.97	5.83	1.24	22	106	-	0.397	8.79
	政策瞭望	143	1.00	-	1.10	2	94	-	0.007	-
	政治学研究	89	1.00	25.61	1.19	18	50	0.011	0.494	8.34
	职业	3048	0.90	0.52	1.19	30	1038	0.001	0.027	5.44
	中国机关后勤	371	1.00	-	1.00	27	146	-	-	-
	中国民政	674	1.00	0.04	1.00	30	318	-	-	5.17
	中国青年研究	291	0.97	7.21	1.50	25	185	0.003	0.450	6.29
	中国社会保障	969	1.00	-	1.00	21	126	-	0.003	-
	中国特色社会主义研究	121	0.95	8.43	1.23	13	41	-	0.397	>10
	中国统一战线	807	1.00	-	1.00	29	295	-	0.001	-
	中国行政管理	272	0.68	9.42	1.68	25	134	0.015	0.632	6.59
	平均	420	0.93	6.71	1.19	21	178	0.011	0.240	7.18
党建	传承(学术理论版)	531	1.00	5.19	1.29	30	273	-	0.249	7.46
	党建研究	531	0.99	-	1.00	29	143	-	-	-
	党史博采(理论版)	398	0.89	1.83	1.28	23	216	-	0.103	9.41
	党史研究与教学	74	0.81	37.35	1.11	15	50	-	0.392	>10
	党政干部论坛	219	1.00	1.67	1.07	25	137	-	0.119	5.66
	党政干部学刊	279	1.00	6.72	1.28	23	112	-	0.341	7.07
	福建党史月刊	389	0.80	0.50	1.20	22	156	-	0.044	>10
	理论学习与探索	249	1.00	0.32	1.04	27	133	-	0.004	3.72
	前进	205	1.00	-	1.08	14	145	-	-	-
	求实	284	0.99	7.09	1.48	25	159	-	0.637	>10
	求是	693	0.99	-	1.00	31	271	0.003	0.001	-
	上海党史与党建	210	0.88	5.02	1.30	19	112	0.005	0.086	>10
	实事求是	169	0.99	7.45	1.24	22	86	-	0.172	8.17
	学校党建与思想教育(高教版)	424	0.94	3.65	1.55	28	212	-	0.568	6.60
	学校党建与思想教育(普教版)	537	1.00	-	1.27	27	404	0.002	0.112	-
	中共党史研究	96	0.45	41.82	1.29	20	54	0.021	0.333	>10
	中国党政干部论坛	300	1.00	-	1.07	23	157	-	-	-
	平均	328	0.93	6.98	1.17	23	165	0.002	0.186	>10
	Contemporary International Relations	56	1.00	12.93	1.29	7	29	0.089	0.018	1.70

期刊类别	期刊名称	来源文献量	文献选出率	平均引文数	平均作者数	地区分布数	机构分布数	海外论文比	基金论文比	引用半衰期
外交	阿拉伯世界研究	55	1.00	28.36	1.15	10	27	0.018	0.600	>10
	当代韩国	46	1.00	9.28	1.20	10	37	0.261	0.283	>10
	当代世界	204	0.84	3.33	1.16	12	76	0.015	0.039	4.36
	当代世界社会主义问题	43	0.98	29.65	1.21	8	23	-	0.488	>10
	当代世界与社会主义	179	0.78	8.85	1.31	18	85	-	0.458	>10
	当代亚太	56	1.00	32.45	1.00	13	30	-	0.411	>10
	德国研究	36	0.95	33.03	1.31	11	29	0.111	0.361	>10
	东北亚论坛	93	0.99	13.12	1.55	14	46	0.032	0.882	5.37
	东南学术	163	0.84	5.46	1.42	19	83	0.006	0.534	6.92
	东南亚研究	98	1.00	30.04	1.31	14	44	0.061	0.459	>10
	东南亚纵横	186	0.99	2.36	1.35	23	91	0.032	0.194	5.83
	俄罗斯研究	45	0.94	37.27	1.42	7	27	0.200	0.489	>10
	俄罗斯中亚东欧研究	103	1.00	17.37	1.14	16	39	-	0.311	>10
	法国研究	71	1.00	7.34	1.07	15	31	-	0.141	>10
	国际观察	66	1.00	18.26	1.27	7	26	0.015	0.379	>10
	国际论坛	78	0.96	25.73	1.19	18	54	0.026	0.410	6.39
	国际问题研究	60	0.76	23.27	1.12	10	26	0.050	0.117	5.84
	国际研究参考	130	1.00	11.31	1.20	13	31	0.015	0.069	6.99
	国际政治研究	64	0.98	38.77	1.45	9	34	0.094	0.312	>10
	国外理论动态	180	1.00	4.31	1.97	10	31	0.011	0.056	>10
	国外社会科学	194	1.00	12.75	1.24	21	77	0.046	0.258	8.97
	和平与发展	68	0.85	15.24	1.24	10	32	-	0.074	3.45
	拉丁美洲研究	57	0.79	21.25	1.33	9	28	0.018	0.105	>10
	美国研究	64	1.00	27.58	1.00	8	29	0.062	0.203	>10
	南亚研究	32	1.00	37.94	1.25	10	20	-	0.531	>10
	南亚研究季刊	70	0.99	20.90	1.30	12	32	-	0.614	4.72
	南洋问题研究	45	1.00	26.91	1.27	13	28	0.044	0.689	>10
	欧洲研究	68	0.99	26.26	1.35	9	31	0.088	0.279	>10
	日本问题研究	44	1.00	7.16	1.50	13	29	0.068	0.318	>10
	日本学刊	61	0.85	26.33	1.11	11	32	-	0.377	>10
	日本研究	77	0.99	5.62	1.35	14	48	0.195	0.286	>10
	世界经济与政治	100	0.95	39.71	1.32	11	48	0.040	0.770	>10
	太平洋学报	123	0.93	33.56	1.26	22	71	0.033	0.650	>10

期刊类别	期刊名称	来源文献量	文献选出率	平均引文数	平均作者数	地区分布数	机构分布数	海外论文比	基金论文比	引用半衰期
外交	外国问题研究	69	0.99	7.35	1.45	10	22	0.043	0.522	>10
	西伯利亚研究	120	0.98	5.13	1.19	15	51	0.042	0.325	8.67
	西亚非洲	72	1.00	27.18	1.00	11	21	-	0.361	7.34
	现代国际关系	144	1.00	18.33	1.13	14	46	-	0.153	1.78
	平均	90	0.96	19.78	1.27	12	40	0.045	0.356	>10
法律	北方法学	103	0.98	31.55	1.15	21	63	0.010	0.466	>10
	比较法研究	85	1.00	29.84	1.08	16	44	0.071	0.318	>10
	当代法学	128	1.00	20.35	1.22	21	60	0.023	0.625	8.68
	电子知识产权	135	0.70	5.47	1.33	14	76	0.007	0.111	5.14
	东方法学	111	1.00	30.86	1.00	14	46	0.027	0.414	>10
	法律适用	322	1.00	7.48	1.33	24	137	0.003	0.090	8.51
	法商研究	127	0.99	22.58	1.07	17	58	-	0.583	7.52
	法学	256	1.00	22.14	1.03	22	88	0.012	0.422	8.71
	法学家	85	1.00	26.71	1.00	14	36	0.071	0.424	9.45
	法学论坛	128	0.99	16.30	1.05	19	62	-	0.594	7.92
	法学评论	131	1.00	26.89	1.16	18	61	0.008	0.412	>10
	法学研究	118	1.00	30.04	1.04	15	44	0.034	0.288	>10
	法学杂志	398	1.00	10.97	1.21	25	154	0.008	0.387	8.68
	法制与经济(下旬刊)	1036	0.95	3.62	1.20	31	516	0.002	0.052	7.39
	法制与经济(中旬刊)	1018	0.93	3.61	1.21	31	550	0.003	0.049	6.95
	法制与社会	5467	1.00	2.90	1.26	31	1826	0.002	0.061	6.40
	法制与社会发展	79	1.00	37.96	1.28	16	35	0.013	0.671	9.28
	法治研究	201	1.00	19.32	1.34	24	105	-	0.433	8.13
	犯罪研究	95	1.00	12.75	1.38	14	53	0.021	0.147	8.33
	犯罪与改造研究	213	1.00	4.64	1.45	19	102	0.005	0.099	6.53
	公安研究	650	1.00	0.84	1.00	25	119	-	-	6.46
	广东公安科技	111	1.00	3.31	2.40	11	54	-	-	8.50
	海峡法学	68	0.99	10.68	1.31	11	42	0.029	0.382	5.53
	河北法学	345	1.00	12.83	1.24	26	141	0.003	0.470	7.67
	环球法律评论	98	1.00	22.61	1.00	17	42	0.020	0.337	>10
	警察技术	199	1.00	2.41	1.45	20	65	0.005	0.020	5.77
	科技与法律	121	0.95	9.11	1.50	17	70	0.000	0.200	5.39
	青少年犯罪问题	127	0.96	1.98	1.36	18	63	0.094	0.331	>10

期刊类别	期刊名称	来源文献量	文献选出率	平均引文数	平均作者数	地区分布数	机构分布数	海外论文比	基金论文比	引用半衰期
法律	清华法学	73	0.99	51.25	1.16	11	37	0.123	0.342	>10
	人民检察	642	1.00	1.70	1.36	31	276	0.011	0.016	6.20
	人民司法	628	0.96	2.95	1.52	25	232	0.002	-	6.58
	森林公安	143	1.00	-	1.07	21	69	-	0.028	-
	山东审判	143	0.82	5.22	1.29	6	55	-	0.007	9.13
	时代法学	87	0.97	30.67	1.34	16	47	0.023	0.448	>10
	天津法学	67	0.97	13.61	1.52	16	51	-	0.209	6.80
	西部法学评论	114	1.00	15.61	1.25	22	70	0.009	0.465	8.55
	现代法学	109	1.00	21.98	1.18	19	51	-	0.578	8.19
	刑事技术	214	1.00	4.45	2.96	27	132	-	0.112	6.64
	行政法学研究	82	1.00	25.23	1.26	15	50	0.037	0.317	>10
	行政与法	351	1.00	7.04	1.25	27	184	-	0.405	6.97
	征信	138	0.99	4.33	1.51	26	105	-	0.196	3.88
	证据科学	56	0.90	27.75	1.55	9	30	0.054	0.446	>10
	政法论丛	101	0.98	20.32	1.12	21	52	0.020	0.515	>10
	政法学刊	142	1.00	4.16	1.00	15	27	-	0.373	6.74
	政治与法律	204	1.00	21.47	1.25	22	94	0.010	0.412	8.87
	知识产权	179	0.99	21.92	1.40	20	90	0.006	0.425	>10
	中国版权	115	1.00	4.58	1.03	11	46	0.017	0.043	7.91
	中国法学	101	1.00	40.48	1.00	17	49	0.020	0.535	9.18
	中国公证	362	1.00	0.69	1.00	24	117	0.003	0.006	8.27
	中国海商法研究	70	1.00	9.33	1.41	12	42	0.114	0.214	6.16
	中国监狱学刊	201	0.87	8.10	1.42	22	114	-	0.149	7.18
	中国检察官	821	1.00	1.44	1.39	29	389	0.001	0.029	6.42
	中国司法	476	1.00	1.49	1.00	29	192	-	0.013	8.67
	中国司法鉴定	202	0.99	6.44	2.69	26	109	0.030	0.396	5.78
	中国刑事法杂志	213	1.00	21.09	1.33	23	118	0.014	0.310	9.82
	中外法学	78	1.00	43.64	1.00	11	30	0.064	0.500	>10
	平均	322	0.98	15.12	1.28	19	135	0.018	0.283	9.01
	北京财贸职业学院学报	49	1.00	4.00	1.16	4	21	-	0.184	4.67
	长春金融高等专科学校学报	112	1.00	4.70	1.29	16	57	-	0.330	5.08
	东北财经大学学报	111	0.98	10.19	1.54	11	24	0.018	0.559	7.27
	福建商业高等专科学校学报	130	0.98	6.73	1.28	9	48	-	0.254	5.51

期刊类别	期刊名称	来源文献量	文献选出率	平均引文数	平均作者数	地区分布数	机构分布数	海外论文比	基金论文比	引用半衰期
大学学报(经济管理)	广东财经职业学院学报	87	0.99	12.43	1.61	9	33	0.011	0.368	6.07
	广东商学院学报	69	0.92	17.39	1.67	14	45	-	0.493	6.74
	广东外语外贸大学学报	137	0.99	12.69	1.45	15	54	0.029	0.518	>10
	广西财经学院学报	146	1.00	8.72	1.59	21	77	-	0.418	5.94
	贵州财经大学学报	101	1.00	13.79	1.50	23	67	-	0.594	7.61
	贵州商业高等专科学校学报	73	1.00	6.73	1.44	15	36	-	0.301	5.73
	国际商务-对外经济贸易大学学报	77	1.00	8.32	1.82	14	44	-	0.831	5.53
	河北经贸大学学报	123	1.00	8.85	1.58	23	77	-	0.325	6.08
	河北经贸大学学报(综合版)	126	0.93	6.67	1.69	22	69	-	0.421	6.41
	河南财政税务高等专科学校学报	177	1.00	3.62	1.18	11	41	-	0.322	4.40
	湖北经济学院学报	119	0.96	12.67	1.53	20	59	-	0.496	8.71
	湖南财政经济学院学报	151	0.97	10.25	1.61	20	78	-	0.623	4.87
	湖南商学院学报	147	0.98	8.50	1.39	16	61	0.027	0.571	6.85
	湖南税务高等专科学校学报	113	1.00	3.74	1.17	20	71	-	0.097	5.16
	吉林工商学院学报	208	0.99	5.95	1.53	24	100	-	0.462	4.97
	江西财经大学学报	81	0.99	15.68	1.86	17	48	0.012	0.716	7.54
	金融管理与研究	264	1.00	-	1.15	5	10	-	0.030	-
	金融教育研究	89	0.99	8.80	1.58	23	64	-	0.483	5.10
	金融经济学研究	67	1.00	17.18	1.99	17	42	-	0.642	7.63
	兰州商学院学报	112	1.00	17.41	1.61	24	75	-	0.625	6.68
	内蒙古财经学院学报	125	1.00	10.49	1.54	22	56	-	0.424	5.79
	内蒙古财经学院学报(综合版)	234	1.00	5.82	1.29	13	74	-	0.218	6.08
	南京财经大学学报	99	0.99	12.43	1.70	17	58	0.010	0.566	6.50
	南京审计学院学报	85	0.99	17.40	1.68	18	53	0.012	0.788	6.57
	山东财经大学学报	103	0.99	8.50	1.65	17	42	0.010	0.573	6.53
	山东工商学院学报	158	0.98	8.21	1.65	20	79	-	0.456	5.88
	山西财经大学学报	157	1.00	25.46	2.05	20	67	-	0.879	7.59
	山西财政税务专科学校学报	121	0.98	3.98	1.27	16	69	-	0.107	4.69
	上海财经大学学报(哲学社会科学版)	73	1.00	10.26	1.60	14	40	-	0.548	9.02
	上海海关学院学报	149	1.00	5.90	1.32	15	62	0.007	0.081	8.13
	上海金融学院学报	69	0.85	11.61	1.52	16	39	0.014	0.362	6.97
	上海商学院学报	113	0.95	13.24	1.64	16	62	0.027	0.425	6.29
	石家庄经济学院学报	177	0.97	11.33	1.53	23	104	-	0.525	6.33

期刊类别	期刊名称	来源文献量	文献选出率	平均引文数	平均作者数	地区分布数	机构分布数	海外论文比	基金论文比	引用半衰期
大学学报(经济管理)	首都经济贸易大学学报	109	1.00	15.49	1.64	20	55	-	0.569	8.30
	税收经济研究	101	1.00	5.44	1.44	21	66	0.010	0.307	4.97
	天津商业大学学报	74	0.99	14.73	1.68	19	34	-	0.595	7.52
	天津市经理学院学报	267	0.93	3.10	1.20	27	179	-	0.079	7.46
	铜陵学院学报	230	1.00	7.36	1.54	16	85	-	0.526	6.36
	武汉商业服务学院学报	167	0.99	5.40	1.31	19	68	-	0.257	5.59
	西安财经学院学报	144	0.99	8.31	1.51	19	68	-	0.514	5.94
	西部经济管理论坛-四川经济管理学院学报	86	1.00	10.09	1.77	20	61	-	0.360	4.85
	现代财经-天津财经大学学报	164	0.95	14.96	1.90	22	78	-	0.689	7.55
	新疆财经大学学报	55	0.98	8.15	1.60	9	22	-	0.545	5.82
	云南财经大学学报	122	0.99	14.33	1.62	23	76	-	0.689	7.32
	浙江工商大学学报	67	0.86	16.13	1.36	16	39	0.015	0.746	7.90
	中国农业银行武汉培训学院学报	120	0.86	2.44	1.44	18	67	0.008	0.067	5.30
	中南财经政法大学学报	130	0.98	12.89	1.78	19	56	-	0.662	6.18
	中央财经大学学报	194	0.98	10.82	1.72	20	92	-	0.577	6.17
	平均	126	0.98	9.99	1.54	17	60	0.004	0.458	6.32
经济学	China & World Economy	37	1.00	29.05	2.51	8	31	0.378	0.622	6.84
	WTO 经济导刊	134	0.44	0.07	1.32	11	65	0.164	0.015	4.83
	北方经济	1374	1.00	2.49	1.27	31	578	0.001	0.086	5.11
	边疆经济与文化	973	0.99	3.71	1.33	30	308	0.001	0.256	7.67
	财政研究	254	1.00	2.63	1.64	26	98	-	0.346	5.22
	产经评论	93	1.00	20.43	1.70	15	38	0.011	0.570	8.01
	产业与科技论坛	3669	1.00	2.98	1.40	31	1703	0.000	0.165	5.86
	当代经济	1588	1.00	4.81	1.32	29	960	0.003	0.132	4.75
	当代经济科学	89	0.97	22.90	1.90	14	39	-	0.640	8.28
	当代经济研究	182	0.96	11.03	1.69	22	82	-	0.588	8.62
	发展	1226	1.00	0.70	1.01	21	564	0.004	0.012	7.85
	发展研究	327	0.99	5.46	1.44	25	150	0.003	0.272	5.49
	改革	260	1.00	8.98	1.42	22	99	-	0.615	6.34
	改革与开放	1954	0.98	2.90	1.26	31	1199	0.002	0.068	5.69
	改革与战略	531	1.00	5.31	1.53	28	314	-	0.467	5.21
	广东经济	300	1.00	0.72	1.00	6	74	0.003	0.013	3.46
	国际经济合作	282	1.00	2.48	1.40	21	113	0.004	0.160	4.43

期刊类别	期刊名称	来源文献量	文献选出率	平均引文数	平均作者数	地区分布数	机构分布数	海外论文比	基金论文比	引用半衰期
经济学	国际经济评论	138	1.00	3.72	1.47	5	61	0.268	0.152	3.33
	合作经济与科技	1745	1.00	3.48	1.37	30	685	0.002	0.168	5.07
	宏观经济研究	188	0.98	12.09	1.80	22	74	-	0.553	6.63
	环渤海经济瞭望	394	0.88	1.74	1.18	17	155	-	0.046	4.93
	环境经济	299	1.00	-	1.06	22	93	0.007	0.030	-
	活力	2166	0.97	0.63	1.19	23	842	-	0.012	7.51
	技术经济与管理研究	339	1.00	11.18	1.74	28	181	0.003	0.649	7.95
	价值工程	7045	1.00	4.78	1.71	31	2326	0.000	0.195	6.02
	金融评论	72	1.00	25.36	1.63	10	42	0.042	0.514	8.07
	经济	217	0.31	-	1.16	15	72	0.005	0.005	-
	经济导刊	314	0.89	-	1.30	27	209	0.038	0.258	-
	经济界	112	1.00	-	1.15	18	70	-	0.036	-
	经济经纬	198	0.96	10.98	1.87	24	118	-	0.747	7.34
	经济科学	73	1.00	18.75	1.73	15	34	-	0.644	7.14
	经济论坛	592	1.00	7.43	1.46	28	236	0.003	0.309	5.91
	经济评论	111	1.00	26.02	1.83	20	59	0.009	0.748	8.20
	经济社会体制比较	127	0.97	12.12	1.76	19	68	0.102	0.559	6.86
	经济师	2038	1.00	4.19	1.34	30	1083	0.001	0.116	5.29
	经济数学	82	0.98	11.13	2.18	23	67	-	0.817	9.18
	经济问题	347	1.00	7.03	1.69	26	179	-	0.490	6.32
	经济问题探索	392	1.00	16.62	1.88	27	182	0.005	0.541	6.42
	经济学动态	344	1.00	13.41	1.73	27	103	-	0.520	6.62
	经济学家	144	0.86	13.42	1.80	23	79	-	0.694	7.17
	经济研究	169	1.00	22.96	2.05	16	61	0.012	0.692	8.09
	经济研究参考	657	1.00	3.32	1.55	29	288	0.008	0.187	4.52
	经济研究导刊	4828	1.00	5.00	1.44	31	1924	0.001	0.232	5.84
	经济与管理评论	151	0.99	13.73	1.99	21	65	0.013	0.695	6.65
	经济与社会发展	511	0.99	5.80	1.31	26	296	0.002	0.280	5.74
	经济资料译丛	42	1.00	5.36	2.52	1	14	0.262	0.024	-
	经济纵横	360	0.99	5.16	1.66	26	179	-	0.525	4.58
	军事经济研究	307	0.88	1.06	2.20	22	101	-	0.020	5.95
	开放导报	145	0.90	6.88	1.37	23	107	0.014	0.366	4.44
	开放时代	119	0.91	12.50	1.60	14	61	0.210	0.277	>10

期刊类别	期刊名称	来源文献量	文献选出率	平均引文数	平均作者数	地区分布数	机构分布数	海外论文比	基金论文比	引用半衰期
经济学	科技和产业	451	1.00	7.96	1.93	30	232	-	0.424	5.40
	会计与经济研究	64	0.98	20.98	1.98	17	41	-	0.938	7.67
	辽宁经济	503	1.00	-	1.27	13	206	0.002	0.107	-
	南方经济	109	0.83	31.90	1.82	18	58	-	0.807	8.11
	南开经济研究	18	1.00	32.67	1.11	7	8	-	-	9.06
	青海国土经略	332	0.98	0.11	1.00	3	55	-	-	7.60
	全球科技经济瞭望	122	1.00	10.63	1.40	20	60	0.000	0.070	2.82
	山东经济战略研究	220	1.00	-	1.05	3	109	-	0.005	-
	商情	11877	1.00	2.04	1.20	31	4543	0.001	0.029	5.83
	商业研究	429	1.00	12.19	1.75	27	215	-	0.678	7.18
	上海经济	345	0.98	-	1.00	4	9	0.003	0.003	-
	上海经济研究	153	1.00	14.41	1.65	18	67	0.007	0.601	7.82
	生产力研究	1140	0.99	8.06	1.43	30	483	0.002	0.367	6.69
	世界经济	107	1.00	27.34	2.07	13	33	-	0.757	7.75
	世界经济文汇	46	1.00	32.22	1.98	15	34	0.022	0.696	8.04
	世界经济研究	168	1.00	10.52	1.73	18	81	0.012	0.643	7.74
	世界经济与政治论坛	82	1.00	22.41	1.48	18	59	-	0.476	7.84
	数量经济技术经济研究	146	1.00	17.93	1.95	21	71	-	0.747	8.22
	特区经济	1186	1.00	6.58	1.53	31	521	0.001	0.415	5.20
	特区实践与理论	185	1.00	1.02	1.00	11	72	-	0.011	5.63
	天府新论	183	0.97	14.28	1.34	22	113	-	0.530	9.25
	卫生经济研究	272	1.00	3.79	2.49	27	197	0.018	0.217	4.41
	西部论坛	83	0.99	16.17	1.65	19	55	-	0.855	6.46
	西藏发展论坛	95	0.93	3.92	1.20	15	43	-	0.116	6.21
	现代经济(现代物业中旬刊)	533	1.00	5.22	1.55	27	195	-	0.135	4.83
	现代经济信息	5964	1.00	3.14	1.15	30	4087	0.002	0.028	4.31
	现代日本经济	56	0.97	12.25	1.63	12	32	-	0.768	4.88
	亚太经济	162	1.00	8.65	1.63	20	86	0.012	0.531	5.32
	浙江经济	1092	1.00	-	1.00	6	229	-	0.013	-
	知识经济	3297	1.00	2.86	1.23	31	1374	0.002	0.048	5.85
	中国发展	93	0.90	7.46	1.85	20	68	-	0.280	4.86
	中国发展观察	290	1.00	0.05	1.08	19	124	0.021	0.017	>10
	中国房地产业	3835	0.96	2.72	1.20	30	2810	0.001	0.002	4.21

2012 年中国科技期刊来源指标按类刊名字顺索引(续)

期刊类别	期刊名称	来源文献量	文献选出率	平均引文数	平均作者数	地区分布数	机构分布数	海外论文比	基金论文比	引用半衰期
经济学	中国集体经济	2327	0.96	4.04	1.38	31	1526	0.000	0.120	4.72
	中国经济史研究	99	1.00	24.09	1.12	16	53	0.010	0.333	>10
	中国经济问题	72	1.00	15.43	1.54	18	34	-	0.653	8.47
	中国社会经济史研究	53	1.00	48.60	1.21	17	40	0.019	0.358	>10
	资源开发与市场	321	1.00	13.13	2.64	26	129	0.003	0.835	6.33
	资源与产业	175	0.99	14.22	2.75	25	86	0.011	0.651	5.43
	平均	839	0.97	9.79	1.55	20	390	0.019	0.353	7.54
经济与管理	财会研究	712	1.00	3.73	1.21	28	364	0.001	0.060	4.37
	财会月刊(会计版)	1093	0.99	0.59	1.00	29	268	-	0.053	3.33
	财会月刊(理论版)	367	1.00	4.58	1.69	28	211	-	0.376	5.74
	财会月刊(综合版)	451	1.00	3.49	1.57	29	284	0.002	0.257	4.30
	财务与会计	477	1.00	0.17	1.01	27	183	0.002	0.025	3.68
	产权导刊	399	1.00	0.25	1.00	28	112	-	0.003	4.11
	城市	203	0.94	5.91	1.80	19	106	0.010	0.256	5.42
	城市公用事业	68	0.76	2.51	1.31	11	45	-	0.015	6.14
	城市观察	151	1.00	9.15	1.32	14	71	0.046	0.358	6.58
	城市管理与科技	116	0.80	1.58	1.35	18	87	0.009	0.034	3.71
	城市开发(物业管理)	456	1.00	-	1.00	22	171	-	-	-
	城市问题	219	0.99	13.11	1.87	24	130	-	0.749	5.87
	当代经济管理	217	0.99	13.32	1.61	24	132	0.005	0.654	6.47
	工程管理学报	140	0.99	11.59	2.24	21	58	0.000	0.340	4.36
	工业工程与管理	130	0.97	14.62	2.85	16	49	0.010	0.800	6.95
	公共管理学报	50	1.00	33.00	2.18	16	36	0.080	0.840	6.05
	管理案例研究与评论	44	1.00	25.34	2.55	15	28	0.023	0.432	8.55
	管理工程师	129	1.00	5.47	1.32	17	78	-	0.171	5.65
	管理科学	69	0.97	32.99	2.43	17	38	0.040	0.900	6.03
	管理科学学报	105	0.90	24.55	2.70	18	56	0.030	0.950	8.23
	管理评论	245	0.89	26.02	2.53	22	97	0.020	0.850	9.28
	管理世界	277	1.00	27.63	2.14	24	109	0.011	0.679	8.78
	管理现代化	186	1.00	5.36	1.69	27	109	-	0.683	6.16
	管理学报	260	0.96	23.50	2.42	21	97	0.030	0.870	8.95
	广义虚拟经济研究	45	1.00	12.87	2.24	11	23	-	0.867	6.24
	国际城市规划	100	0.93	24.65	2.19	11	59	0.350	0.320	9.32

期刊类别	期刊名称	来源文献量	文献选出率	平均引文数	平均作者数	地区分布数	机构分布数	海外论文比	基金论文比	引用半衰期
经济与管理	国外医学(卫生经济分册)	41	1.00	8.41	1.90	15	30	-	0.195	6.02
	国有资产管理	288	1.00	0.03	1.17	27	131	0.017	0.007	2.25
	海峡科学	506	1.00	5.50	1.43	19	322	0.061	0.067	6.38
	宏观经济管理	545	1.00	-	1.16	27	172	-	0.119	-
	华东经济管理	422	1.00	14.32	1.93	26	213	0.002	0.787	6.53
	交通财会	236	0.92	3.27	1.26	28	175	0.004	0.021	4.59
	交通企业管理	379	1.00	-	1.73	27	209	-	0.055	-
	教育财会研究	84	0.99	3.90	1.62	22	62	-	0.583	3.98
	教育与经济	65	1.00	7.58	1.82	16	45	0.031	0.738	6.98
	经济管理	248	0.93	19.88	1.96	25	103	-	0.819	8.23
	经济理论与经济管理	136	0.96	19.39	1.96	18	59	0.007	0.750	7.25
	经济体制改革	236	0.99	8.37	1.71	26	132	-	0.636	5.94
	经济与管理	238	1.00	9.81	1.67	23	121	-	0.492	6.09
	经济与管理研究	190	0.99	16.09	1.95	25	94	0.005	0.689	8.55
	经营与管理	672	1.00	2.98	1.48	26	241	-	0.147	5.99
	决策	299	1.00	-	1.17	18	110	-	-	-
	决策探索	540	1.00	-	1.28	22	312	0.007	0.056	-
	科技创业月刊	970	1.00	3.80	1.52	30	371	-	0.184	5.36
	会计师	523	1.00	0.01	1.15	29	440	0.002	0.044	-
	会计研究	153	1.00	18.18	2.29	20	72	-	0.706	6.98
	会计之友	1580	1.00	6.10	1.54	30	725	0.002	0.297	4.95
	秘书	322	0.96	-	1.00	28	123	0.006	0.022	-
	秘书工作	240	0.64	-	1.10	27	171	0.008	-	-
	秘书之友	280	1.00	-	1.03	27	160	-	0.004	-
	民营科技	3959	1.00	1.53	1.23	30	2202	-	0.016	6.41
	内蒙古统计	202	0.99	-	1.28	11	93	-	0.015	-
	南北桥	278	1.00	1.18	1.12	28	194	-	0.011	7.96
	南开管理评论	93	0.93	43.22	2.51	18	46	-	0.903	>10
	农业科研经济管理	51	0.93	6.08	1.61	17	41	-	0.078	4.01
	企业导报	5021	1.00	3.20	1.27	31	2420	0.000	0.048	4.69
	企业改革与管理	1012	1.00	-	1.00	10	25	-	-	-
	企业管理	311	0.71	0.36	1.41	25	196	0.006	0.058	4.33
	企业活力	228	1.00	8.82	1.72	25	108	0.004	0.408	6.19

期刊类别	期刊名称	来源文献量	文献选出率	平均引文数	平均作者数	地区分布数	机构分布数	海外论文比	基金论文比	引用半衰期
经济与管理	企业技术开发(下半月)	1055	1.00	3.33	1.35	31	728	0.001	0.017	5.42
	企业技术开发(学术版)	653	1.00	3.27	1.48	30	495	-	0.064	5.55
	企业家天地(下旬刊)	695	0.90	2.76	1.33	29	403	-	0.124	5.79
	企业家天地(中旬刊)	959	1.00	2.06	1.16	25	403	0.001	0.062	5.65
	企业经济	561	0.98	6.68	1.67	30	287	0.002	0.520	5.69
	企业科技与发展	943	1.00	3.16	1.42	26	436	-	0.070	6.05
	企业研究(策划与财富)	381	1.00	-	1.00	23	99	-	0.047	-
	商品与质量·理论研究	2805	1.00	4.08	1.25	30	704	-	0.030	6.76
	商品与质量·学术观察	3986	1.00	2.23	1.28	31	2244	0.000	0.007	6.09
	商业会计	1359	0.99	3.47	1.40	30	656	-	0.224	3.87
	上海管理科学	140	0.95	11.59	2.09	19	56	0.010	0.490	8.19
	上海企业	625	1.00	-	1.00	8	100	0.003	0.006	-
	审计研究	112	1.00	9.13	1.67	21	57	-	0.536	5.96
	审计与经济研究	78	0.99	18.27	1.95	19	42	0.026	0.769	7.76
	施工企业管理	505	0.94	-	1.18	26	273	0.002	-	-
	数理统计与管理	116	0.89	17.89	2.29	23	77	0.020	0.670	9.18
	天津经济	233	0.98	2.06	1.40	7	119	-	0.103	3.78
	通信企业管理	508	1.00	-	1.00	21	114	0.006	-	-
	统计科学与实践	268	0.99	0.98	1.35	9	151	-	0.060	4.56
	统计研究	202	0.96	12.11	1.72	22	88	0.005	0.624	8.00
	统计与管理	390	0.98	1.79	1.41	24	225	-	0.077	5.22
	统计与决策	1328	0.99	6.57	1.89	28	408	0.001	0.706	6.95
	统计与信息论坛	221	0.99	13.51	1.95	26	111	-	0.769	7.87
	统计与咨询	259	1.00	-	1.15	18	101	-	0.073	-
	外国经济与管理	114	1.00	22.81	2.08	16	58	0.009	0.921	7.65
	西部财会	428	1.00	1.71	1.06	18	226	-	0.012	4.96
	现代管理科学	478	1.00	7.46	1.87	24	122	0.002	0.525	5.72
	现代企业	699	1.00	-	1.11	26	268	-	0.060	-
	现代企业教育	4932	1.00	2.96	1.28	31	2629	0.000	0.085	5.64
	现代审计与经济	122	0.56	-	1.14	7	65	-	-	-
	现代物业	640	0.99	3.93	1.23	28	405	0.005	0.031	4.21
	项目管理技术	254	0.88	6.17	2.36	24	167	0.000	0.200	5.44
	新财经	582	1.00	-	1.00	4	20	0.009	-	-

期刊类别	期刊名称	来源文献量	文献选出率	平均引文数	平均作者数	地区分布数	机构分布数	海外论文比	基金论文比	引用半衰期
经济与管理	新财经(理论版)	3211	1.00	3.12	1.10	30	2582	0.001	0.003	3.88
	沿海企业与科技	399	1.00	4.10	1.43	22	197	-	0.135	5.00
	研究与发展管理	80	0.98	28.13	2.17	15	49	-	0.925	9.16
	冶金财会	191	0.93	-	1.19	22	84	-	-	-
	预测	82	1.00	19.33	2.45	16	45	-	0.841	8.13
	职业时空	927	1.00	4.23	1.52	30	525	0.001	0.382	4.87
	中国电力企业管理	208	0.81	-	1.42	25	151	0.005	-	-
	中国改革	366	1.00	-	1.00	9	101	0.057	0.011	-
	中国工程咨询	314	0.82	-	1.55	28	188	0.003	0.003	-
	中国管理科学	144	0.97	21.65	2.60	20	76	0.040	0.950	7.60
	中国管理信息化	1556	1.00	3.36	1.40	30	1006	0.001	0.132	4.81
	中国合作经济	295	1.00	-	1.00	26	134	0.017	0.003	-
	中国煤炭工业	423	1.00	-	1.00	19	219	-	0.007	-
	中国内部审计	264	0.84	1.63	1.38	26	163	0.023	0.057	5.32
	中国农业会计	277	0.97	1.84	1.33	27	196	-	0.040	4.97
	中国社会组织	328	1.00	-	1.00	24	128	-	0.076	-
	中国审计	1056	0.99	0.00	1.26	30	437	-	-	5.00
	中国统计	424	1.00	0.58	1.21	28	248	0.005	0.005	5.55
	中国物业管理	343	1.00	-	1.00			-	-	-
	中国乡镇企业会计	1595	1.00	1.40	1.14	31	1108	-	0.093	3.72
	中国注册会计师	234	0.98	5.40	1.37	25	144	0.004	0.209	6.48
	中国资产评估	248	0.98	0.57	1.00	25	106	0.012	0.020	7.17
	中国总会计师	1208	1.00	-	1.00	28	457	0.002	-	-
	中外管理	716	1.00	-	1.00	10	87	0.021	-	-
	中外企业文化	443	1.00	-	1.14	22	81	0.005	-	-
	中小企业管理与科技	5429	0.96	2.87	1.35	30	2777	0.001	0.054	5.61
	平均	630	0.97	6.83	1.50	22	309	0.010	0.274	4.52
农业经济	安徽行政学院学报	84	1.00	7.50	1.27	15	60	0.012	0.381	5.76
	调研世界	183	0.96	4.22	1.58	26	114	-	0.328	5.08
	国土资源信息化	95	0.99	3.81	2.53	18	35	-	0.074	3.91
	江苏农村经济	539	1.00	-	1.20	7	267	-	-	-
	林业经济问题	105	1.00	11.92	2.92	18	40	0.010	0.676	4.37
	南方农村	235	1.00	4.77	1.38	22	92	0.004	0.340	4.72

期刊类别	期刊名称	来源文献量	文献选出率	平均引文数	平均作者数	地区分布数	机构分布数	海外论文比	基金论文比	引用半衰期
农业经济	农场经济管理	299	1.00	0.13	1.00	3	72	-	0.003	6.20
	农村财政与财务	387	1.00	-	1.00	27	138	-	0.005	-
	农村金融研究	236	1.00	2.90	1.14	22	80	0.004	0.097	3.74
	农村经济	360	1.00	6.75	1.77	27	183	0.003	0.703	5.04
	农村经济与科技	867	1.00	4.29	1.84	30	463	0.001	0.143	5.13
	农村经营管理	454	1.00	-	1.00	29	202	-	0.002	-
	农业技术经济	188	1.00	11.39	2.28	25	85	0.005	0.713	6.88
	农业经济	607	1.00	5.19	1.54	28	328	-	0.432	4.53
	农业经济问题	217	1.00	9.30	1.86	22	112	0.009	0.608	5.68
	农业经济与管理	86	0.99	7.49	2.08	22	57	-	0.674	5.50
	上海农村经济	338	1.00	-	1.00	7	91	-	-	-
	生态经济	537	1.00	9.54	2.07	30	312	0.010	0.610	5.61
	台湾农业探索	122	0.97	8.21	2.03	10	48	0.016	0.344	5.01
	中国农村观察	58	1.00	18.81	1.00	11	19	0.017	0.845	7.24
	中国农村经济	130	1.00	15.70	1.90	23	61	-	0.608	6.91
	中国土地	247	0.84	-	1.46	29	164	-	-	-
	中国土地科学	180	0.96	15.67	3.03	21	81	0.010	0.700	5.61
	平均	284	0.99	6.42	1.65	20	134	0.004	0.360	4.21
工业经济	产业经济研究	66	1.00	19.80	1.92	16	46	-	0.848	7.41
	工业技术经济	268	0.98	14.13	1.96	26	149	-	0.847	6.59
	化学工业	110	0.93	2.72	1.52	18	48	-	0.009	4.13
	技术经济	254	0.93	19.60	2.12	22	103	0.000	0.690	6.92
	建筑经济	327	0.98	5.81	2.00	28	208	0.010	0.330	5.18
	旅游科学	53	0.98	23.96	2.19	15	33	-	0.717	7.25
	旅游论坛	141	0.99	14.40	2.07	25	78	0.007	0.560	6.69
	旅游学刊	143	0.59	28.21	2.20	19	70	0.042	0.755	8.05
	煤炭经济研究	301	0.85	3.11	1.49	20	188	0.003	0.073	4.09
	内蒙古煤炭经济	648	1.00	2.59	1.41	26	348	-	0.008	5.51
	铁道经济研究	64	1.00	2.98	1.47	16	37	-	0.047	4.15
	冶金经济与管理	84	0.92	2.82	1.80	15	45	0.012	0.048	4.29
	邮政研究	113	0.58	0.84	1.35	17	68	-	0.018	3.72
	中国储运	779	0.99	0.65	1.00	23	108	-	0.021	6.54
	中国工业经济	159	1.00	21.03	2.11	20	74	0.006	0.868	7.82

期刊类别	期刊名称	来源文献量	文献选出率	平均引文数	平均作者数	地区分布数	机构分布数	海外论文比	基金论文比	引用半衰期
	中国军转民	300	1.00	-	1.00	21	99	-	0.003	-
	平均	238	0.92	10.17	1.71	20	106	0.005	0.365	5.52
贸易经济	北方经贸	1204	0.98	2.95	1.38	30	584	0.001	0.195	4.85
	财贸经济	196	0.93	15.02	1.86	19	82	-	0.689	6.73
	电子商务	498	0.94	4.53	1.52	29	288	-	0.255	3.99
	对外经贸	795	1.00	4.32	1.33	28	309	0.001	0.253	4.38
	对外经贸实务	302	0.99	2.55	1.34	29	197	0.013	0.205	3.49
	俄罗斯中亚东欧市场	123	1.00	5.91	1.15	10	50	0.008	0.301	7.97
	工商行政管理	1324	1.00	0.02	1.00	31	438	0.001	-	3.67
	广告大观(理论版)	83	0.93	7.92	1.55	12	38	0.024	0.157	7.80
	国际经贸探索	124	1.00	14.66	1.59	19	68	-	0.758	7.57
	国际贸易	152	1.00	-	1.43	16	60	0.007	0.250	-
	国际贸易问题	198	1.00	9.19	1.72	20	99	0.005	0.960	5.48
	国际商务研究	53	1.00	8.83	1.64	12	30	-	0.528	6.61
	技术与市场	2021	1.00	3.07	1.47	29	1130	-	0.022	4.55
	价格理论与实践	602	1.00	1.93	1.44	26	206	-	0.188	2.96
	价格月刊	262	1.00	8.44	1.57	28	171	-	0.443	4.87
	江苏商论	538	1.00	5.95	1.59	27	278	0.004	0.442	5.19
	科技经济市场	448	1.00	4.64	1.38	29	241	-	0.150	5.42
	旅游研究	65	0.90	11.98	1.88	20	40	-	0.477	6.89
	商场现代化	3735	1.00	3.19	1.30	31	1705	0.003	0.093	5.09
	商业经济	1349	1.00	3.62	1.36	29	579	-	0.218	4.63
	商业经济与管理	129	1.00	24.52	1.92	22	78	0.016	0.868	7.76
	世界贸易组织动态与研究	54	0.95	8.02	1.22	11	36	0.019	0.389	8.18
	市场论坛	471	0.98	3.75	1.42	28	219	0.002	0.200	4.99
	市场研究	385	1.00	1.76	1.25	25	215	0.010	0.021	5.42
	市场周刊·理论研究	744	0.93	4.30	1.24	25	304	-	0.094	6.11
	物流技术	1163	1.00	7.04	1.80	30	507	0.001	0.422	4.65
	物流技术与应用	402	1.00	-	1.00	18	107	0.012	0.005	-
	物流科技	400	1.00	5.90	1.77	28	232	-	0.360	5.02
	现代商业	5525	1.00	3.02	1.18	31	3511	0.001	0.041	4.22
	现代营销	2872	1.00	2.66	1.19	31	1437	-	0.056	5.69
	消费经济	120	0.79	9.45	1.80	25	79	-	0.633	5.70

期刊类别	期刊名称	来源文献量	文献选出率	平均引文数	平均作者数	地区分布数	机构分布数	海外论文比	基金论文比	引用半衰期
贸易经济	销售与市场	1431	1.00	-	1.00	18	164	0.001	0.001	-
	中国电子商情·通信市场	311	1.00	2.96	1.31	25	118	0.003	0.023	6.26
	中国电子商务	5287	1.00	2.81	1.28	31	3121	0.002	0.043	4.88
	中国对外贸易	796	1.00	-	1.00	5	28	0.009	-	-
	中国工商管理研究	315	1.00	1.34	1.15	29	182	-	0.016	6.00
	中国海关	608	1.00	-	1.00	12	36	0.005	-	-
	中国经贸	2730	0.94	2.00	1.12	31	2100	0.004	0.012	3.71
	中国经贸导刊	1150	0.93	3.12	1.44	31	481	0.007	0.182	4.70
	中国流通经济	278	0.99	9.28	1.46	24	145	0.029	0.432	6.34
	中国商界	1515	0.98	3.15	1.24	30	931	0.003	0.016	5.50
	中国市场	1897	1.00	3.92	1.47	31	945	0.005	0.173	4.83
	中国物价	256	1.00	3.69	1.46	17	64	-	0.141	5.63
	中国物流与采购	991	1.00	-	1.00	28	237	0.004	0.089	-
	中国纤检	916	1.00	1.11	1.20	27	177	0.002	0.022	8.26
	中华商标	253	0.81	2.47	1.30	21	145	0.012	0.004	>10
	平均	979	0.98	4.89	1.35	24	482	0.005	0.235	5.05
财政金融	保险研究	185	0.61	11.89	1.85	21	84	-	0.551	5.88
	财经界	2933	0.96	2.51	1.05	31	2274	0.002	0.006	3.58
	财经科学	174	0.96	10.73	1.84	24	105	0.011	0.603	7.26
	财经理论与实践	157	1.00	11.41	2.03	20	59	-	0.764	6.62
	财经论丛	103	0.98	12.21	1.65	18	54	-	0.777	7.00
	财经问题研究	235	0.99	14.46	1.70	21	96	0.009	0.587	7.38
	财经研究	154	1.00	13.56	2.06	19	61	0.006	0.792	7.00
	财会通讯	2153	0.98	4.44	1.56	29	832	0.001	0.221	6.51
	财贸研究	120	0.99	19.39	1.92	20	71	0.017	0.825	7.31
	财务与金融	114	0.99	10.70	1.75	19	66	-	0.535	5.62
	当代财经	155	0.93	18.59	1.81	19	77	-	0.671	7.43
	地方财政研究	182	0.94	4.80	1.56	25	118	-	0.319	4.45
	福建金融	180	0.90	3.32	1.41	9	76	-	0.017	3.27
	甘肃金融	358	0.98	2.01	1.63	22	162	-	0.020	4.33
	国际金融研究	139	1.00	15.36	1.78	17	60	0.014	0.475	6.08
	国际商务财会	409	1.00	2.56	1.00	28	212	0.034	0.027	4.89
	海南金融	256	0.99	5.97	1.68	26	156	0.004	0.223	5.25

期刊类别	期刊名称	来源文献量	文献选出率	平均引文数	平均作者数	地区分布数	机构分布数	海外论文比	基金论文比	引用半衰期
财政金融	河北金融	306	0.85	2.30	1.39	19	129	-	0.013	3.77
	黑龙江金融	514	1.00	0.35	1.04	19	126	0.004	0.006	3.74
	湖北农村金融研究	277	1.00	0.25	1.02	6	81	0.004	-	4.00
	华北金融	134	0.94	2.96	1.31	16	81	-	0.037	5.10
	吉林金融研究	162	0.68	1.08	1.39	19	77	-	-	4.04
	金融发展研究	205	0.82	5.43	1.55	19	110	0.024	0.190	4.69
	金融经济(理论版)	979	1.00	4.15	1.26	30	578	0.005	0.045	4.56
	金融会计	205	0.99	2.64	1.24	25	110	0.015	0.015	3.68
	金融理论与实践	316	1.00	7.11	1.63	26	168	0.006	0.339	5.95
	金融论坛	136	0.99	9.74	1.21	18	39	-	0.353	7.05
	金融研究	178	0.99	19.40	2.31	17	63	0.017	0.702	7.50
	金融与经济	294	0.99	4.28	1.49	25	173	0.010	0.143	4.25
	金融纵横	173	0.77	6.45	1.49	16	89	0.012	0.052	4.45
	绿色财会	218	0.92	3.45	1.37	25	130	-	0.092	4.15
	南方金融	237	0.94	7.14	1.45	23	135	0.004	0.236	5.24
	青海金融	220	0.89	3.18	1.23	19	90	-	-	3.34
	区域金融研究	202	0.99	5.73	1.72	24	114	0.005	0.183	4.66
	上海保险	279	1.00	-	1.00	21	91	-	0.025	-
	上海金融	282	0.96	9.39	1.62	23	149	-	0.348	7.14
	涉外税务	303	1.00	1.71	1.21	22	133	0.013	0.063	4.24
	审计与理财	437	1.00	-	1.07	16	161	-	-	-
	时代金融(下旬)	2770	1.00	3.26	1.19	31	1545	0.000	0.031	4.30
	税务研究	308	1.00	4.73	1.48	25	147	0.003	0.266	4.49
	税务与经济	119	1.00	11.29	1.63	19	61	-	0.546	5.98
	投资研究	169	1.00	19.83	1.85	20	59	0.006	0.562	7.46
	投资与合作	3462	1.00	2.61	1.18	31	1967	0.001	0.012	4.88
	武汉金融	285	1.00	5.29	1.40	23	158	0.004	0.186	5.09
	西部金融	235	0.88	5.26	1.50	20	116	-	0.060	2.73
	西南金融	169	0.89	4.49	1.41	24	110	0.006	0.201	4.12
	现代商业银行	441	1.00	-	1.00	21	98	0.011	-	-
	新疆财经	74	1.00	8.28	1.78	10	27	0.014	0.784	4.93
	新金融	154	0.99	5.08	1.47	20	96	0.052	0.182	3.41
	银行家	449	0.87	-	1.41	26	203	0.024	0.024	-

期刊类别	期刊名称	来源文献量	文献选出率	平均引文数	平均作者数	地区分布数	机构分布数	海外论文比	基金论文比	引用半衰期
财政金融	浙江金融	263	0.95	2.26	1.55	25	149	-	0.198	5.39
	证券市场导报	182	1.00	9.19	1.45	17	78	-	0.231	7.99
	中国保险	185	0.89	-	1.25	22	101	-	-	-
	中国财政	1100	1.00	-	1.01	30	230	0.001	-	-
	中国城市金融	579	1.00	-	1.00	27	147	0.012	-	-
	中国金融	993	1.00	-	1.23	30	356	0.036	0.010	-
	中国科技投资	562	0.80	2.15	1.21	30	366	0.002	0.012	4.49
	中国钱币	68	1.00	7.00	1.13	3	4	0.029	0.044	>10
	中国税务	513	1.00	-	1.04	14	34	-	-	-
	中国外资(下半月)	2529	1.00	3.57	1.18	30	1554	0.005	0.032	4.35
	中国证券期货	2496	1.00	4.67	1.37	31	992	0.002	0.104	5.25
	资本市场	572	1.00	-	1.00	18	163	0.019	-	-
	平均	519	0.96	5.71	1.42	21	256	0.010	0.218	4.59
大学学报(教育)	蚌埠学院学报	188	1.00	7.81	1.65	12	69	-	0.500	7.63
	兵团教育学院学报	125	0.91	6.22	1.54	20	50	-	0.272	7.05
	长春工业大学学报(高教研究版)	219	1.00	5.29	1.45	25	117	-	0.402	5.54
	长春教育学院学报	956	0.91	4.90	1.23	30	591	0.002	0.150	7.11
	成都师范学院学报	377	1.00	7.62	1.48	26	204	-	0.340	7.68
	重庆第二师范学院学报	274	1.00	5.48	1.43	23	107	0.004	0.339	6.64
	大连教育学院学报	113	0.79	1.86	1.24	10	42	0.009	0.106	5.98
	福建教育学院学报	217	1.00	4.51	1.28	14	132	-	0.217	5.83
	广东第二师范学院学报	115	1.00	11.78	1.29	12	40	-	0.470	8.58
	广西教育学院学报	312	0.99	6.05	1.33	23	161	-	0.314	6.83
	贵州师范学院学报	259	1.00	8.12	1.53	25	114	-	0.355	7.70
	河北农业大学学报(农林教育版)	227	0.98	3.96	2.84	15	41	-	0.542	4.50
	河北师范大学学报(教育科学版)	219	0.98	11.10	1.51	25	111	0.014	0.589	8.15
	黑龙江教育学院学报	973	1.00	5.13	1.37	31	488	-	0.358	7.19
	湖南师范大学教育科学学报	171	0.93	10.19	1.47	22	87	0.018	0.579	7.22
	鸡西大学学报	874	1.00	5.44	1.26	28	371	0.003	0.257	8.51
	集美大学学报(教育科学版)	110	0.98	5.38	1.65	15	31	0.009	0.555	6.79
	江西教育学院学报	301	0.92	7.56	1.50	26	163	-	0.422	9.44
	开封教育学院学报	162	1.00	5.85	1.19	17	90	-	0.148	8.38
	辽宁教育行政学院学报	269	1.00	3.82	1.29	24	116	-	0.212	9.12

期刊类别	期刊名称	来源文献量	文献选出率	平均引文数	平均作者数	地区分布数	机构分布数	海外论文比	基金论文比	引用半衰期
大学学报(教育)	临沂大学学报	189	0.92	8.49	1.56	23	103	0.005	0.286	9.37
	牡丹江教育学院学报	583	1.00	5.77	1.32	29	319	0.002	0.300	8.04
	内蒙古师范大学学报(教育科学版)	530	0.99	5.82	1.44	29	252	0.002	0.423	7.63
	南昌教育学院学报	1421	1.00	4.33	1.18	31	813	0.002	0.161	6.50
	宁波大学学报(教育科学版)	185	1.00	8.39	1.57	24	98	0.005	0.611	7.55
	宁波教育学院学报	248	1.00	5.00	1.25	21	153	-	0.214	7.18
	齐鲁师范学院学报	200	0.98	7.54	1.46	14	76	-	0.285	>10
	陕西教育学院学报	121	1.00	6.92	1.42	16	39	-	0.579	7.86
	沈阳教育学院学报	242	0.99	7.08	1.47	22	109	-	0.355	7.41
	苏州教育学院学报	168	1.00	9.36	1.25	19	77	0.024	0.292	8.05
	宿州教育学院学报	417	1.00	4.87	1.23	25	276	-	0.149	6.70
	太原大学教育学院学报	157	1.00	3.68	1.14	20	77	-	0.146	7.14
	天津师范大学学报(基础教育版)	65	1.00	8.00	1.34	20	48	-	0.446	7.89
	潍坊工程职业学院学报	218	0.99	5.52	1.48	23	146	-	0.252	6.73
	武夷学院学报	145	1.00	8.28	1.47	4	31	-	0.366	6.96
	厦门城市职业学院学报	68	1.00	5.04	1.28	11	30	-	0.382	4.35
	新疆教育学院学报	110	1.00	5.31	1.43	8	40	-	0.327	8.36
	延边教育学院学报	260	1.00	1.95	1.17	17	129	-	0.015	7.79
	扬州大学学报(高教研究版)	128	1.00	8.30	1.49	17	60	-	0.719	5.60
	扬州教育学院学报	105	1.00	5.36	1.32	12	47	-	0.190	7.88
	浙江外国语学院学报	115	0.95	12.37	1.33	16	48	-	0.391	8.68
	平均	296	0.98	6.47	1.42	20	148	0.002	0.342	7.42
师范大学学报	安徽师范大学学报(人文社会科学版)	124	1.00	13.78	1.22	16	55	-	0.806	>10
	北京师范大学学报(社会科学版)	90	0.88	9.00	1.61	14	28	0.011	0.511	8.37
	重庆师范大学学报(哲学社会科学版)	123	0.98	13.11	1.18	18	51	0.008	0.569	>10
	东北师大学报(哲学社会科学版)	372	0.98	9.23	1.61	25	112	-	0.863	>10
	福建师范大学学报(哲学社会科学版)	164	1.00	3.80	1.26	22	66	0.006	0.665	>10
	广西师范大学学报(哲学社会科学版)	153	0.99	12.20	1.31	22	72	-	0.667	>10
	贵州师范大学学报(社会科学版)	172	0.99	12.49	1.28	23	81	-	0.547	9.18
	河北师范大学学报(哲学社会科学版)	164	0.94	12.37	1.38	21	84	-	0.512	>10
	河南师范大学学报(哲学社会科学版)	403	0.99	9.56	1.20	23	162	0.002	0.419	>10
	湖南师范大学社会科学学报	176	1.00	12.20	1.45	21	72	0.006	0.551	9.13
	华东师范大学学报(哲学社会科学版)	63	1.00	4.08	1.13	9	23	0.016	0.460	7.62

期刊类别	期刊名称	来源文献量	文献选出率	平均引文数	平均作者数	地区分布数	机构分布数	海外论文比	基金论文比	引用半衰期
师范大学学报	华南师范大学学报(社会科学版)	150	1.00	7.93	1.44	17	49	0.013	0.527	>10
	华中师范大学学报(人文社会科学版)	123	1.00	19.24	1.32	13	51	0.016	0.691	>10
	吉林师范大学学报(人文社会科学版)	204	0.92	8.15	1.46	22	80	0.015	0.422	>10
	江苏师范大学学报(哲学社会科学版)	165	0.95	16.39	1.19	19	77	0.024	0.503	>10
	江西师范大学学报(哲学社会科学版)	127	0.86	10.09	1.39	14	61	0.016	0.504	>10
	辽宁师范大学学报(社会科学版)	172	1.00	8.17	1.54	20	66	-	0.529	>10
	内蒙古师范大学学报(哲学社会科学版)	187	0.94	9.44	1.37	15	64	0.027	0.294	>10
	南京师大学报(社会科学版)	133	1.00	4.08	1.26	19	66	0.008	0.586	>10
	青海师范大学学报(哲学社会科学版)	257	1.00	6.11	1.16	17	83	-	0.167	>10
	山东师范大学学报(人文社会科学版)	82	1.00	14.68	1.11	12	35	-	0.756	>10
	山西师大学报(社会科学版)	219	0.98	10.50	1.19	26	133	-	0.484	>10
	陕西师范大学学报(哲学社会科学版)	142	0.99	15.11	1.29	20	57	0.028	0.704	>10
	上海师范大学学报(哲学社会科学版)	95	1.00	12.86	1.28	13	37	0.063	0.568	>10
	沈阳师范大学学报(社会科学版)	324	0.99	7.15	1.31	25	113	0.009	0.457	9.25
	首都师范大学学报(社会科学版)	132	1.00	13.33	1.27	19	59	-	0.409	>10
	西北师大学报(社会科学版)	130	1.00	12.68	1.40	22	59	-	0.762	>10
	西华师范大学学报(哲学社会科学版)	119	0.98	12.66	1.27	20	40	-	0.538	>10
	西南大学学报(社会科学版)	147	1.00	17.27	1.42	22	62	0.020	0.741	>10
	新疆师范大学学报(哲学社会科学版)	81	1.00	7.95	1.54	15	41	-	0.901	6.68
	云南师范大学学报(哲学社会科学版)	125	1.00	15.72	1.60	22	70	0.008	0.552	>10
	浙江师范大学学报(社会科学版)	115	0.97	9.16	1.26	14	45	0.009	0.591	>10
	平均	163	0.98	10.95	1.33	18	67	0.010	0.571	>10
师范学院学报	安康学院学报	204	1.00	6.10	1.30	23	99	-	0.446	9.39
	安顺学院学报	265	0.98	5.38	1.34	24	120	-	0.268	8.37
	安阳师范学院学报	206	0.98	7.98	1.44	20	95	0.010	0.306	9.12
	鞍山师范学院学报	169	1.00	5.60	1.88	15	50	-	0.320	6.96
	百色学院学报	168	0.99	7.92	1.28	17	58	0.012	0.363	>10
	保定学院学报	173	0.97	8.06	1.45	22	75	0.006	0.555	9.53
	保山学院学报	131	0.98	7.53	1.45	11	36	-	0.351	9.37
	毕节学院学报	294	1.00	8.04	1.36	25	118	0.007	0.384	>10
	滨州学院学报	159	0.99	8.74	1.53	19	71	0.006	0.403	8.20
	沧州师范学院学报	139	1.00	4.64	1.60	16	41	-	0.345	9.78
	长江师范学院学报	390	0.98	8.12	1.30	25	213	-	0.390	8.66

期刊类别	期刊名称	来源文献量	文献选出率	平均引文数	平均作者数	地区分布数	机构分布数	海外论文比	基金论文比	引用半衰期
师范学院学报	长治学院学报	218	0.99	6.22	1.37	22	81	0.005	0.239	8.66
	池州学院学报	275	0.99	8.37	1.60	16	98	-	0.531	8.17
	滁州学院学报	253	0.98	7.47	1.69	17	93	-	0.557	6.75
	楚雄师范学院学报	241	0.99	7.01	1.58	20	87	0.004	0.295	9.63
	大庆师范学院学报	232	1.00	6.87	1.60	25	124	-	0.375	9.94
	福建师大福清分校学报	134	0.99	7.51	1.50	9	35	0.007	0.284	6.92
	赣南师范学院学报	174	0.95	7.17	1.64	17	61	0.023	0.557	8.79
	广西民族师范学院学报	245	0.98	7.30	1.31	22	97	0.012	0.486	>10
	邯郸学院学报	84	0.93	14.02	1.42	16	47	0.095	0.274	>10
	韩山师范学院学报	127	1.00	8.35	1.61	8	31	-	0.378	8.29
	合肥师范学院学报	147	1.00	9.31	1.50	17	68	0.014	0.605	>10
	河北科技师范学院学报	64	1.00	16.16	3.95	9	14	-	0.516	8.82
	河北民族师范学院学报	164	0.98	5.06	1.54	23	78	-	0.226	9.00
	河西学院学报	153	0.99	7.94	1.56	14	46	-	0.320	>10
	菏泽学院学报	182	1.00	7.22	1.45	23	118	0.005	0.374	8.12
	贺州学院学报	154	1.00	5.92	1.51	12	49	-	0.539	7.81
	衡水学院学报	230	1.00	5.42	1.42	25	109	-	0.409	9.60
	衡阳师范学院学报	235	0.94	9.55	2.11	19	71	-	0.660	9.13
	湖北第二师范学院学报	512	1.00	7.30	1.29	28	208	-	0.314	8.67
	湖南第一师范学院学报	186	1.00	6.45	1.39	23	89	-	0.522	8.34
	湖州师范学院学报	177	1.00	8.06	1.57	23	94	-	0.452	9.48
	淮南师范学院学报	252	1.00	4.95	1.49	17	89	-	0.484	8.43
	黄冈师范学院学报	261	1.00	4.80	1.41	25	143	-	0.375	9.10
	吉林工程技术师范学院学报	347	1.00	4.46	1.44	26	142	-	0.236	6.24
	集宁师范学院学报	91	0.96	6.73	1.26	11	34	-	0.297	>10
	济宁学院学报	179	1.00	7.87	1.49	19	66	-	0.291	9.94
	江苏技术师范学院学报	237	1.00	4.95	1.64	18	58	0.004	0.430	6.58
	江西科技师范大学学报	161	1.00	8.98	1.41	19	84	-	0.416	9.07
	晋中学院学报	195	0.98	5.41	1.26	20	86	-	0.185	9.82
	喀什师范学院学报	163	1.00	6.34	1.60	19	62	-	0.423	8.05
	凯里学院学报	336	0.98	5.95	1.55	24	139	-	0.351	7.96
	昆明学院学报	185	1.00	7.58	2.10	21	72	-	0.411	9.43
	乐山师范学院学报	434	1.00	9.29	1.46	28	198	0.005	0.302	>10

期刊类别	期刊名称	来源文献量	文献选出率	平均引文数	平均作者数	地区分布数	机构分布数	海外论文比	基金论文比	引用半衰期
师范学院学报	六盘水师范学院学报	122	1.00	7.04	1.91	8	27	-	0.352	8.15
	龙岩学院学报	152	0.98	6.67	1.64	11	58	0.013	0.428	6.99
	洛阳师范学院学报	398	1.00	5.93	1.47	25	185	0.018	0.302	8.61
	绵阳师范学院学报	445	1.00	10.11	1.60	28	172	-	0.315	8.48
	内江师范学院学报	365	0.99	10.36	1.71	25	136	0.005	0.441	7.74
	南京师范大学文学院学报	112	0.93	12.54	1.13	19	58	0.027	0.509	>10
	南阳师范学院学报	364	0.99	8.21	1.51	22	156	0.016	0.420	9.59
	宁夏师范学院学报	213	1.00	4.92	1.39	23	88	-	0.408	>10
	平顶山学院学报	165	0.99	10.87	1.40	23	83	0.018	0.352	>10
	黔南民族师范学院学报	178	0.99	6.70	1.47	15	57	-	0.236	8.89
	青岛大学师范学院学报	80	0.99	13.79	1.34	15	33	0.012	0.300	>10
	青海师范大学民族师范学院学报	53	1.00	6.30	1.17	8	23	-	0.094	>10
	曲靖师范学院学报	177	0.99	8.34	1.47	16	54	0.006	0.429	8.77
	泉州师范学院学报	149	0.90	9.94	1.71	4	26	-	0.544	7.34
	商洛学院学报	129	0.90	11.27	1.45	11	30	-	0.674	7.68
	商丘师范学院学报	371	0.97	10.39	1.50	25	147	-	0.456	>10
	上饶师范学院学报	145	1.00	9.96	1.72	16	44	0.007	0.490	>10
	石家庄学院学报	152	0.98	9.18	1.97	21	75	-	0.526	9.33
	四川民族学院学报	139	1.00	8.72	1.31	22	63	-	0.158	>10
	四川文理学院学报	211	0.99	6.99	1.39	24	84	-	0.389	7.53
	绥化学院学报	386	0.91	5.32	1.37	26	184	-	0.290	8.86
	唐山师范学院学报	275	1.00	6.33	1.56	26	147	-	0.360	8.72
	天津职业技术师范大学学报	79	0.99	8.09	2.53	5	12	-	0.772	5.97
	天水师范学院学报	210	0.99	8.52	1.42	25	83	0.005	0.286	9.87
	通化师范学院学报	494	1.00	6.30	1.62	29	178	-	0.445	8.14
	铜仁学院学报	209	1.00	6.56	1.37	20	104	-	0.321	8.59
	渭南师范学院学报	359	0.97	7.60	1.21	23	86	-	0.621	9.34
	文山学院学报	165	0.99	9.72	1.59	17	54	0.006	0.412	9.19
	咸阳师范学院学报	167	1.00	8.91	1.52	20	73	0.006	0.563	>10
	忻州师范学院学报	245	1.00	6.45	1.28	22	130	-	0.188	8.04
	兴义民族师范学院学报	183	1.00	7.22	1.55	14	39	-	0.306	9.04
	玉林师范学院学报	195	1.00	10.37	1.66	16	56	-	0.462	>10
	玉溪师范学院学报	183	1.00	2.72	1.00	10	34	-	0.257	8.06

期刊类别	期刊名称	来源文献量	文献选出率	平均引文数	平均作者数	地区分布数	机构分布数	海外论文比	基金论文比	引用半衰期
师范学院学报	枣庄学院学报	186	0.99	8.12	1.35	20	99	0.022	0.177	9.45
	湛江师范学院学报	208	0.98	10.05	1.57	21	69	-	0.332	8.85
	周口师范学院学报	254	0.99	6.96	1.53	24	94	-	0.437	9.38
	遵义师范学院学报	231	1.00	5.62	1.48	23	90	-	0.403	8.95
	平均	215	0.99	7.74	1.53	19	86	0.005	0.391	9.30
师范专科学校学报	阿坝师范高等专科学校学报	142	0.99	5.56	1.28	23	71	-	0.387	8.49
	甘肃高师学报	262	1.00	6.92	1.46	15	49	-	0.313	9.73
	桂林师范高等专科学校学报	169	0.99	5.25	1.28	15	54	-	0.337	9.08
	和田师范专科学校学报	211	1.00	6.65	1.19	27	133	-	0.265	8.21
	焦作师范高等专科学校学报	106	1.00	6.72	1.27	13	47	-	0.283	8.33
	荆楚学刊	221	1.00	4.54	1.26	29	164	-	0.163	7.24
	景德镇高专学报	351	0.92	3.98	1.58	18	167	-	0.168	7.98
	连云港师范高等专科学校学报	111	0.99	7.14	1.39	20	61	-	0.351	>10
	辽宁师专学报(社会科学版)	398	1.00	3.70	1.23	18	82	-	0.083	7.95
	柳州师专学报	223	1.00	6.26	1.30	17	76	-	0.457	7.63
	宁德师专学报(哲学社会科学版)	121	0.99	6.81	1.09	3	49	0.017	0.165	8.37
	齐齐哈尔师范高等专科学校学报	415	1.00	4.80	1.26	30	203	-	0.178	8.30
	思茅师范高等专科学校学报	207	1.00	6.35	1.22	21	97	-	0.179	8.61
	郧阳师范高等专科学校学报	219	1.00	5.94	1.40	17	79	-	0.269	9.52
	昭通师范高等专科学校学报	97	1.00	8.16	1.97	8	26	-	0.309	8.28
	平均	216	0.99	5.92	1.35	18	90	0.001	0.260	8.53
职业大学学报(成人电大教育)	安徽电气工程职业技术学院学报	109	1.00	6.14	1.99	15	59	-	0.128	8.78
	安徽电子信息职业技术学院学报	202	1.00	4.69	1.58	21	122	-	0.252	7.22
	安徽广播电视大学学报	117	1.00	6.15	1.42	17	58	-	0.479	7.28
	安徽警官职业学院学报	199	0.98	4.80	1.43	22	113	-	0.241	6.40
	安徽科技学院学报	169	0.99	8.99	2.85	2	34	-	0.846	6.36
	安徽商贸职业技术学院学报(社会科学版)	81	1.00	6.12	1.43	20	44	-	0.494	4.98
	安徽水利水电职业技术学院学报	135	1.00	3.70	1.44	7	77	-	0.126	7.02
	安徽卫生职业技术学院学报	301	1.00	4.83	2.21	9	139	-	0.066	5.25
	安徽冶金科技职业学院学报	128	1.00	3.86	1.29	6	67	-	0.070	5.94
	安徽职业技术学院学报	86	1.00	6.30	1.34	15	63	-	0.279	5.64
	包头职业技术学院学报	129	0.99	3.83	1.23	13	45	-	0.078	6.72
	保险职业学院学报	138	0.99	6.65	1.34	24	71	-	0.167	5.92

期刊类别	期刊名称	来源文献量	文献选出率	平均引文数	平均作者数	地区分布数	机构分布数	海外论文比	基金论文比	引用半衰期
职业大学学报(成人电大教育)	北京工业职业技术学院学报	139	1.00	4.06	1.83	13	24	-	0.446	4.99
	北京广播电视大学学报	68	0.76	6.69	1.31	3	22	0.103	0.235	5.62
	北京劳动保障职业学院学报	75	1.00	4.65	1.20	7	23	-	0.160	4.67
	北京农业职业学院学报	102	1.00	3.91	1.75	8	33	-	0.343	3.58
	北京政法职业学院学报	98	0.99	6.51	1.32	11	32	-	0.224	7.83
	长江工程职业技术学院学报	115	0.99	2.32	1.84	13	45	-	0.035	6.07
	长沙航空职业技术学院学报	84	0.99	5.38	1.38	17	50	-	0.298	5.22
	长沙民政职业技术学院学报	181	0.90	5.72	1.35	20	84	-	0.260	5.42
	长沙通信职业技术学院学报	127	1.00	5.23	1.54	12	47	-	0.244	5.73
	常州信息职业技术学院学报	183	1.00	4.06	1.48	18	84	-	0.311	3.72
	成都航空职业技术学院学报	112	1.00	4.49	1.46	19	62	-	0.188	7.34
	重庆电子工程职业学院学报	304	1.00	6.29	1.33	20	144	-	0.280	5.94
	重庆广播电视大学学报	99	0.99	7.56	1.31	22	63	-	0.485	8.92
	滁州职业技术学院学报	102	1.00	3.43	1.49	9	34	-	0.422	4.48
	当代继续教育	145	0.96	7.17	1.29	20	65	-	0.234	6.68
	福建广播电视大学学报	135	0.96	5.59	1.16	9	41	-	0.081	6.54
	甘肃广播电视大学学报	106	1.00	5.02	1.25	15	48	-	0.217	7.41
	高等职业教育-天津职业大学学报	163	1.00	5.40	1.44	19	93	-	0.436	4.19
	广播电视大学学报	96	0.86	8.86	1.33	18	59	0.010	0.281	9.84
	广东广播电视大学学报	139	1.00	9.81	1.42	24	83	-	0.360	8.36
	广东技术师范学院学报(社会科学版)	237	1.00	4.03	1.19	21	97	0.004	0.329	7.69
	广东技术师范学院学报(职业教育)	85	1.00	5.56	1.55	4	41	0.035	0.235	4.05
	广东交通职业技术学院学报	135	1.00	4.93	1.56	15	64	-	0.215	5.43
	广东农工商职业技术学院学报	82	1.00	5.79	1.28	7	36	-	0.268	4.60
	广东轻工职业技术学院学报	79	1.00	6.08	1.72	9	26	0.013	0.329	4.42
	广东水利电力职业技术学院学报	84	1.00	5.08	1.37	6	51	-	0.119	5.23
	广西广播电视大学学报	82	1.00	5.34	1.45	7	34	-	0.366	4.62
	广州城市职业学院学报	84	1.00	7.27	1.57	6	26	-	0.440	6.87
	广州广播电视大学学报	129	0.99	9.74	1.31	23	76	0.008	0.295	7.21
	贵州广播电视大学学报	67	0.99	4.72	1.27	5	18	-	0.313	5.81
	贵州警官职业学院学报	138	0.99	8.88	1.25	25	84	-	0.217	7.25
	哈尔滨职业技术学院学报	365	1.00	4.14	1.35	27	200	-	0.203	6.45
	海南广播电视大学学报	132	0.92	9.07	1.39	18	64	-	0.303	7.49

期刊类别	期刊名称	来源文献量	文献选出率	平均引文数	平均作者数	地区分布数	机构分布数	海外论文比	基金论文比	引用半衰期
职业大学学报(成人电大教育)	邯郸职业技术学院学报	104	0.99	4.53	1.63	14	46	-	0.356	5.99
	河北大学成人教育学院学报	107	1.00	8.11	1.55	19	43	-	0.533	5.54
	河北工业大学学报(社会科学版)	69	0.96	9.74	1.81	17	41	-	0.478	7.03
	河北公安警察职业学院学报	85	0.98	6.58	1.49	17	49	-	0.188	6.92
	河北广播电视大学学报	184	0.99	6.50	1.42	24	102	-	0.484	7.17
	河北旅游职业学院学报	125	0.98	4.36	2.02	20	66	-	0.392	5.77
	河北能源职业技术学院学报	151	1.00	2.57	1.40	19	84	-	0.205	6.14
	河北软件职业技术学院学报	95	1.00	5.42	1.72	19	50	-	0.484	4.74
	河南广播电视大学学报	177	0.97	6.40	1.25	23	108	-	0.333	6.79
	河南司法警官职业学院学报	118	1.00	5.58	1.25	16	61	-	0.186	7.22
	湖北成人教育学院学报	432	1.00	3.79	1.25	25	240	-	0.211	7.25
	湖北广播电视大学学报	1046	0.99	3.94	1.24	30	470	-	0.213	7.07
	湖北函授大学学报	1010	1.00	4.54	1.24	29	499	-	0.256	6.22
	湖北职业技术学院学报	107	0.98	6.78	1.42	16	45	-	0.262	7.69
	湖南大众传媒职业技术学院学报	201	0.98	2.77	1.29	21	82	-	0.408	4.94
	湖南工业职业技术学院学报	381	1.00	5.65	1.29	25	206	-	0.270	6.32
	湖南广播电视大学学报	78	0.96	7.55	1.35	13	43	-	0.333	7.58
	湖南环境生物职业技术学院学报	79	0.96	7.65	1.78	8	27	-	0.316	6.41
	湖州职业技术学院学报	98	1.00	4.66	1.28	11	47	-	0.367	5.90
	淮北职业技术学院学报	384	0.98	5.09	1.28	26	205	-	0.219	6.89
	黄冈职业技术学院学报	164	0.99	5.10	1.51	18	60	-	0.293	6.31
	黄河水利职业技术学院学报	125	1.00	6.45	1.83	10	40	-	0.208	6.10
	吉林广播电视大学学报	891	0.98	5.29	1.21	30	518	-	0.195	6.72
	济南职业学院学报	258	0.99	3.69	1.33	25	166	0.004	0.236	5.48
	济源职业技术学院学报	101	1.00	4.77	1.50	8	46	-	0.149	5.28
	江苏广播电视大学学报	138	1.00	6.70	1.27	20	78	-	0.355	6.54
	江苏建筑职业技术学院学报	115	1.00	5.87	1.71	14	57	-	0.374	4.71
	江苏经贸职业技术学院学报	160	1.00	5.51	1.33	17	83	-	0.275	5.69
	江西电力职业技术学院学报	113	1.00	4.21	1.76	13	62	-	0.133	6.53
	江西广播电视大学学报	114	1.00	4.76	1.61	18	57	-	0.246	6.18
	江西青年职业学院学报	120	1.00	3.85	1.34	17	83	-	0.233	6.21
	金华职业技术学院学报	139	1.00	6.53	1.60	21	69	0.014	0.381	5.59
	晋城职业技术学院学报	171	1.00	5.27	1.26	24	88	0.006	0.187	6.78

期刊类别	期刊名称	来源文献量	文献选出率	平均引文数	平均作者数	地区分布数	机构分布数	海外论文比	基金论文比	引用半衰期
职业大学学报(成人电大教育)	九江职业技术学院学报	153	1.00	3.20	1.83	16	62	-	0.340	5.50
	兰州石化职业技术学院学报	98	0.98	6.08	1.96	19	42	-	0.612	5.63
	黎明职业大学学报	77	1.00	6.49	1.25	11	33	-	0.286	7.73
	连云港职业技术学院学报	105	0.99	5.84	1.35	12	51	-	0.333	6.61
	辽宁高职学报	510	0.99	4.21	1.47	17	97	-	0.375	3.64
	辽宁广播电视大学学报	214	1.00	3.12	1.15	12	82	-	0.079	7.11
	辽宁农业职业技术学院学报	154	0.99	4.04	1.79	14	71	-	0.351	5.78
	柳州职业技术学院学报	161	0.99	6.44	1.37	20	88	-	0.441	5.46
	漯河职业技术学院学报	504	1.00	5.10	1.23	26	253	-	0.131	6.78
	闽西职业技术学院学报	116	1.00	6.68	1.64	10	55	-	0.293	4.52
	南京工业职业技术学院学报	110	1.00	5.25	1.39	10	27	-	0.445	6.13
	南京广播电视大学学报	96	0.99	4.61	1.40	5	27	-	0.146	4.60
	南宁职业技术学院学报	157	0.99	4.99	1.23	18	74	0.006	0.191	5.73
	南通纺织职业技术学院学报	119	0.99	4.95	1.34	11	31	-	0.370	5.22
	南通航运职业技术学院学报	135	0.99	3.73	1.61	12	45	-	0.304	4.84
	南通职业大学学报	103	1.00	5.56	1.85	5	42	-	0.437	3.89
	宁波广播电视大学学报	136	0.94	3.29	1.21	23	89	0.007	0.250	7.04
	宁波职业技术学院学报	165	0.99	5.62	1.39	24	110	-	0.309	5.86
	濮阳职业技术学院学报	283	1.00	7.83	1.27	26	135	-	0.145	9.83
	青岛职业技术学院学报	129	0.88	4.84	1.31	17	56	-	0.333	4.13
	清远职业技术学院学报	201	0.99	4.78	1.40	19	100	-	0.204	6.85
	三门峡职业技术学院学报	127	0.98	7.58	1.29	16	60	0.008	0.205	8.53
	沙洲职业工学院学报	56	1.00	5.02	1.32	2	10	-	0.161	5.50
	山东广播电视大学学报	91	0.98	5.15	1.38	13	56	-	0.264	5.74
	山东商业职业技术学院学报	166	0.97	4.63	1.58	20	88	-	0.259	5.42
	山西广播电视大学学报	156	1.00	5.24	1.35	18	87	-	0.147	5.98
	陕西广播电视大学学报	95	0.87	5.04	1.31	11	39	0.011	0.295	7.32
	陕西青年职业学院学报	83	1.00	3.96	1.49	9	42	-	0.145	6.41
	商丘职业技术学院学报	304	1.00	4.97	1.41	25	138	-	0.217	7.25
	上海城市管理	115	0.90	3.90	1.47	12	64	-	0.113	4.53
	深圳信息职业技术学院学报	76	0.97	6.68	2.07	5	15	-	0.724	5.98
	深圳职业技术学院学报	91	0.88	7.27	1.67	11	37	-	0.396	7.14
	十堰职业技术学院学报	178	1.00	3.88	1.54	21	87	-	0.365	5.86

期刊类别	期刊名称	来源文献量	文献选出率	平均引文数	平均作者数	地区分布数	机构分布数	海外论文比	基金论文比	引用半衰期
职业大学学报(成人电大教育)	石家庄铁路职业技术学院学报	107	1.00	3.57	1.62	15	51	-	0.252	5.94
	石家庄职业技术学院学报	138	1.00	4.28	1.75	8	31	-	0.428	5.39
	顺德职业技术学院学报	89	1.00	6.90	1.62	18	46	-	0.315	6.33
	四川职业技术学院学报	292	0.98	5.73	1.42	27	134	-	0.236	6.43
	苏州工艺美术职业技术学院学报	89	0.95	2.27	1.13	12	28	-	0.045	7.67
	苏州市职业大学学报	101	1.00	6.16	1.80	12	35	-	0.416	4.88
	太原城市职业技术学院学报	1260	1.00	4.06	1.15	30	561	-	0.117	6.47
	泰州职业技术学院学报	178	1.00	3.66	1.33	6	73	-	0.118	5.08
	天津电大学报	72	1.00	5.82	1.50	16	47	0.028	0.097	4.33
	天津职业院校联合学报	416	1.00	3.00	1.26	8	82	-	0.096	5.32
	铜陵职业技术学院学报	169	0.99	5.08	1.34	15	105	-	0.195	6.50
	温州职业技术学院学报	96	0.92	5.69	1.30	16	56	-	0.469	5.00
	乌鲁木齐职业大学学报	72	0.92	6.86	1.29	12	39	-	0.208	5.88
	无锡商业职业技术学院学报	186	1.00	5.92	1.28	19	82	-	0.398	5.06
	无锡职业技术学院学报	176	0.99	5.08	1.24	22	98	-	0.290	5.07
	芜湖职业技术学院学报	126	1.00	5.28	1.30	19	66	-	0.254	7.87
	武汉船舶职业技术学院学报	254	1.00	4.33	1.37	14	76	-	0.138	6.51
	武汉工程职业技术学院学报	93	1.00	5.22	2.09	8	32	-	0.204	6.96
	武汉交通职业学院学报	88	1.00	3.95	1.17	9	35	-	0.295	3.98
	武汉职业技术学院学报	161	1.00	6.83	1.53	21	81	0.093	0.298	6.61
	厦门广播电视大学学报	71	0.99	5.28	1.18	18	49	-	0.268	8.54
	襄阳职业技术学院学报	249	0.96	4.82	1.37	23	122	-	0.229	6.12
	新疆广播电视大学学报	67	0.99	6.79	1.39	9	33	-	0.373	6.47
	新疆职业大学学报	134	0.99	5.19	1.43	12	44	-	0.321	7.26
	邢台职业技术学院学报	194	0.98	4.27	1.73	20	87	-	0.325	5.74
	烟台职业学院学报	64	1.00	4.25	1.59	8	30	-	0.422	5.29
	延安职业技术学院学报	279	0.99	4.23	1.25	26	150	-	0.168	6.70
	扬州职业大学学报	63	1.00	6.11	1.71	7	22	-	0.333	5.81
	杨凌职业技术学院学报	125	1.00	5.20	1.62	9	56	-	0.144	6.21
	岳阳职业技术学院学报	195	1.00	5.81	1.44	21	101	-	0.308	5.04
	云南电大学报	91	1.00	8.43	1.38	15	38	-	0.198	5.85
	张家口职业技术学院学报	102	0.99	4.13	1.51	21	69	-	0.294	5.14
	漳州职业技术学院学报	97	1.00	4.14	1.30	2	36	-	0.258	6.76

期刊类别	期刊名称	来源文献量	文献选出率	平均引文数	平均作者数	地区分布数	机构分布数	海外论文比	基金论文比	引用半衰期
	浙江传媒学院学报	140	0.98	8.99	1.26	13	56	0.050	0.400	7.57
	浙江纺织服装职业技术学院学报	108	0.97	5.42	1.34	12	46	-	0.231	5.82
	浙江工贸职业技术学院学报	100	1.00	5.72	1.36	8	26	0.010	0.300	6.47
	浙江工商职业技术学院学报	92	1.00	5.85	1.40	14	55	-	0.380	5.50
	浙江交通职业技术学院学报	75	1.00	4.80	1.87	9	42	-	0.227	5.40
	浙江艺术职业学院学报	87	0.96	7.40	1.10	16	55	0.011	0.379	>10
	郑州铁路职业技术学院学报	200	1.00	3.50	1.54	18	87	-	0.130	6.66
	平均	169	0.98	5.42	1.46	15	79	0.003	0.281	6.17
大学学报(体育)	北京体育大学学报	345	0.99	12.58	2.53	26	176	0.006	0.655	7.10
	成都体育学院学报	261	1.00	9.15	2.05	24	137	0.011	0.444	6.59
	广州体育学院学报	168	1.00	10.31	1.98	24	91	-	0.357	6.93
	哈尔滨体育学院学报	189	1.00	7.60	2.17	23	90	-	0.450	6.21
	河北体育学院学报	148	1.00	10.55	2.43	24	85	-	0.507	5.33
	吉林体育学院学报	247	1.00	6.55	1.82	29	156	0.004	0.340	6.07
	军事体育进修学院学报	151	0.99	6.34	1.84	26	99	-	0.245	7.17
	山东体育学院学报	145	1.00	12.78	2.10	22	82	-	0.462	7.00
	上海体育学院学报	125	0.99	15.40	2.41	19	59	-	0.752	6.17
	沈阳体育学院学报	205	0.89	10.88	2.33	24	106	-	0.790	6.73
	首都体育学院学报	107	1.00	11.80	2.47	24	77	0.056	0.449	7.08
	天津体育学院学报	116	1.00	19.53	2.39	21	68	-	0.655	6.94
	武汉体育学院学报	230	1.00	12.87	2.00	25	119	0.022	0.826	6.44
	西安体育学院学报	103	1.00	13.11	2.07	23	68	0.010	0.660	7.15
	平均	181	0.99	11.39	2.19	23	100	0.008	0.542	6.64
大学学报(语言文字)	北京第二外国语学院学报	129	0.96	18.19	1.57	22	73	0.008	0.620	8.01
	解放军外国语学院学报	147	1.00	15.18	1.38	22	79	-	0.551	>10
	山东师范大学外国语学院学报(基础英语教育)	104	0.79	7.18	1.19	20	92	-	0.125	9.37
	天津外国语大学学报	66	1.00	14.27	1.23	18	48	-	0.485	>10
	外国语文(四川外语学院学报)	156	0.94	15.17	1.24	21	98	0.006	0.500	>10
	梧州学院学报	116	0.98	5.68	1.53	11	43	-	0.534	6.73
	西安外国语大学学报	123	0.99	13.43	1.35	21	96	-	0.585	>10
	云南师范大学学报(对外汉语教学与研究版)	84	0.97	12.08	1.40	19	47	0.012	0.536	8.84

期刊类别	期刊名称	来源文献量	文献选出率	平均引文数	平均作者数	地区分布数	机构分布数	海外论文比	基金论文比	引用半衰期
	平均	115	0.95	12.65	1.36	19	72	0.003	0.492	9.70
大学学报(艺术)	北京电影学院学报	111	0.97	8.43	1.22	18	60	0.018	0.252	>10
	北京舞蹈学院学报	107	0.87	4.60	1.17	19	52	-	0.215	>10
	贵州大学学报(艺术版)	85	1.00	5.31	1.27	17	50	-	0.318	>10
	湖北美术学院学报	112	0.97	2.80	1.06	10	33	-	0.071	>10
	黄钟-武汉音乐学院学报	96	1.00	15.50	1.17	18	50	0.052	0.198	>10
	吉林艺术学院学报	95	0.99	5.96	1.13	19	59	0.011	0.221	8.85
	交响-西安音乐学院学报	113	0.99	8.44	1.10	18	52	-	0.310	>10
	解放军艺术学院学报	104	1.00	7.07	1.20	20	60	0.010	0.250	>10
	内蒙古大学艺术学院学报	125	0.98	8.75	2.45	13	53	0.032	0.520	9.40
	南京艺术学院学报(美术与设计版)	217	0.90	8.39	1.17	23	89	0.009	0.373	>10
	南京艺术学院学报(音乐与表演版)	110	0.99	10.24	1.09	19	53	0.027	0.245	>10
	天津美术学院学报	112	0.94	1.92	1.28	14	38	0.009	0.045	8.69
	天津音乐学院学报(天籁)	69	1.00	4.22	1.10	18	33	0.029	0.232	>10
	戏剧-中央戏剧学院学报	49	0.78	13.53	1.02	13	32	0.041	0.408	>10
	新疆艺术学院学报	103	0.92	3.87	1.15	17	51	-	0.243	9.25
	星海音乐学院学报	94	0.99	9.35	1.20	15	47	0.043	0.394	>10
	云南艺术学院学报	80	1.00	3.79	1.13	16	46	-	0.188	>10
	中央音乐学院学报	38	0.50	12.45	1.08	10	20	0.079	0.158	>10
	平均	101	0.93	7.48	1.22	16	48	0.020	0.258	>10
文化	东方企业文化	5069	0.99	2.19	1.21	31	2688	0.000	0.019	5.39
	东南文化	99	0.79	16.60	1.23	15	60	0.010	0.162	>10
	华夏文化	104	0.95	-	1.04	23	56	-	0.038	-
	科学文化评论	59	1.00	13.22	1.14	8	31	0.119	0.169	>10
	世界家苑	4280	1.00	2.36	1.31	30	2625	0.001	0.012	4.46
	文化遗产	75	0.89	25.21	1.45	16	50	0.093	0.427	>10
	艺苑	182	0.98	3.86	1.03	16	92	0.005	0.099	9.91
	中国文化	4	0.08	33.00	1.00	3	4	-	-	-
	中国文化研究	105	1.00	17.95	1.14	17	50	0.010	0.305	>10
	中华文化论坛	197	0.85	10.74	1.25	21	101	0.005	0.355	>10
	平均	1017	0.85	12.51	1.18	18	575	0.024	0.159	>10
	编辑学报	217	0.79	11.04	2.61	21	172	0.000	0.140	3.85
	编辑学刊	116	0.77	0.88	1.25	17	71	-	0.069	6.00

期刊类别	期刊名称	来源文献量	文献选出率	平均引文数	平均作者数	地区分布数	机构分布数	海外论文比	基金论文比	引用半衰期
新闻出版	编辑之友	489	0.97	5.43	1.37	26	265	-	0.243	5.85
	采写编	258	0.99	-	1.22	23	120	-	0.027	-
	出版发行研究	324	0.96	3.89	1.25	25	203	-	0.253	3.90
	出版广角	303	0.67	1.64	1.14	22	168	0.020	0.056	4.79
	出版科学	138	0.87	0.97	1.47	18	81	-	0.420	6.10
	传媒观察	348	1.00	1.66	1.08	22	150	-	0.132	6.51
	当代传播	209	0.97	9.20	1.35	25	105	0.005	0.612	8.12
	电视研究	437	1.00	0.68	1.06	19	108	0.002	0.073	6.17
	东南传播	801	1.00	5.25	1.26	27	272	-	0.130	5.14
	国际新闻界	394	1.00	6.81	1.00	22	101	0.023	0.292	7.61
	红旗文稿	222	0.78	-	1.14	24	146	0.005	0.027	-
	今传媒(学术版)	871	1.00	3.73	1.20	29	357	0.003	0.137	5.28
	科技与出版	460	0.98	3.44	1.50	24	245	0.002	0.187	3.81
	青年记者	1801	0.93	1.11	1.17	30	732	0.004	0.054	5.05
	声屏世界	628	1.00	0.32	1.10	26	226	-	0.018	5.65
	现代传播	576	0.99	0.71	1.48	26	171	0.009	0.319	8.50
	新闻爱好者	569	0.99	3.66	1.19	28	286	-	0.213	6.55
	新闻爱好者(下半月)	577	0.98	3.26	1.19	27	280	0.002	0.201	6.36
	新闻传播	2075	0.99	1.73	1.10	31	886	0.002	0.022	5.13
	新闻大学	131	0.94	10.28	1.40	19	58	0.069	0.435	8.72
	新闻记者	360	1.00	3.13	1.00	19	100	0.008	0.156	7.70
	新闻界	452	0.99	6.80	1.31	26	178	0.002	0.385	7.23
	新闻实践	588	1.00	0.14	1.06	17	185	-	0.020	4.92
	新闻与传播研究	81	1.00	28.20	1.41	17	43	0.012	0.469	9.94
	新闻与写作	343	0.96	0.67	1.22	19	112	-	0.114	8.50
	新闻战线	595	1.00	0.10	1.07	27	271	0.003	0.008	8.00
	新闻知识	599	1.00	2.14	1.28	27	250	0.002	0.277	5.70
	中国编辑	117	0.97	2.38	1.05	16	62	-	0.068	5.09
	中国出版	687	1.00	3.22	1.05	29	284	-	0.176	5.47
	中国广播电视学刊	641	1.00	0.83	1.16	28	260	0.008	0.078	5.35
	中国记者	589	0.83	0.18	1.21	29	381	0.027	0.025	4.93
	中国科技期刊研究	302	0.97	11.27	2.57	25	239	0.000	0.220	3.82
	平均	508	0.95	3.96	1.28	23	222	0.006	0.178	5.76

期刊类别	期刊名称	来源文献量	文献选出率	平均引文数	平均作者数	地区分布数	机构分布数	海外论文比	基金论文比	引用半衰期
图书情报	大学图书馆学报	134	0.99	13.46	2.02	19	78	0.015	0.306	4.85
	大学图书情报学刊	152	1.00	6.89	1.31	24	118	-	0.289	4.25
	高校图书馆工作	150	0.99	8.71	1.59	24	101	-	0.313	5.70
	古籍整理研究学刊	89	0.97	25.31	1.17	21	60	0.022	0.270	>10
	国家图书馆学刊	109	0.95	11.66	1.72	18	55	-	0.156	2.97
	河北科技图苑	210	1.00	5.04	1.33	22	142	-	0.162	3.73
	河南图书馆学刊	306	0.99	5.12	1.13	25	233	-	0.108	4.68
	晋图学刊	120	0.85	6.81	1.30	15	74	-	0.133	4.48
	科技情报开发与经济	1606	1.00	4.32	1.36	30	933	-	0.091	4.76
	农业图书情报学刊	693	0.99	6.13	1.56	28	359	-	0.322	4.28
	情报科学	387	0.99	12.30	2.10	26	174	-	0.494	5.01
	情报理论与实践	336	0.99	12.42	2.20	25	148	0.003	0.741	5.69
	情报探索	512	1.00	7.30	1.51	29	303	-	0.287	4.59
	情报学报	151	0.90	19.91	2.71	20	73	0.050	0.790	5.80
	情报杂志	459	1.00	16.68	2.31	24	187	-	0.695	5.34
	情报资料工作	131	0.96	16.68	1.68	24	87	-	0.557	3.76
	山东图书馆学刊	189	0.99	9.97	1.21	23	116	-	0.053	6.62
	数字图书馆论坛	107	0.81	12.96	2.28	11	46	0.080	0.430	2.13
	四川图书馆学报	164	1.00	6.91	1.48	25	113	-	0.238	5.09
	图书馆	272	1.00	12.94	1.49	27	167	0.004	0.301	5.09
	图书馆工作与研究	421	1.00	8.24	1.34	29	210	-	0.299	4.21
	图书馆建设	316	0.96	9.53	1.49	28	200	-	0.269	2.86
	图书馆界	172	0.99	6.69	1.38	25	126	-	0.297	3.34
	图书馆理论与实践	383	0.97	5.03	1.46	29	221	-	0.373	6.25
	图书馆论坛	240	0.99	10.36	1.61	23	176	0.008	0.375	3.57
	图书馆学刊	643	0.99	7.20	1.32	29	382	-	0.196	4.14
	图书馆学研究	544	1.00	8.74	1.56	30	304	-	0.381	3.41
	图书馆研究	234	0.91	5.45	1.24	25	179	-	0.184	3.14
	图书馆杂志	260	0.84	11.19	1.40	24	145	0.012	0.273	5.33
	图书情报工作	641	0.95	15.45	2.17	26	232	0.003	0.463	3.92
	图书情报知识	101	0.94	20.91	1.96	19	47	-	0.604	4.57
	图书与情报	172	0.97	13.88	1.73	24	107	-	0.512	2.80
	文献	114	1.00	20.61	1.12	23	69	-	0.360	-

2012年中国科技期刊来源指标按类刊名字顺索引(续)

期刊类别	期刊名称	来源文献量	文献选出率	平均引文数	平均作者数	地区分布数	机构分布数	海外论文比	基金论文比	引用半衰期
图书情报	现代情报	500	1.00	10.83	1.81	25	267	0.002	0.486	4.48
	现代图书情报技术	190	0.94	17.52	2.73	19	85	0.005	0.732	3.07
	新世纪图书馆	308	0.95	9.15	1.45	29	184	-	0.253	3.83
	中国典籍与文化	90	0.97	27.94	1.09	15	47	0.078	0.233	>10
	中国图书馆学报	77	0.93	23.43	2.17	12	35	0.026	0.519	4.37
	中国图书评论	177	0.67	0.19	1.15	21	96	0.040	0.073	>10
	中华医学图书情报杂志	288	1.00	7.91	2.45	28	173	-	0.309	3.94
	平均	303	0.96	11.54	1.65	23	171	0.009	0.348	7.15
档案	北京档案	230	0.69	1.60	1.24	25	132	-	0.104	4.95
	党的文献	122	0.81	9.05	1.06	22	55	-	0.008	-
	档案	98	0.93	5.64	1.31	21	70	-	0.194	6.28
	档案管理	238	0.92	3.08	1.16	19	140	-	0.088	5.71
	档案时空	94	1.00	1.94	1.19	15	82	-	0.032	6.36
	档案学通讯	157	1.00	9.01	1.64	24	66	0.019	0.318	6.73
	档案学研究	104	1.00	10.06	1.66	22	59	0.010	0.317	5.51
	档案与建设	763	1.00	0.70	1.09	18	202	-	0.026	6.61
	故宫博物院院刊	75	1.00	35.49	1.20	9	29	0.133	0.187	-
	黑龙江档案	789	0.97	0.93	1.03	26	350	-	0.030	5.12
	湖北档案	251	0.81	0.96	1.13	17	113	-	-	4.93
	兰台世界	2092	1.00	5.26	1.23	30	753	-	0.233	>10
	历史档案	79	1.00	19.08	1.03	19	49	0.025	0.215	>10
	民国档案	63	0.97	42.70	1.33	14	34	-	0.254	>10
	山东档案	270	1.00	0.16	1.15	10	132	-	-	4.30
	山西档案	108	0.95	6.78	1.18	21	78	-	0.231	>10
	陕西档案	348	1.00	-	1.00	10	118	-	-	-
	四川档案	241	1.00	0.27	1.00	10	103	-	-	>10
	文博	117	1.00	2.93	1.34	13	51	0.009	0.060	>10
	云南档案	395	1.00	2.33	1.08	23	126	0.003	0.056	7.67
	浙江档案	260	0.91	1.13	1.35	13	145	-	0.062	7.55
	中国档案	649	1.00	0.10	1.10	28	188	0.002	0.011	3.25
	平均	342	0.95	7.24	1.19	18	139	0.009	0.110	>10
	China Standardization	28	1.00	-	2.39	3	24	-	-	-
	标准科学	246	0.97	5.57	2.35	24	142	0.000	0.260	5.17

期刊类别	期刊名称	来源文献量	文献选出率	平均引文数	平均作者数	地区分布数	机构分布数	海外论文比	基金论文比	引用半衰期
科研管理	船舶标准化工程师	154	1.00	-	1.00	14	43	0.013	0.006	-
	船舶标准化与质量	56	0.95	1.34	1.93	9	24	-	-	>10
	电信工程技术与标准化	235	0.97	2.67	2.40	23	88	-	0.085	5.59
	管理学刊	128	0.96	9.75	1.24	21	78	-	0.453	4.42
	航空标准化与质量	104	0.98	1.97	1.85	14	53	-	0.010	>10
	航天标准化	42	1.00	2.95	1.76	11	25	-	0.119	5.71
	机械工业标准化与质量	129	0.83	-	1.63	24	92	-	0.008	-
	技术与创新管理	189	1.00	8.63	1.83	24	91	-	0.471	5.50
	交通标准化	813	0.94	3.81	1.47	27	391	0.001	0.038	7.47
	决策与信息(下旬刊)	1811	0.94	3.26	1.25	31	897	0.001	0.028	6.48
	决策咨询	140	1.00	4.35	1.26	22	94	-	-	4.30
	科技成果管理与研究	190	0.54	4.88	2.17	30	139	-	0.158	6.69
	科技成果纵横	158	1.00	-	1.56	14	97	0.006	0.057	-
	科技导报	435	0.56	17.38	3.76	27	225	0.020	0.600	6.87
	科技管理研究	1311	1.00	11.01	2.13	29	515	0.010	0.560	5.93
	科技进步与对策	820	1.00	13.88	2.12	29	293	0.010	0.710	6.82
	科技与管理	175	1.00	10.11	2.26	21	59	-	0.651	5.59
	科技与经济	132	1.00	13.28	2.14	22	85	-	0.848	6.43
	科学·经济·社会	76	1.00	13.21	1.47	17	53	-	0.618	7.37
	科学管理研究	118	1.00	10.05	2.03	22	77	-	0.788	5.88
	科学技术与工程	2254	0.99	8.74	2.87	30	733	0.000	0.320	7.41
	科学决策	69	1.00	22.48	2.22	17	42	-	0.681	7.92
	科学学研究	231	0.94	23.44	2.35	22	102	0.010	0.810	8.29
	科学学与科学技术管理	269	1.00	22.67	2.28	21	96	0.004	0.818	8.76
	科学与财富	4305	1.00	2.03	1.20	31	2212	0.000	0.016	6.25
	科学与管理	78	1.00	10.87	1.74	12	47	0.013	0.615	8.84
	科学与社会	62	0.98	9.98	1.26	14	43	-	0.194	>10
	科研管理	237	0.96	23.04	2.28	23	102	0.010	0.850	8.83
	软科学	361	1.00	16.89	2.36	24	149	-	0.881	7.76
	未来与发展	282	1.00	9.33	1.67	25	99	-	0.635	5.95
	信息技术与标准化	175	0.84	1.35	2.22	16	70	0.006	0.183	4.43
	学会	269	1.00	2.02	1.03	23	124	-	0.086	5.24
	冶金标准化与质量	97	0.98	2.11	2.38	18	50	-	0.031	9.59

期刊类别	期刊名称	来源文献量	文献选出率	平均引文数	平均作者数	地区分布数	机构分布数	海外论文比	基金论文比	引用半衰期
科研管理	冶金信息导刊	114	1.00	2.53	2.15	15	62	-	-	>10
	仪器仪表标准化与计量	39	0.60	4.18	2.00	15	23	-	0.179	8.44
	印刷质量与标准化	313	1.00	-	1.00	19	65	-	0.019	-
	云南科技管理	122	0.60	2.71	1.66	7	77	-	0.115	6.42
	质量与标准化	93	0.63	0.54	1.75	8	50	0.022	0.043	5.17
	智能系统学报	83	0.98	18.06	3.08	18	63	0.020	0.930	5.98
	中国标准导报	248	0.93	0.85	1.33	22	83	0.008	0.012	5.50
	中国标准化	197	0.66	3.38	2.54	23	111	0.015	0.244	5.82
	中国发明与专利	520	1.00	0.43	1.61	21	83	0.004	0.006	6.30
	中国高校科技	344	0.96	4.03	1.92	27	215	-	0.392	3.87
	中国环境管理	78	0.98	8.45	2.53	17	55	0.013	0.115	6.63
	中国科技产业	130	0.41	1.20	1.52	14	83	0.015	0.015	4.29
	中国科技成果	437	0.82	4.27	2.87	29	339	0.002	0.117	6.51
	中国科技奖励	478	1.00	-	1.00	17	46	0.002	-	-
	中国科技论坛	317	0.91	12.41	2.17	26	153	0.010	0.700	5.77
	中国科技史杂志	48	0.98	14.98	1.50	11	25	0.062	0.250	>10
	中国科技信息	3227	1.00	3.95	1.82	31	1960	-	0.122	6.27
	中国软科学	227	0.99	21.85	2.30	24	107	-	0.828	6.77
	中国信息界	333	1.00	3.49	1.66	27	186	0.030	0.084	5.12
	平均	435	0.92	7.41	1.92	20	208	0.006	0.310	6.34
教育	班主任	620	1.00	-	1.00	26	407	-	0.006	-
	北京大学教育评论	47	0.89	25.64	1.64	6	19	0.191	0.489	9.39
	北京教育(高教版)	386	1.00	1.19	1.42	13	93	-	0.104	5.64
	北京教育(普教版)	682	1.00	0.06	1.00	23	342	-	0.001	6.00
	比较教育研究	209	0.78	9.17	1.54	20	81	0.077	0.584	5.90
	成人教育	639	1.00	4.76	1.41	28	410	-	0.391	5.21
	创新与创业教育	184	1.00	5.99	1.79	23	117	-	0.516	4.36
	大学(学术版)	175	1.00	4.41	1.38	21	76	0.011	0.337	5.52
	大学教育科学	138	0.99	9.22	1.49	17	60	0.036	0.370	8.90
	当代教师教育	70	0.96	6.97	1.60	19	36	0.014	0.571	7.31
	当代教育科学	527	1.00	4.20	1.33	28	281	0.002	0.326	7.84
	当代教育理论与实践	773	1.00	4.67	1.79	29	316	-	0.532	6.07
	当代教育论坛	153	0.99	7.89	1.65	25	102	-	0.516	7.03

期刊类别	期刊名称	来源文献量	文献选出率	平均引文数	平均作者数	地区分布数	机构分布数	海外论文比	基金论文比	引用半衰期
教育	当代教育与文化	118	0.96	13.50	1.44	19	44	0.017	0.500	8.77
	当代职业教育	378	1.00	3.77	1.40	28	278	-	0.233	4.34
	地理教育	428	1.00	0.04	1.37	29	301	0.007	0.023	>10
	电化教育研究	269	1.00	9.82	1.85	26	121	0.007	0.621	6.55
	都市家教(上半月)	3842	1.00	1.58	1.06	31	2815	-	0.007	6.78
	都市家教(下半月)	3929	1.00	1.43	1.05	31	2868	0.000	0.006	7.10
	读写算-素质教育论坛	2481	1.00	0.37	1.08	31	1542	-	0.006	6.74
	读与写(教育教学刊)	2535	1.00	1.95	1.06	31	1471	-	0.030	7.22
	纺织服装教育	174	1.00	3.78	1.87	18	61	-	0.540	3.63
	福建基础教育研究	807	0.99	0.41	1.05	7	512	0.001	0.010	7.95
	复旦教育论坛	100	0.94	14.41	1.88	16	63	0.080	0.530	5.50
	高等财经教育研究	76	1.00	9.54	1.55	19	47	-	0.395	5.40
	高等工程教育研究	171	1.00	10.67	2.18	18	79	0.012	0.544	6.12
	高等函授学报(哲学社会科学版)	366	0.95	5.72	1.37	27	200	-	0.279	6.47
	高等继续教育学报	221	0.98	2.93	1.77	22	129	-	0.430	6.11
	高等建筑教育	243	0.99	6.02	2.51	28	108	-	0.547	4.73
	高等教育研究	197	0.91	14.46	1.64	21	87	0.025	0.640	8.76
	高等教育研究学报	149	1.00	6.38	2.62	19	44	-	0.248	5.39
	高等理科教育	199	1.00	7.62	2.24	25	114	0.005	0.648	6.03
	高教发展与评估	108	1.00	7.27	1.63	17	68	0.009	0.583	7.05
	高教论坛	482	0.99	3.59	1.65	23	199	-	0.556	5.02
	高教探索	158	0.99	9.28	1.59	20	108	-	0.576	7.40
	高师理科学刊	215	0.77	6.93	2.47	26	111	-	0.535	5.85
	高校辅导员学刊	150	1.00	2.99	1.67	21	91	-	0.440	5.79
	高校后勤研究	266	1.00	-	1.53	24	118	-	0.008	-
	高校教育管理	115	0.96	8.36	1.55	21	76	0.035	0.487	4.97
	高校理论战线	239	1.00	4.73	1.28	23	116	-	0.276	9.08
	高中数理化	875	0.98	-	1.16	30	582	-	0.007	-
	工业技术与职业教育	91	1.00	5.55	1.59	8	26	-	0.593	4.54
	广东教育(高中版)	395	0.93	0.01	1.13	17	178	-	0.010	-
	广东教育(职教版)	580	1.00	2.17	1.04	3	232	-	0.024	5.47
	广东教育(综合版)	652	0.99	-	1.00	15	316	-	-	-
	广西教育 C(职业与高等教育版)	1076	0.99	3.80	1.40	19	198	-	0.334	4.88

期刊类别	期刊名称	来源文献量	文献选出率	平均引文数	平均作者数	地区分布数	机构分布数	海外论文比	基金论文比	引用半衰期
教育	广州职业教育论坛	84	1.00	6.20	1.38	14	52	-	0.417	4.11
	贵州教育	538	1.00	-	1.03	16	366	-	0.002	-
	航海教育研究	137	0.98	3.73	1.74	12	41	-	0.387	4.31
	河北理科教学研究	149	1.00	0.45	1.15	20	82	-	-	3.92
	河南教育(高校版)	490	1.00	1.71	1.12	21	144	0.002	0.122	5.44
	河南教育(上旬)	612	1.00	-	1.00	22	387	-	0.002	-
	黑河教育	864	0.99	0.85	1.13	26	492	-	0.017	6.08
	黑龙江高教研究	636	1.00	7.90	1.49	29	332	-	0.536	6.16
	黑龙江教育(高教研究与评估版)	474	1.00	4.76	1.75	28	259	-	0.578	5.37
	湖南教育(上旬刊)	221	0.61	-	1.08	11	196	-	0.005	-
	华文教学与研究	46	0.98	19.57	1.37	9	27	0.087	0.522	>10
	化工高等教育	186	1.00	5.84	3.28	27	82	-	0.527	5.03
	化学教学	366	0.99	3.16	1.51	23	250	-	0.077	5.72
	化学教育	339	1.00	5.50	2.01	29	203	0.003	0.242	7.30
	环境教育	733	1.00	-	1.00	25	154	-	0.001	-
	机械职业教育	306	1.00	3.05	1.29	25	138	-	0.291	3.91
	基础教育	118	0.95	8.68	1.53	23	53	0.008	0.466	7.37
	基础教育参考	1176	1.00	0.23	1.03	29	795	0.019	0.009	5.96
	基础教育论坛(综合版)	442	1.00	-	1.01	23	327	-	-	-
	基础教育研究	732	1.00	-	1.13	30	513	-	0.068	-
	基础医学教育	404	1.00	4.91	4.01	28	137	-	0.535	3.81
	吉林省教育学院学报(下旬)	834	0.99	5.28	1.29	31	478	0.001	0.157	6.85
	继续教育	269	1.00	3.81	1.74	27	172	0.007	0.216	4.66
	继续教育研究	777	1.00	5.59	1.40	31	451	0.001	0.544	5.17
	江苏高教	341	1.00	5.10	1.35	25	162	-	0.481	7.67
	江西教育	1338	0.91	0.13	1.10	26	965	0.001	0.010	6.95
	教师	3780	1.00	0.84	1.07	31	2450	0.001	0.030	5.89
	教师教育研究	100	1.00	8.59	1.69	21	41	0.020	0.630	7.31
	教书育人(高教论坛)	774	0.98	4.62	1.51	29	454	0.001	0.302	5.67
	教书育人(教师新概念)	699	0.97	-	1.04	27	565	-	-	-
	教书育人(校长参考)	595	0.99	-	1.11	27	523	-	-	-
	教学研究	204	1.00	6.51	2.25	25	129	-	0.598	5.27
	教学与管理(理论版)	809	1.00	4.82	1.33	30	449	0.001	0.303	7.79

期刊类别	期刊名称	来源文献量	文献选出率	平均引文数	平均作者数	地区分布数	机构分布数	海外论文比	基金论文比	引用半衰期
教育	教学与管理(小学版)	364	1.00	0.82	1.11	23	287	-	0.036	6.87
	教学与管理(中学版)	397	1.00	3.31	1.23	29	300	0.003	0.161	6.86
	教学与研究	162	1.00	11.41	1.36	21	69	-	0.494	9.75
	教学月刊(小学版)语文	267	1.00	0.08	1.04	13	225	-	0.004	7.10
	教学月刊(中学版)	578	0.97	1.15	1.11	20	441	-	0.043	6.30
	教育导刊(上半月)	377	0.99	0.67	1.40	24	231	-	0.276	6.53
	教育导刊(下半月)	484	1.00	0.88	1.17	26	214	0.002	0.093	6.84
	教育发展研究	472	1.00	7.20	1.21	26	170	0.019	0.320	7.09
	教育教学论坛	7769	1.00	2.92	1.53	31	3676	0.000	0.179	5.56
	教育界	5379	0.99	1.84	1.12	31	3617	0.000	0.035	6.23
	教育科学	109	1.00	9.34	1.57	20	63	0.028	0.596	6.98
	教育科学论坛	285	0.81	1.85	1.31	23	203	-	0.063	6.53
	教育科学研究	151	0.76	2.64	1.44	22	58	0.007	0.609	8.29
	教育评论	349	1.00	5.04	1.20	27	161	0.003	0.516	7.14
	教育实践与研究	642	0.95	1.38	1.15	23	535	-	0.034	8.08
	教育探索	790	1.00	5.55	1.38	29	428	0.001	0.495	6.02
	教育文化论坛	161	0.80	8.55	1.29	20	90	0.006	0.497	>10
	教育信息技术	394	1.00	0.60	1.00	8	212	-	0.015	5.96
	教育学报	97	1.00	18.44	1.75	16	43	0.041	0.701	9.60
	教育学术月刊	388	1.00	8.80	1.49	27	199	0.005	0.415	8.16
	教育研究	324	1.00	8.21	1.62	26	139	0.012	0.611	8.03
	教育研究与评论(小学教育教学版)	395	1.00	-	1.02	10	256	0.003	0.015	-
	教育研究与评论(中学教育教学版)	346	1.00	1.17	1.01	14	163	-	0.023	6.42
	教育研究与实验	115	1.00	8.82	1.63	18	43	0.009	0.696	8.78
	教育艺术	853	1.00	-	1.02	29	623	-	0.001	-
	教育与教学研究	432	0.99	4.90	1.60	28	236	-	0.456	6.37
	教育与考试	125	1.00	6.94	1.20	19	63	-	0.392	8.79
	教育与职业	2232	0.84	3.93	1.47	29	783	-	0.363	5.38
	金融教学与研究	119	0.90	6.29	1.50	19	74	-	0.378	4.35
	金融理论与教学	200	1.00	5.66	1.48	23	91	-	0.380	4.22
	开放教育研究	107	0.89	17.01	2.26	16	58	0.131	0.617	5.82
	考试(教研)	4255	1.00	1.47	1.09	31	3009	-	0.016	5.37
	科教导刊	4998	1.00	2.98	1.39	31	2211	0.000	0.124	5.85

期刊类别	期刊名称	来源文献量	文献选出率	平均引文数	平均作者数	地区分布数	机构分布数	海外论文比	基金论文比	引用半衰期
教育	科教文汇	4419	0.99	3.59	1.32	31	2270	-	0.130	6.15
	课程·教材·教法	244	0.91	9.55	1.48	23	96	0.004	0.525	7.60
	课程教材教学研究(中教研究)	248	1.00	-	1.04	9	164	-	-	-
	课外阅读(中旬)	3949	1.00	1.18	1.08	31	2475	-	0.011	8.00
	历史教学	173	0.96	4.41	1.13	22	121	0.017	0.069	9.90
	历史教学问题	165	1.00	18.05	1.09	20	82	0.006	0.218	>10
	辽宁教育	624	1.00	1.02	1.07	22	381	-	0.022	6.66
	陇东学院学报	244	1.00	8.24	1.41	25	115	-	0.287	>10
	逻辑学研究	27	1.00	15.89	1.48	10	20	0.185	0.667	>10
	煤炭高等教育	209	1.00	5.87	1.68	25	117	-	0.569	5.66
	美术教育研究	2911	1.00	2.11	1.06	31	1227	0.001	0.072	7.11
	民族教育研究	150	1.00	5.62	1.65	26	62	-	0.673	7.50
	内蒙古电大学刊	230	1.00	4.59	1.27	27	150	-	0.174	7.56
	青海教育	655	0.98	-	1.00	14	265	0.002	-	-
	清华大学教育研究	103	0.96	19.39	1.64	15	51	0.058	0.485	8.28
	全球教育展望	206	1.00	9.83	1.43	24	72	0.068	0.524	8.48
	人民教育	406	0.77	0.20	1.26	27	265	-	0.034	7.88
	软件导刊·教育技术	429	0.98	4.52	1.53	27	281	-	0.203	5.18
	陕西教育(高教)	786	1.00	4.72	1.32	18	122	-	0.293	7.52
	上海教育科研	368	1.00	4.46	1.30	25	236	0.011	0.247	7.02
	设计艺术研究	149	0.96	4.52	1.33	24	85	0.007	0.248	7.32
	生物学教学	492	1.00	2.39	1.47	28	373	-	0.106	6.65
	师道·情智	424	0.82	-	1.05	22	251	0.002	-	-
	时代教育	3917	1.00	3.06	1.24	31	2440	0.001	0.102	5.30
	世界教育信息	490	1.00	2.03	1.00	21	105	0.063	0.069	3.59
	思想理论教育(上半月综合版)	239	1.00	4.80	1.36	22	86	-	0.397	8.64
	思想理论教育(下半月行动版)	350	0.95	1.14	1.11	21	240	-	0.074	7.30
	思想理论教育导刊	354	0.96	4.97	1.32	25	177	-	0.353	6.36
	思想政治教育研究	244	0.98	6.74	1.51	25	135	-	0.738	6.03
	四川教育	305	0.91	-	1.13	14	160	-	-	-
	天津教育	513	1.00	-	1.00	13	147	-	0.002	-
	天津市教科院学报	164	0.89	4.12	1.41	24	86	-	0.128	7.18
	外国教育研究	194	0.96	9.18	1.61	21	80	0.026	0.454	7.07

期刊类别	期刊名称	来源文献量	文献选出率	平均引文数	平均作者数	地区分布数	机构分布数	海外论文比	基金论文比	引用半衰期
教育	外国中小学教育	134	1.00	10.49	1.49	22	59	0.015	0.604	7.51
	卫生职业教育	2264	1.00	3.76	2.07	31	720	-	0.156	5.99
	文教资料	3152	1.00	4.86	1.21	31	1382	0.000	0.139	8.78
	物理教学	287	1.00	0.98	1.16	25	212	-	0.024	8.47
	西北成人教育学报	208	1.00	5.40	1.25	18	99	-	0.188	7.95
	西北医学教育	486	1.00	5.06	3.77	28	189	-	0.418	4.40
	西藏教育	350	0.98	0.97	1.15	19	146	-	0.054	6.33
	现代大学教育	113	0.96	21.58	1.57	19	73	0.009	0.655	7.17
	现代教育管理	331	1.00	7.26	1.67	27	175	-	0.671	6.37
	现代教育技术	314	0.98	10.79	2.14	27	167	0.003	0.653	6.27
	现代教育科学(高教研究)	292	0.99	1.51	1.58	24	200	-	0.527	4.79
	现代教育科学(普教研究)	511	1.00	2.73	1.23	29	335	-	0.117	7.95
	现代教育科学(小学教师)	863	1.00	0.08	1.10	26	586	0.007	0.003	9.79
	现代特殊教育	467	0.99	0.45	1.11	23	196	-	0.041	6.38
	现代远程教育研究	85	1.00	15.95	1.99	16	39	0.024	0.824	5.24
	现代远距离教育	78	1.00	12.60	2.00	20	45	0.026	0.795	5.83
	现代中小学教育	299	0.91	3.68	1.38	26	216	-	0.258	5.90
	小学教学	585	0.91	0.12	1.18	27	399	0.002	0.012	4.13
	小学教学研究(教学版)	381	0.99	-	1.06	18	278	-	0.003	-
	新疆职业教育研究	98	1.00	5.73	1.58	22	52	-	0.408	4.49
	新课程学习・下旬	3437	1.00	0.83	1.06	31	2835	-	0.004	5.60
	新课程学习・中旬	3701	1.00	0.98	1.05	31	2850	-	0.004	5.72
	新课程研究(上旬)	1138	0.99	1.56	1.08	30	942	-	0.011	6.86
	新课程研究(下旬)	1165	0.98	1.89	1.12	31	929	-	0.019	6.68
	新课程研究(中旬-单)	549	0.99	2.99	1.15	29	385	-	0.097	5.43
	新课程研究(中旬-双)	486	0.99	3.85	1.49	31	344	-	0.276	5.40
	新校园(理论版)	2278	1.00	1.01	1.12	31	1525	0.000	0.024	6.00
	学理论	4256	1.00	4.54	1.29	31	1342	0.000	0.167	6.68
	学前教育研究	179	0.99	8.68	1.55	25	102	0.011	0.944	6.85
	学位与研究生教育	202	0.99	6.89	2.25	24	120	-	0.530	4.88
	研究生教育研究	113	1.00	8.43	2.23	22	77	-	0.549	5.40
	药学教育	113	1.00	5.38	3.32	23	66	-	0.593	4.32
	幼儿教育・教育教学	398	1.00	-	1.00	24	188	-	0.025	-

期刊类别	期刊名称	来源文献量	文献选出率	平均引文数	平均作者数	地区分布数	机构分布数	海外论文比	基金论文比	引用半衰期
教育	幼儿教育·教育科学	141	0.95	7.79	1.74	19	62	0.028	0.482	6.75
	语文学刊	2109	1.00	4.24	1.10	31	1164	0.002	0.106	9.65
	远程教育杂志	89	1.00	23.73	2.30	17	57	0.079	0.921	4.92
	早期教育(教师版)	377	0.99	0.06	1.13	20	282	-	0.003	4.63
	浙江医学教育	135	1.00	4.84	2.53	3	75	-	0.193	5.52
	政治思想史	47	1.00	40.28	1.11	7	20	0.043	0.128	-
	职大学报	190	0.98	5.58	1.26	25	95	0.021	0.111	9.80
	职教论坛	1044	0.97	5.65	1.54	30	529	0.002	0.536	5.47
	职教通讯	934	1.00	3.60	1.35	28	359	-	0.355	4.51
	职业技术教育	604	1.00	5.23	1.62	29	353	0.013	0.548	4.54
	职业教育(下旬)	247	1.00	2.45	1.00	24	178	-	0.036	5.00
	职业教育研究	1170	0.99	5.03	1.51	30	671	-	0.301	4.51
	中等数学	147	0.95	0.76	1.00	18	58	-	-	2.86
	中国成人教育	1631	1.00	3.89	1.44	30	624	-	0.378	5.62
	中国大学教学	333	0.99	4.48	2.23	26	169	-	0.402	5.46
	中国地质教育	157	0.98	6.22	2.93	23	60	-	0.688	4.79
	中国电化教育	324	1.00	11.39	1.89	27	162	0.015	0.549	4.94
	中国电力教育	2803	0.99	4.56	1.89	30	1087	0.000	0.403	4.72
	中国高等教育	44	0.98	1.95	1.55	19	41	-	0.114	5.38
	中国高教研究	317	1.00	6.90	1.49	24	165	0.003	0.574	5.65
	中国教师	617	0.92	1.17	1.21	29	362	0.011	0.049	7.13
	中国教育技术装备	2763	1.00	2.06	1.34	31	1658	0.000	0.114	4.58
	中国教育网络	616	1.00	0.01	1.01	23	141	0.003	0.002	7.75
	中国教育信息化·高教职教	351	0.88	4.62	2.01	28	220	-	0.353	4.32
	中国教育信息化·基础教育	374	0.94	2.30	1.40	28	311	-	0.131	5.66
	中国教育学刊	254	0.79	5.35	1.37	26	132	-	0.228	6.28
	中国考试	125	0.99	8.35	1.86	21	68	0.008	0.408	7.85
	中国林业教育	152	1.00	5.00	2.14	18	31	0.007	0.099	4.44
	中国民族教育	251	0.93	0.71	1.22	29	171	-	0.056	8.26
	中国农业教育	143	0.99	6.45	2.29	26	62	-	0.664	4.56
	中国轻工教育	201	1.00	6.30	2.05	22	74	-	0.522	4.68
	中国数学教育(初中版)	156	1.00	4.04	1.16	18	101	-	0.122	2.72
	中国数学教育(高中版)	166	0.96	2.59	1.35	24	122	-	0.066	2.94

期刊类别	期刊名称	来源文献量	文献选出率	平均引文数	平均作者数	地区分布数	机构分布数	海外论文比	基金论文比	引用半衰期
教育	中国特殊教育	200	0.99	20.18	2.38	23	87	0.015	0.575	7.51
	中国卫生资源	195	1.00	5.80	5.27	17	100	0.005	0.436	4.59
	中国现代教育装备	868	0.95	2.54	1.80	30	561	-	0.270	4.40
	中国校外教育(基教版)	2085	0.99	1.54	1.10	31	1519	-	0.004	6.93
	中国校外教育(理论)	1750	1.00	2.93	1.50	31	878	0.003	0.123	5.90
	中国冶金教育	176	1.00	7.13	2.36	23	85	-	0.420	4.37
	中国医学教育技术	170	1.00	9.60	2.99	22	107	-	0.524	3.90
	中国音乐教育	270	0.99	0.27	1.00	21	131	0.011	0.007	>10
	中国远程教育(综合版)	163	0.71	11.89	1.94	25	96	0.025	0.515	5.16
	中国职业技术教育	952	1.00	3.18	1.30	31	392	0.002	0.308	4.54
	中华医学教育探索杂志	393	0.97	7.35	4.14	26	195	0.010	0.320	3.63
	中华医学教育杂志	328	0.98	6.11	4.21	26	172	0.000	0.210	4.85
	中小学管理	163	0.56	1.20	1.25	17	101	0.018	0.202	8.46
	中小学教师培训	268	1.00	2.26	1.18	25	189	-	0.160	5.87
	中小学教学研究	400	0.99	0.66	1.06	21	327	-	0.015	5.48
	中小学实验与装备	237	1.00	-	1.27	19	195	-	0.004	-
	中小学信息技术教育	579	1.00	0.34	1.02	26	336	0.003	0.021	5.39
	中小学英语教学与研究	240	1.00	5.55	1.20	23	192	-	0.079	6.96
	中学地理教学参考	332	1.00	0.28	1.22	24	233	0.003	0.015	9.33
	中学化学教学参考	325	0.94	1.96	1.39	23	239	-	0.068	5.40
	中学生物学	360	1.00	1.04	1.16	27	299	-	0.031	6.48
	中学数学	1416	0.98	0.59	1.07	29	970	0.001	0.009	4.34
	中学数学教学	151	0.93	-	1.17	20	131	-	0.020	-
	中学数学研究	237	1.00	1.17	1.10	20	185	-	0.017	3.25
	中学数学月刊	313	0.99	1.03	1.20	20	237	0.003	0.010	5.50
	中学数学杂志(初中版)	168	1.00	-	1.21	18	126	-	0.071	-
	中学数学杂志(高中版)	171	1.00	-	1.26	22	142	-	0.006	-
	中学语文教学	343	0.98	1.55	1.20	23	248	0.003	0.009	9.25
	中学政治教学参考	449	1.00	0.15	1.09	25	304	-	0.007	4.83
	中医教育	170	0.99	4.09	3.55	22	51	-	0.588	5.00
	平均	692	0.97	4.81	1.51	23	394	0.008	0.272	5.84
体育	安徽体育科技	165	1.00	6.11	1.98	22	118	-	0.261	7.45
	冰雪运动	122	1.00	16.71	2.11	11	51	-	0.295	5.62

期刊类别	期刊名称	来源文献量	文献选出率	平均引文数	平均作者数	地区分布数	机构分布数	海外论文比	基金论文比	引用半衰期
体育	搏击·武术科学	557	1.00	7.45	1.53	29	240	0.002	0.185	7.41
	福建体育科技	136	1.00	5.43	1.78	21	85	0.007	0.272	6.47
	湖北体育科技	256	1.00	5.48	1.74	25	155	-	0.309	6.99
	辽宁体育科技	205	1.00	6.73	1.86	24	119	-	0.200	7.83
	山东体育科技	135	0.99	9.93	2.03	19	83	-	0.474	6.52
	四川体育科学	198	0.99	8.40	2.04	25	114	-	0.439	7.47
	体育成人教育学刊	216	1.00	4.82	1.71	23	143	-	0.329	6.09
	体育教学	598	0.97	0.31	1.34	27	400	-	0.008	4.18
	体育科技	174	1.00	7.52	1.85	23	129	-	0.615	6.75
	体育科技文献通报	712	1.00	6.57	1.64	29	358	-	0.235	7.30
	体育科学	148	0.99	26.26	2.77	23	77	0.014	0.743	7.11
	体育科学研究	122	1.00	7.96	1.72	19	63	-	0.434	6.38
	体育科研	124	0.80	14.40	2.11	11	53	-	0.629	7.46
	体育师友	309	1.00	1.96	1.22	23	246	-	0.019	6.88
	体育文化导刊	482	1.00	7.64	1.71	29	273	-	0.376	6.94
	体育学刊	192	1.00	12.13	1.93	26	113	0.005	0.464	6.64
	体育研究与教育	190	0.99	9.89	1.88	25	114	-	0.311	7.11
	体育与科学	157	1.00	13.84	1.82	20	101	0.013	0.401	7.36
	运动	1875	1.00	4.35	1.58	31	1012	-	0.146	6.90
	浙江体育科学	200	1.00	9.25	1.59	21	111	-	0.395	7.44
	中国体育教练员	118	1.00	1.14	1.33	12	36	0.017	-	7.27
	中国体育科技	133	1.00	17.81	2.66	24	82	0.008	0.564	7.86
	平均	313	0.99	8.84	1.83	22	178	0.003	0.338	6.89
语言文字	辞书研究	93	0.97	7.34	1.26	22	63	0.022	0.247	>10
	当代外语研究	202	0.99	20.07	1.25	22	105	0.045	0.317	>10
	当代修辞学	69	0.97	13.29	1.22	15	43	0.130	0.435	>10
	当代语言学	71	1.00	12.49	1.65	18	38	0.099	0.451	>10
	方言	72	1.00	8.82	1.00	16	37	0.042	0.319	>10
	疯狂英语(教师版)	203	1.00	6.90	1.32	25	157	-	0.291	9.03
	古汉语研究	52	0.91	11.21	1.21	16	38	0.019	0.635	>10
	汉语学报	45	1.00	15.51	1.18	16	33	0.089	0.533	>10
	汉语学习	79	0.94	20.05	1.28	17	52	0.063	0.620	>10
	汉字文化	153	1.00	6.35	1.05	25	74	0.007	0.203	>10

期刊类别	期刊名称	来源文献量	文献选出率	平均引文数	平均作者数	地区分布数	机构分布数	海外论文比	基金论文比	引用半衰期
语言文字	基础教育外语教学研究	186	1.00	5.41	1.00	23	93	0.016	0.054	9.79
	满语研究	45	0.98	7.69	1.16	11	23	0.067	0.400	>10
	民族语文	86	1.00	8.06	1.23	15	38	0.058	0.337	>10
	山东外语教学	115	0.99	17.75	1.39	20	89	0.026	0.643	>10
	上海翻译	71	0.99	14.38	1.35	16	56	0.014	0.465	9.26
	世界汉语教学	73	1.00	16.97	1.00	12	31	0.014	0.507	>10
	外语电化教学	84	0.98	16.42	1.56	18	63	-	0.607	8.29
	文理导航(上旬)	1080	1.00	1.36	1.02	29	770	-	0.001	4.66
	文理导航(下旬)	1094	1.00	1.12	1.02	29	848	-	0.002	6.25
	文理导航(中旬)	1087	1.00	1.20	1.02	28	798	-	0.001	4.67
	现代语文(教学研究)	1118	0.99	1.24	1.04	29	803	-	0.024	7.85
	现代语文(学术综合)	891	1.00	2.29	1.09	31	585	0.002	0.073	9.75
	现代语文(语言研究)	778	1.00	7.57	1.20	29	276	0.017	0.132	>10
	语文建设	250	0.81	0.60	1.12	27	180	-	0.052	>10
	语文教学通讯·D刊(学术刊)	455	0.95	2.52	1.11	29	357	-	0.037	5.97
	语文教学与研究(大众版)	1236	1.00	0.06	1.00	23	75	-	0.012	7.83
	语文教学与研究(教师版)	544	1.00	-	1.00	18	38	0.007	0.011	-
	语文研究	52	1.00	15.19	1.29	16	42	0.038	0.596	>10
	语言教学与研究	107	1.00	9.48	1.14	17	52	0.056	0.495	>10
	语言科学	61	0.85	21.97	1.31	15	39	0.148	0.623	>10
	语言文字应用	66	0.66	11.18	1.39	13	35	-	0.409	7.70
	语言研究	73	0.99	16.96	1.27	17	57	0.096	0.562	>10
	语言与翻译(汉文版)	65	0.96	7.62	1.28	10	34	0.015	0.492	>10
	中国翻译	102	0.61	16.79	1.30	17	75	0.078	0.216	9.10
	中国科技翻译	71	1.00	7.65	1.46	18	59	-	0.507	8.12
	中国语文	98	1.00	13.39	1.00	16	44	0.092	0.306	>10
	中学生英语(外语教学与研究)	901	1.00	2.76	1.03	28	626	-	0.003	5.79
	中学语文(上旬·教学大参考)	401	0.98	0.65	1.10	26	244	0.002	-	>10
	中学语文(下旬·大语文论坛)	906	1.00	-	1.06	29	741	-	0.010	-
	平均	336	0.96	8.98	1.18	20	200	0.032	0.298	9.88
外语	日语学习与研究	110	1.00	18.37	1.06	16	60	0.109	0.055	>10
	日语知识	280	0.97	0.06	1.31	22	88	0.057	0.086	-
	外国语	64	0.98	28.02	1.31	16	46	0.078	0.688	>10

期刊类别	期刊名称	来源文献量	文献选出率	平均引文数	平均作者数	地区分布数	机构分布数	海外论文比	基金论文比	引用半衰期
外语	外国语言文学	40	0.91	18.45	1.30	13	31	0.025	0.125	>10
	外语教学	148	0.97	18.73	1.38	20	92	0.007	0.588	>10
	外语教学理论与实践	59	1.00	20.31	1.31	15	39	0.017	0.576	>10
	外语教学与研究	76	0.83	19.11	1.50	12	43	0.066	0.395	>10
	外语界	73	0.96	20.21	1.71	17	54	0.014	0.685	8.46
	外语学刊	184	1.00	15.63	1.27	23	102	-	0.739	>10
	外语研究	121	1.00	16.88	1.33	19	79	0.008	0.645	>10
	外语与外语教学	128	1.00	18.96	1.51	19	81	0.023	0.758	>10
	现代外语	49	0.82	22.24	1.47	12	34	0.061	0.816	9.87
	中国俄语教学	74	0.95	6.47	1.12	16	36	-	0.432	9.21
	中国外语	85	0.81	20.71	1.40	24	65	-	0.153	>10
	平均	106	0.94	17.44	1.36	17	60	0.033	0.482	>10
文学	安徽文学(下半月)	974	0.99	4.59	1.10	31	414	0.004	0.055	>10
	北方文学(下旬刊)	2381	1.00	3.79	1.16	31	742	0.002	0.042	8.94
	长江学术	134	1.00	11.05	1.17	20	60	0.052	0.343	>10
	大众文艺	6147	1.00	2.90	1.15	31	1852	0.001	0.090	7.98
	当代外国文学	85	0.98	18.20	1.09	19	50	-	0.518	>10
	当代文坛	237	1.00	10.73	1.18	26	103	0.013	0.384	>10
	当代作家评论	186	1.00	8.92	1.10	18	64	0.048	0.220	>10
	杜甫研究学刊	87	1.00	8.89	1.03	16	40	0.023	0.034	>10
	俄罗斯文艺	112	1.00	9.26	1.37	18	53	0.134	0.473	>10
	飞天	735	0.73	2.05	1.19	29	389	0.001	0.180	9.29
	国外文学	83	1.00	19.40	1.00	16	50	0.012	0.398	>10
	红楼梦学刊	149	0.99	12.42	1.07	22	89	0.047	0.094	>10
	华文文学	79	0.70	11.97	1.09	12	50	0.291	0.165	>10
	剧作家	287	1.00	0.67	1.04	2	4	-	0.017	>10
	鲁迅研究月刊	147	0.83	13.78	1.10	23	80	0.082	0.116	>10
	民族文学研究	129	1.00	22.47	1.11	27	91	0.031	0.380	>10
	名作欣赏	480	1.00	1.72	1.00	28	132	0.015	0.031	>10
	明清小说研究	93	1.00	12.53	1.10	23	70	0.011	0.269	>10
	南方文坛	200	0.93	7.26	1.10	21	101	0.015	0.195	>10
	山花	366	1.00	5.37	1.14	27	236	-	0.221	>10
	神州(中旬刊)	2733	1.00	1.62	1.17	31	1601	0.000	0.041	6.81

期刊类别	期刊名称	来源文献量	文献选出率	平均引文数	平均作者数	地区分布数	机构分布数	海外论文比	基金论文比	引用半衰期
文学	时代文学	1202	1.00	3.82	1.17	30	466	0.002	0.126	>10
	世界华文文学论坛	59	0.71	7.27	1.05	11	39	0.169	0.102	>10
	外国文学	99	0.79	14.69	1.03	17	54	0.010	0.364	>10
	外国文学动态	157	1.00	0.20	1.04	15	57	0.019	0.153	9.50
	外国文学评论	76	1.00	28.66	1.00	15	44	0.026	0.013	>10
	外国文学研究	162	1.00	9.32	1.10	22	90	0.099	0.414	>10
	文学教育(下)	933	0.82	1.32	1.08	30	299	-	0.049	9.87
	文学教育(中)	1499	1.00	2.77	1.11	31	1003	-	0.054	7.60
	文学评论	178	1.00	19.92	1.00	27	84	0.017	0.174	>10
	文学遗产	121	1.00	26.66	1.01	22	61	0.017	0.289	-
	文艺生活·文海艺苑	2684	1.00	2.20	1.13	30	854	0.000	0.015	9.26
	文艺生活·文艺理论	2670	1.00	2.18	1.12	30	854	0.000	0.019	8.97
	文艺研究	500	0.99	7.58	1.00	25	178	0.016	0.200	>10
	戏剧文学	378	1.00	3.76	1.04	25	130	0.005	0.169	>10
	小说评论	236	1.00	4.88	1.08	25	98	-	0.233	>10
	校园心理	213	1.00	3.06	1.46	27	161	-	0.169	7.35
	新文学史料	116	1.00	2.98	1.00	1	3	-	0.052	>10
	扬子江评论	121	1.00	7.66	1.00	14	41	0.025	0.124	>10
	译林	66	0.73	3.62	1.47	13	40	0.106	0.258	-
	中国比较文学	66	0.99	9.94	1.26	15	40	0.121	0.197	>10
	中国文学研究	50	0.96	15.98	1.18	16	40	0.020	0.460	>10
	中国现代文学研究丛刊	272	1.00	17.19	1.02	25	117	0.029	0.265	>10
	中国韵文学刊	81	0.98	9.93	1.04	17	49	0.074	0.173	>10
	平均	630	0.96	8.98	1.10	21	251	0.035	0.190	>10
艺术	北方音乐	1251	0.99	3.03	1.05	30	525	0.002	0.089	9.93
	大舞台	2063	1.00	3.46	1.14	30	721	0.000	0.147	7.63
	当代电影	488	0.99	6.20	1.22	22	110	0.027	0.168	>10
	当代戏剧	43	0.28	1.09	1.30	8	28	-	0.047	>10
	电影评介	1151	1.00	3.04	1.23	30	401	0.004	0.096	7.45
	电影文学	1871	0.99	4.15	1.18	30	659	0.001	0.126	6.66
	电影新作	73	0.99	5.01	1.23	17	45	0.041	0.301	6.85
	电影艺术	210	1.00	5.38	1.12	16	63	0.052	0.076	>10
	雕塑	125	0.74	-	1.10	19	61	-	0.048	>10

期刊类别	期刊名称	来源文献量	文献选出率	平均引文数	平均作者数	地区分布数	机构分布数	海外论文比	基金论文比	引用半衰期
艺术	福建艺术	216	0.99	1.31	1.00	11	66	0.005	0.019	>10
	歌海	250	0.75	2.51	1.15	20	74	-	0.068	9.63
	乐府新声	105	0.76	8.20	1.09	13	24	-	0.390	>10
	乐器	561	0.99	-	1.00	12	21	-	0.007	-
	美术	568	0.98	-	1.00	27	124	0.014	-	-
	美术大观	1476	0.99	2.64	1.20	30	538	0.005	0.131	8.25
	美术观察	453	0.77	1.75	1.15	26	187	0.011	0.053	>10
	美术界	625	0.98	2.02	1.00	28	268	-	0.086	8.93
	美术学报	113	1.00	18.96	1.01	13	51	0.053	0.071	-
	美术研究	108	0.99	11.35	1.09	19	54	0.046	0.037	>10
	美与时代(上旬刊)	538	1.00	2.86	1.24	28	250	-	0.136	6.64
	美与时代(下旬刊)	529	1.00	1.74	1.09	30	221	0.002	0.121	8.89
	美苑	153	0.98	-	1.16	2	6	-	0.007	-
	民族艺术	115	0.96	11.57	1.21	23	79	0.009	0.530	>10
	民族艺术研究	151	1.00	9.45	1.29	23	89	-	0.570	>10
	民族音乐	573	1.00	1.54	1.25	29	217	-	0.042	>10
	齐鲁艺苑	156	0.96	4.39	1.11	21	63	0.019	0.115	>10
	人民音乐(评论版)	325	0.93	0.79	1.14	27	131	0.028	0.138	>10
	设计艺术	119	1.00	2.34	1.02	18	53	-	0.092	7.13
	世界电影	4	0.06	15.75	2.25		4	1.000	-	>10
	世界美术	78	1.00	1.65	1.69	6	12	0.013	-	>10
	书画世界	118	0.76	2.14	1.01	14	44	-	0.017	>10
	四川戏剧	249	1.00	2.99	1.14	26	140	0.004	0.237	>10
	文艺理论研究	122	1.00	15.48	1.09	16	66	0.090	0.189	>10
	文艺理论与批评	177	1.00	5.67	1.07	25	101	0.006	0.294	>10
	文艺评论	370	0.99	10.42	1.12	28	203	-	0.359	>10
	文艺争鸣	423	1.00	8.50	1.13	29	163	0.024	0.296	>10
	西藏艺术研究	58	1.00	2.02	1.07	9	33	-	0.017	>10
	戏剧丛刊	165	0.85	0.69	1.09	10	96	-	0.018	>10
	戏剧艺术	110	1.00	8.45	1.00	14	34	0.027	0.145	>10
	戏曲艺术	95	0.90	10.47	1.09	17	40	0.021	0.242	>10
	演艺科技	168	0.60	1.14	1.50	16	85	0.042	0.006	8.47
	艺海	1070	0.99	0.19	1.12	28	401	-	0.134	>10

期刊类别	期刊名称	来源文献量	文献选出率	平均引文数	平均作者数	地区分布数	机构分布数	海外论文比	基金论文比	引用半衰期
艺术	艺术百家	316	0.98	1.62	1.23	24	131	0.019	0.402	>10
	艺术广角	6	1.00	2.17	1.17	2	6	-	-	>10
	艺术科技	747	1.00	3.55	1.14	30	454	0.003	0.096	6.83
	艺术评论	291	0.94	0.94	1.10	27	144	0.024	0.131	9.08
	艺术探索	223	0.99	3.40	1.21	25	113	-	0.229	9.39
	艺术研究	290	1.00	4.32	1.10	27	126	0.003	0.286	8.83
	音乐创作	535	0.86	3.50	1.17	28	179	0.002	0.086	>10
	音乐探索	110	0.99	6.92	1.24	13	45	0.027	0.345	>10
	音乐研究	110	1.00	12.85	1.00	19	47	0.027	0.236	>10
	音乐艺术	79	1.00	4.35	1.16	15	33	0.038	0.228	>10
	中国美术教育	161	1.00	0.96	1.00	23	100	0.012	-	>10
	中国书法	198	0.55	4.25	1.28	25	139	0.020	0.005	>10
	中国戏剧	450	1.00	0.20	1.00	11	38	-	0.016	>10
	中国音乐	186	0.99	11.12	1.13	25	78	0.011	0.199	>10
	中国音乐学	75	0.95	13.89	1.23	18	46	-	0.307	>10
	装饰	700	1.00	2.82	1.13	26	207	0.024	0.200	8.58
	平均	371	0.91	4.62	1.11	19	140	0.029	0.141	>10
大学学报(自然科学)	Journal of Beijing Institute of Technology	92	1.00	12.57	3.45	14	28	-	0.783	8.32
	Journal of Chongqing University (English Edition)	26	1.00	16.08	2.50	8	13	0.385	0.769	6.93
	Journal of Donghua University(English Edition)	90	1.00	17.51	3.71	19	49	-	0.789	6.56
	Journal of Southeast University (English Edition)	88	1.00	13.22	3.47	11	17	-	0.943	6.93
	Journal of Zhejiang University Science A: Applied Physics & Engineering	87	0.89	26.41	4.08	11	44	0.400	0.600	8.18
	Journal of Zhejiang University Science B: Biomedicine & Biotechnology	120	0.98	33.99	5.82	14	63	0.200	0.775	7.58
	Transactions of Tianjin University	71	1.00	17.38	3.52	10	20	0.028	0.958	7.22
	Tsinghua Science and Technology	76	1.00	24.45	3.42	10	39	0.342	0.724	6.66
	Wuhan University Journal of Natural Sciences	90	1.00	16.96	3.49	18	46	-	0.978	7.08

期刊类别	期刊名称	来源文献量	文献选出率	平均引文数	平均作者数	地区分布数	机构分布数	海外论文比	基金论文比	引用半衰期
大学学报(自然科学)	安徽大学学报(自然科学版)	110	1.00	15.15	3.06	19	51	0.010	0.850	7.30
	安徽工程大学学报	98	1.00	8.05	2.96	2	9	-	0.582	6.20
	安徽工业大学学报(自然科学版)	90	0.96	10.06	3.46	6	19	0.000	0.770	6.72
	安徽理工大学学报(自然科学版)	69	0.95	9.00	3.00	6	22	0.000	0.330	6.28
	北华大学学报(自然科学版)	180	0.96	10.18	3.19	26	102	0.000	0.490	7.04
	北京大学学报(自然科学版)	132	0.99	25.08	3.72	9	30	0.040	0.810	8.27
	北京交通大学学报	177	0.98	9.56	3.30	13	30	0.010	0.730	7.07
	北京联合大学学报(自然科学版)	66	0.99	6.68	2.50	17	36	-	0.485	6.47
	渤海大学学报(自然科学版)	77	0.90	8.70	2.35	7	11	0.010	0.840	6.22
	长安大学学报(自然科学版)	119	0.95	11.23	3.39	18	34	0.010	0.860	6.37
	长春工业大学学报(自然科学版)	154	0.99	9.51	2.58	20	62	-	0.610	6.33
	长江大学学报(自科版)农学卷	165	1.00	11.85	2.79	15	41	-	0.515	6.90
	长江大学学报(自然版)理工卷	684	1.00	5.56	2.77	27	292	0.003	0.322	7.10
	长沙大学学报	340	0.99	6.64	1.51	26	185	0.003	0.397	7.12
	长沙理工大学学报(自然科学版)	64	0.93	14.25	3.61	8	15	0.000	0.830	6.22
	成都大学学报(自然科学版)	113	1.00	7.50	2.72	14	54	-	0.354	8.18
	成都理工大学学报(自然科学版)	99	0.99	16.47	4.91	15	37	0.000	0.810	7.61
	重庆大学学报	288	0.95	16.87	3.99	21	63	0.020	0.950	6.03
	重庆工商大学学报(自然科学版)	270	1.00	8.41	2.29	21	83	-	0.693	6.64
	重庆邮电大学学报(自然科学版)	152	0.98	11.60	2.99	16	50	0.010	0.800	4.93
	大连大学学报	185	1.00	7.78	1.82	19	63	0.005	0.438	8.43
	大连理工大学学报	155	0.99	12.64	3.68	2	7	0.030	0.810	8.45
	电子科技大学学报	175	0.98	15.23	3.41	20	70	0.010	0.840	6.47
	东北大学学报(自然科学版)	428	1.00	9.97	3.51	3	4	0.020	0.900	7.57
	东华大学学报(自然科学版)	152	1.00	11.07	3.34	13	30	0.030	0.570	7.64
	东华理工大学学报(自然科学版)	72	0.96	14.71	3.53	13	28	0.000	0.630	8.49
	东南大学学报(自然科学版)	229	0.98	12.69	3.58	15	33	0.020	0.890	6.00
	鄂州大学学报	141	1.00	5.47	1.25	17	58	-	0.305	8.98
	福建农林大学学报(自然科学版)	129	1.00	17.32	4.50	12	32	0.000	0.860	7.56
	福州大学学报(自然科学版)	144	0.98	12.08	2.90	8	26	0.000	0.740	6.38
	复旦学报(自然科学版)	126	0.91	14.50	4.01	15	43	0.070	0.600	7.53
	甘肃联合大学学报(自然科学版)	198	1.00	7.56	1.83	26	116	-	0.369	7.27
	广东海洋大学学报	109	0.97	17.45	3.59	11	38	0.000	0.610	8.71

期刊类别	期刊名称	来源文献量	文献选出率	平均引文数	平均作者数	地区分布数	机构分布数	海外论文比	基金论文比	引用半衰期
大学学报(自然科学)	广东技术师范学院学报(自然科学版)	128	1.00	5.53	1.41	11	64	0.008	0.219	4.86
	广西大学学报(自然科学版)	211	0.97	16.09	3.85	23	61	0.000	1.000	6.20
	广西民族大学学报(自然科学版)	100	0.99	9.46	2.22	15	47	0.010	0.760	7.57
	广州大学学报(自然科学版)	105	1.00	11.35	2.86	3	15	-	0.667	7.87
	贵州大学学报(自然科学版)	193	0.97	9.06	2.61	22	64	0.000	0.720	8.52
	国防科技大学学报	192	1.00	13.05	3.64	8	16	0.010	0.830	6.86
	哈尔滨工程大学学报	268	1.00	13.03	3.49	19	56	0.020	0.870	6.95
	哈尔滨商业大学学报(自然科学版)	188	0.97	8.99	2.93	18	57	0.010	0.530	7.22
	哈尔滨师范大学自然科学学报	157	1.00	9.14	2.50	15	40	-	0.599	8.50
	海南大学学报(自然科学版)	80	0.99	8.04	2.46	15	37	0.010	0.450	6.01
	合肥工业大学学报(自然科学版)	383	0.97	11.69	3.26	21	115	0.010	0.710	6.80
	河北大学学报(自然科学版)	119	1.00	13.76	3.52	13	35	0.020	0.860	7.59
	河北联合大学学报(自然科学版)	107	1.00	7.87	3.21	2	6	-	0.262	7.96
	河海大学学报(自然科学版)	125	0.95	15.58	3.94	11	35	0.020	0.810	7.41
	河南大学学报(自然科学版)	140	1.00	17.66	3.08	14	44	0.000	0.840	7.84
	河南工业大学学报(自然科学版)	131	1.00	13.64	4.00	15	34	0.000	0.480	6.86
	河南科技大学学报(自然科学版)	144	0.94	12.28	3.48	14	40	0.020	1.000	6.86
	河南理工大学学报(自然科学版)	149	0.89	13.03	3.19	12	43	0.000	0.770	6.88
	黑龙江大学自然科学学报	158	0.98	12.87	3.16	23	63	0.010	0.850	7.53
	湖北大学学报(自然科学版)	112	0.99	11.40	3.55	15	50	0.010	0.670	8.18
	湖南大学学报(自然科学版)	210	1.00	11.85	3.71	14	34	0.000	0.930	7.29
	湖南科技大学学报(自然科学版)	102	1.00	12.73	3.66	18	54	0.010	0.970	6.78
	湖南农业大学学报(自然科学版)	135	0.97	17.59	5.24	17	46	0.000	0.880	7.44
	华东理工大学学报(自然科学版)	131	0.94	14.54	3.51	12	18	0.000	0.560	7.49
	华南理工大学学报(自然科学版)	314	0.97	17.05	3.53	17	45	0.020	0.970	5.93
	华侨大学学报(自然科学版)	148	0.97	11.20	2.56	13	22	0.000	0.820	7.42
	华中科技大学学报(自然科学版)	339	0.97	13.08	3.41	21	84	0.010	0.890	6.70
	吉林大学学报(理学版)	244	0.98	12.43	3.31	24	93	0.020	0.960	7.81
	吉首大学学报(自然科学版)	177	0.99	9.88	2.38	23	96	-	0.678	7.17
	集美大学学报(自然科学版)	85	1.00	12.78	3.11	5	17	-	0.859	6.81
	济南大学学报(自然科学版)	94	1.00	13.01	3.11	13	32	0.000	0.980	6.43
	暨南大学学报(自然科学与医学版)	135	0.95	14.36	3.99	10	45	0.000	0.750	6.02
	佳木斯大学学报(自然科学版)	273	1.00	6.71	2.48	23	97	-	0.447	7.92

期刊类别	期刊名称	来源文献量	文献选出率	平均引文数	平均作者数	地区分布数	机构分布数	海外论文比	基金论文比	引用半衰期
大学学报(自然科学)	江汉大学学报(自然科学版)	239	1.00	8.03	2.25	19	90	0.004	0.251	6.13
	江南大学学报(自然科学版)	151	0.97	11.49	2.93	17	50	0.000	0.560	6.42
	江苏大学学报(自然科学版)	144	1.00	10.68	3.85	17	46	0.000	0.970	5.50
	江苏科技大学学报(自然科学版)	128	0.96	11.16	3.20	5	23	0.000	0.570	6.17
	江西理工大学学报	153	1.00	12.32	2.37	12	37	-	0.817	5.79
	焦作大学学报	183	0.99	6.13	1.32	24	102	0.005	0.197	8.99
	解放军理工大学学报(自然科学版)	127	0.95	11.82	3.87	18	53	0.000	0.900	7.47
	井冈山大学学报(自然科学版)	146	1.00	11.44	2.98	19	64	-	0.685	7.54
	开封大学学报	113	1.00	6.35	1.18	15	48	-	0.195	8.16
	空军工程大学学报(自然科学版)	112	0.95	11.57	3.99	4	13	0.000	0.860	6.56
	昆明理工大学学报(自然科学版)	95	1.00	16.14	4.04	12	28	0.010	0.870	7.73
	兰州大学学报(自然科学版)	141	0.97	20.08	4.13	22	54	0.010	0.900	8.16
	兰州理工大学学报	225	0.97	11.12	3.11	24	73	0.000	0.580	7.13
	辽宁大学学报(自然科学版)	87	1.00	9.46	2.55	13	43	-	0.460	7.45
	辽宁工程技术大学学报(自然科学版)	219	0.99	11.53	3.02	25	107	0.010	0.880	6.95
	辽宁工业大学学报(自然科学版)	96	1.00	6.61	2.72	3	17	-	0.458	7.34
	聊城大学学报(自然科学版)	98	1.00	8.70	2.96	17	44	-	0.878	7.34
	鲁东大学学报(自然科学版)	79	0.98	12.65	2.70	17	42	-	0.633	8.42
	牡丹江大学学报	772	1.00	5.16	1.31	31	364	0.001	0.266	9.03
	内蒙古大学学报(自然科学版)	113	0.97	14.04	2.96	15	43	0.010	0.880	8.73
	内蒙古工业大学学报(自然科学版)	53	1.00	10.92	3.19	2	9	0.000	0.570	7.18
	内蒙古民族大学学报(自然科学版)	229	1.00	8.60	2.98	11	41	-	0.358	7.64
	南昌大学学报(理科版)	128	0.99	14.13	3.21	11	36	0.010	0.880	8.05
	南华大学学报(自然科学版)	81	1.00	9.81	3.93	7	15	-	0.654	6.26
	南京大学学报(数学半年刊)	24	0.92	13.04	2.13	9	20	0.000	0.630	>10
	南京大学学报(自然科学版)	101	0.96	18.74	3.37	18	51	0.030	0.860	8.19
	南京工业大学学报(自然科学版)	168	1.00	13.19	4.08	4	12	0.010	0.810	6.98
	南京理工大学学报(自然科学版)	190	0.97	12.72	3.49	16	40	0.010	0.720	6.85
	南京林业大学学报(自然科学版)	199	0.98	20.48	4.02	22	54	0.020	0.930	7.78
	南京信息工程大学学报	86	0.99	17.80	2.67	14	28	0.000	0.800	6.77
	南京邮电大学学报(自然科学版)	129	0.98	16.35	2.91	3	6	0.020	0.900	6.20
	南开大学学报(自然科学版)	114	0.97	11.90	3.75	14	35	0.000	0.800	8.19
	南通大学学报(自然科学版)	67	0.97	14.39	3.21	5	18	-	0.955	6.23

期刊类别	期刊名称	来源文献量	文献选出率	平均引文数	平均作者数	地区分布数	机构分布数	海外论文比	基金论文比	引用半衰期
大学学报(自然科学)	宁波大学学报(理工版)	108	1.00	12.10	3.00	6	28	0.065	0.824	7.64
	宁夏大学学报(自然科学版)	101	0.99	13.14	3.11	15	43	0.000	0.910	7.77
	齐齐哈尔大学学报(自然科学版)	190	1.00	4.16	2.41	16	69	-	0.411	6.81
	青岛大学学报(自然科学版)	82	1.00	8.66	3.07	4	8	-	0.707	7.68
	青岛科技大学学报(自然科学版)	141	0.97	11.26	2.99	14	23	0.000	0.420	7.67
	青海大学学报(自然科学版)	153	1.00	3.69	1.00	4	20	-	0.275	7.34
	清华大学学报(自然科学版)	315	0.97	14.91	3.55	18	43	0.030	0.790	6.57
	三峡大学学报(自然科学版)	155	0.94	10.32	3.27	19	40	0.000	0.520	6.70
	山东大学学报(理学版)	276	0.99	12.61	2.62	27	150	0.010	0.790	7.75
	山东科技大学学报(自然科学版)	98	1.00	12.31	3.50	17	50	-	0.837	7.48
	山东理工大学学报(自然科学版)	157	1.00	9.57	2.93	16	46	-	0.465	6.46
	山东农业大学学报(自然科学版)	124	0.98	13.04	4.06	20	57	0.000	0.500	8.52
	山西大同大学学报(自然科学版)	177	1.00	7.86	2.28	16	55	-	0.345	7.46
	山西大学学报(自然科学版)	133	0.95	17.11	3.25	19	51	0.020	0.890	8.27
	山西农业大学学报(自然科学版)	121	0.95	13.11	3.98	10	30	0.000	0.720	7.64
	陕西科技大学学报(自然科学版)	223	0.98	9.28	2.72	16	57	0.010	0.510	6.73
	汕头大学学报(自然科学版)	51	1.00	12.47	2.69	11	25	-	0.549	6.49
	上海大学学报(自然科学版)	121	0.95	13.31	3.43	7	9	0.020	0.880	7.88
	上海交通大学学报	367	0.98	11.35	3.47	20	88	0.020	0.800	6.41
	深圳大学学报(理工版)	96	0.98	15.81	4.23	19	49	0.030	0.950	5.89
	沈阳大学学报(自然科学版)	114	0.99	10.63	2.95	16	36	-	0.746	7.02
	石河子大学学报(自然科学版)	161	0.96	14.24	4.89	10	22	0.000	0.700	6.63
	食品科学技术学报	82	0.99	17.27	3.26	16	50	-	0.537	6.06
	四川大学学报(工程科学版)	223	0.96	14.60	3.90	23	73	0.030	0.880	7.04
	四川大学学报(自然科学版)	241	0.98	15.59	3.66	22	67	0.000	0.770	8.07
	苏州大学学报(自然科学版)	67	0.94	11.79	2.49	15	30	0.000	0.750	6.72
	塔里木大学学报	76	1.00	9.34	3.22	3	14	-	0.882	6.58
	天津大学学报	180	0.96	13.86	4.00	12	26	0.020	0.870	6.96
	天津理工大学学报	101	1.00	8.78	3.60	6	12	0.000	0.560	6.62
	同济大学学报(自然科学版)	326	0.97	12.70	3.12	13	30	0.030	0.800	7.96
	温州大学学报(自然科学版)	59	1.00	9.15	2.03	16	34	-	0.525	8.81
	五邑大学学报(自然科学版)	59	0.98	7.02	2.42	11	23	-	0.695	6.97
	武汉大学学报(理学版)	103	0.99	16.35	3.48	22	69	0.000	0.950	6.98

期刊类别	期刊名称	来源文献量	文献选出率	平均引文数	平均作者数	地区分布数	机构分布数	海外论文比	基金论文比	引用半衰期
大学学报(自然科学)	武汉纺织大学学报	155	1.00	7.32	1.90	10	42	0.006	0.348	7.15
	武汉科技大学学报(自然科学版)	109	1.00	9.16	4.10	12	20	0.000	0.540	7.28
	西安电子科技大学学报(自然科学版)	200	0.98	12.44	3.75	14	41	0.010	0.920	5.08
	西安交通大学学报	271	0.96	12.97	3.82	20	60	0.000	0.870	6.31
	西北大学学报(自然科学版)	202	0.97	12.69	3.27	12	54	0.010	0.920	8.29
	西北民族大学学报(自然科学版)	81	0.99	11.05	2.79	6	14	-	0.469	7.54
	西北农林科技大学学报(自然科学版)	433	0.96	20.49	4.70	29	119	0.010	0.870	7.51
	西华大学学报(自然科学版)	157	0.95	11.25	2.84	14	41	0.010	0.570	6.14
	西南大学学报(自然科学版)	318	0.97	14.46	3.51	26	142	0.010	0.860	7.79
	西南交通大学学报	167	0.98	16.30	3.33	24	57	0.020	0.870	6.55
	西南科技大学学报	81	0.98	11.81	3.28	8	18	0.000	0.580	6.87
	西南民族大学学报(自然科学版)	214	1.00	9.72	2.41	19	68	-	0.523	7.38
	西藏大学学报(社会科学版)	123	1.00	14.27	1.70	17	47	-	0.569	>10
	西藏大学学报(自然科学版)	48	1.00	7.79	2.81	6	14	-	0.500	8.95
	厦门大学学报(自然科学版)	167	0.97	14.90	3.94	8	25	0.010	0.810	8.09
	湘潭大学自然科学学报	98	0.99	12.10	3.11	18	43	0.000	0.780	7.30
	新疆大学学报(自然科学版)	88	0.97	13.35	3.01	3	10	0.020	0.750	7.79
	烟台大学学报(自然科学与工程版)	66	0.94	11.21	3.21	12	20	0.020	0.760	7.68
	延安大学学报(自然科学版)	129	0.98	7.94	2.48	9	44	-	0.372	8.80
	延边大学学报(自然科学版)	74	1.00	11.54	2.41	7	18	0.014	0.473	8.09
	燕山大学学报	100	0.94	15.63	3.36	6	10	0.020	0.900	6.86
	扬州大学学报(自然科学版)	75	1.00	12.19	3.33	16	26	0.010	0.960	5.50
	云南大学学报(自然科学版)	123	0.95	15.76	4.34	23	65	0.010	0.850	7.39
	云南民族大学学报(自然科学版)	111	0.97	12.32	3.40	18	46	0.000	0.730	6.83
	浙江大学学报(理学版)	138	1.00	14.27	3.19	21	61	0.010	0.690	7.91
	郑州大学学报(理学版)	107	0.96	10.42	3.46	14	39	0.010	0.790	8.27
	中国传媒大学学报(自然科学版)	55	1.00	10.47	2.69	1	7	-	0.291	>10
	中国海洋大学学报(自然科学版)	211	1.00	20.86	4.00	10	21	0.000	0.910	9.88
	中国科学技术大学学报	143	0.99	15.75	3.15	18	63	0.080	0.800	7.43
	中国科学院研究生院学报	124	0.97	14.75	3.13	12	37	0.020	0.850	7.93
	中国人民公安大学学报(自然科学版)	102	1.00	6.53	1.99	15	22	-	0.569	6.02
	中南大学学报(自然科学版)	733	0.98	16.89	4.02	26	146	0.010	0.960	7.30
	中南民族大学学报(自然科学版)	115	0.96	13.59	3.26	3	8	0.010	0.710	7.20

期刊类别	期刊名称	来源文献量	文献选出率	平均引文数	平均作者数	地区分布数	机构分布数	海外论文比	基金论文比	引用半衰期
	中山大学学报(自然科学版)	149	0.99	17.58	3.83	22	67	0.030	0.930	8.06
	中央民族大学学报(自然科学版)	72	1.00	11.11	2.60	12	28	-	0.681	7.98
	中州大学学报	201	0.98	5.49	1.39	19	88	0.005	0.279	6.41
	平均	156	0.98	12.44	3.16	14	47	0.015	0.702	7.30
学院学报(自然科学)	安徽建筑工业学院学报(自然科学版)	137	1.00	8.64	2.28	6	45	0.007	0.387	6.74
	宝鸡文理学院学报(自然科学版)	69	1.00	11.38	1.88	11	34	-	0.536	7.91
	北京城市学院学报	130	0.96	7.28	1.60	22	75	0.015	0.315	5.45
	北京教育学院学报(自然科学版)	54	0.98	4.63	1.39	8	32	-	0.167	6.88
	昌吉学院学报	125	1.00	6.27	1.35	17	51	-	0.432	>10
	长春工程学院学报(自然科学版)	146	0.99	6.27	2.20	21	71	-	0.342	6.73
	赤峰学院学报(自然科学版)	2646	1.00	4.75	1.40	31	738	-	0.264	6.62
	重庆科技学院学报(自然科学版)	267	1.00	5.53	3.19	22	126	-	0.704	7.13
	重庆三峡学院学报	235	1.00	6.50	1.48	26	120	-	0.379	8.91
	重庆文理学院学报(自然科学版)	177	0.99	8.07	2.00	17	81	-	0.571	6.25
	大连民族学院学报	182	0.97	5.83	2.71	11	28	0.005	0.736	6.24
	德州学院学报	151	0.97	9.23	1.49	19	76	-	0.325	9.74
	东莞理工学院学报	155	1.00	8.41	2.01	13	46	-	0.432	7.01
	防灾科技学院学报	73	0.99	12.00	3.42	23	57	-	0.548	8.27
	佛山科学技术学院学报(自然科学版)	126	0.97	7.08	2.37	12	70	-	0.413	6.98
	广东石油化工学院学报	150	0.99	6.78	1.94	19	56	-	0.460	7.43
	贵阳学院学报(自然科学版)	80	1.00	4.06	1.61	10	35	-	0.262	7.09
	合肥学院学报(自然科学版)	85	1.00	7.87	2.21	5	30	-	0.600	6.25
	河北北方学院学报(自然科学版)	219	1.00	7.26	2.84	18	83	-	0.320	7.16
	河池学院学报	145	0.99	9.72	1.47	13	52	-	0.531	8.34
	河南科技学院学报(自然科学版)	147	1.00	10.30	3.23	14	56	-	0.381	5.91
	黑龙江科技学院学报	139	0.93	9.81	2.76	13	42	0.010	0.600	6.34
	红河学院学报	197	0.99	6.49	1.70	21	79	-	0.289	8.70
	呼伦贝尔学院学报	170	1.00	5.96	1.29	17	63	-	0.147	7.01
	湖北工程学院学报	155	1.00	9.24	1.45	22	75	0.013	0.419	>10
	湖北科技学院学报	971	1.00	4.61	1.23	29	404	-	0.220	7.01
	湖北民族学院学报(自然科学版)	136	1.00	9.93	2.29	16	46	-	0.809	7.68
	湖北文理学院学报	230	1.00	7.00	1.34	20	84	-	0.370	8.21
	湖南城市学院学报(自然科学版)	76	1.00	7.18	2.34	8	30	-	0.513	7.19

期刊类别	期刊名称	来源文献量	文献选出率	平均引文数	平均作者数	地区分布数	机构分布数	海外论文比	基金论文比	引用半衰期
学院学报(自然科学)	湖南工程学院学报(自然科学版)	100	1.00	5.43	2.45	13	41	-	0.450	6.87
	湖南科技学院学报	792	1.00	5.34	1.38	26	329	-	0.352	8.82
	湖南理工学院学报(自然科学版)	94	1.00	6.52	2.45	14	37	-	0.426	8.24
	湖南文理学院学报(自然科学版)	92	1.00	8.14	2.65	17	44	-	0.533	6.89
	华北水利水电学院学报	219	1.00	8.79	2.90	21	79	0.009	0.594	7.06
	怀化学院学报	425	1.00	6.87	1.53	25	194	-	0.468	8.48
	淮海工学院学报(自然科学版)	88	1.00	9.53	2.32	12	56	-	0.455	6.68
	黄山学院学报	214	1.00	6.84	1.62	14	65	-	0.589	7.47
	惠州学院学报	165	0.99	8.97	1.51	10	51	-	0.473	6.44
	嘉兴学院学报	157	1.00	10.94	1.76	19	45	-	0.592	8.49
	嘉应学院学报	227	0.99	8.95	1.60	20	76	0.004	0.564	8.37
	金陵科技学院学报	78	0.99	9.90	3.13	2	35	-	0.538	7.74
	荆楚理工学院学报	193	0.99	8.50	1.39	23	110	-	0.404	8.74
	九江学院学报(自然科学版)	159	0.99	5.48	2.00	17	77	-	0.352	5.90
	丽水学院学报	165	1.00	6.41	1.41	12	74	-	0.291	8.29
	辽东学院学报(自然科学版)	71	1.00	9.41	2.03	9	25	-	0.493	5.45
	辽宁科技学院学报	165	0.99	3.96	1.56	12	66	0.006	0.297	6.21
	吕梁学院学报	175	0.99	4.97	1.22	14	73	-	0.171	>10
	洛阳理工学院学报(自然科学版)	89	1.00	8.25	2.13	17	51	-	0.337	7.06
	闽江学院学报	171	0.97	7.40	1.40	8	49	0.006	0.415	9.30
	南京工程学院学报(自然科学版)	53	1.00	8.91	2.28	11	31	-	0.415	6.83
	南京体育学院学报(自然科学版)	294	1.00	6.76	1.80	27	169	-	0.231	6.52
	南阳理工学院学报	195	1.00	7.66	1.68	23	94	-	0.287	6.83
	宁德师范学院学报(自然科学版)	118	0.98	5.88	1.59	6	59	-	0.339	6.82
	攀枝花学院学报	219	0.99	6.22	1.42	18	106	-	0.237	7.28
	莆田学院学报	141	0.99	7.38	1.75	8	44	0.007	0.553	6.37
	山东轻工业学院学报(自然科学版)	101	1.00	10.24	2.59	7	25	-	0.683	8.08
	陕西理工学院学报(自然科学版)	97	1.00	8.78	1.94	10	36	-	0.629	6.12
	上海应用技术学院学报(自然科学版)	75	0.99	9.92	2.71	2	10	-	0.653	7.10
	韶关学院学报	446	0.99	5.34	1.41	25	169	0.004	0.289	7.40
	邵阳学院学报(自然科学版)	68	1.00	8.65	1.97	10	25	-	0.676	6.97
	绍兴文理学院学报	329	0.99	7.52	1.46	26	148	0.003	0.380	7.86
	沈阳工程学院学报(自然科学版)	107	1.00	6.08	2.33	14	47	-	0.206	6.14

期刊类别	期刊名称	来源文献量	文献选出率	平均引文数	平均作者数	地区分布数	机构分布数	海外论文比	基金论文比	引用半衰期
学院学报(自然科学)	四川理工学院学报(自然科学版)	153	1.00	8.64	2.83	19	57	0.007	0.601	7.00
	苏州科技学院学报(自然科学版)	64	0.97	8.22	2.52	8	20	-	0.812	6.65
	宿州学院学报	459	1.00	8.52	1.73	16	141	-	0.595	5.53
	台州学院学报	110	1.00	8.18	1.83	6	30	-	0.364	9.82
	泰山学院学报	169	1.00	8.05	1.49	17	70	-	0.249	>10
	天津城市建设学院学报	63	0.98	10.16	2.62	8	18	-	0.460	5.76
	皖西学院学报	238	0.97	7.07	1.75	16	85	-	0.622	7.38
	潍坊学院学报	218	0.94	6.74	1.44	9	56	-	0.156	7.96
	西安文理学院学报(自然科学版)	129	1.00	8.16	1.95	17	69	-	0.341	7.83
	西昌学院学报(自然科学版)	180	1.00	7.00	1.83	19	88	-	0.411	6.78
	厦门理工学院学报	96	1.00	7.07	2.04	7	22	-	0.865	5.94
	湘南学院学报	148	0.82	6.34	1.59	19	71	-	0.514	8.34
	新乡学院学报(自然科学版)	209	1.00	5.35	1.73	17	88	-	0.421	6.38
	新余学院学报	306	0.99	6.31	1.50	24	178	-	0.304	7.37
	邢台学院学报	294	1.00	4.69	1.31	23	116	0.003	0.245	8.78
	徐州工程学院学报(自然科学版)	64	1.00	10.33	3.02	15	41	0.016	0.812	7.06
	盐城工学院学报(自然科学版)	72	0.97	8.90	2.21	11	35	-	0.278	7.14
	宜春学院学报	515	1.00	7.59	1.60	25	252	-	0.441	8.01
	榆林学院学报	194	1.00	6.31	1.49	20	83	-	0.402	6.78
	运城学院学报	161	0.98	8.01	1.51	19	64	-	0.373	>10
	肇庆学院学报	133	1.00	6.72	1.47	10	31	0.008	0.331	8.94
	浙江海洋学院学报(自然科学版)	109	1.00	12.59	3.92	5	30	-	0.817	7.77
	浙江科技学院学报	98	1.00	8.96	2.10	1	11	-	0.663	5.77
	浙江万里学院学报	147	1.00	7.39	1.64	13	43	0.007	0.544	6.67
	中国计量学院学报	75	1.00	14.89	3.27	4	7	-	0.573	6.99
	装备学院学报	170	0.93	9.15	2.71	13	32	0.000	0.550	5.26
	平均	207	0.99	7.72	1.99	15	80	0.001	0.450	7.42
	河北工程技术高等专科学校学报	102	0.99	2.79	2.12	11	49	-	0.127	6.66
	兰州工业学院学报	152	1.00	5.79	1.66	21	68	-	0.217	6.88
	辽宁师专学报(自然科学版)	160	1.00	3.67	1.45	11	56	-	0.062	7.13
	萍乡高等专科学校学报	187	1.00	4.83	1.58	21	94	-	0.198	6.50
	浙江水利水电专科学校学报	104	0.98	4.88	1.86	6	50	-	0.298	5.23
	镇江高专学报	151	1.00	6.68	1.39	19	66	-	0.325	5.23

期刊类别	期刊名称	来源文献量	文献选出率	平均引文数	平均作者数	地区分布数	机构分布数	海外论文比	基金论文比	引用半衰期
	平均	142	1.00	4.77	1.68	14	63	-	0.205	6.27
师范大学学报(自然科学)	安徽师范大学学报(自然科学版)	130	0.99	12.38	2.58	15	44	0.000	0.820	7.73
	安庆师范学院学报(自然科学版)	150	0.99	6.18	1.91	11	48	-	0.473	7.35
	北京师范大学学报(自然科学版)	139	0.85	14.91	3.42	9	19	0.010	0.620	7.88
	重庆师范大学学报(自然科学版)	129	0.96	17.24	3.03	17	52	0.030	0.720	7.30
	东北师大学报(自然科学版)	124	1.00	12.82	3.31	21	74	0.010	0.980	7.95
	福建师范大学学报(自然科学版)	138	0.96	12.46	3.21	5	18	0.000	0.860	7.06
	阜阳师范学院学报(自然科学版)	97	1.00	10.02	2.39	10	28	-	0.918	6.50
	广西师范大学学报(自然科学版)	122	0.97	15.57	3.83	16	34	0.020	0.980	8.05
	广西师范学院学报(自然科学版)	97	1.00	9.22	2.58	11	21	-	0.660	6.99
	贵州师范大学学报(自然科学版)	160	0.99	10.13	2.58	15	50	0.010	0.690	7.25
	海南师范大学学报(自然科学版)	115	1.00	9.72	2.87	18	43	-	0.678	6.62
	杭州师范大学学报(自然科学版)	113	1.00	13.17	3.17	8	14	-	0.655	7.99
	河北师范大学学报(自然科学版)	130	0.96	12.68	3.29	19	73	0.010	0.950	7.51
	河南教育学院学报(自然科学版)	117	1.00	5.81	2.03	16	49	-	0.581	6.03
	河南师范大学学报(自然科学版)	294	0.97	9.88	3.12	25	117	0.000	0.840	7.16
	湖北师范学院学报(自然科学版)	106	1.00	7.16	2.44	5	21	-	0.538	6.48
	湖南师范大学自然科学学报	110	0.96	14.43	3.70	21	67	0.010	0.900	6.82
	华东师范大学学报(自然科学版)	107	0.91	17.35	3.07	17	42	0.070	0.810	7.83
	华南师范大学学报(自然科学版)	120	0.99	12.83	3.12	11	35	0.000	0.900	6.99
	华中师范大学学报(自然科学版)	164	0.98	12.68	3.35	26	104	0.010	0.800	7.99
	淮北师范大学学报(自然科学版)	89	0.98	10.91	2.45	7	24	-	0.809	7.59
	淮阴师范学院学报(自然科学版)	110	1.00	7.51	1.68	19	73	-	0.309	7.74
	吉林师范大学学报(自然科学版)	174	1.00	9.16	2.56	23	72	-	0.787	7.82
	江苏师范大学学报(自然科学版)	68	0.99	11.71	2.29	13	41	0.000	0.650	8.21
	江西师范大学学报(自然科学版)	150	0.98	13.33	3.17	23	78	0.000	0.910	7.72
	廊坊师范学院学报(自然科学版)	258	0.99	5.57	1.72	28	166	-	0.380	6.46
	辽宁师范大学学报(自然科学版)	113	0.97	10.96	3.15	10	29	0.020	0.730	7.58
	牡丹江师范学院学报(自然科学版)	146	0.98	6.22	2.16	18	87	-	0.527	5.69
	内蒙古师范大学学报(自然科学汉文版)	139	0.96	12.26	2.70	17	50	0.000	0.910	9.04
	南京师大学报(自然科学版)	104	0.98	15.38	3.12	10	37	0.010	0.820	8.96
	南京师范大学学报(工程技术版)	70	1.00	7.93	3.06	3	19	-	0.729	6.03
	青海师范大学学报(自然科学版)	89	1.00	8.72	1.94	5	28	-	0.303	9.11

期刊类别	期刊名称	来源文献量	文献选出率	平均引文数	平均作者数	地区分布数	机构分布数	海外论文比	基金论文比	引用半衰期
师范大学学报(自然科学)	曲阜师范大学学报(自然科学版)	109	1.00	10.69	2.43	17	52	-	0.624	8.10
	山东师范大学学报(自然科学版)	184	0.98	11.26	2.41	18	75	0.000	0.460	7.39
	山西师范大学学报(自然科学版)	110	1.00	11.11	2.39	15	47	-	0.509	9.33
	陕西师范大学学报(自然科学版)	130	0.89	15.64	3.71	5	15	0.000	0.980	7.53
	上海师范大学学报(自然科学版)	95	0.98	16.03	3.20	7	20	0.000	0.680	7.49
	沈阳师范大学学报(自然科学版)	134	1.00	16.10	2.92	16	42	-	1.000	6.92
	首都师范大学学报(自然科学版)	102	0.94	13.01	2.46	13	31	0.000	0.310	8.47
	四川师范大学学报(自然科学版)	174	0.97	18.59	2.47	22	95	0.000	0.980	7.08
	太原师范学院学报(自然科学版)	156	1.00	6.10	1.79	15	62	-	0.308	7.76
	天津师范大学学报(自然科学版)	83	1.00	12.89	3.24	11	24	-	0.819	8.76
	西北师范大学学报(自然科学版)	137	0.96	15.34	3.29	19	57	0.000	0.860	7.76
	西华师范大学学报(自然科学版)	85	0.97	13.72	3.25	2	11	0.000	0.710	8.13
	西南师范大学学报(自然科学版)	421	0.99	11.58	3.19	25	167	0.000	0.510	6.73
	新疆师范大学学报(自然科学版)	98	0.99	9.02	2.38	10	28	-	0.469	6.72
	信阳师范学院学报(自然科学版)	135	0.99	11.58	3.11	19	53	0.010	0.890	7.83
	伊犁师范学院学报(自然科学版)	73	0.99	7.82	2.56	8	23	-	0.521	7.97
	云南师范大学学报(自然科学版)	93	0.97	11.92	3.65	12	25	0.000	0.700	8.00
	漳州师范学院学报(自然科学版)	76	0.76	9.91	2.14	2	16	-	0.592	7.23
	浙江师范大学学报(自然科学版)	86	0.99	15.03	3.34	4	9	0.000	0.650	7.90
	平均	130	0.97	11.64	2.80	13	49	0.004	0.702	7.54
自然科学总论	Bulletin of the Chinese Academy of Sciences	114	1.00	2.61	1.00	6	17	0.009	0.061	6.34
	High Technology Letters	72	1.00	14.61	3.35	13	39	-	1.000	6.83
	Journal of Control Theory and Applications	83	1.00	21.06	2.96	18	66	0.120	0.892	9.82
	Journal of Systems Science and Systems Engineering	25	1.00	33.96	2.92	9	23	0.360	0.760	8.89
	安徽科技	362	0.91	0.88	1.44	11	187	-	0.003	6.44
	大科技·科技天地	6511	1.00	2.22	1.20	31	3523	-	0.000	4.54
	大众科技	1227	1.00	4.07	1.77	30	601	-	0.174	6.55
	电大理工	149	1.00	3.02	1.24	11	67	-	0.040	5.98
	福建分析测试	100	1.00	4.84	2.30	15	68	-	0.220	7.29
	复杂系统与复杂性科学	50	0.93	17.86	2.98	15	42	0.040	0.900	6.38

期刊类别	期刊名称	来源文献量	文献选出率	平均引文数	平均作者数	地区分布数	机构分布数	海外论文比	基金论文比	引用半衰期
自然科学总论	甘肃科技	1448	1.00	4.98	1.69	30	710	0.001	0.051	7.44
	甘肃科技纵横	418	1.00	3.97	1.40	23	256	-	0.038	6.48
	甘肃科学学报	159	0.98	10.48	2.70	13	73	0.000	0.530	7.72
	高技术通讯	201	0.94	15.01	3.83	19	71	0.010	1.000	6.79
	高科技与产业化	555	1.00	-	1.00	21	84	0.004	0.004	-
	广东科技	2087	1.00	2.47	1.16	29	1139	0.001	0.021	5.43
	广西科学	95	0.98	10.19	3.82	6	51	0.000	0.750	8.62
	广西科学院学报	91	0.99	8.78	2.34	7	51	-	0.352	4.97
	贵州科学	129	1.00	10.84	3.50	4	35	-	0.729	7.86
	杭州科技	131	1.00	-	1.00	4	36	-	-	-
	河北省科学院学报	66	1.00	6.79	2.71	6	35	0.015	0.197	7.63
	河南科技	724	0.99	-	1.78	27	415	-	0.080	-
	河南科学	441	0.97	8.10	2.61	23	169	0.000	0.630	7.30
	黑龙江科技信息	11105	1.00	1.99	1.30	31	4484	-	0.040	6.54
	江苏科技信息	260	1.00	3.92	1.41	19	146	-	0.065	5.14
	江西科学	208	1.00	8.86	2.76	20	106	0.005	0.394	6.79
	今日科技	450	1.00	-	1.00	7	86	-	0.009	-
	科海故事博览·科技探索	3103	1.00	2.64	1.37	30	1506	0.000	0.008	6.73
	科海故事博览·科教创新	2803	1.00	2.34	1.15	31	1642	-	0.018	6.34
	科海故事博览·科教论坛	1831	1.00	1.62	1.16	31	1086	0.001	0.017	7.62
	科技传播	3626	1.00	3.48	1.47	31	2580	0.001	0.023	5.67
	科技创新导报	7344	1.00	2.87	1.56	31	4562	0.000	0.064	5.76
	科技创新与生产力	418	0.99	3.98	1.66	29	264	0.005	0.127	5.97
	科技创业	47	1.00	-	1.02	2	36	0.617	-	-
	科技创业家	6976	1.00	1.56	1.26	31	3756	-	0.007	6.39
	科技风	5666	1.00	2.51	1.34	31	3737	-	0.017	5.27
	科技广场	784	1.00	5.62	1.92	29	313	-	0.205	5.71
	科技通报	726	0.99	7.67	2.12	29	457	0.000	0.410	7.57
	科技与企业	6977	1.00	2.24	1.30	31	4393	0.000	0.008	5.76
	科技与生活	2547	0.82	2.80	1.39	31	1913	-	0.003	5.25
	科技致富向导	9153	1.00	2.28	1.30	31	5200	0.000	0.014	5.85
	科技资讯	7551	1.00	2.78	1.46	31	4755	0.000	0.046	5.73
	科普研究	75	0.65	8.57	1.85	13	49	0.027	0.427	4.41

期刊类别	期刊名称	来源文献量	文献选出率	平均引文数	平均作者数	地区分布数	机构分布数	海外论文比	基金论文比	引用半衰期
自然科学总论	科协论坛(下半月)	1253	1.00	4.01	1.59	31	816	-	0.050	5.97
	科学(上海)	155	1.00	2.60	1.34	16	52	0.026	0.045	6.86
	科学大众(科学教育)	2021	1.00	1.19	1.10	28	1208	-	0.011	7.78
	科学观察	41	0.77	3.80	2.34	7	24	0.293	0.146	3.97
	科学通报	409	0.86	40.89	4.56	26	215	0.070	0.900	7.26
	科学中国人	423	0.84	0.32	1.19	15	66	0.007	0.009	>10
	科学咨询	4281	1.00	1.21	1.18	29	1551	0.001	0.022	8.37
	控制理论与应用	244	0.96	18.23	3.10	24	100	0.030	0.910	6.78
	内江科技	2034	1.00	3.15	1.63	30	848	-	0.068	7.67
	内蒙古科技与经济	1969	1.00	3.45	1.48	30	897	-	0.055	5.78
	青海科技	153	1.00	0.18	1.00	6	26	0.007	-	-
	山东科学	129	0.91	11.32	4.20	7	29	0.020	0.670	6.35
	山西科技	388	1.00	2.16	1.31	21	247	-	0.023	6.06
	石河子科技	169	0.99	2.47	1.00	7	76	-	-	6.92
	实验科学与技术	384	0.99	6.67	2.77	29	199	-	0.492	4.47
	实验室科学	388	1.00	10.27	3.02	30	208	-	0.523	4.10
	世界科技研究与发展	275	1.00	14.34	3.21	22	76	0.000	0.540	6.22
	世界科学	353	1.00	-	1.00	3	21	0.011	0.006	-
	天津科技	246	0.99	3.91	2.00	5	152	-	0.049	6.92
	武夷科学	27	1.00	20.11	3.52	3	9	0.074	0.741	>10
	西藏科技	416	0.99	3.83	1.88	13	143	-	0.108	7.85
	系统工程	233	0.95	16.36	2.58	21	88	0.000	0.850	7.49
	系统工程理论与实践	346	0.96	18.34	2.92	23	153	0.040	0.920	8.03
	系统管理学报	115	0.97	18.70	2.66	16	61	0.010	0.950	7.65
	厦门科技	117	1.00	-	1.15	4	57	-	0.026	-
	阴山学刊(自然科学版)	125	1.00	6.95	1.58	15	48	-	0.256	7.54
	应用科技	107	1.00	10.62	3.31	15	45	-	0.729	6.54
	应用科学学报	104	0.95	13.84	3.44	18	44	0.070	0.930	5.01
	中国工程科学	211	0.95	10.36	3.36	22	129	0.000	0.500	6.98
	中国基础科学	52	0.76	14.54	2.12	11	30	0.020	0.370	5.11
	中国科技论文	193	1.00	13.79	3.55	24	96	-	0.896	6.40
	中国科技术语	83	0.77	8.00	1.34	19	70	0.012	0.217	>10
	中国科技资源导刊	120	0.94	12.60	2.14	24	84	0.020	0.570	5.22

期刊类别	期刊名称	来源文献量	文献选出率	平均引文数	平均作者数	地区分布数	机构分布数	海外论文比	基金论文比	引用半衰期
自然科学总论	中国科技纵横	5127	1.00	2.14	1.39	31	3233	0.000	0.023	6.34
	中国科教创新导刊	6853	1.00	2.71	1.33	31	4102	0.000	0.095	5.61
	中国科学基金	95	0.88	4.53	2.91	21	71	0.000	0.090	4.01
	中国科学院院刊	82	0.75	7.34	1.68	13	43	-	0.195	5.14
	中国西部科技	563	1.00	4.83	1.89	30	390	-	0.117	7.17
	自然科学史研究	37	0.97	27.65	1.41	10	23	0.081	0.541	>10
	自然杂志	55	0.81	19.82	1.76	9	38	0.050	0.420	8.01
	平均	1412	0.97	7.49	2.00	19	778	0.025	0.294	6.23
数学	Acta Mathematica Scientia	189	0.99	20.17	2.06	22	136	0.400	0.570	>10
	Acta Mathematica Sinica	193	0.95	17.87	2.16	26	144	0.320	0.680	>10
	Acta Mathematicae Applicatae Sinica	74	0.94	18.59	2.36	22	62	0.090	0.810	>10
	Analysis in Theory and Applications	38	1.00	13.03	1.95	10	33	0.579	0.474	>10
	Applied Mathematics A Journal of Chinese Universities, B	43	1.00	19.07	1.79	13	24	0.047	0.953	>10
	Applied Mathematics and Mechanics	118	0.99	25.51	2.58	17	86	0.432	0.636	>10
	Chinese Annals of Mathematics, Series B	70	0.92	18.10	2.01	18	53	0.260	0.690	>10
	Chinese Quarterly Journal of Mathematics	90	0.97	11.09	2.10	25	79	0.000	0.860	>10
	Communications in Mathematical Research	37	0.90	13.92	2.51	14	25	0.030	0.780	>10
	Journal of Computational Mathematics	42	0.98	25.64	2.31	13	37	0.357	0.643	9.97
	Journal of Partial Differential Equations	22	0.85	17.86	1.82	8	21	0.410	0.410	>10
	Journal of Systems Science and Complexity	93	1.00	21.74	1.95	19	61	0.075	0.935	>10
	Science China (Mathematics)	174	0.99	23.78	2.10	22	116	0.230	0.856	>10
	纯粹数学与应用数学	120	1.00	9.41	1.95	26	81	0.008	0.900	>10
	大学数学	217	0.99	6.16	2.02	27	169	-	0.512	9.60
	高等数学研究	185	0.99	3.58	1.71	27	140	0.005	0.476	8.79
	高等学校计算数学学报	37	0.90	11.97	2.24	16	35	0.050	0.810	>10
	高校应用数学学报A辑	55	0.93	11.96	2.25	14	39	0.020	0.820	9.39
	工程数学学报	116	0.97	12.89	2.43	26	81	0.000	0.850	9.90
	计算数学	38	0.90	17.16	2.74	18	34	0.050	0.890	>10

期刊类别	期刊名称	来源文献量	文献选出率	平均引文数	平均作者数	地区分布数	机构分布数	海外论文比	基金论文比	引用半衰期
数学	模糊系统与数学	161	1.00	13.97	2.25	25	109	0.010	0.840	9.68
	生物数学学报	86	0.99	12.59	2.87	26	74	0.010	0.780	8.32
	数学的实践与认识	889	1.00	9.90	2.63	31	420	0.010	0.650	8.29
	数学教学	210	0.95	1.23	1.15	22	144	-	0.010	5.07
	数学教学研究	214	0.96	2.18	1.38	20	136	-	0.112	6.05
	数学教育学报	164	1.00	10.15	1.84	28	114	0.012	0.738	6.85
	数学进展	85	0.94	18.27	2.20	27	75	0.010	0.800	>10
	数学理论与应用	79	1.00	6.41	2.33	20	51	-	0.544	9.14
	数学年刊A辑	63	0.85	17.62	2.08	21	53	0.050	0.940	>10
	数学通报	229	0.97	3.02	1.37	29	178	0.009	0.114	7.11
	数学物理学报	113	0.95	16.71	2.24	25	93	0.030	0.890	>10
	数学学报	110	0.87	15.75	2.03	28	83	0.020	0.850	>10
	数学研究	49	1.00	8.06	2.10	16	33	-	0.878	9.73
	数学研究及应用	77	0.93	13.29	2.06	23	56	0.060	0.770	>10
	数学杂志	158	0.98	10.60	2.05	25	105	0.010	0.720	>10
	系统工程学报	104	0.95	15.77	2.66	20	58	0.010	0.970	7.89
	系统科学与数学	146	0.94	17.05	2.26	25	104	0.030	0.920	8.97
	应用概率统计	61	0.94	13.25	2.08	21	49	0.000	0.720	>10
	应用数学	134	0.97	11.15	2.17	27	92	0.010	0.840	9.92
	应用数学和力学	118	0.90	25.56	3.23	18	99	0.490	0.470	>10
	应用数学学报	92	0.97	13.24	2.23	23	81	0.020	0.880	>10
	应用数学与计算数学学报	50	1.00	10.96	2.50	12	26	-	0.860	>10
	运筹学学报	50	1.00	15.86	2.54	20	34	0.040	0.780	9.61
	运筹与管理	218	0.98	15.09	2.70	24	101	0.010	0.890	7.74
	中国科学(数学)	98	0.84	22.22	2.15	18	79	0.060	0.870	>10
	中学教研(数学)	197	0.98	1.19	1.17	18	161	-	0.020	3.63
	平均	128	0.96	13.93	2.16	21	88	0.093	0.705	>10
力学	Acta Mechanica Sinica (English Series)	176	0.97	29.37	3.01	17	94	0.410	0.600	9.74
	Acta Mechanica Solida Sinica	59	0.97	29.63	3.29	17	47	0.271	0.814	9.82
	Journal of Rock Mechanics and Geotechnical Engineering	38	0.97	24.92	4.00	11	32	0.316	0.658	9.70
	动力学与控制学报	67	0.97	13.75	2.67	22	45	0.000	0.810	8.53
	工程力学	572	0.96	14.97	3.07	25	165	0.020	0.840	9.35

期刊类别	期刊名称	来源文献量	文献选出率	平均引文数	平均作者数	地区分布数	机构分布数	海外论文比	基金论文比	引用半衰期
力学	固体力学学报	85	0.92	17.86	2.96	19	49	0.040	0.820	9.67
	计算力学学报	165	0.99	13.33	3.08	23	74	0.010	0.850	8.68
	力学季刊	91	0.95	12.65	2.99	17	38	0.000	0.740	9.28
	力学进展	64	0.81	77.31	2.95	14	40	0.080	0.720	8.81
	力学学报	135	0.95	17.33	3.36	22	66	0.010	0.860	9.32
	力学与实践	151	0.83	9.77	2.62	20	84	0.020	0.490	8.30
	实验力学	107	1.00	13.81	3.68	24	61	0.010	0.800	8.67
	岩石力学与工程学报	297	0.93	18.25	4.19	21	99	0.030	0.870	7.65
	岩土力学	573	0.99	15.69	3.66	23	165	0.010	0.850	8.58
	应用力学学报	134	0.90	12.86	3.26	21	74	0.010	0.780	9.02
	振动工程学报	108	0.95	13.88	3.28	19	56	0.040	0.850	7.85
	平均	176	0.94	20.96	3.25	19	74	0.080	0.772	8.94
物理学	Advances in Atmospheric Sciences	108	0.95	42.05	3.41	8	37	0.280	0.690	8.73
	Chinese Journal of Acoustics	37	0.92	17.81	3.35	9	20	-	0.676	>10
	Chinese Journal of Chemical Physics	116	0.92	30.82	4.09	22	59	0.080	0.780	8.68
	Chinese Physics B	1152	1.00	26.68	4.26	27	339	0.120	0.820	7.26
	Chinese Physics C	200	0.97	18.33	5.83	18	75	0.170	0.700	>10
	Chinese Physics Letters	860	0.98	20.76	4.48	26	317	0.210	0.750	7.29
	Communications in Theoretical Physics	314	0.96	33.41	2.93	25	181	0.210	0.690	8.34
	Journal of Thermal Science	71	1.00	15.23	3.63	6	53	0.535	0.563	>10
	Plasma Science and Technology	232	1.00	18.00	5.29	20	88	0.086	0.828	9.24
	Science China Physics, Mechanics & Astronomy	350	0.99	28.97	3.95	25	164	0.063	0.931	7.71
	波谱学杂志	59	0.95	28.51	4.03	15	38	0.050	0.880	8.40
	大学物理	200	0.95	7.55	2.56	29	120	0.005	0.475	9.58
	大学物理实验	221	1.00	5.70	2.86	25	130	-	0.520	6.85
	低温工程	80	0.94	8.33	4.03	15	39	0.000	0.650	7.95
	低温物理学报	95	0.99	14.32	5.04	20	56	0.030	0.660	8.57
	低温与超导	219	1.00	8.82	3.96	20	92	-	0.429	7.60
	低温与特气	72	1.00	5.07	3.07	18	51	-	0.111	9.08
	发光学报	251	0.95	16.67	4.93	25	106	0.020	0.930	5.22
	高压物理学报	107	0.92	15.53	4.59	19	54	0.020	0.720	>10
	工程热物理学报	539	0.99	8.89	4.00	21	92	0.040	0.910	8.04

期刊类别	期刊名称	来源文献量	文献选出率	平均引文数	平均作者数	地区分布数	机构分布数	海外论文比	基金论文比	引用半衰期
物理学	光谱实验室	895	1.00	8.58	3.54	30	434	-	0.660	6.88
	光谱学与光谱分析	736	0.98	14.49	5.03	29	271	0.040	0.970	6.08
	光散射学报	76	0.95	14.25	4.13	18	49	0.040	0.830	7.83
	光学学报	594	0.98	17.62	4.37	26	184	0.020	0.790	6.08
	光子学报	284	0.98	14.43	3.88	25	146	0.010	0.830	6.07
	广西物理	62	1.00	8.48	3.15	15	35	-	0.758	6.84
	核聚变与等离子体物理	66	0.97	12.17	4.09	14	31	0.020	0.770	8.54
	红外与毫米波学报	106	0.98	13.14	5.00	16	55	0.020	0.920	8.11
	计算物理	133	0.96	16.12	3.32	22	82	0.010	0.830	8.48
	技术物理教学	369	1.00	1.04	1.15	31	310	-	0.011	5.19
	量子电子学报	122	0.97	15.91	3.42	21	82	0.000	0.800	7.29
	量子光学学报	68	0.96	16.43	3.18	18	40	0.000	0.850	8.79
	强激光与粒子束	644	0.98	11.92	5.31	25	150	0.010	0.630	7.74
	声学技术	120	0.94	11.81	3.10	17	52	0.010	0.420	8.12
	声学学报	90	0.94	17.80	3.58	19	52	0.040	0.800	8.85
	物理	126	0.53	15.90	1.79	15	54	0.100	0.350	7.24
	物理测试	91	0.99	5.12	3.15	22	70	-	0.110	8.93
	物理教师	452	0.98	-	1.25	26	338	-	0.060	-
	物理教学探讨	365	0.91	2.11	1.24	25	291	-	0.033	3.80
	物理实验	149	1.00	7.32	3.19	24	104	-	0.396	6.45
	物理通报	581	0.98	1.94	1.57	30	427	-	0.145	7.71
	物理学报	1901	0.99	21.93	4.51	29	427	0.020	0.860	7.27
	物理学进展	13	0.68	105.3	3.62	9	12	0.000	0.850	7.49
	物理与工程	111	0.98	5.88	2.59	23	89	0.018	0.387	7.01
	现代物理知识	84	0.71	-	1.71	11	28	-	-	-
	液晶与显示	148	0.96	12.50	3.91	18	70	0.010	0.720	5.29
	应用光学	224	0.97	10.77	3.71	23	113	0.000	0.370	6.91
	应用声学	72	0.91	15.21	3.04	16	41	0.010	0.500	8.18
	原子核物理评论	73	0.95	22.67	4.93	18	36	0.040	0.840	8.37
	原子与分子物理学报	184	0.97	18.95	3.83	27	111	0.010	0.760	9.20
	质谱学报	60	0.95	20.20	5.07	18	53	0.030	0.550	6.64
	中国科学(物理学 力学 天文学)	164	0.93	25.08	4.79	23	101	0.050	0.900	7.67
	平均	277	0.95	16.47	3.66	20	124	0.047	0.623	7.51

2012 年中国科技期刊来源指标按类刊名字顺索引(续)

期刊类别	期刊名称	来源文献量	文献选出率	平均引文数	平均作者数	地区分布数	机构分布数	海外论文比	基金论文比	引用半衰期
化学	Chemical Research in Chinese Universities	229	0.97	27.62	5.30	24	105	0.050	0.860	7.29
	Chinese Chemical Letters	362	0.97	17.89	4.34	27	192	0.290	0.600	7.15
	Chinese Journal of Chemistry	433	0.99	31.73	4.43	27	185	0.118	0.584	6.42
	Chinese Journal of Polymer Science	98	0.96	31.62	4.33	15	60	0.310	0.680	8.33
	Chinese Journal of Structural Chemistry	273	1.00	19.86	4.16	25	169	0.044	0.908	8.07
	Science China (Chemistry)	323	0.98	42.18	3.47	23	137	0.149	0.898	6.81
	催化学报	265	0.97	33.42	4.60	22	115	0.160	0.690	6.21
	大学化学	131	1.00	8.77	3.04	22	77	0.008	0.466	7.67
	电化学	77	0.87	24.22	4.62	18	48	0.170	0.860	6.09
	分析测试学报	284	0.97	21.17	4.87	27	198	0.010	0.790	5.78
	分析化学	328	0.96	19.98	5.28	26	193	0.020	0.840	5.47
	分析科学学报	209	0.99	13.55	3.88	28	147	0.000	0.710	6.92
	分析试验室	356	0.97	15.31	4.54	30	217	0.000	0.690	4.77
	分子催化	79	0.81	28.14	4.42	20	45	0.000	0.630	7.27
	分子科学学报	96	0.91	17.25	3.83	23	68	0.000	0.900	7.03
	高等学校化学学报	459	0.97	23.53	4.98	28	194	0.020	0.920	6.62
	高分子材料科学与工程	566	0.95	8.95	4.24	27	178	0.010	0.710	7.35
	高分子通报	200	0.96	33.99	3.80	27	123	0.010	0.660	7.08
	高分子学报	207	1.00	25.23	4.37	22	93	0.020	0.860	6.49
	功能高分子学报	70	0.93	19.41	4.36	22	36	0.000	0.760	6.19
	广州化学	50	1.00	16.08	3.70	17	36	-	0.480	6.66
	合成化学	202	0.98	11.85	4.21	29	123	0.000	0.800	7.88
	化学分析计量	184	0.97	9.77	3.76	25	151	0.000	0.330	7.01
	化学进展	235	0.95	78.37	3.76	27	122	0.050	0.860	5.62
	化学试剂	315	0.98	13.11	3.84	30	197	0.000	0.580	7.90
	化学通报(印刷版)	194	0.92	29.48	3.74	27	123	0.000	0.710	6.48
	化学学报	375	0.98	29.60	4.59	29	205	0.020	0.880	6.54
	化学研究	145	0.96	15.65	3.89	22	75	0.010	0.560	7.13
	化学研究与应用	375	0.98	15.32	4.09	30	225	0.000	0.680	7.44
	化学与黏合	131	0.99	13.78	3.43	16	56	0.020	0.210	7.54
	化学与生物工程	307	0.97	12.91	3.76	26	161	0.000	0.470	7.32
	环境化学	355	0.92	17.19	4.64	27	202	0.030	0.770	6.59

期刊类别	期刊名称	来源文献量	文献选出率	平均引文数	平均作者数	地区分布数	机构分布数	海外论文比	基金论文比	引用半衰期
化学	煤炭转化	87	1.00	12.45	4.06	18	40	0.000	0.750	7.86
	燃料化学学报	238	0.96	19.56	4.69	23	93	0.050	0.830	7.33
	色谱	225	0.97	18.95	4.91	25	146	0.050	0.750	4.40
	无机化学学报	420	1.00	25.96	4.69	25	195	0.040	0.890	6.28
	物理化学学报	409	1.00	35.48	4.71	26	170	0.020	0.830	6.65
	应用化学	252	0.95	18.28	4.46	29	139	0.010	0.770	6.90
	影像科学与光化学	51	0.88	20.55	4.39	15	30	0.040	0.650	6.33
	有机化学	319	0.96	35.46	4.65	28	161	0.010	0.820	6.73
	中国科学(化学)	154	0.73	52.27	4.16	23	100	0.040	0.810	5.75
	中国无机分析化学	86	1.00	9.88	3.38	23	72	-	0.558	7.22
	平均	241	0.96	23.23	4.25	24	128	0.042	0.714	6.78
天文学	Research in Astronomy and Astrophysics	129	0.93	51.37	5.83	14	60	0.490	0.500	8.22
	时间频率学报	37	0.95	8.84	3.54	4	6	-	0.892	6.88
	天文学报	49	0.74	16.61	3.61	12	23	0.000	0.900	9.69
	天文学进展	34	1.00	68.47	2.74	5	16	0.060	1.000	9.67
	天文研究与技术-国家天文台台刊	58	1.00	11.71	3.91	8	20	0.069	0.897	8.88
	平均	61	0.92	31.40	3.93	8	25	0.124	0.838	8.67
测绘学	北京测绘	170	0.99	5.41	2.14	25	103	-	0.076	6.10
	测绘	80	1.00	5.86	2.55	12	43	-	0.150	6.66
	测绘标准化	72	1.00	2.36	1.00	4	9	-	0.181	6.33
	测绘地理信息	121	0.99	3.88	2.85	21	52	-	0.322	5.72
	测绘工程	122	0.92	8.45	3.07	24	73	0.000	0.380	6.55
	测绘技术装备	89	1.00	4.04	2.34	12	47	-	-	6.40
	测绘科学	409	0.99	10.62	3.20	29	189	0.010	0.540	7.17
	测绘科学技术学报	104	0.98	11.09	3.68	12	32	0.010	0.640	5.97
	测绘通报	376	0.89	7.05	2.82	29	213	0.000	0.330	5.89
	测绘学报	140	0.85	19.88	3.47	17	54	0.010	0.890	7.76
	测绘与空间地理信息	885	0.98	5.88	2.34	30	407	0.000	0.150	6.45
	大地测量与地球动力学	204	0.99	10.55	3.74	19	78	0.000	0.870	7.23
	大地测量与地球动力学(英文版)	38	1.00	15.16	3.74	11	22	0.026	0.921	8.92
	地矿测绘	59	1.00	5.56	2.42	20	47	-	0.153	5.97
	地理空间信息	346	0.94	8.97	2.82	28	172	0.000	0.530	6.58
	地理信息世界	101	0.93	8.93	3.27	18	61	0.000	0.360	5.93

期刊类别	期刊名称	来源文献量	文献选出率	平均引文数	平均作者数	地区分布数	机构分布数	海外论文比	基金论文比	引用半衰期
测绘学	国土资源遥感	111	0.97	17.18	3.92	24	67	0.010	0.760	8.01
	海洋测绘	138	0.94	11.96	3.59	15	57	0.000	0.330	7.23
	江西测绘	96	1.00	4.35	2.01	14	48	-	-	8.56
	全球定位系统	133	0.99	5.66	2.89	22	76	-	0.248	6.72
	现代测绘	128	1.00	4.51	2.31	18	76	0.008	0.070	7.04
	遥感技术与应用	134	0.94	19.48	3.79	19	85	0.020	0.850	7.04
	遥感信息	127	0.96	14.99	3.79	22	80	0.020	0.710	7.77
	遥感学报	90	1.00	27.08	4.18	15	52	0.010	0.920	8.51
	平均	178	0.97	9.95	2.99	19	89	0.005	0.433	6.94
地球科学	Applied Geophysics	53	1.00	21.06	3.92	13	29	0.038	0.906	9.92
	Frontiers of Earth Science	46	0.98	34.61	4.11	8	31	0.500	0.500	8.41
	GEOSCIENCE FRONTIERS	71	0.96	64.97	4.03	7	48	0.479	0.563	>10
	Journal of Arid Land	50	0.98	36.22	4.32	8	29	0.160	0.660	9.48
	Journal of Earth Science	76	1.00	34.28	4.78	11	35	0.105	0.829	9.41
	Sciences in Cold and Arid Regions	64	1.00	31.81	3.75	14	30	0.016	1.000	9.38
	大地构造与成矿学	71	0.97	34.52	5.31	16	33	0.010	0.830	8.92
	地球化学	54	0.95	31.07	4.91	14	32	0.060	0.890	9.61
	地球科学进展	146	0.83	41.84	4.10	23	82	0.020	0.840	8.99
	地球科学与环境学报	55	0.90	26.31	4.31	14	36	0.000	0.960	6.88
	地球物理学报	423	0.97	29.77	4.28	25	139	0.070	0.940	9.43
	地球物理学进展	326	0.99	30.93	3.83	26	173	0.020	0.740	7.81
	地球信息科学学报	109	0.96	20.24	3.94	19	48	0.010	0.910	6.48
	地球学报	103	0.87	31.56	5.52	16	44	0.020	0.920	6.73
	地球与环境	91	0.96	25.27	4.38	23	53	0.040	0.960	8.56
	地学前缘	185	0.89	33.48	4.88	19	81	0.040	0.890	9.75
	地震	63	0.94	21.41	3.89	15	25	0.020	0.900	9.19
	地震地磁观测与研究	186	1.00	6.83	4.20	27	86	-	0.661	8.30
	地震地质	69	0.95	24.86	4.62	13	29	0.060	0.930	>10
	地震工程学报	71	0.97	15.37	3.69	19	42	0.000	0.850	9.05
	地震工程与工程振动	153	0.98	12.96	3.32	22	62	0.020	0.900	7.35
	地震学报	79	0.86	23.95	3.58	19	42	0.000	0.960	>10
	地震研究	89	0.94	13.37	4.36	22	46	0.000	0.830	8.34
	第四纪研究	132	0.93	44.43	4.96	18	59	0.110	0.950	8.89

期刊类别	期刊名称	来源文献量	文献选出率	平均引文数	平均作者数	地区分布数	机构分布数	海外论文比	基金论文比	引用半衰期
地球科学	复杂油气藏	83	0.78	7.71	3.72	13	36	-	0.301	7.46
	干旱区研究	165	0.97	23.37	4.12	23	75	0.010	0.890	8.03
	古地理学报	76	0.93	31.88	5.36	15	46	0.030	0.870	>10
	古脊椎动物学报	27	0.93	36.74	3.00	2	10	0.330	0.810	>10
	古生物学报	42	0.89	34.71	3.88	10	19	0.070	0.860	>10
	华北地震科学	54	0.93	10.02	4.13	14	32	0.000	0.720	8.02
	华南地震	63	0.97	9.56	3.98	15	32	0.000	0.510	8.27
	空间科学学报	118	0.99	17.15	3.74	16	59	0.010	0.700	8.13
	矿物岩石地球化学通报	75	0.95	44.47	4.49	19	43	0.040	0.670	8.17
	内陆地震	49	0.92	10.73	4.16	14	20	0.020	0.530	6.90
	气象水文海洋仪器	131	1.00	9.29	2.86	26	98	-	0.214	6.15
	气象与减灾研究	45	1.00	16.89	3.49	11	27	-	0.933	7.36
	世界地震工程	106	0.98	11.05	3.35	22	62	0.010	0.750	7.95
	天然气地球科学	168	0.97	19.83	4.76	16	73	0.010	0.700	7.21
	微体古生物学报	37	0.90	33.81	4.05	14	27	0.000	0.860	>10
	物探与化探	215	1.00	12.32	3.95	23	103	0.000	0.520	8.77
	灾害学	116	1.00	15.30	3.55	23	74	-	1.000	6.33
	震灾防御技术	50	0.98	11.24	4.20	18	31	0.060	0.660	9.10
	中国地震	44	1.00	25.50	3.93	16	25	0.000	0.840	>10
	中国沙漠	249	0.95	28.67	4.57	17	64	0.010	0.950	8.24
	自然灾害学报	190	0.97	17.32	3.66	26	109	0.010	0.970	7.45
	平均	108	0.95	24.86	4.13	16	52	0.054	0.791	9.07
大气科学(气象学)	Acta Meteorologica Sinica	60	1.00	32.45	3.83	9	28	-	1.000	8.84
	Advances in Climate Change Research	27	1.00	25.85	3.67	5	20	0.111	0.852	5.20
	暴雨灾害	54	0.92	19.22	3.72	18	38	0.000	0.810	6.46
	大气科学	96	0.99	34.29	3.24	12	24	0.030	0.960	9.37
	大气科学学报	84	1.00	25.08	3.83	13	30	0.024	0.988	8.88
	大气与环境光学学报	69	1.00	11.16	4.65	8	14	-	0.768	7.84
	干旱气象	103	0.95	20.44	4.04	20	60	0.010	0.600	7.08
	高原气象	188	0.98	27.49	4.34	24	82	0.010	0.930	8.68
	高原山地气象研究	71	1.00	17.49	3.34	7	35	-	0.718	7.39
	广东气象	115	0.99	12.57	3.39	10	69	-	0.191	5.22
	贵州气象	124	1.00	4.53	3.07	11	80	-	0.226	6.49

期刊类别	期刊名称	来源文献量	文献选出率	平均引文数	平均作者数	地区分布数	机构分布数	海外论文比	基金论文比	引用半衰期
大气科学(气象学)	黑龙江气象	90	1.00	2.70	2.60	10	45	-	-	8.88
	内蒙古气象	105	1.00	3.86	3.06	9	52	-	0.076	7.44
	气候变化研究进展	75	0.91	17.65	3.73	12	39	0.030	0.840	5.65
	气候与环境研究	96	0.98	24.75	3.77	15	31	0.020	0.960	9.75
	气象	202	0.95	20.02	3.96	23	102	0.010	0.890	6.68
	气象科技	186	0.96	15.70	3.82	27	123	0.010	0.540	6.64
	气象科学	91	0.97	18.40	3.70	13	37	0.000	0.880	6.94
	气象水文装备	182	0.97	3.08	2.90	27	120	-	0.049	8.55
	气象学报	117	0.99	31.09	3.47	17	46	0.030	0.950	>10
	气象研究与应用	124	1.00	10.99	2.94	11	70	-	0.137	5.20
	气象与环境科学	66	1.00	9.53	2.79	15	42	-	0.955	5.92
	气象与环境学报	98	0.95	16.69	4.49	21	64	0.010	0.850	6.27
	热带气象学报	108	0.99	21.76	4.43	17	56	0.010	0.910	8.75
	沙漠与绿洲气象	81	0.76	15.32	3.88	12	53	0.000	0.470	8.11
	山东气象	97	1.00	3.73	3.18	7	47	-	0.124	7.40
	陕西气象	106	0.96	4.55	2.58	13	61	-	0.132	5.73
	应用气象学报	89	0.94	22.92	4.01	22	42	0.030	0.840	7.61
	浙江气象	37	0.82	6.16	3.00	2	28	-	0.135	6.90
	平均	101	0.96	16.53	3.57	14	53	0.012	0.613	7.38
地质学	Acta Geologica Sinica	132	0.99	45.77	4.94	18	73	0.189	0.644	>10
	Advances in Polar Science	32	1.00	31.84	4.03	13	21	0.031	0.812	9.69
	Chinese Journal of Geochemistry	57	1.00	26.95	4.25	14	39	0.193	0.614	>10
	Earthquake Engineering and Engineering Vibration	52	1.00	26.56	2.87	10	41	0.538	0.558	>10
	Earthquake Research in China	46	1.00	19.17	4.04	14	20	-	0.717	>10
	Global Geology	50	0.98	13.62	3.70	3	7	0.060	0.300	9.78
	Science China (Earth Sciences)	196	1.00	44.14	4.53	21	98	0.020	0.969	>10
	安徽地质	80	1.00	6.39	2.42	4	34	-	0.050	9.66
	冰川冻土	182	0.93	29.16	4.35	17	67	0.000	0.960	7.47
	沉积学报	127	0.98	28.72	4.83	25	72	0.000	0.830	>10
	沉积与特提斯地质	60	1.00	21.58	4.43	12	31	0.000	0.480	>10
	城市地质	56	0.92	8.09	2.43	11	31	-	0.071	7.95
	地层学杂志	68	0.84	57.26	4.31	17	47	0.260	0.910	>10

期刊类别	期刊名称	来源文献量	文献选出率	平均引文数	平均作者数	地区分布数	机构分布数	海外论文比	基金论文比	引用半衰期
地质学	地下水	484	1.00	3.64	1.00	23	104	-	0.200	7.34
	地域研究与开发	202	1.00	15.33	2.57	26	118	0.005	0.842	6.43
	地质调查与研究	47	1.00	19.72	4.17	11	27	-	0.936	9.28
	地质科技情报	141	0.98	28.13	4.65	16	47	0.010	0.840	9.15
	地质科学	87	0.99	33.87	4.34	17	48	0.050	0.980	9.61
	地质力学学报	48	1.00	16.81	3.92	12	34	0.020	0.770	8.46
	地质论评	115	0.96	44.96	4.72	18	64	0.030	0.880	>10
	地质通报	222	0.97	30.04	5.63	21	71	0.010	0.980	9.72
	地质学报	155	0.98	44.90	5.34	21	83	0.080	0.880	>10
	地质学刊	76	1.00	13.33	3.57	11	36	-	0.500	8.39
	地质与勘探	145	0.96	24.32	4.72	24	81	0.000	0.680	9.67
	地质与资源	103	0.96	12.61	4.00	18	44	0.010	0.510	>10
	地质灾害与环境保护	86	1.00	8.48	3.05	20	68	-	0.291	7.29
	地质找矿论丛	79	0.95	14.04	4.06	21	54	0.000	0.480	>10
	地质装备	56	0.98	1.89	2.46	14	34	-	0.018	6.67
	防灾减灾学报	66	0.99	6.98	3.50	12	33	-	0.303	9.23
	福建地质	49	1.00	2.92	1.29	2	23	-	0.224	>10
	甘肃地质	66	0.97	11.58	3.59	4	27	-	0.303	>10
	高校地质学报	90	0.99	31.44	4.61	14	40	0.040	0.930	9.12
	高原地震	59	1.00	6.93	3.54	18	33	-	0.390	7.16
	工程地质学报	145	0.97	16.72	3.63	20	72	0.030	0.670	7.98
	贵州地质	62	0.93	9.26	3.06	2	21	-	0.323	>10
	国际地震动态	423	0.98	1.49	3.16	25	96	0.064	0.165	9.15
	海洋地质与第四纪地质	112	0.93	30.66	4.95	13	47	0.030	0.800	>10
	华南地质与矿产	50	0.94	23.12	4.22	12	24	-	0.780	>10
	化工矿产地质	41	1.00	8.49	2.34	17	30	-	0.024	>10
	吉林地质	165	0.98	5.36	3.05	10	66	-	0.030	>10
	矿床地质	108	0.98	38.26	5.77	16	41	0.030	0.810	>10
	矿物岩石	62	0.97	20.60	4.40	15	38	0.000	0.790	9.47
	山西地震	52	1.00	4.63	3.19	12	30	-	0.288	7.92
	陕西地质	37	1.00	3.89	3.27	2	26	-	0.135	8.60
	上海国土资源	85	0.92	11.79	2.32	9	30	0.012	0.659	4.35
	石油实验地质	120	0.95	20.58	4.48	14	59	0.000	0.800	7.35

期刊类别	期刊名称	来源文献量	文献选出率	平均引文数	平均作者数	地区分布数	机构分布数	海外论文比	基金论文比	引用半衰期
地质学	世界地质	110	0.99	18.28	4.55	12	38	0.010	0.750	8.31
	水文	112	0.98	10.67	3.29	25	79	0.020	0.550	7.37
	水文地质工程地质	147	0.91	12.15	3.69	25	84	0.020	0.670	7.46
	四川地震	37	1.00	6.59	2.68	7	22	-	0.243	9.11
	四川地质学报	129	1.00	5.91	2.98	16	77	-	0.140	>10
	西北地质	109	0.96	21.71	5.09	12	50	0.010	0.820	8.54
	现代地质	163	0.96	25.07	4.56	17	40	0.010	0.790	9.47
	新疆地质	96	0.99	14.86	4.71	14	61	0.000	0.540	8.88
	岩矿测试	181	0.93	24.67	4.25	26	101	0.020	0.660	7.19
	岩石矿物学杂志	87	0.99	35.17	5.32	16	45	0.030	0.840	9.57
	岩石学报	315	0.99	56.97	5.51	18	66	0.040	0.950	8.84
	铀矿地质	64	0.94	7.41	3.89	8	19	0.000	0.380	9.20
	云南地质	125	1.00	1.25	1.00	6	21	-	0.104	9.67
	中国地质	165	0.96	29.91	5.20	22	81	0.000	0.810	9.26
	中国地质灾害与防治学报	92	0.90	9.05	3.49	22	59	-	0.576	6.76
	中国国土资源经济	186	0.98	4.74	1.81	24	87	-	0.183	3.87
	中国科学(地球科学)	179	0.94	44.84	4.75	17	86	0.110	0.970	9.55
	中国岩溶	67	0.97	20.15	4.09	15	32	0.010	0.820	8.32
	平均	114	0.97	19.93	3.81	15	51	0.031	0.577	9.28
海洋学	Acta Oceanologica Sinica	91	1.00	32.10	4.65	14	45	0.022	0.780	>10
	China Ocean Engineering	55	0.93	22.51	3.65	12	26	0.250	0.710	9.90
	Chinese Journal of Oceanology and Limnology	125	0.95	32.73	4.32	14	39	0.070	0.950	9.89
	Marine Science Bulletin	16	1.00	16.69	4.00	7	15	-	0.188	>10
	海岸工程	40	1.00	10.65	3.95	9	22	-	0.750	8.52
	海洋地质前沿	133	0.99	18.97	3.98	14	59	-	0.759	9.32
	海洋工程	92	0.98	14.53	3.63	13	39	0.010	0.790	8.98
	海洋湖沼通报	94	0.96	21.73	4.30	15	42	0.010	0.730	9.10
	海洋技术	98	1.00	8.51	4.01	12	43	-	0.806	8.45
	海洋开发与管理	309	0.92	4.94	2.07	13	107	-	0.236	6.12
	海洋科学	244	0.96	22.20	4.48	17	96	0.000	0.870	9.11
	海洋科学进展	68	0.94	22.40	4.37	14	42	0.030	0.850	9.78
	海洋通报	106	0.96	20.59	4.25	13	69	0.000	0.780	9.04

期刊类别	期刊名称	来源文献量	文献选出率	平均引文数	平均作者数	地区分布数	机构分布数	海外论文比	基金论文比	引用半衰期
海洋学	海洋信息	40	0.78	6.30	2.20	8	23	-	0.300	6.15
	海洋学报(中文版)	145	0.94	25.28	4.58	14	74	0.020	0.910	>10
	海洋学研究	48	0.91	20.23	3.96	8	24	0.000	0.920	9.97
	海洋与湖沼	187	0.89	22.93	5.01	15	59	0.010	0.950	9.05
	海洋预报	80	0.98	11.39	3.51	11	41	0.000	0.530	9.12
	湖泊科学	135	0.96	27.92	4.67	23	62	0.020	0.930	8.09
	热带海洋学报	104	0.98	27.51	4.38	12	41	0.020	0.860	9.19
	盐湖研究	49	0.92	19.20	4.39	7	16	0.000	0.510	9.01
	应用海洋学学报	84	0.94	18.49	4.31	10	27	0.010	0.860	9.40
	平均	106	0.95	19.45	4.03	12	45	0.021	0.726	9.14
地理学	Chinese Geographical Science	65	0.98	35.54	4.03	15	36	0.046	1.000	8.97
	Geospatial Information Science	30	1.00	26.07	1.00	6	20	-	0.533	9.05
	Journal of Geographical Sciences	84	0.92	33.32	4.31	17	35	0.180	0.860	7.45
	地理科学	223	0.99	25.42	3.67	26	94	0.040	0.990	7.02
	地理科学进展	203	0.89	40.47	3.58	25	87	0.040	0.960	7.70
	地理学报	146	0.83	33.64	3.92	23	65	0.060	0.960	7.44
	地理研究	206	0.91	28.78	3.50	23	88	0.030	0.930	7.75
	地理与地理信息科学	145	0.97	18.44	3.52	23	88	0.010	0.860	6.43
	干旱区地理	124	0.96	23.27	4.42	17	58	0.000	0.940	7.12
	国土资源	589	1.00	-	1.00	7	45	-	-	-
	国土资源导刊	220	0.51	0.37	1.54	14	116	-	0.009	>10
	国土资源科技管理	138	0.97	10.23	2.86	25	71	0.000	0.530	6.00
	国土资源情报	141	1.00	6.77	2.14	21	51	-	0.184	5.87
	华北国土资源	37	0.66	7.27	1.59	2	23	-	-	9.81
	极地研究	48	0.92	28.50	4.27	11	25	0.060	0.940	>10
	经济地理	354	0.98	18.94	2.68	27	152	0.020	0.820	5.98
	南方国土资源	162	0.62	0.97	1.07	12	62	-	0.062	8.59
	热带地理	104	0.99	23.60	3.26	20	59	0.020	0.710	6.99
	山地学报	101	0.94	19.10	4.11	23	64	0.020	0.870	8.32
	山东国土资源	353	1.00	3.73	2.69	14	150	-	0.065	6.22
	世界地理研究	81	0.99	20.35	2.46	18	50	0.012	0.790	7.09
	亚热带资源与环境学报	53	0.84	20.51	4.15	9	25	0.040	0.810	8.66
	云南地理环境研究	115	1.00	13.43	2.57	21	58	-	0.748	6.05

期刊类别	期刊名称	来源文献量	文献选出率	平均引文数	平均作者数	地区分布数	机构分布数	海外论文比	基金论文比	引用半衰期
地理学	浙江国土资源	634	1.00	-	1.00	3	113	-	-	-
	资源导刊	1104	1.00	-	1.05	6	184	-	-	-
	资源调查与环境	44	0.94	8.45	3.27	13	31	0.045	0.500	>10
	资源环境与工程	147	0.99	4.21	3.15	17	68	-	0.095	8.50
	平均	209	0.92	16.72	2.80	16	71	0.023	0.562	7.00
生物学	Acta Biochimica et Biophysica Sinica	122	0.93	43.35	5.91	20	91	0.300	0.690	6.82
	Cell Research	190	0.97	37.72	6.91	11	124	0.690	0.380	5.69
	Current Zoology	85	0.91	58.27	3.14	10	77	0.870	0.190	>10
	Frontiers in Biology	55	1.00	92.71	2.87	5	50	0.855	0.564	7.03
	Genomics、Proteomics & Bioinformatics	44	0.94	43.45	4.45	6	34	0.659	0.773	5.57
	Insect Science	75	0.96	38.40	4.07	16	61	0.720	0.370	9.95
	Journal of Biomedical Research	63	1.00	31.87	5.81	6	33	0.222	0.524	7.85
	Journal of Bionic Engineering	56	1.00	28.25	4.11	13	43	0.393	0.893	7.62
	Journal of Genetics and Genomics	74	0.95	43.53	5.43	14	49	0.380	0.700	6.26
	Journal of Integrative Plant Biology	81	0.95	65.53	4.83	13	47	0.360	0.540	6.65
	Journal of Molecular Cell Biology	56	0.86	43.66	7.16	8	48	0.800	0.230	5.42
	Journal of Systematics and Evolution	56	0.95	52.77	3.95	13	35	0.340	0.660	>10
	Molecular Plant	138	0.99	53.79	5.49	10	108	0.770	0.330	7.04
	Science China (Life Sciences)	138	1.00	49.33	1.00	21	101	-	0.746	7.46
	Virologica Sinica	48	0.91	26.75	5.94	11	33	0.380	0.630	8.50
	氨基酸和生物资源	75	0.96	13.55	3.89	20	46	0.000	0.480	7.77
	病毒学报	110	0.95	21.60	6.06	22	70	0.010	0.800	6.44
	动物分类学报	169	0.97	16.49	2.95	26	77	0.020	0.730	>10
	动物学研究	104	0.95	34.02	4.51	23	62	0.050	0.840	8.94
	动物学杂志	124	0.95	25.90	4.62	28	81	0.010	0.770	>10
	分子诊断与治疗杂志	94	1.00	19.41	3.87	20	69	-	0.649	4.52
	工业微生物	75	0.96	13.88	4.91	18	33	0.000	0.720	8.32
	广西植物	163	0.98	16.20	4.00	26	105	0.020	0.910	9.29
	基因组学与应用生物学	102	0.96	19.63	4.96	22	63	0.030	0.840	7.75
	激光生物学报	105	0.96	17.01	4.63	20	44	0.030	0.800	7.59
	菌物学报	118	0.92	21.42	4.23	24	58	0.030	0.860	7.41
	昆虫分类学报	97	0.97	15.52	2.81	23	45	0.050	0.810	>10
	昆虫学报	175	0.99	28.48	4.81	26	86	0.060	0.890	8.83

期刊类别	期刊名称	来源文献量	文献选出率	平均引文数	平均作者数	地区分布数	机构分布数	海外论文比	基金论文比	引用半衰期
生物学	热带生物学报	77	0.97	16.82	4.70	10	31	-	0.896	8.62
	热带亚热带植物学报	107	1.00	22.34	4.39	18	56	-	0.972	9.56
	人类学学报	39	0.87	26.26	4.13	12	19	0.000	0.850	>10
	生命的化学	120	0.92	28.39	2.83	25	83	0.000	0.650	4.47
	生命科学	204	0.89	44.81	3.18	22	128	0.020	0.770	6.35
	生命科学研究	103	0.94	21.76	4.42	23	61	0.020	0.750	7.02
	生态科学	116	1.00	20.56	4.30	17	59	-	0.922	8.97
	生态学报	863	1.00	35.19	4.81	31	280	0.030	0.890	7.62
	生态学杂志	474	1.00	31.88	4.79	30	224	0.020	0.890	7.92
	生物产业技术	50	0.72	15.10	2.16	9	34	0.040	0.040	5.83
	生物多样性	88	0.89	44.02	3.91	20	54	0.080	0.770	7.62
	生物工程学报	137	0.90	29.72	5.23	24	84	0.020	0.840	6.77
	生物化学与生物物理进展	148	0.95	41.36	4.28	22	94	0.040	0.870	5.12
	生物技术	153	1.00	16.01	4.70	27	113	-	0.882	4.26
	生物技术通报	402	0.99	24.23	4.87	30	220	0.002	0.886	7.33
	生物技术通讯	218	0.99	16.97	5.57	24	106	0.000	0.610	7.53
	生物加工过程	87	0.95	16.20	4.80	18	43	0.010	0.860	6.56
	生物物理学报	97	0.92	43.96	3.94	19	65	0.070	0.840	7.51
	生物信息学	66	0.96	15.47	2.97	17	40	0.020	0.560	8.03
	生物学通报	263	1.00	5.74	2.13	28	184	0.008	0.281	7.66
	生物学杂志	180	0.99	16.59	4.21	25	103	0.000	0.770	6.95
	实验动物科学	84	1.00	10.56	4.90	16	51	-	0.500	7.70
	实验动物与比较医学	124	0.98	12.85	5.09	23	88	0.010	0.710	6.87
	兽类学报	48	0.92	34.00	5.67	17	32	0.040	0.810	>10
	水生生物学报	166	1.00	27.33	5.01	24	70	0.020	0.910	>10
	水生态学杂志	151	1.00	22.48	4.85	24	88	0.020	0.850	8.84
	四川动物	225	0.99	19.40	4.65	29	133	-	0.818	>10
	天然产物研究与开发	393	1.00	17.04	4.52	29	203	0.010	0.740	7.79
	微生物学报	190	0.91	23.57	5.03	25	103	0.000	0.890	7.56
	微生物学通报	210	0.87	21.80	4.80	28	143	0.030	0.780	6.83
	微生物学杂志	142	0.94	14.06	4.53	26	85	0.000	0.540	6.63
	西北植物学报	391	0.98	25.30	4.52	31	165	0.010	0.830	8.46
	现代电生理学杂志	50	0.85	6.26	2.96	14	36	-	0.040	8.68

2012 年中国科技期刊来源指标按类刊名字顺索引(续)

期刊类别	期刊名称	来源文献量	文献选出率	平均引文数	平均作者数	地区分布数	机构分布数	海外论文比	基金论文比	引用半衰期
生物学	现代生物医学进展	1947	0.97	20.08	5.02	31	856	0.000	0.370	5.87
	野生动物	93	0.94	11.83	4.33	20	57	-	0.387	9.10
	遗传	194	0.93	38.26	4.83	27	128	0.030	0.860	6.64
	应用昆虫学报	254	0.98	25.31	4.53	28	96	0.010	0.910	8.46
	应用生态学报	484	1.00	33.74	4.89	30	159	0.030	0.910	7.74
	应用与环境生物学报	174	1.00	27.71	5.11	26	91	0.020	0.950	8.37
	植物分类与资源学报	81	0.94	31.12	3.94	17	41	0.040	0.770	8.20
	植物科学学报	82	1.00	24.20	4.49	23	60	0.000	0.930	8.92
	植物生理学报	167	0.95	34.20	4.68	28	84	0.000	0.890	7.09
	植物生态学报	133	0.96	41.25	4.41	27	75	0.030	0.870	9.28
	植物学报	65	0.98	42.02	4.66	19	50	0.000	0.950	7.79
	中国比较医学杂志	208	0.97	14.11	5.39	25	117	0.000	0.630	7.28
	中国科学(生命科学)	109	0.92	45.23	5.91	21	79	0.140	0.820	7.32
	中国生物工程杂志	248	0.95	23.56	4.88	28	153	0.020	0.770	6.54
	中国生物化学与分子生物学报	171	0.97	29.12	4.43	28	118	0.020	0.940	6.33
	中国实验动物学报	113	0.97	16.27	5.75	22	85	0.000	0.720	7.12
	中国细胞生物学学报	187	0.98	29.91	4.17	25	104	0.020	0.780	6.09
	中国野生植物资源	121	1.00	13.93	3.97	27	84	-	0.603	8.41
	中国真菌学杂志	104	0.95	14.49	4.27	22	64	0.000	0.200	6.31
	中学生物教学	346	0.96	1.13	1.29	24	263	-	0.035	6.60
	蛛形学报	23	1.00	17.35	2.70	11	14	-	0.435	>10
	平均	173	0.96	27.75	4.42	20	95	0.109	0.698	7.99
大学学报(农业科学)	Journal of Northeast Agricultural University (English Edition)	57	1.00	18.70	4.49	9	15	0.018	0.842	9.39
	安徽农业大学学报	204	0.96	16.84	4.83	23	81	0.020	0.780	8.78
	北京林业大学学报	159	0.92	22.75	4.45	23	44	0.030	0.720	8.52
	北京农学院学报	87	0.97	11.38	3.93	6	20	0.000	0.720	6.53
	大连海洋大学学报	110	0.95	20.32	5.03	15	32	0.010	0.860	9.38
	东北林业大学学报	418	0.98	16.14	4.07	27	149	0.010	0.690	8.27
	东北农业大学学报	345	0.98	16.79	4.32	28	105	0.010	0.890	8.28
	福建林学院学报	73	1.00	17.19	3.88	14	31	0.000	0.840	8.28
	甘肃农业大学学报	176	0.99	17.57	4.40	15	49	-	0.864	8.13
	河北农业大学学报	153	0.97	15.58	4.50	15	30	0.010	0.750	7.85

期刊类别	期刊名称	来源文献量	文献选出率	平均引文数	平均作者数	地区分布数	机构分布数	海外论文比	基金论文比	引用半衰期
大学学报(农业科学)	河南农业大学学报	141	0.99	15.13	4.48	13	38	0.010	0.920	7.04
	黑龙江八一农垦大学学报	161	0.98	7.84	3.25	11	32	-	0.534	6.93
	华南农业大学学报	123	0.97	18.55	5.32	16	32	0.020	0.900	8.34
	华中农业大学学报	140	0.99	18.34	4.79	20	48	0.000	0.950	7.78
	吉林农业大学学报	136	0.99	17.02	4.77	19	47	0.020	0.930	7.98
	吉林农业科技学院学报	173	1.00	5.37	1.88	17	60	-	0.382	5.83
	江西农业大学学报	230	0.97	18.68	4.82	26	100	0.010	0.950	7.54
	南京农业大学学报	144	0.97	29.17	5.00	10	16	0.010	0.890	6.70
	青岛农业大学学报(自然科学版)	64	0.91	17.14	3.67	3	8	0.000	0.580	6.51
	上海海洋大学学报	160	0.98	24.16	4.31	12	40	0.030	0.810	7.77
	上海交通大学学报(农业科学版)	98	0.94	17.78	4.27	9	34	0.020	0.800	7.24
	沈阳农业大学学报	150	0.98	17.38	5.07	13	28	0.000	0.840	8.63
	四川农业大学学报	88	1.00	17.17	4.31	14	35	-	0.977	7.48
	天津农学院学报	62	0.98	11.21	4.31	7	16	0.016	0.839	7.41
	西北林学院学报	325	0.99	18.23	4.08	27	114	0.010	0.650	7.76
	西南林业大学学报	136	0.95	17.58	4.23	19	55	0.000	0.710	8.62
	新疆农业大学学报	102	1.00	15.66	4.94	5	14	0.000	0.810	8.38
	信阳农业高等专科学校学报	213	1.00	5.29	1.45	18	83	-	0.221	7.50
	延边大学农学学报	74	1.00	16.41	3.81	2	11	0.014	0.649	8.73
	扬州大学学报(农业与生命科学版)	75	0.95	17.33	5.49	15	37	0.000	1.000	7.19
	云南农业大学学报	164	0.96	18.10	5.09	21	58	0.010	0.770	8.13
	云南农业大学学报(社会科学版)	154	1.00	9.32	2.31	17	59	-	0.487	6.04
	浙江大学学报(农业与生命科学版)	97	0.93	21.92	4.56	15	34	0.000	0.910	7.79
	浙江农林大学学报	150	0.99	19.67	4.39	20	55	0.010	0.900	7.97
	郑州牧业工程高等专科学校学报	121	1.00	4.16	2.32	6	29	-	0.264	6.26
	中国农业大学学报	184	0.97	26.00	4.62	23	55	0.020	0.900	6.17
	中南林业科技大学学报	450	0.98	16.72	4.16	28	133	0.010	0.800	7.58
	仲恺农业工程学院学报	64	0.98	9.45	3.73	4	14	-	0.672	6.96
	平均	156	0.98	16.42	4.19	15	48	0.008	0.763	7.68
	Agricultural Science & Technology	594	1.00	15.09	4.18	31	316	-	0.764	7.56
	安徽农学通报	2231	1.00	3.35	2.21	31	1453	0.000	0.156	6.77
	安徽农业科学	6475	1.00	12.54	3.35	31	1973	-	0.624	6.72
	北京农业	2141	0.77	1.11	1.63	31	1574	0.000	0.028	5.74

期刊类别	期刊名称	来源文献量	文献选出率	平均引文数	平均作者数	地区分布数	机构分布数	海外论文比	基金论文比	引用半衰期
农业科学总论	福建农业	655	0.99	-	1.00	5	239	-	-	-
	福建农业科技	431	1.00	2.16	1.92	16	281	-	0.146	6.87
	福建农业学报	262	0.95	17.52	5.18	10	70	0.000	0.870	7.50
	甘肃农业科技	365	1.00	2.25	2.61	10	172	-	0.260	6.96
	高等农业教育	310	0.97	6.21	2.34	27	118	-	0.674	4.44
	古今农业	64	1.00	14.44	1.36	19	43	0.016	0.109	>10
	广东农业科学	1758	1.00	13.39	4.11	31	535	0.001	0.783	6.62
	广西农学报	168	0.97	5.14	3.00	7	109	-	0.357	5.46
	贵州农业科学	775	0.99	13.77	4.31	31	288	0.000	0.720	7.12
	河北农业科学	365	1.00	15.61	4.09	26	145	-	0.625	5.36
	河南农业	1085	0.99	1.27	1.47	18	487	-	0.053	6.22
	河南农业科学	469	0.95	16.09	4.63	29	198	0.000	0.700	7.26
	黑龙江农业科学	639	1.00	7.03	3.28	31	253	-	0.482	7.23
	湖北农业科学	1641	0.97	12.59	3.84	31	615	0.000	0.640	7.18
	湖南农业	650	1.00	-	1.14	14	208	-	-	-
	湖南农业科学	672	0.85	9.53	4.18	25	280	-	0.702	5.81
	华北农学报	267	0.99	20.11	5.70	26	102	0.010	0.900	8.58
	吉林农业	494	0.34	0.02	1.59	11	295	-	0.002	6.00
	吉林农业科学	124	0.98	11.80	4.76	20	66	0.010	0.560	7.95
	江苏农业科学	1815	0.96	11.74	4.09	31	629	0.000	0.660	7.43
	江苏农业学报	282	0.99	20.43	5.60	25	83	0.000	0.910	7.56
	江西农业学报	686	1.00	14.23	4.46	28	320	0.000	0.530	6.90
	辽宁农业科学	172	0.95	8.83	3.59	13	83	0.000	0.330	8.67
	内蒙古农业科技	446	1.00	4.92	3.28	21	247	-	0.487	5.27
	南方农业学报	438	0.97	14.85	5.11	27	189	0.010	0.820	6.39
	宁夏农林科技	837	1.00	5.97	2.65	31	535	-	0.247	5.58
	农村百事通	451	0.45	-	1.26	29	281	-	-	-
	农村科技	615	1.00	-	1.65	8	308	-	0.013	-
	农村实用科技信息	1113	1.00	0.04	1.33	17	408	-	0.003	5.42
	农村新技术	265	0.41	-	1.15	24	152	0.042	-	-
	农技服务	940	1.00	2.56	2.15	28	671	-	0.104	4.89
	农学学报	189	0.99	19.93	4.40	26	117	-	0.899	6.66
	农业科技管理	165	1.00	11.32	2.93	25	77	-	0.382	3.80

期刊类别	期刊名称	来源文献量	文献选出率	平均引文数	平均作者数	地区分布数	机构分布数	海外论文比	基金论文比	引用半衰期
农业科学总论	农业科技通讯	1123	1.00	2.71	3.48	30	668	-	0.243	7.14
	农业科技与信息	895	1.00	0.69	1.33	20	461	-	0.028	6.93
	农业科学研究	87	0.99	9.72	3.13	8	39	-	0.621	7.33
	农业网络信息	536	1.00	5.08	1.95	31	238	-	0.321	4.78
	农业与技术	1418	1.00	3.01	2.00	31	1114	-	0.046	6.08
	农业展望	159	0.96	5.08	2.01	16	65	-	0.321	4.17
	青海农林科技	132	0.97	2.61	1.70	11	84	-	0.091	8.18
	山西农业科学	364	0.95	14.36	4.14	22	97	0.000	0.600	6.59
	陕西农业科学	565	0.92	6.01	2.72	21	265	0.000	0.230	7.24
	上海农业科技	638	1.00	0.93	2.92	14	427	-	0.055	7.60
	上海农业学报	139	0.97	11.58	4.40	15	58	0.010	0.680	8.00
	世界农业	316	0.98	6.25	2.01	31	182	0.016	0.437	5.20
	四川农业科技	477	0.99	-	1.83	16	257	-	-	-
	天津农林科技	103	0.62	1.77	3.00	2	59	-	0.049	6.67
	天津农业科学	262	1.00	12.95	3.68	29	159	-	0.649	6.70
	西北农业学报	459	0.98	18.14	5.05	29	151	0.000	0.810	8.00
	西南农业学报	499	1.00	14.73	5.72	25	172	0.010	0.770	7.99
	西藏农业科技	38	1.00	4.42	3.66	4	11	-	0.132	9.43
	现代农村科技	1654	1.00	0.33	1.57	26	801	-	0.023	7.01
	现代农业	1270	1.00	0.58	1.39	28	667	-	0.003	6.95
	现代农业科技	5623	1.00	6.25	2.39	31	3643	-	0.116	4.18
	新疆农业科技	300	1.00	-	1.97	2	168	-	0.013	-
	新疆农业科学	362	0.97	16.83	5.18	6	48	0.000	0.850	8.19
	新农村	550	1.00	-	1.01	17	193	-	-	-
	云南农业	569	1.00	0.52	1.44	3	363	-	0.004	6.59
	云南农业科技	169	0.85	3.05	3.22	7	125	-	0.154	5.45
	浙江农业科学	596	1.00	7.67	3.74	23	291	-	0.576	5.94
	浙江农业学报	213	0.99	15.81	4.81	26	107	0.000	0.760	7.39
	中国农村科技	358	0.84	0.16	1.00	28	129	0.003	0.020	3.05
	中国农史	64	1.00	25.41	1.33	15	41	0.031	0.484	>10
	中国农学通报	2086	0.98	21.13	4.48	31	766	0.000	0.740	7.46
	中国农业科技导报	133	0.94	26.24	4.49	25	75	0.020	0.740	7.00
	中国农业科学	567	1.00	30.98	5.76	27	142	0.010	0.970	7.72

期刊类别	期刊名称	来源文献量	文献选出率	平均引文数	平均作者数	地区分布数	机构分布数	海外论文比	基金论文比	引用半衰期
	中国农业信息	368	0.99	0.01	1.27	27	175	-	0.005	2.00
	平均	762	0.95	8.32	3.03	21	368	0.003	0.381	7.02
农业基础科学	An International Journal Pedosphere	87	0.94	45.37	5.08	12	56	0.480	0.670	9.40
	干旱地区农业研究	267	0.99	19.99	4.42	25	109	0.010	0.880	7.89
	核农学报	215	0.89	24.58	5.40	25	92	0.000	0.880	7.35
	菌物研究	45	1.00	23.64	3.53	14	21	0.022	0.911	>10
	农产品质量与安全	275	1.00	2.28	1.17	21	68	-	0.091	5.98
	山地农业生物学报	131	0.96	13.64	3.98	11	38	0.000	0.710	8.19
	山东农业科学	473	0.96	10.79	4.77	23	159	0.000	0.650	7.26
	山西水土保持科技	75	0.94	2.51	1.39	7	60	-	0.067	9.27
	湿地科学	72	1.00	26.22	4.25	23	47	0.040	0.790	7.10
	水土保持通报	360	0.99	15.97	4.00	28	175	0.000	0.890	7.78
	水土保持学报	342	1.00	15.99	4.96	28	130	0.000	0.860	7.71
	水土保持研究	362	0.99	16.55	3.93	28	170	0.020	0.800	7.33
	水土保持应用技术	119	1.00	3.65	2.42	21	80	-	0.143	6.49
	土壤	161	0.98	27.07	4.71	23	72	0.010	0.910	8.37
	土壤通报	267	0.97	24.27	4.50	31	134	0.010	0.840	8.82
	土壤学报	158	0.98	27.65	4.89	25	69	0.030	0.940	8.55
	亚热带水土保持	77	1.00	7.61	2.45	15	66	0.013	0.208	8.43
	中国农技推广	294	0.95	-	2.47	29	234	-	0.065	-
	中国农业气象	98	0.99	21.67	4.49	23	59	0.010	0.880	6.74
	中国农业资源与区划	103	0.98	13.18	2.92	24	83	0.000	0.590	6.73
	中国生态农业学报	260	0.96	24.81	4.95	28	122	0.010	0.900	7.45
	中国水土保持科学	120	0.95	20.73	4.29	23	65	0.030	0.800	7.92
	中国土壤与肥料	122	0.96	18.39	4.84	27	76	0.000	0.640	7.98
	中国沼气	89	0.90	10.28	4.26	22	64	0.000	0.470	6.14
	平均	190	0.97	17.37	3.92	22	93	0.029	0.649	7.50
农业工程	Journal of Mountain Science	85	1.00	40.87	4.21	8	53	0.435	0.635	9.41
	当代农机	149	0.32	1.84	1.33	20	105	-	0.007	4.74
	福建农机	115	1.00	0.98	1.05	5	76	-	0.052	5.10
	灌溉排水学报	205	0.99	6.60	4.15	24	90	0.010	0.870	6.80
	广西农业机械化	126	0.95	0.76	1.23	5	66	-	-	5.10
	河北农机	265	1.00	0.03	1.14	19	136	-	-	8.00

期刊类别	期刊名称	来源文献量	文献选出率	平均引文数	平均作者数	地区分布数	机构分布数	海外论文比	基金论文比	引用半衰期
农业工程	湖北农机化	218	0.85	1.50	1.47	19	132	-	-	6.80
	湖南农机	930	0.92	2.15	1.38	30	620	-	0.041	6.08
	江苏农机化	147	0.97	0.39	1.88	4	105	-	-	8.63
	南方农机	258	1.00	0.05	1.14	12	86	-	-	>10
	农产品加工・创新版	148	0.33	5.32	2.35	24	112	0.007	0.250	6.67
	农产品加工・学刊	602	1.00	11.30	3.46	29	268	0.002	0.452	6.79
	农产品加工・综合刊	128	0.19	2.62	1.99	26	88	-	0.125	6.60
	农村牧区机械化	147	1.00	0.69	1.54	10	57	-	-	>10
	农机化研究	734	1.00	10.10	3.47	29	205	-	0.960	6.37
	农机科技推广	588	1.00	-	1.10	27	177	-	-	-
	农机使用与维修	567	1.00	0.51	1.45	19	250	-	0.018	6.66
	农业工程技术・农产品加工业	342	1.00	-	1.00	21	54	-	0.026	-
	农业工程技术・温室园艺	567	1.00	0.09	1.00	24	129	-	0.030	5.00
	农业工程技术・新能源产业	293	1.00	0.02	1.00	23	106	0.007	0.017	-
	农业工程学报	1070	0.99	23.85	4.49	30	286	0.020	0.900	5.66
	农业机械学报	516	0.99	14.55	4.31	27	149	0.020	0.970	6.08
	农业科技与装备	455	1.00	4.57	1.81	16	174	-	0.114	5.82
	农业系统科学与综合研究	41	0.98	23.39	4.00	11	20	0.000	0.930	-
	农业现代化研究	166	0.97	12.59	2.97	29	118	0.010	0.800	5.21
	农业装备技术	199	0.93	0.75	2.08	15	129	-	0.030	6.96
	农业装备与车辆工程	219	1.00	5.73	3.07	20	108	-	0.237	6.32
	排灌机械工程学报	138	1.00	11.10	4.14	19	46	0.060	0.990	4.52
	热带农业工程	113	0.98	6.85	3.23	10	69	-	0.327	5.79
	山东农机化	213	0.86	-	1.16	1	6	-	-	-
	四川农业与农机	146	0.93	0.23	1.53	2	83	-	0.007	4.00
	拖拉机与农用运输车	130	0.98	3.39	3.09	17	64	-	0.208	7.39
	现代化农业	411	0.94	1.26	2.32	13	152	-	0.105	7.15
	新疆农机化	148	0.88	1.47	2.51	11	79	-	0.155	4.91
	新疆农垦经济	254	1.00	5.18	1.54	22	103	-	0.264	4.79
	新疆农垦科技	345	0.98	1.91	2.36	9	208	-	0.093	5.50
	中国农机化学报	328	1.00	7.21	2.93	29	190	-	0.631	6.20
	中国农垦	639	1.00	-	1.04	26	200	-	0.003	-
	平均	319	0.92	5.52	2.24	18	134	0.015	0.270	5.42

期刊类别	期刊名称	来源文献量	文献选出率	平均引文数	平均作者数	地区分布数	机构分布数	海外论文比	基金论文比	引用半衰期
农学(农艺学)	保鲜与加工	76	0.93	18.53	3.76	20	57	0.000	0.670	7.53
	分子植物育种	109	0.95	20.88	5.89	23	61	0.020	0.880	8.29
	耕作与栽培	221	1.00	2.87	3.39	19	164	-	0.326	7.03
	特产研究	86	0.97	9.92	4.97	10	27	0.000	0.580	7.70
	现代种业	161	0.96	0.70	2.06	16	92	-	-	7.00
	中国种业	520	0.96	1.64	3.18	30	367	-	0.256	4.68
	种子	450	0.95	11.58	4.21	31	278	0.010	0.700	8.21
	种子科技	383	0.99	0.52	2.21	24	240	-	0.076	7.86
	种子世界	384	0.97	0.05	2.32	28	262	-	0.023	8.92
	平均	265	0.96	7.41	3.55	22	172	0.003	0.390	7.47
植物保护	广西植保	56	0.98	2.18	3.52	3	38	-	0.161	6.56
	湖北植保	147	0.88	1.50	3.33	13	107	0.007	0.082	7.76
	环境昆虫学报	85	0.99	21.84	4.47	20	48	0.020	0.860	>10
	农药科学与管理	216	0.65	4.23	3.63	26	125	0.000	0.070	7.97
	农业生物技术学报	180	0.95	25.34	5.82	25	73	0.000	0.930	7.44
	生物灾害科学	111	0.99	15.08	3.47	17	69	-	0.604	8.57
	现代农药	92	0.95	9.99	3.79	23	75	0.000	0.240	6.90
	杂草科学	77	0.94	9.00	4.52	25	55	0.010	0.510	7.70
	植物保护	253	0.97	16.17	5.11	29	122	0.010	0.830	9.10
	植物保护学报	106	0.91	18.74	4.92	24	51	0.000	0.940	7.69
	植物病理学报	98	0.98	15.83	4.95	25	58	0.030	0.910	9.91
	植物检疫	143	0.63	11.31	5.05	21	90	0.010	0.550	8.00
	植物医生	193	0.97	0.75	2.40	21	155	-	0.016	7.42
	植物营养与肥料学报	187	0.96	27.14	5.58	27	66	0.020	0.910	7.95
	中国生物防治学报	94	0.96	25.46	4.99	23	52	0.060	0.970	9.38
	中国植保导刊	239	0.99	5.94	3.87	30	159	-	0.356	6.78
	平均	142	0.92	13.16	4.34	22	83	0.010	0.559	8.09
农作物	Rice Science	47	1.00	30.04	3.98	9	24	0.277	0.617	9.00
	北方水稻	175	0.99	2.21	3.21	10	105	0.011	0.160	7.60
	茶叶	64	0.75	7.19	2.83	9	34	-	0.250	4.70
	茶叶科学	80	0.95	20.56	5.01	15	35	0.040	0.810	7.44
	大豆科技	123	0.92	6.38	2.96	15	68	0.008	0.317	7.11
	大豆科学	224	0.97	16.25	5.20	27	98	0.020	0.830	7.96

期刊类别	期刊名称	来源文献量	文献选出率	平均引文数	平均作者数	地区分布数	机构分布数	海外论文比	基金论文比	引用半衰期
农作物	大麦与谷类科学	89	0.96	2.16	4.15	12	63	-	0.348	7.18
	福建茶叶	131	1.00	4.06	2.08	13	81	-	0.176	6.79
	福建稻麦科技	136	0.98	2.55	2.65	5	85	-	0.257	5.58
	福建热作科技	92	1.00	3.43	1.95	2	63	-	0.228	6.87
	广西蔗糖	50	1.00	0.66	3.06	6	37	0.040	0.260	4.70
	花生学报	40	1.00	11.63	5.90	13	26	-	0.925	6.75
	麦类作物学报	217	0.91	21.53	5.53	25	92	0.000	0.910	8.09
	棉花科学	104	0.92	3.31	3.98	14	64	-	0.423	6.15
	棉花学报	78	1.00	23.14	5.87	16	28	0.000	0.920	8.86
	农业研究与应用	124	0.97	4.87	2.77	11	74	-	0.250	6.81
	热带农业科技	54	1.00	4.48	3.07	5	28	-	0.370	7.90
	热带农业科学	257	0.98	14.04	4.57	14	99	0.000	0.570	7.20
	热带作物学报	427	0.99	20.78	4.93	18	93	0.000	0.730	7.75
	世界热带农业信息	745	1.00	0.04	1.00	2	8	0.007	0.003	4.88
	特种经济动植物	328	1.00	-	2.15	22	169	-	0.030	-
	亚热带农业研究	58	0.98	18.19	3.95	7	34	-	0.724	7.14
	亚热带植物科学	79	1.00	14.84	3.48	15	54	-	0.759	9.30
	玉米科学	186	0.98	15.88	5.57	23	60	0.010	0.820	8.18
	园艺与种苗	298	0.97	10.57	3.05	30	228	-	0.305	4.84
	杂交水稻	180	0.94	6.03	5.27	19	116	0.010	0.680	6.76
	植物遗传资源学报	180	1.00	23.78	5.84	28	83	0.000	0.860	8.10
	中国茶叶	425	1.00	0.16	1.20	18	132	0.002	0.016	-
	中国稻米	153	0.93	10.84	4.83	21	104	0.010	0.490	7.53
	中国粮食经济	600	1.00	-	1.00	24	130	-	-	-
	中国麻业科学	62	0.87	8.65	5.10	18	36	0.000	0.650	8.38
	中国棉花	155	0.70	8.07	4.54	18	95	0.010	0.500	6.26
	中国热带农业	152	0.71	4.61	3.43	8	96	0.010	0.280	7.18
	中国水稻科学	107	0.99	28.38	6.06	18	43	0.030	0.940	8.38
	中国糖料	117	1.00	7.23	4.26	16	64	-	0.521	8.52
	中国油料作物学报	113	0.98	24.52	5.56	25	51	0.010	0.880	8.17
	种业导刊	104	0.56	5.55	2.00	7	67	-	0.029	2.42
	作物学报	271	0.97	29.81	6.73	28	83	0.020	0.930	8.54
	作物研究	186	0.97	15.45	4.04	18	82	0.000	0.480	7.60

期刊类别	期刊名称	来源文献量	文献选出率	平均引文数	平均作者数	地区分布数	机构分布数	海外论文比	基金论文比	引用半衰期
	作物杂志	232	0.92	15.41	5.09	28	110	0.010	0.790	7.61
	平均	181	0.94	11.18	3.92	15	76	0.013	0.501	6.61
园艺	北方果树	173	0.71	1.14	2.35	16	118	-	0.069	7.55
	北方园艺	1646	1.00	10.49	3.58	31	581	-	0.684	7.66
	长江蔬菜	762	0.99	3.43	3.41	30	432	0.001	0.375	6.97
	福建果树	62	1.00	3.76	2.97	6	42	-	0.403	6.35
	广东园林	107	0.83	6.57	2.15	12	66	0.009	0.150	8.28
	果树学报	211	0.94	19.80	5.45	28	86	0.000	0.820	7.69
	河北果树	140	0.41	0.66	2.18	11	97	-	0.043	8.60
	河北林果研究	109	0.96	10.52	3.16	9	39	0.000	0.280	9.18
	吉林蔬菜	567	1.00	-	1.49	18	234	-	0.016	-
	辣椒杂志	59	0.92	7.37	4.08	21	43	0.034	0.644	6.29
	落叶果树	103	0.49	2.92	3.69	16	61	-	0.369	7.07
	南方农业(园林花卉版)	171	0.90	2.43	2.29	18	123	0.006	0.193	8.97
	南方园艺	124	0.98	3.44	3.23	13	92	-	0.242	6.64
	人参研究	75	1.00	14.28	4.00	5	23	-	0.387	8.70
	山西果树	152	0.41	0.26	2.43	18	106	-	0.099	>10
	上海蔬菜	359	1.00	-	2.66	20	244	-	0.078	-
	食用菌	251	1.00	2.72	3.11	28	182	-	0.331	7.06
	食用菌学报	79	0.95	16.32	5.14	19	41	-	0.937	7.89
	蔬菜	465	1.00	1.00	2.03	29	251	-	0.110	7.31
	西北园艺(蔬菜)	195	0.96	-	2.35	15	144	-	-	-
	现代园艺	2512	1.00	1.85	1.64	31	1762	-	0.027	5.68
	烟台果树	173	1.00	0.04	2.39	15	98	0.012	0.012	>10
	园艺学报	379	0.94	21.26	5.56	30	121	0.010	0.900	8.00
	浙江柑橘	62	0.94	2.77	3.10	7	37	-	0.081	7.31
	中国瓜菜	139	0.97	7.76	4.30	22	87	-	0.525	7.56
	中国果菜	357	1.00	0.81	1.85	20	158	0.003	0.011	7.55
	中国果树	168	0.88	4.23	4.20	27	115	0.000	0.490	8.03
	中国果业信息	128	0.17	1.38	2.27	18	90	-	0.102	5.67
	中国马铃薯	98	0.94	8.61	4.70	23	69	0.020	0.704	7.38
	中国南方果树	221	0.86	9.93	4.40	20	133	0.000	0.530	8.24
	中国食用菌	147	1.00	8.97	4.28	25	112	-	0.687	6.81

期刊类别	期刊名称	来源文献量	文献选出率	平均引文数	平均作者数	地区分布数	机构分布数	海外论文比	基金论文比	引用半衰期
园艺	中国蔬菜	437	0.65	5.84	3.35	29	179	0.000	0.470	6.93
	中国园艺文摘	1133	1.00	2.71	2.23	31	757	-	0.103	7.10
	平均	356	0.87	5.55	3.21	20	203	0.003	0.329	7.04
林业	Forestry Studies in China	46	1.00	29.48	3.30	9	35	0.587	0.435	>10
	Journal of Forestry Research	94	0.96	36.51	3.38	8	78	0.840	0.160	>10
	安徽林业科技	97	0.97	5.97	2.31	12	70	-	0.299	9.32
	桉树科技	40	0.89	17.98	3.53	8	20	0.000	0.250	7.78
	防护林科技	312	0.98	3.29	2.64	19	178	-	0.176	8.07
	风景园林	158	0.83	4.06	1.64	10	59	0.114	0.108	7.48
	甘肃林业	235	1.00	0.03	1.13	3	20	-	-	>10
	甘肃林业科技	77	1.00	6.17	3.39	4	44	-	0.351	9.12
	广西林业	443	1.00	-	1.25	6	57	-	-	-
	广西林业科学	103	1.00	8.83	3.45	9	53	-	0.544	8.83
	贵州林业科技	54	1.00	7.50	3.39	5	32	-	0.537	8.74
	国际沙棘研究与开发	32	0.78	9.19	3.19	8	16	-	0.594	8.61
	河北林业科技	340	1.00	3.37	2.45	19	182	-	0.059	7.96
	河南林业科技	93	1.00	2.73	2.90	5	39	-	0.247	8.80
	湖北林业科技	141	0.83	5.73	3.59	15	82	-	0.262	9.71
	湖南林业科技	171	1.00	10.23	3.76	6	61	0.006	0.655	7.71
	华东森林经理	80	1.00	4.42	2.92	7	53	-	-	8.05
	吉林林业科技	138	1.00	2.43	3.36	9	87	-	0.094	9.75
	江苏林业科技	92	1.00	10.08	3.64	12	64	-	0.478	8.87
	江西林业科技	115	0.93	6.46	3.84	6	62	-	0.383	8.50
	经济林研究	131	0.98	17.32	4.79	22	56	0.000	0.820	7.19
	辽宁林业科技	132	1.00	4.83	2.80	12	71	-	0.258	8.22
	林区教学	727	0.99	3.08	1.28	23	330	-	0.221	7.04
	林业调查规划	185	0.96	9.64	2.66	19	123	0.000	0.240	7.09
	林业机械与木工设备	242	1.00	5.37	2.52	16	79	-	0.409	6.91
	林业建设	110	0.94	7.40	2.73	15	48	-	-	8.57
	林业勘察设计	98	1.00	6.86	1.35	3	66	-	0.071	8.72
	林业科技	122	1.00	4.85	3.03	24	74	-	0.492	9.37
	林业科技开发	212	0.98	13.41	4.10	24	100	0.010	0.800	7.88
	林业科技情报	267	1.00	2.62	1.47	14	91	-	0.034	7.92

期刊类别	期刊名称	来源文献量	文献选出率	平均引文数	平均作者数	地区分布数	机构分布数	海外论文比	基金论文比	引用半衰期
林业	林业科学	330	0.95	25.73	4.41	29	102	0.040	0.810	8.71
	林业科学研究	128	0.98	23.07	4.92	15	32	0.020	0.660	8.43
	林业劳动安全	51	1.00	2.75	1.41	9	32	-	0.059	3.64
	林业实用技术	409	1.00	5.31	2.94	30	251	-	0.350	8.20
	林业与生态	429	1.00	-	1.00	5	32	-	-	-
	林业资源管理	152	1.00	11.78	3.64	23	76	-	0.638	7.16
	绿色科技	1381	0.99	5.29	2.08	31	993	-	0.102	6.28
	木材工业	86	0.84	8.97	3.83	16	30	0.050	0.430	6.13
	内蒙古林业	559	1.00	-	1.32	23	152	-	-	-
	内蒙古林业调查设计	323	1.00	2.16	2.13	17	152	-	0.019	9.30
	内蒙古林业科技	72	1.00	9.36	3.68	9	39	-	0.486	8.77
	热带林业	57	0.93	4.35	2.42	7	34	-	0.123	8.65
	森林防火	63	0.68	2.29	1.86	13	47	-	0.206	7.31
	森林工程	160	1.00	11.16	2.90	14	36	-	0.781	6.33
	山东林业科技	229	1.00	7.71	3.35	19	131	-	0.288	8.69
	山西林业	140	0.97	1.13	1.09	3	88	-	-	8.00
	山西林业科技	93	1.00	6.70	1.65	6	51	-	0.247	9.13
	陕西林业科技	210	1.00	5.31	2.67	15	142	-	0.143	7.97
	湿地科学与管理	69	0.86	8.72	3.45	21	59	0.010	0.480	6.55
	世界林业研究	86	1.00	29.21	3.49	14	36	0.012	0.674	7.71
	四川林业科技	169	1.00	11.26	3.47	14	101	-	0.503	8.60
	西部林业科学	119	0.94	15.97	4.97	15	38	0.010	0.710	9.62
	新疆林业	122	0.83	-	1.58	2	65	-	0.008	-
	云南林业	370	0.99	0.03	1.00	5	22	-	-	3.00
	浙江林业科技	113	0.99	12.26	4.69	5	65	0.020	0.500	8.80
	植物研究	136	0.98	19.79	4.29	28	77	0.010	0.760	8.78
	中国城市林业	122	0.98	6.75	2.46	26	84	0.016	0.295	5.86
	中国林副特产	294	1.00	4.20	2.67	27	174	-	0.221	8.13
	中国林业	1024	1.00	-	1.44	17	40	-	-	-
	中国林业经济	126	1.00	3.67	1.87	22	61	-	0.286	4.57
	中国森林病虫	82	0.99	12.16	4.56	25	58	-	0.659	7.89
	中南林业调查规划	64	0.97	6.25	2.98	14	27	-	0.172	6.00
	竹子研究汇刊	52	0.95	12.85	4.27	12	34	0.000	0.850	8.41

期刊类别	期刊名称	来源文献量	文献选出率	平均引文数	平均作者数	地区分布数	机构分布数	海外论文比	基金论文比	引用半衰期
	平均	204	0.97	8.35	2.86	14	90	0.028	0.324	7.46
畜牧兽医	Chinese Birds	35	0.92	39.00	3.63	13	30	0.457	0.571	>10
	北方蚕业	81	0.96	5.14	3.35	15	37	-	0.210	7.80
	北方牧业	1661	1.00	-	1.00	27	410	0.001	0.001	-
	蚕桑茶叶通讯	124	0.98	1.24	2.23	16	72	-	0.129	6.85
	蚕桑通报	23	0.22	10.13	3.83	3	13	-	0.435	8.15
	蚕学通讯	79	1.00	3.90	2.28	6	30	-	0.468	6.55
	蚕业科学	164	0.94	21.32	5.66	16	44	0.010	0.870	9.12
	草地学报	186	0.96	24.98	4.83	27	70	0.030	0.880	8.72
	草食家畜	92	1.00	7.23	4.36	11	48	-	0.565	7.69
	草业科学	319	0.82	24.88	4.47	29	139	0.000	0.810	7.70
	草业学报	240	0.99	30.98	4.87	26	80	0.030	0.920	7.80
	草业与畜牧	265	0.98	4.17	2.48	22	150	-	0.226	9.53
	草原与草坪	114	0.95	19.94	4.04	18	49	0.000	0.770	7.92
	当代畜牧	444	0.96	1.82	2.22	31	348	0.002	0.043	5.47
	当代畜禽养殖业	427	1.00	0.68	1.51	27	180	-	0.002	8.56
	动物医学进展	419	1.00	16.20	5.38	31	172	-	0.740	5.24
	动物营养学报	330	0.99	25.78	5.53	28	84	0.010	0.840	8.54
	福建畜牧兽医	236	1.00	2.89	1.83	5	147	-	0.097	7.56
	甘肃畜牧兽医	192	1.00	0.86	1.30	16	91	-	0.073	8.45
	广东蚕业	50	0.86	3.92	3.40	7	20	-	0.140	7.85
	广东饲料	265	1.00	0.73	1.43	16	93	0.004	0.049	8.07
	广东畜牧兽医科技	103	0.98	8.55	3.41	18	62	-	0.165	7.05
	广西蚕业	70	1.00	3.50	3.47	3	29	-	0.200	8.28
	广西畜牧兽医	179	0.82	1.55	2.78	9	101	-	0.134	6.12
	贵州畜牧兽医	186	1.00	3.17	2.82	18	123	-	0.280	8.48
	国外畜牧学-猪与禽	408	0.95	0.41	2.74	21	117	0.056	0.037	6.29
	河南畜牧兽医(市场版)	79	0.35	-	2.11	8	65	-	-	-
	黑龙江动物繁殖	166	0.96	2.08	2.34	21	105	-	0.096	7.81
	黑龙江畜牧兽医(上半月)	796	1.00	8.03	4.28	31	265	-	0.626	8.18
	湖北畜牧兽医	210	1.00	1.80	2.60	26	147	-	0.076	7.74
	湖南饲料	91	0.90	-	1.78	16	52	-	-	-
	湖南畜牧兽医	131	0.99	2.69	2.67	12	72	-	0.061	5.74

期刊类别	期刊名称	来源文献量	文献选出率	平均引文数	平均作者数	地区分布数	机构分布数	海外论文比	基金论文比	引用半衰期
畜牧兽医	吉林畜牧兽医	637	1.00	0.36	1.49	11	225	-	0.024	>10
	家禽科学	218	0.84	3.32	2.58	25	120	-	0.078	7.69
	家畜生态学报	163	0.95	15.12	5.08	18	64	0.010	0.640	6.86
	江苏蚕业	83	0.87	2.80	2.39	4	49	-	0.253	>10
	江西饲料	52	0.50	11.37	2.52	15	29	-	-	7.77
	江西畜牧兽医杂志	120	0.82	1.32	2.70	17	79	-	0.050	5.14
	今日畜牧兽医	584	1.00	-	1.24	27	280	0.007	-	-
	今日养猪业	113	0.94	-	1.65	20	77	0.044	0.009	-
	经济动物学报	65	1.00	13.86	4.51	17	33	-	0.631	8.07
	蜜蜂杂志	466	0.90	0.80	1.60	26	181	-	0.084	7.98
	内蒙古草业	55	1.00	5.02	3.07	6	29	-	0.255	7.88
	农村养殖技术	1295	1.00	-	1.00	29	438	-	-	-
	青海畜牧兽医杂志	269	0.99	2.05	1.96	9	115	-	0.093	8.80
	山东畜牧兽医	868	1.00	1.19	2.01	28	428	-	0.036	8.86
	上海畜牧兽医通讯	382	1.00	3.74	3.36	22	215	-	0.217	7.93
	兽医导刊	583	1.00	-	1.43	28	241	0.002	0.003	-
	四川蚕业	100	0.75	-	1.75	6	53	-	0.060	-
	四川畜牧兽医	373	0.97	1.11	2.01	25	220	-	0.054	7.37
	饲料博览	168	0.63	17.04	3.88	27	78	-	0.405	5.81
	饲料工业	406	0.94	11.00	4.15	30	222	0.030	0.400	7.80
	饲料广角	692	1.00	-	1.00	26	128	0.001	0.019	-
	饲料研究	341	0.97	2.96	4.18	29	164	0.010	0.310	7.03
	饲料与畜牧·新饲料	140	0.66	4.89	3.29	23	75	0.021	0.136	7.98
	现代畜牧兽医	237	0.62	2.28	2.70	21	124	-	0.076	6.96
	新疆畜牧业	295	0.91	1.94	2.44	5	146	-	0.044	9.25
	畜牧兽医科技信息	1221	1.00	0.72	1.82	30	673	-	0.017	7.49
	畜牧兽医学报	286	0.99	22.60	6.80	27	83	0.010	0.910	8.09
	畜牧兽医杂志	409	0.96	2.31	2.46	23	234	-	0.115	6.56
	畜牧与兽医	370	0.80	12.36	4.62	31	185	0.000	0.560	8.13
	畜牧与饲料科学	770	0.99	6.86	2.83	31	415	-	0.242	6.37
	畜禽业	785	0.99	1.10	2.04	29	544	-	0.033	6.55
	养禽与禽病防治	247	0.99	1.79	2.32	27	168	-	0.045	8.40
	养殖技术顾问	3266	1.00	0.10	1.57	30	1423	-	0.005	7.46

期刊类别	期刊名称	来源文献量	文献选出率	平均引文数	平均作者数	地区分布数	机构分布数	海外论文比	基金论文比	引用半衰期
畜牧兽医	养殖与饲料	596	1.00	1.38	1.70	28	302	0.002	0.049	7.20
	养猪	378	0.97	3.90	2.80	29	169	0.016	0.151	7.37
	云南畜牧兽医	176	0.89	0.30	2.57	4	117	-	0.062	6.10
	浙江畜牧兽医	116	0.70	1.39	2.23	13	86	-	0.034	7.81
	中国蚕业	86	0.88	7.30	3.59	17	54	-	0.395	6.28
	中国草地学报	118	0.98	16.86	4.42	22	57	0.000	0.820	7.85
	中国草食动物科学	155	1.00	10.17	4.84	28	84	-	0.523	8.13
	中国动物保健	594	0.86	1.12	1.60	30	251	-	0.034	6.48
	中国动物传染病学报	91	1.00	13.22	6.54	17	33	-	0.791	7.42
	中国动物检疫	426	0.99	4.52	2.88	29	258	-	0.183	5.40
	中国蜂业	501	1.00	0.27	1.52	26	200	-	0.032	5.94
	中国工作犬业	335	0.99	-	1.39	26	96	0.003	0.006	-
	中国家禽	427	0.85	7.44	4.36	29	192	0.035	0.553	7.35
	中国奶牛	428	0.72	8.32	3.40	30	246	0.030	0.180	6.99
	中国牛业科学	187	0.99	5.19	3.84	26	132	-	0.396	7.14
	中国兽药杂志	207	0.88	10.51	5.02	27	98	0.000	0.360	6.71
	中国兽医科学	240	1.00	17.30	6.23	25	75	0.000	0.850	8.00
	中国兽医学报	400	0.99	15.36	6.35	27	106	0.010	0.890	8.46
	中国兽医杂志	332	0.74	8.05	4.81	30	136	-	0.515	7.90
	中国饲料	236	0.79	18.48	4.04	28	112	-	0.521	7.38
	中国畜牧兽医	703	0.98	17.55	5.13	30	236	0.000	0.690	7.49
	中国畜牧兽医文摘	2193	1.00	1.19	1.97	29	1478	-	0.019	6.50
	中国畜牧业	613	0.86	-	1.80	31	365	0.002	0.005	-
	中国畜牧杂志	411	0.94	10.39	4.19	29	142	0.000	0.660	7.82
	中国畜禽种业	1676	1.00	0.36	1.88	29	880	-	0.020	8.06
	中国养兔	216	1.00	3.83	2.33	19	89	-	0.204	7.55
	中国预防兽医学报	244	0.98	12.67	6.84	25	88	0.000	0.860	7.19
	中国猪业	265	0.71	1.31	2.25	24	177	-	0.038	6.15
	中兽医学杂志	221	1.00	0.88	1.70	27	118	-	0.014	8.25
	中兽医医药杂志	200	1.00	3.82	2.98	29	128	0.005	0.435	7.70
	猪业科学	295	0.70	3.00	3.07	29	165	-	0.258	5.96
	平均	388	0.92	6.60	3.09	21	183	0.009	0.280	6.68
	淡水渔业	113	0.97	17.19	5.00	25	64	0.010	0.740	9.17

期刊类别	期刊名称	来源文献量	文献选出率	平均引文数	平均作者数	地区分布数	机构分布数	海外论文比	基金论文比	引用半衰期
水产渔业	当代水产	345	1.00	-	1.08	15	71	0.003	-	-
	福建水产	89	0.99	14.97	3.09	7	34	-	0.697	8.51
	海洋渔业	69	0.99	25.14	4.99	12	23	0.000	0.670	7.86
	河北渔业	267	0.99	5.86	3.04	22	156	-	0.157	9.53
	黑龙江水产	166	1.00	-	1.61	10	85	-	0.012	-
	江西水产科技	68	0.97	2.75	3.19	11	43	-	0.279	9.54
	科学养鱼	985	1.00	-	1.88	30	425	-	0.034	-
	南方水产科学	74	0.97	26.34	5.23	13	32	0.000	0.850	7.20
	齐鲁渔业	301	0.82	1.67	2.92	19	169	-	0.173	8.80
	水产科技情报	75	1.00	11.68	4.13	18	48	-	0.573	8.05
	水产科学	156	1.00	21.85	4.74	23	69	-	0.942	8.70
	水产学报	238	1.00	27.88	5.51	23	66	0.010	0.900	8.94
	水产学杂志	58	0.97	17.72	4.48	12	16	0.000	0.640	>10
	水产养殖	222	0.86	4.38	3.19	24	153	-	0.320	8.77
	渔业科学进展	106	0.95	21.43	5.81	10	22	0.000	0.870	9.43
	渔业现代化	81	1.00	18.43	4.38	14	40	-	0.975	6.48
	渔业信息与战略	49	0.47	16.96	2.90	7	20	-	0.531	6.79
	中国水产	212	0.66	-	2.54	27	154	-	-	-
	中国水产科学	129	0.98	28.41	5.25	16	52	0.010	0.980	9.34
	中国渔业经济	164	0.99	10.43	2.40	19	56	0.018	0.573	5.65
	中国渔业质量与标准	63	1.00	18.16	4.48	9	29	-	0.746	7.03
	平均	183	0.94	13.24	3.72	16	83	0.002	0.530	6.82
大学学报(医药卫生)	Journal of Medical Colleges of PLA	40	1.00	19.00	5.75	8	21	-	0.175	6.51
	Medical Bulletin of Shanghai Jiaotong University	13	1.00	18.31	4.77	2	9	-	0.154	7.74
	安徽医科大学学报	410	0.98	12.14	4.71	18	97	0.010	0.590	5.58
	北京大学学报(医学版)	206	0.97	16.95	6.05	16	51	0.090	0.440	6.68
	北京中医药大学学报	195	0.96	9.94	4.99	21	67	0.010	0.740	6.86
	北京中医药大学学报(中医临床版)	118	1.00	8.67	3.67	13	32	0.008	0.576	6.40
	长春中医药大学学报	330	0.51	10.46	2.84	25	142	0.010	0.310	5.79
	长江大学学报(自科版)医学卷	426	1.00	4.93	2.29	15	118	-	0.108	6.54
	成都中医药大学学报	123	0.98	7.73	3.87	17	52	0.010	0.670	7.92
	重庆医科大学学报	288	0.94	12.95	4.38	27	125	0.000	0.380	5.89

期刊类别	期刊名称	来源文献量	文献选出率	平均引文数	平均作者数	地区分布数	机构分布数	海外论文比	基金论文比	引用半衰期
大学学报(医药卫生)	大连医科大学学报	156	0.96	13.42	3.73	17	56	0.010	0.260	5.92
	第二军医大学学报	331	0.97	16.30	5.37	26	134	0.010	0.490	5.48
	第三军医大学学报	644	0.86	14.91	5.40	24	164	0.010	0.530	4.67
	东南大学学报(医学版)	193	0.97	17.72	3.83	15	98	0.030	0.420	5.97
	福建医科大学学报	110	0.89	11.99	4.35	3	36	0.000	0.540	5.88
	福建中医药大学学报	156	1.00	7.59	4.11	6	27	-	0.692	6.57
	复旦学报(医学版)	140	0.97	19.81	4.10	14	49	0.040	0.410	6.10
	广西医科大学学报	363	0.86	8.69	3.84	15	108	0.000	0.370	6.79
	广州中医药大学学报	185	0.94	9.74	4.15	16	76	0.010	0.550	7.79
	哈尔滨医科大学学报	179	0.97	10.37	4.55	7	24	0.000	0.420	7.14
	河北联合大学学报(医学版)	740	1.00	5.61	2.41	25	287	-	0.115	7.45
	河北医科大学学报	559	0.90	9.20	3.14	21	290	0.000	0.150	3.88
	河南大学学报(医学版)	95	1.00	12.89	4.18	6	38	-	0.611	6.73
	河南科技大学学报(医学版)	155	1.00	5.92	2.92	6	60	-	0.161	7.06
	湖北中医药大学学报	176	0.83	8.51	3.52	16	79	0.000	0.320	7.64
	湖南师范大学学报(医学版)	100	0.99	10.46	3.93	6	56	0.010	0.230	6.58
	湖南中医药大学学报	331	0.94	7.60	3.62	25	186	0.000	0.340	5.85
	华中科技大学学报(医学版)	181	0.97	14.29	5.34	15	73	0.020	0.540	6.67
	吉林大学学报(医学版)	269	0.59	14.38	5.33	23	100	0.010	0.910	5.35
	江苏大学学报(医学版)	141	0.98	11.62	4.92	11	57	0.000	0.300	5.85
	昆明医科大学学报	534	0.95	8.98	4.31	18	187	0.010	0.550	6.84
	兰州大学学报(医学版)	66	0.96	13.50	4.61	7	26	0.000	0.330	6.36
	辽宁中医药大学学报	1120	0.85	10.77	2.94	28	405	0.000	0.300	6.52
	南昌大学学报(医学版)	381	0.95	12.73	3.85	19	152	0.000	0.220	5.85
	南方医科大学学报	432	0.97	15.63	5.54	24	143	0.010	0.850	5.39
	南京医科大学学报(自然科学版)	426	0.98	13.53	5.18	20	157	0.010	0.480	5.12
	南京中医药大学学报	178	0.97	7.12	4.55	18	78	0.000	0.810	7.33
	宁夏医科大学学报	494	0.97	8.37	3.76	13	125	0.010	0.310	6.49
	山东大学学报(医学版)	359	0.98	16.20	5.41	18	85	0.000	0.540	6.09
	山东中医药大学学报	191	0.83	9.41	2.95	24	84	0.000	0.500	7.68
	山西医科大学学报	286	0.96	10.34	3.95	20	167	0.000	0.230	6.45
	上海交通大学学报(医学版)	346	0.96	18.10	4.60	18	91	0.010	0.600	5.57
	上海中医药大学学报	178	0.96	11.44	4.39	11	43	0.010	0.790	5.82

期刊类别	期刊名称	来源文献量	文献选出率	平均引文数	平均作者数	地区分布数	机构分布数	海外论文比	基金论文比	引用半衰期
大学学报(医药卫生)	沈阳药科大学学报	189	0.98	14.06	4.69	18	43	0.020	0.440	7.35
	首都医科大学学报	170	0.93	14.82	4.62	15	55	0.020	0.560	5.79
	四川大学学报(医学版)	227	0.93	14.79	5.60	17	45	0.000	0.460	6.33
	苏州大学学报(医学版)	242	0.98	11.12	4.76	15	83	0.000	0.310	6.01
	天津医科大学学报	167	0.97	12.52	3.74	3	26	0.010	0.250	5.26
	天津中医药大学学报	84	1.00	9.12	3.65	12	26	-	0.774	5.31
	同济大学学报(医学版)	171	0.97	11.63	3.88	10	44	0.010	0.450	5.17
	武汉大学学报(医学版)	240	1.00	10.83	4.47	15	100	0.000	0.350	5.57
	西安交通大学学报(医学版)	192	0.98	14.05	4.99	18	66	0.020	0.610	6.15
	新疆医科大学学报	406	0.96	11.13	3.95	7	73	0.000	0.540	6.38
	延安大学学报(医学科学版)	113	0.82	7.19	3.07	6	49	-	0.044	6.63
	延边大学医学学报	102	1.00	9.25	3.38	4	13	-	0.333	6.45
	浙江大学学报(医学版)	110	0.95	18.57	4.72	13	39	0.010	0.790	6.01
	浙江中医药大学学报	486	0.92	7.75	3.02	23	213	0.010	0.340	6.33
	郑州大学学报(医学版)	306	0.98	10.08	4.87	18	98	0.020	0.350	5.38
	中国药科大学学报	107	0.96	15.94	4.50	13	30	0.010	0.660	5.22
	中国医科大学学报	332	0.96	11.03	4.64	21	74	0.020	0.650	5.86
	中国医学科学院学报	128	0.99	17.16	5.17	18	62	0.020	0.470	6.06
	中南大学学报(医学版)	229	0.96	18.14	5.22	19	51	0.030	0.510	6.71
	中山大学学报(医学科学版)	167	0.99	14.51	5.93	7	41	0.020	0.830	5.79
	平均	262	0.94	12.09	4.30	15	90	0.009	0.456	6.23
医学院校学报	安徽中医学院学报	174	0.99	9.95	4.04	14	67	0.000	0.480	5.21
	白求恩军医学院学报	391	0.99	4.50	2.63	25	256	-	0.031	4.35
	包头医学院学报	484	1.00	6.27	2.62	22	145	-	0.095	6.46
	蚌埠医学院学报	578	0.91	10.46	3.20	20	247	0.000	0.170	6.29
	滨州医学院学报	177	1.00	10.06	3.23	5	60	-	0.192	7.37
	长治医学院学报	188	1.00	7.94	2.97	16	64	-	0.117	6.15
	成都医学院学报	222	0.94	10.56	3.45	23	162	0.000	0.330	5.83
	承德医学院学报	284	1.00	7.08	2.70	19	97	-	0.106	7.48
	川北医学院学报	171	0.98	12.12	3.99	12	69	-	0.725	6.47
	甘肃中医学院学报	213	1.00	7.47	2.92	21	101	-	0.305	6.41
	赣南医学院学报	511	1.00	5.95	3.05	12	156	-	0.155	7.36
	广东药学院学报	172	0.97	12.99	4.36	11	58	0.010	0.560	5.11

期刊类别	期刊名称	来源文献量	文献选出率	平均引文数	平均作者数	地区分布数	机构分布数	海外论文比	基金论文比	引用半衰期
医学院校学报	广东医学院学报	304	1.00	7.70	3.25	7	112	0.003	0.211	5.67
	广西中医药大学学报	271	1.00	9.13	2.92	16	83	-	0.288	5.23
	广州医学院学报	150	0.89	8.99	3.56	13	107	0.010	0.140	6.30
	贵阳医学院学报	247	0.94	7.99	3.78	17	93	0.000	0.310	4.96
	贵阳中医学院学报	435	0.61	6.45	2.52	26	253	0.000	0.110	6.76
	海南医学院学报	609	1.00	9.48	2.86	28	424	0.000	0.130	4.06
	河南职工医学院学报	418	1.00	4.96	1.84	19	191	-	0.057	6.32
	菏泽医学专科学校学报	156	0.98	6.01	1.87	13	84	-	0.071	7.20
	湖北科技学院学报(医学版)	310	1.00	2.00	1.85	12	100	-	0.042	7.39
	湖北民族学院学报(医学版)	130	0.99	9.18	2.44	12	63	-	0.177	5.09
	湖北医药学院学报	161	1.00	13.58	4.21	7	51	-	0.205	5.21
	吉林医药学院学报	223	1.00	5.06	3.19	13	61	-	0.386	6.30
	济宁医学院学报	143	0.96	9.45	2.94	10	53	0.021	0.252	5.05
	江西中医学院学报	133	1.00	7.73	3.22	19	67	-	0.496	6.70
	解放军医学院学报	463	0.92	11.91	4.72	25	95	0.000	0.330	5.54
	辽宁医学院学报	233	0.98	7.76	2.27	16	97	-	0.150	6.29
	泸州医学院学报	217	1.00	10.80	3.34	7	44	-	0.212	7.06
	牡丹江医学院学报	326	1.00	5.80	2.78	22	119	-	0.153	6.83
	内蒙古医科大学学报	104	0.95	18.19	3.82	4	21	0.010	0.630	4.80
	齐齐哈尔医学院学报	2341	1.00	5.55	2.35	30	1044	-	0.070	5.85
	黔南民族医专学报	153	1.00	4.20	2.39	11	72	-	0.085	6.86
	青岛大学医学院学报	202	0.95	10.12	3.87	4	44	0.000	0.160	6.55
	青海医学院学报	52	1.00	9.52	3.65	2	10	0.019	0.404	6.76
	山东医学高等专科学校学报	205	1.00	5.87	1.78	5	70	-	0.166	7.41
	山西职工医学院学报	217	1.00	4.89	1.93	7	121	-	0.041	6.84
	山西中医学院学报	198	0.97	7.85	3.02	24	79	-	0.505	6.56
	陕西中医学院学报	194	1.00	7.24	2.79	18	82	-	0.263	7.47
	汕头大学医学院学报	79	0.95	12.03	3.85	2	10	-	0.519	5.82
	沈阳医学院学报	95	1.00	9.44	3.04	11	36	-	0.316	6.96
	泰山医学院学报	312	1.00	8.84	2.56	13	110	-	0.128	7.71
	皖南医学院学报	167	0.96	10.71	3.83	5	42	0.010	0.270	5.70
	潍坊医学院学报	171	0.98	8.23	3.75	2	42	-	0.140	7.47
	温州医学院学报	181	0.95	11.16	4.18	5	58	0.010	0.210	6.25

期刊类别	期刊名称	来源文献量	文献选出率	平均引文数	平均作者数	地区分布数	机构分布数	海外论文比	基金论文比	引用半衰期
医学院校学报	武警后勤学院学报(医学版)	354	0.88	10.35	3.49	29	140	0.000	0.120	5.87
	湘南学院学报(医学版)	133	1.00	6.84	3.75	6	43	-	0.323	6.17
	新乡医学院学报	334	0.95	10.58	3.64	21	161	0.000	0.310	4.82
	徐州医学院学报	265	0.93	9.80	4.23	12	84	0.000	0.270	6.31
	右江民族医学院学报	567	1.00	6.91	2.54	15	203	-	0.173	5.28
	云南中医学院学报	123	0.98	9.15	3.62	17	58	0.000	0.490	7.13
	遵义医学院学报	171	1.00	11.03	3.96	5	23	-	0.439	5.95
	平均	290	0.97	8.61	3.17	14	117	0.002	0.250	6.21
医药卫生总论	BMJ Chinese Edition	130	0.96	10.77	2.65	5	77	0.392	-	4.55
	Chinese Medical Journal	865	0.97	23.86	6.39	28	278	0.120	0.430	7.01
	Chinese Medical Sciences Journal	51	1.00	17.49	4.90	13	23	0.020	0.310	6.52
	Frontiers of Medicine	57	1.00	51.89	4.04	15	47	0.228	0.421	5.41
	安徽医学	617	0.87	10.02	3.41	17	256	0.000	0.120	5.54
	安徽医药	796	0.91	12.13	3.18	21	329	0.000	0.170	4.22
	包头医学	181	0.97	4.75	1.93	18	83	-	-	7.10
	北京医学	356	0.84	9.00	4.12	21	144	0.010	0.150	6.10
	重庆医学	1459	0.83	14.09	3.86	29	610	0.010	0.270	5.48
	当代医学	4232	1.00	5.94	1.99	30	2583	-	0.022	4.49
	甘肃医药	488	1.00	6.10	2.43	15	215	-	0.045	7.10
	广东医学	1429	0.88	11.98	4.41	30	585	0.000	0.300	6.18
	广西医学	694	0.96	9.64	3.62	15	234	0.000	0.310	6.10
	广州医药	226	0.99	7.07	3.15	9	92	-	0.124	5.55
	贵州医药	387	0.72	7.74	3.59	13	115	0.000	0.120	7.16
	国际医药卫生导报	1473	1.00	6.87	3.04	21	614	-	0.135	4.93
	哈尔滨医药	446	1.00	4.79	1.96	24	199	-	0.016	6.65
	海南医学	1480	0.88	8.84	3.05	28	876	0.000	0.060	5.37
	航空航天医学杂志	990	1.00	4.63	2.20	30	558	-	0.025	6.58
	河北医学	804	0.95	6.37	2.32	29	547	0.000	0.010	5.46
	河南医学研究	172	1.00	9.24	3.69	8	65	-	0.186	5.60
	黑龙江医学	439	1.00	5.50	2.66	25	226	-	0.055	7.08
	黑龙江医药	568	1.00	6.28	2.17	22	264	-	0.067	6.63
	黑龙江医药科学	473	1.00	5.24	3.72	22	111	0.002	0.233	7.65
	华南国防医学杂志	193	0.89	12.53	4.72	17	64	0.000	0.460	4.92

期刊类别	期刊名称	来源文献量	文献选出率	平均引文数	平均作者数	地区分布数	机构分布数	海外论文比	基金论文比	引用半衰期
医药卫生总论	华西医学	519	0.85	16.28	3.86	21	171	0.000	0.090	5.72
	华夏医学	348	1.00	9.22	2.51	10	131	-	0.250	4.83
	淮海医药	369	1.00	6.10	2.25	19	166	-	0.024	6.43
	吉林医学	6400	1.00	4.27	1.86	31	3064	-	0.012	5.60
	江苏医药	1200	0.88	8.14	4.22	29	454	0.000	0.180	6.43
	江西医药	557	0.99	6.30	3.29	12	193	-	0.124	6.77
	交通医学	267	1.00	8.28	2.88	12	114	-	0.176	6.15
	解放军医药杂志	302	0.84	14.24	3.96	25	102	0.000	0.220	4.49
	辽宁医学杂志	179	1.00	5.17	2.08	19	115	-	0.006	7.61
	内蒙古医学杂志	655	0.94	7.66	2.13	10	112	-	0.027	7.29
	宁夏医学杂志	709	0.99	6.18	3.48	9	128	-	0.185	6.22
	农垦医学	211	1.00	9.60	3.04	5	42	-	0.204	6.18
	齐鲁医学杂志	204	0.91	9.99	3.85	11	46	0.000	0.040	6.48
	青岛医药卫生	237	1.00	6.25	2.39	24	145	-	0.034	6.58
	青海医药杂志	590	1.00	4.24	1.61	6	130	-	0.007	8.23
	求医问药(学术版)	9521	1.00	3.40	1.33	31	5148	0.000	0.006	5.35
	全科医学临床与教育	311	0.99	6.88	2.97	4	173	-	0.103	5.88
	人民军医	526	0.65	7.22	4.00	30	255	0.000	0.110	4.61
	山东医药	1912	0.90	10.14	4.14	30	825	-	0.436	6.45
	山西医药杂志(下半月版)	1080	1.00	3.48	2.31	26	419	-	0.044	6.38
	陕西医学杂志	635	0.68	7.51	3.31	25	298	0.000	0.120	6.76
	上海医学	297	0.91	13.38	4.30	23	146	0.010	0.270	6.32
	生理学报	96	0.91	33.69	4.30	23	79	0.130	0.790	7.68
	实用医技杂志	973	1.00	4.08	1.98	30	586	-	0.027	6.81
	实用医药杂志	848	1.00	4.78	2.87	21	177	0.001	0.037	7.05
	首都医药	593	0.78	4.13	2.11	24	256	-	0.007	6.09
	四川医学	981	0.91	6.84	3.43	23	360	0.000	0.060	6.59
	天津医药	385	0.77	10.62	4.29	25	152	0.000	0.350	4.76
	微创医学	339	0.99	8.66	2.85	14	151	-	0.139	5.70
	西北国防医学杂志	174	0.51	7.59	4.33	13	61	0.010	0.140	6.06
	西部医学	887	0.86	8.65	3.47	25	350	-	0.143	6.47
	西南国防医药	573	0.71	8.43	4.27	26	206	0.000	0.120	6.37
	西南军医	473	1.00	8.61	2.57	24	201	-	0.040	6.13

期刊类别	期刊名称	来源文献量	文献选出率	平均引文数	平均作者数	地区分布数	机构分布数	海外论文比	基金论文比	引用半衰期
医药卫生总论	西藏医药杂志	172	1.00	1.65	2.08	7	52	-	-	8.78
	现代临床医学	222	1.00	6.81	2.74	16	109	-	0.032	5.94
	现代实用医学	796	1.00	6.77	3.10	10	270	-	0.107	7.04
	现代医学	233	0.90	10.61	3.15	20	160	0.000	0.090	5.62
	现代医药卫生	2558	1.00	7.94	2.33	31	1216	-	0.084	5.59
	协和医学杂志	103	1.00	15.62	4.80	1	5	0.010	0.107	6.50
	新疆医学	736	1.00	6.56	2.74	8	185	-	0.019	7.29
	新医学	274	0.89	10.19	3.95	25	185	0.000	0.190	4.47
	亚太传统医药	1534	1.00	5.87	2.06	31	1103	0.001	0.067	5.41
	药学研究	327	1.00	6.35	2.73	19	175	-	0.095	6.18
	医学理论与实践	2155	1.00	5.06	1.97	31	1149	-	0.038	6.17
	医学新知杂志	187	1.00	11.24	2.54	23	107	0.011	0.096	6.06
	医学信息	5913	1.00	3.80	1.83	31	3303	0.000	0.023	6.00
	医学信息学杂志	253	0.90	6.52	2.81	26	154	0.012	0.328	3.56
	医学研究生学报	329	0.95	18.90	3.79	20	108	0.000	0.370	5.31
	医学研究与教育	168	1.00	10.44	3.73	20	62	0.006	0.363	6.43
	医学研究杂志	709	0.97	11.52	4.33	27	361	0.000	0.370	5.64
	医学与法学	112	0.99	7.33	1.79	17	58	-	0.482	5.54
	医学与社会	381	0.99	8.86	3.26	26	180	0.010	0.350	4.08
	医学与哲学	721	0.99	11.07	2.67	29	365	0.015	0.319	5.15
	医学争鸣	88	0.93	4.83	2.20	14	27	-	0.068	5.54
	医学综述	1581	0.95	20.17	1.80	30	896	0.000	0.180	5.60
	医药论坛杂志	562	0.71	6.62	2.54	24	336	0.000	0.040	5.99
	医药前沿	17284	1.00	4.28	1.79	31	7194	0.000	0.019	6.14
	医院院长论坛	82	0.82	2.80	1.78	13	58	-	0.073	3.95
	右江医学	434	1.00	7.10	2.15	20	219	-	0.069	4.91
	云南医药	308	0.94	5.92	3.09	4	125	-	0.029	7.72
	浙江实用医学	205	1.00	7.13	3.14	2	112	-	0.054	6.28
	浙江医学	668	0.82	10.02	4.04	6	220	0.000	0.150	6.83
	中国病毒病杂志	94	0.88	20.29	5.54	20	57	0.010	0.700	5.78
	中国当代医药	3903	0.98	7.49	2.13	31	2288	-	0.051	4.47
	中国高等医学教育	900	1.00	4.76	3.55	30	397	-	0.443	4.95
	中国社会医学杂志	167	0.98	9.40	3.71	21	106	0.010	0.200	5.32

期刊类别	期刊名称	来源文献量	文献选出率	平均引文数	平均作者数	地区分布数	机构分布数	海外论文比	基金论文比	引用半衰期
医药卫生总论	中国实用医刊	1617	1.00	6.57	2.61	29	668	-	0.032	6.27
	中国实用医药	8030	1.00	4.27	1.90	31	3169	-	0.016	5.74
	中国数字医学	437	0.89	5.97	3.62	27	276	0.000	0.330	4.08
	中国现代医生	2081	1.00	7.96	2.38	30	1216	-	0.130	4.79
	中国现代医学杂志	1005	0.94	12.11	4.13	30	563	0.000	0.260	6.05
	中国乡村医药	1043	0.99	3.48	1.84	24	504	-	0.005	4.95
	中国医刊	415	0.93	9.19	3.05	21	230	0.010	0.040	6.09
	中国医疗保险	166	0.49	3.23	1.90	24	98	0.012	0.054	2.96
	中国医疗前沿	1547	1.00	5.85	2.28	26	889	-	0.065	5.86
	中国医疗设备	636	0.87	9.99	3.01	30	395	0.030	0.080	4.55
	中国医师进修杂志	1008	0.85	9.69	3.27	28	703	0.000	0.030	4.90
	中国医师杂志	610	0.90	9.86	3.90	27	415	0.000	0.120	5.20
	中国医学创新	3778	1.00	5.92	2.12	31	2180	0.001	0.043	5.62
	中国医学伦理学	296	0.93	7.78	2.78	26	167	0.000	0.260	4.05
	中国医学前沿杂志(电子版)	207	0.96	16.06	2.41	22	107	-	0.309	5.44
	中国医学装备	363	0.90	11.79	3.45	28	222	0.010	0.100	4.93
	中国医药	627	0.84	12.02	3.68	29	382	0.000	0.090	5.62
	中国医药导报	2586	0.95	9.82	3.16	31	1535	0.000	0.190	4.93
	中国医药科学	2865	0.99	6.85	2.11	31	1870	0.001	0.071	4.35
	中国医药指南	15911	1.00	5.11	1.84	31	6816	0.000	0.022	5.27
	中华全科医师杂志	301	0.69	8.79	3.65	25	200	0.000	0.140	5.67
	中华全科医学	765	0.70	11.37	3.48	27	490	0.000	0.100	4.80
	中华医学科研管理杂志	138	0.93	6.86	3.61	22	88	0.000	0.240	4.86
	中华医学杂志	912	0.87	14.07	5.40	31	384	0.020	0.420	5.32
	中南医学科学杂志	183	1.00	11.79	3.67	8	53	-	0.372	5.29
	中日友好医院学报	103	0.71	13.83	3.57	15	41	0.000	0.090	5.37
	中外健康文摘	24232	1.00	3.43	1.75	31	7872	0.000	0.005	7.25
	中外医学研究	4310	1.00	4.95	1.74	31	2465	0.000	0.008	4.91
	中医药管理杂志	44	1.00	2.98	2.55	14	37	-	0.159	5.79
	转化医学杂志	52	1.00	13.44	3.96	9	15	0.019	0.365	5.01
	平均	1427	0.93	9.02	3.06	21	657	0.009	0.151	5.80
	安徽预防医学杂志	224	1.00	5.26	2.81	12	110	-	0.018	5.68
	保健医学研究与实践	139	1.00	6.21	2.04	22	101	-	0.115	7.32

期刊类别	期刊名称	来源文献量	文献选出率	平均引文数	平均作者数	地区分布数	机构分布数	海外论文比	基金论文比	引用半衰期
预防医学与卫生学	工企医刊	467	1.00	2.88	1.56	19	200	-	0.002	6.72
	工业卫生与职业病	114	0.88	9.78	4.71	24	74	0.000	0.250	7.92
	公共卫生与预防医学	257	0.77	10.72	4.02	18	149	0.000	0.120	5.02
	广东微量元素科学	119	1.00	9.25	3.82	23	72	-	0.336	7.17
	国际检验医学杂志	1212	0.72	12.55	3.52	31	828	0.000	0.120	4.76
	海峡预防医学杂志	364	1.00	5.67	3.46	22	154	-	0.124	6.31
	河南预防医学杂志	253	1.00	4.84	2.84	19	142	-	0.047	6.35
	华南预防医学	148	0.94	7.86	4.55	16	90	0.010	0.200	5.58
	环境卫生学杂志	73	1.00	11.53	4.15	19	54	-	0.288	5.67
	环境与健康杂志	354	0.87	14.17	5.12	30	164	0.010	0.650	5.98
	环境与职业医学	217	0.98	12.57	5.00	22	112	0.090	0.380	6.32
	基层医学论坛	3890	1.00	3.29	1.54	28	1437	-	0.010	6.29
	疾病监测	270	0.93	8.15	4.83	24	150	0.010	0.170	5.15
	疾病监测与控制	482	1.00	5.38	2.30	24	192	-	0.031	6.88
	江苏卫生事业管理	447	1.00	1.88	1.84	9	205	-	0.027	3.85
	江苏预防医学	201	1.00	6.52	3.96	11	96	-	0.318	5.08
	解放军预防医学杂志	159	0.86	5.69	4.48	22	107	0.000	0.250	6.13
	口岸卫生控制	107	0.99	5.74	3.55	18	66	-	0.047	6.84
	临床医学工程	1096	0.99	7.46	2.84	28	581	-	0.146	5.66
	热带病与寄生虫学	87	0.79	8.09	3.48	14	69	0.000	0.180	6.26
	热带医学杂志	476	0.98	12.09	4.94	24	232	0.000	0.380	4.99
	上海预防医学	307	1.00	5.27	3.14	6	174	-	0.186	6.30
	社区医学杂志	973	0.99	8.31	2.17	29	569	-	0.063	4.80
	实用预防医学	713	0.91	8.98	3.73	27	419	0.000	0.150	5.28
	首都公共卫生	87	1.00	6.30	3.78	8	34	-	0.034	6.15
	微量元素与健康研究	190	1.00	6.86	3.39	26	90	-	0.253	7.42
	卫生软科学	337	1.00	6.73	3.27	21	166	-	0.318	4.87
	卫生研究	239	0.98	14.48	5.06	27	114	0.010	0.570	6.58
	现代医用影像学	135	1.00	6.33	3.05	19	109	-	0.044	8.19
	现代医院	819	0.99	7.17	2.96	27	419	0.001	0.237	5.10
	现代预防医学	2608	0.97	8.84	3.40	31	1423	0.000	0.150	5.80
	医疗装备	613	0.84	2.78	1.85	31	359	-	0.008	6.17
	医学动物防制	526	0.85	5.78	3.54	27	274	0.000	0.060	5.67

期刊类别	期刊名称	来源文献量	文献选出率	平均引文数	平均作者数	地区分布数	机构分布数	海外论文比	基金论文比	引用半衰期
预防医学与卫生学	应用预防医学	140	0.99	6.14	4.48	10	64	-	0.236	5.69
	营养学报	125	0.80	19.38	4.51	25	86	0.020	0.660	7.25
	预防医学论坛	435	1.00	5.94	3.60	28	232	-	0.083	5.15
	预防医学情报杂志	300	0.96	9.07	4.36	24	175	0.010	0.120	5.82
	浙江预防医学	438	0.91	6.66	3.06	8	214	0.000	0.080	3.69
	职业卫生与病伤	143	1.00	7.46	3.31	13	97	0.007	0.098	5.95
	职业卫生与应急救援	119	0.94	5.41	2.63	20	80	-	0.109	6.35
	职业与健康	1229	0.96	6.96	3.29	31	662	0.000	0.090	6.02
	中国病案	336	0.61	6.68	2.79	28	201	0.000	0.070	4.06
	中国病原生物学杂志	292	0.86	15.03	5.35	29	180	0.010	0.520	5.95
	中国城乡企业卫生	463	1.00	5.75	1.69	15	190	-	-	5.21
	中国地方病防治杂志	163	0.78	6.85	4.81	23	99	0.010	0.230	6.58
	中国防痨杂志	184	0.91	11.95	5.75	26	104	0.020	0.360	5.42
	中国辐射卫生	284	0.95	7.13	3.87	28	178	-	0.208	8.22
	中国妇幼健康研究	317	0.98	7.72	3.69	23	202	0.000	0.120	4.52
	中国工业医学杂志	184	0.90	8.23	4.24	26	105	0.010	0.280	7.24
	中国公共卫生	635	0.91	11.44	5.29	31	311	0.020	0.620	5.60
	中国公共卫生管理	497	1.00	4.92	3.21	28	316	0.002	0.141	4.95
	中国国境卫生检疫杂志	105	0.95	14.22	5.59	20	68	0.000	0.500	5.80
	中国计划生育和妇产科	130	1.00	9.88	3.00	25	108	-	0.146	4.25
	中国临床研究	807	1.00	7.52	2.76	28	410	-	0.048	5.95
	中国慢性病预防与控制	260	0.90	10.45	4.37	25	194	0.000	0.220	6.00
	中国媒介生物学及控制杂志	175	0.87	14.27	5.45	27	110	0.010	0.480	6.48
	中国煤炭工业医学杂志	504	0.41	7.83	2.62	28	325	0.000	0.030	7.10
	中国民康医学	1909	1.00	4.95	2.01	28	803	-	0.020	7.06
	中国农村卫生事业管理	598	1.00	7.52	3.19	28	335	0.002	0.231	5.24
	中国热带医学	557	0.98	8.58	4.18	26	312	0.000	0.200	6.25
	中国社区医师	1150	0.86	1.22	1.48	29	690	0.003	0.003	7.23
	中国社区医师(医学专业)	13687	1.00	3.31	1.61	31	5729	-	0.006	6.90
	中国实用乡村医生杂志	775	0.97	2.41	1.71	28	354	-	0.008	6.57
	中国食品卫生杂志	148	0.96	13.51	4.78	24	90	0.000	0.310	5.40
	中国食品药品监管	126	0.40	-	1.15	25	103	-	-	-
	中国卫生产业	5769	0.99	3.37	1.56	31	3451	-	0.009	4.91

期刊类别	期刊名称	来源文献量	文献选出率	平均引文数	平均作者数	地区分布数	机构分布数	海外论文比	基金论文比	引用半衰期
预防医学与卫生学	中国卫生法制	94	1.00	9.19	2.09	17	66	-	0.245	6.48
	中国卫生工程学	218	1.00	5.21	3.44	22	116	-	0.110	5.56
	中国卫生监督杂志	149	0.96	3.42	3.79	18	75	-	0.181	4.77
	中国卫生经济	391	0.95	5.58	3.57	27	194	0.010	0.450	4.12
	中国卫生事业管理	327	1.00	8.82	3.41	26	135	0.003	0.719	4.79
	中国卫生统计	311	0.88	8.09	4.09	28	170	0.020	0.450	7.17
	中国卫生信息管理杂志	118	0.94	7.39	3.44	20	66	0.017	0.322	4.39
	中国卫生政策研究	151	0.92	13.55	3.36	17	64	0.090	0.550	4.67
	中国卫生质量管理	202	0.94	7.06	3.38	23	146	0.000	0.090	4.21
	中国消毒学杂志	319	0.49	5.56	3.81	30	237	0.000	0.090	5.06
	中国校医	596	1.00	5.28	2.24	29	318	0.002	0.084	6.14
	中国学校卫生	636	0.93	13.53	4.11	30	383	0.010	0.280	5.75
	中国冶金工业医学杂志	70	0.09	5.69	3.24	11	34	-	0.014	6.92
	中国医院	298	0.90	6.06	3.82	23	163	0.040	0.250	4.20
	中国医院建筑与装备	189	0.83	0.86	1.70	25	124	0.090	0.005	5.17
	中国医院统计	197	0.99	6.60	2.27	24	144	0.005	0.096	4.97
	中国预防医学杂志	266	0.91	11.60	5.01	25	180	0.000	0.340	5.31
	中国职业医学	185	0.86	10.85	4.88	25	111	0.010	0.430	6.72
	中华传染病杂志	180	0.86	14.07	5.61	28	125	0.010	0.470	5.31
	中华地方病学杂志	180	0.83	11.20	5.61	31	97	0.020	0.710	6.48
	中华疾病控制杂志	313	0.93	12.36	5.82	29	172	0.010	0.490	4.96
	中华健康管理学杂志	155	1.00	10.71	4.28	21	109	0.006	0.419	4.49
	中华结核和呼吸杂志	246	0.72	15.53	4.42	24	140	0.020	0.330	5.18
	中华劳动卫生职业病杂志	299	0.91	12.24	4.94	25	164	0.010	0.510	7.31
	中华流行病学杂志	287	0.88	15.84	7.06	28	146	0.040	0.610	5.89
	中华卫生杀虫药械	172	0.89	7.75	4.16	25	119	0.010	0.150	8.78
	中华预防医学杂志	262	0.83	14.40	6.48	29	129	0.010	0.610	5.00
	平均	615	0.91	8.16	3.64	23	316	0.007	0.227	5.78
医疗保健	家庭医学	493	0.68	0.06	1.11	27	186	0.002	-	9.50
	健康必读(下旬刊)	7266	1.00	3.47	1.48	31	3771	-	0.003	6.37
	健康必读(中旬刊)	9014	1.00	3.46	1.49	31	4665	-	0.005	5.66
	健康研究	137	1.00	10.26	2.91	11	53	-	0.401	6.19
	江苏卫生保健	217	0.99	2.84	2.01	7	157	-	0.005	4.03

期刊类别	期刊名称	来源文献量	文献选出率	平均引文数	平均作者数	地区分布数	机构分布数	海外论文比	基金论文比	引用半衰期
医疗保健	老年医学与保健	123	0.95	14.37	3.62	12	60	0.020	0.280	5.75
	实用老年医学	174	0.92	11.66	3.59	20	112	0.010	0.170	6.25
	心血管康复医学杂志	214	0.99	10.06	4.26	23	147	0.000	0.210	6.71
	中国初级卫生保健	793	1.00	6.85	2.84	28	532	-	0.148	4.70
	中国健康教育	316	0.95	10.81	4.18	27	199	0.010	0.260	5.08
	中国康复	189	0.78	10.99	3.99	24	133	0.010	0.190	6.82
	中国康复理论与实践	373	0.92	14.70	4.14	26	221	0.010	0.280	6.89
	中国康复医学杂志	312	0.97	17.91	4.30	29	202	0.020	0.340	6.68
	中国老年保健医学	405	1.00	5.97	2.30	25	189	0.002	0.044	6.65
	中国老年学杂志	1800	0.60	11.47	3.91	30	815	0.000	0.370	5.88
	中国疗养医学	842	1.00	6.95	2.45	27	162	-	0.045	4.33
	中国临床保健杂志	225	0.80	10.43	4.01	21	121	0.000	0.240	5.79
	中国听力语言康复科学杂志	102	0.88	10.39	3.10	18	52	0.020	0.160	7.75
	中国医疗器械信息	184	0.96	5.64	2.42	22	114	-	0.071	7.42
	中国优生优育	166	1.00	6.77	2.73	21	95	-	0.078	7.18
	中国运动医学杂志	203	0.93	23.13	3.83	23	109	0.020	0.570	6.72
	中华保健医学杂志	157	0.68	9.85	4.27	22	75	0.000	0.200	4.96
	中华老年多器官疾病杂志	245	0.93	13.86	4.20	26	131	0.010	0.150	5.61
	中华老年心脑血管病杂志	406	0.94	12.31	4.47	30	224	0.010	0.300	3.79
	中华老年医学杂志	313	0.92	11.08	4.50	26	202	0.020	0.250	5.57
	中华物理医学与康复杂志	286	0.90	16.67	4.82	26	184	0.000	0.330	6.60
	平均	959	0.91	10.08	3.34	23	496	0.006	0.196	6.11
中国医学	Chinese Herbal Medicines	49	0.98	24.14	5.29	16	38	0.041	0.776	6.98
	Chinese Journal of Integrative Medicine	147	1.00	25.34	5.09	20	100	0.190	0.612	7.30
	Journal of Acupuncture and Tuina Science	86	1.00	12.67	4.26	14	56	0.070	0.500	6.34
	Journal of Traditional Chinese Medicine	114	1.00	21.80	5.64	21	87	0.088	0.798	6.90
	World Journal of Acupuncture-Moxibustion	64	1.00	8.88	3.89	20	58	-	0.266	8.14
	按摩与康复医学	639	1.00	4.32	2.15	29	390	-	0.066	6.71
	按摩与康复医学(下旬刊)	3895	1.00	3.67	1.57	30	2436	-	0.014	5.58
	按摩与康复医学(中旬刊)	3868	1.00	3.65	1.60	31	2374	-	0.014	5.89
	北京中医药	335	0.93	8.35	3.19	18	125	0.000	0.300	7.31

期刊类别	期刊名称	来源文献量	文献选出率	平均引文数	平均作者数	地区分布数	机构分布数	海外论文比	基金论文比	引用半衰期
中国医学	福建中医药	163	1.00	6.99	3.04	16	97	-	0.301	7.17
	光明中医	1517	1.00	4.31	1.96	29	730	0.001	0.072	7.76
	广西中医药	175	1.00	6.63	3.07	19	91	-	0.343	6.05
	国际中医中药杂志	333	0.68	9.70	3.36	26	189	0.010	0.260	6.49
	国医论坛	243	1.00	3.07	1.74	25	143	-	0.066	7.41
	河北中医	473	0.44	8.89	3.02	19	293	0.000	0.170	7.07
	河南中医	408	0.38	9.83	2.38	27	205	0.000	0.190	6.73
	黑龙江中医药	218	0.94	6.72	2.28	22	94	0.005	0.096	6.85
	湖北中医杂志	609	1.00	5.14	2.22	20	207	-	0.082	7.94
	湖南中医杂志	546	1.00	6.71	2.23	26	270	-	0.152	6.96
	环球中医药	310	0.95	11.58	3.64	27	167	0.040	0.430	5.57
	吉林中医药	435	0.71	11.18	2.87	24	162	0.000	0.400	5.55
	江苏中医药	285	0.49	5.22	3.01	22	181	0.000	0.310	8.29
	江西中医药	452	0.98	6.52	2.41	24	240	-	0.135	6.77
	结合医学学报(英文版)	208	0.95	22.12	4.64	12	101	0.260	0.600	6.50
	辽宁中医杂志	914	0.84	9.29	3.90	29	335	0.000	0.620	7.08
	内蒙古中医药	4637	1.00	3.61	1.72	31	2084	0.001	0.017	6.95
	山东中医杂志	278	0.57	7.99	2.60	21	148	0.000	0.260	7.61
	山西中医	436	1.00	4.64	2.17	29	231	-	0.117	8.25
	陕西中医	400	0.38	7.36	3.03	25	255	0.010	0.190	7.29
	上海针灸杂志	342	0.78	9.33	3.47	25	222	0.010	0.280	6.71
	上海中医药杂志	391	0.93	8.70	3.34	26	172	0.010	0.540	6.42
	深圳中西医结合杂志	125	0.98	7.46	3.26	15	67	-	0.368	6.06
	时珍国医国药	1543	1.00	9.62	4.09	30	594	0.001	0.819	6.31
	实用中西医结合临床	390	0.99	5.09	2.45	25	257	-	0.064	7.65
	实用中医内科杂志	665	1.00	5.88	1.95	28	287	-	0.080	7.11
	实用中医药杂志	892	1.00	4.74	1.90	29	481	-	0.046	6.63
	世界科学技术-中医药现代化	219	0.98	15.21	5.05	22	83	0.050	0.730	5.60
	世界中西医结合杂志	369	0.92	9.83	3.53	25	209	0.010	0.410	7.55
	世界中医药	210	0.79	7.44	3.26	25	158	0.020	0.280	6.81
	四川中医	447	0.49	7.90	3.13	27	260	0.000	0.270	7.75
	天津中医药	194	0.91	9.65	3.43	18	86	0.020	0.530	6.05
	西部中医药	569	0.98	11.01	2.73	28	251	0.000	0.160	5.36

期刊类别	期刊名称	来源文献量	文献选出率	平均引文数	平均作者数	地区分布数	机构分布数	海外论文比	基金论文比	引用半衰期
中国医学	现代中西医结合杂志	1037	0.42	11.00	3.33	30	688	0.000	0.150	6.77
	现代中药研究与实践	181	0.99	7.87	3.78	27	114	0.000	0.380	6.93
	现代中医药	235	1.00	6.47	2.37	27	152	-	0.123	6.67
	新疆中医药	348	1.00	4.49	2.41	10	88	-	0.103	7.33
	新中医	1084	1.00	5.12	3.02	30	484	-	0.343	7.59
	药物评价研究	111	0.99	15.97	4.02	21	63	-	0.477	4.98
	云南中医中药杂志	632	1.00	5.53	2.29	27	296	-	0.117	7.22
	浙江中西医结合杂志	559	1.00	6.78	2.86	16	274	-	0.104	6.95
	浙江中医杂志	417	0.99	2.70	2.04	16	215	-	0.094	7.91
	针刺研究	97	0.95	20.37	5.09	22	60	0.030	0.730	6.67
	针灸临床杂志	331	0.81	9.34	3.15	29	152	0.020	0.250	6.97
	中草药	521	0.98	16.04	4.83	31	262	0.010	0.740	6.31
	中成药	670	0.99	14.58	4.35	31	339	0.000	0.610	5.85
	中国骨伤	282	0.94	13.32	4.76	24	194	0.000	0.200	6.35
	中国民间疗法	887	0.99	1.70	1.78	30	471	0.001	0.014	8.23
	中国民族民间医药	2916	1.00	3.78	1.78	31	1442	-	0.048	7.22
	中国民族医药杂志	543	1.00	4.24	2.45	19	216	0.002	0.171	8.49
	中国实验方剂学杂志	2143	0.99	10.93	4.36	31	736	0.000	0.570	5.26
	中国现代中药	209	0.98	10.52	3.64	24	105	0.010	0.455	6.32
	中国针灸	280	0.77	13.37	3.85	26	171	0.030	0.450	7.35
	中国中西医结合急救杂志	119	0.76	13.66	4.18	25	92	0.000	0.510	5.90
	中国中西医结合肾病杂志	353	0.80	13.73	4.42	26	215	0.000	0.310	5.75
	中国中西医结合消化杂志	169	0.82	10.37	3.63	21	136	0.000	0.270	6.68
	中国中西医结合杂志	398	0.95	15.87	4.62	28	221	0.010	0.670	6.67
	中国中药杂志	812	0.98	15.26	5.12	30	319	0.020	0.830	6.01
	中国中医骨伤科杂志	258	0.55	12.21	3.95	21	163	0.000	0.240	7.07
	中国中医基础医学杂志	534	0.82	8.44	3.47	29	239	0.010	0.460	7.46
	中国中医急症	685	0.47	8.37	3.08	28	394	0.000	0.350	6.68
	中国中医药科技	184	0.39	8.02	4.11	21	122	0.000	0.430	7.94
	中国中医药现代远程教育	2684	0.98	4.05	1.98	30	1388	0.000	0.099	5.62
	中国中医药信息杂志	430	0.66	9.70	4.24	27	238	0.010	0.560	6.57
	中华中医药学刊	1020	0.99	10.32	4.03	27	418	0.000	0.620	7.11
	中华中医药杂志	913	0.97	10.21	4.38	30	326	0.020	0.720	6.32

期刊类别	期刊名称	来源文献量	文献选出率	平均引文数	平均作者数	地区分布数	机构分布数	海外论文比	基金论文比	引用半衰期
中国医学	中西医结合肝病杂志	126	0.79	11.45	4.29	23	95	0.000	0.330	6.44
	中西医结合心脑血管病杂志	507	0.58	11.54	3.55	25	300	0.000	0.210	7.05
	中西医结合研究	135	1.00	7.34	2.75	18	77	-	0.119	7.20
	中药材	574	0.99	9.54	4.60	28	296	0.010	0.630	6.86
	中医临床研究	1781	1.00	4.64	1.84	30	1072	0.001	0.042	6.87
	中医外治杂志	254	1.00	5.42	2.58	29	194	-	0.161	7.44
	中医文献杂志	96	0.77	5.68	2.05	23	54	-	0.490	>10
	中医学报	617	0.78	8.11	2.52	26	283	0.000	0.440	6.66
	中医研究	442	1.00	6.61	2.59	24	218	0.002	0.247	7.58
	中医药导报	565	0.73	7.31	2.79	27	338	0.000	0.220	6.29
	中医药临床杂志	643	0.96	8.37	2.63	27	255	-	0.250	6.02
	中医药通报	123	0.95	5.28	3.00	17	63	0.050	0.210	7.07
	中医药文化	105	0.94	2.88	1.41	14	48	0.010	0.190	>10
	中医药信息	312	0.89	8.85	3.88	21	90	0.020	0.550	6.07
	中医药学报	300	0.88	9.08	3.70	24	110	0.010	0.550	6.00
	中医杂志	690	0.87	9.38	3.62	29	308	0.010	0.480	6.90
	中医正骨	317	0.85	9.21	3.77	24	181	0.000	0.140	6.35
	平均	632	0.88	9.10	3.24	24	323	0.012	0.328	6.89
基础医学	Biomedical and Environmental Sciences	99	1.00	28.06	6.16	16	53	0.061	0.848	7.83
	Chinese Journal of Biomedical Engineering	27	1.00	10.67	3.04	11	17	-	0.444	8.14
	北京生物医学工程	130	0.93	12.93	3.79	17	68	0.030	0.670	6.12
	毒理学杂志	139	0.98	13.29	5.22	24	90	0.000	0.690	6.83
	国际病理科学与临床杂志	105	0.96	25.23	2.95	19	67	0.000	0.420	4.95
	国际流行病学传染病学杂志	115	0.94	15.76	4.19	20	75	0.000	0.410	4.68
	国际免疫学杂志	112	0.93	24.12	3.29	19	82	0.000	0.590	4.46
	国际生物医学工程杂志	92	0.95	17.85	4.66	19	50	0.020	0.600	5.82
	国际生物制品学杂志	66	0.96	21.29	2.26	14	22	0.045	0.273	6.57
	国际遗传学杂志	63	0.90	27.68	3.97	14	43	0.000	0.650	5.13
	国外医学(医学地理分册)	80	1.00	13.80	3.61	20	55	-	0.575	7.10
	河北中医药学报	50	0.38	6.12	3.78	6	39	0.000	0.460	7.64
	基础医学与临床	320	0.94	11.79	4.60	29	186	0.010	0.640	4.25
	寄生虫与医学昆虫学报	43	0.93	17.72	4.74	18	32	0.140	0.600	7.97

期刊类别	期刊名称	来源文献量	文献选出率	平均引文数	平均作者数	地区分布数	机构分布数	海外论文比	基金论文比	引用半衰期
基础医学	解放军医学杂志	268	0.96	15.76	5.63	25	132	0.010	0.580	5.99
	解放军医院管理杂志	488	0.87	5.60	3.37	29	196	0.000	0.100	3.88
	解剖科学进展	169	0.94	12.04	4.47	21	66	0.010	0.650	6.70
	解剖学报	155	0.96	16.75	5.39	25	85	0.010	0.850	6.70
	解剖学研究	130	0.94	11.73	4.75	21	72	0.000	0.540	7.00
	解剖学杂志	260	0.85	11.99	4.90	30	132	0.000	0.590	6.63
	解剖与临床	144	0.96	14.30	4.67	18	84	-	0.229	5.26
	军事医学	239	0.92	14.44	5.24	21	89	0.000	0.560	6.19
	临床心身疾病杂志	304	0.99	7.60	2.75	27	180	0.003	0.188	6.89
	临床与实验病理学杂志	424	0.88	12.29	4.45	28	302	0.010	0.250	6.19
	免疫学杂志	256	0.96	16.97	4.93	30	172	0.000	0.680	5.74
	生理科学进展	104	0.93	15.53	3.00	20	61	0.010	0.660	3.48
	生物医学工程学进展	72	0.99	10.07	2.67	8	62	0.014	0.111	7.40
	生物医学工程学杂志	245	0.97	15.28	4.06	28	142	0.020	0.750	5.90
	生物医学工程研究	65	0.94	12.49	4.03	17	48	0.020	0.450	6.83
	生物医学工程与临床	151	0.93	12.35	4.50	26	132	0.000	0.280	5.06
	数理医药学杂志	316	1.00	7.21	2.71	23	186	0.003	0.187	7.46
	四川解剖学杂志	107	1.00	13.42	3.12	18	59	-	0.336	6.41
	四川生理科学杂志	86	1.00	11.03	2.99	14	59	0.012	0.349	5.58
	微生物学免疫学进展	108	0.92	16.93	3.66	19	50	0.009	0.306	6.22
	微生物与感染	41	0.84	31.02	4.39	7	29	0.070	0.780	6.70
	微循环学杂志	97	0.86	13.43	4.05	20	68	0.000	0.280	5.55
	武警医学	333	0.73	10.80	4.22	26	108	0.000	0.130	5.79
	细胞与分子免疫学杂志	389	0.97	13.80	5.38	28	231	0.010	0.790	4.87
	现代免疫学	104	0.96	17.46	4.89	18	67	0.010	0.680	5.46
	现代医院管理	181	0.99	6.15	2.67	21	124	-	0.243	3.85
	医疗卫生装备	635	0.72	7.52	3.95	29	302	0.000	0.200	5.39
	医学分子生物学杂志	91	0.98	21.31	4.20	22	66	0.020	0.670	5.62
	医用生物力学	117	0.98	19.07	4.29	18	54	0.080	0.850	6.84
	医院管理论坛	288	0.96	4.88	2.54	22	156	-	0.073	4.45
	诊断病理学杂志	126	0.65	13.22	4.37	23	92	0.000	0.050	7.40
	中国病理生理杂志	412	0.98	15.33	5.57	27	213	0.010	0.830	5.61
	中国寄生虫学与寄生虫病杂志	120	0.85	18.19	5.62	26	76	0.000	0.650	6.50

期刊类别	期刊名称	来源文献量	文献选出率	平均引文数	平均作者数	地区分布数	机构分布数	海外论文比	基金论文比	引用半衰期
基础医学	中国健康心理学杂志	709	0.85	10.01	3.34	30	467	0.000	0.260	7.43
	中国免疫学杂志	259	0.93	16.54	5.18	29	192	0.010	0.720	5.49
	中国男科学杂志	206	0.83	14.93	4.59	29	154	0.000	0.220	6.45
	中国人兽共患病学报	281	0.96	15.83	5.53	29	168	0.010	0.750	6.77
	中国生物医学工程学报	144	1.00	18.02	4.04	21	81	0.060	0.830	6.46
	中国生物制品学杂志	429	0.97	13.39	5.53	25	175	0.010	0.530	4.75
	中国实验血液学杂志	318	0.98	16.21	6.16	24	178	0.010	0.560	5.75
	中国微生态学杂志	355	0.96	12.24	4.38	25	204	0.010	0.320	6.21
	中国血液流变学杂志	253	0.93	7.74	3.65	15	117	0.000	0.090	7.57
	中国医疗器械杂志	134	0.91	7.87	2.99	20	90	0.000	0.280	5.75
	中国医学工程	1727	1.00	4.78	2.11	31	1050	-	0.041	6.41
	中国医学物理学杂志	191	0.98	11.07	4.16	23	116	0.010	0.490	6.59
	中国医药生物技术	90	0.77	18.88	4.67	20	72	0.010	0.600	5.33
	中国医院管理	378	0.84	6.67	4.02	26	206	0.020	0.300	3.65
	中国疫苗和免疫	110	0.71	11.82	7.36	20	43	0.000	0.350	6.18
	中国应用生理学杂志	134	0.88	8.17	5.16	27	90	0.000	0.780	6.70
	中国组织工程研究	2002	0.99	23.48	4.48	30	924	0.010	0.430	6.02
	中国组织化学与细胞化学杂志	131	0.98	14.42	4.34	21	68	0.020	0.590	6.96
	中华病理学杂志	205	0.81	14.85	5.16	22	132	0.030	0.290	5.60
	中华高血压杂志	273	0.81	15.18	4.30	26	144	0.030	0.200	5.82
	中华麻醉学杂志	391	0.92	10.10	5.32	29	241	0.010	0.430	6.51
	中华男科学杂志	264	0.96	15.52	5.36	28	183	0.000	0.340	6.13
	中华危重病急救医学	213	0.77	15.81	4.50	26	139	0.010	0.640	5.45
	中华微生物学和免疫学杂志	216	0.88	16.92	5.97	27	164	0.030	0.710	5.66
	中华血液学杂志	275	0.86	13.37	6.57	25	154	0.010	0.550	5.65
	中华医学遗传学杂志	169	0.63	15.48	6.18	23	138	0.010	0.560	6.85
	中华医院管理杂志	316	0.96	7.16	4.15	21	177	0.010	0.310	4.22
	平均	251	0.91	14.17	4.36	22	143	0.013	0.472	6.02
临床医学	标记免疫分析与临床	136	0.97	9.25	4.06	20	104	0.000	0.150	7.07
	当代护士(学术版)	1336	0.95	5.68	1.98	30	802	-	0.020	5.50
	当代护士(专科版)	1507	1.00	5.36	1.93	30	885	-	0.017	5.35
	当代护士(综合版)	94	0.26	4.26	2.00	8	61	0.043	0.021	4.66
	感染、炎症、修复	65	0.72	15.86	4.32	9	35	0.000	0.540	5.82

期刊类别	期刊名称	来源文献量	文献选出率	平均引文数	平均作者数	地区分布数	机构分布数	海外论文比	基金论文比	引用半衰期
临床医学	国际呼吸杂志	440	0.96	19.50	3.85	29	265	0.000	0.300	5.94
	国际护理学杂志	823	0.64	7.56	2.53	28	540	0.000	0.030	5.56
	国际脑血管病杂志	159	0.89	32.99	3.60	24	102	0.000	0.370	5.94
	国际输血及血液学杂志	139	0.92	22.44	1.92	23	91	0.000	0.320	4.83
	护理管理杂志	378	0.93	11.87	3.60	26	268	0.010	0.190	4.57
	护理实践与研究	2118	1.00	7.18	2.45	29	940	-	0.062	5.20
	护理学报	619	0.90	11.80	3.47	27	380	0.000	0.100	5.24
	护理学杂志	821	0.67	10.09	3.45	29	423	0.010	0.130	5.19
	护理研究	1104	0.53	11.39	3.47	30	587	0.010	0.250	5.96
	护理与康复	461	1.00	7.86	3.01	17	187	-	0.095	5.19
	护士进修杂志	834	0.73	5.65	3.26	30	464	0.010	0.150	6.00
	检验医学	292	0.94	9.62	3.86	26	223	0.000	0.200	6.33
	检验医学与临床	771	0.38	9.56	2.82	28	590	0.000	0.040	5.94
	解放军护理杂志	633	0.94	11.31	3.40	26	320	0.000	0.130	5.07
	临床肺科杂志	630	0.46	8.83	3.46	29	446	0.000	0.090	5.16
	临床肝胆病杂志	252	0.88	16.86	4.02	29	164	0.020	0.300	5.00
	临床骨科杂志	221	0.57	6.47	4.52	25	171	0.000	0.030	5.16
	临床和实验医学杂志	830	0.78	9.17	3.01	30	618	0.000	0.070	4.90
	临床护理杂志	200	1.00	6.43	2.31	22	126	-	0.030	5.00
	临床荟萃	700	0.74	12.72	3.89	30	453	0.010	0.110	5.71
	临床急诊杂志	172	0.91	9.09	3.57	25	126	0.000	0.060	6.56
	临床检验杂志	258	0.70	10.13	4.97	23	158	0.010	0.430	5.36
	临床军医杂志	658	0.77	8.20	3.96	28	231	0.000	0.060	6.34
	临床麻醉学杂志	377	0.75	8.49	4.26	29	285	0.010	0.170	5.78
	临床泌尿外科杂志	308	0.90	11.62	5.84	29	188	0.000	0.180	6.16
	临床肾脏病杂志	200	1.00	7.70	3.50	23	147	-	0.205	5.84
	临床输血与检验	144	0.90	7.38	3.68	21	107	0.000	0.100	6.54
	临床误诊误治	446	0.83	15.15	3.82	29	271	0.000	0.320	4.98
	临床心电学杂志	104	0.66	5.72	3.05	21	74	0.010	0.060	6.73
	临床医学	793	1.00	5.14	2.02	25	466	-	0.014	5.68
	临床医药实践	352	0.84	5.42	2.15	20	215	-	0.043	7.10
	岭南急诊医学杂志	262	1.00	5.54	3.34	14	152	-	0.137	5.15
	齐鲁护理杂志	3143	1.00	4.64	2.15	29	1323	-	0.039	5.46

期刊类别	期刊名称	来源文献量	文献选出率	平均引文数	平均作者数	地区分布数	机构分布数	海外论文比	基金论文比	引用半衰期
临床医学	全科护理	2460	0.93	5.79	1.95	29	1149	-	0.038	5.04
	上海护理	204	0.96	10.85	2.62	12	100	0.000	0.100	6.25
	上海医学影像	74	1.00	9.81	4.28	10	45	-	0.135	6.26
	蛇志	236	0.98	8.28	2.58	16	95	-	0.140	5.73
	神经损伤与功能重建	123	0.90	13.49	4.23	18	73	0.030	0.290	6.60
	实验与检验医学	301	1.00	7.73	3.04	25	199	0.003	0.213	5.34
	实用骨科杂志	421	0.94	9.62	4.36	30	352	0.000	0.060	7.01
	实用检验医师杂志	72	1.00	11.65	3.47	20	57	-	0.181	5.71
	实用临床医学	756	1.00	6.98	2.65	21	320	-	0.090	6.46
	实用临床医药杂志	933	0.72	10.03	2.97	28	542	0.000	0.050	4.63
	实用疼痛学杂志	143	0.97	6.65	2.92	24	117	0.007	0.098	5.36
	实用医学影像杂志	117	1.00	7.38	3.58	22	95	-	0.094	7.06
	实用医学杂志	1508	0.80	10.28	4.27	30	775	0.000	0.300	5.15
	实用医院临床杂志	468	0.96	11.99	3.31	25	194	0.000	0.090	5.92
	天津护理	379	1.00	4.77	1.66	15	89	0.003	0.047	4.05
	现代检验医学杂志	336	0.97	8.85	4.06	26	270	0.000	0.180	5.86
	现代临床护理	409	0.94	10.08	3.27	24	271	0.000	0.080	5.53
	现代泌尿外科杂志	196	0.78	12.66	4.88	26	146	0.000	0.200	5.68
	现代诊断与治疗	1710	1.00	5.21	1.69	30	1223	-	0.012	4.71
	血栓与止血学	81	0.86	9.75	3.27	19	67	0.010	0.160	5.99
	循证医学	80	0.92	11.54	2.78	20	49	0.000	0.090	5.47
	医学检验与临床	278	1.00	6.68	2.42	19	191	-	0.047	6.97
	医学临床研究	932	0.92	9.35	3.32	28	505	0.000	0.060	6.02
	影像诊断与介入放射学	123	0.88	10.49	4.25	16	84	0.020	0.080	6.51
	浙江临床医学	476	0.57	8.99	2.92	21	300	0.000	0.030	6.42
	诊断学理论与实践	152	0.96	17.20	3.90	12	59	0.000	0.260	5.58
	中国 CT 和 MRI 杂志	209	0.97	11.56	4.34	25	151	0.020	0.130	6.37
	中国感染控制杂志	146	0.97	7.29	4.12	27	127	0.000	0.110	5.08
	中国感染与化疗杂志	100	0.87	13.77	9.14	17	69	0.000	0.260	5.64
	中国骨科临床与基础研究杂志	75	0.95	19.96	4.64	16	52	-	0.360	5.53
	中国骨质疏松杂志	285	0.97	16.56	4.22	27	225	0.000	0.290	6.63
	中国呼吸与危重监护杂志	142	0.93	16.14	4.27	21	100	0.000	0.300	6.56
	中国护理管理	359	0.97	13.16	3.56	28	221	0.020	0.140	5.13

期刊类别	期刊名称	来源文献量	文献选出率	平均引文数	平均作者数	地区分布数	机构分布数	海外论文比	基金论文比	引用半衰期
临床医学	中国急救复苏与灾害医学杂志	356	0.77	9.03	3.85	27	201	0.000	0.130	5.27
	中国急救医学	322	0.95	12.38	4.42	29	243	0.000	0.280	5.55
	中国介入心脏病学杂志	102	0.86	11.83	5.70	23	67	0.000	0.170	6.32
	中国介入影像与治疗学	233	0.87	12.96	4.79	26	154	0.000	0.220	5.17
	中国临床护理	296	1.00	4.41	2.13	26	171	-	0.041	6.05
	中国临床解剖学杂志	181	0.88	12.67	5.51	25	125	0.010	0.420	7.29
	中国临床药学杂志	106	0.90	10.61	3.94	18	80	0.000	0.150	5.72
	中国临床医生	328	0.90	7.17	2.54	23	176	0.000	0.050	5.65
	中国临床医学	272	0.98	7.15	4.26	23	129	0.000	0.280	6.26
	中国临床医学影像杂志	268	0.73	10.35	4.62	27	215	0.000	0.140	6.86
	中国脑血管病杂志	151	0.91	20.25	4.95	20	89	0.010	0.480	5.65
	中国全科医学	1386	0.93	11.82	4.27	30	776	0.010	0.260	5.32
	中国实验诊断学	870	0.92	9.60	4.03	27	409	0.000	0.270	6.76
	中国实用护理杂志	975	0.54	8.49	2.59	30	595	0.000	0.090	5.02
	中国输血杂志	437	0.78	9.70	4.40	30	209	0.010	0.160	6.20
	中国疼痛医学杂志	208	0.81	11.27	4.23	26	127	0.000	0.150	6.20
	中国卫生检验杂志	1119	0.93	7.77	4.06	29	641	0.000	0.170	6.28
	中国误诊学杂志	4668	1.00	3.98	2.39	30	1572	-	0.024	5.61
	中国血吸虫病防治杂志	197	0.88	17.18	6.30	23	110	0.020	0.580	7.04
	中国循环杂志	136	0.84	11.03	5.57	24	69	0.000	0.230	5.66
	中国循证医学杂志	230	0.97	24.95	5.51	22	94	0.000	0.400	5.67
	中国中西医结合影像学杂志	192	0.77	10.89	3.99	23	149	0.010	0.140	7.35
	中国综合临床	462	0.95	11.32	4.20	30	344	0.000	0.140	5.87
	中华风湿病学杂志	208	0.83	16.09	5.43	26	127	0.000	0.440	5.68
	中华护理教育	203	0.99	9.97	3.24	27	132	-	0.335	4.47
	中华护理杂志	383	0.83	13.84	4.05	26	243	0.040	0.190	5.16
	中华急诊医学杂志	341	0.88	14.23	4.65	28	230	0.020	0.320	6.09
	中华检验医学杂志	270	0.92	15.44	4.98	24	158	0.010	0.400	5.28
	中华临床感染病杂志	109	0.89	12.33	4.57	19	90	0.000	0.210	4.82
	中华临床医师杂志(电子版)	2379	0.94	15.98	4.31	30	1036	0.000	0.210	5.36
	中华临床营养杂志	91	0.83	10.77	4.58	20	69	0.000	0.240	5.93
	中华生物医学工程杂志	119	0.94	15.30	4.85	14	72	0.010	0.530	6.44
	中华实用诊断与治疗杂志	433	0.72	10.64	4.08	27	270	0.000	0.220	4.95

期刊类别	期刊名称	来源文献量	文献选出率	平均引文数	平均作者数	地区分布数	机构分布数	海外论文比	基金论文比	引用半衰期
	中华现代护理杂志	1530	0.75	11.88	3.33	26	706	0.000	0.090	5.16
	中华医院感染学杂志	2106	0.79	6.73	3.61	30	993	0.000	0.100	3.32
	平均	554	0.87	10.74	3.73	24	303	0.004	0.175	5.73
内科学	Journal of Geriatric Cardiology	56	0.92	36.89	5.38	7	39	0.518	0.268	7.03
	South China Journal of Cardiology	37	1.00	16.68	5.89	7	20	-	0.378	7.42
	World Journal of Gastroenterology	1009	0.96	40.94	5.44	29	754	0.680	0.180	7.00
	传染病信息	116	0.94	17.45	5.32	17	51	0.010	0.660	4.22
	肝脏	229	0.65	13.19	4.11	27	150	0.000	0.240	5.77
	高原医学杂志	91	1.00	8.40	3.16	4	19	-	0.088	8.63
	国际病毒学杂志	71	0.95	17.21	4.58	15	53	0.000	0.540	5.10
	国际老年医学杂志	71	0.95	18.55	2.85	18	49	-	0.169	5.87
	国际内分泌代谢杂志	119	0.89	19.12	3.11	20	84	0.010	0.490	3.59
	国际消化病杂志	118	0.95	20.86	2.87	24	82	0.000	0.160	5.44
	国际心血管病杂志	118	0.92	18.89	3.39	19	77	0.010	0.380	4.66
	国际医学寄生虫病杂志	82	0.92	16.70	4.56	24	54	0.020	0.400	6.84
	罕少疾病杂志	125	1.00	9.32	3.46	19	85	-	0.040	7.51
	寄生虫病与感染性疾病	80	1.00	9.26	4.50	9	52	-	0.075	5.85
	江苏实用心电学杂志	179	0.99	4.27	2.53	26	117	-	0.067	6.36
	结核病与肺部健康杂志	52	0.98	15.04	3.50	16	41	-	0.192	3.39
	临床内科杂志	261	0.75	12.62	3.48	26	186	0.000	0.120	5.54
	临床消化病杂志	129	0.87	8.37	3.40	22	99	0.000	0.060	6.77
	临床心血管病杂志	289	0.92	11.64	4.87	29	202	0.010	0.280	5.55
	临床血液学杂志	133	0.89	13.92	4.62	24	103	0.010	0.220	5.91
	临床血液学杂志(输血与检验版)	36	1.00	5.53	3.42	8	30	-	0.028	6.19
	岭南心血管病杂志	182	0.93	11.68	3.88	21	118	0.010	0.180	6.81
	内科	361	1.00	9.00	2.11	16	173	-	0.100	5.84
	内科急危重症杂志	138	0.83	11.69	3.61	21	89	0.000	0.120	5.75
	内科理论与实践	113	0.93	18.35	4.37	13	46	0.000	0.320	4.79
	实用肝脏病杂志	214	0.91	15.94	3.77	25	146	0.000	0.290	5.11
	实用糖尿病杂志	238	1.00	7.68	2.68	28	189	-	-	6.49
	实用心脑肺血管病杂志	1302	1.00	6.04	2.07	30	939	0.001	0.035	6.05
	世界华人消化杂志	651	0.95	28.66	4.40	29	377	0.010	0.400	4.93
	胃肠病学	188	0.94	18.74	4.07	21	112	0.020	0.160	5.87

期刊类别	期刊名称	来源文献量	文献选出率	平均引文数	平均作者数	地区分布数	机构分布数	海外论文比	基金论文比	引用半衰期
内科学	胃肠病学和肝病学杂志	334	0.95	15.06	4.35	29	224	0.000	0.230	5.79
	现代消化及介入诊疗	109	0.78	13.59	3.89	19	81	0.000	0.150	5.78
	心电与循环	146	0.96	6.22	3.03	18	79	-	0.075	6.35
	心肺血管病杂志	215	0.93	12.46	5.04	21	79	0.010	0.240	5.86
	心脑血管病防治	186	0.85	8.05	3.55	3	112	0.000	0.090	6.29
	心血管病学进展	220	0.94	24.90	1.32	24	124	0.010	0.120	5.29
	心脏杂志	207	0.93	12.15	4.84	24	131	0.010	0.370	5.13
	疑难病杂志	330	0.72	14.57	3.59	27	245	0.000	0.090	4.78
	中国动脉硬化杂志	248	0.98	17.12	4.60	28	167	0.010	0.500	5.74
	中国分子心脏病学杂志	96	0.95	17.23	5.92	16	58	0.000	0.460	6.51
	中国肝脏病杂志(电子版)	55	0.85	19.47	3.53	20	36	0.000	0.200	5.21
	中国肛肠病杂志	552	0.98	2.92	2.54	28	381	-	0.033	6.72
	中国临床新医学	443	1.00	10.01	2.98	23	210	-	0.284	6.29
	中国实用内科杂志	279	0.86	7.85	3.63	26	152	0.010	0.270	5.34
	中国糖尿病杂志	269	0.91	8.04	4.62	29	191	0.010	0.280	5.61
	中国心血管病研究	250	0.93	13.79	4.40	26	177	0.000	0.120	6.89
	中国心血管杂志	139	0.94	11.17	3.99	16	85	0.000	0.140	5.50
	中国心脏起搏与心电生理杂志	157	0.82	9.86	4.97	23	99	0.010	0.200	5.97
	中国血液净化	172	0.83	16.07	4.38	23	113	0.010	0.210	7.05
	中国循证心血管医学杂志	188	0.85	14.85	4.16	27	122	0.010	0.180	5.79
	中国卒中杂志	148	0.80	21.02	3.83	21	78	0.010	0.280	6.21
	中华肺部疾病杂志(电子版)	134	0.93	12.99	3.54	23	88	0.010	0.160	6.11
	中华肝脏病杂志	242	0.91	12.61	4.94	26	151	0.000	0.510	4.71
	中华临床免疫和变态反应杂志	65	0.93	17.60	4.26	16	45	0.000	0.200	6.56
	中华内分泌代谢杂志	257	0.87	17.38	5.65	29	160	0.030	0.490	5.56
	中华内科杂志	271	0.80	15.06	5.03	25	122	0.010	0.350	5.39
	中华肾脏病杂志	207	0.78	16.80	5.87	28	115	0.000	0.570	5.99
	中华糖尿病杂志	171	0.78	17.26	4.94	24	93	0.020	0.390	5.05
	中华危重症医学杂志(电子版)	59	0.89	16.29	3.12	4	39	-	0.339	5.18
	中华消化内镜杂志	195	0.65	11.14	5.52	26	119	0.010	0.210	5.67
	中华消化杂志	233	0.82	12.71	4.99	24	130	0.000	0.330	5.68
	中华哮喘杂志(电子版)	88	0.99	19.32	3.89	22	68	-	0.443	5.96
	中华心律失常学杂志	97	0.78	18.89	6.29	17	48	0.010	0.280	6.48

期刊类别	期刊名称	来源文献量	文献选出率	平均引文数	平均作者数	地区分布数	机构分布数	海外论文比	基金论文比	引用半衰期
内科学	中华心血管病杂志	219	0.84	17.23	6.09	28	144	0.020	0.350	5.54
	中华胰腺病杂志	131	0.83	14.11	5.50	18	71	0.000	0.480	6.37
	平均	213	0.90	14.74	4.13	21	136	0.023	0.250	5.86
外科学	Asian Journal of Andrology	158	0.90	48.27	4.54	17	136	0.750	0.160	6.77
	Chinese Journal of Traumatology	84	0.92	16.61	5.12	15	55	0.420	0.250	7.96
	肠外与肠内营养	116	0.96	12.38	4.21	25	74	0.000	0.180	5.81
	创伤外科杂志	147	0.66	12.32	4.46	23	99	0.000	0.190	6.06
	腹部外科	159	0.83	6.19	3.66	22	109	0.010	0.080	6.86
	腹腔镜外科杂志	298	0.80	10.25	4.18	28	229	0.000	0.040	5.22
	肝胆外科杂志	176	0.94	10.56	3.82	23	131	0.010	0.100	6.30
	肝胆胰外科杂志	168	0.91	10.13	4.43	20	124	0.000	0.180	5.27
	骨科	80	0.87	8.75	3.49	15	63	0.000	0.110	7.07
	国际骨科学杂志	132	0.90	26.25	3.88	20	71	0.000	0.280	4.90
	国际麻醉学与复苏杂志	213	0.99	17.77	3.88	26	140	0.010	0.260	6.07
	国际泌尿系统杂志	254	0.99	19.81	3.03	24	168	0.000	0.150	5.66
	国际外科学杂志	270	0.92	17.71	3.74	25	158	0.000	0.220	5.18
	国际移植与血液净化杂志	89	1.00	13.12	3.63	26	69	-	0.157	6.66
	河南外科学杂志	793	1.00	4.78	1.61	17	386	-	0.001	6.51
	脊柱外科杂志	97	0.97	16.20	5.41	20	60	0.000	0.190	7.41
	结直肠肛门外科	143	0.80	9.46	3.43	21	99	0.000	0.120	6.83
	颈腰痛杂志	124	0.72	13.16	4.45	21	98	0.000	0.090	7.26
	局解手术学杂志	219	0.56	10.07	4.08	24	129	0.000	0.190	4.44
	抗感染药学	93	0.99	10.59	2.82	14	52	0.011	0.215	5.01
	临床外科杂志	323	0.74	9.10	4.10	24	197	0.000	0.100	5.12
	岭南现代临床外科	184	0.99	9.45	4.10	10	97	-	0.380	6.43
	麻醉与镇痛	89	1.00	30.89	5.96	1	75	0.921	-	9.71
	肾脏病与透析肾移植杂志	114	0.92	20.61	3.74	13	46	0.020	0.250	6.48
	生物骨科材料与临床研究	102	0.76	11.27	4.33	23	91	0.000	0.100	6.46
	实用手外科杂志	128	0.67	9.33	4.59	23	96	0.010	0.030	6.48
	外科理论与实践	151	0.96	16.07	3.82	14	58	0.000	0.310	6.25
	现代泌尿生殖肿瘤杂志	114	0.99	15.14	4.80	23	71	-	0.184	6.44
	浙江创伤外科	489	0.99	6.51	3.31	11	228	-	0.051	6.46
	中国骨与关节损伤杂志	186	0.29	10.30	4.89	24	149	0.010	0.180	5.57

期刊类别	期刊名称	来源文献量	文献选出率	平均引文数	平均作者数	地区分布数	机构分布数	海外论文比	基金论文比	引用半衰期
外科学	中国骨与关节外科	112	0.92	18.96	4.64	19	70	0.030	0.110	7.27
	中国脊柱脊髓杂志	239	0.93	17.10	5.29	28	145	0.000	0.230	6.61
	中国矫形外科杂志	667	0.89	12.74	4.65	29	400	0.010	0.220	5.80
	中国美容整形外科杂志	268	0.86	17.37	4.64	25	152	0.070	0.120	4.60
	中国普通外科杂志	405	0.92	14.48	4.29	30	307	0.000	0.210	5.49
	中国普外基础与临床杂志	312	0.80	22.93	4.39	26	182	0.010	0.170	5.80
	中国伤残医学	1475	1.00	4.45	2.40	29	722	0.001	0.014	6.80
	中国烧伤创疡杂志	140	1.00	5.86	1.86	25	80	0.079	0.043	9.37
	中国实用外科杂志	317	0.84	12.44	3.28	23	130	0.000	0.150	4.81
	中国体外循环杂志	68	0.96	14.06	6.10	20	55	0.030	0.220	5.75
	中国微创外科杂志	373	0.94	11.24	4.75	29	253	0.000	0.090	5.15
	中国现代普通外科进展	299	0.78	11.46	4.05	25	213	0.010	0.110	6.58
	中国现代手术学杂志	142	0.90	9.46	4.26	23	114	0.000	0.040	5.93
	中国胸心血管外科临床杂志	179	0.76	17.78	5.17	25	108	0.000	0.180	5.86
	中国修复重建外科杂志	362	0.95	19.49	5.14	28	237	0.010	0.300	5.43
	中国血管外科杂志(电子版)	85	0.98	13.26	4.21	18	49	-	0.118	5.96
	中国中西医结合外科杂志	237	0.73	6.59	3.32	18	130	0.000	0.090	5.80
	中华创伤骨科杂志	264	0.88	14.28	5.16	24	170	0.050	0.330	6.43
	中华创伤杂志	301	0.92	14.33	5.03	25	198	0.000	0.300	6.09
	中华肝胆外科杂志	249	0.85	14.96	5.68	27	165	0.010	0.330	5.96
	中华骨科杂志	211	0.90	17.72	5.91	25	117	0.020	0.290	7.37
	中华骨质疏松和骨矿盐疾病杂志	57	0.90	20.21	5.02	16	44	0.020	0.420	5.86
	中华关节外科杂志(电子版)	155	0.87	14.94	4.77	22	103	0.020	0.240	6.93
	中华泌尿外科杂志	207	0.66	14.34	6.48	27	116	0.000	0.200	5.30
	中华内分泌外科杂志	120	0.78	13.97	4.43	21	83	0.000	0.390	5.23
	中华普通外科学文献(电子版)	118	1.00	11.97	4.76	16	61	-	0.229	5.97
	中华普通外科杂志	256	0.60	9.79	5.96	24	146	0.010	0.250	5.17
	中华普外科手术学杂志(电子版)	82	1.00	17.77	4.37	20	51	-	0.439	4.51
	中华器官移植杂志	180	0.79	13.59	6.42	22	88	0.010	0.470	5.84
	中华腔镜泌尿外科杂志(电子版)	112	0.90	11.16	5.67	23	83	0.000	0.190	5.93
	中华腔镜外科杂志(电子版)	125	1.00	10.86	4.28	26	84	-	0.088	5.10
	中华疝和腹壁外科杂志(电子版)	127	0.93	11.68	3.73	28	110	0.000	0.050	5.87
	中华烧伤杂志	125	0.72	11.51	5.22	24	79	0.010	0.420	4.64

期刊类别	期刊名称	来源文献量	文献选出率	平均引文数	平均作者数	地区分布数	机构分布数	海外论文比	基金论文比	引用半衰期
外科学	中华实验和临床感染病杂志(电子版)	150	0.91	14.09	4.67	24	98	0.000	0.330	5.07
	中华实验外科杂志	821	0.79	10.32	5.34	29	320	0.020	0.610	5.98
	中华手外科杂志	118	0.63	8.70	5.44	22	85	0.000	0.210	7.94
	中华损伤与修复杂志(电子版)	148	0.90	12.74	4.57	25	101	0.000	0.260	5.68
	中华外科杂志	300	0.87	14.24	6.09	25	161	0.000	0.310	6.05
	中华胃肠外科杂志	328	0.78	13.79	4.70	25	147	0.000	0.330	5.12
	中华显微外科杂志	179	0.79	11.23	5.47	26	136	0.000	0.270	6.04
	中华消化外科杂志	153	0.87	11.57	4.75	27	91	0.010	0.670	4.53
	中华胸心血管外科杂志	222	0.80	14.61	5.93	23	131	0.010	0.270	6.42
	中华医学美学美容杂志	133	0.73	11.66	4.59	23	109	0.000	0.190	6.98
	中华移植杂志(电子版)	51	0.93	16.51	5.10	13	36	0.059	0.412	5.04
	中华整形外科杂志	124	0.78	14.24	5.18	22	90	0.010	0.250	6.79
	组织工程与重建外科杂志	96	0.96	17.71	3.80	18	59	0.050	0.350	6.53
	平均	222	0.86	13.91	4.51	22	133	0.036	0.214	6.08
妇产科学与儿科学	Journal of Reproduction and Contraception	27	1.00	22.41	4.37	8	22	0.111	0.407	7.35
	儿科药学杂志	262	0.88	11.85	2.75	26	161	0.000	0.060	5.61
	国际儿科学杂志	189	0.97	25.47	1.42	20	98	0.000	0.240	5.10
	国际妇产科学杂志	167	0.95	19.60	2.20	24	101	0.000	0.220	4.32
	国际生殖健康/计划生育杂志	126	0.91	18.44	2.68	25	81	0.010	0.250	4.85
	临床儿科杂志	303	0.90	14.34	4.51	28	172	0.010	0.190	5.95
	临床小儿外科杂志	154	0.79	11.12	4.29	24	95	0.010	0.080	6.32
	生殖医学杂志	149	0.91	15.72	4.14	21	102	0.010	0.260	6.86
	生殖与避孕	163	0.95	18.55	4.61	24	111	0.000	0.370	6.08
	实用妇产科杂志	317	0.79	8.63	3.52	28	184	0.000	0.180	5.61
	现代妇产科进展	251	0.80	14.36	3.76	27	154	0.010	0.310	5.10
	中国产前诊断杂志(电子版)	41	0.61	11.85	3.59	14	30	-	0.268	7.58
	中国当代儿科杂志	245	0.96	16.56	4.91	25	139	0.020	0.260	5.48
	中国儿童保健杂志	391	0.95	11.37	3.99	27	246	0.010	0.340	5.40
	中国妇产科临床杂志	144	0.80	12.04	3.94	25	97	0.010	0.150	4.90
	中国妇幼保健	2244	0.90	8.05	3.41	31	1274	0.000	0.160	5.96
	中国妇幼卫生杂志	87	0.98	9.18	3.18	21	62	-	0.103	5.43
	中国计划生育学杂志	257	0.82	8.35	3.55	27	163	0.000	0.230	6.01

期刊类别	期刊名称	来源文献量	文献选出率	平均引文数	平均作者数	地区分布数	机构分布数	海外论文比	基金论文比	引用半衰期
妇产科学与儿科学	中国生育健康杂志	159	0.78	8.97	3.33	26	139	0.000	0.170	6.21
	中国实用儿科杂志	262	0.87	15.89	3.77	23	113	0.000	0.160	4.89
	中国实用妇科与产科杂志	303	0.92	12.28	3.14	23	147	0.000	0.140	5.51
	中国小儿急救医学	200	0.75	13.72	3.42	25	105	0.010	0.100	5.82
	中国小儿血液与肿瘤杂志	74	0.93	13.88	4.34	19	48	0.010	0.150	6.30
	中国新生儿科杂志	122	0.82	13.49	4.16	22	98	0.000	0.110	5.33
	中国循证儿科杂志	86	0.91	21.57	6.05	14	38	0.060	0.360	6.76
	中国优生与遗传杂志	605	0.76	10.10	4.04	28	392	0.000	0.180	7.47
	中国中西医结合儿科学	275	1.00	6.93	2.63	27	175	-	0.073	6.38
	中华儿科杂志	189	0.79	19.57	4.86	19	89	0.020	0.280	5.98
	中华妇产科杂志	232	0.86	14.94	4.76	23	121	0.030	0.340	5.77
	中华妇幼临床医学杂志(电子版)	209	0.81	12.02	3.46	23	148	0.000	0.260	6.35
	中华实用儿科临床杂志	602	0.87	16.83	4.35	30	245	0.000	0.370	2.96
	中华围产医学杂志	172	0.81	17.65	4.14	19	99	0.020	0.280	5.47
	中华小儿外科杂志	254	0.83	13.43	5.48	26	117	0.010	0.300	6.91
	中医儿科杂志	160	0.98	5.95	1.89	25	117	0.006	0.112	6.49
	平均	277	0.87	13.97	3.78	23	161	0.011	0.220	5.84
肿瘤学	Cancer Biology & Medicine	45	1.00	29.24	5.13	10	30	0.267	0.444	6.18
	Chinese Journal of Cancer	75	0.86	42.68	5.60	11	51	0.440	0.270	7.35
	Chinese Journal of Cancer Research	64	1.00	29.78	5.23	16	54	0.190	0.420	6.80
	Chinese-German Journal of Clinical Oncology	155	0.91	16.57	4.90	24	107	0.170	0.190	7.51
	癌变·畸变·突变	117	0.98	14.46	5.50	25	74	0.000	0.650	6.34
	癌症进展	133	0.94	19.88	3.70	17	81	0.000	0.170	5.47
	白血病·淋巴瘤	231	0.86	15.38	4.68	26	151	0.010	0.260	6.00
	国际肿瘤学杂志	278	0.97	20.76	2.81	26	191	0.000	0.400	3.61
	临床肿瘤学杂志	262	0.93	17.15	4.66	27	173	0.010	0.260	4.31
	实用癌症杂志	214	0.82	13.08	3.51	25	172	0.000	0.140	6.35
	实用肿瘤学杂志	126	0.95	18.04	3.86	19	55	0.000	0.400	5.71
	实用肿瘤杂志	176	0.95	15.82	4.32	27	136	0.010	0.290	5.50
	现代肿瘤医学	843	0.92	15.24	4.30	30	472	0.010	0.340	5.77
	中国癌症防治杂志	104	1.00	12.04	4.00	16	43	0.010	0.471	5.90
	中国癌症杂志	184	0.97	16.96	4.99	24	106	0.010	0.340	5.45

期刊类别	期刊名称	来源文献量	文献选出率	平均引文数	平均作者数	地区分布数	机构分布数	海外论文比	基金论文比	引用半衰期
肿瘤学	中国肺癌杂志	126	0.89	20.57	4.99	23	75	0.030	0.420	5.29
	中国骨与关节杂志	148	0.97	15.32	4.39	22	100	0.000	0.110	6.95
	中国肿瘤	233	0.96	13.55	4.42	26	144	0.010	0.270	5.09
	中国肿瘤临床	516	0.93	14.61	5.00	29	243	0.010	0.340	4.66
	中国肿瘤临床与康复	201	0.93	9.23	3.69	24	163	0.000	0.070	6.17
	中国肿瘤生物治疗杂志	127	0.96	26.53	4.51	24	92	0.000	0.850	4.31
	中国肿瘤外科杂志	143	1.00	9.51	3.62	20	99	-	0.217	6.35
	中华放射肿瘤学杂志	160	0.89	15.28	6.96	21	84	0.020	0.490	6.42
	中华乳腺病杂志(电子版)	98	0.84	15.77	4.12	21	75	0.040	0.180	5.31
	中华肿瘤防治杂志	505	0.95	15.47	4.63	27	313	0.000	0.400	4.01
	中华肿瘤杂志	206	0.93	14.68	6.11	22	123	0.010	0.390	6.15
	肿瘤	187	0.94	18.59	5.26	23	122	0.010	0.530	4.72
	肿瘤防治研究	400	0.95	14.74	4.34	29	268	0.000	0.370	5.63
	肿瘤基础与临床	212	1.00	8.59	3.05	20	138	-	0.071	6.23
	肿瘤学杂志	266	0.92	14.59	4.20	26	197	0.010	0.190	5.11
	肿瘤研究与临床	292	0.89	13.30	4.06	22	201	0.000	0.150	6.53
	肿瘤药学	128	0.97	17.92	3.72	19	92	0.016	0.289	4.10
	肿瘤预防与治疗	107	0.95	13.10	4.03	12	50	0.010	0.190	5.91
	平均	214	0.94	17.23	4.49	22	135	0.039	0.320	5.67
神经病与精神病学	Neural Regeneration Research	405	1.00	34.12	5.31	27	260	0.119	0.704	6.60
	Neuroscience Bulletin	80	0.94	57.44	4.60	17	67	0.340	0.710	7.03
	癫痫与神经电生理学杂志	105	0.94	11.54	3.95	26	86	0.000	0.140	6.90
	国际精神病学杂志	78	0.96	13.37	2.96	21	55	0.010	0.180	6.09
	国际神经病学神经外科学杂志	156	0.98	22.72	2.53	25	116	0.010	0.330	4.49
	精神医学杂志	157	0.89	14.42	3.82	21	98	0.010	0.200	7.32
	立体定向和功能性神经外科杂志	105	0.96	11.93	5.27	20	73	0.000	0.230	6.43
	临床精神医学杂志	138	0.62	11.25	4.51	20	94	0.000	0.230	6.64
	临床神经病学杂志	160	0.74	14.19	4.33	24	133	0.010	0.240	6.43
	临床神经外科杂志	124	0.74	12.23	4.91	20	96	0.000	0.150	6.49
	脑与神经疾病杂志	145	0.94	11.83	4.54	24	107	0.010	0.240	7.07
	上海精神医学	56	0.81	21.32	3.09	12	37	0.230	0.300	6.49
	神经病学与神经康复学杂志	16	0.50	12.06	6.50	6	11	-	0.438	6.90
	神经疾病与精神卫生	205	0.97	16.20	4.15	23	140	0.000	0.270	6.54

期刊类别	期刊名称	来源文献量	文献选出率	平均引文数	平均作者数	地区分布数	机构分布数	海外论文比	基金论文比	引用半衰期
神经病与精神病学	神经解剖学杂志	126	0.99	21.03	4.85	25	73	0.010	0.770	5.69
	四川精神卫生	95	1.00	8.16	2.81	15	44	-	0.053	7.36
	中风与神经疾病杂志	342	0.90	14.70	4.28	28	190	0.000	0.340	6.98
	中国临床神经科学	137	0.94	20.61	4.56	19	83	0.010	0.300	6.59
	中国临床神经外科杂志	264	0.86	10.32	4.95	28	173	0.000	0.130	6.81
	中国临床心理学杂志	249	0.99	18.56	3.69	25	106	0.020	0.510	7.72
	中国神经精神疾病杂志	177	0.86	17.08	5.60	28	116	0.030	0.510	5.55
	中国神经免疫学和神经病学杂志	116	0.79	13.09	3.97	17	66	0.000	0.410	6.11
	中国实用神经疾病杂志	515	0.33	8.78	3.12	25	316	0.000	0.050	6.18
	中国微侵袭神经外科杂志	185	0.77	10.13	5.39	28	115	0.010	0.330	4.47
	中国现代神经疾病杂志	120	0.74	16.08	4.80	20	67	0.010	0.350	5.62
	中国心理卫生杂志	194	0.94	19.80	4.69	28	104	0.030	0.550	7.38
	中华精神科杂志	81	0.57	18.53	5.99	18	51	0.050	0.530	6.08
	中华脑血管病杂志(电子版)	71	0.99	15.73	3.42	20	53	-	0.268	5.52
	中华神经科杂志	192	0.69	18.13	5.15	26	114	0.000	0.380	5.32
	中华神经外科疾病研究杂志	157	0.79	13.45	4.80	26	108	0.010	0.340	7.30
	中华神经外科杂志	360	0.85	14.66	5.76	29	189	0.010	0.350	5.81
	中华神经医学杂志	315	0.93	14.59	5.23	27	206	0.000	0.370	5.16
	中华行为医学与脑科学杂志	365	0.95	15.73	4.72	26	222	0.010	0.550	5.07
	卒中与神经疾病	116	0.86	13.28	3.97	17	80	0.000	0.190	6.76
	平均	179	0.85	16.68	4.48	22	113	0.028	0.342	6.32
皮肤病与性病学	国际皮肤性病学杂志	128	0.81	18.89	3.07	17	65	0.000	0.230	4.45
	临床皮肤科杂志	292	0.72	8.79	4.16	26	162	0.000	0.070	7.29
	皮肤病与性病	209	0.98	5.52	3.10	22	121	-	0.081	7.47
	皮肤性病诊疗学杂志	140	0.99	8.95	3.86	11	70	0.007	0.157	5.10
	实用皮肤病学杂志	122	0.70	8.36	3.87	21	98	0.000	0.090	6.06
	中国艾滋病性病	280	0.82	9.08	5.54	28	180	0.030	0.290	5.63
	中国麻风皮肤病杂志	209	0.37	9.88	3.77	24	158	0.000	0.180	7.16
	中国皮肤性病学杂志	400	0.78	9.83	4.34	30	263	0.000	0.230	6.09
	中国性科学	285	0.90	8.34	2.82	27	213	0.020	0.160	5.89
	中国医学文摘-皮肤科学	48	0.98	6.15	2.88	20	46	-	0.042	5.36
	中国中西医结合皮肤性病学杂志	113	0.52	9.10	3.54	22	92	0.010	0.200	6.70
	中华皮肤科杂志	266	0.69	9.97	5.08	29	166	0.020	0.360	6.56

期刊类别	期刊名称	来源文献量	文献选出率	平均引文数	平均作者数	地区分布数	机构分布数	海外论文比	基金论文比	引用半衰期
	平均	207	0.77	9.41	3.84	23	136	0.007	0.174	6.15
眼耳鼻咽喉科学	Eye Science	50	1.00	13.08	4.34	14	41	0.060	0.320	7.47
	Journal of Otology	20	1.00	29.30	3.35	6	10	0.050	0.200	>10
	国际耳鼻咽喉头颈外科杂志	95	0.92	24.65	2.64	23	61	0.000	0.250	6.47
	国际眼科杂志	833	0.91	11.79	3.54	30	521	0.030	0.140	7.37
	国际眼科纵览	82	0.98	31.76	2.46	16	51	-	0.305	5.79
	临床耳鼻咽喉头颈外科杂志	336	0.81	11.14	4.44	29	237	0.000	0.240	6.83
	临床眼科杂志	185	0.83	9.48	3.54	27	140	0.000	0.080	7.84
	器官移植	74	1.00	20.00	5.09	18	44	-	0.757	5.66
	山东大学耳鼻喉眼学报	179	0.88	11.33	3.99	23	131	0.000	0.180	6.98
	实用防盲技术	59	0.97	7.10	2.80	11	35	0.034	-	7.52
	听力学及言语疾病杂志	169	0.88	12.79	4.15	24	109	0.010	0.360	7.41
	眼科	102	0.74	11.51	3.72	15	48	0.040	0.180	7.57
	眼科新进展	348	0.98	15.39	4.29	26	228	0.000	0.350	6.67
	中国耳鼻咽喉颅底外科杂志	153	0.89	10.93	4.20	25	123	0.000	0.170	6.65
	中国耳鼻咽喉头颈外科	202	0.78	9.95	4.99	26	157	0.020	0.250	6.79
	中国实用眼科杂志	401	0.87	12.36	4.07	27	254	0.000	0.130	7.90
	中国斜视与小儿眼科杂志	67	0.89	7.94	3.58	18	58	0.000	0.060	8.38
	中国眼耳鼻喉科杂志	116	0.73	12.86	3.16	19	75	0.020	0.230	6.65
	中国医学文摘-耳鼻咽喉科学	77	0.66	10.27	1.74	17	44	0.065	0.091	6.64
	中国中西医结合耳鼻咽喉科杂志	152	0.85	10.49	3.44	21	130	0.010	0.130	8.31
	中国中医眼科杂志	158	0.89	8.92	3.04	25	110	0.010	0.180	8.16
	中华耳鼻咽喉头颈外科杂志	239	0.78	17.49	5.03	23	134	0.020	0.390	6.61
	中华耳科学杂志	133	0.92	14.95	4.48	20	75	0.020	0.540	7.06
	中华实验眼科杂志	260	0.90	19.58	3.98	26	158	0.010	0.410	7.10
	中华眼底病杂志	174	0.85	18.76	4.47	25	93	0.010	0.330	6.15
	中华眼科杂志	248	0.85	18.06	4.06	24	131	0.040	0.190	6.96
	中华眼视光学与视觉科学杂志	194	0.94	14.20	4.30	24	118	0.000	0.240	7.44
	中华眼外伤职业眼病杂志	292	0.78	11.24	3.49	28	237	0.000	0.050	7.19
	平均	192	0.87	14.55	3.80	21	126	0.016	0.241	7.23
	International Journal of Oral Science	40	0.98	38.00	4.95	7	31	0.550	0.450	8.19
	北京口腔医学	111	0.90	13.07	3.55	14	53	0.040	0.390	7.24
	广东牙病防治	173	0.98	12.48	3.72	20	105	-	0.306	6.81

期刊类别	期刊名称	来源文献量	文献选出率	平均引文数	平均作者数	地区分布数	机构分布数	海外论文比	基金论文比	引用半衰期
口腔科学	国际口腔医学杂志	224	0.97	21.74	2.21	26	102	0.000	0.410	6.74
	华西口腔医学杂志	153	0.94	13.25	4.42	27	85	0.010	0.520	7.31
	口腔材料器械杂志	55	0.87	15.15	2.80	17	32	0.000	0.470	6.26
	口腔颌面外科杂志	118	0.95	13.16	3.35	23	83	0.010	0.330	7.19
	口腔颌面修复学杂志	91	0.93	14.33	3.90	15	61	0.010	0.270	6.07
	口腔生物医学	53	1.00	17.15	4.25	12	23	-	0.736	6.29
	口腔医学	237	0.81	11.86	3.62	23	159	0.000	0.320	7.00
	口腔医学研究	369	0.87	11.45	3.94	28	207	0.010	0.330	7.77
	临床口腔医学杂志	243	0.80	11.54	3.83	26	158	0.010	0.370	7.78
	上海口腔医学	148	0.94	15.90	4.30	14	77	0.010	0.570	7.52
	实用口腔医学杂志	189	0.95	12.03	4.28	29	129	0.010	0.430	7.18
	现代口腔医学杂志	109	0.85	15.58	3.83	22	89	0.050	0.290	7.35
	牙体牙髓牙周病学杂志	181	0.85	14.83	4.08	24	96	0.010	0.410	6.93
	中国口腔颌面外科杂志	103	0.89	17.96	4.86	16	38	0.020	0.610	7.31
	中国口腔医学继续教育杂志	54	1.00	-	4.78			-	0.019	-
	中国口腔种植学杂志	55	1.00	15.00	3.60	17	49	0.055	0.236	8.69
	中国实用口腔科杂志	200	1.00	14.51	2.83	20	93	-	0.385	6.87
	中华口腔医学研究杂志(电子版)	95	0.90	16.32	4.19	14	48	0.060	0.470	6.10
	中华口腔医学杂志	162	0.78	17.76	3.78	23	81	0.010	0.480	6.23
	中华口腔正畸学杂志	47	0.82	13.23	3.47	15	37	0.000	0.300	8.57
	中华老年口腔医学杂志	89	0.92	16.22	3.84	20	54	0.010	0.290	6.76
	平均	137	0.91	15.11	3.85	18	78	0.036	0.391	6.84
特种医学	法医学杂志	117	0.66	10.99	4.98	19	57	0.000	0.500	6.96
	放射免疫学杂志	200	0.45	9.16	3.20	21	159	0.000	0.060	7.27
	放射学实践	342	0.75	11.18	4.68	23	232	0.000	0.130	6.53
	国际放射医学核医学杂志	95	0.99	18.18	4.32	22	61	-	0.484	6.34
	国际医学放射学杂志	92	0.90	26.59	2.77	17	62	0.000	0.300	4.64
	海军医学杂志	179	0.72	6.20	3.20	13	84	0.000	0.070	6.50
	航天医学与医学工程	103	0.94	16.61	5.02	17	47	0.010	0.780	8.01
	介入放射学杂志	252	0.92	14.31	5.15	28	187	0.000	0.140	5.80
	空军医学杂志	94	0.87	9.48	3.19	15	35	-	0.074	6.49
	临床超声医学杂志	236	0.56	9.37	4.25	25	187	0.000	0.200	5.98
	临床放射学杂志	407	0.79	12.65	5.26	29	290	0.000	0.180	6.54

期刊类别	期刊名称	来源文献量	文献选出率	平均引文数	平均作者数	地区分布数	机构分布数	海外论文比	基金论文比	引用半衰期
特种医学	实用放射学杂志	516	0.82	13.50	4.91	29	334	0.000	0.170	6.47
	医学影像学杂志	525	0.69	10.10	4.14	24	366	0.000	0.100	6.13
	中国超声医学杂志	321	0.69	7.99	5.19	26	195	0.010	0.390	6.26
	中国法医学杂志	146	0.55	8.66	4.68	22	83	0.000	0.270	7.54
	中国激光医学杂志	75	0.80	15.88	4.35	19	59	0.010	0.240	6.90
	中国内镜杂志	391	0.94	10.58	4.83	29	282	0.000	0.070	5.85
	中国体视学与图像分析	63	0.97	11.17	4.73	15	40	0.050	0.600	6.72
	中国现代医药杂志	629	1.00	7.48	2.67	30	404	-	0.060	6.17
	中国医学计算机成像杂志	133	0.99	10.72	4.95	18	85	0.000	0.340	6.09
	中国医学影像技术	540	0.77	12.39	4.95	31	271	0.010	0.320	5.40
	中国医学影像学杂志	259	0.93	11.72	4.46	28	201	0.000	0.190	5.81
	中华超声影像学杂志	272	0.68	11.21	6.12	27	162	0.010	0.520	5.88
	中华放射学杂志	254	0.79	13.63	5.93	26	174	0.010	0.330	5.94
	中华放射医学与防护杂志	186	0.97	13.61	5.80	26	110	0.010	0.530	6.02
	中华航海医学与高气压医学杂志	111	0.78	10.66	5.12	15	65	0.000	0.380	7.55
	中华航空航天医学杂志	73	0.72	18.44	5.18	12	30	0.000	0.210	7.85
	中华核医学与分子影像杂志	105	0.74	14.70	5.70	18	77	0.020	0.450	5.50
	中华医学超声杂志(电子版)	270	0.91	12.33	4.67	25	166	0.000	0.180	6.21
	平均	232	0.78	11.98	4.48	21	150	0.005	0.276	6.18
药学	Acta Pharmacologica Sinica	190	0.95	42.63	6.27	17	111	0.230	0.680	6.97
	Fujian Medical Journal	424	0.71	6.50	3.07	6	132	-	0.064	6.76
	Journal of Chinese Pharmaceutical Sciences	76	0.95	28.47	4.95	10	33	0.080	0.670	8.54
	北方药学	1490	1.00	4.32	1.78	31	989	-	0.028	5.82
	东南国防医药	200	0.77	10.91	4.23	10	82	0.000	0.120	4.64
	国际药学研究杂志	91	0.92	24.65	3.86	18	56	0.000	0.600	5.15
	国外医药(抗生素分册)	82	1.00	9.05	1.89	13	65	-	0.085	5.79
	海峡药学	1921	1.00	7.13	1.98	22	795	-	0.053	5.70
	河北医药	1045	0.42	9.26	3.79	26	505	0.000	0.090	6.58
	华西药学杂志	266	0.97	6.73	4.49	27	125	0.000	0.390	6.66
	解放军药学学报	179	0.95	9.05	4.42	23	104	0.000	0.270	5.55
	今日药学	232	0.95	10.06	3.58	16	137	-	0.323	5.37
	临床合理用药杂志	5294	1.00	3.95	1.83	30	2586	0.001	0.012	6.00

期刊类别	期刊名称	来源文献量	文献选出率	平均引文数	平均作者数	地区分布数	机构分布数	海外论文比	基金论文比	引用半衰期
药学	临床药物治疗杂志	89	0.98	20.29	2.52	14	61	0.000	0.100	5.76
	山西医药杂志	845	0.99	4.91	2.62	24	381	-	0.107	6.96
	上海医药	425	0.92	7.87	2.42	18	235	-	0.122	5.13
	实用药物与临床	345	0.87	10.13	2.88	23	211	0.000	0.090	4.31
	世界临床药物	169	0.90	19.03	3.08	15	82	0.000	0.240	5.17
	天津药学	189	0.99	10.28	2.02	16	90	-	0.005	4.59
	西北药学杂志	243	0.96	10.82	3.86	26	136	0.000	0.320	5.96
	现代药物与临床	147	0.96	18.37	3.84	21	82	0.000	0.340	5.32
	药品评价	376	0.96	13.96	2.41	24	160	0.005	0.072	5.89
	药物不良反应杂志	113	0.74	12.03	3.42	24	86	0.010	0.070	5.09
	药物分析杂志	499	0.98	11.48	4.67	30	240	0.010	0.420	6.10
	药物流行病学杂志	220	0.84	8.24	2.97	24	170	0.000	0.040	4.66
	药物生物技术	131	0.96	16.89	4.37	16	55	0.000	0.470	5.85
	药学服务与研究	127	0.77	9.73	3.89	18	79	0.000	0.290	4.15
	药学进展	75	0.72	21.93	3.52	11	26	-	0.453	4.51
	药学实践杂志	141	0.97	12.89	3.91	17	79	0.010	0.310	5.54
	药学学报	266	0.96	23.81	5.24	27	137	0.020	0.770	5.43
	药学与临床研究	160	0.92	13.23	3.26	12	78	0.010	0.230	5.61
	医药导报	583	0.91	9.62	3.54	28	354	0.000	0.180	5.46
	医药工程设计	101	1.00	4.74	1.60	18	58	0.020	-	9.60
	中国处方药	52	0.85	10.31	2.13	16	36	-	0.019	6.26
	中国海洋药物	68	0.97	17.00	4.99	11	35	0.000	0.820	7.35
	中国基层医药	798	0.30	10.47	2.91	31	577	0.000	0.070	3.92
	中国抗生素杂志	191	0.96	18.48	4.73	26	133	0.010	0.520	6.74
	中国临床药理学与治疗学	269	0.97	17.55	4.70	22	153	0.010	0.490	5.51
	中国临床药理学杂志	287	0.98	8.26	4.55	27	187	0.000	0.220	5.34
	中国生化药物杂志	307	1.00	10.98	3.78	28	200	0.010	0.370	5.32
	中国天然药物	90	0.95	22.84	4.67	18	66	0.240	0.630	8.26
	中国现代药物应用	2914	1.00	3.85	1.82	30	1556	-	0.014	6.33
	中国现代应用药学	299	0.94	10.75	4.06	28	211	0.000	0.420	5.51
	中国新药与临床杂志	166	0.97	17.57	4.36	24	114	0.010	0.260	5.50
	中国新药杂志	630	0.95	15.70	4.18	28	345	0.010	0.410	5.16
	中国药房	1751	0.98	9.19	3.62	30	930	0.010	0.220	5.06

期刊类别	期刊名称	来源文献量	文献选出率	平均引文数	平均作者数	地区分布数	机构分布数	海外论文比	基金论文比	引用半衰期
药学	中国药理学通报	411	0.96	16.20	5.33	27	213	0.020	0.930	4.89
	中国药理学与毒理学杂志	144	0.96	22.63	4.59	23	93	0.060	0.800	5.95
	中国药品标准	104	0.99	5.03	3.11	24	61	0.010	0.077	6.40
	中国药师	675	0.90	7.90	3.58	28	388	0.000	0.190	5.28
	中国药事	414	1.00	10.07	2.91	29	213	-	0.150	5.06
	中国药物化学杂志	77	0.72	20.70	4.74	18	40	0.000	0.600	6.55
	中国药物经济学	1121	1.00	4.33	1.65	30	794	-	0.017	5.28
	中国药物警戒	207	0.74	9.43	3.23	25	128	0.000	0.290	5.91
	中国药物滥用防治杂志	131	0.98	7.21	2.59	24	108	-	0.122	6.66
	中国药物依赖性杂志	110	0.94	16.55	4.07	24	75	0.020	0.450	6.66
	中国药物应用与监测	112	0.91	12.14	3.74	19	61	0.000	0.150	4.16
	中国药物与临床	572	0.67	6.97	3.28	24	264	0.000	0.230	7.09
	中国药学杂志	480	0.92	14.63	4.75	29	277	0.010	0.590	5.65
	中国药业	575	0.37	8.48	3.03	28	411	0.000	0.100	5.65
	中国医药导刊	736	0.57	11.44	2.47	27	567	0.000	0.020	3.94
	中国医院药学杂志	635	0.84	9.96	4.08	30	395	0.000	0.320	5.62
	中国医院用药评价与分析	393	1.00	8.86	2.96	28	281	-	0.059	4.76
	中国执业药师	154	0.97	10.88	2.40	24	102	0.013	0.169	5.49
	中南药学	273	0.97	15.47	3.89	22	143	0.000	0.360	5.47
	中药新药与临床药理	188	0.97	10.88	4.94	21	85	0.020	0.750	6.09
	平均	485	0.90	12.66	3.55	22	269	0.013	0.286	5.75
大学学报(工业技术)	Journal of Central South University	483	0.99	19.95	3.57	23	147	0.149	0.905	7.04
	Journal of Harbin Institute of Technology	128	1.00	14.02	3.80	16	41	0.008	0.805	7.34
	Journal of Wuhan University of Technology (Materials Science Edition)	232	0.99	17.16	4.34	26	113	0.060	0.790	8.16
	安阳工学院学报	242	1.00	6.49	1.49	19	118	-	0.240	7.19
	北方工业大学学报	68	1.00	7.18	2.13	3	4	-	0.529	7.38
	北京工业大学学报	344	0.96	12.32	3.72	24	89	0.020	0.960	7.57
	北京科技大学学报	241	0.97	13.53	4.17	14	41	0.020	0.720	6.93
	北京理工大学学报	258	0.96	11.04	3.71	21	68	0.010	0.780	7.76
	长春理工大学学报(自然科学版)	196	1.00	7.98	3.30	13	47	0.020	0.330	7.51
	常熟理工学院学报	342	1.00	8.02	1.76	21	106	-	0.395	7.97

期刊类别	期刊名称	来源文献量	文献选出率	平均引文数	平均作者数	地区分布数	机构分布数	海外论文比	基金论文比	引用半衰期
大学学报(工业技术)	常州工学院学报	135	1.00	6.47	1.82	17	69	-	0.296	4.77
	重庆理工大学学报(自然科学版)	300	0.97	11.87	2.82	22	92	0.000	0.480	6.08
	福建工程学院学报	132	0.99	7.64	1.45	9	34	0.008	0.538	7.41
	广东工业大学学报	82	1.00	14.88	3.05	8	18	-	0.683	6.96
	广西工学院学报	80	0.96	9.93	2.92	4	8	-	1.000	5.98
	桂林理工大学学报	117	0.97	11.88	3.57	18	64	0.000	0.790	7.43
	哈尔滨工业大学学报	341	0.99	13.68	3.67	13	49	0.010	0.840	7.26
	哈尔滨理工大学学报	157	0.96	12.64	3.24	19	52	0.000	0.720	5.90
	海军工程大学学报	135	0.96	9.24	3.21	12	16	0.000	0.550	6.61
	河北工业大学学报	146	0.99	9.82	3.24	9	39	0.000	0.770	7.00
	河北科技大学学报	123	0.96	9.98	3.35	17	42	0.020	0.620	6.19
	河南城建学院学报	135	1.00	7.42	2.24	17	68	-	0.356	6.75
	黑龙江大学工程学报	70	0.99	13.04	3.21	12	25	-	0.814	8.61
	黑龙江工程学院学报(自然科学版)	83	1.00	9.65	3.17	7	17	-	0.771	7.88
	后勤工程学院学报	105	1.00	15.62	4.29	10	15	0.010	0.448	6.28
	湖北工业大学学报	201	1.00	6.12	2.50	10	38	-	0.363	6.50
	湖北理工学院学报	107	1.00	7.55	2.41	6	22	-	0.589	5.90
	湖南工业大学学报	139	1.00	10.06	3.29	11	27	-	0.612	5.96
	淮阴工学院学报	106	0.99	9.81	1.55	15	62	-	0.406	6.97
	黄河科技大学学报	199	1.00	7.89	1.19	23	96	-	0.387	>10
	吉林大学学报(工学版)	280	1.00	10.83	4.09	21	74	0.020	0.960	6.48
	交通运输部管理干部学院学报	38	1.00	1.18	1.16	13	30	-	0.026	3.50
	军械工程学院学报	102	0.94	7.72	3.58	9	16	0.000	0.410	5.90
	辽宁科技大学学报	130	1.00	9.58	2.83	9	40	-	0.269	5.97
	南昌大学学报(工科版)	92	0.97	11.46	3.27	8	20	0.000	0.830	6.51
	南昌工程学院学报	122	1.00	9.65	1.98	13	54	-	0.557	7.06
	宁波工程学院学报	119	1.00	5.38	1.91	6	22	-	0.454	6.12
	青岛大学学报(工程技术版)	73	0.95	12.70	3.59	7	19	0.000	0.470	6.95
	山东大学学报(工学版)	135	0.92	21.13	3.54	15	73	0.010	0.840	6.43
	上海第二工业大学学报	60	1.00	12.35	2.40	7	11	-	0.567	6.48
	上海工程技术大学学报	85	1.00	9.36	3.53	4	8	-	0.647	5.12
	上海理工大学学报	104	0.95	17.76	2.77	12	35	0.010	0.710	7.53
	沈阳工业大学学报	125	0.99	12.26	3.72	17	37	0.000	0.970	7.63

期刊类别	期刊名称	来源文献量	文献选出率	平均引文数	平均作者数	地区分布数	机构分布数	海外论文比	基金论文比	引用半衰期
大学学报(工业技术)	沈阳理工大学学报	129	0.96	7.91	2.53	8	22	0.010	0.310	7.17
	苏州大学学报(工科版)	93	1.00	4.23	2.91	10	25	-	0.366	6.06
	苏州科技学院学报(工程技术版)	69	1.00	10.45	2.81	7	11	-	0.638	6.80
	太原理工大学学报	172	0.97	10.97	2.98	13	44	0.000	0.770	6.32
	天津工业大学学报	127	0.98	10.69	3.48	15	39	0.000	0.710	5.79
	武汉大学学报(工学版)	171	0.99	11.75	3.32	19	74	0.110	0.630	6.66
	武汉工业学院学报	106	1.00	8.92	2.80	7	14	-	0.462	6.62
	武汉理工大学学报	360	0.97	13.15	3.81	25	124	0.010	0.880	6.37
	武警工程大学学报	158	0.95	6.65	1.38	17	38	-	0.101	7.15
	西安工程大学学报	184	0.98	8.84	2.40	15	53	0.000	0.480	6.61
	西安工业大学学报	197	0.94	10.50	2.83	9	19	0.000	0.510	7.58
	西安理工大学学报	92	0.92	12.77	3.10	3	6	0.000	0.900	6.08
	西北工业大学学报	170	0.98	8.55	3.42	1	1	0.010	0.620	7.67
	浙江大学学报(工学版)	336	0.97	16.26	3.85	16	41	0.020	0.860	7.30
	浙江工业大学学报	156	0.96	10.93	3.68	5	15	0.010	0.720	7.19
	浙江理工大学学报	201	1.00	9.65	3.41	3	6	0.000	0.570	6.69
	郑州大学学报(工学版)	183	0.97	9.45	3.39	21	77	0.010	0.820	6.61
	中北大学学报(自然科学版)	155	0.96	13.79	2.87	21	59	0.010	0.490	6.76
	中原工学院学报	105	1.00	7.49	2.43	12	34	-	0.533	6.32
	平均	162	0.98	10.60	2.97	13	44	0.009	0.606	6.79
大学学报(石油化工)	北京化工大学学报(自然科学版)	148	0.96	11.21	3.81	7	13	0.000	0.560	6.27
	北京石油化工学院学报	58	0.92	8.28	3.31	5	10	0.000	0.280	6.85
	常州大学学报(自然科学版)	83	1.00	10.80	3.46	3	12	-	0.434	6.12
	承德石油高等专科学校学报	118	0.99	4.55	2.25	18	53	-	0.381	6.38
	东北石油大学学报	121	0.91	17.56	3.99	17	56	0.000	0.880	6.11
	吉林化工学院学报	364	1.00	7.40	2.20	17	80	0.005	0.220	7.55
	江汉石油职工大学学报	237	1.00	2.05	1.59	16	80	-	0.004	7.12
	辽宁石油化工大学学报	95	1.00	10.29	3.78	4	6	-	0.284	5.86
	沈阳化工大学学报	78	1.00	8.29	3.37	2	8	0.051	0.359	8.11
	石油化工高等学校学报	107	1.00	11.03	3.91	14	40	0.000	0.690	6.91
	武汉工程大学学报	209	1.00	11.37	3.97	16	47	-	0.478	6.57
	西安石油大学学报(自然科学版)	138	0.93	12.47	4.01	15	66	0.010	0.880	6.86
	西南石油大学学报(自然科学版)	160	0.97	17.53	3.76	19	73	0.000	0.580	7.70

期刊类别	期刊名称	来源文献量	文献选出率	平均引文数	平均作者数	地区分布数	机构分布数	海外论文比	基金论文比	引用半衰期
	中国石油大学学报(自然科学版)	203	0.97	15.95	4.39	13	48	0.020	0.890	8.02
	平均	151	0.98	10.63	3.41	11	42	0.006	0.494	6.89
大学学报(机电冶金)	北京电力高等专科学校学报(社会科学版)	4541	1.00	3.65	1.27	31	1960	0.000	0.127	7.09
	北京信息科技大学学报(自然科学版)	114	0.99	9.05	2.40	3	6	-	0.860	6.44
	成都工业学院学报	112	1.00	7.38	2.12	15	51	-	0.411	5.99
	重庆电力高等专科学校学报	177	1.00	4.62	1.74	20	93	-	0.209	4.81
	东北电力大学学报	168	0.99	7.77	2.70	9	30	-	0.351	6.33
	河南机电高等专科学校学报	240	1.00	4.94	1.64	11	69	-	0.100	5.73
	华北电力大学学报(自然科学版)	124	0.98	12.23	3.45	17	42	0.000	0.550	6.25
	昆明冶金高等专科学校学报	124	1.00	6.73	2.19	16	53	-	0.371	5.29
	内蒙古科技大学学报	90	1.00	8.66	3.36	10	18	-	0.478	7.55
	山东电力高等专科学校学报	106	1.00	6.24	2.10	16	58	-	0.094	6.27
	上海电力学院学报	140	0.99	11.13	3.09	11	27	-	0.579	6.27
	太原科技大学学报	108	0.98	9.74	2.97	6	19	-	0.704	6.69
	装甲兵工程学院学报	138	0.95	9.88	3.72	6	10	0.010	0.620	6.12
	平均	475	0.99	7.85	2.52	13	187	0.001	0.420	6.22
大学学报(电子电信)	北京电子科技学院学报	64	0.93	8.38	2.38	11	28	-	0.344	7.87
	北京邮电大学学报	171	0.97	7.58	3.49	19	64	0.010	0.920	5.27
	桂林电子科技大学学报	113	1.00	10.36	2.97	9	15	-	0.850	6.73
	杭州电子科技大学学报	171	1.00	6.64	2.58	2	11	-	0.643	6.33
	吉林大学学报(信息科学版)	111	0.98	12.59	3.54	15	37	0.010	0.590	5.31
	空军预警学院学报	130	1.00	8.12	3.28	9	17	-	0.208	4.92
	上海电机学院学报	80	0.99	12.76	2.65	5	16	-	0.788	5.42
	武汉大学学报(信息科学版)	342	0.96	11.38	3.42	20	96	0.020	0.920	7.28
	武汉理工大学学报(信息与管理工程版)	198	0.97	11.10	2.63	18	56	0.010	0.630	6.32
	西安邮电学院学报	160	0.92	12.26	2.41	12	32	0.010	0.560	5.19
	信息工程大学学报	141	1.00	10.57	3.21	11	17	-	0.674	6.47
	平均	152	0.97	10.16	2.96	11	35	0.005	0.648	6.10
大学学报(气象、环	Journal of Ocean University of China	76	0.99	30.57	4.68	7	21	0.220	0.750	9.48
	成都信息工程学院学报	106	1.00	12.91	2.95	16	44	-	0.642	6.81
	地球科学-中国地质大学学报	141	0.95	31.91	5.25	17	44	0.040	0.930	8.71
	华北科技学院学报	131	1.00	5.81	2.05	16	59	-	0.252	6.38
	吉林大学学报(地球科学版)	219	0.96	23.85	4.79	22	64	0.010	0.960	8.86

期刊类别	期刊名称	来源文献量	文献选出率	平均引文数	平均作者数	地区分布数	机构分布数	海外论文比	基金论文比	引用半衰期
境、地矿)	西安科技大学学报	148	0.96	10.80	3.09	14	57	0.010	0.570	6.45
	中国矿业大学学报	165	0.96	16.30	4.06	19	49	0.030	0.950	7.76
	平均	140	0.97	18.88	3.84	15	48	0.044	0.722	7.78
大学学报(轻工纺织)	北京服装学院学报(自然科学版)	45	0.92	11.29	2.49	6	8	0.000	0.490	6.94
	北京印刷学院学报	127	0.97	6.77	1.80	11	26	0.008	0.575	5.96
	成都纺织高等专科学校学报	93	1.00	6.47	1.61	11	30	-	0.129	8.05
	大连工业大学学报	121	0.96	9.18	4.26	6	7	0.010	0.500	6.96
	河南工程学院学报(自然科学版)	72	1.00	5.94	2.14	9	25	-	0.389	6.96
	四川烹饪高等专科学校学报	172	1.00	5.16	1.69	19	73	-	0.372	5.65
	天津科技大学学报	104	1.00	10.63	3.38	2	4	-	0.596	7.17
	扬州大学烹饪学报	57	0.98	7.00	1.70	12	25	0.035	0.211	7.88
	郑州轻工业学院学报(自然科学版)	164	0.98	9.50	3.17	16	63	0.000	0.550	5.35
	平均	106	0.98	7.99	2.47	10	29	0.006	0.424	6.77
大学学报(建筑工程)	北京建筑工程学院学报	69	1.00	7.07	2.23	4	9	0.029	0.290	7.03
	河北工程大学学报(自然科学版)	112	1.00	10.07	2.91	19	50	0.000	0.320	6.22
	河北建筑工程学院学报	117	1.00	4.47	2.36	5	49	-	0.333	8.57
	吉林建筑工程学院学报	203	0.99	5.42	2.05	12	47	-	0.360	6.63
	青岛理工大学学报	154	1.00	7.56	3.01	11	43	-	0.416	6.88
	山东建筑大学学报	144	0.95	13.13	3.24	9	23	0.010	0.640	5.31
	沈阳建筑大学学报(自然科学版)	180	0.97	17.34	3.65	18	35	0.020	0.990	6.92
	西安建筑科技大学学报(自然科学版)	154	0.98	10.62	3.21	21	47	0.010	0.810	6.64
	平均	141	0.99	9.46	2.83	12	37	0.009	0.520	6.78
大学学报(航空航天)	Transactions of Nanjing University of Aeronautics and Astronautics	56	1.00	14.86	3.36	12	24	-	0.857	7.75
	北华航天工业学院学报	121	1.00	4.13	2.29	6	22	-	0.645	6.25
	北京航空航天大学学报	327	0.96	11.28	3.20	14	47	0.010	0.620	7.30
	桂林航天工业学院学报	145	1.00	6.36	1.66	12	39	-	0.379	5.69
	海军航空工程学院学报	153	0.97	11.46	3.31	12	39	0.000	0.420	6.19
	南昌航空大学学报(自然科学版)	76	1.00	11.83	3.14	5	11	0.000	0.830	7.09
	南京航空航天大学学报	147	0.96	13.78	3.46	11	31	0.010	0.650	7.17
	沈阳航空航天大学学报	126	1.00	9.62	2.89	10	32	0.008	0.317	6.62
	西安航空学院学报	170	0.97	7.01	1.58	19	84	-	0.241	6.43
	郑州航空工业管理学院学报	173	0.99	9.89	1.49	23	94	-	0.555	6.19

期刊类别	期刊名称	来源文献量	文献选出率	平均引文数	平均作者数	地区分布数	机构分布数	海外论文比	基金论文比	引用半衰期
	中国民航大学学报	92	0.99	9.32	2.39	12	22	0.000	0.470	6.73
	中国民航飞行学院学报	135	1.00	5.61	1.63	20	61	-	0.400	7.85
	平均	143	0.99	9.60	2.53	13	42	0.002	0.532	6.77
大学学报(交通航运)	Journal of Shanghai Jiaotong University (Science)	135	0.99	14.60	3.83	19	75	0.067	0.830	7.61
	重庆交通大学学报(自然科学版)	246	1.00	10.01	3.06	25	80	0.010	0.550	6.80
	大连海事大学学报	132	0.95	8.77	3.08	14	32	0.010	0.520	6.41
	大连交通大学学报	155	0.98	8.32	2.61	15	55	0.000	0.450	6.78
	广州航海高等专科学校学报	85	1.00	4.81	1.41	6	17	-	0.494	6.37
	湖北汽车工业学院学报	81	1.00	7.43	2.57	6	13	-	0.580	5.66
	华东交通大学学报	141	0.98	11.99	2.44	17	34	0.010	0.580	5.64
	军事交通学院学报	261	0.98	4.23	3.42	14	28	-	0.069	5.86
	兰州交通大学学报	253	0.95	7.85	2.32	19	51	0.000	0.380	7.29
	辽宁省交通高等专科学校学报	139	1.00	4.50	1.25	11	70	-	0.137	5.89
	青岛远洋船员职业学院学报	89	1.00	4.45	1.56	7	20	0.011	0.169	7.00
	山东交通学院学报	73	1.00	7.41	2.64	15	41	-	0.233	7.32
	上海海事大学学报	74	0.95	11.54	2.64	8	15	0.000	0.840	5.11
	石家庄铁道大学学报(自然科学版)	89	0.96	6.70	1.98	19	57	0.010	0.290	5.92
	武汉理工大学学报(交通科学与工程版)	312	0.98	8.81	2.92	26	120	0.000	0.600	7.12
	平均	151	0.98	8.09	2.52	14	47	0.008	0.448	6.45
一般工业技术	China's Refractories	29	0.85	7.55	3.52	9	18	0.034	0.172	9.86
	Engineering Sciences	93	0.99	10.42	3.55	19	60	0.050	0.450	6.50
	Frontiers of Materials Science	34	1.00	46.44	4.59	12	28	0.265	0.765	6.82
	International Journal of Plant Engineering and Management	34	0.94	12.74	3.24	12	29	0.029	0.382	7.86
	Journal of Materials Science & Technology	173	0.94	26.62	4.10	18	111	0.370	0.470	8.33
	Science China Technological Sciences	406	1.00	27.14	3.79	21	111	0.022	0.899	8.25
	包装工程	884	0.95	7.68	2.32	26	307	-	0.411	5.48
	包装世界	225	1.00	2.41	1.19	19	104	-	0.178	5.93
	包装学报	84	1.00	8.25	2.54	16	26	-	0.429	5.17
	材料保护	246	0.79	11.38	3.97	26	148	0.000	0.500	7.19
	材料导报	855	0.98	24.76	4.21	30	290	0.010	0.820	6.32

期刊类别	期刊名称	来源文献量	文献选出率	平均引文数	平均作者数	地区分布数	机构分布数	海外论文比	基金论文比	引用半衰期
一般工业技术	材料工程	233	0.97	15.26	4.30	26	98	0.000	0.630	7.63
	材料开发与应用	142	0.99	12.69	3.26	20	58	0.010	0.190	7.46
	材料科学与工程学报	195	0.96	16.45	4.19	25	97	0.000	0.620	7.42
	材料科学与工艺	165	0.99	14.48	4.21	23	75	0.010	0.800	7.07
	材料研究学报	110	1.00	18.74	4.38	22	65	0.020	0.850	6.50
	测试技术学报	98	0.94	10.82	3.47	18	55	0.000	0.410	7.30
	成组技术与生产现代化	50	1.00	6.94	2.62	14	30	-	0.380	6.15
	复合材料学报	217	0.95	17.15	4.05	25	98	0.000	0.740	7.06
	工程爆破	105	0.96	7.86	3.41	19	74	0.000	0.160	7.86
	工程地球物理学报	147	1.00	10.76	3.27	25	80	-	0.259	7.40
	工程建设	86	1.00	3.88	1.57	23	74	-	0.081	>10
	工程质量	211	0.95	3.50	2.03	20	151	0.005	0.057	>10
	工业工程	140	0.97	17.31	2.64	20	57	0.010	0.820	6.78
	工业计量	137	0.91	1.79	2.15	27	104	-	0.051	7.68
	功能材料	845	1.00	15.58	4.56	27	251	0.000	0.930	6.61
	功能材料与器件学报	86	1.00	14.58	4.23	27	65	0.010	0.760	6.69
	广西质量监督导报	94	1.00	0.56	1.11	17	58	-	-	6.50
	硅谷	3966	0.99	2.77	1.20	30	1911	0.001	0.013	5.94
	合成材料老化与应用	61	0.92	10.95	3.51	11	34	0.000	0.130	7.48
	河北工业科技	139	0.97	7.54	2.58	16	73	0.000	0.200	5.95
	核标准计量与质量	34	1.00	2.29	2.18	10	18	-	-	8.00
	衡器	166	0.95	1.67	1.78	24	81	0.006	0.012	8.78
	计量与测试技术	553	0.99	1.89	1.78	27	228	-	0.007	>10
	冷藏技术	71	1.00	3.59	1.77	14	37	-	0.028	8.50
	理化检验-化学分册	439	0.87	10.81	4.08	29	331	0.000	0.440	7.63
	理化检验-物理分册	220	0.82	5.59	3.04	26	162	0.010	0.120	9.56
	宁夏工程技术	102	0.99	7.64	2.62	6	46	-	0.314	6.68
	热喷涂技术	60	1.00	11.23	4.27	8	27	0.083	0.200	8.04
	上海计量测试	139	0.97	3.63	1.86	20	67	0.007	0.043	6.68
	设备管理与维修	439	0.99	0.34	1.79	29	365	-	-	7.85
	深冷技术	124	1.00	1.12	1.94	26	84	-	-	7.33
	声学与电子工程	58	1.00	3.47	2.07	9	16	-	0.034	>10
	实验技术与管理	767	0.99	12.11	3.08	30	333	0.000	0.520	4.40

期刊类别	期刊名称	来源文献量	文献选出率	平均引文数	平均作者数	地区分布数	机构分布数	海外论文比	基金论文比	引用半衰期
一般工业技术	实验室研究与探索	733	0.96	15.49	3.02	28	362	0.010	0.480	4.79
	数字与缩微影像	99	1.00	1.19	1.10	16	44	0.010	-	4.62
	塑料包装	157	1.00	1.96	1.00	16	52	-	-	5.67
	图学学报	148	0.96	10.09	2.94	23	88	0.010	0.570	8.27
	现代测量与实验室管理	137	1.00	3.39	2.37	26	114	0.007	0.015	9.09
	新材料产业	170	0.83	6.13	2.42	20	113	-	0.065	5.64
	新技术新工艺	394	0.98	5.15	2.68	26	227	0.000	0.130	7.06
	应用基础与工程科学学报	117	0.95	17.56	4.02	23	76	0.030	0.920	6.94
	噪声与振动控制	276	0.99	9.14	3.12	24	136	0.010	0.340	7.88
	真空	140	0.97	9.44	3.65	23	94	0.010	0.280	8.35
	真空科学与技术学报	222	0.98	15.61	4.63	26	112	0.010	0.650	7.14
	真空与低温	44	0.94	12.27	4.07	10	21	0.000	0.250	9.19
	制冷	68	1.00	8.71	2.21	16	44	-	0.147	7.21
	制冷技术	74	0.85	7.45	3.28	14	43	0.014	0.297	6.82
	制冷与空调	157	0.99	6.85	2.78	20	96	-	0.159	7.66
	制冷与空调(四川)	145	1.00	10.32	2.68	21	90	0.000	0.140	7.02
	质量与可靠性	101	1.00	2.90	2.15	14	57	-	0.030	7.75
	中国包装	67	0.35	3.39	1.66	17	42	-	0.209	6.85
	中国材料进展	98	0.54	30.99	3.89	18	53	0.010	0.680	6.28
	中国测试	181	0.97	9.22	3.41	24	108	0.010	0.370	6.95
	中国计量	1156	1.00	-	1.37	29	325	0.003	0.005	-
	中国科学(技术科学)	159	0.92	28.79	3.72	21	70	0.050	0.870	7.87
	中国新技术新产品	5699	1.00	3.13	1.32	31	3274	0.000	0.006	5.77
	中国质量	112	0.55	-	1.84	21	95	0.196	-	-
	中国质量技术监督	649	1.00	-	1.09	23	136	-	-	-
	平均	358	0.95	9.85	2.88	20	179	0.019	0.317	7.03
矿业工程	International Journal of Minerals, Metallurgy and Materials	179	1.00	19.31	4.23	19	73	0.207	0.670	8.07
	Journal of Coal Science & Engineering (China)	77	1.00	14.65	3.52	17	43	0.052	0.701	7.37
	Lnternational Journal of Mining Science and Technology	154	0.96	18.40	4.19	15	45	0.160	0.750	8.02
	采矿技术	252	1.00	5.72	2.23	27	163	-	0.040	5.99

期刊类别	期刊名称	来源文献量	文献选出率	平均引文数	平均作者数	地区分布数	机构分布数	海外论文比	基金论文比	引用半衰期
矿业工程	采矿与安全工程学报	155	0.96	13.89	4.12	14	33	0.010	0.930	7.09
	当代矿工	856	1.00	-	1.16	25	346	-	-	-
	非金属矿	149	0.99	8.51	3.73	24	74	0.010	0.580	6.65
	粉煤灰	87	1.00	5.10	2.80	21	68	-	0.149	7.52
	工矿自动化	389	0.98	7.09	2.52	23	180	0.000	0.260	4.78
	河北煤炭	226	1.00	0.23	1.00	3	44	-	-	6.65
	江西煤炭科技	250	1.00	0.91	1.86	17	141	-	0.008	6.05
	洁净煤技术	198	0.99	9.77	2.81	21	136	0.010	0.310	5.45
	金属矿山	525	0.98	8.38	3.37	28	204	0.000	0.460	6.67
	勘察科学技术	93	0.92	8.01	2.80	23	62	0.010	0.230	8.96
	矿产保护与利用	85	0.99	6.69	2.82	18	59	0.000	0.380	7.29
	矿产与地质	96	1.00	11.47	3.47	23	73	0.000	0.270	>10
	矿产综合利用	105	0.99	7.59	3.08	18	55	0.010	0.280	8.33
	矿山测量	197	1.00	4.95	2.08	27	134	-	0.137	6.67
	矿山机械	438	0.59	6.15	2.97	28	205	0.000	0.310	6.14
	矿物学报	78	0.98	23.42	4.69	17	46	0.000	0.860	>10
	矿冶	105	1.00	11.05	3.40	11	27	0.010	0.280	7.79
	矿冶工程	195	0.99	9.91	3.68	22	90	0.000	0.410	6.73
	矿业安全与环保	170	1.00	6.45	2.72	21	72	-	0.376	6.44
	矿业工程	162	1.00	2.38	2.10	23	78	-	0.012	8.76
	矿业工程研究	67	1.00	9.00	3.24	15	32	-	0.687	6.83
	矿业研究与开发	196	0.87	9.64	3.43	24	80	0.000	0.480	6.32
	露天采矿技术	231	1.00	3.32	1.88	17	90	-	0.026	7.81
	煤	405	0.99	2.23	1.68	17	171	-	0.067	6.58
	煤矿安全	764	1.00	5.49	2.89	24	268	-	0.330	6.35
	煤矿爆破	45	1.00	4.27	2.31	14	34	-	-	8.77
	煤矿机电	273	1.00	3.44	2.12	19	156	-	0.055	6.40
	煤矿机械	1574	1.00	4.19	2.52	30	531	-	0.181	5.44
	煤矿开采	199	0.97	6.42	2.55	16	113	0.000	0.370	6.18
	煤矿现代化	178	1.00	4.29	2.35	16	116	-	0.051	6.83
	煤气与热力	265	1.00	7.91	2.68	20	134	-	0.155	5.44
	煤炭工程	577	0.97	7.16	2.67	24	268	0.000	0.270	6.46
	煤炭技术	1526	1.00	4.26	1.78	30	680	-	0.157	5.95

期刊类别	期刊名称	来源文献量	文献选出率	平均引文数	平均作者数	地区分布数	机构分布数	海外论文比	基金论文比	引用半衰期
矿业工程	煤炭加工与综合利用	122	1.00	2.61	2.30	16	90	-	0.008	6.50
	煤炭科技	229	1.00	0.48	1.90	20	127	0.004	0.004	7.50
	煤炭科学技术	398	0.96	11.09	3.04	23	175	0.000	0.410	6.38
	煤炭学报	373	0.89	16.72	4.00	23	101	0.010	0.870	6.41
	煤田地质与勘探	132	0.96	11.08	3.50	22	57	0.010	0.560	8.80
	煤质技术	123	1.00	2.99	1.93	25	94	-	0.073	8.60
	能源技术与管理	430	1.00	2.33	2.05	25	253	0.002	0.077	6.35
	能源与节能	587	0.98	2.82	1.60	29	465	0.003	0.019	5.39
	山东煤炭科技	1043	0.95	1.13	1.93	22	493	-	-	7.76
	山西焦煤科技	198	1.00	3.24	1.55	14	118	-	0.010	6.72
	山西煤炭	335	1.00	1.91	1.51	10	154	-	0.015	6.43
	陕西煤炭	348	0.97	2.96	2.00	21	174	-	0.034	7.69
	上海煤气	74	1.00	-	1.53	13	40	0.014	-	-
	神华科技	185	0.99	2.98	1.61	14	83	-	0.005	6.66
	水力采煤与管道运输	158	1.00	0.80	1.70	15	102	-	0.006	8.45
	探矿工程-岩土钻掘工程	253	0.99	6.50	2.81	27	161	-	0.166	6.47
	同煤科技	76	1.00	1.45	1.29	5	48	-	-	6.40
	西部探矿工程	844	1.00	4.29	2.37	30	491	-	0.043	9.09
	现代矿业	634	1.00	4.09	2.55	30	393	0.002	0.123	6.93
	选煤技术	176	1.00	7.42	2.72	17	92	-	0.210	6.36
	铀矿冶	51	0.91	5.55	4.02	9	23	0.000	0.080	>10
	有色金属(矿山部分)	133	1.00	9.18	2.92	23	78	-	0.286	6.82
	凿岩机械气动工具	45	1.00	2.76	1.80	10	22	0.022	0.022	>10
	中国非金属矿工业导刊	112	0.97	10.75	2.89	22	84	0.000	0.290	6.99
	中国矿业	388	0.96	7.68	2.80	29	192	0.000	0.310	6.34
	中国煤层气	74	1.00	4.14	3.04	15	50	-	0.392	7.91
	中国煤炭	401	1.00	5.82	2.40	23	215	0.002	0.232	4.98
	中国煤炭地质	224	0.98	7.55	2.64	26	126	0.000	0.180	6.91
	中国锰业	65	0.98	6.32	2.62	11	31	0.000	0.080	6.50
	中国钨业	69	0.86	8.35	2.81	12	38	0.000	0.430	6.32
	中州煤炭	569	1.00	2.98	2.18	20	272	-	0.033	6.01
	平均	299	0.98	6.47	2.60	19	146	0.008	0.238	6.92

期刊类别	期刊名称	来源文献量	文献选出率	平均引文数	平均作者数	地区分布数	机构分布数	海外论文比	基金论文比	引用半衰期
石油、天然气工业	China Petroleum Processing and Petrochemical Technology	42	1.00	17.40	3.95	11	25	0.024	0.595	9.02
	Journal of Natural Gas Chemistry	109	0.96	32.68	4.72	16	67	0.390	0.500	7.45
	Petroleum Science	69	1.00	23.52	4.54	10	30	0.130	0.681	9.65
	测井技术	132	0.95	10.62	3.94	18	65	0.010	0.370	7.44
	大庆石油地质与开发	211	0.98	16.84	3.52	20	70	0.020	0.870	6.66
	当代石油石化	107	0.98	2.39	1.39	12	43	-	-	5.53
	断块油气田	198	0.99	15.60	4.36	16	80	0.010	0.790	6.34
	国际石油经济	199	0.93	3.81	2.03	13	79	0.050	0.015	3.08
	海相油气地质	45	0.92	15.47	4.80	13	28	0.000	0.400	8.08
	海洋石油	88	1.00	8.40	3.66	14	55	0.011	0.227	8.56
	焊管	185	0.97	6.08	3.44	19	99	0.005	0.038	7.73
	节能技术	142	0.97	10.52	3.27	22	102	0.000	0.260	6.17
	精细石油化工进展	170	1.00	12.20	3.52	21	88	-	0.212	7.82
	炼油技术与工程	177	0.93	4.67	2.72	20	83	0.000	0.090	7.10
	炼油与化工	155	1.00	4.75	2.50	11	51	-	0.006	8.36
	录井工程	86	1.00	5.70	3.49	16	46	-	0.093	5.63
	齐鲁石油化工	90	0.91	3.14	2.28	9	35	-	0.011	7.69
	石化技术	79	1.00	2.46	1.00	8	13	-	-	7.00
	石油地球物理勘探	148	0.86	15.57	4.10	20	77	0.010	0.690	8.58
	石油地质与工程	248	1.00	7.55	3.68	16	115	-	0.250	6.97
	石油工程建设	149	1.00	3.68	2.99	17	95	0.007	0.040	7.24
	石油工业技术监督	216	0.89	2.40	2.42	14	129	-	0.019	7.68
	石油规划设计	83	1.00	3.34	3.01	13	47	-	0.036	5.75
	石油化工	240	0.94	21.20	4.11	24	122	0.000	0.490	6.81
	石油化工安全环保技术	111	1.00	2.32	1.11	19	42	-	-	7.16
	石油化工腐蚀与防护	102	1.00	3.40	2.66	18	67	-	0.029	7.93
	石油化工技术与经济	84	0.81	5.48	1.60	14	31	-	-	5.95
	石油化工设备	170	1.00	11.69	3.14	23	118	-	0.182	8.03
	石油化工设备技术	106	0.91	4.17	2.06	19	63	0.000	0.060	>10
	石油化工设计	87	0.98	2.23	1.66	14	33	-	-	8.50
	石油化工应用	349	1.00	5.38	4.19	19	124	-	0.166	7.85
	石油化工自动化	138	0.66	10.41	2.09	22	92	0.000	0.120	6.96

期刊类别	期刊名称	来源文献量	文献选出率	平均引文数	平均作者数	地区分布数	机构分布数	海外论文比	基金论文比	引用半衰期
石油、天然气工业	石油机械	331	0.91	6.76	4.28	17	144	0.000	0.550	6.79
	石油教育	200	0.99	3.17	2.12	21	89	-	0.140	5.11
	石油勘探与开发	100	0.94	22.76	5.13	13	47	0.030	0.880	6.15
	石油科技论坛	112	1.00	4.94	3.77	13	77	0.009	0.455	4.08
	石油库与加油站	86	0.92	-	1.57	20	55	-	0.023	-
	石油矿场机械	274	1.00	8.53	4.15	20	124	-	0.394	5.07
	石油沥青	91	0.98	6.24	2.82	15	54	0.011	0.088	7.15
	石油炼制与化工	250	0.97	9.19	3.24	24	103	0.000	0.300	7.91
	石油商技	137	1.00	3.28	2.49	15	56	0.015	0.007	6.63
	石油石化节能	241	0.98	2.02	2.11	19	104	-	0.029	6.21
	石油天然气学报	431	1.00	8.52	3.90	19	149	0.005	0.594	7.87
	石油物探	93	0.93	16.83	3.71	11	47	0.010	0.580	8.15
	石油学报	157	0.96	23.34	4.70	17	49	0.010	0.940	7.45
	石油学报(石油加工)	167	0.96	15.75	4.34	20	61	0.020	0.760	8.54
	石油与天然气地质	117	0.94	20.92	4.47	16	49	0.020	0.690	5.99
	石油与天然气化工	149	0.98	7.44	3.99	21	100	0.020	0.389	6.34
	石油钻采工艺	199	0.97	9.27	4.53	15	103	0.010	0.650	6.46
	石油钻探技术	151	0.97	11.52	3.79	17	62	0.010	0.620	6.12
	世界石油工业	63	0.97	-	1.52	1	31	0.222	-	-
	特种油气藏	218	0.97	11.37	3.80	18	75	0.000	0.830	6.53
	天然气工业	305	0.94	9.93	4.17	22	125	0.010	0.460	5.18
	天然气勘探与开发	78	1.00	7.19	3.90	12	47	-	0.282	7.33
	天然气与石油	153	0.99	8.31	4.13	17	62	-	0.758	5.77
	物探装备	101	0.98	2.51	3.08	12	22	-	0.050	6.00
	新疆石油地质	215	0.84	10.33	4.33	18	80	0.030	0.310	7.86
	新疆石油天然气	88	1.00	6.55	3.92	11	56	-	0.136	9.16
	岩性油气藏	145	0.99	13.61	4.21	17	47	-	0.724	5.99
	乙烯工业	65	0.90	1.05	2.51	15	37	-	-	9.00
	油气储运	247	0.91	8.13	4.04	20	126	0.000	0.170	6.57
	油气地质与采收率	178	0.94	14.11	3.89	16	65	0.020	0.780	6.78
	油气井测试	172	1.00	4.20	3.23	17	102	-	0.087	>10
	油气田地面工程	662	1.00	1.17	2.27	23	262	0.003	0.069	5.74
	油气田环境保护	137	0.92	6.60	3.52	17	88	0.000	0.120	6.85

2012年中国科技期刊来源指标按类刊名字顺索引(续)

期刊类别	期刊名称	来源文献量	文献选出率	平均引文数	平均作者数	地区分布数	机构分布数	海外论文比	基金论文比	引用半衰期
石油、天然气工业	油田化学	113	0.97	12.00	4.70	15	62	0.010	0.650	8.36
	中国海上油气	110	0.89	8.06	4.10	6	35	0.000	0.450	7.24
	中国海洋平台	67	1.00	6.45	3.22	10	40	0.030	0.280	7.88
	中国石油和化工	593	0.97	0.34	1.00	17	86	-	-	6.13
	中国石油勘探	66	1.00	14.00	3.98	13	38	-	0.576	6.53
	中国石油企业	778	1.00	-	1.08	22	174	0.001	-	-
	钻采工艺	220	1.00	6.89	4.20	16	107	0.005	0.505	7.56
	钻井液与完井液	154	0.96	7.66	4.81	18	84	0.000	0.340	5.84
	平均	174	0.96	8.71	3.32	16	75	0.016	0.314	6.79
冶金工业	Journal of Iron and Steel Research, International	153	1.00	14.56	3.66	20	61	0.105	0.745	9.17
	Journal of Rare Earths	244	1.00	23.28	4.78	26	150	0.180	0.780	7.29
	Transactions of Nonferrous Metals Society of China	455	1.00	21.62	4.56	25	155	0.160	0.700	7.15
	鞍钢技术	88	1.00	4.83	3.83	5	22	-	-	7.38
	包钢科技	198	1.00	2.48	2.11	6	57	-	-	8.78
	宝钢技术	104	1.00	4.04	2.63	5	22	-	0.019	9.10
	材料研究与应用	67	1.00	9.03	3.25	8	27	-	0.343	7.04
	材料与冶金学报	64	1.00	12.80	4.25	9	22	-	0.844	8.40
	粉末冶金材料科学与工程	131	1.00	15.70	4.66	23	42	-	0.931	7.80
	粉末冶金工业	63	0.90	12.78	3.84	15	41	0.080	0.410	8.03
	粉末冶金技术	75	0.93	13.64	4.19	18	51	0.090	0.450	7.95
	甘肃冶金	273	1.00	2.88	1.95	22	121	-	0.018	>10
	钢铁	222	0.91	9.67	4.32	20	74	0.000	0.410	8.14
	钢铁钒钛	116	0.94	8.57	3.74	19	52	0.000	0.290	7.75
	钢铁研究	102	0.89	5.18	3.69	22	63	0.000	0.080	7.36
	钢铁研究学报	149	0.94	10.55	3.88	18	65	0.010	0.500	8.78
	河北冶金	307	1.00	1.08	2.72	12	115	-	0.010	6.85
	河南冶金	114	1.00	4.06	3.48	11	33	-	0.035	7.62
	黑龙江冶金	119	1.00	1.53	1.53	7	24	-	-	>10
	黄金	182	0.94	8.70	3.37	23	99	0.010	0.230	8.44
	黄金科学技术	117	1.00	13.34	4.39	20	66	-	0.393	7.88
	金属材料与冶金工程	86	1.00	6.42	2.88	20	48	-	0.105	7.66

期刊类别	期刊名称	来源文献量	文献选出率	平均引文数	平均作者数	地区分布数	机构分布数	海外论文比	基金论文比	引用半衰期
冶金工业	宽厚板	82	1.00	2.44	2.44	15	31	-	-	8.50
	连铸	69	1.00	5.06	3.03	19	50	-	0.058	8.43
	炼钢	114	1.00	5.77	4.25	18	61	-	0.105	7.20
	炼铁	66	0.78	2.95	2.88	19	39	-	-	5.09
	南方金属	102	1.00	4.35	2.44	13	42	-	0.039	7.79
	山东冶金	211	1.00	2.64	2.68	9	77	-	0.014	7.68
	山西冶金	187	1.00	2.55	1.71	23	89	-	0.021	8.30
	上海金属	80	0.96	12.20	3.91	7	23	0.060	0.380	>10
	上海有色金属	44	1.00	7.91	2.64	10	35	-	0.159	9.43
	烧结球团	116	1.00	3.40	3.04	21	76	-	0.155	6.57
	湿法冶金	103	1.00	12.00	3.67	22	66	-	0.398	7.80
	世界钢铁	71	1.00	10.39	3.85	7	45	0.394	0.070	9.26
	四川冶金	105	1.00	2.71	1.59	12	50	-	0.010	>10
	四川有色金属	54	0.98	7.54	2.57	7	27	-	0.167	8.35
	特钢技术	76	0.99	4.39	2.14	9	28	-	0.026	8.69
	特殊钢	118	1.00	7.41	4.05	21	58	-	0.220	7.87
	天津冶金	109	0.98	2.70	1.88	7	45	-	-	8.75
	铁合金	74	1.00	3.16	2.95	19	51	-	0.014	9.71
	铜业工程	149	0.99	7.66	1.89	18	65	0.007	0.121	7.16
	武钢技术	106	1.00	4.49	3.25	2	34	-	0.019	6.56
	稀土	126	0.95	13.23	3.71	23	81	0.000	0.560	8.00
	稀有金属	174	1.00	19.13	4.80	26	77	0.000	0.900	6.75
	稀有金属与硬质合金	100	1.00	12.04	3.54	18	49	-	0.570	7.56
	新疆钢铁	58	1.00	1.40	1.88	2	14	-	-	>10
	新疆有色金属	288	1.00	2.10	1.23	7	75	-	0.007	9.26
	冶金丛刊	86	1.00	4.02	2.90	14	44	-	0.058	7.72
	冶金分析	201	0.96	10.48	3.79	25	155	0.100	0.320	7.37
	冶金管理	170	1.00	-	1.10	17	62	0.012	-	-
	冶金设备	117	1.00	4.82	2.88	20	71	-	0.103	7.71
	冶金设备管理与维修	163	0.98	1.66	2.02	21	108	-	-	9.45
	冶金自动化	96	0.54	5.98	2.98	19	63	0.000	0.180	6.70
	硬质合金	63	0.94	17.13	3.65	19	36	0.020	0.490	7.03
	有色金属(选矿部分)	107	0.99	8.39	3.20	19	50	0.010	0.350	6.98

期刊类别	期刊名称	来源文献量	文献选出率	平均引文数	平均作者数	地区分布数	机构分布数	海外论文比	基金论文比	引用半衰期
冶金工业	有色金属(冶炼部分)	191	0.99	8.81	3.85	21	82	0.000	0.620	7.22
	有色金属工程	64	0.57	8.09	3.02	19	39	0.020	0.200	5.83
	有色金属科学与工程	125	1.00	20.54	3.08	6	16	-	0.752	6.83
	有色金属设计	56	1.00	3.13	1.57	9	26	-	0.018	7.65
	有色矿冶	146	1.00	4.67	2.25	16	62	0.014	0.082	9.00
	有色冶金节能	82	0.99	2.65	1.82	22	61	-	0.024	8.44
	有色冶金设计与研究	117	1.00	4.05	1.85	16	45	-	0.188	6.94
	云南冶金	114	0.90	7.82	2.94	10	54	0.000	0.090	3.26
	轧钢	124	0.98	5.23	3.09	20	86	0.000	0.110	6.90
	中国钢铁业	52	0.43	0.37	1.52	10	33	-	-	>10
	中国矿山工程	108	1.00	3.94	2.31	21	82	0.009	0.019	8.63
	中国钼业	79	0.93	8.96	3.15	10	39	0.010	0.090	7.76
	中国冶金	134	0.83	7.65	3.40	15	80	0.000	0.120	6.62
	中国有色金属	718	1.00	-	1.00	28	144	-	-	-
	中国有色金属学报	477	1.00	20.60	4.78	23	118	0.020	0.850	7.33
	中国有色冶金	130	1.00	5.75	2.47	23	74	-	0.123	9.04
	平均	139	0.96	7.48	3.01	15	60	0.018	0.227	7.78
金属学、金属工艺	Acta Metallurgica Sinica	55	0.98	21.47	4.25	16	34	0.160	0.760	8.14
	China Foundry	61	1.00	14.13	4.48	16	40	0.098	0.852	8.55
	China Welding	61	1.00	10.23	4.08	15	35	-	0.590	7.76
	材料热处理学报	363	0.96	13.78	4.59	27	154	0.020	0.780	7.77
	大型铸锻件	87	0.98	3.38	3.31	15	40	-	0.034	9.86
	电焊机	301	0.89	5.84	3.13	27	180	0.000	0.200	7.34
	锻压技术	258	0.96	10.57	3.36	26	143	0.000	0.460	6.49
	锻压装备与制造技术	182	0.91	6.26	2.71	24	89	0.010	0.140	7.25
	锻造与冲压	403	1.00	-	1.27	23	134	0.020	0.005	-
	钢管	105	0.99	5.04	3.11	18	68	0.010	0.010	7.58
	贵金属	59	0.95	15.92	5.00	14	29	0.000	0.610	>10
	焊接	182	0.87	7.29	3.47	24	113	0.020	0.250	8.09
	焊接技术	251	0.92	5.38	3.01	26	194	0.000	0.220	7.91
	焊接学报	329	0.94	7.93	4.11	24	119	0.020	0.700	6.90
	湖南有色金属	129	1.00	7.56	2.13	14	61	-	0.078	8.58
	金刚石与磨料磨具工程	114	0.98	8.62	3.88	20	68	0.010	0.590	6.72

期刊类别	期刊名称	来源文献量	文献选出率	平均引文数	平均作者数	地区分布数	机构分布数	海外论文比	基金论文比	引用半衰期
金属学、金属工艺	金属功能材料	69	0.92	17.03	3.88	11	33	0.010	0.350	7.60
	金属热处理	419	0.75	9.85	3.86	26	231	0.010	0.400	7.56
	金属世界	130	0.95	3.59	2.52	22	80	-	0.031	7.84
	金属学报	215	1.00	26.00	4.61	22	69	0.050	0.890	8.13
	金属制品	121	0.95	7.31	2.57	20	77	0.010	0.020	6.42
	铝加工	78	1.00	3.97	2.08	19	46	-	0.051	7.97
	模具工业	234	0.94	5.54	2.38	23	159	0.020	0.150	5.37
	模具技术	94	1.00	4.73	2.60	20	67	0.000	0.110	6.45
	模具制造	461	1.00	1.86	1.24	23	192	-	0.024	6.98
	轻合金加工技术	162	0.99	6.69	3.13	24	78	-	0.259	7.80
	轻金属	192	1.00	7.47	2.98	24	96	-	0.271	8.59
	全面腐蚀控制	167	0.99	4.80	2.89	23	118	0.006	0.024	9.89
	热处理	111	0.99	7.96	2.75	18	76	0.054	0.225	9.03
	热处理技术与装备	99	1.00	6.47	3.10	21	72	-	0.152	8.47
	热加工工艺	1760	1.00	8.07	3.25	29	540	0.000	0.310	7.29
	失效分析与预防	58	0.98	11.38	3.53	11	32	-	0.293	7.17
	世界有色金属	310	0.99	1.23	1.09	24	95	0.016	0.006	8.73
	钛工业进展	65	0.81	9.83	3.78	12	32	0.000	0.310	8.14
	特种铸造及有色合金	341	0.98	10.61	3.72	28	162	0.010	0.490	7.59
	稀有金属材料与工程	474	1.00	16.41	4.78	29	150	0.020	0.760	8.53
	现代铸铁	103	0.84	4.90	2.43	21	78	0.030	0.040	8.78
	有色金属加工	118	0.94	2.56	1.83	18	41	-	0.008	9.22
	有色设备	94	1.00	2.33	1.77	22	57	-	0.074	7.65
	中国表面工程	116	0.89	14.11	4.51	21	71	0.050	0.550	6.25
	中国腐蚀与防护学报	94	0.97	19.19	4.21	22	63	0.010	0.670	8.30
	中国稀土学报	118	1.00	22.25	4.62	24	80	0.000	0.870	7.17
	中国铸造装备与技术	108	0.96	4.73	2.71	23	73	0.000	0.080	9.59
	铸造	285	0.88	9.90	3.65	28	164	0.010	0.310	7.84
	铸造工程	71	0.93	3.25	2.39	21	52	-	0.085	9.09
	铸造技术	470	0.96	7.15	3.09	29	270	0.000	0.290	6.74
	铸造设备与工艺	108	0.98	5.22	2.65	23	69	-	0.204	7.44
	组合机床与自动化加工技术	353	0.99	9.14	3.20	23	153	0.010	0.650	5.96
	平均	219	0.96	8.73	3.20	21	105	0.014	0.317	7.70

期刊类别	期刊名称	来源文献量	文献选出率	平均引文数	平均作者数	地区分布数	机构分布数	海外论文比	基金论文比	引用半衰期
机械仪表工业	Chinese Journal of Mechanical Engineering	163	1.00	19.31	3.94	19	67	0.043	0.791	8.69
	Frontiers of Mechanical Engineering	47	1.00	21.81	3.13	8	36	0.511	0.574	9.38
	变压器	229	0.69	3.98	3.03	30	156	0.000	0.060	8.80
	传感技术学报	339	0.97	14.69	3.78	26	139	0.010	0.800	5.54
	电加工与模具	91	0.89	7.21	3.32	16	41	0.000	0.440	6.96
	电子机械工程	101	0.99	5.50	2.33	13	35	-	0.089	7.51
	发电与空调	151	1.00	4.79	2.56	22	102	-	0.093	6.42
	阀门	98	1.00	4.23	2.34	17	75	-	0.020	>10
	分析测试技术与仪器	51	1.00	13.55	3.47	18	39	-	0.333	5.27
	分析仪器	147	0.93	7.88	3.46	24	112	0.010	0.240	7.28
	风机技术	123	0.98	5.50	2.62	20	72	0.008	0.057	7.71
	工程机械	217	0.73	4.19	2.82	26	143	0.000	0.100	6.59
	工程机械与维修	1007	1.00	-	1.21	27	195	0.002	-	-
	工程设计学报	95	0.95	11.33	3.45	23	65	0.000	0.760	6.43
	工程与试验	86	1.00	5.85	3.40	19	52	-	0.151	7.56
	工具技术	320	0.86	6.27	2.69	23	176	0.000	0.330	7.57
	工业仪表与自动化装置	189	0.98	5.63	2.46	23	101	0.000	0.280	6.91
	管道技术与设备	127	1.00	5.54	3.28	21	98	-	0.024	7.82
	光学技术	146	0.97	10.89	3.71	24	85	0.000	0.520	7.08
	光学精密工程	367	0.97	14.74	4.02	22	115	0.010	0.950	5.34
	光学仪器	111	0.95	9.23	3.27	18	44	0.000	0.410	6.74
	哈尔滨轴承	134	1.00	0.16	2.09	4	39	-	-	>10
	机床与液压	1082	0.98	7.60	2.95	28	455	0.010	0.360	6.64
	机电工程技术	459	0.99	4.47	2.08	26	287	-	0.124	7.08
	机电技术	332	1.00	4.04	1.74	23	167	-	0.172	6.50
	机械	249	1.00	5.74	2.53	28	148	-	0.289	6.77
	机械传动	372	0.99	7.34	2.98	27	203	0.000	0.360	6.86
	机械工程材料	304	0.97	11.59	4.07	27	149	0.010	0.570	7.97
	机械工程师	1128	0.99	3.31	2.06	30	668	-	0.089	7.28
	机械工程学报	661	0.98	15.06	3.81	27	169	0.020	0.900	6.64
	机械工程与自动化	524	1.00	4.48	2.35	26	231	-	0.164	6.74
	机械管理开发	634	1.00	3.73	1.76	25	296	0.002	0.101	6.91

期刊类别	期刊名称	来源文献量	文献选出率	平均引文数	平均作者数	地区分布数	机构分布数	海外论文比	基金论文比	引用半衰期
机械仪表工业	机械科学与技术	419	0.95	10.57	3.41	24	148	0.010	0.590	7.88
	机械强度	169	0.96	13.21	3.18	24	91	0.020	0.700	9.15
	机械设计	296	0.98	9.32	3.18	26	160	0.000	0.540	7.02
	机械设计与研究	199	0.97	12.15	3.57	24	105	0.020	0.590	6.72
	机械设计与制造	1209	1.00	7.76	3.27	30	341	0.000	0.670	7.17
	机械设计与制造工程	398	0.72	4.78	2.52	24	194	0.003	0.226	5.87
	机械研究与应用	381	1.00	5.58	2.24	26	261	0.003	0.189	7.28
	机械与电子	262	1.00	6.69	3.07	24	102	0.000	0.250	6.70
	机械制造	389	0.97	5.90	2.73	28	189	0.000	0.230	7.24
	机械制造与自动化	382	0.99	6.40	2.45	23	163	0.000	0.140	7.54
	计量技术	305	0.99	5.47	2.76	27	194	0.000	0.130	8.70
	计量学报	122	0.98	9.30	3.75	21	61	0.020	0.570	7.09
	教学仪器与实验	349	0.95	1.14	1.37	29	267	-	0.034	7.20
	金属加工(冷加工)	974	0.97	-	1.64	29	511	0.009	0.002	-
	金属加工(热加工)	973	0.99	-	1.57	29	477	0.006	0.007	-
	精密成形工程	142	0.95	5.65	3.60	19	77	-	0.211	7.60
	精密制造与自动化	75	0.91	3.43	1.95	16	40	0.000	0.110	8.27
	流体机械	228	0.98	11.71	3.74	24	107	0.010	0.480	5.53
	摩擦学学报	96	0.98	19.52	4.17	21	49	0.010	0.920	7.17
	纳米技术与精密工程	100	0.97	13.92	4.45	22	50	0.060	0.890	6.40
	起重运输机械	403	0.98	3.79	2.47	25	239	0.000	0.120	8.05
	润滑与密封	311	0.96	10.93	3.74	25	149	0.000	0.620	7.52
	生命科学仪器	218	1.00	3.11	1.00	16	43	-	0.064	7.54
	石油仪器	209	1.00	3.88	3.25	18	99	-	0.043	8.43
	实验教学与仪器	555	1.00	-	1.21	29	423	-	0.011	-
	世界制造技术与装备市场	73	0.56	-	1.25	16	51	0.027	0.014	-
	水泵技术	144	1.00	2.55	1.61	21	61	-	0.014	9.68
	通用机械	211	0.98	1.51	1.72	26	136	0.014	-	8.02
	无损检测	237	0.83	6.76	3.32	25	155	0.020	0.260	8.30
	无损探伤	108	1.00	2.76	2.44	19	78	0.019	0.056	8.33
	现代机械	197	0.98	5.50	2.51	23	118	-	0.208	6.83
	现代科学仪器	249	0.80	10.32	3.18	26	150	0.010	0.320	7.03
	现代仪器与医疗	167	0.95	13.61	3.56	27	137	0.000	0.290	5.99

期刊类别	期刊名称	来源文献量	文献选出率	平均引文数	平均作者数	地区分布数	机构分布数	海外论文比	基金论文比	引用半衰期
机械仪表工业	现代制造工程	384	0.97	8.19	3.21	27	190	0.010	0.500	6.98
	现代制造技术与装备	243	1.00	2.72	1.92	23	145	-	0.029	7.57
	小型内燃机与摩托车	136	1.00	7.20	3.56	22	79	0.000	0.340	8.03
	压力容器	157	0.90	13.27	3.45	25	99	0.010	0.310	7.17
	压缩机技术	126	0.97	4.20	2.59	24	86	0.000	0.080	8.73
	液压气动与密封	296	0.86	6.81	2.52	24	202	0.000	0.130	7.04
	液压与气动	546	0.98	5.33	2.66	29	316	0.000	0.190	6.99
	一重技术	130	1.00	2.32	1.67	6	23	-	0.038	>10
	仪表技术	188	1.00	4.14	2.63	25	99	-	0.144	6.06
	仪表技术与传感器	496	0.99	7.06	3.12	27	235	0.000	0.410	5.96
	仪器仪表学报	413	1.00	17.06	3.81	21	135	0.030	0.850	4.50
	仪器仪表用户	215	0.99	7.33	2.23	25	121	0.005	0.102	6.49
	仪器仪表与分析监测	60	1.00	5.07	2.52	14	32	-	0.033	6.77
	振动与冲击	862	0.98	13.39	3.47	26	219	0.020	0.800	7.94
	制造技术与机床	545	0.83	5.50	2.74	28	289	0.000	0.320	7.15
	中国工程机械学报	97	0.98	7.99	3.61	18	39	0.000	0.410	7.14
	中国惯性技术学报	151	0.96	9.68	3.68	17	53	0.000	0.890	4.19
	中国机械工程	602	0.95	11.75	3.56	25	176	0.010	0.840	6.82
	中国设备工程	323	0.82	1.27	2.00	30	248	-	-	8.31
	中国仪器仪表	350	1.00	0.77	1.00	22	95	0.003	0.023	6.93
	中国重型装备	70	1.00	2.01	1.90	16	40	-	0.014	6.56
	重型机械	148	0.99	5.28	3.51	20	64	-	0.223	7.09
	轴承	224	0.94	5.23	3.07	25	120	0.000	0.200	7.23
	装备环境工程	173	0.98	8.21	3.40	20	82	0.000	0.140	7.93
	装备制造技术	1154	1.00	3.99	1.94	30	658	-	0.124	6.87
	自动化仪表	289	0.96	10.41	2.87	27	189	0.000	0.490	5.72
	自动化与仪表	174	0.95	6.63	3.13	26	118	0.010	0.400	5.50
	平均	317	0.96	7.06	2.80	23	155	0.011	0.301	6.98
军事科技	Journal of China Ordnance	43	1.00	10.72	3.47	13	23	-	0.326	7.98
	爆破	127	0.99	8.61	3.58	21	64	0.000	0.280	6.22
	爆破器材	69	0.97	11.49	3.87	16	38	0.000	0.170	6.80
	爆炸与冲击	107	0.99	12.52	3.80	20	58	0.030	0.690	>10
	兵工学报	255	1.00	11.84	3.98	20	83	0.000	0.590	7.37

期刊类别	期刊名称	来源文献量	文献选出率	平均引文数	平均作者数	地区分布数	机构分布数	海外论文比	基金论文比	引用半衰期
军事科技	兵工自动化	314	0.99	7.34	3.21	24	121	0.000	0.240	6.39
	兵器材料科学与工程	177	0.97	11.85	4.44	23	72	0.010	0.380	7.19
	弹道学报	90	0.95	8.76	3.52	11	22	0.000	0.490	7.55
	弹箭与制导学报	367	1.00	6.95	3.53	24	104	-	0.327	7.49
	防护工程	93	1.00	8.24	3.85	13	33	-	0.140	7.35
	飞航导弹	213	0.57	8.23	2.83	19	87	0.000	0.040	5.90
	工兵装备研究	91	1.00	7.27	3.52	8	20	-	0.022	7.22
	国防	241	0.70	-	1.44	31	164	-	-	-
	国防科技	116	0.97	5.64	2.41	18	55	-	0.026	4.95
	国防科技工业	373	1.00	-	1.00	14	75	0.016	-	-
	含能材料	166	0.92	15.83	4.92	17	42	0.010	0.450	8.40
	航空兵器	92	0.97	6.65	2.67	8	18	-	0.283	7.17
	火工品	86	0.98	6.64	4.17	14	34	0.000	0.170	8.71
	火控雷达技术	83	1.00	6.11	2.61	9	16	-	0.060	6.73
	火力与指挥控制	644	1.00	8.22	3.17	24	151	0.000	0.510	7.19
	火炮发射与控制学报	96	1.00	6.76	3.64	12	28	-	0.177	7.22
	火炸药学报	126	1.00	12.60	4.92	12	27	0.010	0.370	8.17
	军民两用技术与产品	64	0.67	3.11	2.11	11	44	-	-	6.73
	军事运筹与系统工程	64	0.98	5.17	2.39	13	35	-	0.141	5.94
	水雷战与舰船防护	97	1.00	3.84	1.84	10	23	-	-	8.37
	四川兵工学报	505	0.95	7.34	2.67	29	215	0.000	0.120	6.78
	现代防御技术	201	0.99	11.61	3.20	15	68	0.000	0.190	7.12
	鱼雷技术	102	0.97	8.10	3.15	14	30	0.000	0.250	7.55
	战术导弹技术	149	0.85	6.95	2.86	14	53	-	0.054	7.55
	战术导弹控制技术	46	0.98	6.15	2.43	10	26	-	0.022	8.50
	指挥控制与仿真	180	0.97	8.81	3.03	17	76	0.000	0.330	6.25
	指挥信息系统与技术	106	0.99	7.42	2.17	10	26	-	0.255	5.53
	制导与引信	49	1.00	5.98	2.84	10	15	-	0.102	6.71
	中国军事科学	98	1.00	4.65	1.59	12	36	-	0.051	6.62
	平均	165	0.95	7.69	3.08	15	58	0.002	0.213	6.76
	Journal of Hydrodynamics	112	0.98	17.77	3.55	14	60	0.270	0.680	6.14
	柴油机	88	0.81	4.51	3.07	16	58	-	0.034	9.79
	柴油机设计与制造	48	1.00	4.31	1.92	13	27	-	0.021	8.93

期刊类别	期刊名称	来源文献量	文献选出率	平均引文数	平均作者数	地区分布数	机构分布数	海外论文比	基金论文比	引用半衰期
动力工程	车用发动机	118	0.97	9.34	4.62	19	56	0.000	0.400	7.22
	电力与能源	169	0.99	2.49	2.13	13	85	-	0.083	5.57
	电气传动	203	1.00	7.48	3.03	24	132	0.000	0.340	6.22
	动力工程学报	170	0.92	11.38	4.09	17	52	0.010	0.520	6.24
	风能	138	0.66	4.72	2.08	18	89	0.036	0.087	4.80
	工业锅炉	95	0.99	3.69	2.47	18	68	-	0.105	8.63
	工业加热	134	0.98	5.25	3.34	27	73	0.000	0.120	8.07
	工业炉	107	0.98	3.53	2.53	22	90	0.010	0.060	8.59
	广西电业	497	0.78	0.28	1.33	14	139	-	-	>10
	锅炉技术	108	1.00	6.66	3.49	17	63	-	0.241	7.83
	锅炉制造	131	1.00	1.77	2.02	17	44	-	0.008	9.87
	国外内燃机	82	0.98	3.13	3.59		2	0.012	-	7.25
	节能	248	1.00	5.72	2.65	26	174	0.004	0.190	6.80
	可再生能源	330	0.97	12.01	3.96	28	191	0.010	0.660	5.38
	内燃机	111	1.00	5.36	3.13	22	69	-	0.090	8.33
	内燃机工程	93	1.00	8.63	4.25	17	33	-	0.763	7.01
	内燃机学报	90	0.97	11.49	4.50	17	33	0.030	0.840	6.70
	内燃机与动力装置	93	0.99	4.42	2.77	15	40	-	0.075	8.20
	内燃机与配件	282	1.00	-	1.49	21	84	-	0.014	-
	能源工程	92	1.00	11.17	3.38	15	58	-	0.315	6.48
	能源技术	169	0.97	2.49	2.13	13	85	-	0.089	5.49
	能源研究与管理	114	1.00	5.25	2.22	20	74	-	0.105	6.93
	能源研究与利用	61	0.52	2.93	1.97	12	42	-	0.033	6.65
	能源研究与信息	45	1.00	7.69	2.58	13	23	-	0.311	5.96
	能源与环境	323	0.99	4.07	1.62	27	210	-	0.077	7.24
	汽轮机技术	140	0.99	7.55	3.48	20	55	0.000	0.200	7.79
	区域供热	109	1.00	2.93	1.73	13	81	0.009	-	>10
	燃气轮机技术	54	1.00	10.13	2.91	9	35	-	0.278	7.39
	燃烧科学与技术	90	0.97	13.22	4.52	18	40	0.020	0.960	7.55
	热科学与技术	62	0.95	12.63	3.55	17	30	0.020	0.790	8.44
	热力透平	66	1.00	7.53	3.44	12	29	-	0.197	7.23
	热能动力工程	128	0.90	10.97	3.53	20	56	0.010	0.640	7.11
	上海节能	109	0.62	2.47	1.83	8	86	0.009	0.064	5.64

期刊类别	期刊名称	来源文献量	文献选出率	平均引文数	平均作者数	地区分布数	机构分布数	海外论文比	基金论文比	引用半衰期
动力工程	水电能源科学	727	1.00	8.32	3.55	30	232	0.000	0.490	6.18
	水动力学研究与进展 A 辑	93	0.96	15.37	3.59	17	51	0.040	0.780	8.03
	太阳能学报	367	0.97	11.88	3.96	24	151	0.010	0.790	6.95
	特种设备安全技术	163	0.89	2.24	2.03	21	96	-	-	>10
	微电机	244	0.97	8.45	3.06	26	130	0.000	0.400	7.03
	微特电机	270	0.97	8.30	2.96	24	128	0.010	0.320	6.54
	现代车用动力	56	0.93	4.59	3.50	8	18	0.018	0.089	7.26
	现代电力	112	0.95	10.96	3.35	20	48	0.000	0.220	5.38
	冶金动力	198	1.00	1.67	1.99	23	130	-	-	7.55
	冶金能源	99	0.95	4.32	3.20	19	60	0.000	0.160	7.12
	应用能源技术	150	1.00	6.51	2.37	19	99	-	0.053	6.45
	中国电机工程学报	810	0.93	20.91	4.20	24	168	0.030	0.760	6.15
	中国能源	114	0.78	6.00	2.32	11	57	0.050	0.170	3.64
	中外能源	223	1.00	9.43	2.26	20	134	0.004	0.152	5.42
	平均	172	0.94	7.08	2.94	17	81	0.012	0.275	7.11
原子能技术	Nuclear Science and Techniques	79	1.00	15.46	5.30	18	48	0.025	0.646	7.72
	辐射防护	62	0.93	11.79	4.97	17	38	0.020	0.440	9.22
	辐射防护通讯	60	0.98	9.02	3.90	13	23	-	0.150	9.59
	辐射研究与辐射工艺学报	69	0.96	17.19	4.97	17	46	0.000	0.770	6.99
	核安全	69	1.00	7.00	3.01	10	24	-	0.029	8.93
	核电子学与探测技术	348	1.00	7.14	4.43	23	133	0.010	0.380	8.77
	核动力工程	185	0.98	6.31	3.80	15	64	0.010	0.260	9.90
	核化学与放射化学	62	0.95	19.05	5.37	13	31	0.000	0.480	9.31
	核技术	192	0.97	11.94	5.04	23	78	0.010	0.490	7.79
	核科学与工程	64	0.94	10.00	3.88	11	27	0.020	0.420	8.84
	世界核地质科学	41	0.98	8.95	3.20	7	10	-	0.146	9.89
	太阳能	197	0.49	6.21	2.76	26	137	0.030	0.102	6.54
	同位素	45	0.94	13.13	4.93	10	25	0.040	0.470	8.37
	应用泛函分析学报	63	1.00	11.44	1.87	22	46	0.032	0.762	>10
	原子能科学技术	286	0.97	9.65	4.57	19	84	0.010	0.440	8.97
	平均	121	0.94	10.95	4.13	16	54	0.014	0.399	8.79
	Electricity	45	0.82	5.40	3.09	10	31	0.022	0.022	4.69
	安全与电磁兼容	104	0.90	4.55	2.72	16	68	0.029	0.125	5.81

期刊类别	期刊名称	来源文献量	文献选出率	平均引文数	平均作者数	地区分布数	机构分布数	海外论文比	基金论文比	引用半衰期
电工技术	大电机技术	95	0.99	5.97	3.14	25	67	0.020	0.220	8.02
	大功率变流技术	64	1.00	7.05	3.95	9	15	-	0.109	5.82
	大众用电	308	0.88	-	1.39	19	130	-	-	-
	灯与照明	56	0.98	5.80	2.43	13	31	-	0.286	6.56
	低压电器	330	1.00	7.22	3.03	27	164	-	0.294	6.09
	电测与仪表	258	0.97	9.88	3.80	27	151	0.000	0.310	5.70
	电池	105	0.95	9.87	3.50	19	68	0.010	0.470	4.73
	电池工业	88	1.00	12.66	3.83	20	65	-	0.352	6.17
	电瓷避雷器	134	1.00	15.66	3.78	23	81	-	0.134	6.11
	电动工具	61	0.79	1.67	1.08	6	16	-	-	>10
	电工材料	48	1.00	10.98	4.10	13	27	0.062	0.292	9.81
	电工电能新技术	84	1.00	9.39	3.98	19	45	0.000	0.490	7.04
	电工电气	212	1.00	5.35	2.49	26	128	0.005	0.071	6.02
	电工技术	411	1.00	3.94	2.26	28	304	-	0.017	7.78
	电工技术学报	449	0.96	16.68	3.90	23	104	0.040	0.750	6.81
	电工文摘	87	1.00	4.02	1.90	23	65	0.023	-	8.13
	电机技术	132	0.98	3.73	2.12	23	82	-	0.061	9.55
	电机与控制学报	204	0.94	13.98	3.65	22	75	0.040	0.900	6.00
	电机与控制应用	177	0.94	5.82	2.79	25	112	0.010	0.240	6.56
	电力电容器与无功补偿	98	1.00	11.85	3.08	24	81	0.010	0.051	5.83
	电力电子技术	416	0.99	5.23	3.20	24	188	0.010	0.390	6.00
	电力建设	319	1.00	10.88	3.28	27	153	0.000	0.100	5.75
	电力勘测设计	108	1.00	4.89	2.19	20	47	-	-	7.50
	电力科学与工程	176	1.00	10.10	3.25	22	55	-	0.301	5.68
	电力科学与技术学报	64	0.89	12.56	3.77	16	41	0.020	0.630	4.38
	电力系统保护与控制	645	1.00	15.26	3.90	28	186	0.010	0.570	4.96
	电力系统及其自动化学报	174	0.97	12.75	3.78	25	84	0.000	0.380	6.81
	电力系统通信	237	1.00	5.40	2.88	29	129	-	0.051	4.37
	电力系统自动化	549	0.88	15.21	4.02	24	126	0.020	0.570	5.19
	电力信息化	255	0.95	5.57	2.80	27	137	-	0.027	3.83
	电力需求侧管理	100	0.77	4.54	2.23	20	76	0.000	0.030	4.62
	电力学报	136	1.00	6.82	2.52	24	80	-	0.250	6.37
	电力与电工	92	1.00	3.65	2.49	1	29	0.011	0.033	5.85

期刊类别	期刊名称	来源文献量	文献选出率	平均引文数	平均作者数	地区分布数	机构分布数	海外论文比	基金论文比	引用半衰期
电工技术	电力自动化设备	350	0.99	16.86	3.68	24	111	0.010	0.580	5.79
	电气传动自动化	92	1.00	5.21	2.13	20	67	-	0.109	8.57
	电气防爆	51	0.98	3.47	2.04	15	30	-	0.078	>10
	电气技术	574	1.00	3.68	1.72	30	272	0.002	0.037	6.30
	电气开关	103	1.00	5.58	2.43	23	67	-	0.087	9.12
	电气时代	473	1.00	-	1.10	28	213	0.011	0.004	-
	电气应用	413	0.56	4.24	2.36	29	283	0.010	0.110	6.36
	电气制造	361	1.00	-	1.18	28	127	-	-	-
	电气自动化	192	0.99	6.49	2.82	23	113	0.010	0.150	6.21
	电器工业	89	0.39	1.78	1.44	18	60	0.011	0.011	7.54
	电世界	528	1.00	0.26	1.35	29	285	-	-	8.32
	电网技术	551	0.99	18.72	4.22	25	131	0.010	0.540	5.73
	电网与清洁能源	226	0.97	12.18	3.30	31	144	0.000	0.380	4.77
	电线电缆	83	1.00	3.98	2.60	16	48	-	0.060	>10
	电源技术	564	0.96	8.66	3.16	28	262	0.010	0.390	6.20
	电站辅机	50	1.00	4.78	1.94	14	28	-	-	9.63
	电站系统工程	201	1.00	4.18	2.97	20	73	-	0.154	6.67
	东北电力技术	174	1.00	6.34	2.59	17	74	-	0.034	5.91
	东方电气评论	61	1.00	4.10	2.51	4	14	-	-	7.24
	发电设备	128	1.00	4.11	2.71	22	88	-	0.023	6.61
	高电压技术	469	0.94	24.43	4.62	22	112	0.010	0.760	5.78
	高压电器	290	0.97	18.61	4.10	27	153	0.000	0.260	6.86
	供用电	126	1.00	5.40	2.74	19	77	-	0.056	5.38
	光源与照明	67	1.00	2.79	1.57	12	33	-	0.015	5.66
	广东电力	314	1.00	10.66	2.87	17	105	-	0.290	6.43
	广西电力	150	1.00	4.07	2.23	10	59	-	0.013	7.40
	贵州电力技术	393	1.00	2.90	1.61	13	108	-	0.018	6.51
	黑龙江电力	136	1.00	5.80	3.15	16	49	-	0.051	6.32
	湖北电力	170	1.00	1.31	2.37	13	69	-	-	7.60
	湖南电力	116	1.00	4.74	2.91	12	45	-	-	6.71
	华北电力技术	222	1.00	6.92	3.06	20	102	-	0.014	6.57
	华东电力	566	0.75	6.22	3.55	24	176	0.000	0.420	5.18
	机床电器	130	1.00	2.98	1.64	22	94	-	0.062	7.53

期刊类别	期刊名称	来源文献量	文献选出率	平均引文数	平均作者数	地区分布数	机构分布数	海外论文比	基金论文比	引用半衰期
电工技术	机电产品开发与创新	380	1.00	4.89	2.34	28	215	-	0.205	6.94
	机电工程	362	0.99	11.24	2.90	23	135	0.000	0.380	5.71
	机电设备	51	0.93	4.86	2.10	9	43	0.039	-	7.67
	机电一体化	230	0.95	5.87	2.71	21	74	0.000	0.280	6.20
	机电元件	81	1.00	4.32	2.27	19	45	-	0.012	8.91
	吉林电力	112	1.00	2.33	3.03	7	31	-	0.018	5.85
	家电科技	191	0.62	2.83	2.19	15	91	0.010	0.010	9.57
	江苏电机工程	147	1.00	5.62	2.89	7	62	-	0.041	6.14
	江西电力	119	0.95	3.13	2.01	8	57	-	0.008	7.09
	洁净与空调技术	101	0.98	4.70	2.31	17	66	-	0.020	7.55
	绝缘材料	113	0.94	11.89	4.09	18	61	0.010	0.310	7.28
	内蒙古电力技术	187	1.00	5.07	2.93	12	64	-	0.102	5.17
	南方电网技术	147	0.98	9.64	3.65	17	72	0.000	0.130	5.74
	宁夏电力	108	0.92	3.15	2.04	9	45	-	0.028	6.85
	农村电工	576	0.99	-	1.46	26	367	-	-	-
	汽车电器	249	0.85	1.79	1.90	25	157	-	0.016	7.90
	青海电力	90	0.99	1.60	2.91	6	26	-	-	9.67
	热力发电	340	0.92	5.89	3.75	28	174	0.000	0.130	7.09
	日用电器	343	1.00	0.97	1.00	7	49	-	0.017	9.25
	山东电力技术	127	0.99	4.48	2.91	14	70	-	-	6.92
	山西电力	128	1.00	2.85	2.23	9	59	0.008	0.008	6.63
	陕西电力	252	0.98	10.34	3.33	23	117	0.000	0.270	5.73
	上海大中型电机	98	1.00	1.34	1.41	10	24	-	-	>10
	四川电力技术	142	1.00	7.22	2.58	16	69	-	0.077	6.46
	现代建筑电气	184	0.80	4.21	1.88	21	105	0.005	0.087	6.26
	移动电源与车辆	52	1.00	3.31	2.94	18	35	-	0.058	9.36
	云南电力技术	206	1.00	4.13	2.31	10	69	-	0.010	8.10
	照明工程学报	153	0.99	7.57	3.14	19	95	-	0.379	6.04
	浙江电力	265	1.00	4.06	2.69	7	97	-	0.004	5.75
	中国电力	255	0.95	9.88	3.76	27	136	0.000	0.170	4.74
	中国电业	573	1.00	-	1.28	28	270	-	-	-
	中国照明电器	156	1.00	1.63	1.50	15	69	0.006	0.064	5.76
	平均	217	0.96	6.47	2.71	19	99	0.005	0.161	6.57

期刊类别	期刊名称	来源文献量	文献选出率	平均引文数	平均作者数	地区分布数	机构分布数	海外论文比	基金论文比	引用半衰期
无线电电子学、电信技术	Chinese Optics of Letters	276	0.96	16.76	4.79	22	109	0.120	0.740	6.61
	Frontiers of Optoelectronics	66	1.00	20.29	4.44	12	32	0.167	0.773	5.56
	Journal of Electronic Science and Technology of China	59	0.95	14.78	3.39	4	38	0.525	0.678	7.29
	Journal of Electronics (China)	87	1.00	16.46	3.41	17	46	0.023	0.713	5.43
	Journal of Semiconductors	303	0.99	15.43	4.69	24	111	0.150	0.600	7.01
	Journal of Systems Engineering and Electronics	116	1.00	22.12	3.32	17	43	0.017	0.914	6.25
	Optoelectronics Letters	121	0.96	16.26	4.55	20	67	0.070	0.880	4.83
	The Journal of China Universities of Posts and Telecommunications	108	1.00	15.09	3.76	16	37	-	0.935	5.59
	半导体光电	220	1.00	11.27	3.65	25	113	0.000	0.570	6.36
	半导体技术	203	0.94	11.10	3.85	24	98	0.000	0.420	6.20
	传感器与微系统	543	0.98	9.45	3.54	27	179	0.010	0.630	5.89
	磁共振成像	92	0.98	16.14	3.76	21	63	0.022	0.533	5.95
	磁性材料及器件	110	0.92	10.57	3.61	23	67	0.000	0.370	6.87
	当代电视	717	1.00	0.12	1.09	26	240	0.001	0.029	6.58
	电波科学学报	199	0.91	14.88	3.78	20	82	0.010	0.730	6.48
	电光与控制	272	0.96	11.32	3.43	21	76	0.000	0.570	6.32
	电路与系统学报	148	1.00	11.95	3.03	18	62	0.010	0.700	6.68
	电脑与电信	478	1.00	1.76	1.00	29	133	-	0.061	5.84
	电气电子教学学报	257	1.00	4.08	2.68	26	127	-	0.471	5.24
	电声技术	250	0.96	6.81	2.23	22	127	0.024	0.120	6.30
	电视技术	826	0.94	6.99	2.58	30	337	0.001	0.369	4.32
	电信技术	574	1.00	-	1.04	27	152	0.002	0.017	-
	电信科学	313	0.95	8.02	2.83	23	133	0.010	0.420	4.51
	电信快报	142	0.98	2.63	1.89	14	48	-	0.127	4.54
	电信网技术	177	0.67	1.87	1.95	17	60	-	0.136	9.14
	电讯技术	400	0.99	8.39	2.62	21	144	0.010	0.350	6.22
	电子测量技术	390	0.95	10.57	2.95	25	159	0.010	0.220	3.50
	电子测量与仪器学报	171	0.93	14.97	3.49	22	55	0.020	0.620	5.32
	电子测试	249	0.80	8.78	2.33	22	71	0.000	0.170	6.36
	电子产品可靠性与环境试验	89	1.00	5.43	2.21	20	50	-	0.090	9.24

期刊类别	期刊名称	来源文献量	文献选出率	平均引文数	平均作者数	地区分布数	机构分布数	海外论文比	基金论文比	引用半衰期
无线电电子学、电信技术	电子产品世界	266	0.68	3.93	1.64	21	137	0.070	0.090	5.09
	电子工业专用设备	153	0.96	3.28	2.67	16	45	0.020	0.085	6.30
	电子工艺技术	102	0.52	6.54	2.77	20	64	0.020	0.290	5.29
	电子技术	339	1.00	5.49	2.13	24	122	-	0.227	6.17
	电子技术应用	493	0.89	6.64	3.05	29	234	0.010	0.440	5.16
	电子科技	505	1.00	5.79	2.26	27	194	0.002	0.164	6.06
	电子器件	170	0.97	11.11	3.04	22	74	0.000	0.490	5.59
	电子设计工程	1401	0.87	7.39	2.44	31	498	0.000	0.210	5.64
	电子设计技术	358	1.00	0.06	1.04	5	76	0.237	0.003	>10
	电子世界	2314	1.00	4.13	1.62	31	1291	-	0.074	5.90
	电子显微学报	90	0.94	15.46	4.53	21	59	0.060	0.700	8.48
	电子信息对抗技术	90	1.00	6.33	3.09	14	30	-	0.100	6.32
	电子学报	420	1.00	16.67	3.53	22	162	0.020	0.880	6.32
	电子与封装	194	1.00	4.31	2.26	15	59	-	0.077	7.63
	电子与信息学报	490	1.00	14.04	3.55	22	113	0.010	0.840	3.89
	电子元件与材料	249	0.96	12.69	3.92	25	124	0.000	0.640	5.89
	电子制作	1108	1.00	2.53	1.29	30	691	0.002	0.023	5.23
	电子质量	270	0.99	4.09	2.20	25	120	-	0.111	7.47
	固体电子学研究与进展	119	0.92	9.33	4.03	21	56	0.010	0.570	7.52
	光电工程	290	0.98	11.95	3.71	25	134	0.000	0.720	6.30
	光电技术应用	116	1.00	9.33	2.95	20	49	-	0.474	6.46
	光电子·激光	415	0.94	17.75	4.48	26	167	0.020	0.920	3.97
	光电子技术	59	0.97	8.69	3.75	17	40	0.000	0.410	6.38
	光通信技术	224	0.96	7.72	3.42	26	117	0.000	0.490	5.41
	光通信研究	127	1.00	5.87	3.29	20	60	0.016	0.535	5.45
	光纤与电缆及其应用技术	77	0.95	4.68	2.84	17	45	0.010	0.050	6.87
	光学与光电技术	134	0.88	8.67	2.92	19	80	0.070	0.250	7.55
	广播电视信息	618	1.00	0.41	1.00	30	194	-	0.039	6.97
	广播与电视技术	784	1.00	0.83	1.00	29	176	-	0.009	6.52
	广东通信技术	237	1.00	4.35	1.91	18	68	0.013	0.135	5.32
	广西通信技术	48	0.98	3.52	2.06	5	24	-	0.083	8.11
	国外电子测量技术	244	0.89	9.06	2.52	24	109	0.030	0.100	4.08
	红外	99	1.00	14.08	3.14	20	62	-	0.354	6.91

期刊类别	期刊名称	来源文献量	文献选出率	平均引文数	平均作者数	地区分布数	机构分布数	海外论文比	基金论文比	引用半衰期
无线电电子学、电信技术	红外技术	138	0.99	11.23	4.38	17	59	0.020	0.500	6.84
	红外与激光工程	610	1.00	11.39	4.21	26	178	0.000	0.820	6.40
	激光技术	212	0.97	13.03	3.84	24	122	0.000	0.470	7.23
	激光与光电子学进展	336	0.98	18.98	4.18	28	176	0.010	0.680	6.09
	激光与红外	299	1.00	10.45	3.81	28	133	0.000	0.450	6.61
	激光杂志	227	0.75	12.74	3.71	23	101	0.020	0.480	6.70
	舰船电子对抗	186	1.00	5.20	2.34	19	49	-	0.032	7.42
	江苏通信	326	1.00	0.03	1.00	5	69	-	0.003	>10
	江西通信科技	44	0.92	2.11	1.89	7	33	-	-	4.58
	今日电子	601	1.00	-	1.00	14	72	0.082	0.002	-
	军事通信技术	83	1.00	9.41	3.78	7	8	-	0.157	5.85
	空间电子技术	77	1.00	6.16	1.60	8	16	-	0.117	8.34
	雷达科学与技术	128	0.97	9.97	3.12	15	50	0.080	0.300	6.93
	雷达与对抗	73	1.00	4.86	2.52	12	24	-	0.014	7.78
	内蒙古广播与电视技术	156	0.99	0.28	1.87	13	77	-	-	>10
	山东通信技术	61	1.00	2.07	1.93	6	29	-	-	5.67
	山西电子技术	240	1.00	4.41	1.83	22	132	-	0.158	6.27
	世界电信	317	1.00	0.04	1.00	8	47	0.003	-	-
	世界电子元器件	861	1.00	-	1.00	14	43	0.035	-	-
	数据采集与处理	126	0.95	12.13	3.41	18	80	0.020	0.720	6.48
	数据通信	128	1.00	3.34	1.55	13	49	-	0.133	5.09
	数字技术与应用	2015	1.00	2.87	1.59	31	1264	0.000	0.077	6.09
	数字通信	140	0.97	8.08	2.31	23	65	-	0.257	3.79
	数字通信世界	510	1.00	-	1.00	25	105	0.002	0.012	-
	太赫兹科学与电子信息学报	165	0.98	10.27	3.18	22	87	0.000	0.370	6.41
	探测与控制学报	106	0.97	9.20	3.57	15	38	0.000	0.400	6.34
	通信电源技术	233	1.00	3.95	1.91	28	181	-	0.060	6.60
	通信管理与技术	122	1.00	0.01	1.62	13	49	-	-	-
	通信技术	472	1.00	8.95	2.42	30	208	-	0.258	4.24
	通信学报	285	1.00	16.87	3.62	21	118	0.010	0.920	5.74
	通信与信息技术	93	0.81	3.08	1.60	10	42	-	-	5.33
	微波学报	131	0.96	10.98	3.42	18	69	0.010	0.510	7.29
	微电子学	206	1.00	8.66	3.90	19	80	0.000	0.530	6.93

期刊类别	期刊名称	来源文献量	文献选出率	平均引文数	平均作者数	地区分布数	机构分布数	海外论文比	基金论文比	引用半衰期
无线电电子学、电信技术	微纳电子技术	136	0.94	19.67	4.35	20	72	0.000	0.710	5.88
	无线电工程	233	1.00	5.67	2.59	19	73	-	0.172	6.72
	无线电通信技术	140	1.00	6.94	2.60	19	54	-	0.293	6.89
	无线通信技术	54	1.00	8.15	2.57	13	32	-	0.241	6.49
	系统工程与电子技术	453	0.97	16.50	3.40	22	98	0.010	0.780	5.48
	现代传输	54	0.70	3.72	2.24	9	23	-	-	8.33
	现代电视技术	759	1.00	0.20	1.00	28	125	0.008	0.003	8.35
	现代电信科技	262	1.00	2.57	1.61	19	68	0.004	0.080	4.52
	现代电影技术	225	1.00	1.14	1.18	19	72	0.013	0.004	9.50
	现代电子技术	1432	1.00	9.80	2.55	30	582	-	0.378	5.90
	现代雷达	236	0.96	10.24	2.99	22	101	0.000	0.280	7.04
	现代显示	180	0.98	5.23	2.68	18	88	0.006	0.056	7.51
	信号处理	241	0.95	14.93	3.22	20	79	0.010	0.760	5.71
	信息安全与技术	406	1.00	4.35	1.48	30	328	-	0.099	5.54
	信息安全与通信保密	240	0.53	7.97	2.53	23	104	-	0.167	3.37
	信息化研究	114	1.00	7.59	2.25	14	48	-	0.237	5.50
	信息技术	663	0.98	6.80	2.37	27	271	0.000	0.220	6.33
	信息技术与信息化	152	0.93	5.05	2.18	21	113	-	0.132	5.97
	信息通信	1103	1.00	3.37	1.55	30	738	-	0.055	5.15
	信息通信技术	114	1.00	3.61	1.86	11	48	0.009	0.053	3.26
	信息网络安全	349	0.87	8.40	2.46	24	189	-	0.381	3.83
	压电与声光	248	0.99	9.41	3.98	24	94	0.000	0.560	7.12
	遥测遥控	88	0.98	7.03	3.23	15	42	0.000	0.170	7.81
	移动通信	458	0.93	4.00	2.05	23	181	-	0.059	4.30
	音响技术	267	1.00	0.22	1.00		1	-	0.004	7.13
	印制电路信息	256	0.99	3.95	2.36	17	77	-	0.023	6.82
	应用激光	108	0.96	10.47	3.89	23	74	0.000	0.610	7.52
	影视制作	331	1.00	-	1.00	24	96	-	-	-
	邮电设计技术	239	0.95	3.00	2.27	20	69	-	0.004	1.99
	有线电视技术	469	0.97	0.92	1.00	25	111	-	0.043	9.32
	真空电子技术	90	0.95	10.91	3.48	13	32	0.000	0.120	8.67
	中国电视	238	0.93	2.50	1.24	26	111	-	0.202	8.50
	中国电子科学研究院学报	134	0.99	10.21	2.96	18	59	-	0.231	6.75

期刊类别	期刊名称	来源文献量	文献选出率	平均引文数	平均作者数	地区分布数	机构分布数	海外论文比	基金论文比	引用半衰期
无线电电子学、电信技术	中国光学	88	1.00	14.90	4.09	12	21	0.023	0.886	6.34
	中国激光	494	0.98	15.97	4.83	24	158	0.010	0.820	5.63
	中国集成电路	788	1.00	0.65	1.00	16	67	0.008	0.011	7.61
	中国通信	170	0.99	20.59	3.54	20	67	0.041	0.941	5.73
	中国无线电	786	0.99	0.19	1.27	31	226	-	0.001	6.60
	中国新通信	829	1.00	0.95	1.42	31	615	0.002	0.014	5.48
	中国有线电视	323	0.88	2.12	1.50	29	219	-	0.031	4.58
	中兴通讯技术	81	0.87	7.90	1.98	10	33	0.000	0.650	3.25
	平均	323	0.96	7.73	2.62	20	131	0.016	0.317	6.04
自动化、计算机技术	CAD/CAM 与制造业信息化	198	0.68	0.32	1.69	24	142	0.015	-	6.40
	CT 理论与应用研究	94	0.81	15.65	4.16	16	74	0.020	0.340	6.12
	International Journal of Automation and computing	80	0.99	23.85	2.48	15	54	0.275	0.512	7.12
	Journal of Computer Science and Technology	103	0.93	32.60	3.39	15	74	0.570	0.540	6.75
	办公自动化(综合版)	228	0.98	3.28	1.54	23	145	-	0.096	5.61
	传动技术	30	1.00	7.53	2.17	5	19	0.367	0.067	>10
	传感器世界	91	0.99	7.05	2.41	26	58	-	0.143	7.54
	单片机与嵌入式系统应用	326	0.58	5.25	2.20	24	167	0.020	0.120	4.28
	电脑编程技巧与维护	997	0.99	3.53	1.52	31	566	-	0.064	5.68
	电脑开发与应用	356	1.00	5.22	1.71	26	209	-	0.230	5.57
	电脑与信息技术	133	0.99	6.22	2.05	26	107	-	0.301	5.98
	电脑知识与技术	3016	1.00	5.15	1.67	31	1485	0.001	0.199	5.18
	电子政务	228	1.00	7.63	1.49	24	96	-	0.404	3.32
	福建电脑	1200	1.00	3.81	1.48	30	595	-	0.222	5.09
	高性能计算技术	73	0.96	8.85	3.21	8	27	-	0.178	7.50
	工业控制计算机	682	1.00	5.09	2.38	30	350	0.001	0.152	6.54
	化学传感器	58	1.00	14.38	3.47	17	34	0.017	0.517	6.14
	机器人	105	1.00	16.31	3.83	19	48	0.040	0.910	6.26
	机器人技术与应用	39	0.70	6.49	2.85	13	22	-	0.179	6.34
	计算机安全	234	0.75	5.93	1.83	27	191	-	0.158	5.81
	计算机仿真	1188	0.99	8.85	2.52	31	487	0.000	0.380	6.84
	计算机辅助工程	100	0.92	8.51	3.14	17	57	-	0.410	7.15

期刊类别	期刊名称	来源文献量	文献选出率	平均引文数	平均作者数	地区分布数	机构分布数	海外论文比	基金论文比	引用半衰期
自动化、计算机技术	计算机辅助设计与图形学学报	218	0.99	17.50	3.51	20	98	0.030	0.930	6.51
	计算机工程	2034	0.99	8.98	3.11	31	521	0.010	0.770	5.70
	计算机工程与科学	424	0.98	11.42	3.11	29	199	0.010	0.680	6.56
	计算机工程与设计	935	1.00	13.67	2.90	29	336	0.010	0.640	4.53
	计算机工程与应用	2019	1.00	11.53	2.81	31	611	0.010	0.770	6.79
	计算机光盘软件与应用	4029	1.00	3.43	1.37	31	2455	0.000	0.049	4.83
	计算机集成制造系统	340	0.95	16.68	3.52	23	114	0.010	0.910	5.95
	计算机技术与发展	778	1.00	12.84	2.74	31	279	0.000	0.810	5.79
	计算机教育	664	0.97	5.14	2.43	30	337	0.011	0.533	3.57
	计算机科学	862	0.99	15.14	3.14	28	273	0.000	0.870	6.21
	计算机科学与探索	110	0.90	18.91	3.36	23	63	0.010	0.980	6.14
	计算机时代	311	1.00	6.20	1.89	30	221	0.003	0.383	5.11
	计算机系统应用	674	0.99	8.69	2.63	26	284	0.000	0.400	6.03
	计算机学报	238	0.98	23.96	3.66	22	108	0.040	0.950	6.22
	计算机研究与发展	287	0.96	19.59	3.61	24	102	0.040	0.980	6.42
	计算机应用	908	0.99	14.49	2.88	30	343	0.010	0.740	5.27
	计算机应用研究	1289	1.00	13.68	3.01	29	356	0.000	0.790	5.66
	计算机应用与软件	1011	0.99	9.80	2.74	29	452	0.000	0.550	6.59
	计算机与数字工程	607	0.98	11.06	2.39	29	281	0.000	0.300	6.11
	计算机与网络	169	0.90	2.72	1.95	24	84	-	0.036	7.10
	计算机与现代化	693	0.99	14.37	2.31	30	376	0.000	0.270	5.49
	计算机与应用化学	340	0.97	14.05	3.52	27	157	0.010	0.640	7.14
	计算技术与自动化	133	0.99	8.33	2.42	19	84	0.000	0.420	5.80
	金融科技时代	919	1.00	-	1.00	27	162	0.005	0.004	-
	控制工程	260	1.00	12.82	3.17	24	116	0.010	0.860	7.26
	控制与决策	359	1.00	14.80	3.08	25	118	0.010	0.960	7.05
	模式识别与人工智能	138	0.98	18.46	3.04	22	85	0.010	0.930	6.78
	软件	650	1.00	6.62	1.92	29	337	-	0.217	5.42
	软件导刊	1014	1.00	5.11	1.69	31	566	-	0.195	5.29
	软件工程师	58	0.24	3.88	1.69	16	43	-	0.069	5.43
	软件学报	236	0.96	26.58	3.67	24	90	0.020	0.950	6.25
	数值计算与计算机应用	35	0.95	14.03	2.43	18	32	0.000	0.860	>10
	网络安全技术与应用	364	1.00	4.41	1.63	29	169	-	0.179	5.98

期刊类别	期刊名称	来源文献量	文献选出率	平均引文数	平均作者数	地区分布数	机构分布数	海外论文比	基金论文比	引用半衰期
自动化、计算机技术	网络新媒体技术	67	0.97	8.87	3.30	14	38	-	0.627	7.52
	微处理机	159	0.98	6.01	2.66	23	63	0.000	0.150	7.36
	微电子学与计算机	548	0.98	7.76	2.87	28	259	0.010	0.640	5.54
	微型电脑应用	225	0.95	6.24	2.04	23	91	0.000	0.180	5.62
	微型机与应用	703	0.98	5.72	2.57	31	361	-	0.287	5.65
	物联网技术	385	1.00	4.55	1.87	24	194	0.003	0.114	3.80
	物探化探计算技术	133	0.96	13.89	3.71	20	56	0.000	0.560	8.29
	系统仿真技术	64	0.94	7.94	2.88	19	45	0.000	0.500	6.85
	系统仿真学报	502	0.98	12.34	3.43	25	218	0.010	0.710	7.06
	现代计算机(专业版)	518	1.00	5.23	1.72	28	315	0.004	0.048	5.64
	小型微型计算机系统	529	0.99	15.04	3.25	28	180	0.010	0.910	6.07
	信息系统工程	990	1.00	2.57	1.40	31	587	-	0.071	5.36
	信息与控制	128	1.00	14.99	3.10	21	81	0.010	0.800	6.54
	制造业自动化	1135	1.00	5.93	2.34	30	524	0.000	0.320	6.33
	智能计算机与应用	150	1.00	9.54	2.43	21	69	-	0.500	6.13
	中国金融电脑	243	0.90	-	1.28	23	91	0.029	-	-
	中国科学(信息科学)	127	0.93	23.68	3.59	16	68	0.050	0.900	6.69
	中国科学：信息科学(英文版)	251	1.00	24.05	3.96	18	107	0.032	0.845	7.22
	中国图象图形学报	232	0.99	17.58	3.26	22	116	0.020	0.870	6.31
	中文信息学报	114	0.97	15.75	3.53	16	46	0.030	0.850	6.75
	自动化博览	182	0.61	2.73	1.71	27	122	0.011	0.027	7.80
	自动化技术与应用	318	0.93	5.47	2.29	28	219	0.010	0.140	6.58
	自动化学报	229	1.00	24.92	3.20	21	95	0.030	0.920	5.75
	自动化与信息工程	80	1.00	4.60	2.59	14	46	-	0.312	5.30
	自动化与仪器仪表	451	0.92	5.57	2.30	26	221	0.000	0.160	6.49
	平均	514	0.95	10.52	2.61	24	238	0.023	0.465	6.08
化学工业	China Particuology	100	0.93	30.97	4.33	20	76	0.470	0.450	8.64
	Chinese Journal of Chemical Engineering	159	0.94	26.62	4.03	22	86	0.280	0.670	8.33
	Frontiers of Chemical Science and Engineering	60	0.97	31.65	4.43	10	41	0.467	0.667	7.55
	安徽化工	151	0.99	8.15	2.18	16	83	-	0.126	7.43
	表面技术	205	0.99	12.36	3.80	27	136	0.000	0.440	7.16
	玻璃	368	1.00	0.75	1.00	19	90	-	0.014	>10

期刊类别	期刊名称	来源文献量	文献选出率	平均引文数	平均作者数	地区分布数	机构分布数	海外论文比	基金论文比	引用半衰期
化学工业	玻璃纤维	73	0.90	2.49	1.95	11	27	-	0.164	8.11
	玻璃与搪瓷	62	1.00	5.39	2.63	18	43	-	0.065	8.53
	纯碱工业	100	0.96	1.79	1.82	20	47	-	-	>10
	大氮肥	129	0.78	2.05	2.00	24	61	-	0.008	8.50
	弹性体	123	0.95	9.87	4.44	18	56	0.020	0.540	7.92
	氮肥技术	101	0.98	2.41	2.08	19	59	-	-	7.79
	当代化工	457	1.00	8.56	3.18	26	210	0.000	0.110	7.58
	电镀与精饰	139	0.93	11.29	2.98	24	84	0.010	0.260	7.42
	电镀与涂饰	231	0.95	9.21	3.50	24	143	0.020	0.240	7.01
	发酵科技通讯	74	1.00	5.08	2.12	16	42	-	-	8.60
	佛山陶瓷	476	1.00	1.60	1.27	15	109	0.004	0.027	7.01
	腐蚀科学与防护技术	122	0.96	16.29	3.96	21	78	0.010	0.390	8.68
	腐蚀与防护	297	0.94	10.37	3.96	26	185	0.000	0.360	7.83
	腐植酸	37	0.19	9.08	4.35	15	29	0.162	0.189	7.81
	高科技纤维与应用	62	0.28	10.66	3.45	14	40	0.000	0.060	4.83
	高校化学工程学报	181	0.97	15.62	4.30	21	73	0.020	0.730	7.41
	工程塑料应用	305	0.96	13.21	4.00	25	176	0.000	0.340	5.50
	工业催化	192	0.95	14.22	4.26	25	100	0.000	0.470	7.90
	广州化工	1869	0.99	9.42	2.87	31	862	-	0.348	7.31
	硅酸盐通报	339	0.98	13.87	3.97	27	168	0.000	0.620	6.44
	硅酸盐学报	305	0.91	19.64	4.31	27	138	0.060	0.810	7.15
	贵州化工	123	1.00	4.70	2.22	12	51	-	0.130	8.91
	国外塑料	31	0.27	1.61	1.90	7	18	0.032	0.065	3.00
	过程工程学报	174	1.00	22.66	4.59	22	75	0.010	0.790	6.99
	过滤与分离	40	0.93	6.72	3.13	13	32	-	0.175	6.85
	杭州化工	45	1.00	9.93	2.42	10	23	-	-	5.06
	合成技术及应用	54	0.70	9.09	2.19	9	15	-	0.056	7.13
	合成润滑材料	48	1.00	4.85	2.75	11	23	-	0.062	8.16
	合成树脂及塑料	123	0.95	10.32	3.39	22	77	0.000	0.270	7.55
	合成纤维	153	0.92	5.84	2.71	19	75	0.000	0.100	7.42
	合成纤维工业	115	0.95	9.83	3.54	15	55	0.000	0.370	7.76
	合成橡胶工业	103	0.90	10.79	4.47	15	40	0.000	0.540	8.13
	河北化工	329	0.90	5.94	2.26	21	175	-	0.106	8.60

期刊类别	期刊名称	来源文献量	文献选出率	平均引文数	平均作者数	地区分布数	机构分布数	海外论文比	基金论文比	引用半衰期
化学工业	河南化工	340	0.69	4.16	2.50	23	192	-	0.103	7.74
	化肥工业	101	0.77	2.00	2.51	22	83	-	0.079	7.73
	化肥设计	106	0.82	3.61	2.20	19	61	-	0.170	6.41
	化工机械	223	0.99	5.70	3.06	27	125	0.000	0.180	8.21
	化工技术与开发	243	1.00	9.32	2.66	28	154	-	0.202	7.51
	化工进展	481	0.80	28.97	4.22	26	185	0.000	0.580	6.27
	化工科技	121	1.00	12.27	4.19	20	53	0.000	0.460	7.34
	化工矿物与加工	153	1.00	6.80	3.11	20	75	-	0.288	6.33
	化工设备与管道	114	0.96	8.19	2.36	20	84	0.000	0.100	>10
	化工设计	59	0.67	3.69	1.93	15	37	-	-	>10
	化工设计通讯	165	0.98	1.27	1.91	27	101	-	-	8.33
	化工生产与技术	107	0.99	11.29	2.94	21	78	-	0.159	7.97
	化工时刊	238	0.99	9.60	2.97	26	131	0.004	0.315	7.23
	化工新型材料	578	0.97	15.46	4.09	29	267	-	0.628	6.37
	化工学报	576	0.98	18.92	4.18	26	160	0.020	0.850	7.19
	化工装备技术	103	1.00	5.67	3.00	24	79	-	0.078	8.88
	化工自动化及仪表	457	1.00	5.10	2.85	28	254	0.007	0.254	5.25
	化学反应工程与工艺	96	0.94	14.33	4.08	21	49	0.010	0.500	8.00
	化学工程	213	0.98	12.42	4.08	26	91	0.000	0.580	7.34
	化学工程师	265	0.98	7.53	3.08	29	153	0.000	0.240	6.69
	化学工程与装备	858	1.00	5.41	1.95	30	630	-	0.063	7.93
	化学工业与工程	88	0.96	16.10	4.01	17	27	0.000	0.410	6.50
	化学工业与工程技术	91	0.96	12.15	2.76	21	59	0.000	0.140	7.67
	化学世界	193	0.96	13.46	3.85	27	128	-	0.472	6.80
	化学推进剂与高分子材料	110	0.99	18.06	3.88	15	43	-	0.064	9.00
	江苏陶瓷	391	1.00	0.38	1.09	8	43	-	0.003	8.56
	江西化工	236	1.00	5.65	2.04	18	127	-	0.119	8.40
	胶体与聚合物	56	1.00	11.57	4.00	13	27	-	0.571	6.21
	精细化工	276	0.99	15.68	4.31	27	134	0.000	0.620	6.25
	精细化工中间体	116	0.97	13.29	4.41	22	66	0.000	0.300	7.25
	精细石油化工	121	0.97	12.17	4.07	21	68	0.010	0.390	8.24
	精细与专用化学品	151	0.68	8.86	3.05	22	92	-	0.159	6.78
	景德镇陶瓷	480	0.80	0.03	1.00	3	37	-	-	>10

2012 年中国科技期刊来源指标按类刊名字顺索引(续)

期刊类别	期刊名称	来源文献量	文献选出率	平均引文数	平均作者数	地区分布数	机构分布数	海外论文比	基金论文比	引用半衰期
化学工业	聚氨酯工业	72	0.92	9.57	3.76	19	53	0.010	0.260	7.33
	聚氯乙烯	152	0.94	2.89	2.34	27	84	-	0.072	5.63
	聚酯工业	114	1.00	2.39	2.19	10	54	-	-	8.72
	口腔护理用品工业	61	0.72	7.07	2.46	13	30	-	-	>10
	离子交换与吸附	70	0.99	16.23	4.56	19	46	0.000	0.800	6.72
	辽宁化工	394	1.00	6.44	2.69	25	184	-	0.071	8.45
	林产工业	104	0.93	7.29	3.10	12	32	0.020	0.410	6.13
	林产化学与工业	149	0.98	16.65	4.45	21	60	0.020	0.750	6.81
	磷肥与复肥	177	0.84	4.30	2.62	22	113	0.010	0.080	8.07
	硫磷设计与粉体工程	92	1.00	2.87	1.55	15	45	-	0.022	7.00
	硫酸工业	81	0.86	2.26	2.21	20	65	0.074	0.037	4.21
	绿色建筑	99	0.91	2.41	2.17	17	64	-	0.162	5.15
	氯碱工业	172	1.00	3.08	2.27	28	107	-	0.012	6.23
	轮胎工业	166	0.93	1.84	2.79	20	75	0.048	0.018	7.27
	煤化工	124	0.93	3.65	2.86	22	102	0.000	0.100	6.36
	明胶科学与技术	47	1.00	6.51	2.19	10	26	0.021	-	7.31
	膜科学与技术	132	0.96	14.17	4.27	19	67	0.020	0.700	7.29
	耐火材料	139	1.00	6.83	3.58	19	70	-	0.288	7.58
	耐火与石灰	85	1.00	1.26	1.49	15	32	-	0.012	9.19
	农药	299	0.96	11.75	4.57	28	142	0.000	0.520	6.77
	农药学学报	111	0.95	21.82	5.31	22	58	0.010	0.680	7.37
	清洗世界	114	0.99	4.70	2.91	20	89	0.009	0.044	7.06
	燃料与化工	89	0.55	3.54	3.01	19	56	-	0.090	8.09
	染料与染色	82	0.99	9.51	2.37	12	41	-	0.085	9.76
	热固性树脂	97	0.62	11.47	3.85	20	58	0.000	0.300	8.32
	人工晶体学报	339	0.98	15.24	4.63	27	152	0.010	0.790	6.85
	人造纤维	94	1.00	-	1.37	9	23	-	-	-
	日用化学工业	111	0.97	16.07	4.00	23	61	0.030	0.510	6.74
	润滑油	71	0.95	6.75	3.03	15	46	0.042	0.028	>10
	散装水泥	238	1.00	-	1.00	17	78	-	-	-
	山东化工	423	0.96	4.02	2.44	30	281	-	0.106	7.78
	山东陶瓷	74	0.73	4.50	2.11	13	40	-	0.068	6.96
	山西化工	131	0.96	6.43	2.13	14	65	0.008	0.099	8.44

期刊类别	期刊名称	来源文献量	文献选出率	平均引文数	平均作者数	地区分布数	机构分布数	海外论文比	基金论文比	引用半衰期
化学工业	上海化工	86	0.55	7.22	2.38	17	61	-	0.116	8.05
	上海染料	145	1.00	1.20	1.00	9	33	0.007	-	8.00
	上海塑料	56	1.00	11.02	2.20	14	24	-	0.143	5.48
	上海涂料	182	0.95	5.18	2.63	22	115	-	0.088	7.34
	生物质化学工程	62	0.77	21.26	4.19	17	34	0.016	0.871	6.61
	石化技术与应用	114	0.95	9.28	3.82	17	52	0.000	0.230	7.07
	石油和化工设备	315	1.00	3.71	2.75	28	214	-	0.025	8.67
	石油化工建设	159	0.99	0.75	1.00	14	32	-	-	>10
	世界农药	79	1.00	6.13	2.43	12	31	-	0.089	8.08
	世界橡胶工业	138	0.88	2.82	1.83	16	51	0.007	0.022	9.71
	四川化工	165	1.00	4.71	1.56	18	61	-	0.018	9.03
	塑料	194	0.96	13.53	3.92	23	80	0.010	0.350	6.28
	塑料工业	358	0.97	11.03	4.01	28	176	0.010	0.350	6.65
	塑料科技	204	0.94	11.67	3.67	27	122	0.000	0.340	6.78
	塑料助剂	67	0.30	13.30	3.04	19	43	0.000	0.160	6.15
	塑性工程学报	141	0.96	12.20	3.82	21	66	0.000	0.740	6.89
	炭素	38	0.95	14.50	3.92	15	24	0.000	0.290	8.19
	炭素技术	102	0.94	8.64	3.38	20	60	0.000	0.270	7.54
	陶瓷	151	0.57	3.28	1.81	15	55	0.000	0.040	7.15
	陶瓷科学与艺术	564	0.97	1.32	1.00	22	102	0.007	0.016	-
	陶瓷学报	117	0.97	11.42	3.46	14	47	0.000	0.380	8.16
	特种橡胶制品	108	0.96	7.74	3.67	13	39	0.000	0.180	8.55
	天津化工	137	1.00	6.87	2.39	19	67	-	0.080	7.92
	天然气化工	110	0.96	13.49	3.59	24	72	0.000	0.250	7.08
	涂料工业	228	0.95	10.98	3.92	26	140	0.010	0.320	6.29
	涂料技术与文摘	112	0.99	4.75	2.90	16	77	0.018	0.009	6.87
	无机材料学报	238	0.99	21.82	4.74	27	113	0.030	0.870	6.18
	无机盐工业	237	0.95	8.59	3.80	28	137	0.000	0.320	6.91
	纤维复合材料	34	0.97	11.03	2.94	11	20	-	0.147	7.43
	纤维素科学与技术	47	1.00	13.53	3.60	13	19	-	0.830	7.72
	现代化工	345	0.97	13.85	3.80	30	210	0.000	0.370	6.03
	现代技术陶瓷	73	1.00	3.30	1.38	9	27	-	0.068	8.77
	现代塑料加工应用	102	0.94	6.86	3.77	22	61	0.000	0.380	6.00

期刊类别	期刊名称	来源文献量	文献选出率	平均引文数	平均作者数	地区分布数	机构分布数	海外论文比	基金论文比	引用半衰期
化学工业	现代涂料与涂装	261	0.94	2.73	2.68	22	187	-	0.023	7.56
	香料香精化妆品	85	0.88	10.28	3.91	18	60	0.000	0.180	7.33
	橡胶工业	146	0.82	9.27	3.71	21	64	0.010	0.340	7.67
	橡胶科技	624	1.00	0.26	1.29	19	70	0.002	-	7.32
	橡塑技术与装备	116	0.99	3.59	2.06	16	66	-	0.009	9.46
	橡塑资源利用	54	0.78	2.91	1.37	12	25	-	-	7.61
	小氮肥	115	0.70	-	1.67	20	71	-	-	-
	新型炭材料	70	0.95	23.66	4.74	17	45	0.130	0.710	6.62
	信息记录材料	65	0.98	12.17	3.02	12	31	-	0.231	7.52
	盐业与化工	204	0.96	4.52	2.61	20	97	0.000	0.130	8.47
	印染助剂	160	0.92	10.34	3.15	18	60	0.000	0.220	7.41
	应用化工	635	1.00	11.35	3.67	29	228	0.000	0.580	6.95
	影像技术	122	1.00	4.32	2.07	26	99	-	0.049	6.47
	有机氟工业	69	1.00	8.10	2.72	13	40	-	0.087	8.93
	有机硅材料	77	0.87	22.56	3.68	20	47	0.000	0.170	3.43
	云南化工	107	1.00	6.77	2.94	15	66	-	0.206	6.66
	粘接	161	0.64	11.83	3.14	20	80	0.000	0.090	7.26
	浙江化工	118	0.85	9.97	2.85	10	49	-	0.093	9.15
	中氮肥	158	1.00	0.93	1.90	26	83	-	0.006	8.95
	中国化工装备	63	1.00	4.21	2.62	16	44	-	-	>10
	中国胶粘剂	178	0.92	10.58	3.65	21	91	0.000	0.430	5.20
	中国氯碱	205	1.00	0.77	2.06	27	102	-	-	6.83
	中国生漆	47	0.92	8.77	1.79	11	22	0.021	0.149	>10
	中国塑料	255	0.60	14.21	3.75	27	115	0.000	0.270	6.85
	中国陶瓷	287	0.79	11.16	2.98	25	151	0.000	0.350	7.44
	中国陶瓷工业	93	1.00	5.85	2.41	16	59	-	0.226	9.11
	中国涂料	163	0.75	4.31	2.72	19	107	-	0.018	6.70
	中国洗涤用品工业	311	1.00	1.42	1.00	12	75	0.026	-	6.93
	中国医药工业杂志	285	0.93	9.99	3.85	23	134	0.010	0.370	6.55
	中外医疗	5045	1.00	4.44	1.63	30	2828	-	0.009	5.26
	平均	215	0.91	8.84	2.98	19	106	0.013	0.240	7.39
	宝石和宝石学杂志	44	0.76	7.18	3.55	12	24	-	0.295	8.55
	超硬材料工程	79	0.95	7.08	3.27	15	44	-	0.215	7.77

期刊类别	期刊名称	来源文献量	文献选出率	平均引文数	平均作者数	地区分布数	机构分布数	海外论文比	基金论文比	引用半衰期
轻工业、手工业(除食品、纺织)	广东印刷	393	1.00	-	1.00	17	63	0.015	-	-
	黑龙江造纸	62	0.77	7.16	2.15	9	25	-	0.226	6.08
	湖北造纸	97	0.97	6.14	2.71	11	31	-	0.021	8.21
	湖南造纸	50	0.76	2.70	1.92	9	24	-	0.020	8.39
	华东纸业	145	1.00	2.75	1.00	16	55	-	0.007	9.97
	今日印刷	65	0.25	-	1.18	14	40	0.031	-	-
	粮食储藏	80	0.96	7.53	3.58	15	52	0.010	0.300	7.39
	木材加工机械	98	1.00	9.88	2.99	14	32	-	0.735	6.08
	木工机床	42	1.00	4.24	1.48	8	18	-	0.143	9.20
	皮革科学与工程	100	0.93	11.26	3.52	15	34	0.020	0.470	7.56
	皮革与化工	65	0.78	10.25	2.48	15	36	0.000	0.150	7.08
	轻工机械	179	0.97	10.55	3.17	20	72	0.000	0.340	6.10
	日用化学品科学	158	1.00	5.70	2.25	17	93	0.019	0.057	6.44
	世界竹藤通讯	74	1.00	3.89	2.68	14	37	-	0.351	7.47
	天津造纸	36	0.88	8.69	1.61	9	19	-	0.028	8.71
	西部皮革	462	1.00	2.45	1.52	21	64	0.002	0.108	7.18
	现代面粉工业	96	1.00	2.88	1.94	15	57	-	0.052	6.14
	蓄电池	68	1.00	7.31	3.28	19	53	-	0.132	7.06
	烟草科技	217	0.98	14.37	5.47	23	95	0.000	0.370	7.37
	艺术设计研究	102	1.00	0.75	1.09	9	34	0.098	0.137	7.50
	印刷技术	488	0.81	-	1.19	23	222	0.010	-	-
	印刷世界	341	0.93	0.18	1.00	18	79	0.003	0.006	5.17
	印刷杂志	587	1.00	-	1.00	21	130	0.009	0.005	-
	造纸化学品	53	0.17	5.89	2.98	15	33	-	0.132	8.40
	造纸科学与技术	151	1.00	8.46	3.54	17	51	-	0.742	7.08
	纸和造纸	237	0.52	6.14	3.02	24	89	-	0.350	7.07
	制冷学报	90	1.00	11.91	3.73	17	43	0.030	0.630	7.43
	中国木材	48	0.70	5.04	2.29	8	18	-	-	>10
	中国皮革	947	1.00	2.60	1.19	23	93	-	0.125	7.01
	中国人造板	63	0.22	1.73	2.40	15	40	-	0.175	6.50
	中国烟草科学	132	0.99	14.92	6.16	18	67	0.000	0.350	7.36
	中国印刷与包装研究	75	0.84	11.53	2.93	17	36	0.040	0.453	5.60
	中国造纸	200	0.93	10.12	3.19	21	96	0.010	0.340	6.82

期刊类别	期刊名称	来源文献量	文献选出率	平均引文数	平均作者数	地区分布数	机构分布数	海外论文比	基金论文比	引用半衰期
	中国造纸学报	51	0.98	12.31	4.12	15	30	0.020	0.590	6.64
	中国制笔	23	0.92	1.30	1.35	6	16	-	-	>10
	中华纸业	425	0.80	4.83	2.32	25	173	0.002	0.167	5.89
	平均	174	0.86	6.05	2.52	15	58	0.008	0.216	6.67
纺织	产业用纺织品	116	1.00	9.15	3.00	21	54	-	0.276	6.78
	纺织标准与质量	124	1.00	4.63	1.76	15	59	-	0.089	6.82
	纺织导报	227	0.75	2.79	2.09	19	131	0.018	0.159	5.53
	纺织高校基础科学学报	117	0.99	10.17	2.22	8	32	0.000	0.650	7.16
	纺织机械	156	1.00	1.60	1.42	15	58	-	0.006	9.13
	纺织科技进展	178	0.98	7.55	2.32	19	80	-	0.219	6.14
	纺织科学研究	177	0.53	0.66	1.20	8	38	0.000	0.010	8.75
	纺织器材	114	0.86	6.19	1.86	17	70	-	0.053	5.91
	纺织学报	358	0.99	12.76	3.42	25	84	0.000	0.520	6.36
	非织造布	250	1.00	0.74	1.00	12	27	-	-	6.38
	福建轻纺	78	0.61	6.10	1.60	3	44	-	0.090	8.39
	国际纺织导报	315	0.98	1.55	1.80	15	114	0.238	0.032	5.88
	化纤与纺织技术	50	1.00	6.28	2.12	10	31	-	0.040	6.81
	检验检疫学刊	123	1.00	8.89	4.26	20	71	-	0.366	8.36
	江苏纺织	370	1.00	0.40	1.00	13	57	-	-	6.87
	江苏丝绸	28	0.36	3.82	1.71	7	18	-	-	-
	辽宁丝绸	86	0.98	-	1.35	6	29	-	0.023	-
	毛纺科技	193	1.00	6.16	2.70	21	79	-	0.207	7.37
	棉纺织技术	240	0.84	9.86	2.50	20	125	-	0.296	4.75
	轻纺工业与技术	251	0.96	4.54	1.88	23	92	-	0.147	6.44
	染整技术	163	0.93	4.74	2.23	20	78	-	0.110	8.24
	山东纺织经济	484	1.00	4.30	1.42	23	155	-	0.147	5.93
	山东纺织科技	104	1.00	6.61	2.11	15	52	-	0.087	7.15
	上海纺织科技	271	1.00	4.77	2.51	22	129	-	0.299	6.38
	丝绸	203	0.92	8.40	2.65	18	78	0.000	0.310	6.28
	天津纺织科技	96	1.00	2.49	1.70	12	35	-	0.083	8.04
	现代纺织技术	85	0.83	6.27	2.44	17	48	-	0.235	6.21
	现代丝绸科学与技术	84	0.90	7.14	2.18	8	33	-	0.238	6.56
	印染	348	0.86	7.52	2.79	18	137	0.010	0.210	6.80

期刊类别	期刊名称	来源文献量	文献选出率	平均引文数	平均作者数	地区分布数	机构分布数	海外论文比	基金论文比	引用半衰期
纺织	针织工业	259	0.95	3.65	2.28	19	151	-	0.259	6.22
	中国纺织	934	1.00	-	1.00	8	20	-	-	-
	中国棉花加工	149	1.00	-	1.45	11	80	-	0.040	-
	平均	210	0.91	4.99	2.05	15	71	0.008	0.163	5.99
食品	包装与食品机械	110	0.96	14.38	3.34	22	71	0.000	0.370	4.68
	茶业通报	74	0.95	1.93	1.80	12	54	-	0.081	8.83
	茶叶科学技术	55	1.00	6.31	2.75	10	31	-	0.491	5.69
	茶叶通讯	65	0.98	7.69	3.15	12	31	-	0.292	7.92
	甘蔗糖业	78	0.99	7.38	5.55	5	31	0.000	0.600	6.51
	广东茶业	81	0.96	3.59	1.78	9	39	-	0.049	9.04
	黑龙江粮食	65	0.76	1.40	1.45	11	43	-	-	8.35
	粮食加工	156	1.00	6.59	2.84	20	89	-	0.186	6.90
	粮食科技与经济	195	1.00	4.98	2.04	20	84	-	0.231	6.50
	粮食流通技术	65	0.71	4.18	2.37	12	37	-	0.092	8.25
	粮食问题研究	115	1.00	-	1.08	7	55	-	-	-
	粮食与食品工业	121	0.80	6.12	2.98	21	68	-	0.215	7.37
	粮食与饲料工业	213	0.95	10.09	3.63	25	114	0.000	0.280	7.00
	粮食与油脂	171	1.00	13.21	3.01	25	75	-	0.339	6.59
	粮油仓储科技通讯	123	1.00	3.54	2.93	22	95	-	0.041	7.11
	粮油食品科技	121	0.99	8.83	3.11	23	79	-	0.273	7.14
	酿酒	253	1.00	3.28	2.04	23	100	-	0.083	8.90
	酿酒科技	387	0.65	8.72	3.60	30	218	0.000	0.280	6.55
	啤酒科技	317	0.91	2.03	1.75	24	92	-	-	7.85
	肉类工业	213	0.92	6.09	2.65	26	119	-	0.136	7.22
	肉类研究	130	0.77	20.56	4.06	26	70	0.010	0.580	6.61
	乳业科学与技术	71	0.81	16.90	3.25	19	48	0.000	0.300	6.10
	食品工程	75	0.97	6.60	2.59	21	51	-	0.187	6.11
	食品工业	594	1.00	9.40	3.52	31	278	-	0.406	7.36
	食品工业科技	2467	0.85	16.82	4.20	30	581	0.010	0.590	6.62
	食品科技	871	1.00	10.98	4.05	30	360	-	0.700	7.15
	食品科学	1685	0.98	20.98	4.50	31	391	0.010	0.690	6.62
	食品研究与开发	803	1.00	11.42	3.64	30	418	-	0.537	7.41
	食品与发酵工业	543	0.77	16.27	4.48	29	198	0.010	0.650	7.12

期刊类别	期刊名称	来源文献量	文献选出率	平均引文数	平均作者数	地区分布数	机构分布数	海外论文比	基金论文比	引用半衰期
食品	食品与发酵科技	156	0.98	11.35	4.10	23	67	0.000	0.400	7.42
	食品与机械	420	0.96	14.76	3.88	29	204	0.000	0.590	5.79
	食品与生物技术学报	205	0.92	19.04	4.26	23	79	0.010	0.830	6.70
	食品与药品	251	0.77	10.48	3.18	23	85	0.020	0.167	6.27
	苏盐科技	77	1.00	1.04	1.18	8	39	-	-	8.00
	现代食品科技	463	0.99	11.57	4.06	26	201	0.010	0.530	6.55
	盐业史研究	35	0.90	18.29	1.23	14	23	-	0.171	-
	饮料工业	142	0.92	9.13	2.74	24	99	-	0.211	7.48
	中国茶叶加工	48	0.87	7.83	3.56	13	33	-	0.396	5.23
	中国井矿盐	94	0.99	2.13	1.83	17	64	-	0.064	7.67
	中国粮油学报	311	0.96	17.20	4.44	27	129	0.000	0.680	7.74
	中国酿造	635	0.98	13.44	4.05	30	287	0.010	0.530	6.68
	中国乳品工业	196	0.96	12.43	3.95	23	102	0.010	0.420	7.84
	中国乳业	435	1.00	1.28	1.24	25	119	0.009	0.037	9.65
	中国食品	1394	1.00	0.03	1.00	12	84	0.004	0.002	9.50
	中国食品工业	659	1.00	1.39	1.00	23	113	0.009	0.047	8.38
	中国食品添加剂	207	0.95	13.74	3.86	27	128	0.000	0.430	7.50
	中国食品学报	380	0.97	19.25	4.43	24	120	0.010	0.810	7.37
	中国食物与营养	265	0.93	11.51	3.60	28	138	0.020	0.440	6.70
	中国甜菜糖业	53	1.00	5.60	3.23	8	31	-	0.340	7.97
	中国调味品	371	0.99	11.12	3.15	30	196	0.000	0.280	6.84
	中国烟草学报	110	0.99	17.14	5.57	19	55	0.000	0.450	8.59
	中国油脂	264	0.95	11.36	4.16	29	131	0.000	0.540	7.23
	中外葡萄与葡萄酒	108	0.96	9.12	4.02	22	72	0.009	0.491	7.11
	平均	330	0.94	9.44	3.13	21	123	0.003	0.331	6.98
建筑科学	Frontiers of Structural and Civil Engineering	41	1.00	25.68	2.90	10	33	0.488	0.537	9.65
	安徽建筑	616	0.97	3.16	1.55	28	342	0.002	0.039	7.01
	安装	237	0.77	1.17	1.56	24	145	-	-	>10
	北京规划建设	207	0.89	3.90	1.87	8	71	0.048	0.048	7.16
	玻璃钢/复合材料	125	0.95	14.94	3.51	18	71	0.000	0.370	6.99
	城建档案	435	1.00	-	1.03	29	222	-	0.007	-
	城市发展研究	217	0.75	12.93	2.26	23	120	0.009	0.654	6.15

期刊类别	期刊名称	来源文献量	文献选出率	平均引文数	平均作者数	地区分布数	机构分布数	海外论文比	基金论文比	引用半衰期
建筑科学	城市规划	156	0.75	13.01	2.18	18	86	0.070	0.400	6.71
	城市规划学刊	95	0.88	18.49	2.17	12	42	0.060	0.510	6.16
	城市环境设计	105	1.00	0.14	1.50	15	40	0.086	-	-
	城市开发	513	1.00	-	1.00	20	139	0.010	0.004	-
	城市勘测	288	0.94	6.38	2.35	28	117	-	0.128	6.77
	城市燃气	104	0.99	2.59	1.68	20	75	0.010	-	6.78
	城乡建设	514	1.00	-	1.06	26	190	0.004	0.012	-
	城镇供水	229	1.00	2.40	1.66	25	138	-	0.074	7.21
	重庆建筑	218	0.96	4.69	2.21	14	92	-	0.119	7.10
	低温建筑技术	685	0.98	5.47	2.29	28	283	0.000	0.120	7.82
	地下空间与工程学报	218	0.97	12.82	3.29	24	131	0.000	0.580	7.38
	粉煤灰综合利用	94	0.98	5.52	2.80	21	54	0.000	0.190	6.83
	福建建材	640	1.00	3.26	1.13	22	358	-	0.014	8.17
	福建建设科技	200	1.00	3.77	1.29	13	103	-	0.095	7.29
	福建建筑	465	1.00	4.79	1.36	22	235	-	0.084	8.24
	钢结构	218	1.00	7.27	2.79	25	151	-	0.174	9.63
	给水排水	407	0.96	5.49	3.40	23	233	0.010	0.280	7.13
	工程建设与设计	479	0.83	4.07	1.66	29	296	0.002	0.031	8.40
	工程勘察	244	0.96	8.68	3.07	26	162	0.000	0.390	8.15
	工程抗震与加固改造	146	0.98	9.84	3.01	26	91	0.010	0.460	8.87
	工程与建设	303	0.99	10.58	1.53	22	170	-	0.073	7.26
	工业建筑	408	0.90	9.87	3.24	28	158	0.010	0.540	8.18
	供水技术	104	1.00	4.95	3.19	21	74	-	0.250	8.42
	古建园林技术	124	1.00	1.81	1.06	12	49	0.016	0.129	9.85
	管理工程学报	107	0.97	21.91	2.62	18	61	0.030	0.930	8.83
	广东建材	643	1.00	2.06	1.05	20	339	-	0.016	8.40
	广东土木与建筑	247	1.00	3.03	1.00	6	76	-	0.012	-
	广西城镇建设	115	0.40	3.59	2.00	14	74	-	0.061	7.46
	广州建筑	70	1.00	5.79	1.74	5	34	-	0.014	7.21
	规划师	267	0.95	10.54	2.44	21	124	0.030	0.280	5.28
	河南建材	621	1.00	2.14	1.56	26	318	-	0.010	6.74
	华中建筑	547	0.98	6.27	2.03	28	160	0.010	0.240	7.38
	混凝土	531	1.00	9.53	3.36	28	252	-	0.467	7.80

期刊类别	期刊名称	来源文献量	文献选出率	平均引文数	平均作者数	地区分布数	机构分布数	海外论文比	基金论文比	引用半衰期
建筑科学	混凝土世界	145	0.72	3.18	2.05	20	103	0.041	0.069	8.98
	混凝土与水泥制品	239	1.00	6.61	2.85	26	160	-	0.339	7.07
	建材发展导向	121	0.93	1.86	1.56	15	70	-	0.017	8.07
	建材技术与应用	217	1.00	2.77	1.22	19	103	-	0.032	7.04
	建材世界	247	1.00	5.49	2.18	25	143	0.004	0.069	6.70
	建材与装饰	5637	1.00	2.28	1.18	29	2967	0.000	-	4.41
	建井技术	80	0.62	2.16	2.33	13	49	0.012	0.138	6.15
	建设机械技术与管理	159	0.42	3.46	2.18	23	107	-	-	7.28
	建设监理	330	0.99	0.89	1.41	25	225	-	0.003	6.12
	建设科技	1149	1.00	0.66	1.19	26	406	0.005	0.047	5.56
	建筑	1513	1.00	0.20	1.05	29	472	-	0.003	5.67
	建筑安全	246	0.96	2.65	1.48	24	200	-	-	8.94
	建筑材料学报	168	0.98	11.21	3.55	23	75	0.030	0.840	8.29
	建筑电气	157	0.94	4.92	1.64	20	100	0.006	0.025	5.21
	建筑钢结构进展	53	0.91	12.06	2.70	13	27	0.090	0.360	7.61
	建筑工人	191	0.63	-	1.48	25	123	-	-	-
	建筑机械(上半月)	151	0.64	3.48	2.78	22	96	-	0.126	6.60
	建筑机械化	230	0.67	1.78	2.30	21	137	0.004	0.070	6.21
	建筑技术	308	0.95	4.31	2.54	28	208	0.000	0.190	7.75
	建筑技术开发	292	0.97	3.72	2.16	25	193	-	0.086	8.80
	建筑节能	243	0.94	6.88	2.60	27	161	0.008	0.247	5.82
	建筑结构	395	0.74	6.56	3.67	22	149	0.020	0.230	6.68
	建筑结构学报	229	0.96	13.49	3.82	20	61	0.010	0.820	7.80
	建筑科学	289	0.98	8.24	3.18	27	161	0.020	0.460	6.68
	建筑科学与工程学报	71	0.93	16.56	3.15	15	33	0.010	0.820	6.62
	建筑砌块与砌块建筑	80	0.94	2.73	1.88	17	35	0.112	0.075	6.57
	建筑热能通风空调	177	0.99	6.26	2.84	21	95	0.006	0.215	7.06
	建筑设计管理	233	0.71	3.75	1.33	27	191	-	0.030	5.95
	建筑师	87	0.79	16.01	1.47	13	31	0.069	0.253	>10
	建筑施工	471	1.00	1.82	1.81	19	191	0.002	0.053	5.79
	建筑学报	209	0.85	3.31	1.85	17	91	0.090	0.150	8.25
	建筑知识	412	0.94	0.57	1.00	23	86	0.007	-	5.87
	江苏建材	82	0.80	3.55	1.89	7	65	-	0.049	5.34

期刊类别	期刊名称	来源文献量	文献选出率	平均引文数	平均作者数	地区分布数	机构分布数	海外论文比	基金论文比	引用半衰期
建筑科学	江苏建筑	236	1.00	5.68	2.07	15	130	-	0.110	6.80
	江西建材	1017	1.00	1.91	1.13	18	579	-	-	5.18
	结构工程师	161	0.99	9.89	2.83	16	51	0.010	0.470	7.31
	居业	85	0.30	2.13	2.05	14	62	0.012	0.024	7.13
	空间结构	53	1.00	13.47	3.13	15	30	-	0.642	7.06
	矿产勘查	136	0.88	9.89	3.13	23	86	0.010	0.180	8.91
	门窗	233	1.00	1.97	1.40	23	110	-	0.047	9.33
	南方建筑	119	0.82	7.28	1.89	18	53	0.030	0.340	8.43
	暖通空调	303	0.94	6.60	3.00	24	161	0.020	0.200	6.47
	墙材革新与建筑节能	768	1.00	0.38	1.00	26	126	-	0.020	8.72
	山西建筑	5892	1.00	3.53	1.42	31	2678	0.000	0.038	7.22
	上海城市规划	137	0.79	8.14	1.74	8	52	0.029	0.292	4.65
	上海建材	165	1.00	0.56	1.00	15	59	0.006	-	5.25
	上海建设科技	151	1.00	1.98	1.34	6	102	-	0.033	7.35
	施工技术	703	0.94	6.37	2.90	26	376	0.020	0.270	5.68
	石材	411	1.00	0.16	1.00	16	48	-	0.005	7.60
	时代建筑	161	0.92	4.91	1.68	10	84	0.168	0.075	>10
	世界建筑	292	1.00	1.11	1.00	7	32	0.041	0.003	>10
	市政技术	242	0.88	2.91	2.02	22	161	-	0.045	6.53
	市政设施管理	100	0.96	0.59	1.33	21	67	-	-	7.58
	室内设计	87	0.99	5.82	1.63	8	13	-	0.184	6.44
	室内设计与装修	433	1.00	0.01	1.00	7	21	0.005	0.005	>10
	水泥	429	1.00	1.05	2.19	28	245	-	0.042	6.26
	水泥工程	204	1.00	1.95	2.21	25	124	-	0.069	6.69
	水泥技术	125	1.00	1.79	2.42	19	64	-	0.016	7.93
	四川建材	742	1.00	3.56	1.45	29	385	0.001	0.027	8.70
	四川建筑	612	0.99	3.67	1.82	30	299	-	0.044	8.15
	四川建筑科学研究	514	0.99	7.60	2.65	30	242	0.000	0.340	8.79
	四川水泥	116	0.85	0.43	1.75	23	79	-	-	6.75
	特种结构	169	0.97	7.34	2.53	20	98	0.010	0.130	8.00
	天津建设科技	178	0.99	1.86	2.08	7	95	-	0.045	8.37
	铁道建筑技术	361	1.00	2.62	1.24	26	137	-	0.019	7.90
	土工基础	205	1.00	5.80	2.34	22	135	-	0.132	8.24

期刊类别	期刊名称	来源文献量	文献选出率	平均引文数	平均作者数	地区分布数	机构分布数	海外论文比	基金论文比	引用半衰期
建筑科学	土木工程学报	248	0.82	17.12	3.38	21	80	0.020	0.860	7.69
	土木工程与管理学报	93	0.97	12.44	3.39	16	47	0.000	0.470	7.17
	土木建筑工程信息技术	79	0.93	6.99	2.29	15	51	0.013	0.152	3.80
	土木建筑与环境工程	151	0.96	17.05	3.60	20	61	0.020	0.930	6.24
	现代城市研究	196	0.94	11.49	2.23	21	102	0.030	0.420	5.79
	消防技术与产品信息	237	0.80	2.84	1.50	30	119	-	0.030	7.71
	小城镇建设	420	1.00	2.37	1.00	26	107	0.002	0.088	5.52
	新建筑	186	0.89	3.88	1.87	16	67	0.140	0.270	8.05
	新世纪水泥导报	153	1.00	1.07	1.93	24	90	-	0.033	7.80
	新型建筑材料	306	0.96	6.38	3.39	28	215	0.000	0.400	6.20
	岩土工程技术	78	0.93	6.92	2.31	21	62	0.000	0.140	8.20
	岩土工程学报	328	0.89	16.53	3.60	22	118	0.050	0.820	8.87
	园林	248	0.86	0.35	1.47	17	122	0.020	0.008	6.50
	云南建筑	212	0.91	3.43	1.61	7	72	-	0.009	7.53
	浙江建筑	231	1.00	3.57	2.10	16	160	-	0.061	6.75
	智能建筑	532	1.00	0.37	1.00	19	188	0.008	0.004	6.93
	智能建筑电气技术	171	0.99	1.98	1.43	18	81	0.006	0.006	5.41
	智能建筑与城市信息	430	1.00	-	1.11	17	182	0.040	0.002	-
	中国电梯	764	1.00	0.35	1.17	24	208	0.008	0.012	6.58
	中国粉体技术	111	0.97	10.61	3.86	22	69	0.020	0.650	8.36
	中国给水排水	748	0.96	5.97	3.95	30	390	0.010	0.470	6.01
	中国建材	611	1.00	0.02	1.00	14	40	-	-	>10
	中国建材科技	193	0.98	4.95	1.95	24	130	-	0.093	7.60
	中国建设信息	370	0.63	1.13	1.32	26	268	0.005	-	5.44
	中国建筑防水	246	0.84	3.44	2.28	21	169	-	0.053	6.91
	中国建筑金属结构	138	0.89	0.72	1.20	15	44	-	-	>10
	中国勘察设计	484	1.00	0.23	1.00	23	118	0.002	0.002	>10
	中国市政工程	204	1.00	2.29	1.48	19	110	-	0.029	6.91
	中国水泥	206	0.79	0.86	2.10	24	111	-	0.010	9.37
	中国消防	898	1.00	0.01	1.01	23	45	-	0.001	4.00
	中国园林	290	0.81	10.30	2.10	23	150	0.110	0.280	8.08
	中国住宅设施	259	1.00	1.14	1.00	20	103	0.019	0.008	4.95
	中外建筑	467	0.95	3.92	1.57	25	174	-	0.054	6.89

期刊类别	期刊名称	来源文献量	文献选出率	平均引文数	平均作者数	地区分布数	机构分布数	海外论文比	基金论文比	引用半衰期
建筑科学	住宅科技	185	1.00	2.34	1.53	20	123	0.011	0.130	5.92
	砖瓦	231	0.94	2.42	1.72	24	115	-	0.065	8.55
	砖瓦世界	171	0.98	0.71	1.02	17	54	-	-	>10
	平均	373	0.93	5.18	2.00	20	172	0.017	0.173	7.19
水利工程	International Journal of Sediment Research	46	1.00	34.76	3.46	9	38	0.543	0.609	>10
	Water Science and Engineering	41	1.00	21.68	3.63	11	22	0.073	0.927	8.28
	北京水务	111	1.00	4.66	2.88	3	53	-	0.099	6.45
	长江科学院院报	257	0.97	10.22	3.35	23	144	0.010	0.540	7.75
	大坝与安全	95	0.99	2.96	2.25	23	68	0.011	0.042	8.70
	东北水利水电	361	0.99	1.42	2.36	21	158	-	0.044	8.55
	甘肃水利水电技术	262	0.99	3.23	1.65	22	138	-	0.023	8.03
	广东水利水电	310	1.00	4.05	2.06	14	125	-	0.029	7.74
	广西水利水电	151	0.99	1.70	1.52	16	89	-	0.020	8.20
	海河水利	151	1.00	2.04	2.59	9	65	-	0.093	7.54
	河北水利	427	0.88	-	1.46	3	133	-	-	-
	红水河	163	1.00	2.23	1.68	18	67	-	0.018	8.10
	湖南水利水电	200	0.97	1.53	1.50	14	114	-	0.020	8.69
	华电技术	295	1.00	3.99	2.12	26	166	-	0.064	5.85
	吉林水利	277	1.00	2.32	1.79	21	147	-	0.076	7.90
	江淮水利科技	101	0.99	1.73	1.32	8	76	-	-	8.21
	江苏水利	394	1.00	0.15	1.75	6	137	-	-	9.30
	江西水利科技	81	1.00	3.36	1.86	8	54	-	0.074	6.87
	节水灌溉	248	0.90	12.44	3.52	28	121	0.000	0.730	6.87
	净水技术	144	0.97	13.31	3.39	17	93	0.020	0.400	6.55
	内蒙古水利	596	1.00	0.25	2.00	21	310	-	-	5.96
	南水北调与水利科技	229	0.97	14.24	3.64	24	109	0.000	0.620	6.57
	泥沙研究	72	0.99	15.07	3.08	14	40	0.000	0.810	>10
	人民长江	658	1.00	5.06	2.85	25	257	-	0.324	7.01
	人民黄河	607	1.00	7.93	3.10	28	234	-	0.619	7.34
	人民珠江	155	0.99	5.15	2.22	15	80	-	0.090	9.13
	山东水利	427	0.99	0.10	2.34	5	202	0.002	-	5.50
	山西水利	372	0.98	0.21	1.00	7	150	-	0.011	7.19

期刊类别	期刊名称	来源文献量	文献选出率	平均引文数	平均作者数	地区分布数	机构分布数	海外论文比	基金论文比	引用半衰期
水利工程	山西水利科技	164	1.00	0.84	1.19	10	75	-	0.012	8.28
	陕西水利	622	1.00	1.07	1.36	19	308	-	0.003	8.41
	水电与新能源	150	1.00	2.50	2.03	20	86	-	0.027	6.93
	水电站机电技术	198	0.99	2.01	2.48	27	77	-	0.005	7.72
	水电站设计	135	1.00	1.85	2.45	9	24	-	-	8.09
	水电自动化与大坝监测	127	0.98	5.39	3.14	18	59	-	0.094	5.24
	水科学进展	118	0.93	19.83	3.97	19	56	0.100	0.950	6.05
	水科学与工程技术	219	1.00	7.58	2.04	25	123	-	0.164	7.69
	水力发电	330	0.96	3.47	2.87	23	129	0.010	0.180	6.84
	水力发电学报	274	0.98	9.81	3.64	21	87	0.020	0.820	7.66
	水利发展研究	235	0.97	2.87	1.91	26	135	0.013	0.098	5.24
	水利规划与设计	37	1.00	3.57	1.78	13	31	-	0.054	9.14
	水利技术监督	64	0.98	2.05	1.52	18	52	-	0.031	7.42
	水利建设与管理	372	1.00	0.17	1.40	28	238	-	-	6.25
	水利经济	109	0.89	12.31	2.53	22	61	0.020	0.510	6.41
	水利科技	96	0.99	1.74	1.36	4	44	-	-	7.50
	水利科技与经济	511	1.00	4.29	1.96	29	301	-	0.080	7.49
	水利水电工程设计	77	1.00	0.74	2.56	16	25	-	-	7.90
	水利水电技术	345	0.96	5.20	2.74	29	159	0.000	0.320	7.56
	水利水电科技进展	128	0.96	17.04	3.48	19	71	0.020	0.670	7.69
	水利水电快报	108	0.99	0.88	2.27	10	25	0.056	0.019	7.27
	水利水运工程学报	93	0.92	11.98	3.33	17	49	0.000	0.510	7.34
	水利信息化	100	1.00	5.16	2.68	19	56	-	0.190	5.83
	水利学报	194	0.97	17.44	3.36	21	73	0.030	0.870	8.57
	水利与建筑工程学报	263	1.00	9.27	2.63	27	141	0.000	0.320	7.54
	水资源保护	126	0.97	14.35	3.89	25	86	0.010	0.700	6.69
	水资源与水工程学报	272	1.00	11.81	3.33	27	109	0.000	0.540	7.09
	四川水力发电	306	0.99	0.83	1.89	11	90	-	0.007	9.50
	四川水利	148	0.85	0.49	1.74	5	59	-	-	7.67
	西北水电	143	0.97	5.39	2.15	15	53	-	0.021	6.30
	小水电	162	0.98	1.37	1.86	21	108	-	0.031	7.30
	云南水力发电	265	1.00	1.45	2.24	17	92	-	0.004	9.17
	浙江水利科技	168	0.98	3.23	2.37	7	91	-	0.125	6.38

期刊类别	期刊名称	来源文献量	文献选出率	平均引文数	平均作者数	地区分布数	机构分布数	海外论文比	基金论文比	引用半衰期
水利工程	治淮	323	0.94	0.07	1.86	9	172	-	0.003	3.50
	中国防汛抗旱	163	0.82	2.53	2.06	27	121	-	0.055	5.97
	中国农村水利水电	559	0.96	8.93	3.09	31	236	0.000	0.500	6.83
	中国水利	407	0.77	3.34	2.05	29	264	0.002	0.162	4.03
	中国水利水电科学研究院学报	55	1.00	10.15	3.25	5	10	-	0.691	6.97
	中国水能及电气化	222	0.96	2.32	1.47	18	105	0.005	0.054	6.30
	中国水土保持	325	0.99	5.79	2.72	30	219	-	0.348	7.12
	平均	234	0.97	5.84	2.40	17	113	0.014	0.227	7.25
交通运输	Journal of Southwest Jiaotong University(English Edition)	40	0.98	17.55	3.17	4	16	0.225	0.725	7.27
	北方交通	586	1.00	2.60	1.44	22	214	-	0.022	9.16
	船舶与海洋工程	61	0.98	5.31	2.10	6	24	-	0.115	5.77
	国防交通工程与技术	132	1.00	4.27	1.92	22	81	-	0.030	5.73
	黑龙江交通科技	1482	1.00	2.62	1.22	28	635	-	0.013	5.14
	湖南交通科技	145	1.00	5.21	1.94	19	81	-	0.041	8.09
	集装箱化	122	0.77	0.57	1.32	11	49	-	0.016	3.75
	减速顶与调速技术	30	0.97	0.37	1.53	10	20	-	-	3.50
	建筑与文化	483	1.00	2.83	1.25	18	91	0.008	0.104	7.97
	交通节能与环保	93	0.97	2.77	1.82	18	50	-	0.065	5.10
	交通科技	261	1.00	4.08	1.92	25	128	-	0.092	7.19
	交通科技与经济	221	1.00	5.83	2.15	25	96	-	0.186	7.09
	交通科学与工程	66	0.94	10.12	2.97	14	37	0.000	0.560	6.73
	交通信息与安全	194	0.98	9.28	3.04	21	86	0.010	0.500	6.38
	交通运输工程学报	103	0.90	16.65	3.86	20	44	0.110	0.980	5.75
	交通运输工程与信息学报	82	0.94	8.71	2.48	15	31	0.040	0.380	7.11
	交通运输系统工程与信息	180	0.97	11.04	2.82	16	74	0.070	0.690	6.71
	汽车安全与节能学报	48	0.91	22.21	3.71	13	29	0.167	0.729	6.66
	青海交通科技	193	0.99	1.40	1.13	6	72	-	-	6.97
	山东交通科技	132	0.99	3.42	1.95	16	86	-	0.061	9.50
	山西交通科技	206	1.00	2.22	1.17	8	78	-	0.019	6.05
	西部交通科技	303	0.97	3.89	2.00	21	103	-	0.149	7.90
	现代交通技术	141	0.99	5.13	2.27	19	79	-	0.078	6.88
	中国船检	1157	1.00	-	1.00	9	35	0.002	-	-

期刊类别	期刊名称	来源文献量	文献选出率	平均引文数	平均作者数	地区分布数	机构分布数	海外论文比	基金论文比	引用半衰期
交通运输	中国港口	278	0.94	-	1.31	17	122	0.007	-	-
	中国海事	326	0.81	0.45	1.08	15	82	0.003	0.006	4.78
	中国舰船研究	120	0.97	11.62	3.16	11	39	0.000	0.530	7.02
	中国交通信息化	284	0.91	1.00	1.59	26	171	-	-	4.91
	综合运输	442	1.00	1.34	1.00	11	32	-	0.034	3.50
	平均	272	0.96	5.60	1.99	16	92	0.022	0.211	5.95
铁路运输	地下工程与隧道	59	0.95	1.49	1.34	2	15	-	-	7.64
	电力机车与城轨车辆	163	1.00	4.67	2.62	17	49	-	0.325	7.34
	电气化铁道	90	1.00	3.37	2.09	17	37	-	0.022	6.64
	都市快轨交通	173	0.94	6.40	2.04	15	80	0.020	0.170	5.11
	高速铁路技术	119	0.98	6.29	1.76	17	46	-	0.034	6.42
	轨道交通装备与技术	127	0.99	0.96	1.80	21	62	-	0.008	6.85
	国外机车车辆工艺	61	1.00	1.28	2.25	1	2	-	-	9.89
	国外内燃机车	115	1.00	0.50	1.66		1	-	-	>10
	国外铁道车辆	56	1.00	2.79	1.98	4	6	-	0.054	9.91
	机车车辆工艺	123	0.98	1.45	2.48	15	52	-	-	9.77
	机车电传动	163	0.99	4.68	2.71	19	72	0.000	0.150	6.67
	客车技术	86	0.96	3.10	1.84	15	40	-	-	7.74
	路基工程	320	1.00	8.40	2.27	29	203	-	0.250	6.37
	内燃机车	184	0.99	2.16	2.05	23	96	-	0.038	9.32
	桥梁建设	117	0.97	10.61	2.74	19	84	0.000	0.250	4.61
	上海铁道科技	226	1.00	1.20	1.08	5	71	-	-	6.92
	世界桥梁	108	1.00	8.12	2.63	20	74	0.019	0.157	5.17
	隧道建设	166	0.81	10.25	2.07	25	90	0.020	0.120	4.75
	铁道标准设计	410	0.99	9.47	1.67	25	155	0.000	0.110	6.18
	铁道车辆	173	0.89	2.87	2.27	21	89	0.000	0.080	6.82
	铁道工程学报	262	0.97	8.21	1.91	19	75	0.000	0.060	6.91
	铁道货运	145	0.99	0.97	1.49	21	81	-	0.021	4.88
	铁道机车车辆	187	1.00	4.70	2.68	23	98	-	0.134	7.59
	铁道技术监督	186	0.94	2.88	1.60	25	108	-	0.022	9.87
	铁道建筑	525	0.98	6.66	2.54	28	273	0.000	0.190	5.88
	铁道勘察	166	1.00	6.29	1.55	16	52	-	0.042	7.82
	铁道科学与工程学报	137	0.96	11.15	3.12	14	41	0.000	0.670	7.00

期刊类别	期刊名称	来源文献量	文献选出率	平均引文数	平均作者数	地区分布数	机构分布数	海外论文比	基金论文比	引用半衰期
铁路运输	铁道通信信号	358	0.92	2.87	1.59	29	176	-	0.025	6.09
	铁道学报	216	0.95	13.92	3.58	21	51	0.010	0.870	7.07
	铁道运输与经济	246	1.00	3.17	1.81	23	102	-	0.150	5.18
	铁道运营技术	78	0.99	2.09	1.53	14	49	-	0.013	6.79
	铁路采购与物流	216	0.82	1.24	1.22	24	124	-	0.023	5.22
	铁路工程造价管理	76	0.99	5.63	1.29	18	56	-	0.026	5.40
	铁路节能环保与安全卫生	98	1.00	3.99	2.62	24	49	-	0.071	7.13
	铁路通信信号工程技术	159	0.97	2.19	1.34	21	58	0.006	-	7.37
	现代隧道技术	184	0.98	7.74	2.33	21	99	0.020	0.170	6.02
	中国铁道科学	131	0.95	10.95	3.36	18	47	0.000	0.890	7.06
	中国铁路	240	1.00	2.94	1.89	23	106	-	0.146	5.78
	平均	174	0.97	4.94	2.07	18	78	0.003	0.139	7.48
公路运输	北京汽车	73	1.00	4.52	2.41	14	36	-	0.068	8.00
	车辆与动力技术	59	1.00	6.29	3.31	7	15	-	0.254	6.45
	城市道桥与防洪	899	0.98	3.56	1.71	27	392	-	0.032	8.49
	城市公共交通	142	0.74	2.24	1.44	23	113	-	0.035	6.25
	城市轨道交通研究	384	0.88	5.83	2.07	21	174	0.000	0.140	6.33
	城市交通	79	0.88	8.77	2.71	14	51	0.140	0.200	5.29
	公路	679	0.98	6.78	2.56	29	309	0.000	0.280	7.60
	公路工程	327	0.99	9.69	2.53	26	163	0.000	0.280	7.54
	公路交通技术	209	0.99	9.66	2.14	22	99	0.000	0.150	6.60
	公路交通科技	319	1.00	13.71	3.16	24	115	-	0.834	6.82
	公路与汽运	364	1.00	10.91	2.29	29	189	-	0.201	5.93
	广东公路交通	85	0.98	4.60	1.94	10	45	-	0.094	6.80
	交通世界(建养机械)	1310	0.93	-	1.07	26	497	-	-	-
	客车技术与研究	119	0.96	10.73	2.40	20	58	-	0.067	5.87
	摩托车技术	90	0.46	1.10	1.74	12	37	-	-	9.61
	内蒙古公路与运输	197	0.99	3.01	1.48	16	129	-	0.010	6.83
	汽车工程	223	0.94	10.13	3.88	20	61	0.010	0.740	7.28
	汽车工程师	184	0.98	3.28	2.42	22	76	-	0.109	5.75
	汽车工业研究	188	1.00	0.94	1.03	13	56	0.011	0.005	5.47
	汽车工艺与材料	182	0.98	1.74	2.53	19	97	-	0.016	6.80
	汽车技术	170	0.98	7.16	3.44	23	79	0.000	0.350	6.84

期刊类别	期刊名称	来源文献量	文献选出率	平均引文数	平均作者数	地区分布数	机构分布数	海外论文比	基金论文比	引用半衰期
公路运输	汽车科技	112	1.00	5.68	2.99	17	39	-	0.214	6.76
	汽车零部件	182	0.62	4.98	2.25	23	109	-	0.071	6.83
	汽车维护与修理	409	0.80	-	1.17	25	210	-	-	-
	汽车运用	485	0.67	-	1.93	26	233	-	-	-
	上海公路	97	0.94	3.56	1.69	11	50	-	0.165	6.77
	上海汽车	174	0.94	4.03	2.32	10	43	-	0.063	7.06
	现代城市轨道交通	165	0.90	3.29	1.70	18	89	-	0.018	5.36
	中国公路学报	130	0.90	17.70	3.58	21	46	0.020	0.920	7.09
	中外公路	461	0.99	7.45	2.82	28	255	0.020	0.250	7.73
	重型汽车	81	0.81	-	2.01	12	24	-	-	-
	筑路机械与施工机械化	168	0.41	5.33	1.88	26	119	-	0.101	5.86
	专用汽车	70	0.21	1.21	2.14	19	51	-	0.029	8.33
	平均	267	0.87	5.39	2.26	19	123	0.006	0.173	6.01
水路运输	Journal of Marine Science and Application	64	0.97	17.70	3.30	9	35	0.380	0.500	9.58
	船舶	100	0.99	5.89	2.42	10	40	-	0.180	7.16
	船舶工程	157	0.80	8.22	3.15	15	69	0.000	0.380	5.95
	船舶力学	160	0.96	13.14	3.34	15	45	0.020	0.590	9.75
	船电技术	221	1.00	5.00	2.46	18	93	-	0.077	8.05
	船海工程	292	1.00	4.21	2.42	16	104	-	0.243	6.50
	港工技术	128	0.98	5.93	2.43	13	48	0.000	0.160	6.88
	港口经济	358	1.00	0.59	1.00	14	122	0.003	0.039	3.19
	港口科技	334	1.00	1.07	1.28	13	94	-	0.006	6.94
	港口装卸	146	1.00	1.37	1.76	16	92	-	-	6.70
	广船科技	54	0.98	1.83	1.81	2	10	-	-	>10
	广东造船	97	0.80	3.59	1.69	6	41	-	0.041	9.33
	航海技术	184	0.99	2.83	1.76	12	82	0.027	0.136	6.77
	机电兵船档案	199	1.00	0.34	1.15	23	120	-	0.030	6.17
	舰船电子工程	611	0.97	10.90	2.47	26	239	0.000	0.070	6.72
	舰船科学技术	395	0.98	7.43	2.95	17	132	0.000	0.200	8.37
	江苏船舶	81	0.98	3.70	1.91	10	55	-	0.086	6.85
	上海船舶运输科学研究所学报	35	1.00	4.69	2.57	4	11	-	0.057	5.89
	世界海运	205	1.00	2.13	1.53	14	88	0.005	0.063	5.11

期刊类别	期刊名称	来源文献量	文献选出率	平均引文数	平均作者数	地区分布数	机构分布数	海外论文比	基金论文比	引用半衰期
水路运输	水道港口	97	0.95	10.80	2.96	12	32	0.000	0.230	8.11
	水运工程	466	0.98	6.53	2.74	21	146	0.000	0.210	7.67
	水运管理	93	0.52	1.30	1.57	15	58	0.022	0.215	4.64
	天津航海	85	0.92	1.76	1.54	9	39	0.012	0.047	6.92
	造船技术	79	1.00	3.57	2.66	9	42	-	0.114	6.32
	中国港湾建设	158	0.99	5.98	2.65	15	81	0.000	0.160	8.26
	中国航海	104	0.97	9.77	3.02	13	34	0.000	0.640	5.38
	中国水运(上半月)	243	0.78	-	1.51	21	158	-	0.008	-
	中国水运(下半月)	1537	0.99	4.00	1.69	31	913	0.001	0.065	6.99
	中国修船	117	1.00	2.19	2.38	15	79	0.009	0.060	8.08
	中国造船	103	0.99	11.56	3.38	13	33	0.010	0.480	7.36
	珠江水运	1068	1.00	0.10	1.02	22	164	0.001	0.001	6.50
	平均	257	0.95	5.10	2.21	14	106	0.016	0.164	6.94
航空、航天	Chinese Journal of Aeronautics	112	0.95	22.67	3.72	12	26	0.060	0.720	7.95
	测控技术	423	0.98	7.41	3.11	24	194	0.000	0.330	6.09
	导弹与航天运载技术	82	0.83	7.13	3.02	11	43	0.000	0.130	9.33
	导航与控制	70	1.00	6.63	3.31	7	23	-	0.114	6.70
	飞机设计	102	1.00	5.19	1.35	10	22	-	0.137	8.93
	飞行力学	132	0.96	8.44	3.26	16	37	0.000	0.440	6.91
	飞行器测控学报	121	0.95	7.12	3.06	13	48	0.000	0.170	6.37
	固体火箭技术	173	1.00	11.86	3.97	19	57	0.010	0.450	9.70
	航空材料学报	101	0.94	15.94	4.35	18	36	0.010	0.490	7.92
	航空电子技术	44	0.94	5.75	2.64	8	16	-	0.159	5.67
	航空动力学报	393	0.96	15.15	3.53	18	66	0.010	0.490	9.03
	航空发动机	84	0.88	11.23	3.18	11	28	0.000	0.260	>10
	航空工程进展	89	0.98	10.75	2.98	9	19	-	0.281	9.20
	航空计算技术	206	0.97	8.31	3.03	15	51	0.000	0.660	6.82
	航空精密制造技术	106	0.93	5.21	3.26	12	37	0.000	0.230	8.03
	航空科学技术	142	0.99	5.86	2.30	15	57	0.007	0.134	9.40
	航空维修与工程	202	0.85	2.15	1.63	19	67	-	0.045	6.59
	航空学报	265	0.96	17.88	3.60	17	60	0.020	0.750	7.54
	航空制造技术	448	0.81	4.10	2.78	20	158	0.020	0.150	7.15
	航天电子对抗	117	1.00	5.86	2.97	17	51	-	0.068	5.82

期刊类别	期刊名称	来源文献量	文献选出率	平均引文数	平均作者数	地区分布数	机构分布数	海外论文比	基金论文比	引用半衰期
航空、航天	航天返回与遥感	76	0.63	10.24	3.26	8	18	0.000	0.540	7.63
	航天工业管理	272	1.00	-	1.58	7	45	-	-	-
	航天控制	106	0.96	9.58	2.58	18	45	0.000	0.250	7.15
	航天器工程	129	0.45	9.95	3.27	10	37	0.010	0.380	6.54
	航天器环境工程	138	0.97	8.71	3.35	15	43	0.000	0.350	8.12
	航天制造技术	112	0.99	4.52	3.44	17	60	-	0.045	8.09
	火箭推进	87	0.97	10.13	2.87	6	14	0.000	0.680	8.42
	计测技术	111	0.99	6.41	2.51	19	64	-	0.279	7.30
	计算机测量与控制	1056	0.99	7.81	3.10	27	377	0.000	0.460	5.96
	空间控制技术与应用	67	0.92	7.40	2.81	2	9	0.000	0.300	8.60
	空气动力学学报	133	0.99	12.18	3.58	17	47	0.030	0.670	>10
	民用飞机设计与研究	78	1.00	4.82	1.40	6	12	-	-	9.54
	强度与环境	58	1.00	8.91	3.34	9	23	0.000	0.240	>10
	燃气涡轮试验与研究	57	1.00	5.49	2.74	10	18	-	0.123	9.80
	上海航天	83	0.91	8.29	3.06	13	42	-	0.120	9.56
	实验流体力学	122	0.96	9.32	3.95	15	42	0.020	0.490	>10
	推进技术	163	0.94	13.67	3.77	14	43	0.010	0.420	>10
	宇航材料工艺	147	0.95	12.80	3.96	14	58	0.000	0.260	8.36
	宇航计测技术	111	0.97	5.91	3.33	16	65	0.000	0.100	7.95
	宇航学报	260	0.98	14.20	3.45	20	94	0.000	0.720	6.75
	载人航天	94	0.74	9.19	3.76	15	44	0.000	0.450	9.63
	振动、测试与诊断	180	0.95	11.37	3.42	25	91	0.010	0.780	7.04
	直升机技术	57	1.00	5.47	3.12	8	18	-	0.123	9.78
	中国空间科学技术	70	0.92	10.13	3.39	10	28	0.000	0.700	7.88
	平均	163	0.93	8.89	3.09	13	55	0.005	0.334	8.07
环境与安全科学	Chinese Journal of Population, Resources and Environment	63	0.94	20.65	2.63	15	41	0.095	0.286	8.67
	Frontiers of Environmental Science & Engineering	103	1.00	32.80	4.59	18	58	0.107	0.845	7.47
	Journal of Environmental Sciences	281	0.98	35.32	4.99	19	131	0.320	0.710	7.73
	Journal of Resources and Ecology	36	0.95	30.06	3.81	5	14	0.083	0.944	8.72
	安全	230	0.92	1.19	1.80	28	184	0.004	0.057	6.75
	安全、健康和环境	202	0.92	3.07	2.14	19	110	0.005	0.015	6.82

期刊类别	期刊名称	来源文献量	文献选出率	平均引文数	平均作者数	地区分布数	机构分布数	海外论文比	基金论文比	引用半衰期
环境与安全科学	安全生产与监督	320	1.00	-	1.13	13	96	-	-	-
	安全与环境工程	207	1.00	10.08	3.17	26	117	-	0.343	6.76
	安全与环境学报	353	0.98	18.84	4.08	27	175	0.000	0.690	6.37
	北方环境	471	0.99	4.86	1.85	29	282	0.002	0.030	7.50
	长江流域资源与环境	231	0.98	20.75	3.61	21	113	0.000	0.920	6.73
	城市环境与城市生态	66	0.86	10.61	4.06	19	45	0.030	0.848	7.02
	城市与减灾	92	1.00	-	1.25	17	51	-	-	-
	电镀与环保	108	0.92	6.95	3.02	19	75	0.000	0.150	8.12
	电力安全技术	301	0.99	1.02	1.73	28	217	-	-	6.30
	电力科技与环保	129	1.00	8.77	2.95	25	87	-	0.217	5.87
	防灾减灾工程学报	116	0.98	13.51	3.42	19	59	0.026	0.871	7.88
	干旱环境监测	62	0.83	3.71	2.13	11	37	-	0.113	6.79
	干旱区资源与环境	419	1.00	11.53	3.58	29	161	-	0.938	7.66
	工业安全与环保	365	1.00	6.74	3.28	28	218	-	0.395	6.62
	工业水处理	321	0.97	11.56	3.79	28	199	0.000	0.470	6.53
	工业用水与废水	141	0.98	8.96	2.97	24	112	0.000	0.290	6.21
	海洋环境科学	202	0.97	20.56	4.25	13	77	0.010	0.860	8.74
	黑龙江环境通报	126	1.00	3.18	1.75	11	73	-	0.024	9.34
	化工环保	126	0.95	15.02	4.13	23	100	0.000	0.480	5.77
	环保科技	52	1.00	8.29	2.52	15	33	-	0.135	7.72
	环境保护	419	0.81	-	1.81	28	236	0.005	0.232	-
	环境保护科学	127	0.99	10.57	3.06	24	85	0.010	0.380	6.44
	环境保护与循环经济	143	0.52	6.97	1.81	19	99	-	0.105	7.14
	环境工程	208	0.94	11.27	3.86	27	143	0.000	0.570	6.80
	环境工程技术学报	85	0.99	24.79	5.27	17	44	-	0.800	6.51
	环境工程学报	850	1.00	17.42	4.38	29	292	0.010	0.840	6.92
	环境技术	77	1.00	5.39	2.31	16	45	-	0.026	>10
	环境监测管理与技术	105	0.95	13.87	3.76	21	78	0.000	0.450	6.61
	环境监控与预警	85	1.00	9.75	3.53	17	50	-	0.565	6.34
	环境科技	121	0.95	12.37	3.39	20	91	0.010	0.400	6.31
	环境科学	644	0.94	28.25	4.95	27	218	0.010	0.850	6.88
	环境科学导刊	223	1.00	7.11	2.27	24	127	-	0.188	6.52
	环境科学学报	403	1.00	26.07	4.72	27	179	0.020	0.910	6.88

期刊类别	期刊名称	来源文献量	文献选出率	平均引文数	平均作者数	地区分布数	机构分布数	海外论文比	基金论文比	引用半衰期
环境与安全科学	环境科学研究	217	0.99	32.68	5.06	27	120	0.000	0.940	6.71
	环境科学与管理	555	1.00	8.21	2.83	29	356	-	0.364	7.19
	环境科学与技术	521	1.00	17.36	4.15	29	265	0.000	0.790	6.98
	环境卫生工程	127	0.97	4.91	3.00	22	85	0.010	0.260	6.63
	环境污染与防治	270	0.92	17.82	4.10	27	164	0.000	0.740	6.49
	环境与可持续发展	129	0.94	6.85	2.87	21	80	-	0.558	4.95
	火灾科学	33	1.00	13.27	3.42	13	18	-	0.545	9.63
	劳动保障世界	399	1.00	5.87	1.47	24	185	-	0.138	5.76
	能源环境保护	109	1.00	7.42	2.69	20	76	-	0.110	7.59
	农业环境科学学报	361	0.94	25.73	5.15	28	164	0.010	0.910	7.09
	农业环境与发展	151	0.92	10.07	3.34	26	114	0.010	0.280	6.35
	青海环境	48	0.96	3.29	2.25	4	26	-	-	6.25
	三峡环境与生态	90	0.95	12.94	3.37	18	60	-	0.444	6.44
	上海环境科学	61	1.00	16.89	3.39	15	34	-	0.607	7.09
	生态毒理学报	96	0.98	30.59	4.63	21	60	0.010	0.950	6.43
	生态环境学报	346	0.98	26.73	4.49	28	208	0.010	0.900	7.30
	生态与农村环境学报	130	0.97	21.68	4.44	23	84	0.020	0.930	6.42
	水处理技术	407	0.97	13.53	4.10	27	195	0.000	0.660	6.30
	四川环境	177	0.97	14.75	3.15	24	111	0.010	0.310	7.06
	现代职业安全	743	1.00	-	1.00	26	179	0.009	-	-
	消防科学与技术	422	0.99	6.61	2.39	29	196	0.000	0.260	6.69
	新疆环境保护	40	1.00	8.35	2.45	6	25	0.025	0.300	7.21
	再生资源与循环经济	110	0.76	4.41	2.21	20	78	0.009	0.218	5.06
	植物资源与环境学报	75	1.00	21.72	4.59	15	40	0.000	0.840	8.10
	中国安防	444	1.00	0.04	1.00	12	88	0.002	-	3.38
	中国安全科学学报	330	0.98	14.50	3.18	25	130	0.000	0.730	5.69
	中国安全生产科学技术	508	0.98	10.93	2.92	28	247	0.000	0.350	5.65
	中国个体防护装备	125	1.00	2.35	1.84	16	56	0.008	0.064	>10
	中国环保产业	217	1.00	2.13	1.64	20	99	-	0.055	6.35
	中国环境监测	194	0.97	11.26	4.05	26	126	0.000	0.520	7.69
	中国环境科学	338	0.97	24.22	4.72	26	175	0.010	0.910	6.74
	中国减灾	437	1.00	-	1.12	24	143	0.002	0.025	-
	中国人口 • 资源与环境	325	0.98	18.22	2.56	25	125	0.020	0.770	5.99

期刊类别	期刊名称	来源文献量	文献选出率	平均引文数	平均作者数	地区分布数	机构分布数	海外论文比	基金论文比	引用半衰期
环境与安全科学	中国资源综合利用	150	0.93	4.94	2.45	23	110	-	0.220	6.84
	资源节约与环保	155	0.96	3.20	2.02	16	101	-	-	7.14
	资源科学	293	0.97	21.10	3.57	28	127	0.010	0.920	5.90
	资源与人居环境	574	1.00	0.19	1.00	9	58	-	0.003	7.00
	自然资源学报	203	0.97	26.12	4.09	25	102	0.010	0.960	7.01
	平均	237	0.95	12.21	3.07	21	117	0.012	0.443	6.49

7　中国期刊名称

类目索引

中国期刊名称类目索引

期刊名称	期刊类别	被引指标页码	来源指标页码
Acta Biochimica et Biophysica Sinica	NQ	102	300
Acta Geologica Sinica	NP5	98	296
Acta Mathematica Scientia	NO1	90	288
Acta Mathematica Sinica	NO1	90	288
Acta Mathematicae Applicatae Sinica	NO1	90	288
Acta Mechanica Sinica (English Series)	NO3	91	289
Acta Mechanica Solida Sinica	NO3	91	289
Acta Metallurgica Sinica	TG	164	362
Acta Meteorologica Sinica	NP4	97	295
Acta Oceanologica Sinica	NP7	100	298
Acta Pharmacologica Sinica	R9	148	346
Advances in Atmospheric Sciences	NO4	92	290
Advances in Climate Change Research	NP4	97	295
Advances in Polar Science	NP5	98	296
Agricultural Science & Technology	ST	105	303
An International Journal Pedosphere	S1	108	306
Analysis in Theory and Applications	NO1	90	288
Applied Geophysics	NP3	96	294
Applied Mathematics A Journal of Chinese Universities,B	NO1	90	288
Applied Mathematics and Mechanics	NO1	90	288
Asian Journal of Andrology	R6	140	338
Biomedical and Environmental Sciences	R3	132	330
BMJ Chinese Edition	RT	122	320
Bulletin of the Chinese Academy of Sciences	NT	87	285
CAD/CAM 与制造业信息化	TP	179	377
Cancer Biology & Medicine	R73	143	341
Cell Research	NQ	102	300
Chemical Research in Chinese Universities	NO6	94	292
China & World Economy	F0	37	235
China Foundry	TG	164	362
China Ocean Engineering	NP7	100	298
China Particuology	TQ	181	379
China Petroleum Processing and Petrochemical Technology	TE	160	358
China Standardization	G3	62	260
China Welding	TG	164	362
China's Refractories	TB	155	353
Chinese Annals of Mathematics,Series B	NO1	90	288
Chinese Birds	S8	115	313
Chinese Chemical Letters	NO6	94	292
Chinese Geographical Science	NP9	101	299
Chinese Herbal Medicines	R2	129	327
Chinese Journal of Acoustics	NO4	92	290
Chinese Journal of Aeronautics	TY	201	399
Chinese Journal of Biomedical Engineering	R3	132	330
Chinese Journal of Cancer	R73	143	341
Chinese Journal of Cancer Research	R73	143	341
Chinese Journal of Chemical Engineering	TQ	181	379
Chinese Journal of Chemical Physics	NO4	92	290
Chinese Journal of Chemistry	NO6	94	292
Chinese Journal of Geochemistry	NP5	98	296
Chinese Journal of Integrative Medicine	R2	129	327
Chinese Journal of Mechanical Engineering	TH	166	364
Chinese Journal of Oceanology and Limnology	NP7	100	298
Chinese Journal of Polymer Science	NO6	94	292
Chinese Journal of Population, Resources and Environment	TX	202	400
Chinese Journal of Structural Chemistry	NO6	94	292
Chinese Journal of Traumatology	R6	140	338
Chinese Medical Journal	RT	122	320
Chinese Medical Sciences Journal	RT	122	320
Chinese Optics of Letters	TN	175	373
Chinese Physics B	NO4	92	290
Chinese Physics C	NO4	92	290
Chinese Physics Letters	NO4	92	290
Chinese Quarterly Journal of Mathematics	NO1	90	288
Chinese-German Journal of Clinical Oncology	R73	143	341
Communications in Mathematical Research	NO1	90	288
Communications in Theoretical Physics	NO4	92	290

期刊名称	期刊类别	被引指标页码	来源指标页码
Contemporary International Relations	BD8	32	230
CT 理论与应用研究	TP	179	377
Current Zoology	NQ	102	300
Earthquake Engineering and Engineering Vibration	NP5	98	296
Earthquake Research in China	NP5	98	296
Electricity	TM	171	369
Engineering Sciences	TB	155	353
Eye Science	R76	146	344
Forestry Studies in China	S7	113	311
Frontiers in Biology	NQ	102	300
Frontiers of Chemical Science and Engineering	TQ	181	379
Frontiers of Earth Science	NP3	96	294
Frontiers of Environmental Science & Engineering	TX	202	400
Frontiers of Materials Science	TB	155	353
Frontiers of Mechanical Engineering	TH	166	364
Frontiers of Medicine	RT	122	320
Frontiers of Optoelectronics	TN	175	373
Frontiers of Structural and Civil Engineering	TU	190	388
Fujian Medical Journal	R9	148	346
Genomics、Proteomics & Bioinformatics	NQ	102	300
GEOSCIENCE FRONTIERS	NP3	96	294
Geospatial Information Science	NP9	101	299
Global Geology	NP5	98	296
High Technology Letters	NT	87	285
Insect Science	NQ	102	300
International Journal of Automation and computing	TP	179	377
International Journal of Minerals, Metallurgy and Materials	TD	157	355
International Journal of Oral Science	R78	146	344
International Journal of Plant Engineering and Management	TB	155	353
International Journal of Sediment Research	TV	195	393

期刊名称	期刊类别	被引指标页码	来源指标页码
Journal of Acupuncture and Tuina Science	R2	129	327
Journal of Arid Land	NP3	96	294
Journal of Beijing Institute of Technology	NA-1	77	275
Journal of Biomedical Research	NQ	102	300
Journal of Bionic Engineering	NQ	102	300
Journal of Central South University	TA-0	150	348
Journal of China Ordnance	TJ	168	366
Journal of Chinese Pharmaceutical Sciences	R9	148	346
Journal of Chongqing University (English Edition)	NA-1	77	275
Journal of Coal Science & Engineering (China)	TD	157	355
Journal of Computational Mathematics	NO1	90	288
Journal of Computer Science and Technology	TP	179	377
Journal of Control Theory and Applications	NT	87	285
Journal of Donghua University (English Edition)	NA-1	77	275
Journal of Earth Science	NP3	96	294
Journal of Electronic Science and Technology of China	TN	175	373
Journal of Electronics (China)	TN	175	373
Journal of Environmental Sciences	TX	202	400
Journal of Forestry Research	S7	113	311
Journal of Genetics and Genomics	NQ	102	300
Journal of Geographical Sciences	NP9	101	299
Journal of Geriatric Cardiology	R5	138	336
Journal of Harbin Institute of Technology	TA-0	150	348
Journal of Hydrodynamics	TK	169	367
Journal of Integrative Plant Biology	NQ	102	300
Journal of Iron and Steel Research, International	TF	162	360
Journal of Marine Science and Application	TZ-6	200	398
Journal of Materials Science & Technology	TB	155	353
Journal of Medical Colleges of PLA	RA-0	118	316
Journal of Molecular Cell Biology	NQ	102	300

期刊名称	期刊类别	被引指标页码	来源指标页码
Journal of Mountain Science	S2	108	306
Journal of Natural Gas Chemistry	TE	160	358
Journal of Northeast Agricultural University (English Edition)	SA	104	302
Journal of Ocean University of China	TA-P	153	351
Journal of Otology	R76	146	344
Journal of Partial Differential Equations	NO1	90	288
Journal of Rare Earths	TF	162	360
Journal of Reproduction and Contraception	R71	142	340
Journal of Resources and Ecology	TX	202	400
Journal of Rock Mechanics and Geotechnical Engineering	NO3	91	289
Journal of Semiconductors	TN	175	373
Journal of Shanghai Jiaotong University (Science)	TA-Y	155	353
Journal of Southeast University (English Edition)	NA-1	77	275
Journal of Southwest Jiaotong University (English Edition)	TZ-0	197	395
Journal of Systematics and Evolution	NQ	102	300
Journal of Systems Engineering and Electronics	TN	175	373
Journal of Systems Science and Complexity	NO1	90	288
Journal of Systems Science and Systems Engineering	NT	87	285
Journal of Thermal Science	NO4	92	290
Journal of Traditional Chinese Medicine	R2	129	327
Journal of Wuhan University of Technology (Materials Science Edition)	TA-0	150	348
Journal of Zhejiang University Science A:Applied Physics & Engineering	NA-1	77	275
Journal of Zhejiang University Science B:Biomedicine & Biotechnology	NA-1	77	275
Lnternational Journal of Mining Science and Technology	TD	157	355
Marine Science Bulletin	NP7	100	298
Medical Bulletin of Shanghai Jiaotong University	RA-0	118	316
Molecular Plant	NQ	102	300
Neural Regeneration Research	R74	144	342
Neuroscience Bulletin	R74	144	342
Nuclear Science and Techniques	TL	171	369
Optoelectronics Letters	TN	175	373
Petroleum Science	TE	160	358
Plasma Science and Technology	NO4	92	290
Research in Astronomy and Astrophysics	NP1	95	293
Rice Science	S5	110	308
Science China Physics,Mechanics & Astronomy	NO4	92	290
Science China Technological Sciences	TB	155	353
Science China (Chemistry)	NO6	94	292
Science China (Earth Sciences)	NP5	98	296
Science China (Life Sciences)	NQ	102	300
Science China (Mathematics)	NO1	90	288
Sciences in Cold and Arid Regions	NP3	96	294
South China Journal of Cardiology	R5	138	336
The Journal of China Universities of Posts and Telecommunications	TN	175	373
Transactions of Nanjing University of Aeronautics and Astronautics	TA-V	154	352
Transactions of Nonferrous Metals Society of China	TF	162	360
Transactions of Tianjin University	NA-1	77	275
Tsinghua Science and Technology	NA-1	77	275
Virologica Sinica	NQ	102	300
Water Science and Engineering	TV	195	393
World Journal of Acupuncture-Moxibustion	R2	129	327
World Journal of Gastroenterology	R5	138	336
WTO 经济导刊	F0	37	235
Wuhan University Journal of Natural Sciences	NA-1	77	275
阿坝师范高等专科学校学报	GA-3	53	251

期刊名称	期刊类别	被引指标页码	来源指标页码
阿拉伯世界研究	BD8	33	231
癌变·畸变·突变	R73	143	341
癌症进展	R73	143	341
安徽大学学报(哲学社会科学版)	CA-0	11	209
安徽大学学报(自然科学版)	NA-1	78	276
安徽地质	NP5	98	296
安徽电气工程职业技术学院学报	GA-3	53	251
安徽电子信息职业技术学院学报	GA-3	53	251
安徽工程大学学报	NA-1	78	276
安徽工业大学学报(社会科学版)	CA-0	11	209
安徽工业大学学报(自然科学版)	NA-1	78	276
安徽广播电视大学学报	GA-3	53	251
安徽化工	TQ	181	379
安徽建筑	TU	190	388
安徽建筑工业学院学报(自然科学版)	NA-2	83	281
安徽警官职业学院学报	GA-3	53	251
安徽科技	NT	87	285
安徽科技学院学报	GA-3	53	251
安徽理工大学学报(社会科学版)	CA-0	11	209
安徽理工大学学报(自然科学版)	NA-1	78	276
安徽林业科技	S7	113	311
安徽农学通报	ST	105	303
安徽农业大学学报	SA	104	302
安徽农业大学学报(社会科学版)	CA-0	11	209
安徽农业科学	ST	105	303
安徽商贸职业技术学院学报(社会科学版)	GA-3	53	251
安徽师范大学学报(人文社会科学版)	GA-1	49	247
安徽师范大学学报(自然科学版)	NA-4	86	284
安徽史学	CK0	23	221
安徽水利水电职业技术学院学报	GA-3	53	251
安徽体育科技	G8	71	269
安徽卫生职业技术学院学报	GA-3	53	251
安徽文学(下半月)	GI	74	272
安徽行政学院学报	F3	43	241
安徽冶金科技职业学院学报	GA-3	53	251
安徽医科大学学报	RA-0	118	316
安徽医学	RT	122	320
安徽医药	RT	122	320
安徽预防医学杂志	R1	125	323
安徽职业技术学院学报	GA-3	53	251
安徽中医学院学报	RA-1	120	318
安康学院学报	GA-2	50	248
安庆师范学院学报(社会科学版)	CA-1	16	214
安庆师范学院学报(自然科学版)	NA-4	86	284
安全	TX	202	400
安全、健康和环境	TX	202	400
安全生产与监督	TX	203	401
安全与电磁兼容	TM	171	369
安全与环境工程	TX	203	401
安全与环境学报	TX	203	401
安顺学院学报	GA-2	50	248
安阳工学院学报	TA-0	150	348
安阳师范学院学报	GA-2	50	248
安装	TU	190	388
桉树科技	S7	113	311
氨基酸和生物资源	NQ	102	300
鞍钢技术	TF	162	360
鞍山师范学院学报	GA-2	50	248
按摩与康复医学	R2	129	327
按摩与康复医学(下旬刊)	R2	129	327
按摩与康复医学(中旬刊)	R2	129	327
白求恩军医学院学报	RA-1	120	318
白血病·淋巴瘤	R73	143	341
百色学院学报	GA-2	50	248
班主任	G4	64	262
办公自动化(综合版)	TP	179	377
半导体光电	TN	175	373
半导体技术	TN	175	373
包钢科技	TF	162	360
包头医学	RT	122	320

期刊名称	期刊类别	被引指标页码	来源指标页码
包头医学院学报	RA-1	120	318
包头职业技术学院学报	GA-3	53	251
包装工程	TB	155	353
包装世界	TB	155	353
包装学报	TB	155	353
包装与食品机械	TS-2	189	387
宝钢技术	TF	162	360
宝鸡文理学院学报(社会科学版)	CA-1	16	214
宝鸡文理学院学报(自然科学版)	NA-2	83	281
宝石和宝石学杂志	TS-0	186	384
保定学院学报	GA-2	50	248
保健医学研究与实践	R1	125	323
保山学院学报	GA-2	50	248
保鲜与加工	S3	110	308
保险研究	F8	46	244
保险职业学院学报	GA-3	53	251
暴雨灾害	NP4	97	295
爆破	TJ	168	366
爆破器材	TJ	168	366
爆炸与冲击	TJ	168	366
北方蚕业	S8	115	313
北方法学	BD9	34	232
北方工业大学学报	TA-0	150	348
北方果树	S6	112	310
北方环境	TX	203	401
北方交通	TZ-0	197	395
北方经济	F0	37	235
北方经贸	F7	45	243
北方民族大学学报(哲学社会科学版)	CA-0	11	209
北方牧业	S8	115	313
北方水稻	S5	110	308
北方文物	CK0	23	221
北方文学(下旬刊)	GI	74	272
北方药学	R9	148	346
北方音乐	GJ	75	273

期刊名称	期刊类别	被引指标页码	来源指标页码
北方园艺	S6	112	310
北华大学学报(社会科学版)	CA-0	11	209
北华大学学报(自然科学版)	NA-1	78	276
北华航天工业学院学报	TA-V	154	352
北京财贸职业学院学报	FA	35	233
北京测绘	NP2	95	293
北京城市学院学报	NA-2	83	281
北京大学教育评论	G4	64	262
北京大学学报(医学版)	RA-0	118	316
北京大学学报(哲学社会科学版)	CA-0	11	209
北京大学学报(自然科学版)	NA-1	78	276
北京档案	G27	62	260
北京第二外国语学院学报	GA-H	58	256
北京电力高等专科学校学报(社会科学版)	TA-F	153	351
北京电影学院学报	GA-J	59	257
北京电子科技学院学报	TA-N	153	351
北京服装学院学报(自然科学版)	TA-S	154	352
北京工商大学学报(社会科学版)	CA-0	11	209
北京工业大学学报	TA-0	150	348
北京工业大学学报(社会科学版)	CA-0	11	209
北京工业职业技术学院学报	GA-3	54	252
北京观察	BD	30	228
北京广播电视大学学报	GA-3	54	252
北京规划建设	TU	190	388
北京航空航天大学学报	TA-V	154	352
北京化工大学学报(社会科学版)	CA-0	11	209
北京化工大学学报(自然科学版)	TA-E	152	350
北京建筑工程学院学报	TA-U	154	352
北京交通大学学报	NA-1	78	276
北京交通大学学报(社会科学版)	CA-0	11	209
北京教育(高教版)	G4	64	262
北京教育(普教版)	G4	64	262
北京教育学院学报(社会科学版)	CA-1	16	214
北京教育学院学报(自然科学版)	NA-2	83	281
北京警察学院学报	BA-9	27	225

期刊名称	期刊类别	被引指标页码	来源指标页码
北京科技大学学报	TA-0	150	348
北京科技大学学报(社会科学版)	CA-0	11	209
北京口腔医学	R78	146	344
北京劳动保障职业学院学报	GA-3	54	252
北京理工大学学报	TA-0	150	348
北京理工大学学报(社会科学版)	CA-0	11	209
北京联合大学学报(人文社会科学版)	CA-0	11	209
北京联合大学学报(自然科学版)	NA-1	78	276
北京林业大学学报	SA	104	302
北京林业大学学报(社会科学版)	CA-0	11	209
北京农学院学报	SA	104	302
北京农业	ST	105	303
北京农业职业学院学报	GA-3	54	252
北京汽车	TZ-4	199	397
北京青年政治学院学报	BA-D	25	223
北京社会科学	C0	18	216
北京生物医学工程	R3	132	330
北京师范大学学报(社会科学版)	GA-1	49	247
北京师范大学学报(自然科学版)	NA-4	86	284
北京石油管理干部学院学报	BA-F	28	226
北京石油化工学院学报	TA-E	152	350
北京市工会干部学院学报	BA-F	28	226
北京市经济管理干部学院学报	BA-F	28	226
北京水务	TV	195	393
北京体育大学学报	GA-8	58	256
北京舞蹈学院学报	GA-J	59	257
北京信息科技大学学报(自然科学版)	TA-F	153	351
北京行政学院学报	BA-D	25	223
北京医学	RT	122	320
北京印刷学院学报	TA-S	154	352
北京邮电大学学报	TA-N	153	351
北京邮电大学学报(社会科学版)	CA-0	11	209
北京政法职业学院学报	GA-3	54	252
北京中医药	R2	129	327
北京中医药大学学报	RA-0	118	316
北京中医药大学学报(中医临床版)	RA-0	118	316
蚌埠学院学报	GA-0	48	246
蚌埠医学院学报	RA-1	120	318
比较法研究	BD9	34	232
比较教育研究	G4	64	262
毕节学院学报	GA-2	50	248
边疆经济与文化	F0	37	235
编辑学报	G21	59	257
编辑学刊	G21	59	257
编辑之友	G21	60	258
变压器	TH	166	364
标记免疫分析与临床	R4	134	332
标准科学	G3	62	260
表面技术	TQ	181	379
滨州学院学报	GA-2	50	248
滨州医学院学报	RA-1	120	318
冰川冻土	NP5	98	296
冰雪运动	G8	71	269
兵工学报	TJ	168	366
兵工自动化	TJ	169	367
兵器材料科学与工程	TJ	169	367
兵团党校学报	BA-D	25	223
兵团教育学院学报	GA-0	48	246
病毒学报	NQ	102	300
波谱学杂志	NO4	92	290
玻璃	TQ	181	379
玻璃钢/复合材料	TU	190	388
玻璃纤维	TQ	182	380
玻璃与搪瓷	TQ	182	380
渤海大学学报(哲学社会科学版)	CA-0	11	209
渤海大学学报(自然科学版)	NA-1	78	276
搏击·武术科学	G8	72	270
才智	C0	19	217
材料保护	TB	155	353
材料导报	TB	155	353

期刊名称	期刊类别	被引指标页码	来源指标页码
材料工程	TB	156	354
材料开发与应用	TB	156	354
材料科学与工程学报	TB	156	354
材料科学与工艺	TB	156	354
材料热处理学报	TG	164	362
材料研究学报	TB	156	354
材料研究与应用	TF	162	360
材料与冶金学报	TF	162	360
财经界	F8	46	244
财经科学	F8	46	244
财经理论与实践	F8	46	244
财经论丛	F8	46	244
财经问题研究	F8	46	244
财经研究	F8	46	244
财会通讯	F8	46	244
财会研究	F2	40	238
财会月刊(会计版)	F2	40	238
财会月刊(理论版)	F2	40	238
财会月刊(综合版)	F2	40	238
财贸经济	F7	45	243
财贸研究	F8	46	244
财务与金融	F8	46	244
财务与会计	F2	40	238
财政研究	F0	37	235
采矿技术	TD	157	355
采矿与安全工程学报	TD	158	356
采写编	G21	60	258
蚕桑茶叶通讯	S8	115	313
蚕桑通报	S8	115	313
蚕学通讯	S8	115	313
蚕业科学	S8	115	313
沧州师范学院学报	GA-2	50	248
草地学报	S8	115	313
草食家畜	S8	115	313
草业科学	S8	115	313
草业学报	S8	115	313
草业与畜牧	S8	115	313
草原文物	CK85	24	222
草原与草坪	S8	115	313
测绘	NP2	95	293
测绘标准化	NP2	95	293
测绘地理信息	NP2	95	293
测绘工程	NP2	95	293
测绘技术装备	NP2	95	293
测绘科学	NP2	95	293
测绘科学技术学报	NP2	95	293
测绘通报	NP2	95	293
测绘学报	NP2	95	293
测绘与空间地理信息	NP2	95	293
测井技术	TE	160	358
测控技术	TY	201	399
测试技术学报	TB	156	354
茶业通报	TS-2	189	387
茶叶	S5	110	308
茶叶科学	S5	110	308
茶叶科学技术	TS-2	189	387
茶叶通讯	TS-2	189	387
柴达木开发研究	C91	21	219
柴油机	TK	169	367
柴油机设计与制造	TK	169	367
产经评论	F0	37	235
产权导刊	F2	40	238
产业经济研究	F4	44	242
产业用纺织品	TS-1	188	386
产业与科技论坛	F0	37	235
昌吉学院学报	NA-2	83	281
长安大学学报(社会科学版)	CA-0	11	209
长安大学学报(自然科学版)	NA-1	78	276
长白学刊	C0	19	217
长春大学学报(社会科学版)	CA-0	11	209

期刊名称	期刊类别	被引指标页码	来源指标页码
长春工程学院学报(社会科学版)	CA-1	16	214
长春工程学院学报(自然科学版)	NA-2	83	281
长春工业大学学报(高教研究版)	GA-0	48	246
长春工业大学学报(社会科学版)	CA-0	11	209
长春工业大学学报(自然科学版)	NA-1	78	276
长春教育学院学报	GA-0	48	246
长春金融高等专科学校学报	FA	35	233
长春理工大学学报(社会科学版)	CA-0	11	209
长春理工大学学报(自然科学版)	TA-0	150	348
长春师范学院学报(人文社会科学版)	CA-1	16	214
长春市委党校学报	BA-D	25	223
长春中医药大学学报	RA-0	118	316
长江大学学报(社会科学版)	CA-0	11	209
长江大学学报(自科版)农学卷	NA-1	78	276
长江大学学报(自科版)医学卷	RA-0	118	316
长江大学学报(自然版)理工卷	NA-1	78	276
长江工程职业技术学院学报	GA-3	54	252
长江科学院院报	TV	195	393
长江流域资源与环境	TX	203	401
长江师范学院学报	GA-2	50	248
长江蔬菜	S6	112	310
长江学术	GI	74	272
长沙大学学报	NA-1	78	276
长沙航空职业技术学院学报	GA-3	54	252
长沙理工大学学报(自然科学版)	NA-1	78	276
长沙民政职业技术学院学报	GA-3	54	252
长沙铁道学院学报(社会科学版)	CA-1	16	214
长沙通信职业技术学院学报	GA-3	54	252
长治学院学报	GA-2	51	249
长治医学院学报	RA-1	120	318
肠外与肠内营养	R6	140	338
常熟理工学院学报	TA-0	150	348
常州大学学报(社会科学版)	CA-0	11	209
常州大学学报(自然科学版)	TA-E	152	350
常州工学院学报	TA-0	151	349
常州工学院学报(社会科学版)	CA-1	16	214
常州信息职业技术学院学报	GA-3	54	252
超硬材料工程	TS-0	186	384
巢湖学院学报	CA-1	16	214
车辆与动力技术	TZ-4	199	397
车用发动机	TK	170	368
沉积学报	NP5	98	296
沉积与特提斯地质	NP5	98	296
成都大学学报(社会科学版)	CA-0	11	209
成都大学学报(自然科学版)	NA-1	78	276
成都纺织高等专科学校学报	TA-S	154	352
成都工业学院学报	TA-F	153	351
成都航空职业技术学院学报	GA-3	54	252
成都理工大学学报(社会科学版)	CA-0	11	209
成都理工大学学报(自然科学版)	NA-1	78	276
成都师范学院学报	GA-0	48	246
成都体育学院学报	GA-8	58	256
成都信息工程学院学报	TA-P	153	351
成都行政学院学报	BA-D	25	223
成都医学院学报	RA-1	120	318
成都中医药大学学报	RA-0	118	316
成人教育	G4	64	262
成组技术与生产现代化	TB	156	354
承德石油高等专科学校学报	TA-E	152	350
承德医学院学报	RA-1	120	318
城建档案	TU	190	388
城市	F2	40	238
城市道桥与防洪	TZ-4	199	397
城市地质	NP5	98	296
城市发展研究	TU	190	388
城市公共交通	TZ-4	199	397
城市公用事业	F2	40	238
城市观察	F2	40	238
城市管理与科技	F2	40	238
城市规划	TU	191	389

期刊名称	期刊类别	被引指标页码	来源指标页码
城市规划学刊	TU	191	389
城市轨道交通研究	TZ-4	199	397
城市环境设计	TU	191	389
城市环境与城市生态	TX	203	401
城市交通	TZ-4	199	397
城市开发	TU	191	389
城市开发(物业管理)	F2	40	238
城市勘测	TU	191	389
城市燃气	TU	191	389
城市问题	F2	40	238
城市与减灾	TX	203	401
城乡建设	TU	191	389
城镇供水	TU	191	389
池州学院学报	GA-2	51	249
赤峰学院学报(哲学社会科学版)	CA-1	16	214
赤峰学院学报(自然科学版)	NA-2	83	281
重庆大学学报	NA-1	78	276
重庆大学学报(社会科学版)	CA-0	11	209
重庆第二师范学院学报	GA-0	48	246
重庆电力高等专科学校学报	TA-F	153	351
重庆电子工程职业学院学报	GA-3	54	252
重庆工商大学学报(社会科学版)	CA-0	11	209
重庆工商大学学报(自然科学版)	NA-1	78	276
重庆广播电视大学学报	GA-3	54	252
重庆建筑	TU	191	389
重庆交通大学学报(社会科学版)	CA-0	11	209
重庆交通大学学报(自然科学版)	TA-Y	155	353
重庆科技学院学报(社会科学版)	CA-1	16	214
重庆科技学院学报(自然科学版)	NA-2	83	281
重庆理工大学学报(社会科学版)	CA-0	11	209
重庆理工大学学报(自然科学版)	TA-0	151	349
重庆三峡学院学报	NA-2	83	281
重庆社会科学	C0	19	217
重庆社会主义学院学报	BA-D	25	223
重庆师范大学学报(哲学社会科学版)	GA-1	49	247
重庆师范大学学报(自然科学版)	NA-4	86	284
重庆文理学院学报(社会科学版)	CA-1	17	215
重庆文理学院学报(自然科学版)	NA-2	83	281
重庆医科大学学报	RA-0	118	316
重庆医学	RT	122	320
重庆邮电大学学报(社会科学版)	CA-0	11	209
重庆邮电大学学报(自然科学版)	NA-1	78	276
出版发行研究	G21	60	258
出版广角	G21	60	258
出版科学	G21	60	258
滁州学院学报	GA-2	51	249
滁州职业技术学院学报	GA-3	54	252
楚雄师范学院学报	GA-2	51	249
川北医学院学报	RA-1	120	318
传承(学术理论版)	BD2	32	230
传动技术	TP	179	377
传感技术学报	TH	166	364
传感器世界	TP	179	377
传感器与微系统	TN	175	373
传媒观察	G21	60	258
传染病信息	R5	138	336
船舶	TZ-6	200	398
船舶标准化工程师	G3	63	261
船舶标准化与质量	G3	63	261
船舶工程	TZ-6	200	398
船舶力学	TZ-6	200	398
船舶与海洋工程	TZ-0	197	395
船电技术	TZ-6	200	398
船海工程	TZ-6	200	398
船山学刊	C0	19	217
创伤外科杂志	R6	140	338
创新	C0	19	217
创新与创业教育	G4	64	262
纯粹数学与应用数学	NO1	90	288
纯碱工业	TQ	182	380

期刊名称	期刊类别	被引指标页码	来源指标页码
辞书研究	GH	72	270
磁共振成像	TN	175	373
磁性材料及器件	TN	175	373
催化学报	NO6	94	292
大坝与安全	TV	195	393
大氮肥	TQ	182	380
大地测量与地球动力学	NP2	95	293
大地测量与地球动力学(英文版)	NP2	95	293
大地构造与成矿学	NP3	96	294
大电机技术	TM	172	370
大豆科技	S5	110	308
大豆科学	S5	110	308
大功率变流技术	TM	172	370
大观周刊	C91	21	219
大江周刊(论坛)	C0	19	217
大科技·科技天地	NT	87	285
大理学院学报	CA-1	17	215
大连大学学报	NA-1	78	276
大连干部学刊	BD	31	229
大连工业大学学报	TA-S	154	352
大连海事大学学报	TA-Y	155	353
大连海事大学学报(社会科学版)	CA-0	11	209
大连海洋大学学报	SA	104	302
大连交通大学学报	TA-Y	155	353
大连教育学院学报	GA-0	48	246
大连理工大学学报	NA-1	78	276
大连理工大学学报(社会科学版)	CA-0	11	209
大连民族学院学报	NA-2	83	281
大连医科大学学报	RA-0	119	317
大麦与谷类科学	S5	111	309
大气科学	NP4	97	295
大气科学学报	NP4	97	295
大气与环境光学学报	NP4	97	295
大庆社会科学	C0	19	217
大庆师范学院学报	GA-2	51	249

期刊名称	期刊类别	被引指标页码	来源指标页码
大庆石油地质与开发	TE	160	358
大舞台	GJ	75	273
大型铸锻件	TG	164	362
大学(学术版)	G4	64	262
大学化学	NO6	94	292
大学教育科学	G4	64	262
大学数学	NO1	90	288
大学图书馆学报	G25	61	259
大学图书情报学刊	G25	61	259
大学物理	NO4	92	290
大学物理实验	NO4	92	290
大众科技	NT	87	285
大众文艺	GI	74	272
大众用电	TM	172	370
单片机与嵌入式系统应用	TP	179	377
弹道学报	TJ	169	367
弹箭与制导学报	TJ	169	367
弹性体	TQ	182	380
淡水渔业	S9	117	315
氮肥技术	TQ	182	380
当代财经	F8	46	244
当代传播	G21	60	258
当代电视	TN	175	373
当代电影	GJ	75	273
当代法学	BD9	34	232
当代韩国	BD8	33	231
当代护士(学术版)	R4	134	332
当代护士(专科版)	R4	134	332
当代护士(综合版)	R4	134	332
当代化工	TQ	182	380
当代继续教育	GA-3	54	252
当代教师教育	G4	64	262
当代教育科学	G4	64	262
当代教育理论与实践	G4	64	262
当代教育论坛	G4	64	262

期刊名称	期刊类别	被引指标页码	来源指标页码
当代教育与文化	G4	65	263
当代经济	F0	37	235
当代经济管理	F2	40	238
当代经济科学	F0	37	235
当代经济研究	F0	37	235
当代矿工	TD	158	356
当代农机	S2	108	306
当代青年研究	C91	22	220
当代石油石化	TE	160	358
当代世界	BD8	33	231
当代世界社会主义问题	BD8	33	231
当代世界与社会主义	BD8	33	231
当代水产	S9	118	316
当代外国文学	GI	74	272
当代外语研究	GH	72	270
当代文坛	GI	74	272
当代戏剧	GJ	75	273
当代修辞学	GH	72	270
当代畜牧	S8	115	313
当代畜禽养殖业	S8	115	313
当代亚太	BD8	33	231
当代医学	RT	122	320
当代语言学	GH	72	270
当代职业教育	G4	65	263
当代中国史研究	CK0	23	221
当代作家评论	GI	74	272
党的文献	G27	62	260
党建研究	BD2	32	230
党史博采(理论版)	BD2	32	230
党史研究与教学	BD2	32	230
党政干部论坛	BD2	32	230
党政干部学刊	BD2	32	230
档案	G27	62	260
档案管理	G27	62	260
档案时空	G27	62	260
档案学通讯	G27	62	260
档案学研究	G27	62	260
档案与建设	G27	62	260
导弹与航天运载技术	TY	201	399
导航与控制	TY	201	399
道德与文明	B0	29	227
德国研究	BD8	33	231
德州学院学报	NA-2	83	281
灯与照明	TM	172	370
低温工程	NO4	92	290
低温建筑技术	TU	191	389
低温物理学报	NO4	92	290
低温与超导	NO4	92	290
低温与特气	NO4	92	290
低压电器	TM	172	370
地层学杂志	NP5	98	296
地方财政研究	F8	46	244
地矿测绘	NP2	95	293
地理教育	G4	65	263
地理科学	NP9	101	299
地理科学进展	NP9	101	299
地理空间信息	NP2	95	293
地理信息世界	NP2	95	293
地理学报	NP9	101	299
地理研究	NP9	101	299
地理与地理信息科学	NP9	101	299
地球化学	NP3	96	294
地球科学进展	NP3	96	294
地球科学与环境学报	NP3	96	294
地球科学-中国地质大学学报	TA-P	153	351
地球物理学报	NP3	96	294
地球物理学进展	NP3	96	294
地球信息科学学报	NP3	96	294
地球学报	NP3	96	294
地球与环境	NP3	96	294

期刊名称	期刊类别	被引指标页码	来源指标页码
地下工程与隧道	TZ-2	198	396
地下空间与工程学报	TU	191	389
地下水	NP5	99	297
地学前缘	NP3	96	294
地域研究与开发	NP5	99	297
地震	NP3	96	294
地震地磁观测与研究	NP3	96	294
地震地质	NP3	96	294
地震工程学报	NP3	96	294
地震工程与工程振动	NP3	96	294
地震学报	NP3	96	294
地震研究	NP3	96	294
地质调查与研究	NP5	99	297
地质科技情报	NP5	99	297
地质科学	NP5	99	297
地质力学学报	NP5	99	297
地质论评	NP5	99	297
地质通报	NP5	99	297
地质学报	NP5	99	297
地质学刊	NP5	99	297
地质与勘探	NP5	99	297
地质与资源	NP5	99	297
地质灾害与环境保护	NP5	99	297
地质找矿论丛	NP5	99	297
地质装备	NP5	99	297
第二军医大学学报	RA-0	119	317
第欧根尼	B0	29	227
第三军医大学学报	RA-0	119	317
第四纪研究	NP3	96	294
癫痫与神经电生理学杂志	R74	144	342
电波科学学报	TN	175	373
电测与仪表	TM	172	370
电池	TM	172	370
电池工业	TM	172	370
电瓷避雷器	TM	172	370
电大理工	NT	87	285
电动工具	TM	172	370
电镀与环保	TX	203	401
电镀与精饰	TQ	182	380
电镀与涂饰	TQ	182	380
电工材料	TM	172	370
电工电能新技术	TM	172	370
电工电气	TM	172	370
电工技术	TM	172	370
电工技术学报	TM	172	370
电工文摘	TM	172	370
电光与控制	TN	175	373
电焊机	TG	164	362
电化教育研究	G4	65	263
电化学	NO6	94	292
电机技术	TM	172	370
电机与控制学报	TM	172	370
电机与控制应用	TM	172	370
电加工与模具	TH	166	364
电力安全技术	TX	203	401
电力电容器与无功补偿	TM	172	370
电力电子技术	TM	172	370
电力机车与城轨车辆	TZ-2	198	396
电力建设	TM	172	370
电力勘测设计	TM	172	370
电力科技与环保	TX	203	401
电力科学与工程	TM	172	370
电力科学与技术学报	TM	172	370
电力系统保护与控制	TM	172	370
电力系统及其自动化学报	TM	172	370
电力系统通信	TM	172	370
电力系统自动化	TM	172	370
电力信息化	TM	172	370
电力需求侧管理	TM	172	370
电力学报	TM	172	370

期刊名称	期刊类别	被引指标页码	来源指标页码
电力与电工	TM	172	370
电力与能源	TK	170	368
电力自动化设备	TM	173	371
电路与系统学报	TN	175	373
电脑编程技巧与维护	TP	179	377
电脑开发与应用	TP	179	377
电脑与电信	TN	175	373
电脑与信息技术	TP	179	377
电脑知识与技术	TP	179	377
电气传动	TK	170	368
电气传动自动化	TM	173	371
电气电子教学学报	TN	175	373
电气防爆	TM	173	371
电气化铁道	TZ-2	198	396
电气技术	TM	173	371
电气开关	TM	173	371
电气时代	TM	173	371
电气应用	TM	173	371
电气制造	TM	173	371
电气自动化	TM	173	371
电器工业	TM	173	371
电声技术	TN	175	373
电世界	TM	173	371
电视技术	TN	175	373
电视研究	G21	60	258
电网技术	TM	173	371
电网与清洁能源	TM	173	371
电线电缆	TM	173	371
电信工程技术与标准化	G3	63	261
电信技术	TN	175	373
电信科学	TN	175	373
电信快报	TN	175	373
电信网技术	TN	175	373
电讯技术	TN	175	373
电影评介	GJ	75	273

期刊名称	期刊类别	被引指标页码	来源指标页码
电影文学	GJ	75	273
电影新作	GJ	75	273
电影艺术	GJ	75	273
电源技术	TM	173	371
电站辅机	TM	173	371
电站系统工程	TM	173	371
电子测量技术	TN	175	373
电子测量与仪器学报	TN	175	373
电子测试	TN	175	373
电子产品可靠性与环境试验	TN	175	373
电子产品世界	TN	176	374
电子工业专用设备	TN	176	374
电子工艺技术	TN	176	374
电子机械工程	TH	166	364
电子技术	TN	176	374
电子技术应用	TN	176	374
电子科技	TN	176	374
电子科技大学学报	NA-1	78	276
电子科技大学学报(社会科学版)	CA-0	11	209
电子器件	TN	176	374
电子商务	F7	45	243
电子设计工程	TN	176	374
电子设计技术	TN	176	374
电子世界	TN	176	374
电子显微学报	TN	176	374
电子信息对抗技术	TN	176	374
电子学报	TN	176	374
电子与封装	TN	176	374
电子与信息学报	TN	176	374
电子元件与材料	TN	176	374
电子政务	TP	179	377
电子知识产权	BD9	34	232
电子制作	TN	176	374
电子质量	TN	176	374
雕塑	GJ	75	273

期刊名称	期刊类别	被引指标页码	来源指标页码
调研世界	F3	43	241
东北财经大学学报	FA	35	233
东北大学学报(社会科学版)	CA-0	12	210
东北大学学报(自然科学版)	NA-1	78	276
东北电力大学学报	TA-F	153	351
东北电力技术	TM	173	371
东北林业大学学报	SA	104	302
东北农业大学学报	SA	104	302
东北农业大学学报(社会科学版)	CA-0	12	210
东北师大学报(哲学社会科学版)	GA-1	49	247
东北师大学报(自然科学版)	NA-4	86	284
东北石油大学学报	TA-E	152	350
东北水利水电	TV	195	393
东北亚论坛	BD8	33	231
东方电气评论	TM	173	371
东方法学	BD9	34	232
东方论坛	C0	19	217
东方企业文化	G0	59	257
东华大学学报(社会科学版)	CA-0	12	210
东华大学学报(自然科学版)	NA-1	78	276
东华理工大学学报(社会科学版)	CA-0	12	210
东华理工大学学报(自然科学版)	NA-1	78	276
东疆学刊	C0	19	217
东南传播	G21	60	258
东南大学学报(医学版)	RA-0	119	317
东南大学学报(哲学社会科学版)	CA-0	12	210
东南大学学报(自然科学版)	NA-1	78	276
东南国防医药	R9	148	346
东南文化	G0	59	257
东南学术	BD8	33	231
东南亚南亚研究	C0	19	217
东南亚研究	BD8	33	231
东南亚纵横	BD8	33	231
东莞理工学院学报	NA-2	83	281
东岳论丛	C0	19	217
动力工程学报	TK	170	368
动力学与控制学报	NO3	91	289
动物分类学报	NQ	102	300
动物学研究	NQ	102	300
动物学杂志	NQ	102	300
动物医学进展	S8	115	313
动物营养学报	S8	115	313
都市家教(上半月)	G4	65	263
都市家教(下半月)	G4	65	263
都市快轨交通	TZ-2	198	396
毒理学杂志	R3	132	330
读写算-素质教育论坛	G4	65	263
读与写(教育教学刊)	G4	65	263
杜甫研究学刊	GI	74	272
断块油气田	TE	160	358
锻压技术	TG	164	362
锻压装备与制造技术	TG	164	362
锻造与冲压	TG	164	362
对外经贸	F7	45	243
对外经贸实务	F7	45	243
敦煌学辑刊	CK0	23	221
敦煌研究	CK0	23	221
俄罗斯文艺	GI	74	272
俄罗斯研究	BD8	33	231
俄罗斯中亚东欧市场	F7	45	243
俄罗斯中亚东欧研究	BD8	33	231
鄂州大学学报	NA-1	78	276
儿科药学杂志	R71	142	340
发电设备	TM	173	371
发电与空调	TH	166	364
发光学报	NO4	92	290
发酵科技通讯	TQ	182	380
发展	F0	37	235
发展研究	F0	37	235
阀门	TH	166	364

期刊名称	期刊类别	被引指标页码	来源指标页码
法国研究	BD8	33	231
法律科学-西北政法学院学报	BA-9	27	225
法律适用	BD9	34	232
法商研究	BD9	34	232
法学	BD9	34	232
法学家	BD9	34	232
法学论坛	BD9	34	232
法学评论	BD9	34	232
法学研究	BD9	34	232
法学杂志	BD9	34	232
法医学杂志	R8	147	345
法音	B9	30	228
法制与经济(下旬刊)	BD9	34	232
法制与经济(中旬刊)	BD9	34	232
法制与社会	BD9	34	232
法制与社会发展	BD9	34	232
法治研究	BD9	34	232
犯罪研究	BD9	34	232
犯罪与改造研究	BD9	34	232
方言	GH	72	270
防护工程	TJ	169	367
防护林科技	S7	113	311
防灾减灾工程学报	TX	203	401
防灾减灾学报	NP5	99	297
防灾科技学院学报	NA-2	83	281
纺织标准与质量	TS-1	188	386
纺织导报	TS-1	188	386
纺织服装教育	G4	65	263
纺织高校基础科学学报	TS-1	188	386
纺织机械	TS-1	188	386
纺织科技进展	TS-1	188	386
纺织科学研究	TS-1	188	386
纺织器材	TS-1	188	386
纺织学报	TS-1	188	386
放射免疫学杂志	R8	147	345
放射学实践	R8	147	345
飞航导弹	TJ	169	367
飞机设计	TY	201	399
飞天	GI	74	272
飞行力学	TY	201	399
飞行器测控学报	TY	201	399
非金属矿	TD	158	356
非织造布	TS-1	188	386
分析测试技术与仪器	TH	166	364
分析测试学报	NO6	94	292
分析化学	NO6	94	292
分析科学学报	NO6	94	292
分析试验室	NO6	94	292
分析仪器	TH	166	364
分子催化	NO6	94	292
分子科学学报	NO6	94	292
分子诊断与治疗杂志	NQ	102	300
分子植物育种	S3	110	308
粉煤灰	TD	158	356
粉煤灰综合利用	TU	191	389
粉末冶金材料科学与工程	TF	162	360
粉末冶金工业	TF	162	360
粉末冶金技术	TF	162	360
风机技术	TH	166	364
风景园林	S7	113	311
风能	TK	170	368
疯狂英语(教师版)	GH	72	270
佛教文化	B9	30	228
佛山科学技术学院学报(社会科学版)	CA-1	17	215
佛山科学技术学院学报(自然科学版)	NA-2	83	281
佛山陶瓷	TQ	182	380
福建茶叶	S5	111	309
福建党史月刊	BD2	32	230
福建稻麦科技	S5	111	309
福建地质	NP5	99	297

期刊名称	期刊类别	被引指标页码	来源指标页码
福建电脑	TP	179	377
福建分析测试	NT	87	285
福建工程学院学报	TA-0	151	349
福建广播电视大学学报	GA-3	54	252
福建果树	S6	112	310
福建基础教育研究	G4	65	263
福建建材	TU	191	389
福建建设科技	TU	191	389
福建建筑	TU	191	389
福建教育学院学报	GA-0	48	246
福建金融	F8	46	244
福建金融管理干部学院学报	BA-F	28	226
福建警察学院学报	BA-9	27	225
福建林学院学报	SA	104	302
福建论坛(人文社会科学版)	C0	19	217
福建农机	S2	108	306
福建农林大学学报(哲学社会科学版)	CA-0	12	210
福建农林大学学报(自然科学版)	NA-1	78	276
福建农业	ST	106	304
福建农业科技	ST	106	304
福建农业学报	ST	106	304
福建轻纺	TS-1	188	386
福建热作科技	S5	111	309
福建商业高等专科学校学报	FA	35	233
福建省社会主义学院学报	BA-D	25	223
福建师大福清分校学报	GA-2	51	249
福建师范大学学报(哲学社会科学版)	GA-1	49	247
福建师范大学学报(自然科学版)	NA-4	86	284
福建水产	S9	118	316
福建体育科技	G8	72	270
福建行政学院学报	BA-D	25	223
福建畜牧兽医	S8	115	313
福建医科大学学报	RA-0	119	317
福建医科大学学报(社会科学版)	CA-0	12	210
福建艺术	GJ	76	274
福建中医药	R2	130	328
福建中医药大学学报	RA-0	119	317
福州大学学报(哲学社会科学版)	CA-0	12	210
福州大学学报(自然科学版)	NA-1	78	276
福州党校学报	BA-D	25	223
辐射防护	TL	171	369
辐射防护通讯	TL	171	369
辐射研究与辐射工艺学报	TL	171	369
腐蚀科学与防护技术	TQ	182	380
腐蚀与防护	TQ	182	380
腐植酸	TQ	182	380
妇女研究论丛	C91	22	220
阜阳师范学院学报(社会科学版)	CA-1	17	215
阜阳师范学院学报(自然科学版)	NA-4	86	284
复旦教育论坛	G4	65	263
复旦学报(社会科学版)	CA-0	12	210
复旦学报(医学版)	RA-0	119	317
复旦学报(自然科学版)	NA-1	78	276
复合材料学报	TB	156	354
复杂系统与复杂性科学	NT	87	285
复杂油气藏	NP3	97	295
腹部外科	R6	140	338
腹腔镜外科杂志	R6	140	338
改革	F0	37	235
改革与开放	F0	37	235
改革与战略	F0	37	235
干旱地区农业研究	S1	108	306
干旱环境监测	TX	203	401
干旱气象	NP4	97	295
干旱区地理	NP9	101	299
干旱区研究	NP3	97	295
干旱区资源与环境	TX	203	401
甘肃地质	NP5	99	297
甘肃高师学报	GA-3	53	251
甘肃广播电视大学学报	GA-3	54	252

期刊名称	期刊类别	被引指标页码	来源指标页码
甘肃金融	F8	46	244
甘肃科技	NT	88	286
甘肃科技纵横	NT	88	286
甘肃科学学报	NT	88	286
甘肃理论学刊	BD	31	229
甘肃联合大学学报(社会科学版)	CA-0	12	210
甘肃联合大学学报(自然科学版)	NA-1	78	276
甘肃林业	S7	113	311
甘肃林业科技	S7	113	311
甘肃农业大学学报	SA	104	302
甘肃农业科技	ST	106	304
甘肃社会科学	C0	19	217
甘肃水利水电技术	TV	195	393
甘肃行政学院学报	BA-D	25	223
甘肃畜牧兽医	S8	115	313
甘肃冶金	TF	162	360
甘肃医药	RT	122	320
甘肃政法学院学报	BA-9	27	225
甘肃中医学院学报	RA-1	120	318
甘蔗糖业	TS-2	189	387
肝胆外科杂志	R6	140	338
肝胆胰外科杂志	R6	140	338
肝脏	R5	138	336
感染、炎症、修复	R4	134	332
赣南师范学院学报	GA-2	51	249
赣南医学院学报	RA-1	120	318
钢管	TG	164	362
钢结构	TU	191	389
钢铁	TF	162	360
钢铁钒钛	TF	162	360
钢铁研究	TF	162	360
钢铁研究学报	TF	162	360
港工技术	TZ-6	200	398
港口经济	TZ-6	200	398
港口科技	TZ-6	200	398
港口装卸	TZ-6	200	398
高等财经教育研究	G4	65	263
高等工程教育研究	G4	65	263
高等函授学报(哲学社会科学版)	G4	65	263
高等继续教育学报	G4	65	263
高等建筑教育	G4	65	263
高等教育研究	G4	65	263
高等教育研究学报	G4	65	263
高等理科教育	G4	65	263
高等农业教育	ST	106	304
高等数学研究	NO1	90	288
高等学校化学学报	NO6	94	292
高等学校计算数学学报	NO1	90	288
高等职业教育-天津职业大学学报	GA-3	54	252
高电压技术	TM	173	371
高分子材料科学与工程	NO6	94	292
高分子通报	NO6	94	292
高分子学报	NO6	94	292
高技术通讯	NT	88	286
高教发展与评估	G4	65	263
高教论坛	G4	65	263
高教探索	G4	65	263
高科技纤维与应用	TQ	182	380
高科技与产业化	NT	88	286
高师理科学刊	G4	65	263
高速铁路技术	TZ-2	198	396
高校地质学报	NP5	99	297
高校辅导员学刊	G4	65	263
高校后勤研究	G4	65	263
高校化学工程学报	TQ	182	380
高校教育管理	G4	65	263
高校理论战线	G4	65	263
高校图书馆工作	G25	61	259
高校应用数学学报 A 辑	NO1	90	288
高性能计算技术	TP	179	377

期刊名称	期刊类别	被引指标页码	来源指标页码
高压电器	TM	173	371
高压物理学报	NO4	92	290
高原地震	NP5	99	297
高原气象	NP4	97	295
高原山地气象研究	NP4	97	295
高原医学杂志	R5	138	336
高中数理化	G4	65	263
歌海	GJ	76	274
给水排水	TU	191	389
耕作与栽培	S3	110	308
工兵装备研究	TJ	169	367
工程爆破	TB	156	354
工程地球物理学报	TB	156	354
工程地质学报	NP5	99	297
工程管理学报	F2	40	238
工程机械	TH	166	364
工程机械与维修	TH	166	364
工程建设	TB	156	354
工程建设与设计	TU	191	389
工程勘察	TU	191	389
工程抗震与加固改造	TU	191	389
工程力学	NO3	91	289
工程热物理学报	NO4	92	290
工程设计学报	TH	166	364
工程数学学报	NO1	90	288
工程塑料应用	TQ	182	380
工程与建设	TU	191	389
工程与试验	TH	166	364
工程质量	TB	156	354
工会理论研究-上海工会管理干部学院学报	BA-F	28	226
工会论坛-山东管理学院学报	BA-F	28	226
工具技术	TH	166	364
工矿自动化	TD	158	356
工企医刊	R1	126	324
工商行政管理	F7	45	243
工业安全与环保	TX	203	401
工业催化	TQ	182	380
工业工程	TB	156	354
工业工程与管理	F2	40	238
工业锅炉	TK	170	368
工业计量	TB	156	354
工业技术经济	F4	44	242
工业技术与职业教育	G4	65	263
工业加热	TK	170	368
工业建筑	TU	191	389
工业控制计算机	TP	179	377
工业炉	TK	170	368
工业水处理	TX	203	401
工业微生物	NQ	102	300
工业卫生与职业病	R1	126	324
工业仪表与自动化装置	TH	166	364
工业用水与废水	TX	203	401
公安学刊-浙江警察学院学报	BA-9	27	225
公安研究	BD9	34	232
公共管理学报	F2	40	238
公共卫生与预防医学	R1	126	324
公共行政评论	BD	31	229
公路	TZ-4	199	397
公路工程	TZ-4	199	397
公路交通技术	TZ-4	199	397
公路交通科技	TZ-4	199	397
公路与汽运	TZ-4	199	397
功能材料	TB	156	354
功能材料与器件学报	TB	156	354
功能高分子学报	NO6	94	292
供水技术	TU	191	389
供用电	TM	173	371
古地理学报	NP3	97	295
古汉语研究	GH	72	270
古籍整理研究学刊	G25	61	259

期刊名称	期刊类别	被引指标页码	来源指标页码
古脊椎动物学报	NP3	97	295
古建园林技术	TU	191	389
古今农业	ST	106	304
古生物学报	NP3	97	295
骨科	R6	140	338
固体电子学研究与进展	TN	176	374
固体火箭技术	TY	201	399
固体力学学报	NO3	92	290
故宫博物院院刊	G27	62	260
观察与思考	C0	19	217
管道技术与设备	TH	166	364
管理案例研究与评论	F2	40	238
管理工程师	F2	40	238
管理工程学报	TU	191	389
管理科学	F2	40	238
管理科学学报	F2	40	238
管理评论	F2	40	238
管理世界	F2	40	238
管理现代化	F2	40	238
管理学报	F2	40	238
管理学刊	G3	63	261
管子学刊	B0	29	227
灌溉排水学报	S2	108	306
光电工程	TN	176	374
光电技术应用	TN	176	374
光电子·激光	TN	176	374
光电子技术	TN	176	374
光明中医	R2	130	328
光谱实验室	NO4	93	291
光谱学与光谱分析	NO4	93	291
光散射学报	NO4	93	291
光通信技术	TN	176	374
光通信研究	TN	176	374
光纤与电缆及其应用技术	TN	176	374
光学技术	TH	166	364
光学精密工程	TH	166	364
光学学报	NO4	93	291
光学仪器	TH	166	364
光学与光电技术	TN	176	374
光源与照明	TM	173	371
光子学报	NO4	93	291
广播电视大学学报	GA-3	54	252
广播电视信息	TN	176	374
广播与电视技术	TN	176	374
广船科技	TZ-6	200	398
广东财经职业学院学报	FA	36	234
广东蚕业	S8	115	313
广东茶业	TS-2	189	387
广东第二师范学院学报	GA-0	48	246
广东电力	TM	173	371
广东工业大学学报	TA-0	151	349
广东工业大学学报(社会科学版)	CA-0	12	210
广东公安科技	BD9	34	232
广东公路交通	TZ-4	199	397
广东广播电视大学学报	GA-3	54	252
广东海洋大学学报	NA-1	78	276
广东技术师范学院学报(社会科学版)	GA-3	54	252
广东技术师范学院学报(职业教育)	GA-3	54	252
广东技术师范学院学报(自然科学版)	NA-1	79	277
广东建材	TU	191	389
广东交通职业技术学院学报	GA-3	54	252
广东教育(高中版)	G4	65	263
广东教育(职教版)	G4	65	263
广东教育(综合版)	G4	65	263
广东经济	F0	37	235
广东科技	NT	88	286
广东农工商职业技术学院学报	GA-3	54	252
广东农业科学	ST	106	304
广东气象	NP4	97	295
广东青年职业学院学报	BA-F	28	226

期刊名称	期刊类别	被引指标页码	来源指标页码
广东轻工职业技术学院学报	GA-3	54	252
广东商学院学报	FA	36	234
广东社会科学	C0	19	217
广东省社会主义学院学报	BA-D	25	223
广东石油化工学院学报	NA-2	83	281
广东水利电力职业技术学院学报	GA-3	54	252
广东水利水电	TV	195	393
广东饲料	S8	115	313
广东通信技术	TN	176	374
广东土木与建筑	TU	191	389
广东外语外贸大学学报	FA	36	234
广东微量元素科学	R1	126	324
广东行政学院学报	BA-D	25	223
广东畜牧兽医科技	S8	115	313
广东牙病防治	R78	146	344
广东药学院学报	RA-1	120	318
广东医学	RT	122	320
广东医学院学报	RA-1	121	319
广东印刷	TS-0	187	385
广东园林	S6	112	310
广东造船	TZ-6	200	398
广告大观(理论版)	F7	45	243
广西财经学院学报	FA	36	234
广西蚕业	S8	115	313
广西城镇建设	TU	191	389
广西大学学报(哲学社会科学版)	CA-0	12	210
广西大学学报(自然科学版)	NA-1	79	277
广西地方志	CK0	23	221
广西电力	TM	173	371
广西电业	TK	170	368
广西工学院学报	TA-0	151	349
广西广播电视大学学报	GA-3	54	252
广西教育 C(职业与高等教育版)	G4	65	263
广西教育学院学报	GA-0	48	246
广西经济管理干部学院学报	BA-F	28	226

期刊名称	期刊类别	被引指标页码	来源指标页码
广西科学	NT	88	286
广西科学院学报	NT	88	286
广西林业	S7	113	311
广西林业科学	S7	113	311
广西民族大学学报(哲学社会科学版)	CA-0	12	210
广西民族大学学报(自然科学版)	NA-1	79	277
广西民族师范学院学报	GA-2	51	249
广西民族研究	C92	22	220
广西农学报	ST	106	304
广西农业机械化	S2	108	306
广西青年干部学院学报	BA-F	28	226
广西社会科学	C0	19	217
广西社会主义学院学报	BA-D	25	223
广西师范大学学报(哲学社会科学版)	GA-1	49	247
广西师范大学学报(自然科学版)	NA-4	86	284
广西师范学院学报(哲学社会科学版)	CA-1	17	215
广西师范学院学报(自然科学版)	NA-4	86	284
广西水利水电	TV	195	393
广西通信技术	TN	176	374
广西物理	NO4	93	291
广西畜牧兽医	S8	115	313
广西医科大学学报	RA-0	119	317
广西医学	RT	122	320
广西蔗糖	S5	111	309
广西政法管理干部学院学报	BA-F	28	226
广西植保	S4	110	308
广西植物	NQ	102	300
广西质量监督导报	TB	156	354
广西中医药	R2	130	328
广西中医药大学学报	RA-1	121	319
广义虚拟经济研究	F2	40	238
广州城市职业学院学报	GA-3	54	252
广州大学学报(社会科学版)	CA-0	12	210
广州大学学报(自然科学版)	NA-1	79	277
广州广播电视大学学报	GA-3	54	252

期刊名称	期刊类别	被引指标页码	来源指标页码
广州航海高等专科学校学报	TA-Y	155	353
广州化工	TQ	182	380
广州化学	NO6	94	292
广州建筑	TU	191	389
广州社会主义学院学报	BA-D	25	223
广州市公安管理干部学院学报	BA-F	28	226
广州体育学院学报	GA-8	58	256
广州医学院学报	RA-1	121	319
广州医药	RT	122	320
广州职业教育论坛	G4	66	264
广州中医药大学学报	RA-0	119	317
规划师	TU	191	389
硅谷	TB	156	354
硅酸盐通报	TQ	182	380
硅酸盐学报	TQ	182	380
轨道交通装备与技术	TZ-2	198	396
贵金属	TG	164	362
贵阳市委党校学报	BA-D	25	223
贵阳学院学报(社会科学版)	CA-1	17	215
贵阳学院学报(自然科学版)	NA-2	83	281
贵阳医学院学报	RA-1	121	319
贵阳中医学院学报	RA-1	121	319
贵州财经大学学报	FA	36	234
贵州大学学报(社会科学版)	CA-0	12	210
贵州大学学报(艺术版)	GA-J	59	257
贵州大学学报(自然科学版)	NA-1	79	277
贵州地质	NP5	99	297
贵州电力技术	TM	173	371
贵州广播电视大学学报	GA-3	54	252
贵州化工	TQ	182	380
贵州教育	G4	66	264
贵州警官职业学院学报	GA-3	54	252
贵州科学	NT	88	286
贵州林业科技	S7	113	311
贵州民族大学学报(哲学社会科学版)	CA-1	17	215
贵州民族研究	C92	22	220
贵州农业科学	ST	106	304
贵州气象	NP4	97	295
贵州商业高等专科学校学报	FA	36	234
贵州社会科学	C0	19	217
贵州社会主义学院学报	BA-D	25	223
贵州师范大学学报(社会科学版)	GA-1	49	247
贵州师范大学学报(自然科学版)	NA-4	86	284
贵州师范学院学报	GA-0	48	246
贵州文史丛刊	CK0	23	221
贵州畜牧兽医	S8	115	313
贵州医药	RT	122	320
桂海论丛	C0	19	217
桂林电子科技大学学报	TA-N	153	351
桂林航天工业学院学报	TA-V	154	352
桂林理工大学学报	TA-0	151	349
桂林师范高等专科学校学报	GA-3	53	251
郭沫若学刊	CK0	23	221
锅炉技术	TK	170	368
锅炉制造	TK	170	368
国防	TJ	169	367
国防交通工程与技术	TZ-0	197	395
国防科技	TJ	169	367
国防科技大学学报	NA-1	79	277
国防科技工业	TJ	169	367
国际安全研究	BA-D	25	223
国际病毒学杂志	R5	138	336
国际病理科学与临床杂志	R3	132	330
国际城市规划	F2	40	238
国际地震动态	NP5	99	297
国际儿科学杂志	R71	142	340
国际耳鼻咽喉头颈外科杂志	R76	146	344
国际纺织导报	TS-1	188	386
国际放射医学核医学杂志	R8	147	345
国际妇产科学杂志	R71	142	340

期刊名称	期刊类别	被引指标页码	来源指标页码
国际骨科学杂志	R6	140	338
国际观察	BD8	33	231
国际呼吸杂志	R4	135	333
国际护理学杂志	R4	135	333
国际检验医学杂志	R1	126	324
国际金融研究	F8	46	244
国际经济合作	F0	37	235
国际经济评论	F0	38	236
国际经贸探索	F7	45	243
国际精神病学杂志	R74	144	342
国际口腔医学杂志	R78	147	345
国际老年医学杂志	R5	138	336
国际流行病学传染病学杂志	R3	132	330
国际论坛	BD8	33	231
国际麻醉学与复苏杂志	R6	140	338
国际贸易	F7	45	243
国际贸易问题	F7	45	243
国际泌尿系统杂志	R6	140	338
国际免疫学杂志	R3	132	330
国际内分泌代谢杂志	R5	138	336
国际脑血管病杂志	R4	135	333
国际皮肤性病学杂志	R75	145	343
国际沙棘研究与开发	S7	113	311
国际商务财会	F8	46	244
国际商务-对外经济贸易大学学报	FA	36	234
国际商务研究	F7	45	243
国际社会科学杂志	C0	19	217
国际神经病学神经外科学杂志	R74	144	342
国际生物医学工程杂志	R3	132	330
国际生物制品学杂志	R3	132	330
国际生殖健康/计划生育杂志	R71	142	340
国际石油经济	TE	160	358
国际输血及血液学杂志	R4	135	333
国际外科学杂志	R6	140	338
国际问题研究	BD8	33	231
国际消化病杂志	R5	138	336
国际心血管病杂志	R5	138	336
国际新闻界	G21	60	258
国际研究参考	BD8	33	231
国际眼科杂志	R76	146	344
国际眼科纵览	R76	146	344
国际药学研究杂志	R9	148	346
国际医学放射学杂志	R8	147	345
国际医学寄生虫病杂志	R5	138	336
国际医药卫生导报	RT	122	320
国际移植与血液净化杂志	R6	140	338
国际遗传学杂志	R3	132	330
国际政治研究	BD8	33	231
国际中医中药杂志	R2	130	328
国际肿瘤学杂志	R73	143	341
国家检察官学院学报	BA-9	27	225
国家教育行政学院学报	BA-D	25	223
国家林业局管理干部学院学报	BA-F	28	226
国家图书馆学刊	G25	61	259
国家行政学院学报	BA-D	25	223
国土资源	NP9	101	299
国土资源导刊	NP9	101	299
国土资源科技管理	NP9	101	299
国土资源情报	NP9	101	299
国土资源信息化	F3	43	241
国土资源遥感	NP2	96	294
国外电子测量技术	TN	176	374
国外机车车辆工艺	TZ-2	198	396
国外理论动态	BD8	33	231
国外内燃机	TK	170	368
国外内燃机车	TZ-2	198	396
国外社会科学	BD8	33	231
国外塑料	TQ	182	380
国外铁道车辆	TZ-2	198	396
国外文学	GI	74	272

期刊名称	期刊类别	被引指标页码	来源指标页码
国外畜牧学-猪与禽	S8	115	313
国外医学(卫生经济分册)	F2	41	239
国外医学(医学地理分册)	R3	132	330
国外医药(抗生素分册)	R9	148	346
国医论坛	R2	130	328
国有资产管理	F2	41	239
果树学报	S6	112	310
过程工程学报	TQ	182	380
过滤与分离	TQ	182	380
哈尔滨工程大学学报	NA-1	79	277
哈尔滨工业大学学报	TA-0	151	349
哈尔滨工业大学学报(社会科学版)	CA-0	12	210
哈尔滨理工大学学报	TA-0	151	349
哈尔滨商业大学学报(社会科学版)	CA-0	12	210
哈尔滨商业大学学报(自然科学版)	NA-1	79	277
哈尔滨师范大学社会科学学报	CA-0	12	210
哈尔滨师范大学自然科学学报	NA-1	79	277
哈尔滨市委党校学报	BA-D	25	223
哈尔滨体育学院学报	GA-8	58	256
哈尔滨学院学报	CA-1	17	215
哈尔滨医科大学学报	RA-0	119	317
哈尔滨医药	RT	122	320
哈尔滨职业技术学院学报	GA-3	54	252
哈尔滨轴承	TH	166	364
海岸工程	NP7	100	298
海河水利	TV	195	393
海交史研究	CK0	23	221
海军工程大学学报	TA-0	151	349
海军工程大学学报(综合版)	CA-0	12	210
海军航空工程学院学报	TA-V	154	352
海军医学杂志	R8	147	345
海南大学学报(人文社会科学版)	CA-0	12	210
海南大学学报(自然科学版)	NA-1	79	277
海南广播电视大学学报	GA-3	54	252
海南金融	F8	46	244
海南师范大学学报(自然科学版)	NA-4	86	284
海南医学	RT	122	320
海南医学院学报	RA-1	121	319
海峡法学	BD9	34	232
海峡科学	F2	41	239
海峡药学	R9	148	346
海峡预防医学杂志	R1	126	324
海相油气地质	TE	160	358
海洋测绘	NP2	96	294
海洋地质前沿	NP7	100	298
海洋地质与第四纪地质	NP5	99	297
海洋工程	NP7	100	298
海洋湖沼通报	NP7	100	298
海洋环境科学	TX	203	401
海洋技术	NP7	100	298
海洋开发与管理	NP7	100	298
海洋科学	NP7	100	298
海洋科学进展	NP7	100	298
海洋石油	TE	160	358
海洋通报	NP7	100	298
海洋信息	NP7	101	299
海洋学报(中文版)	NP7	101	299
海洋学研究	NP7	101	299
海洋渔业	S9	118	316
海洋与湖沼	NP7	101	299
海洋预报	NP7	101	299
含能材料	TJ	169	367
邯郸学院学报	GA-2	51	249
邯郸职业技术学院学报	GA-3	55	253
韩山师范学院学报	GA-2	51	249
罕少疾病杂志	R5	138	336
汉语学报	GH	72	270
汉语学习	GH	72	270
汉字文化	GH	72	270
焊管	TE	160	358

期刊名称	期刊类别	被引指标页码	来源指标页码
焊接	TG	164	362
焊接技术	TG	164	362
焊接学报	TG	164	362
杭州电子科技大学学报	TA-N	153	351
杭州化工	TQ	182	380
杭州科技	NT	88	286
杭州师范大学学报(社会科学版)	CA-0	12	210
杭州师范大学学报(自然科学版)	NA-4	86	284
航海技术	TZ-6	200	398
航海教育研究	G4	66	264
航空标准化与质量	G3	63	261
航空兵器	TJ	169	367
航空材料学报	TY	201	399
航空电子技术	TY	201	399
航空动力学报	TY	201	399
航空发动机	TY	201	399
航空工程进展	TY	201	399
航空航天医学杂志	RT	122	320
航空计算技术	TY	201	399
航空精密制造技术	TY	201	399
航空科学技术	TY	201	399
航空维修与工程	TY	201	399
航空学报	TY	201	399
航空制造技术	TY	201	399
航天标准化	G3	63	261
航天电子对抗	TY	201	399
航天返回与遥感	TY	202	400
航天工业管理	TY	202	400
航天控制	TY	202	400
航天器工程	TY	202	400
航天器环境工程	TY	202	400
航天医学与医学工程	R8	147	345
航天制造技术	TY	202	400
合成材料老化与应用	TB	156	354
合成化学	NO6	94	292

期刊名称	期刊类别	被引指标页码	来源指标页码
合成技术及应用	TQ	182	380
合成润滑材料	TQ	182	380
合成树脂及塑料	TQ	182	380
合成纤维	TQ	182	380
合成纤维工业	TQ	182	380
合成橡胶工业	TQ	182	380
合肥工业大学学报(社会科学版)	CA-0	12	210
合肥工业大学学报(自然科学版)	NA-1	79	277
合肥师范学院学报	GA-2	51	249
合肥学院学报(社会科学版)	CA-1	17	215
合肥学院学报(自然科学版)	NA-2	83	281
合作经济与科技	F0	38	236
和平与发展	BD8	33	231
和田师范专科学校学报	GA-3	53	251
河北北方学院学报(社会科学版)	CA-1	17	215
河北北方学院学报(自然科学版)	NA-2	83	281
河北大学成人教育学院学报	GA-3	55	253
河北大学学报(哲学社会科学版)	CA-0	12	210
河北大学学报(自然科学版)	NA-1	79	277
河北法学	BD9	34	232
河北工程大学学报(社会科学版)	CA-0	12	210
河北工程大学学报(自然科学版)	TA-U	154	352
河北工程技术高等专科学校学报	NA-3	85	283
河北工业大学学报	TA-0	151	349
河北工业大学学报(社会科学版)	GA-3	55	253
河北工业科技	TB	156	354
河北公安警察职业学院学报	GA-3	55	253
河北广播电视大学学报	GA-3	55	253
河北果树	S6	112	310
河北化工	TQ	182	380
河北建筑工程学院学报	TA-U	154	352
河北金融	F8	47	245
河北经贸大学学报	FA	36	234
河北经贸大学学报(综合版)	FA	36	234
河北科技大学学报	TA-0	151	349

期刊名称	期刊类别	被引指标页码	来源指标页码
河北科技大学学报(社会科学版)	CA-0	12	210
河北科技师范学院学报	GA-2	51	249
河北科技师范学院学报(社会科学版)	CA-1	17	215
河北科技图苑	G25	61	259
河北理科教学研究	G4	66	264
河北联合大学学报(社会科学版)	CA-0	12	210
河北联合大学学报(医学版)	RA-0	119	317
河北联合大学学报(自然科学版)	NA-1	79	277
河北林果研究	S6	112	310
河北林业科技	S7	113	311
河北旅游职业学院学报	GA-3	55	253
河北煤炭	TD	158	356
河北民族师范学院学报	GA-2	51	249
河北能源职业技术学院学报	GA-3	55	253
河北农机	S2	108	306
河北农业大学学报	SA	104	302
河北农业大学学报(农林教育版)	GA-0	48	246
河北农业科学	ST	106	304
河北青年管理干部学院学报	BA-F	28	226
河北软件职业技术学院学报	GA-3	55	253
河北省科学院学报	NT	88	286
河北省社会主义学院学报	BA-D	25	223
河北师范大学学报(教育科学版)	GA-0	48	246
河北师范大学学报(哲学社会科学版)	GA-1	49	247
河北师范大学学报(自然科学版)	NA-4	86	284
河北水利	TV	195	393
河北体育学院学报	GA-8	58	256
河北学刊	C0	19	217
河北冶金	TF	162	360
河北医科大学学报	RA-0	119	317
河北医学	RT	122	320
河北医药	R9	148	346
河北渔业	S9	118	316
河北中医	R2	130	328
河北中医药学报	R3	132	330
河池学院学报	NA-2	83	281
河海大学学报(哲学社会科学版)	CA-0	12	210
河海大学学报(自然科学版)	NA-1	79	277
河南财经政法大学学报	BA-9	27	225
河南财政税务高等专科学校学报	FA	36	234
河南城建学院学报	TA-0	151	349
河南大学学报(社会科学版)	CA-0	12	210
河南大学学报(医学版)	RA-0	119	317
河南大学学报(自然科学版)	NA-1	79	277
河南工程学院学报(社会科学版)	CA-1	17	215
河南工程学院学报(自然科学版)	TA-S	154	352
河南工业大学学报(社会科学版)	CA-0	12	210
河南工业大学学报(自然科学版)	NA-1	79	277
河南广播电视大学学报	GA-3	55	253
河南化工	TQ	183	381
河南机电高等专科学校学报	TA-F	153	351
河南建材	TU	191	389
河南教育(高校版)	G4	66	264
河南教育(上旬)	G4	66	264
河南教育学院学报(哲学社会科学版)	CA-1	17	215
河南教育学院学报(自然科学版)	NA-4	86	284
河南警察学院学报	BA-9	27	225
河南科技	NT	88	286
河南科技大学学报(社会科学版)	CA-0	12	210
河南科技大学学报(医学版)	RA-0	119	317
河南科技大学学报(自然科学版)	NA-1	79	277
河南科技学院学报(社会科学版)	CA-1	17	215
河南科技学院学报(自然科学版)	NA-2	83	281
河南科学	NT	88	286
河南理工大学学报(社会科学版)	CA-0	12	210
河南理工大学学报(自然科学版)	NA-1	79	277
河南林业科技	S7	113	311
河南农业	ST	106	304
河南农业大学学报	SA	105	303
河南农业科学	ST	106	304

期刊名称	期刊类别	被引指标页码	来源指标页码
河南社会科学	C0	19	217
河南师范大学学报(哲学社会科学版)	GA-1	49	247
河南师范大学学报(自然科学版)	NA-4	86	284
河南司法警官职业学院学报	GA-3	55	253
河南图书馆学刊	G25	61	259
河南外科学杂志	R6	140	338
河南畜牧兽医(市场版)	S8	115	313
河南冶金	TF	162	360
河南医学研究	RT	122	320
河南预防医学杂志	R1	126	324
河南职工医学院学报	RA-1	121	319
河南中医	R2	130	328
河西学院学报	GA-2	51	249
核安全	TL	171	369
核标准计量与质量	TB	156	354
核电子学与探测技术	TL	171	369
核动力工程	TL	171	369
核化学与放射化学	TL	171	369
核技术	TL	171	369
核聚变与等离子体物理	NO4	93	291
核科学与工程	TL	171	369
核农学报	S1	108	306
菏泽学院学报	GA-2	51	249
菏泽医学专科学校学报	RA-1	121	319
贺州学院学报	GA-2	51	249
黑河教育	G4	66	264
黑河学刊	C0	19	217
黑河学院学报	BA-F	28	226
黑龙江八一农垦大学学报	SA	105	303
黑龙江大学工程学报	TA-0	151	349
黑龙江大学自然科学学报	NA-1	79	277
黑龙江档案	G27	62	260
黑龙江电力	TM	173	371
黑龙江动物繁殖	S8	115	313
黑龙江高教研究	G4	66	264
黑龙江工程学院学报(自然科学版)	TA-0	151	349
黑龙江环境通报	TX	203	401
黑龙江交通科技	TZ-0	197	395
黑龙江教育(高教研究与评估版)	G4	66	264
黑龙江教育学院学报	GA-0	48	246
黑龙江金融	F8	47	245
黑龙江科技信息	NT	88	286
黑龙江科技学院学报	NA-2	83	281
黑龙江粮食	TS-2	189	387
黑龙江民族丛刊	C92	22	220
黑龙江农业科学	ST	106	304
黑龙江气象	NP4	98	296
黑龙江社会科学	C0	19	217
黑龙江省社会主义学院学报	BA-D	25	223
黑龙江省政法管理干部学院学报	BA-F	28	226
黑龙江史志	CK0	23	221
黑龙江水产	S9	118	316
黑龙江畜牧兽医(上半月)	S8	115	313
黑龙江冶金	TF	162	360
黑龙江医学	RT	122	320
黑龙江医药	RT	122	320
黑龙江医药科学	RT	122	320
黑龙江造纸	TS-0	187	385
黑龙江中医药	R2	130	328
衡器	TB	156	354
衡水学院学报	GA-2	51	249
衡阳师范学院学报	GA-2	51	249
红河学院学报	NA-2	83	281
红楼梦学刊	GI	74	272
红旗文稿	G21	60	258
红水河	TV	195	393
红外	TN	176	374
红外技术	TN	177	375
红外与毫米波学报	NO4	93	291
红外与激光工程	TN	177	375

期刊名称	期刊类别	被引指标页码	来源指标页码
宏观经济管理	F2	41	239
宏观经济研究	F0	38	236
后勤工程学院学报	TA-0	151	349
呼伦贝尔学院学报	NA-2	83	281
湖北成人教育学院学报	GA-3	55	253
湖北大学学报(哲学社会科学版)	CA-0	12	210
湖北大学学报(自然科学版)	NA-1	79	277
湖北档案	G27	62	260
湖北第二师范学院学报	GA-2	51	249
湖北电力	TM	173	371
湖北工程学院学报	NA-2	83	281
湖北工业大学学报	TA-0	151	349
湖北广播电视大学学报	GA-3	55	253
湖北函授大学学报	GA-3	55	253
湖北经济学院学报	FA	36	234
湖北经济学院学报(人文社会科学版)	CA-1	17	215
湖北警官学院学报	BA-9	27	225
湖北科技学院学报	NA-2	83	281
湖北科技学院学报(医学版)	RA-1	121	319
湖北理工学院学报	TA-0	151	349
湖北理工学院学报(人文社会科学版)	CA-1	17	215
湖北林业科技	S7	113	311
湖北美术学院学报	GA-J	59	257
湖北民族学院学报(医学版)	RA-1	121	319
湖北民族学院学报(哲学社会科学版)	CA-1	17	215
湖北民族学院学报(自然科学版)	NA-2	83	281
湖北农村金融研究	F8	47	245
湖北农机化	S2	109	307
湖北农业科学	ST	106	304
湖北汽车工业学院学报	TA-Y	155	353
湖北社会科学	C0	19	217
湖北省社会主义学院学报	BA-D	25	223
湖北师范学院学报(哲学社会科学版)	CA-1	17	215
湖北师范学院学报(自然科学版)	NA-4	86	284
湖北体育科技	G8	72	270
湖北文理学院学报	NA-2	83	281
湖北行政学院学报	BA-D	25	223
湖北畜牧兽医	S8	115	313
湖北医药学院学报	RA-1	121	319
湖北造纸	TS-0	187	385
湖北职业技术学院学报	GA-3	55	253
湖北植保	S4	110	308
湖北中医药大学学报	RA-0	119	317
湖北中医杂志	R2	130	328
湖泊科学	NP7	101	299
湖南财政经济学院学报	FA	36	234
湖南城市学院学报	CA-1	17	215
湖南城市学院学报(自然科学版)	NA-2	83	281
湖南大学学报(社会科学版)	CA-0	12	210
湖南大学学报(自然科学版)	NA-1	79	277
湖南大众传媒职业技术学院学报	GA-3	55	253
湖南第一师范学院学报	GA-2	51	249
湖南电力	TM	173	371
湖南工程学院学报(社会科学版)	CA-1	17	215
湖南工程学院学报(自然科学版)	NA-2	84	282
湖南工业大学学报	TA-0	151	349
湖南工业大学学报(社会科学版)	CA-0	13	211
湖南工业职业技术学院学报	GA-3	55	253
湖南广播电视大学学报	GA-3	55	253
湖南环境生物职业技术学院学报	GA-3	55	253
湖南交通科技	TZ-0	197	395
湖南教育(上旬刊)	G4	66	264
湖南科技大学学报(社会科学版)	CA-0	13	211
湖南科技大学学报(自然科学版)	NA-1	79	277
湖南科技学院学报	NA-2	84	282
湖南理工学院学报(自然科学版)	NA-2	84	282
湖南林业科技	S7	113	311
湖南农机	S2	109	307
湖南农业	ST	106	304
湖南农业大学学报(社会科学版)	CA-0	13	211

期刊名称	期刊类别	被引指标页码	来源指标页码
湖南农业大学学报(自然科学版)	NA-1	79	277
湖南农业科学	ST	106	304
湖南人文科技学院学报	CA-1	17	215
湖南商学院学报	FA	36	234
湖南社会科学	C0	19	217
湖南省社会主义学院学报	BA-D	25	223
湖南师范大学教育科学学报	GA-0	48	246
湖南师范大学社会科学学报	GA-1	49	247
湖南师范大学学报(医学版)	RA-0	119	317
湖南师范大学自然科学学报	NA-4	86	284
湖南水利水电	TV	195	393
湖南税务高等专科学校学报	FA	36	234
湖南饲料	S8	115	313
湖南文理学院学报(自然科学版)	NA-2	84	282
湖南行政学院学报	BA-D	25	223
湖南畜牧兽医	S8	115	313
湖南有色金属	TG	164	362
湖南造纸	TS-0	187	385
湖南中医药大学学报	RA-0	119	317
湖南中医杂志	R2	130	328
湖湘论坛	C0	19	217
湖州师范学院学报	GA-2	51	249
湖州职业技术学院学报	GA-3	55	253
护理管理杂志	R4	135	333
护理实践与研究	R4	135	333
护理学报	R4	135	333
护理学杂志	R4	135	333
护理研究	R4	135	333
护理与康复	R4	135	333
护士进修杂志	R4	135	333
花生学报	S5	111	309
华北地震科学	NP3	97	295
华北电力大学学报(社会科学版)	CA-0	13	211
华北电力大学学报(自然科学版)	TA-F	153	351
华北电力技术	TM	173	371
华北国土资源	NP9	101	299
华北金融	F8	47	245
华北科技学院学报	TA-P	153	351
华北农学报	ST	106	304
华北水利水电学院学报	NA-2	84	282
华北水利水电学院学报(社科版)	CA-1	17	215
华电技术	TV	195	393
华东电力	TM	173	371
华东交通大学学报	TA-Y	155	353
华东经济管理	F2	41	239
华东理工大学学报(社会科学版)	CA-0	13	211
华东理工大学学报(自然科学版)	NA-1	79	277
华东森林经理	S7	113	311
华东师范大学学报(哲学社会科学版)	GA-1	49	247
华东师范大学学报(自然科学版)	NA-4	86	284
华东政法大学学报	BA-9	27	225
华东纸业	TS-0	187	385
华南地震	NP3	97	295
华南地质与矿产	NP5	99	297
华南国防医学杂志	RT	122	320
华南理工大学学报(社会科学版)	CA-0	13	211
华南理工大学学报(自然科学版)	NA-1	79	277
华南农业大学学报	SA	105	303
华南农业大学学报(社会科学版)	CA-0	13	211
华南师范大学学报(社会科学版)	GA-1	50	248
华南师范大学学报(自然科学版)	NA-4	86	284
华南预防医学	R1	126	324
华侨大学学报(哲学社会科学版)	CA-0	13	211
华侨大学学报(自然科学版)	NA-1	79	277
华侨华人历史研究	CK0	23	221
华文教学与研究	G4	66	264
华文文学	GI	74	272
华西口腔医学杂志	R78	147	345
华西药学杂志	R9	148	346
华西医学	RT	123	321

期刊名称	期刊类别	被引指标页码	来源指标页码
华夏考古	CK85	24	222
华夏文化	G0	59	257
华夏医学	RT	123	321
华章	C0	19	217
华中建筑	TU	191	389
华中科技大学学报(社会科学版)	CA-0	13	211
华中科技大学学报(医学版)	RA-0	119	317
华中科技大学学报(自然科学版)	NA-1	79	277
华中农业大学学报	SA	105	303
华中农业大学学报(社会科学版)	CA-0	13	211
华中师范大学学报(人文社会科学版)	GA-1	50	248
华中师范大学学报(自然科学版)	NA-4	86	284
化肥工业	TQ	183	381
化肥设计	TQ	183	381
化工高等教育	G4	66	264
化工环保	TX	203	401
化工机械	TQ	183	381
化工技术与开发	TQ	183	381
化工进展	TQ	183	381
化工科技	TQ	183	381
化工矿产地质	NP5	99	297
化工矿物与加工	TQ	183	381
化工设备与管道	TQ	183	381
化工设计	TQ	183	381
化工设计通讯	TQ	183	381
化工生产与技术	TQ	183	381
化工时刊	TQ	183	381
化工新型材料	TQ	183	381
化工学报	TQ	183	381
化工装备技术	TQ	183	381
化工自动化及仪表	TQ	183	381
化纤与纺织技术	TS-1	188	386
化学传感器	TP	179	377
化学反应工程与工艺	TQ	183	381
化学分析计量	NO6	94	292

期刊名称	期刊类别	被引指标页码	来源指标页码
化学工程	TQ	183	381
化学工程师	TQ	183	381
化学工程与装备	TQ	183	381
化学工业	F4	44	242
化学工业与工程	TQ	183	381
化学工业与工程技术	TQ	183	381
化学教学	G4	66	264
化学教育	G4	66	264
化学进展	NO6	94	292
化学世界	TQ	183	381
化学试剂	NO6	94	292
化学通报(印刷版)	NO6	94	292
化学推进剂与高分子材料	TQ	183	381
化学学报	NO6	94	292
化学研究	NO6	94	292
化学研究与应用	NO6	94	292
化学与黏合	NO6	94	292
化学与生物工程	NO6	94	292
怀化学院学报	NA-2	84	282
淮北师范大学学报(哲学社会科学版)	CA-0	13	211
淮北师范大学学报(自然科学版)	NA-4	86	284
淮北职业技术学院学报	GA-3	55	253
淮海工学院学报(社会科学版)	CA-1	17	215
淮海工学院学报(自然科学版)	NA-2	84	282
淮海医药	RT	123	321
淮南师范学院学报	GA-2	51	249
淮阴工学院学报	TA-0	151	349
淮阴师范学院学报(哲学社会科学版)	CA-1	17	215
淮阴师范学院学报(自然科学版)	NA-4	86	284
环保科技	TX	203	401
环渤海经济瞭望	F0	38	236
环境保护	TX	203	401
环境保护科学	TX	203	401
环境保护与循环经济	TX	203	401
环境工程	TX	203	401

期刊名称	期刊类别	被引指标页码	来源指标页码
环境工程技术学报	TX	203	401
环境工程学报	TX	203	401
环境化学	NO6	94	292
环境技术	TX	203	401
环境监测管理与技术	TX	203	401
环境监控与预警	TX	203	401
环境教育	G4	66	264
环境经济	F0	38	236
环境科技	TX	203	401
环境科学	TX	203	401
环境科学导刊	TX	203	401
环境科学学报	TX	203	401
环境科学研究	TX	204	402
环境科学与管理	TX	204	402
环境科学与技术	TX	204	402
环境昆虫学报	S4	110	308
环境卫生工程	TX	204	402
环境卫生学杂志	R1	126	324
环境污染与防治	TX	204	402
环境与健康杂志	R1	126	324
环境与可持续发展	TX	204	402
环境与职业医学	R1	126	324
环球法律评论	BD9	34	232
环球中医药	R2	130	328
黄冈师范学院学报	GA-2	51	249
黄冈职业技术学院学报	GA-3	55	253
黄河科技大学学报	TA-0	151	349
黄河水利职业技术学院学报	GA-3	55	253
黄金	TF	162	360
黄金科学技术	TF	162	360
黄山学院学报	NA-2	84	282
黄钟-武汉音乐学院学报	GA-J	59	257
回族研究	C92	22	220
惠州学院学报	NA-2	84	282
混凝土	TU	191	389

期刊名称	期刊类别	被引指标页码	来源指标页码
混凝土世界	TU	192	390
混凝土与水泥制品	TU	192	390
活力	F0	38	236
火工品	TJ	169	367
火箭推进	TY	202	400
火控雷达技术	TJ	169	367
火力与指挥控制	TJ	169	367
火炮发射与控制学报	TJ	169	367
火灾科学	TX	204	402
火炸药学报	TJ	169	367
机车车辆工艺	TZ-2	198	396
机车电传动	TZ-2	198	396
机床电器	TM	173	371
机床与液压	TH	166	364
机电兵船档案	TZ-6	200	398
机电产品开发与创新	TM	174	372
机电工程	TM	174	372
机电工程技术	TH	166	364
机电技术	TH	166	364
机电设备	TM	174	372
机电一体化	TM	174	372
机电元件	TM	174	372
机器人	TP	179	377
机器人技术与应用	TP	179	377
机械	TH	166	364
机械传动	TH	166	364
机械工程材料	TH	166	364
机械工程师	TH	166	364
机械工程学报	TH	166	364
机械工程与自动化	TH	166	364
机械工业标准化与质量	G3	63	261
机械管理开发	TH	166	364
机械科学与技术	TH	167	365
机械强度	TH	167	365
机械设计	TH	167	365

期刊名称	期刊类别	被引指标页码	来源指标页码
机械设计与研究	TH	167	365
机械设计与制造	TH	167	365
机械设计与制造工程	TH	167	365
机械研究与应用	TH	167	365
机械与电子	TH	167	365
机械职业教育	G4	66	264
机械制造	TH	167	365
机械制造与自动化	TH	167	365
鸡西大学学报	GA-0	48	246
基层医学论坛	R1	126	324
基础教育	G4	66	264
基础教育参考	G4	66	264
基础教育论坛(综合版)	G4	66	264
基础教育外语教学研究	GH	73	271
基础教育研究	G4	66	264
基础医学教育	G4	66	264
基础医学与临床	R3	132	330
基因组学与应用生物学	NQ	102	300
激光技术	TN	177	375
激光生物学报	NQ	102	300
激光与光电子学进展	TN	177	375
激光与红外	TN	177	375
激光杂志	TN	177	375
吉林大学社会科学学报	CA-0	13	211
吉林大学学报(地球科学版)	TA-P	153	351
吉林大学学报(工学版)	TA-0	151	349
吉林大学学报(理学版)	NA-1	79	277
吉林大学学报(信息科学版)	TA-N	153	351
吉林大学学报(医学版)	RA-0	119	317
吉林地质	NP5	99	297
吉林电力	TM	174	372
吉林工程技术师范学院学报	GA-2	51	249
吉林工商学院学报	FA	36	234
吉林广播电视大学学报	GA-3	55	253
吉林化工学院学报	TA-E	152	350

期刊名称	期刊类别	被引指标页码	来源指标页码
吉林建筑工程学院学报	TA-U	154	352
吉林金融研究	F8	47	245
吉林林业科技	S7	113	311
吉林农业	ST	106	304
吉林农业大学学报	SA	105	303
吉林农业科技学院学报	SA	105	303
吉林农业科学	ST	106	304
吉林省教育学院学报(下旬)	G4	66	264
吉林省经济管理干部学院学报	BA-F	28	226
吉林师范大学学报(人文社会科学版)	GA-1	50	248
吉林师范大学学报(自然科学版)	NA-4	86	284
吉林蔬菜	S6	112	310
吉林水利	TV	195	393
吉林体育学院学报	GA-8	58	256
吉林畜牧兽医	S8	116	314
吉林医学	RT	123	321
吉林医药学院学报	RA-1	121	319
吉林艺术学院学报	GA-J	59	257
吉林中医药	R2	130	328
吉首大学学报(社会科学版)	CA-0	13	211
吉首大学学报(自然科学版)	NA-1	79	277
极地研究	NP9	101	299
疾病监测	R1	126	324
疾病监测与控制	R1	126	324
集美大学学报(教育科学版)	GA-0	48	246
集美大学学报(哲学社会科学版)	CA-0	13	211
集美大学学报(自然科学版)	NA-1	79	277
集宁师范学院学报	GA-2	51	249
集装箱化	TZ-0	197	395
脊柱外科杂志	R6	140	338
计测技术	TY	202	400
计量技术	TH	167	365
计量学报	TH	167	365
计量与测试技术	TB	156	354
计算机安全	TP	179	377

期刊名称	期刊类别	被引指标页码	来源指标页码
计算机测量与控制	TY	202	400
计算机仿真	TP	179	377
计算机辅助工程	TP	179	377
计算机辅助设计与图形学学报	TP	180	378
计算机工程	TP	180	378
计算机工程与科学	TP	180	378
计算机工程与设计	TP	180	378
计算机工程与应用	TP	180	378
计算机光盘软件与应用	TP	180	378
计算机集成制造系统	TP	180	378
计算机技术与发展	TP	180	378
计算机教育	TP	180	378
计算机科学	TP	180	378
计算机科学与探索	TP	180	378
计算机时代	TP	180	378
计算机系统应用	TP	180	378
计算机学报	TP	180	378
计算机研究与发展	TP	180	378
计算机应用	TP	180	378
计算机应用研究	TP	180	378
计算机应用与软件	TP	180	378
计算机与数字工程	TP	180	378
计算机与网络	TP	180	378
计算机与现代化	TP	180	378
计算机与应用化学	TP	180	378
计算技术与自动化	TP	180	378
计算力学学报	NO3	92	290
计算数学	NO1	90	288
计算物理	NO4	93	291
技术经济	F4	44	242
技术经济与管理研究	F0	38	236
技术物理教学	NO4	93	291
技术与创新管理	G3	63	261
技术与市场	F7	45	243
济南大学学报(社会科学版)	CA-0	13	211

期刊名称	期刊类别	被引指标页码	来源指标页码
济南大学学报(自然科学版)	NA-1	79	277
济南职业学院学报	GA-3	55	253
济宁学院学报	GA-2	51	249
济宁医学院学报	RA-1	121	319
济源职业技术学院学报	GA-3	55	253
继续教育	G4	66	264
继续教育研究	G4	66	264
寄生虫病与感染性疾病	R5	138	336
寄生虫与医学昆虫学报	R3	132	330
暨南大学学报(自然科学与医学版)	NA-1	79	277
暨南学报(哲学社会科学版)	CA-0	13	211
佳木斯大学社会科学学报	BA-D	25	223
佳木斯大学学报(自然科学版)	NA-1	79	277
家电科技	TM	174	372
家禽科学	S8	116	314
家庭医学	R16	128	326
家畜生态学报	S8	116	314
嘉兴学院学报	NA-2	84	282
嘉应学院学报	NA-2	84	282
价格理论与实践	F7	45	243
价格月刊	F7	45	243
价值工程	F0	38	236
减速顶与调速技术	TZ-0	197	395
检验检疫学刊	TS-1	188	386
检验医学	R4	135	333
检验医学与临床	R4	135	333
建材发展导向	TU	192	390
建材技术与应用	TU	192	390
建材世界	TU	192	390
建材与装饰	TU	192	390
建井技术	TU	192	390
建设机械技术与管理	TU	192	390
建设监理	TU	192	390
建设科技	TU	192	390
建筑	TU	192	390

中国期刊名称类目索引(续)

期刊名称	期刊类别	被引指标页码	来源指标页码
建筑安全	TU	192	390
建筑材料学报	TU	192	390
建筑电气	TU	192	390
建筑钢结构进展	TU	192	390
建筑工人	TU	192	390
建筑机械(上半月)	TU	192	390
建筑机械化	TU	192	390
建筑技术	TU	192	390
建筑技术开发	TU	192	390
建筑节能	TU	192	390
建筑结构	TU	192	390
建筑结构学报	TU	192	390
建筑经济	F4	44	242
建筑科学	TU	192	390
建筑科学与工程学报	TU	192	390
建筑砌块与砌块建筑	TU	192	390
建筑热能通风空调	TU	192	390
建筑设计管理	TU	192	390
建筑师	TU	192	390
建筑施工	TU	192	390
建筑学报	TU	192	390
建筑与文化	TZ-0	197	395
建筑知识	TU	192	390
健康必读(下旬刊)	R16	128	326
健康必读(中旬刊)	R16	128	326
健康研究	R16	128	326
舰船电子对抗	TN	177	375
舰船电子工程	TZ-6	200	398
舰船科学技术	TZ-6	200	398
江海学刊	C0	19	217
江汉大学学报(社会科学版)	CA-0	13	211
江汉大学学报(自然科学版)	NA-1	80	278
江汉考古	CK85	24	222
江汉论坛	C0	19	217
江汉石油职工大学学报	TA-E	152	350
江汉学术	CA-0	13	211
江淮论坛	C0	19	217
江淮水利科技	TV	195	393
江淮文史	CK0	23	221
江南大学学报(人文社会科学版)	CA-0	13	211
江南大学学报(自然科学版)	NA-1	80	278
江南论坛	C0	19	217
江南社会学院学报	CA-1	17	215
江苏蚕业	S8	116	314
江苏船舶	TZ-6	200	398
江苏大学学报(医学版)	RA-0	119	317
江苏大学学报(自然科学版)	NA-1	80	278
江苏电机工程	TM	174	372
江苏纺织	TS-1	188	386
江苏高教	G4	66	264
江苏广播电视大学学报	GA-3	55	253
江苏技术师范学院学报	GA-2	51	249
江苏建材	TU	192	390
江苏建筑	TU	193	391
江苏建筑职业技术学院学报	GA-3	55	253
江苏教育学院学报(社会科学版)	CA-1	17	215
江苏经贸职业技术学院学报	GA-3	55	253
江苏警官学院学报	BA-9	27	225
江苏科技大学学报(社会科学版)	CA-0	13	211
江苏科技大学学报(自然科学版)	NA-1	80	278
江苏科技信息	NT	88	286
江苏林业科技	S7	113	311
江苏农村经济	F3	43	241
江苏农机化	S2	109	307
江苏农业科学	ST	106	304
江苏农业学报	ST	106	304
江苏商论	F7	45	243
江苏社会科学	C0	19	217
江苏省社会主义学院学报	BA-D	26	224
江苏师范大学学报(哲学社会科学版)	GA-1	50	248

期刊名称	期刊类别	被引指标页码	来源指标页码
江苏师范大学学报(自然科学版)	NA-4	86	284
江苏实用心电学杂志	R5	138	336
江苏水利	TV	195	393
江苏丝绸	TS-1	188	386
江苏陶瓷	TQ	183	381
江苏通信	TN	177	375
江苏卫生保健	R16	128	326
江苏卫生事业管理	R1	126	324
江苏行政学院学报	BA-D	26	224
江苏医药	RT	123	321
江苏预防医学	R1	126	324
江苏中医药	R2	130	328
江西财经大学学报	FA	36	234
江西测绘	NP2	96	294
江西电力	TM	174	372
江西电力职业技术学院学报	GA-3	55	253
江西广播电视大学学报	GA-3	55	253
江西化工	TQ	183	381
江西建材	TU	193	391
江西教育	G4	66	264
江西教育学院学报	GA-0	48	246
江西警察学院学报	BA-9	28	226
江西科技师范大学学报	GA-2	51	249
江西科学	NT	88	286
江西理工大学学报	NA-1	80	278
江西林业科技	S7	113	311
江西煤炭科技	TD	158	356
江西农业大学学报	SA	105	303
江西农业大学学报(社会科学版)	CA-0	13	211
江西农业学报	ST	106	304
江西青年职业学院学报	GA-3	55	253
江西社会科学	C0	19	217
江西师范大学学报(哲学社会科学版)	GA-1	50	248
江西师范大学学报(自然科学版)	NA-4	86	284
江西水产科技	S9	118	316
江西水利科技	TV	195	393
江西饲料	S8	116	314
江西通信科技	TN	177	375
江西行政学院学报	BA-D	26	224
江西畜牧兽医杂志	S8	116	314
江西医药	RT	123	321
江西中医学院学报	RA-1	121	319
江西中医药	R2	130	328
交通标准化	G3	63	261
交通财会	F2	41	239
交通节能与环保	TZ-0	197	395
交通科技	TZ-0	197	395
交通科技与经济	TZ-0	197	395
交通科学与工程	TZ-0	197	395
交通企业管理	F2	41	239
交通世界(建养机械)	TZ-4	199	397
交通信息与安全	TZ-0	197	395
交通医学	RT	123	321
交通运输部管理干部学院学报	TA-0	151	349
交通运输工程学报	TZ-0	197	395
交通运输工程与信息学报	TZ-0	197	395
交通运输系统工程与信息	TZ-0	197	395
交响-西安音乐学院学报	GA-J	59	257
胶体与聚合物	TQ	183	381
焦作大学学报	NA-1	80	278
焦作师范高等专科学校学报	GA-3	53	251
教师	G4	66	264
教师教育研究	G4	66	264
教书育人(高教论坛)	G4	66	264
教书育人(教师新概念)	G4	66	264
教书育人(校长参考)	G4	66	264
教学研究	G4	66	264
教学仪器与实验	TH	167	365
教学与管理(理论版)	G4	66	264
教学与管理(小学版)	G4	67	265

期刊名称	期刊类别	被引指标页码	来源指标页码
教学与管理(中学版)	G4	67	265
教学与研究	G4	67	265
教学月刊(小学版)语文	G4	67	265
教学月刊(中学版)	G4	67	265
教育财会研究	F2	41	239
教育导刊(上半月)	G4	67	265
教育导刊(下半月)	G4	67	265
教育发展研究	G4	67	265
教育教学论坛	G4	67	265
教育界	G4	67	265
教育科学	G4	67	265
教育科学论坛	G4	67	265
教育科学研究	G4	67	265
教育评论	G4	67	265
教育实践与研究	G4	67	265
教育探索	G4	67	265
教育文化论坛	G4	67	265
教育信息技术	G4	67	265
教育学报	G4	67	265
教育学术月刊	G4	67	265
教育研究	G4	67	265
教育研究与评论(小学教育教学版)	G4	67	265
教育研究与评论(中学教育教学版)	G4	67	265
教育研究与实验	G4	67	265
教育艺术	G4	67	265
教育与教学研究	G4	67	265
教育与经济	F2	41	239
教育与考试	G4	67	265
教育与职业	G4	67	265
节能	TK	170	368
节能技术	TE	160	358
节水灌溉	TV	195	393
洁净煤技术	TD	158	356
洁净与空调技术	TM	174	372
结构工程师	TU	193	391
结合医学学报(英文版)	R2	130	328
结核病与肺部健康杂志	R5	138	336
结直肠肛门外科	R6	140	338
解放军护理杂志	R4	135	333
解放军理工大学学报(自然科学版)	NA-1	80	278
解放军外国语学院学报	GA-H	58	256
解放军药学学报	R9	148	346
解放军医学院学报	RA-1	121	319
解放军医学杂志	R3	133	331
解放军医药杂志	RT	123	321
解放军医院管理杂志	R3	133	331
解放军艺术学院学报	GA-J	59	257
解放军预防医学杂志	R1	126	324
解剖科学进展	R3	133	331
解剖学报	R3	133	331
解剖学研究	R3	133	331
解剖学杂志	R3	133	331
解剖与临床	R3	133	331
介入放射学杂志	R8	147	345
今传媒(学术版)	G21	60	258
今日电子	TN	177	375
今日科技	NT	88	286
今日畜牧兽医	S8	116	314
今日养猪业	S8	116	314
今日药学	R9	148	346
今日印刷	TS-0	187	385
金刚石与磨料磨具工程	TG	164	362
金华职业技术学院学报	GA-3	55	253
金陵科技学院学报	NA-2	84	282
金陵科技学院学报(社会科学版)	CA-1	17	215
金融发展研究	F8	47	245
金融管理与研究	FA	36	234
金融教学与研究	G4	67	265
金融教育研究	FA	36	234
金融经济(理论版)	F8	47	245

期刊名称	期刊类别	被引指标页码	来源指标页码
金融经济学研究	FA	36	234
金融科技时代	TP	180	378
金融会计	F8	47	245
金融理论与教学	G4	67	265
金融理论与实践	F8	47	245
金融论坛	F8	47	245
金融评论	F0	38	236
金融研究	F8	47	245
金融与经济	F8	47	245
金融纵横	F8	47	245
金山	C0	20	218
金属材料与冶金工程	TF	162	360
金属功能材料	TG	165	363
金属加工(冷加工)	TH	167	365
金属加工(热加工)	TH	167	365
金属矿山	TD	158	356
金属热处理	TG	165	363
金属世界	TG	165	363
金属学报	TG	165	363
金属制品	TG	165	363
近代史研究	CK0	23	221
晋城职业技术学院学报	GA-3	55	253
晋图学刊	G25	61	259
晋阳学刊	C0	20	218
晋中学院学报	GA-2	51	249
经济	F0	38	236
经济导刊	F0	38	236
经济地理	NP9	101	299
经济动物学报	S8	116	314
经济管理	F2	41	239
经济界	F0	38	236
经济经纬	F0	38	236
经济科学	F0	38	236
经济理论与经济管理	F2	41	239
经济林研究	S7	113	311

期刊名称	期刊类别	被引指标页码	来源指标页码
经济论坛	F0	38	236
经济评论	F0	38	236
经济社会体制比较	F0	38	236
经济师	F0	38	236
经济数学	F0	38	236
经济体制改革	F2	41	239
经济问题	F0	38	236
经济问题探索	F0	38	236
经济学动态	F0	38	236
经济学家	F0	38	236
经济研究	F0	38	236
经济研究参考	F0	38	236
经济研究导刊	F0	38	236
经济与管理	F2	41	239
经济与管理评论	F0	38	236
经济与管理研究	F2	41	239
经济与社会发展	F0	38	236
经济资料译丛	F0	38	236
经济纵横	F0	38	236
经营与管理	F2	41	239
荆楚理工学院学报	NA-2	84	282
荆楚学刊	GA-3	53	251
精密成形工程	TH	167	365
精密制造与自动化	TH	167	365
精神医学杂志	R74	144	342
精细化工	TQ	183	381
精细化工中间体	TQ	183	381
精细石油化工	TQ	183	381
精细石油化工进展	TE	160	358
精细与专用化学品	TQ	183	381
井冈山大学学报(社会科学版)	CA-0	13	211
井冈山大学学报(自然科学版)	NA-1	80	278
颈腰痛杂志	R6	140	338
景德镇高专学报	GA-3	53	251
景德镇陶瓷	TQ	183	381

期刊名称	期刊类别	被引指标页码	来源指标页码
警察技术	BD9	34	232
净水技术	TV	195	393
九江学院学报(哲学社会科学版)	CA-1	17	215
九江学院学报(自然科学版)	NA-2	84	282
九江职业技术学院学报	GA-3	56	254
居业	TU	193	391
局解手术学杂志	R6	140	338
剧作家	GI	74	272
聚氨酯工业	TQ	184	382
聚氯乙烯	TQ	184	382
聚酯工业	TQ	184	382
决策	F2	41	239
决策探索	F2	41	239
决策与信息(下旬刊)	G3	63	261
决策咨询	G3	63	261
绝缘材料	TM	174	372
军队政工理论研究	BD	31	229
军民两用技术与产品	TJ	169	367
军事交通学院学报	TA-Y	155	353
军事经济研究	F0	38	236
军事历史	CK0	23	221
军事历史研究	CK0	23	221
军事体育进修学院学报	GA-8	58	256
军事通信技术	TN	177	375
军事医学	R3	133	331
军事运筹与系统工程	TJ	169	367
军械工程学院学报	TA-0	151	349
菌物学报	NQ	102	300
菌物研究	S1	108	306
喀什师范学院学报	GA-2	51	249
开发研究	C0	20	218
开放导报	F0	38	236
开放教育研究	G4	67	265
开放时代	F0	38	236
开封大学学报	NA-1	80	278
开封教育学院学报	GA-0	48	246
凯里学院学报	GA-2	51	249
勘察科学技术	TD	158	356
抗感染药学	R6	140	338
抗日战争研究	BD	31	229
考古	CK85	24	222
考古学报	CK85	24	222
考古与文物	CK85	24	222
考试(教研)	G4	67	265
科海故事博览·科技探索	NT	88	286
科海故事博览·科教创新	NT	88	286
科海故事博览·科教论坛	NT	88	286
科技成果管理与研究	G3	63	261
科技成果纵横	G3	63	261
科技传播	NT	88	286
科技创新导报	NT	88	286
科技创新与生产力	NT	88	286
科技创业	NT	88	286
科技创业家	NT	88	286
科技创业月刊	F2	41	239
科技导报	G3	63	261
科技风	NT	88	286
科技管理研究	G3	63	261
科技广场	NT	88	286
科技和产业	F0	39	237
科技进步与对策	G3	63	261
科技经济市场	F7	45	243
科技情报开发与经济	G25	61	259
科技通报	NT	88	286
科技与出版	G21	60	258
科技与法律	BD9	34	232
科技与管理	G3	63	261
科技与经济	G3	63	261
科技与企业	NT	88	286
科技与生活	NT	88	286

期刊名称	期刊类别	被引指标页码	来源指标页码
科技致富向导	NT	88	286
科技资讯	NT	88	286
科教导刊	G4	67	265
科教文汇	G4	68	266
科普研究	NT	88	286
科协论坛(下半月)	NT	89	287
科学(上海)	NT	89	287
科学·经济·社会	G3	63	261
科学大众(科学教育)	NT	89	287
科学发展	C91	22	220
科学观察	NT	89	287
科学管理研究	G3	63	261
科学技术与工程	G3	63	261
科学技术哲学研究	B0	29	227
科学决策	G3	63	261
科学社会主义	BD	31	229
科学通报	NT	89	287
科学文化评论	G0	59	257
科学学研究	G3	63	261
科学学与科学技术管理	G3	63	261
科学养鱼	S9	118	316
科学与财富	G3	63	261
科学与管理	G3	63	261
科学与社会	G3	63	261
科学与无神论	B9	30	228
科学中国人	NT	89	287
科学咨询	NT	89	287
科研管理	G3	63	261
可再生能源	TK	170	368
客车技术	TZ-2	198	396
客车技术与研究	TZ-4	199	397
课程·教材·教法	G4	68	266
课程教材教学研究(中教研究)	G4	68	266
课外阅读(中旬)	G4	68	266
空间电子技术	TN	177	375

期刊名称	期刊类别	被引指标页码	来源指标页码
空间结构	TU	193	391
空间科学学报	NP3	97	295
空间控制技术与应用	TY	202	400
空军工程大学学报(自然科学版)	NA-1	80	278
空军医学杂志	R8	147	345
空军预警学院学报	TA-N	153	351
空气动力学学报	TY	202	400
孔子研究	B0	29	227
控制工程	TP	180	378
控制理论与应用	NT	89	287
控制与决策	TP	180	378
口岸卫生控制	R1	126	324
口腔材料器械杂志	R78	147	345
口腔颌面外科杂志	R78	147	345
口腔颌面修复学杂志	R78	147	345
口腔护理用品工业	TQ	184	382
口腔生物医学	R78	147	345
口腔医学	R78	147	345
口腔医学研究	R78	147	345
会计师	F2	41	239
会计研究	F2	41	239
会计与经济研究	F0	39	237
会计之友	F2	41	239
宽厚板	TF	163	361
矿产保护与利用	TD	158	356
矿产勘查	TU	193	391
矿产与地质	TD	158	356
矿产综合利用	TD	158	356
矿床地质	NP5	99	297
矿山测量	TD	158	356
矿山机械	TD	158	356
矿物学报	TD	158	356
矿物岩石	NP5	99	297
矿物岩石地球化学通报	NP3	97	295
矿冶	TD	158	356

期刊名称	期刊类别	被引指标页码	来源指标页码
矿冶工程	TD	158	356
矿业安全与环保	TD	158	356
矿业工程	TD	158	356
矿业工程研究	TD	158	356
矿业研究与开发	TD	158	356
昆虫分类学报	NQ	102	300
昆虫学报	NQ	102	300
昆明理工大学学报(社会科学版)	CA-0	13	211
昆明理工大学学报(自然科学版)	NA-1	80	278
昆明学院学报	GA-2	51	249
昆明冶金高等专科学校学报	TA-F	153	351
昆明医科大学学报	RA-0	119	317
拉丁美洲研究	BD8	33	231
辣椒杂志	S6	112	310
兰台世界	G27	62	260
兰州大学学报(社会科学版)	CA-0	13	211
兰州大学学报(医学版)	RA-0	119	317
兰州大学学报(自然科学版)	NA-1	80	278
兰州工业学院学报	NA-3	85	283
兰州交通大学学报	TA-Y	155	353
兰州理工大学学报	NA-1	80	278
兰州商学院学报	FA	36	234
兰州石化职业技术学院学报	GA-3	56	254
兰州学刊	C0	20	218
廊坊师范学院学报(社会科学版)	CA-1	17	215
廊坊师范学院学报(自然科学版)	NA-4	86	284
劳动保障世界	TX	204	402
老年医学与保健	R16	129	327
老区建设	C0	20	218
乐府新声	GJ	76	274
乐器	GJ	76	274
乐山师范学院学报	GA-2	51	249
雷达科学与技术	TN	177	375
雷达与对抗	TN	177	375
冷藏技术	TB	156	354

期刊名称	期刊类别	被引指标页码	来源指标页码
离子交换与吸附	TQ	184	382
黎明职业大学学报	GA-3	56	254
理化检验-化学分册	TB	156	354
理化检验-物理分册	TB	156	354
理论导报	BD	31	229
理论导刊	BD	31	229
理论观察	C0	20	218
理论界	C0	20	218
理论视野	BD	31	229
理论探索	BD	31	229
理论探讨	BD	31	229
理论学刊	C0	20	218
理论学习-山东干部函授大学学报	BA-F	28	226
理论学习与探索	BD2	32	230
理论研究	BD	31	229
理论与改革	BD	31	229
理论与现代化	C0	20	218
理论月刊	C0	20	218
力学季刊	NO3	92	290
力学进展	NO3	92	290
力学学报	NO3	92	290
力学与实践	NO3	92	290
历史档案	G27	62	260
历史教学	G4	68	266
历史教学问题	G4	68	266
历史研究	CK0	23	221
立体定向和功能性神经外科杂志	R74	144	342
丽水学院学报	NA-2	84	282
连云港师范高等专科学校学报	GA-3	53	251
连云港职业技术学院学报	GA-3	56	254
连铸	TF	163	361
炼钢	TF	163	361
炼铁	TF	163	361
炼油技术与工程	TE	160	358
炼油与化工	TE	160	358

期刊名称	期刊类别	被引指标页码	来源指标页码
粮食储藏	TS-0	187	385
粮食加工	TS-2	189	387
粮食科技与经济	TS-2	189	387
粮食流通技术	TS-2	189	387
粮食问题研究	TS-2	189	387
粮食与食品工业	TS-2	189	387
粮食与饲料工业	TS-2	189	387
粮食与油脂	TS-2	189	387
粮油仓储科技通讯	TS-2	189	387
粮油食品科技	TS-2	189	387
两岸关系	BD	31	229
量子电子学报	NO4	93	291
量子光学学报	NO4	93	291
辽东学院学报(社会科学版)	CA-1	17	215
辽东学院学报(自然科学版)	NA-2	84	282
辽宁大学学报(哲学社会科学版)	CA-0	13	211
辽宁大学学报(自然科学版)	NA-1	80	278
辽宁高职学报	GA-3	56	254
辽宁工程技术大学学报(社会科学版)	CA-0	13	211
辽宁工程技术大学学报(自然科学版)	NA-1	80	278
辽宁工业大学学报(社会科学版)	CA-0	13	211
辽宁工业大学学报(自然科学版)	NA-1	80	278
辽宁公安司法管理干部学院学报	BA-F	29	227
辽宁广播电视大学学报	GA-3	56	254
辽宁化工	TQ	184	382
辽宁教育	G4	68	266
辽宁教育行政学院学报	GA-0	48	246
辽宁经济	F0	39	237
辽宁经济职业技术学院·辽宁经济管理干部学院学报	BA-F	29	227
辽宁警专学报	BA-9	28	226
辽宁科技大学学报	TA-0	151	349
辽宁科技学院学报	NA-2	84	282
辽宁林业科技	S7	113	311
辽宁农业科学	ST	106	304
辽宁农业职业技术学院学报	GA-3	56	254
辽宁省交通高等专科学校学报	TA-Y	155	353
辽宁省社会主义学院学报	BA-D	26	224
辽宁师范大学学报(社会科学版)	GA-1	50	248
辽宁师范大学学报(自然科学版)	NA-4	86	284
辽宁师专学报(社会科学版)	GA-3	53	251
辽宁师专学报(自然科学版)	NA-3	85	283
辽宁石油化工大学学报	TA-E	152	350
辽宁丝绸	TS-1	188	386
辽宁体育科技	G8	72	270
辽宁行政学院学报	BA-D	26	224
辽宁医学院学报	RA-1	121	319
辽宁医学院学报(社会科学版)	CA-1	17	215
辽宁医学杂志	RT	123	321
辽宁中医药大学学报	RA-0	119	317
辽宁中医杂志	R2	130	328
聊城大学学报(社会科学版)	CA-0	13	211
聊城大学学报(自然科学版)	NA-1	80	278
瞭望	BD	31	229
林产工业	TQ	184	382
林产化学与工业	TQ	184	382
林区教学	S7	113	311
林业调查规划	S7	113	311
林业机械与木工设备	S7	113	311
林业建设	S7	113	311
林业经济问题	F3	43	241
林业勘察设计	S7	113	311
林业科技	S7	113	311
林业科技开发	S7	113	311
林业科技情报	S7	113	311
林业科学	S7	114	312
林业科学研究	S7	114	312
林业劳动安全	S7	114	312
林业实用技术	S7	114	312
林业与生态	S7	114	312
林业资源管理	S7	114	312

期刊名称	期刊类别	被引指标页码	来源指标页码
临床超声医学杂志	R8	147	345
临床儿科杂志	R71	142	340
临床耳鼻咽喉头颈外科杂志	R76	146	344
临床放射学杂志	R8	147	345
临床肺科杂志	R4	135	333
临床肝胆病杂志	R4	135	333
临床骨科杂志	R4	135	333
临床合理用药杂志	R9	148	346
临床和实验医学杂志	R4	135	333
临床护理杂志	R4	135	333
临床荟萃	R4	135	333
临床急诊杂志	R4	135	333
临床检验杂志	R4	135	333
临床精神医学杂志	R74	144	342
临床军医杂志	R4	135	333
临床口腔医学杂志	R78	147	345
临床麻醉学杂志	R4	135	333
临床泌尿外科杂志	R4	135	333
临床内科杂志	R5	138	336
临床皮肤科杂志	R75	145	343
临床神经病学杂志	R74	144	342
临床神经外科杂志	R74	144	342
临床肾脏病杂志	R4	135	333
临床输血与检验	R4	135	333
临床外科杂志	R6	140	338
临床误诊误治	R4	135	333
临床消化病杂志	R5	138	336
临床小儿外科杂志	R71	142	340
临床心电学杂志	R4	135	333
临床心身疾病杂志	R3	133	331
临床心血管病杂志	R5	138	336
临床血液学杂志	R5	138	336
临床血液学杂志(输血与检验版)	R5	138	336
临床眼科杂志	R76	146	344
临床药物治疗杂志	R9	149	347
临床医学	R4	135	333
临床医学工程	R1	126	324
临床医药实践	R4	135	333
临床与实验病理学杂志	R3	133	331
临床肿瘤学杂志	R73	143	341
临沂大学学报	GA-0	49	247
磷肥与复肥	TQ	184	382
岭南急诊医学杂志	R4	135	333
岭南文史	CK0	23	221
岭南现代临床外科	R6	140	338
岭南心血管病杂志	R5	138	336
岭南学刊	C0	20	218
领导科学	BD	31	229
流体机械	TH	167	365
硫磷设计与粉体工程	TQ	184	382
硫酸工业	TQ	184	382
柳州师专学报	GA-3	53	251
柳州职业技术学院学报	GA-3	56	254
六盘水师范学院学报	GA-2	52	250
龙岩学院学报	GA-2	52	250
陇东学院学报	G4	68	266
露天采矿技术	TD	158	356
泸州医学院学报	RA-1	121	319
鲁东大学学报(哲学社会科学版)	CA-0	13	211
鲁东大学学报(自然科学版)	NA-1	80	278
鲁迅研究月刊	GI	74	272
录井工程	TE	160	358
路基工程	TZ-2	198	396
吕梁学院学报	NA-2	84	282
旅游科学	F4	44	242
旅游论坛	F4	44	242
旅游学刊	F4	44	242
旅游研究	F7	45	243
铝加工	TG	165	363
绿色财会	F8	47	245

期刊名称	期刊类别	被引指标页码	来源指标页码
绿色建筑	TQ	184	382
绿色科技	S7	114	312
氯碱工业	TQ	184	382
伦理学研究	B0	29	227
轮胎工业	TQ	184	382
逻辑学研究	G4	68	266
洛阳理工学院学报(社会科学版)	CA-1	17	215
洛阳理工学院学报(自然科学版)	NA-2	84	282
洛阳师范学院学报	GA-2	52	250
落叶果树	S6	112	310
漯河职业技术学院学报	GA-3	56	254
麻醉与镇痛	R6	140	338
马克思主义研究	BAA	29	227
马克思主义与现实	BAA	29	227
麦类作物学报	S5	111	309
满语研究	GH	73	271
满族研究	C92	22	220
毛纺科技	TS-1	188	386
毛泽东邓小平理论研究	BAA	29	227
毛泽东思想研究	BAA	29	227
煤	TD	158	356
煤化工	TQ	184	382
煤矿安全	TD	158	356
煤矿爆破	TD	158	356
煤矿机电	TD	158	356
煤矿机械	TD	158	356
煤矿开采	TD	158	356
煤矿现代化	TD	158	356
煤气与热力	TD	158	356
煤炭高等教育	G4	68	266
煤炭工程	TD	158	356
煤炭技术	TD	158	356
煤炭加工与综合利用	TD	159	357
煤炭经济研究	F4	44	242
煤炭科技	TD	159	357

期刊名称	期刊类别	被引指标页码	来源指标页码
煤炭科学技术	TD	159	357
煤炭学报	TD	159	357
煤炭转化	NO6	95	293
煤田地质与勘探	TD	159	357
煤质技术	TD	159	357
美国研究	BD8	33	231
美术	GJ	76	274
美术大观	GJ	76	274
美术观察	GJ	76	274
美术教育研究	G4	68	266
美术界	GJ	76	274
美术学报	GJ	76	274
美术研究	GJ	76	274
美与时代(上旬刊)	GJ	76	274
美与时代(下旬刊)	GJ	76	274
美苑	GJ	76	274
门窗	TU	193	391
秘书	F2	41	239
秘书工作	F2	41	239
秘书之友	F2	41	239
蜜蜂杂志	S8	116	314
绵阳师范学院学报	GA-2	52	250
棉纺织技术	TS-1	188	386
棉花科学	S5	111	309
棉花学报	S5	111	309
免疫学杂志	R3	133	331
民国档案	G27	62	260
民俗研究	CK85	24	222
民营科技	F2	41	239
民用飞机设计与研究	TY	202	400
民族教育研究	G4	68	266
民族论坛	C92	22	220
民族文学研究	GI	74	272
民族学刊	C92	22	220
民族研究	C92	22	220

期刊名称	期刊类别	被引指标页码	来源指标页码
民族艺术	GJ	76	274
民族艺术研究	GJ	76	274
民族音乐	GJ	76	274
民族语文	GH	73	271
闽江学院学报	NA-2	84	282
闽西职业技术学院学报	GA-3	56	254
名作欣赏	GI	74	272
明胶科学与技术	TQ	184	382
明清小说研究	GI	74	272
模糊系统与数学	NO1	91	289
模具工业	TG	165	363
模具技术	TG	165	363
模具制造	TG	165	363
模式识别与人工智能	TP	180	378
膜科学与技术	TQ	184	382
摩擦学学报	TH	167	365
摩托车技术	TZ-4	199	397
牡丹江大学学报	NA-1	80	278
牡丹江教育学院学报	GA-0	49	247
牡丹江师范学院学报(哲学社会科学版)	CA-1	17	215
牡丹江师范学院学报(自然科学版)	NA-4	86	284
牡丹江医学院学报	RA-1	121	319
木材工业	S7	114	312
木材加工机械	TS-0	187	385
木工机床	TS-0	187	385
内江科技	NT	89	287
内江师范学院学报	GA-2	52	250
内科	R5	138	336
内科急危重症杂志	R5	138	336
内科理论与实践	R5	138	336
内陆地震	NP3	97	295
内蒙古财经学院学报	FA	36	234
内蒙古财经学院学报(综合版)	FA	36	234
内蒙古草业	S8	116	314
内蒙古大学学报(哲学社会科学版)	CA-0	13	211
内蒙古大学学报(自然科学版)	NA-1	80	278
内蒙古大学艺术学院学报	GA-J	59	257
内蒙古电大学刊	G4	68	266
内蒙古电力技术	TM	174	372
内蒙古工业大学学报(社会科学版)	CA-0	13	211
内蒙古工业大学学报(自然科学版)	NA-1	80	278
内蒙古公路与运输	TZ-4	199	397
内蒙古广播与电视技术	TN	177	375
内蒙古科技大学学报	TA-F	153	351
内蒙古科技与经济	NT	89	287
内蒙古林业	S7	114	312
内蒙古林业调查设计	S7	114	312
内蒙古林业科技	S7	114	312
内蒙古煤炭经济	F4	44	242
内蒙古民族大学学报	CA-0	13	211
内蒙古民族大学学报(社会科学版)	CA-0	13	211
内蒙古民族大学学报(自然科学版)	NA-1	80	278
内蒙古农业大学学报(社会科学版)	CA-0	14	212
内蒙古农业科技	ST	106	304
内蒙古气象	NP4	98	296
内蒙古社会科学	C0	20	218
内蒙古师范大学学报(教育科学版)	GA-0	49	247
内蒙古师范大学学报(哲学社会科学版)	GA-1	50	248
内蒙古师范大学学报(自然科学汉文版)	NA-4	86	284
内蒙古水利	TV	195	393
内蒙古统计	F2	41	239
内蒙古统战理论研究	BD	31	229
内蒙古医科大学学报	RA-1	121	319
内蒙古医学杂志	RT	123	321
内蒙古中医药	R2	130	328
内燃机	TK	170	368
内燃机车	TZ-2	198	396
内燃机工程	TK	170	368
内燃机学报	TK	170	368
内燃机与动力装置	TK	170	368

期刊名称	期刊类别	被引指标页码	来源指标页码
内燃机与配件	TK	170	368
纳米技术与精密工程	TH	167	365
耐火材料	TQ	184	382
耐火与石灰	TQ	184	382
南北桥	F2	41	239
南昌大学学报(工科版)	TA-0	151	349
南昌大学学报(理科版)	NA-1	80	278
南昌大学学报(人文社会科学版)	CA-0	14	212
南昌大学学报(医学版)	RA-0	119	317
南昌工程学院学报	TA-0	151	349
南昌航空大学学报(社会科学版)	CA-0	14	212
南昌航空大学学报(自然科学版)	TA-V	154	352
南昌教育学院学报	GA-0	49	247
南都学坛	C0	20	218
南方电网技术	TM	174	372
南方国土资源	NP9	101	299
南方建筑	TU	193	391
南方金融	F8	47	245
南方金属	TF	163	361
南方经济	F0	39	237
南方论刊	C91	22	220
南方农村	F3	43	241
南方农机	S2	109	307
南方农业(园林花卉版)	S6	112	310
南方农业学报	ST	106	304
南方人口	C92	22	220
南方水产科学	S9	118	316
南方文坛	GI	74	272
南方医科大学学报	RA-0	119	317
南方园艺	S6	112	310
南华大学学报(社会科学版)	CA-0	14	212
南华大学学报(自然科学版)	NA-1	80	278
南京财经大学学报	FA	36	234
南京大学学报(数学半年刊)	NA-1	80	278
南京大学学报(哲学·人文科学·社会科学)	CA-0	14	212

期刊名称	期刊类别	被引指标页码	来源指标页码
南京大学学报(自然科学版)	NA-1	80	278
南京工程学院学报(社会科学版)	CA-1	18	216
南京工程学院学报(自然科学版)	NA-2	84	282
南京工业大学学报(社会科学版)	CA-0	14	212
南京工业大学学报(自然科学版)	NA-1	80	278
南京工业职业技术学院学报	GA-3	56	254
南京广播电视大学学报	GA-3	56	254
南京航空航天大学学报	TA-V	154	352
南京航空航天大学学报(社会科学版)	CA-0	14	212
南京理工大学学报(社会科学版)	CA-0	14	212
南京理工大学学报(自然科学版)	NA-1	80	278
南京林业大学学报(人文社会科学版)	CA-0	14	212
南京林业大学学报(自然科学版)	NA-1	80	278
南京农业大学学报	SA	105	303
南京农业大学学报(社会科学版)	CA-0	14	212
南京人口管理干部学院学报	BA-F	29	227
南京社会科学	C0	20	218
南京审计学院学报	FA	36	234
南京师大学报(社会科学版)	GA-1	50	248
南京师大学报(自然科学版)	NA-4	86	284
南京师范大学文学院学报	GA-2	52	250
南京师范大学学报(工程技术版)	NA-4	86	284
南京体育学院学报(社会科学版)	CA-1	18	216
南京体育学院学报(自然科学版)	NA-2	84	282
南京晓庄学院学报	CA-1	18	216
南京信息工程大学学报	NA-1	80	278
南京医科大学学报(社会科学版)	CA-0	14	212
南京医科大学学报(自然科学版)	RA-0	119	317
南京艺术学院学报(美术与设计版)	GA-J	59	257
南京艺术学院学报(音乐与表演版)	GA-J	59	257
南京邮电大学学报(社会科学版)	CA-0	14	212
南京邮电大学学报(自然科学版)	NA-1	80	278
南京政治学院学报	BA-D	26	224
南京中医药大学学报	RA-0	119	317
南京中医药大学学报(社会科学版)	CA-0	14	212

期刊名称	期刊类别	被引指标页码	来源指标页码
南开大学学报(自然科学版)	NA-1	80	278
南开管理评论	F2	41	239
南开经济研究	F0	39	237
南开学报(哲学社会科学版)	CA-0	14	212
南宁职业技术学院学报	GA-3	56	254
南水北调与水利科技	TV	195	393
南通大学学报(社会科学版)	CA-0	14	212
南通大学学报(自然科学版)	NA-1	80	278
南通纺织职业技术学院学报	GA-3	56	254
南通航运职业技术学院学报	GA-3	56	254
南通职业大学学报	GA-3	56	254
南亚研究	BD8	33	231
南亚研究季刊	BD8	33	231
南阳理工学院学报	NA-2	84	282
南阳师范学院学报	GA-2	52	250
南洋问题研究	BD8	33	231
脑与神经疾病杂志	R74	144	342
能源工程	TK	170	368
能源环境保护	TX	204	402
能源技术	TK	170	368
能源技术与管理	TD	159	357
能源研究与管理	TK	170	368
能源研究与利用	TK	170	368
能源研究与信息	TK	170	368
能源与环境	TK	170	368
能源与节能	TD	159	357
泥沙研究	TV	195	393
酿酒	TS-2	189	387
酿酒科技	TS-2	189	387
宁波大学学报(教育科学版)	GA-0	49	247
宁波大学学报(理工版)	NA-1	81	279
宁波大学学报(人文科学版)	CA-0	14	212
宁波工程学院学报	TA-0	151	349
宁波广播电视大学学报	GA-3	56	254
宁波教育学院学报	GA-0	49	247
宁波职业技术学院学报	GA-3	56	254
宁德师范学院学报(自然科学版)	NA-2	84	282
宁德师专学报(哲学社会科学版)	GA-3	53	251
宁夏大学学报(人文社会科学版)	CA-0	14	212
宁夏大学学报(自然科学版)	NA-1	81	279
宁夏党校学报	BA-D	26	224
宁夏电力	TM	174	372
宁夏工程技术	TB	156	354
宁夏农林科技	ST	106	304
宁夏社会科学	C0	20	218
宁夏师范学院学报	GA-2	52	250
宁夏医科大学学报	RA-0	119	317
宁夏医学杂志	RT	123	321
农产品加工·创新版	S2	109	307
农产品加工·学刊	S2	109	307
农产品加工·综合刊	S2	109	307
农产品质量与安全	S1	108	306
农场经济管理	F3	44	242
农村百事通	ST	106	304
农村财政与财务	F3	44	242
农村电工	TM	174	372
农村金融研究	F3	44	242
农村经济	F3	44	242
农村经济与科技	F3	44	242
农村经营管理	F3	44	242
农村科技	ST	106	304
农村牧区机械化	S2	109	307
农村实用科技信息	ST	106	304
农村新技术	ST	106	304
农村养殖技术	S8	116	314
农机化研究	S2	109	307
农机科技推广	S2	109	307
农机使用与维修	S2	109	307
农技服务	ST	106	304
农垦医学	RT	123	321

期刊名称	期刊类别	被引指标页码	来源指标页码
农学学报	ST	106	304
农药	TQ	184	382
农药科学与管理	S4	110	308
农药学学报	TQ	184	382
农业工程技术·农产品加工业	S2	109	307
农业工程技术·温室园艺	S2	109	307
农业工程技术·新能源产业	S2	109	307
农业工程学报	S2	109	307
农业环境科学学报	TX	204	402
农业环境与发展	TX	204	402
农业机械学报	S2	109	307
农业技术经济	F3	44	242
农业经济	F3	44	242
农业经济问题	F3	44	242
农业经济与管理	F3	44	242
农业考古	CK85	24	222
农业科技管理	ST	106	304
农业科技通讯	ST	107	305
农业科技与信息	ST	107	305
农业科技与装备	S2	109	307
农业科学研究	ST	107	305
农业科研经济管理	F2	41	239
农业生物技术学报	S4	110	308
农业图书情报学刊	G25	61	259
农业网络信息	ST	107	305
农业系统科学与综合研究	S2	109	307
农业现代化研究	S2	109	307
农业研究与应用	S5	111	309
农业与技术	ST	107	305
农业展望	ST	107	305
农业装备技术	S2	109	307
农业装备与车辆工程	S2	109	307
暖通空调	TU	193	391
欧洲研究	BD8	33	231
排灌机械工程学报	S2	109	307

期刊名称	期刊类别	被引指标页码	来源指标页码
攀登(汉文版)	C91	22	220
攀枝花学院学报	NA-2	84	282
皮肤病与性病	R75	145	343
皮肤性病诊疗学杂志	R75	145	343
皮革科学与工程	TS-0	187	385
皮革与化工	TS-0	187	385
啤酒科技	TS-2	189	387
品牌	C0	20	218
平顶山学院学报	GA-2	52	250
萍乡高等专科学校学报	NA-3	85	283
莆田学院学报	NA-2	84	282
蒲松龄研究	CK0	23	221
濮阳职业技术学院学报	GA-3	56	254
齐鲁护理杂志	R4	135	333
齐鲁师范学院学报	GA-0	49	247
齐鲁石油化工	TE	160	358
齐鲁学刊	C0	20	218
齐鲁医学杂志	RT	123	321
齐鲁艺苑	GJ	76	274
齐鲁渔业	S9	118	316
齐齐哈尔大学学报(哲学社会科学版)	CA-0	14	212
齐齐哈尔大学学报(自然科学版)	NA-1	81	279
齐齐哈尔师范高等专科学校学报	GA-3	53	251
齐齐哈尔医学院学报	RA-1	121	319
企业导报	F2	41	239
企业改革与管理	F2	41	239
企业管理	F2	41	239
企业活力	F2	41	239
企业技术开发(下半月)	F2	42	240
企业技术开发(学术版)	F2	42	240
企业家天地(下旬刊)	F2	42	240
企业家天地(中旬刊)	F2	42	240
企业经济	F2	42	240
企业科技与发展	F2	42	240
企业研究(策划与财富)	F2	42	240

期刊名称	期刊类别	被引指标页码	来源指标页码
起重运输机械	TH	167	365
气候变化研究进展	NP4	98	296
气候与环境研究	NP4	98	296
气象	NP4	98	296
气象科技	NP4	98	296
气象科学	NP4	98	296
气象水文海洋仪器	NP3	97	295
气象水文装备	NP4	98	296
气象学报	NP4	98	296
气象研究与应用	NP4	98	296
气象与环境科学	NP4	98	296
气象与环境学报	NP4	98	296
气象与减灾研究	NP3	97	295
汽车安全与节能学报	TZ-0	197	395
汽车电器	TM	174	372
汽车工程	TZ-4	199	397
汽车工程师	TZ-4	199	397
汽车工业研究	TZ-4	199	397
汽车工艺与材料	TZ-4	199	397
汽车技术	TZ-4	199	397
汽车科技	TZ-4	200	398
汽车零部件	TZ-4	200	398
汽车维护与修理	TZ-4	200	398
汽车运用	TZ-4	200	398
汽轮机技术	TK	170	368
器官移植	R76	146	344
前进	BD2	32	230
前沿	C0	20	218
前沿科学	C0	20	218
黔南民族师范学院学报	GA-2	52	250
黔南民族医专学报	RA-1	121	319
强度与环境	TY	202	400
强激光与粒子束	NO4	93	291
墙材革新与建筑节能	TU	193	391
桥梁建设	TZ-2	198	396
青春岁月	C91	22	220
青岛大学师范学院学报	GA-2	52	250
青岛大学学报(工程技术版)	TA-0	151	349
青岛大学学报(自然科学版)	NA-1	81	279
青岛大学医学院学报	RA-1	121	319
青岛科技大学学报(社会科学版)	CA-0	14	212
青岛科技大学学报(自然科学版)	NA-1	81	279
青岛理工大学学报	TA-U	154	352
青岛农业大学学报(社会科学版)	CA-0	14	212
青岛农业大学学报(自然科学版)	SA	105	303
青岛医药卫生	RT	123	321
青岛远洋船员职业学院学报	TA-Y	155	353
青岛职业技术学院学报	GA-3	56	254
青海大学学报(自然科学版)	NA-1	81	279
青海电力	TM	174	372
青海国土经略	F0	39	237
青海环境	TX	204	402
青海交通科技	TZ-0	197	395
青海教育	G4	68	266
青海金融	F8	47	245
青海科技	NT	89	287
青海民族大学学报(社会科学版)	CA-0	14	212
青海民族研究	C92	22	220
青海农林科技	ST	107	305
青海师范大学民族师范学院学报	GA-2	52	250
青海师范大学学报(哲学社会科学版)	GA-1	50	248
青海师范大学学报(自然科学版)	NA-4	86	284
青海畜牧兽医杂志	S8	116	314
青海医学院学报	RA-1	121	319
青海医药杂志	RT	123	321
青年记者	G21	60	258
青年探索	C91	22	220
青年研究	C91	22	220
青年与社会·中外教育研究	BD	31	229
青少年犯罪问题	BD9	34	232

期刊名称	期刊类别	被引指标页码	来源指标页码
青少年研究-山东省团校学报	C91	22	220
轻纺工业与技术	TS-1	188	386
轻工机械	TS-0	187	385
轻合金加工技术	TG	165	363
轻金属	TG	165	363
清华大学教育研究	G4	68	266
清华大学学报(哲学社会科学版)	CA-0	14	212
清华大学学报(自然科学版)	NA-1	81	279
清华法学	BD9	35	233
清史研究	CK0	23	221
清洗世界	TQ	184	382
清远职业技术学院学报	GA-3	56	254
情报科学	G25	61	259
情报理论与实践	G25	61	259
情报探索	G25	61	259
情报学报	G25	61	259
情报杂志	G25	61	259
情报资料工作	G25	61	259
琼州学院学报	CA-1	18	216
求实	BD2	32	230
求是	BD2	32	230
求是学刊	C0	20	218
求索	C0	20	218
求医问药(学术版)	RT	123	321
区域供热	TK	170	368
区域金融研究	F8	47	245
曲阜师范大学学报(自然科学版)	NA-4	87	285
曲靖师范学院学报	GA-2	52	250
全科护理	R4	136	334
全科医学临床与教育	RT	123	321
全面腐蚀控制	TG	165	363
全球定位系统	NP2	96	294
全球教育展望	G4	68	266
全球科技经济瞭望	F0	39	237
泉州师范学院学报	GA-2	52	250

期刊名称	期刊类别	被引指标页码	来源指标页码
燃料化学学报	NO6	95	293
燃料与化工	TQ	184	382
燃气轮机技术	TK	170	368
燃气涡轮试验与研究	TY	202	400
燃烧科学与技术	TK	170	368
染料与染色	TQ	184	382
染整技术	TS-1	188	386
热处理	TG	165	363
热处理技术与装备	TG	165	363
热带病与寄生虫学	R1	126	324
热带地理	NP9	101	299
热带海洋学报	NP7	101	299
热带林业	S7	114	312
热带农业工程	S2	109	307
热带农业科技	S5	111	309
热带农业科学	S5	111	309
热带气象学报	NP4	98	296
热带生物学报	NQ	103	301
热带亚热带植物学报	NQ	103	301
热带医学杂志	R1	126	324
热带作物学报	S5	111	309
热固性树脂	TQ	184	382
热加工工艺	TG	165	363
热科学与技术	TK	170	368
热力发电	TM	174	372
热力透平	TK	170	368
热能动力工程	TK	170	368
热喷涂技术	TB	156	354
人参研究	S6	112	310
人大研究	BD	31	229
人工晶体学报	TQ	184	382
人口学刊	C92	22	220
人口研究	C92	22	220
人口与发展	C92	22	220
人口与计划生育	C92	22	220

期刊名称	期刊类别	被引指标页码	来源指标页码
人口与经济	C92	22	220
人类工效学	C97	23	221
人类学学报	NQ	103	301
人力资源	C97	23	221
人力资源管理	C97	23	221
人民长江	TV	195	393
人民黄河	TV	195	393
人民检察	BD9	35	233
人民教育	G4	68	266
人民军医	RT	123	321
人民论坛	BD	31	229
人民司法	BD9	35	233
人民音乐(评论版)	GJ	76	274
人民珠江	TV	195	393
人权	BD	31	229
人文地理	CK0	23	221
人文杂志	C0	20	218
人造纤维	TQ	184	382
日本问题研究	BD8	33	231
日本学刊	BD8	33	231
日本研究	BD8	33	231
日用电器	TM	174	372
日用化学工业	TQ	184	382
日用化学品科学	TS-0	187	385
日语学习与研究	GH3	73	271
日语知识	GH3	73	271
肉类工业	TS-2	189	387
肉类研究	TS-2	189	387
乳业科学与技术	TS-2	189	387
软件	TP	180	378
软件导刊	TP	180	378
软件导刊·教育技术	G4	68	266
软件工程师	TP	180	378
软件学报	TP	180	378
软科学	G3	63	261

期刊名称	期刊类别	被引指标页码	来源指标页码
润滑油	TQ	184	382
润滑与密封	TH	167	365
三门峡职业技术学院学报	GA-3	56	254
三明学院学报	CA-1	18	216
三峡大学学报(人文社会科学版)	CA-0	14	212
三峡大学学报(自然科学版)	NA-1	81	279
三峡环境与生态	TX	204	402
散装水泥	TQ	184	382
色谱	NO6	95	293
森林防火	S7	114	312
森林工程	S7	114	312
森林公安	BD9	35	233
沙漠与绿洲气象	NP4	98	296
沙洲职业工学院学报	GA-3	56	254
山地农业生物学报	S1	108	306
山地学报	NP9	101	299
山东财经大学学报	FA	36	234
山东大学耳鼻喉眼学报	R76	146	344
山东大学学报(工学版)	TA-0	151	349
山东大学学报(理学版)	NA-1	81	279
山东大学学报(医学版)	RA-0	119	317
山东大学学报(哲学社会科学版)	CA-0	14	212
山东档案	G27	62	260
山东电力高等专科学校学报	TA-F	153	351
山东电力技术	TM	174	372
山东纺织经济	TS-1	188	386
山东纺织科技	TS-1	188	386
山东工商学院学报	FA	36	234
山东广播电视大学学报	GA-3	56	254
山东国土资源	NP9	101	299
山东化工	TQ	184	382
山东建筑大学学报	TA-U	154	352
山东交通科技	TZ-0	197	395
山东交通学院学报	TA-Y	155	353
山东经济战略研究	F0	39	237

期刊名称	期刊类别	被引指标页码	来源指标页码
山东警察学院学报	BA-9	28	226
山东科技大学学报(社会科学版)	CA-0	14	212
山东科技大学学报(自然科学版)	NA-1	81	279
山东科学	NT	89	287
山东理工大学学报(社会科学版)	CA-0	14	212
山东理工大学学报(自然科学版)	NA-1	81	279
山东林业科技	S7	114	312
山东煤炭科技	TD	159	357
山东农机化	S2	109	307
山东农业大学学报(社会科学版)	CA-0	14	212
山东农业大学学报(自然科学版)	NA-1	81	279
山东农业科学	S1	108	306
山东女子学院学报	CA-1	18	216
山东气象	NP4	98	296
山东青年政治学院学报	BA-F	29	227
山东轻工业学院学报(自然科学版)	NA-2	84	282
山东商业职业技术学院学报	GA-3	56	254
山东社会科学	C0	20	218
山东审判	BD9	35	233
山东省农业管理干部学院学报	BA-F	29	227
山东师范大学外国语学院学报(基础英语教育)	GA-H	58	256
山东师范大学学报(人文社会科学版)	GA-1	50	248
山东师范大学学报(自然科学版)	NA-4	87	285
山东水利	TV	195	393
山东陶瓷	TQ	184	382
山东体育科技	G8	72	270
山东体育学院学报	GA-8	58	256
山东通信技术	TN	177	375
山东图书馆学刊	G25	61	259
山东外语教学	GH	73	271
山东行政学院学报	BA-D	26	224
山东畜牧兽医	S8	116	314
山东冶金	TF	163	361
山东医学高等专科学校学报	RA-1	121	319
山东医药	RT	123	321

期刊名称	期刊类别	被引指标页码	来源指标页码
山东中医药大学学报	RA-0	119	317
山东中医杂志	R2	130	328
山花	GI	74	272
山西财经大学学报	FA	36	234
山西财政税务专科学校学报	FA	36	234
山西大同大学学报(社会科学版)	CA-0	14	212
山西大同大学学报(自然科学版)	NA-1	81	279
山西大学学报(哲学社会科学版)	CA-0	14	212
山西大学学报(自然科学版)	NA-1	81	279
山西档案	G27	62	260
山西地震	NP5	99	297
山西电力	TM	174	372
山西电子技术	TN	177	375
山西高等学校社会科学学报	CA-1	18	216
山西广播电视大学学报	GA-3	56	254
山西果树	S6	112	310
山西化工	TQ	184	382
山西建筑	TU	193	391
山西交通科技	TZ-0	197	395
山西焦煤科技	TD	159	357
山西经济管理干部学院学报	BA-F	29	227
山西警官高等专科学校学报	BA-9	28	226
山西科技	NT	89	287
山西林业	S7	114	312
山西林业科技	S7	114	312
山西煤炭	TD	159	357
山西煤炭管理干部学院学报	BA-F	29	227
山西农业大学学报(社会科学版)	CA-0	14	212
山西农业大学学报(自然科学版)	NA-1	81	279
山西农业科学	ST	107	305
山西青年管理干部学院学报	BA-F	29	227
山西社会主义学院学报	BA-D	26	224
山西省政法管理干部学院学报	BA-F	29	227
山西师大学报(社会科学版)	GA-1	50	248
山西师范大学学报(自然科学版)	NA-4	87	285

期刊名称	期刊类别	被引指标页码	来源指标页码
山西水利	TV	195	393
山西水利科技	TV	196	394
山西水土保持科技	S1	108	306
山西冶金	TF	163	361
山西医科大学学报	RA-0	119	317
山西医药杂志	R9	149	347
山西医药杂志(下半月版)	RT	123	321
山西职工医学院学报	RA-1	121	319
山西中医	R2	130	328
山西中医学院学报	RA-1	121	319
陕西档案	G27	62	260
陕西地质	NP5	99	297
陕西电力	TM	174	372
陕西广播电视大学学报	GA-3	56	254
陕西教育(高教)	G4	68	266
陕西教育学院学报	GA-0	49	247
陕西科技大学学报(自然科学版)	NA-1	81	279
陕西理工学院学报(社会科学版)	CA-1	18	216
陕西理工学院学报(自然科学版)	NA-2	84	282
陕西林业科技	S7	114	312
陕西煤炭	TD	159	357
陕西农业科学	ST	107	305
陕西气象	NP4	98	296
陕西青年职业学院学报	GA-3	56	254
陕西社会主义学院学报	BA-D	26	224
陕西师范大学学报(哲学社会科学版)	GA-1	50	248
陕西师范大学学报(自然科学版)	NA-4	87	285
陕西水利	TV	196	394
陕西行政学院学报	BA-D	26	224
陕西医学杂志	RT	123	321
陕西中医	R2	130	328
陕西中医学院学报	RA-1	121	319
汕头大学学报(人文社会科学版)	CA-0	14	212
汕头大学学报(自然科学版)	NA-1	81	279
汕头大学医学院学报	RA-1	121	319

期刊名称	期刊类别	被引指标页码	来源指标页码
商场现代化	F7	45	243
商洛学院学报	GA-2	52	250
商品与质量·理论研究	F2	42	240
商品与质量·学术观察	F2	42	240
商情	F0	39	237
商丘师范学院学报	GA-2	52	250
商丘职业技术学院学报	GA-3	56	254
商业经济	F7	45	243
商业经济与管理	F7	45	243
商业会计	F2	42	240
商业研究	F0	39	237
上海保险	F8	47	245
上海财经大学学报(哲学社会科学版)	FA	36	234
上海城市管理	GA-3	56	254
上海城市规划	TU	193	391
上海船舶运输科学研究所学报	TZ-6	200	398
上海大学学报(社会科学版)	CA-0	14	212
上海大学学报(自然科学版)	NA-1	81	279
上海大中型电机	TM	174	372
上海党史与党建	BD2	32	230
上海第二工业大学学报	TA-0	151	349
上海电机学院学报	TA-N	153	351
上海电力学院学报	TA-F	153	351
上海翻译	GH	73	271
上海纺织科技	TS-1	188	386
上海工程技术大学学报	TA-0	151	349
上海公安高等专科学校学报(公安理论与实践)	BA-9	28	226
上海公路	TZ-4	200	398
上海管理科学	F2	42	240
上海国土资源	NP5	99	297
上海海关学院学报	FA	36	234
上海海事大学学报	TA-Y	155	353
上海海洋大学学报	SA	105	303
上海航天	TY	202	400
上海护理	R4	136	334

期刊名称	期刊类别	被引指标页码	来源指标页码
上海化工	TQ	185	383
上海环境科学	TX	204	402
上海计量测试	TB	156	354
上海建材	TU	193	391
上海建设科技	TU	193	391
上海交通大学学报	NA-1	81	279
上海交通大学学报(农业科学版)	SA	105	303
上海交通大学学报(医学版)	RA-0	119	317
上海交通大学学报(哲学社会科学版)	CA-0	15	213
上海教育科研	G4	68	266
上海节能	TK	170	368
上海金融	F8	47	245
上海金融学院学报	FA	36	234
上海金属	TF	163	361
上海经济	F0	39	237
上海经济研究	F0	39	237
上海精神医学	R74	144	342
上海口腔医学	R78	147	345
上海理工大学学报	TA-0	151	349
上海理工大学学报(社会科学版)	CA-0	15	213
上海煤气	TD	159	357
上海农村经济	F3	44	242
上海农业科技	ST	107	305
上海农业学报	ST	107	305
上海企业	F2	42	240
上海汽车	TZ-4	200	398
上海青年管理干部学院学报	BA-F	29	227
上海染料	TQ	185	383
上海商学院学报	FA	36	234
上海师范大学学报(哲学社会科学版)	GA-1	50	248
上海师范大学学报(自然科学版)	NA-4	87	285
上海市经济管理干部学院学报	BA-F	29	227
上海市社会主义学院学报	BA-D	26	224
上海蔬菜	S6	112	310
上海塑料	TQ	185	383
上海体育学院学报	GA-8	58	256
上海铁道科技	TZ-2	198	396
上海涂料	TQ	185	383
上海行政学院学报	BA-D	26	224
上海畜牧兽医通讯	S8	116	314
上海医学	RT	123	321
上海医学影像	R4	136	334
上海医药	R9	149	347
上海应用技术学院学报(自然科学版)	NA-2	84	282
上海有色金属	TF	163	361
上海预防医学	R1	126	324
上海针灸杂志	R2	130	328
上海政法学院学报	BA-F	29	227
上海中医药大学学报	RA-0	119	317
上海中医药杂志	R2	130	328
上饶师范学院学报	GA-2	52	250
烧结球团	TF	163	361
韶关学院学报	NA-2	84	282
邵阳学院学报(社会科学版)	CA-1	18	216
邵阳学院学报(自然科学版)	NA-2	84	282
绍兴文理学院学报	NA-2	84	282
蛇志	R4	136	334
设备管理与维修	TB	156	354
设计艺术	GJ	76	274
设计艺术研究	G4	68	266
社会	C91	22	220
社会保障研究	C97	23	221
社会福利	BD	31	229
社会观察	C0	20	218
社会科学	C0	20	218
社会科学管理与评论	C0	20	218
社会科学辑刊	C0	20	218
社会科学家	C0	20	218
社会科学论坛	C0	20	218
社会科学研究	C0	20	218

期刊名称	期刊类别	被引指标页码	来源指标页码
社会科学战线	C0	20	218
社会学研究	C91	22	220
社会主义论坛	BD	31	229
社会主义研究	BD	31	229
社科纵横	C0	20	218
社区医学杂志	R1	126	324
涉外税务	F8	47	245
深冷技术	TB	156	354
深圳大学学报(理工版)	NA-1	81	279
深圳大学学报(人文社会科学版)	CA-0	15	213
深圳信息职业技术学院学报	GA-3	56	254
深圳职业技术学院学报	GA-3	56	254
深圳中西医结合杂志	R2	130	328
神华科技	TD	159	357
神经病学与神经康复学杂志	R74	144	342
神经疾病与精神卫生	R74	144	342
神经解剖学杂志	R74	145	343
神经损伤与功能重建	R4	136	334
神州(中旬刊)	GI	74	272
沈阳大学学报(自然科学版)	NA-1	81	279
沈阳工程学院学报(社会科学版)	CA-1	18	216
沈阳工程学院学报(自然科学版)	NA-2	84	282
沈阳工业大学学报	TA-0	151	349
沈阳工业大学学报(社会科学版)	CA-0	15	213
沈阳航空航天大学学报	TA-V	154	352
沈阳化工大学学报	TA-E	152	350
沈阳建筑大学学报(社会科学版)	CA-0	15	213
沈阳建筑大学学报(自然科学版)	TA-U	154	352
沈阳教育学院学报	GA-0	49	247
沈阳理工大学学报	TA-0	152	350
沈阳农业大学学报	SA	105	303
沈阳农业大学学报(社会科学版)	CA-0	15	213
沈阳师范大学学报(社会科学版)	GA-1	50	248
沈阳师范大学学报(自然科学版)	NA-4	87	285
沈阳体育学院学报	GA-8	58	256

期刊名称	期刊类别	被引指标页码	来源指标页码
沈阳药科大学学报	RA-0	120	318
沈阳医学院学报	RA-1	121	319
审计研究	F2	42	240
审计与经济研究	F2	42	240
审计与理财	F8	47	245
肾脏病与透析肾移植杂志	R6	140	338
生产力研究	F0	39	237
生理科学进展	R3	133	331
生理学报	RT	123	321
生命的化学	NQ	103	301
生命科学	NQ	103	301
生命科学研究	NQ	103	301
生命科学仪器	TH	167	365
生态毒理学报	TX	204	402
生态环境学报	TX	204	402
生态经济	F3	44	242
生态科学	NQ	103	301
生态学报	NQ	103	301
生态学杂志	NQ	103	301
生态与农村环境学报	TX	204	402
生物产业技术	NQ	103	301
生物多样性	NQ	103	301
生物工程学报	NQ	103	301
生物骨科材料与临床研究	R6	140	338
生物化学与生物物理进展	NQ	103	301
生物技术	NQ	103	301
生物技术通报	NQ	103	301
生物技术通讯	NQ	103	301
生物加工过程	NQ	103	301
生物数学学报	NO1	91	289
生物物理学报	NQ	103	301
生物信息学	NQ	103	301
生物学教学	G4	68	266
生物学通报	NQ	103	301
生物学杂志	NQ	103	301

期刊名称	期刊类别	被引指标页码	来源指标页码
生物医学工程学进展	R3	133	331
生物医学工程学杂志	R3	133	331
生物医学工程研究	R3	133	331
生物医学工程与临床	R3	133	331
生物灾害科学	S4	110	308
生物质化学工程	TQ	185	383
生殖医学杂志	R71	142	340
生殖与避孕	R71	142	340
声屏世界	G21	60	258
声学技术	NO4	93	291
声学学报	NO4	93	291
声学与电子工程	TB	156	354
胜利油田党校学报	BA-D	26	224
失效分析与预防	TG	165	363
师道·情智	G4	68	266
施工技术	TU	193	391
施工企业管理	F2	42	240
湿地科学	S1	108	306
湿地科学与管理	S7	114	312
湿法冶金	TF	163	361
十堰职业技术学院学报	GA-3	56	254
石材	TU	193	391
石河子大学学报(哲学社会科学版)	CA-0	15	213
石河子大学学报(自然科学版)	NA-1	81	279
石河子科技	NT	89	287
石化技术	TE	160	358
石化技术与应用	TQ	185	383
石家庄经济学院学报	FA	36	234
石家庄铁道大学学报(社会科学版)	CA-0	15	213
石家庄铁道大学学报(自然科学版)	TA-Y	155	353
石家庄铁路职业技术学院学报	GA-3	57	255
石家庄学院学报	GA-2	52	250
石家庄职业技术学院学报	GA-3	57	255
石油地球物理勘探	TE	160	358
石油地质与工程	TE	160	358

期刊名称	期刊类别	被引指标页码	来源指标页码
石油工程建设	TE	160	358
石油工业技术监督	TE	160	358
石油规划设计	TE	160	358
石油和化工设备	TQ	185	383
石油化工	TE	160	358
石油化工安全环保技术	TE	160	358
石油化工腐蚀与防护	TE	160	358
石油化工高等学校学报	TA-E	152	350
石油化工管理干部学院学报	BA-F	29	227
石油化工技术与经济	TE	160	358
石油化工建设	TQ	185	383
石油化工设备	TE	160	358
石油化工设备技术	TE	160	358
石油化工设计	TE	160	358
石油化工应用	TE	160	358
石油化工自动化	TE	160	358
石油机械	TE	161	359
石油教育	TE	161	359
石油勘探与开发	TE	161	359
石油科技论坛	TE	161	359
石油库与加油站	TE	161	359
石油矿场机械	TE	161	359
石油沥青	TE	161	359
石油炼制与化工	TE	161	359
石油商技	TE	161	359
石油石化节能	TE	161	359
石油实验地质	NP5	99	297
石油天然气学报	TE	161	359
石油物探	TE	161	359
石油学报	TE	161	359
石油学报(石油加工)	TE	161	359
石油仪器	TH	167	365
石油与天然气地质	TE	161	359
石油与天然气化工	TE	161	359
石油政工研究	BD	31	229

期刊名称	期刊类别	被引指标页码	来源指标页码
石油钻采工艺	TE	161	359
石油钻探技术	TE	161	359
时代法学	BD9	35	233
时代建筑	TU	193	391
时代教育	G4	68	266
时代金融(下旬)	F8	47	245
时代文学	GI	75	273
时间频率学报	NP1	95	293
时珍国医国药	R2	130	328
实践(思想理论版)	BD	31	229
实事求是	BD2	32	230
实验动物科学	NQ	103	301
实验动物与比较医学	NQ	103	301
实验技术与管理	TB	156	354
实验教学与仪器	TH	167	365
实验科学与技术	NT	89	287
实验力学	NO3	92	290
实验流体力学	TY	202	400
实验室科学	NT	89	287
实验室研究与探索	TB	157	355
实验与检验医学	R4	136	334
实用癌症杂志	R73	143	341
实用防盲技术	R76	146	344
实用放射学杂志	R8	148	346
实用妇产科杂志	R71	142	340
实用肝脏病杂志	R5	138	336
实用骨科杂志	R4	136	334
实用检验医师杂志	R4	136	334
实用口腔医学杂志	R78	147	345
实用老年医学	R16	129	327
实用临床医学	R4	136	334
实用临床医药杂志	R4	136	334
实用皮肤病学杂志	R75	145	343
实用手外科杂志	R6	140	338
实用糖尿病杂志	R5	138	336

期刊名称	期刊类别	被引指标页码	来源指标页码
实用疼痛学杂志	R4	136	334
实用心脑肺血管病杂志	R5	138	336
实用药物与临床	R9	149	347
实用医技杂志	RT	123	321
实用医学影像杂志	R4	136	334
实用医学杂志	R4	136	334
实用医药杂志	RT	123	321
实用医院临床杂志	R4	136	334
实用预防医学	R1	126	324
实用中西医结合临床	R2	130	328
实用中医内科杂志	R2	130	328
实用中医药杂志	R2	130	328
实用肿瘤学杂志	R73	143	341
实用肿瘤杂志	R73	143	341
食品工程	TS-2	189	387
食品工业	TS-2	189	387
食品工业科技	TS-2	189	387
食品科技	TS-2	189	387
食品科学	TS-2	189	387
食品科学技术学报	NA-1	81	279
食品研究与开发	TS-2	189	387
食品与发酵工业	TS-2	189	387
食品与发酵科技	TS-2	190	388
食品与机械	TS-2	190	388
食品与生物技术学报	TS-2	190	388
食品与药品	TS-2	190	388
食用菌	S6	112	310
食用菌学报	S6	112	310
史林	CK0	24	222
史学集刊	CK0	24	222
史学理论研究	CK0	24	222
史学史研究	CK0	24	222
史学月刊	CK0	24	222
世纪桥	C0	20	218
世界地理研究	NP9	101	299

期刊名称	期刊类别	被引指标页码	来源指标页码
世界地震工程	NP3	97	295
世界地质	NP5	100	298
世界电信	TN	177	375
世界电影	GJ	76	274
世界电子元器件	TN	177	375
世界钢铁	TF	163	361
世界海运	TZ-6	200	398
世界汉语教学	GH	73	271
世界核地质科学	TL	171	369
世界华人消化杂志	R5	138	336
世界华文文学论坛	GI	75	273
世界家苑	G0	59	257
世界建筑	TU	193	391
世界教育信息	G4	68	266
世界经济	F0	39	237
世界经济文汇	F0	39	237
世界经济研究	F0	39	237
世界经济与政治	BD8	33	231
世界经济与政治论坛	F0	39	237
世界科技研究与发展	NT	89	287
世界科学	NT	89	287
世界科学技术-中医药现代化	R2	130	328
世界历史	CK0	24	222
世界林业研究	S7	114	312
世界临床药物	R9	149	347
世界贸易组织动态与研究	F7	45	243
世界美术	GJ	76	274
世界民族	C92	22	220
世界农药	TQ	185	383
世界农业	ST	107	305
世界桥梁	TZ-2	198	396
世界热带农业信息	S5	111	309
世界石油工业	TE	161	359
世界橡胶工业	TQ	185	383
世界有色金属	TG	165	363

期刊名称	期刊类别	被引指标页码	来源指标页码
世界哲学	B0	30	228
世界制造技术与装备市场	TH	167	365
世界中西医结合杂志	R2	130	328
世界中医药	R2	130	328
世界竹藤通讯	TS-0	187	385
世界宗教文化	B9	30	228
世界宗教研究	B9	30	228
市场论坛	F7	45	243
市场研究	F7	45	243
市场周刊·理论研究	F7	45	243
市政技术	TU	193	391
市政设施管理	TU	193	391
室内设计	TU	193	391
室内设计与装修	TU	193	391
首都公共卫生	R1	126	324
首都经济贸易大学学报	FA	37	235
首都师范大学学报(社会科学版)	GA-1	50	248
首都师范大学学报(自然科学版)	NA-4	87	285
首都体育学院学报	GA-8	58	256
首都医科大学学报	RA-0	120	318
首都医药	RT	123	321
兽类学报	NQ	103	301
兽医导刊	S8	116	314
书画世界	GJ	76	274
蔬菜	S6	112	310
数据采集与处理	TN	177	375
数据通信	TN	177	375
数理统计与管理	F2	42	240
数理医药学杂志	R3	133	331
数量经济技术经济研究	F0	39	237
数学的实践与认识	NO1	91	289
数学教学	NO1	91	289
数学教学研究	NO1	91	289
数学教育学报	NO1	91	289
数学进展	NO1	91	289

期刊名称	期刊类别	被引指标页码	来源指标页码
数学理论与应用	NO1	91	289
数学年刊 A 辑	NO1	91	289
数学通报	NO1	91	289
数学物理学报	NO1	91	289
数学学报	NO1	91	289
数学研究	NO1	91	289
数学研究及应用	NO1	91	289
数学杂志	NO1	91	289
数值计算与计算机应用	TP	180	378
数字技术与应用	TN	177	375
数字通信	TN	177	375
数字通信世界	TN	177	375
数字图书馆论坛	G25	61	259
数字与缩微影像	TB	157	355
水泵技术	TH	167	365
水产科技情报	S9	118	316
水产科学	S9	118	316
水产学报	S9	118	316
水产学杂志	S9	118	316
水产养殖	S9	118	316
水处理技术	TX	204	402
水道港口	TZ-6	201	399
水电能源科学	TK	171	369
水电与新能源	TV	196	394
水电站机电技术	TV	196	394
水电站设计	TV	196	394
水电自动化与大坝监测	TV	196	394
水动力学研究与进展 A 辑	TK	171	369
水科学进展	TV	196	394
水科学与工程技术	TV	196	394
水雷战与舰船防护	TJ	169	367
水力采煤与管道运输	TD	159	357
水力发电	TV	196	394
水力发电学报	TV	196	394
水利发展研究	TV	196	394
水利规划与设计	TV	196	394
水利技术监督	TV	196	394
水利建设与管理	TV	196	394
水利经济	TV	196	394
水利科技	TV	196	394
水利科技与经济	TV	196	394
水利水电工程设计	TV	196	394
水利水电技术	TV	196	394
水利水电科技进展	TV	196	394
水利水电快报	TV	196	394
水利水运工程学报	TV	196	394
水利信息化	TV	196	394
水利学报	TV	196	394
水利与建筑工程学报	TV	196	394
水泥	TU	193	391
水泥工程	TU	193	391
水泥技术	TU	193	391
水生生物学报	NQ	103	301
水生态学杂志	NQ	103	301
水土保持通报	S1	108	306
水土保持学报	S1	108	306
水土保持研究	S1	108	306
水土保持应用技术	S1	108	306
水文	NP5	100	298
水文地质工程地质	NP5	100	298
水运工程	TZ-6	201	399
水运管理	TZ-6	201	399
水资源保护	TV	196	394
水资源与水工程学报	TV	196	394
税收经济研究	FA	37	235
税务研究	F8	47	245
税务与经济	F8	47	245
顺德职业技术学院学报	GA-3	57	255
丝绸	TS-1	188	386
丝绸之路	CK0	24	222

期刊名称	期刊类别	被引指标页码	来源指标页码
思茅师范高等专科学校学报	GA-3	53	251
思想教育研究	BD	31	229
思想理论教育(上半月综合版)	G4	68	266
思想理论教育(下半月行动版)	G4	68	266
思想理论教育导刊	G4	68	266
思想战线	C0	21	219
思想政治工作研究	BD	31	229
思想政治教育研究	G4	68	266
四川兵工学报	TJ	169	367
四川蚕业	S8	116	314
四川大学学报(工程科学版)	NA-1	81	279
四川大学学报(医学版)	RA-0	120	318
四川大学学报(自然科学版)	NA-1	81	279
四川档案	G27	62	260
四川地震	NP5	100	298
四川地质学报	NP5	100	298
四川电力技术	TM	174	372
四川动物	NQ	103	301
四川化工	TQ	185	383
四川环境	TX	204	402
四川建材	TU	193	391
四川建筑	TU	193	391
四川建筑科学研究	TU	193	391
四川教育	G4	68	266
四川解剖学杂志	R3	133	331
四川精神卫生	R74	145	343
四川警察学院学报	BA-9	28	226
四川理工学院学报(社会科学版)	CA-1	18	216
四川理工学院学报(自然科学版)	NA-2	85	283
四川林业科技	S7	114	312
四川民族学院学报	GA-2	52	250
四川农业大学学报	SA	105	303
四川农业科技	ST	107	305
四川农业与农机	S2	109	307
四川烹饪高等专科学校学报	TA-S	154	352
四川生理科学杂志	R3	133	331
四川省干部函授学院学报	BA-F	29	227
四川省情	C0	21	219
四川省社会主义学院学报	BA-D	26	224
四川师范大学学报(自然科学版)	NA-4	87	285
四川水力发电	TV	196	394
四川水利	TV	196	394
四川水泥	TU	193	391
四川体育科学	G8	72	270
四川图书馆学报	G25	61	259
四川文理学院学报	GA-2	52	250
四川文物	CK85	24	222
四川戏剧	GJ	76	274
四川行政学院学报	BA-D	26	224
四川畜牧兽医	S8	116	314
四川冶金	TF	163	361
四川医学	RT	123	321
四川有色金属	TF	163	361
四川职业技术学院学报	GA-3	57	255
四川中医	R2	130	328
饲料博览	S8	116	314
饲料工业	S8	116	314
饲料广角	S8	116	314
饲料研究	S8	116	314
饲料与畜牧·新饲料	S8	116	314
苏盐科技	TS-2	190	388
苏州大学学报(工科版)	TA-0	152	350
苏州大学学报(医学版)	RA-0	120	318
苏州大学学报(哲学社会科学版)	CA-0	15	213
苏州大学学报(自然科学版)	NA-1	81	279
苏州工艺美术职业技术学院学报	GA-3	57	255
苏州教育学院学报	GA-0	49	247
苏州科技学院学报(工程技术版)	TA-0	152	350
苏州科技学院学报(社会科学版)	CA-1	18	216
苏州科技学院学报(自然科学版)	NA-2	85	283

期刊名称	期刊类别	被引指标页码	来源指标页码
苏州市职业大学学报	GA-3	57	255
宿州教育学院学报	GA-0	49	247
宿州学院学报	NA-2	85	283
塑料	TQ	185	383
塑料包装	TB	157	355
塑料工业	TQ	185	383
塑料科技	TQ	185	383
塑料助剂	TQ	185	383
塑性工程学报	TQ	185	383
绥化学院学报	GA-2	52	250
隧道建设	TZ-2	198	396
塔里木大学学报	NA-1	81	279
台湾农业探索	F3	44	242
台湾研究	C91	22	220
台湾研究集刊	C91	22	220
台州学院学报	NA-2	85	283
太赫兹科学与电子信息学报	TN	177	375
太平洋学报	BD8	33	231
太阳能	TL	171	369
太阳能学报	TK	171	369
太原城市职业技术学院学报	GA-3	57	255
太原大学教育学院学报	GA-0	49	247
太原大学学报	CA-0	15	213
太原科技大学学报	TA-F	153	351
太原理工大学学报	TA-0	152	350
太原理工大学学报(社会科学版)	CA-0	15	213
太原师范学院学报(社会科学版)	CA-1	18	216
太原师范学院学报(自然科学版)	NA-4	87	285
钛工业进展	TG	165	363
泰山学院学报	NA-2	85	283
泰山医学院学报	RA-1	121	319
泰州职业技术学院学报	GA-3	57	255
炭素	TQ	185	383
炭素技术	TQ	185	383
探测与控制学报	TN	177	375
探矿工程-岩土钻掘工程	TD	159	357
探求	BD	31	229
探索	BD	31	229
探索与争鸣	C0	21	219
唐都学刊	C0	21	219
唐山师范学院学报	GA-2	52	250
唐山学院学报	CA-1	18	216
陶瓷	TQ	185	383
陶瓷科学与艺术	TQ	185	383
陶瓷学报	TQ	185	383
特产研究	S3	110	308
特钢技术	TF	163	361
特区经济	F0	39	237
特区实践与理论	F0	39	237
特殊钢	TF	163	361
特种结构	TU	193	391
特种经济动植物	S5	111	309
特种设备安全技术	TK	171	369
特种橡胶制品	TQ	185	383
特种油气藏	TE	161	359
特种铸造及有色合金	TG	165	363
体育成人教育学刊	G8	72	270
体育教学	G8	72	270
体育科技	G8	72	270
体育科技文献通报	G8	72	270
体育科学	G8	72	270
体育科学研究	G8	72	270
体育科研	G8	72	270
体育师友	G8	72	270
体育文化导刊	G8	72	270
体育学刊	G8	72	270
体育研究与教育	G8	72	270
体育与科学	G8	72	270
天府新论	F0	39	237
天津城市建设学院学报	NA-2	85	283

期刊名称	期刊类别	被引指标页码	来源指标页码
天津大学学报	NA-1	81	279
天津大学学报(社会科学版)	CA-0	15	213
天津电大学报	GA-3	57	255
天津法学	BD9	35	233
天津纺织科技	TS-1	188	386
天津工业大学学报	TA-0	152	350
天津航海	TZ-6	201	399
天津护理	R4	136	334
天津化工	TQ	185	383
天津建设科技	TU	193	391
天津教育	G4	68	266
天津经济	F2	42	240
天津科技	NT	89	287
天津科技大学学报	TA-S	154	352
天津理工大学学报	NA-1	81	279
天津美术学院学报	GA-J	59	257
天津农林科技	ST	107	305
天津农学院学报	SA	105	303
天津农业科学	ST	107	305
天津商业大学学报	FA	37	235
天津社会科学	C0	21	219
天津师范大学学报(基础教育版)	GA-0	49	247
天津师范大学学报(自然科学版)	NA-4	87	285
天津市财贸管理干部学院学报	BA-F	29	227
天津市工会管理干部学院学报	BA-F	29	227
天津市教科院学报	G4	68	266
天津市经理学院学报	FA	37	235
天津市社会主义学院学报	BA-D	26	224
天津体育学院学报	GA-8	58	256
天津外国语大学学报	GA-H	58	256
天津行政学院学报	BA-D	26	224
天津药学	R9	149	347
天津冶金	TF	163	361
天津医科大学学报	RA-0	120	318
天津医药	RT	123	321
天津音乐学院学报(天籁)	GA-J	59	257
天津造纸	TS-0	187	385
天津职业技术师范大学学报	GA-2	52	250
天津职业院校联合学报	GA-3	57	255
天津中医药	R2	130	328
天津中医药大学学报	RA-0	120	318
天然产物研究与开发	NQ	103	301
天然气地球科学	NP3	97	295
天然气工业	TE	161	359
天然气化工	TQ	185	383
天然气勘探与开发	TE	161	359
天然气与石油	TE	161	359
天水师范学院学报	GA-2	52	250
天水行政学院学报	BA-D	26	224
天文学报	NP1	95	293
天文学进展	NP1	95	293
天文研究与技术-国家天文台台刊	NP1	95	293
天中学刊	C0	21	219
铁道标准设计	TZ-2	198	396
铁道车辆	TZ-2	198	396
铁道工程学报	TZ-2	198	396
铁道货运	TZ-2	198	396
铁道机车车辆	TZ-2	198	396
铁道技术监督	TZ-2	198	396
铁道建筑	TZ-2	198	396
铁道建筑技术	TU	193	391
铁道经济研究	F4	44	242
铁道警官高等专科学校学报	BA-9	28	226
铁道勘察	TZ-2	198	396
铁道科学与工程学报	TZ-2	198	396
铁道通信信号	TZ-2	199	397
铁道学报	TZ-2	199	397
铁道运输与经济	TZ-2	199	397
铁道运营技术	TZ-2	199	397
铁合金	TF	163	361

期刊名称	期刊类别	被引指标页码	来源指标页码
铁路采购与物流	TZ-2	199	397
铁路工程造价管理	TZ-2	199	397
铁路节能环保与安全卫生	TZ-2	199	397
铁路通信信号工程技术	TZ-2	199	397
听力学及言语疾病杂志	R76	146	344
通化师范学院学报	GA-2	52	250
通信电源技术	TN	177	375
通信管理与技术	TN	177	375
通信技术	TN	177	375
通信企业管理	F2	42	240
通信学报	TN	177	375
通信与信息技术	TN	177	375
通用机械	TH	167	365
同济大学学报(社会科学版)	CA-0	15	213
同济大学学报(医学版)	RA-0	120	318
同济大学学报(自然科学版)	NA-1	81	279
同煤科技	TD	159	357
同位素	TL	171	369
铜陵学院学报	FA	37	235
铜陵职业技术学院学报	GA-3	57	255
铜仁学院学报	GA-2	52	250
铜业工程	TF	163	361
统计科学与实践	F2	42	240
统计研究	F2	42	240
统计与管理	F2	42	240
统计与决策	F2	42	240
统计与信息论坛	F2	42	240
统计与咨询	F2	42	240
投资研究	F8	47	245
投资与合作	F8	47	245
图书馆	G25	61	259
图书馆工作与研究	G25	61	259
图书馆建设	G25	61	259
图书馆界	G25	61	259
图书馆理论与实践	G25	61	259

期刊名称	期刊类别	被引指标页码	来源指标页码
图书馆论坛	G25	61	259
图书馆学刊	G25	61	259
图书馆学研究	G25	61	259
图书馆研究	G25	61	259
图书馆杂志	G25	61	259
图书情报工作	G25	61	259
图书情报知识	G25	61	259
图书与情报	G25	61	259
图学学报	TB	157	355
涂料工业	TQ	185	383
涂料技术与文摘	TQ	185	383
土工基础	TU	193	391
土木工程学报	TU	194	392
土木工程与管理学报	TU	194	392
土木建筑工程信息技术	TU	194	392
土木建筑与环境工程	TU	194	392
土壤	S1	108	306
土壤通报	S1	108	306
土壤学报	S1	108	306
团结	BD	31	229
推进技术	TY	202	400
拖拉机与农用运输车	S2	109	307
外国教育研究	G4	68	266
外国经济与管理	F2	42	240
外国文学	GI	75	273
外国文学动态	GI	75	273
外国文学评论	GI	75	273
外国文学研究	GI	75	273
外国问题研究	BD8	34	232
外国语	GH3	73	271
外国语文(四川外语学院学报)	GA-H	58	256
外国语言文学	GH3	74	272
外国中小学教育	G4	69	267
外交评论	BD	31	229
外科理论与实践	R6	140	338

期刊名称	期刊类别	被引指标页码	来源指标页码
外语电化教学	GH	73	271
外语教学	GH3	74	272
外语教学理论与实践	GH3	74	272
外语教学与研究	GH3	74	272
外语界	GH3	74	272
外语学刊	GH3	74	272
外语研究	GH3	74	272
外语与外语教学	GH3	74	272
皖南医学院学报	RA-1	121	319
皖西学院学报	NA-2	85	283
网络安全技术与应用	TP	180	378
网络新媒体技术	TP	181	379
微波学报	TN	177	375
微处理机	TP	181	379
微创医学	RT	123	321
微电机	TK	171	369
微电子学	TN	177	375
微电子学与计算机	TP	181	379
微量元素与健康研究	R1	126	324
微纳电子技术	TN	178	376
微生物学报	NQ	103	301
微生物学免疫学进展	R3	133	331
微生物学通报	NQ	103	301
微生物学杂志	NQ	103	301
微生物与感染	R3	133	331
微特电机	TK	171	369
微体古生物学报	NP3	97	295
微型电脑应用	TP	181	379
微型机与应用	TP	181	379
微循环学杂志	R3	133	331
潍坊工程职业学院学报	GA-0	49	247
潍坊学院学报	NA-2	85	283
潍坊医学院学报	RA-1	121	319
卫生经济研究	F0	39	237
卫生软科学	R1	126	324

期刊名称	期刊类别	被引指标页码	来源指标页码
卫生研究	R1	126	324
卫生职业教育	G4	69	267
未来与发展	G3	63	261
胃肠病学	R5	138	336
胃肠病学和肝病学杂志	R5	139	337
渭南师范学院学报	GA-2	52	250
温州大学学报(社会科学版)	CA-0	15	213
温州大学学报(自然科学版)	NA-1	81	279
温州医学院学报	RA-1	121	319
温州职业技术学院学报	GA-3	57	255
文博	G27	62	260
文化遗产	G0	59	257
文教资料	G4	69	267
文理导航(上旬)	GH	73	271
文理导航(下旬)	GH	73	271
文理导航(中旬)	GH	73	271
文山学院学报	GA-2	52	250
文史	CK0	24	222
文史博览(理论)	CK0	24	222
文史杂志	CK0	24	222
文史哲	C0	21	219
文史知识	CK0	24	222
文物	CK85	24	222
文物保护与考古科学	CK85	24	222
文物春秋	CK85	24	222
文物世界	CK85	25	223
文献	G25	61	259
文学教育(下)	GI	75	273
文学教育(中)	GI	75	273
文学评论	GI	75	273
文学遗产	GI	75	273
文艺理论研究	GJ	76	274
文艺理论与批评	GJ	76	274
文艺评论	GJ	76	274
文艺生活·文海艺苑	GI	75	273

期刊名称	期刊类别	被引指标页码	来源指标页码
文艺生活·文艺理论	GI	75	273
文艺研究	GI	75	273
文艺争鸣	GJ	76	274
乌鲁木齐职业大学学报	GA-3	57	255
无机材料学报	TQ	185	383
无机化学学报	NO6	95	293
无机盐工业	TQ	185	383
无损检测	TH	167	365
无损探伤	TH	167	365
无锡商业职业技术学院学报	GA-3	57	255
无锡职业技术学院学报	GA-3	57	255
无线电工程	TN	178	376
无线电通信技术	TN	178	376
无线互联科技	C91	22	220
无线通信技术	TN	178	376
芜湖职业技术学院学报	GA-3	57	255
梧州学院学报	GA-H	58	256
五台山研究	B9	30	228
五邑大学学报(社会科学版)	CA-0	15	213
五邑大学学报(自然科学版)	NA-1	81	279
武钢技术	TF	163	361
武汉船舶职业技术学院学报	GA-3	57	255
武汉大学学报(工学版)	TA-0	152	350
武汉大学学报(理学版)	NA-1	81	279
武汉大学学报(人文科学版)	CA-0	15	213
武汉大学学报(信息科学版)	TA-N	153	351
武汉大学学报(医学版)	RA-0	120	318
武汉大学学报(哲学社会科学版)	CA-0	15	213
武汉纺织大学学报	NA-1	82	280
武汉工程大学学报	TA-E	152	350
武汉工程职业技术学院学报	GA-3	57	255
武汉工业学院学报	TA-0	152	350
武汉公安干部学院学报	BA-F	29	227
武汉交通职业学院学报	GA-3	57	255
武汉金融	F8	47	245
武汉科技大学学报(社会科学版)	CA-0	15	213
武汉科技大学学报(自然科学版)	NA-1	82	280
武汉理工大学学报	TA-0	152	350
武汉理工大学学报(交通科学与工程版)	TA-Y	155	353
武汉理工大学学报(社会科学版)	CA-0	15	213
武汉理工大学学报(信息与管理工程版)	TA-N	153	351
武汉商业服务学院学报	FA	37	235
武汉体育学院学报	GA-8	58	256
武汉冶金管理干部学院学报	BA-F	29	227
武汉职业技术学院学报	GA-3	57	255
武警工程大学学报	TA-0	152	350
武警后勤学院学报(医学版)	RA-1	122	320
武警学院学报	BA-9	28	226
武警医学	R3	133	331
武陵学刊	C91	22	220
武夷科学	NT	89	287
武夷学院学报	GA-0	49	247
物理	NO4	93	291
物理测试	NO4	93	291
物理化学学报	NO6	95	293
物理教师	NO4	93	291
物理教学	G4	69	267
物理教学探讨	NO4	93	291
物理实验	NO4	93	291
物理通报	NO4	93	291
物理学报	NO4	93	291
物理学进展	NO4	93	291
物理与工程	NO4	93	291
物联网技术	TP	181	379
物流技术	F7	45	243
物流技术与应用	F7	45	243
物流科技	F7	45	243
物探化探计算技术	TP	181	379
物探与化探	NP3	97	295
物探装备	TE	161	359

期刊名称	期刊类别	被引指标页码	来源指标页码
西安财经学院学报	FA	37	235
西安电子科技大学学报(社会科学版)	CA-0	15	213
西安电子科技大学学报(自然科学版)	NA-1	82	280
西安工程大学学报	TA-0	152	350
西安工业大学学报	TA-0	152	350
西安航空学院学报	TA-V	154	352
西安建筑科技大学学报(社会科学版)	CA-0	15	213
西安建筑科技大学学报(自然科学版)	TA-U	154	352
西安交通大学学报	NA-1	82	280
西安交通大学学报(社会科学版)	CA-0	15	213
西安交通大学学报(医学版)	RA-0	120	318
西安科技大学学报	TA-P	154	352
西安理工大学学报	TA-0	152	350
西安石油大学学报(社会科学版)	CA-0	15	213
西安石油大学学报(自然科学版)	TA-E	152	350
西安体育学院学报	GA-8	58	256
西安外国语大学学报	GA-H	58	256
西安文理学院学报(社会科学版)	CA-1	18	216
西安文理学院学报(自然科学版)	NA-2	85	283
西安邮电学院学报	TA-N	153	351
西安政治学院学报	BA-D	26	224
西北成人教育学报	G4	69	267
西北大学学报(哲学社会科学版)	CA-0	15	213
西北大学学报(自然科学版)	NA-1	82	280
西北地质	NP5	100	298
西北工业大学学报	TA-0	152	350
西北工业大学学报(社会科学版)	CA-0	15	213
西北国防医学杂志	RT	123	321
西北林学院学报	SA	105	303
西北民族大学学报(哲学社会科学版)	CA-0	15	213
西北民族大学学报(自然科学版)	NA-1	82	280
西北民族研究	C92	23	221
西北农林科技大学学报(社会科学版)	CA-0	15	213
西北农林科技大学学报(自然科学版)	NA-1	82	280
西北农业学报	ST	107	305
西北人口	C92	23	221
西北师大学报(社会科学版)	GA-1	50	248
西北师范大学学报(自然科学版)	NA-4	87	285
西北水电	TV	196	394
西北药学杂志	R9	149	347
西北医学教育	G4	69	267
西北园艺(蔬菜)	S6	112	310
西北植物学报	NQ	103	301
西伯利亚研究	BD8	34	232
西部财会	F2	42	240
西部法学评论	BD9	35	233
西部交通科技	TZ-0	197	395
西部金融	F8	47	245
西部经济管理论坛-四川经济管理学院学报	FA	37	235
西部林业科学	S7	114	312
西部论坛	F0	39	237
西部皮革	TS-0	187	385
西部探矿工程	TD	159	357
西部医学	RT	123	321
西部中医药	R2	130	328
西昌学院学报(社会科学版)	CA-1	18	216
西昌学院学报(自然科学版)	NA-2	85	283
西华大学学报(哲学社会科学版)	CA-0	15	213
西华大学学报(自然科学版)	NA-1	82	280
西华师范大学学报(哲学社会科学版)	GA-1	50	248
西华师范大学学报(自然科学版)	NA-4	87	285
西南大学学报(社会科学版)	GA-1	50	248
西南大学学报(自然科学版)	NA-1	82	280
西南国防医药	RT	123	321
西南交通大学学报	NA-1	82	280
西南交通大学学报(社会科学版)	CA-0	15	213
西南金融	F8	47	245
西南军医	RT	123	321
西南科技大学学报	NA-1	82	280
西南科技大学学报(哲学社会科学版)	CA-0	15	213

期刊名称	期刊类别	被引指标页码	来源指标页码
西南林业大学学报	SA	105	303
西南民族大学学报(人文社科版)	CA-0	15	213
西南民族大学学报(自然科学版)	NA-1	82	280
西南农业大学学报(社会科学版)	CA-0	15	213
西南农业学报	ST	107	305
西南师范大学学报(自然科学版)	NA-4	87	285
西南石油大学学报(社会科学版)	CA-0	15	213
西南石油大学学报(自然科学版)	TA-E	152	350
西南政法大学学报	BA-9	28	226
西亚非洲	BD8	34	232
西域研究	C0	21	219
西藏大学学报(社会科学版)	NA-1	82	280
西藏大学学报(自然科学版)	NA-1	82	280
西藏发展论坛	F0	39	237
西藏教育	G4	69	267
西藏科技	NT	89	287
西藏民族学院学报(哲学社会科学版)	CA-1	18	216
西藏农业科技	ST	107	305
西藏研究	C0	21	219
西藏医药杂志	RT	124	322
西藏艺术研究	GJ	76	274
稀土	TF	163	361
稀有金属	TF	163	361
稀有金属材料与工程	TG	165	363
稀有金属与硬质合金	TF	163	361
戏剧丛刊	GJ	76	274
戏剧文学	GI	75	273
戏剧艺术	GJ	76	274
戏剧-中央戏剧学院学报	GA-J	59	257
戏曲艺术	GJ	76	274
系统仿真技术	TP	181	379
系统仿真学报	TP	181	379
系统工程	NT	89	287
系统工程理论与实践	NT	89	287
系统工程学报	NO1	91	289
系统工程与电子技术	TN	178	376
系统管理学报	NT	89	287
系统科学学报	B0	30	228
系统科学与数学	NO1	91	289
细胞与分子免疫学杂志	R3	133	331
厦门城市职业学院学报	GA-0	49	247
厦门大学学报(自然科学版)	NA-1	82	280
厦门广播电视大学学报	GA-3	57	255
厦门科技	NT	89	287
厦门理工学院学报	NA-2	85	283
纤维复合材料	TQ	185	383
纤维素科学与技术	TQ	185	383
咸阳师范学院学报	GA-2	52	250
现代财经-天津财经大学学报	FA	37	235
现代测绘	NP2	96	294
现代测量与实验室管理	TB	157	355
现代车用动力	TK	171	369
现代城市轨道交通	TZ-4	200	398
现代城市研究	TU	194	392
现代传播	G21	60	258
现代传输	TN	178	376
现代大学教育	G4	69	267
现代地质	NP5	100	298
现代电力	TK	171	369
现代电生理学杂志	NQ	103	301
现代电视技术	TN	178	376
现代电信科技	TN	178	376
现代电影技术	TN	178	376
现代电子技术	TN	178	376
现代法学	BD9	35	233
现代防御技术	TJ	169	367
现代纺织技术	TS-1	188	386
现代妇产科进展	R71	142	340
现代管理科学	F2	42	240
现代国际关系	BD8	34	232

期刊名称	期刊类别	被引指标页码	来源指标页码
现代化工	TQ	185	383
现代化农业	S2	109	307
现代机械	TH	167	365
现代计算机(专业版)	TP	181	379
现代技术陶瓷	TQ	185	383
现代检验医学杂志	R4	136	334
现代建筑电气	TM	174	372
现代交际	C0	21	219
现代交通技术	TZ-0	197	395
现代教育管理	G4	69	267
现代教育技术	G4	69	267
现代教育科学(高教研究)	G4	69	267
现代教育科学(普教研究)	G4	69	267
现代教育科学(小学教师)	G4	69	267
现代经济(现代物业中旬刊)	F0	39	237
现代经济信息	F0	39	237
现代科学仪器	TH	167	365
现代口腔医学杂志	R78	147	345
现代矿业	TD	159	357
现代雷达	TN	178	376
现代临床护理	R4	136	334
现代临床医学	RT	124	322
现代泌尿生殖肿瘤杂志	R6	140	338
现代泌尿外科杂志	R4	136	334
现代免疫学	R3	133	331
现代面粉工业	TS-0	187	385
现代农村科技	ST	107	305
现代农药	S4	110	308
现代农业	ST	107	305
现代农业科技	ST	107	305
现代企业	F2	42	240
现代企业教育	F2	42	240
现代情报	G25	62	260
现代日本经济	F0	39	237
现代商业	F7	45	243

期刊名称	期刊类别	被引指标页码	来源指标页码
现代商业银行	F8	47	245
现代审计与经济	F2	42	240
现代生物医学进展	NQ	104	302
现代实用医学	RT	124	322
现代食品科技	TS-2	190	388
现代丝绸科学与技术	TS-1	188	386
现代塑料加工应用	TQ	185	383
现代隧道技术	TZ-2	199	397
现代特殊教育	G4	69	267
现代图书情报技术	G25	62	260
现代涂料与涂装	TQ	186	384
现代外语	GH3	74	272
现代物理知识	NO4	93	291
现代物业	F2	42	240
现代显示	TN	178	376
现代消化及介入诊疗	R5	139	337
现代畜牧兽医	S8	116	314
现代药物与临床	R9	149	347
现代医学	RT	124	322
现代医药卫生	RT	124	322
现代医用影像学	R1	126	324
现代医院	R1	126	324
现代医院管理	R3	133	331
现代仪器与医疗	TH	167	365
现代营销	F7	45	243
现代语文(教学研究)	GH	73	271
现代语文(学术综合)	GH	73	271
现代语文(语言研究)	GH	73	271
现代预防医学	R1	126	324
现代园艺	S6	112	310
现代远程教育研究	G4	69	267
现代远距离教育	G4	69	267
现代哲学	B0	30	228
现代诊断与治疗	R4	136	334
现代职业安全	TX	204	402

期刊名称	期刊类别	被引指标页码	来源指标页码
现代制造工程	TH	168	366
现代制造技术与装备	TH	168	366
现代中西医结合杂志	R2	131	329
现代中小学教育	G4	69	267
现代中药研究与实践	R2	131	329
现代中医药	R2	131	329
现代肿瘤医学	R73	143	341
现代种业	S3	110	308
现代铸铁	TG	165	363
香料香精化妆品	TQ	186	384
湘南学院学报	NA-2	85	283
湘南学院学报(医学版)	RA-1	122	320
湘潭大学学报(哲学社会科学版)	CA-0	16	214
湘潭大学自然科学学报	NA-1	82	280
襄阳职业技术学院学报	GA-3	57	255
项目管理技术	F2	42	240
橡胶工业	TQ	186	384
橡胶科技	TQ	186	384
橡塑技术与装备	TQ	186	384
橡塑资源利用	TQ	186	384
消防技术与产品信息	TU	194	392
消防科学与技术	TX	204	402
消费经济	F7	45	243
销售与市场	F7	46	244
小城镇建设	TU	194	392
小氮肥	TQ	186	384
小水电	TV	196	394
小说评论	GI	75	273
小型内燃机与摩托车	TH	168	366
小型微型计算机系统	TP	181	379
小学教学	G4	69	267
小学教学研究(教学版)	G4	69	267
校园心理	GI	75	273
协和医学杂志	RT	124	322
心电与循环	R5	139	337
心肺血管病杂志	R5	139	337
心理发展与教育	B84	30	228
心理科学	B84	30	228
心理科学进展	B84	30	228
心理学报	B84	30	228
心理学探新	B84	30	228
心理研究	B84	30	228
心理与行为研究	B84	30	228
心脑血管病防治	R5	139	337
心血管病学进展	R5	139	337
心血管康复医学杂志	R16	129	327
心脏杂志	R5	139	337
忻州师范学院学报	GA-2	52	250
新材料产业	TB	157	355
新财经	F2	42	240
新财经(理论版)	F2	43	241
新东方	C91	22	220
新技术新工艺	TB	157	355
新建筑	TU	194	392
新疆财经	F8	47	245
新疆财经大学学报	FA	37	235
新疆大学学报(自然科学版)	NA-1	82	280
新疆地方志	CK0	24	222
新疆地质	NP5	100	298
新疆钢铁	TF	163	361
新疆广播电视大学学报	GA-3	57	255
新疆环境保护	TX	204	402
新疆教育学院学报	GA-0	49	247
新疆警官高等专科学校学报	BA-9	28	226
新疆林业	S7	114	312
新疆农机化	S2	109	307
新疆农垦经济	S2	109	307
新疆农垦科技	S2	109	307
新疆农业大学学报	SA	105	303
新疆农业科技	ST	107	305

期刊名称	期刊类别	被引指标页码	来源指标页码
新疆农业科学	ST	107	305
新疆社会科学(汉文版)	C0	21	219
新疆社科论坛	C0	21	219
新疆师范大学学报(哲学社会科学版)	GA-1	50	248
新疆师范大学学报(自然科学版)	NA-4	87	285
新疆石油地质	TE	161	359
新疆石油天然气	TE	161	359
新疆畜牧业	S8	116	314
新疆医科大学学报	RA-0	120	318
新疆医学	RT	124	322
新疆艺术学院学报	GA-J	59	257
新疆有色金属	TF	163	361
新疆职业大学学报	GA-3	57	255
新疆职业教育研究	G4	69	267
新疆中医药	R2	131	329
新金融	F8	47	245
新课程学习·下旬	G4	69	267
新课程学习·中旬	G4	69	267
新课程研究(上旬)	G4	69	267
新课程研究(下旬)	G4	69	267
新课程研究(中旬-单)	G4	69	267
新课程研究(中旬-双)	G4	69	267
新农村	ST	107	305
新世纪水泥导报	TU	194	392
新世纪图书馆	G25	62	260
新视野	BD	31	229
新文学史料	GI	75	273
新闻爱好者	G21	60	258
新闻爱好者(下半月)	G21	60	258
新闻传播	G21	60	258
新闻大学	G21	60	258
新闻记者	G21	60	258
新闻界	G21	60	258
新闻实践	G21	60	258
新闻与传播研究	G21	60	258
新闻与写作	G21	60	258
新闻战线	G21	60	258
新闻知识	G21	60	258
新西部(下旬刊)	C0	21	219
新乡学院学报(社会科学版)	CA-1	18	216
新乡学院学报(自然科学版)	NA-2	85	283
新乡医学院学报	RA-1	122	320
新校园(理论版)	G4	69	267
新型建筑材料	TU	194	392
新型炭材料	TQ	186	384
新医学	RT	124	322
新余学院学报	NA-2	85	283
新中医	R2	131	329
信号处理	TN	178	376
信息安全与技术	TN	178	376
信息安全与通信保密	TN	178	376
信息工程大学学报	TA-N	153	351
信息化研究	TN	178	376
信息记录材料	TQ	186	384
信息技术	TN	178	376
信息技术与标准化	G3	63	261
信息技术与信息化	TN	178	376
信息通信	TN	178	376
信息通信技术	TN	178	376
信息网络安全	TN	178	376
信息系统工程	TP	181	379
信息与控制	TP	181	379
信阳农业高等专科学校学报	SA	105	303
信阳师范学院学报(哲学社会科学版)	CA-1	18	216
信阳师范学院学报(自然科学版)	NA-4	87	285
兴义民族师范学院学报	GA-2	52	250
星海音乐学院学报	GA-J	59	257
刑事技术	BD9	35	233
行政法学研究	BD9	35	233
行政管理改革	BD	32	230

期刊名称	期刊类别	被引指标页码	来源指标页码
行政论坛	BD	32	230
行政与法	BD9	35	233
邢台学院学报	NA-2	85	283
邢台职业技术学院学报	GA-3	57	255
徐州工程学院学报(社会科学版)	CA-1	18	216
徐州工程学院学报(自然科学版)	NA-2	85	283
徐州医学院学报	RA-1	122	320
许昌学院学报	CA-1	18	216
畜牧兽医科技信息	S8	116	314
畜牧兽医学报	S8	116	314
畜牧兽医杂志	S8	116	314
畜牧与兽医	S8	116	314
畜牧与饲料科学	S8	116	314
畜禽业	S8	116	314
蓄电池	TS-0	187	385
选煤技术	TD	159	357
学海	B0	30	228
学会	G3	63	261
学理论	G4	69	267
学前教育研究	G4	69	267
学术界	C0	21	219
学术论坛	C0	21	219
学术探索	C0	21	219
学术研究	C0	21	219
学术月刊	C0	21	219
学位与研究生教育	G4	69	267
学习论坛	BD	32	230
学习与探索	C0	21	219
学校党建与思想教育(高教版)	BD2	32	230
学校党建与思想教育(普教版)	BD2	32	230
学园	C0	21	219
血栓与止血学	R4	136	334
寻根	CK85	25	223
循证医学	R4	136	334
压电与声光	TN	178	376
压力容器	TH	168	366
压缩机技术	TH	168	366
牙体牙髓牙周病学杂志	R78	147	345
亚热带农业研究	S5	111	309
亚热带水土保持	S1	108	306
亚热带植物科学	S5	111	309
亚热带资源与环境学报	NP9	101	299
亚太传统医药	RT	124	322
亚太经济	F0	39	237
烟草科技	TS-0	187	385
烟台大学学报(哲学社会科学版)	CA-0	16	214
烟台大学学报(自然科学与工程版)	NA-1	82	280
烟台果树	S6	112	310
烟台职业学院学报	GA-3	57	255
延安大学学报(社会科学版)	CA-0	16	214
延安大学学报(医学科学版)	RA-0	120	318
延安大学学报(自然科学版)	NA-1	82	280
延安职业技术学院学报	GA-3	57	255
延边大学农学学报	SA	105	303
延边大学学报(社会科学版)	CA-0	16	214
延边大学学报(自然科学版)	NA-1	82	280
延边大学医学学报	RA-0	120	318
延边党校学报	BA-D	26	224
延边教育学院学报	GA-0	49	247
岩矿测试	NP5	100	298
岩石矿物学杂志	NP5	100	298
岩石力学与工程学报	NO3	92	290
岩石学报	NP5	100	298
岩土工程技术	TU	194	392
岩土工程学报	TU	194	392
岩土力学	NO3	92	290
岩性油气藏	TE	161	359
沿海企业与科技	F2	43	241
研究生教育研究	G4	69	267
研究与发展管理	F2	43	241

期刊名称	期刊类别	被引指标页码	来源指标页码
盐城工学院学报(社会科学版)	CA-1	18	216
盐城工学院学报(自然科学版)	NA-2	85	283
盐城师范学院学报(人文社会科学版)	CA-1	18	216
盐湖研究	NP7	101	299
盐业史研究	TS-2	190	388
盐业与化工	TQ	186	384
眼科	R76	146	344
眼科新进展	R76	146	344
演艺科技	GJ	76	274
燕山大学学报	NA-1	82	280
燕山大学学报(哲学社会科学版)	CA-0	16	214
扬州大学烹饪学报	TA-S	154	352
扬州大学学报(高教研究版)	GA-0	49	247
扬州大学学报(农业与生命科学版)	SA	105	303
扬州大学学报(人文社会科学版)	CA-0	16	214
扬州大学学报(自然科学版)	NA-1	82	280
扬州教育学院学报	GA-0	49	247
扬州职业大学学报	GA-3	57	255
扬子江评论	GI	75	273
杨凌职业技术学院学报	GA-3	57	255
养禽与禽病防治	S8	116	314
养殖技术顾问	S8	116	314
养殖与饲料	S8	117	315
养猪	S8	117	315
遥测遥控	TN	178	376
遥感技术与应用	NP2	96	294
遥感信息	NP2	96	294
遥感学报	NP2	96	294
药品评价	R9	149	347
药物不良反应杂志	R9	149	347
药物分析杂志	R9	149	347
药物流行病学杂志	R9	149	347
药物评价研究	R2	131	329
药物生物技术	R9	149	347
药学服务与研究	R9	149	347

期刊名称	期刊类别	被引指标页码	来源指标页码
药学教育	G4	69	267
药学进展	R9	149	347
药学实践杂志	R9	149	347
药学学报	R9	149	347
药学研究	RT	124	322
药学与临床研究	R9	149	347
冶金标准化与质量	G3	63	261
冶金财会	F2	43	241
冶金丛刊	TF	163	361
冶金动力	TK	171	369
冶金分析	TF	163	361
冶金管理	TF	163	361
冶金经济与管理	F4	44	242
冶金能源	TK	171	369
冶金设备	TF	163	361
冶金设备管理与维修	TF	163	361
冶金信息导刊	G3	64	262
冶金自动化	TF	163	361
野生动物	NQ	104	302
液晶与显示	NO4	93	291
液压气动与密封	TH	168	366
液压与气动	TH	168	366
一重技术	TH	168	366
伊犁师范学院学报(社科版)	CA-1	18	216
伊犁师范学院学报(自然科学版)	NA-4	87	285
医疗卫生装备	R3	133	331
医疗装备	R1	126	324
医学动物防制	R1	126	324
医学分子生物学杂志	R3	133	331
医学检验与临床	R4	136	334
医学理论与实践	RT	124	322
医学临床研究	R4	136	334
医学新知杂志	RT	124	322
医学信息	RT	124	322
医学信息学杂志	RT	124	322

期刊名称	期刊类别	被引指标页码	来源指标页码
医学研究生学报	RT	124	322
医学研究与教育	RT	124	322
医学研究杂志	RT	124	322
医学影像学杂志	R8	148	346
医学与法学	RT	124	322
医学与社会	RT	124	322
医学与哲学	RT	124	322
医学争鸣	RT	124	322
医学综述	RT	124	322
医药导报	R9	149	347
医药工程设计	R9	149	347
医药论坛杂志	RT	124	322
医药前沿	RT	124	322
医用生物力学	R3	133	331
医院管理论坛	R3	133	331
医院院长论坛	RT	124	322
仪表技术	TH	168	366
仪表技术与传感器	TH	168	366
仪器仪表标准化与计量	G3	64	262
仪器仪表学报	TH	168	366
仪器仪表用户	TH	168	366
仪器仪表与分析监测	TH	168	366
宜宾学院学报	CA-1	18	216
宜春学院学报	NA-2	85	283
移动电源与车辆	TM	174	372
移动通信	TN	178	376
遗传	NQ	104	302
疑难病杂志	R5	139	337
乙烯工业	TE	161	359
艺海	GJ	76	274
艺术百家	GJ	77	275
艺术广角	GJ	77	275
艺术科技	GJ	77	275
艺术评论	GJ	77	275
艺术设计研究	TS-0	187	385

期刊名称	期刊类别	被引指标页码	来源指标页码
艺术探索	GJ	77	275
艺术研究	GJ	77	275
艺苑	G0	59	257
译林	GI	75	273
阴山学刊(社会科学版)	C0	21	219
阴山学刊(自然科学版)	NT	89	287
音乐创作	GJ	77	275
音乐探索	GJ	77	275
音乐研究	GJ	77	275
音乐艺术	GJ	77	275
音响技术	TN	178	376
殷都学刊	C0	21	219
银行家	F8	47	245
饮料工业	TS-2	190	388
印染	TS-1	188	386
印染助剂	TQ	186	384
印刷技术	TS-0	187	385
印刷世界	TS-0	187	385
印刷杂志	TS-0	187	385
印刷质量与标准化	G3	64	262
印制电路信息	TN	178	376
应用泛函分析学报	TL	171	369
应用概率统计	NO1	91	289
应用光学	NO4	93	291
应用海洋学学报	NP7	101	299
应用化工	TQ	186	384
应用化学	NO6	95	293
应用基础与工程科学学报	TB	157	355
应用激光	TN	178	376
应用科技	NT	89	287
应用科学学报	NT	89	287
应用昆虫学报	NQ	104	302
应用力学学报	NO3	92	290
应用能源技术	TK	171	369
应用气象学报	NP4	98	296

期刊名称	期刊类别	被引指标页码	来源指标页码
应用生态学报	NQ	104	302
应用声学	NO4	93	291
应用数学	NO1	91	289
应用数学和力学	NO1	91	289
应用数学学报	NO1	91	289
应用数学与计算数学学报	NO1	91	289
应用心理学	B84	30	228
应用与环境生物学报	NQ	104	302
应用预防医学	R1	127	325
营养学报	R1	127	325
影视制作	TN	178	376
影像技术	TQ	186	384
影像科学与光化学	NO6	95	293
影像诊断与介入放射学	R4	136	334
硬质合金	TF	163	361
邮电设计技术	TN	178	376
邮政研究	F4	44	242
油气储运	TE	161	359
油气地质与采收率	TE	161	359
油气井测试	TE	161	359
油气田地面工程	TE	161	359
油气田环境保护	TE	161	359
油田化学	TE	162	360
铀矿地质	NP5	100	298
铀矿冶	TD	159	357
有机氟工业	TQ	186	384
有机硅材料	TQ	186	384
有机化学	NO6	95	293
有色金属(矿山部分)	TD	159	357
有色金属(选矿部分)	TF	163	361
有色金属(冶炼部分)	TF	164	362
有色金属工程	TF	164	362
有色金属加工	TG	165	363
有色金属科学与工程	TF	164	362
有色金属设计	TF	164	362
有色矿冶	TF	164	362
有色设备	TG	165	363
有色冶金节能	TF	164	362
有色冶金设计与研究	TF	164	362
有线电视技术	TN	178	376
右江民族医学院学报	RA-1	122	320
右江医学	RT	124	322
幼儿教育·教育教学	G4	69	267
幼儿教育·教育科学	G4	70	268
鱼雷技术	TJ	169	367
渔业科学进展	S9	118	316
渔业现代化	S9	118	316
渔业信息与战略	S9	118	316
榆林学院学报	NA-2	85	283
宇航材料工艺	TY	202	400
宇航计测技术	TY	202	400
宇航学报	TY	202	400
语文建设	GH	73	271
语文教学通讯·D刊(学术刊)	GH	73	271
语文教学与研究(大众版)	GH	73	271
语文教学与研究(教师版)	GH	73	271
语文学刊	G4	70	268
语文研究	GH	73	271
语言教学与研究	GH	73	271
语言科学	GH	73	271
语言文字应用	GH	73	271
语言研究	GH	73	271
语言与翻译(汉文版)	GH	73	271
玉林师范学院学报	GA-2	52	250
玉米科学	S5	111	309
玉溪师范学院学报	GA-2	52	250
预测	F2	43	241
预防医学论坛	R1	127	325
预防医学情报杂志	R1	127	325
园林	TU	194	392

期刊名称	期刊类别	被引指标页码	来源指标页码
园艺学报	S6	112	310
园艺与种苗	S5	111	309
原子核物理评论	NO4	93	291
原子能科学技术	TL	171	369
原子与分子物理学报	NO4	93	291
远程教育杂志	G4	70	268
岳阳职业技术学院学报	GA-3	57	255
阅江学刊	C0	21	219
云梦学刊	C0	21	219
云南财经大学学报	FA	37	235
云南大学学报(法学版)	BA-9	28	226
云南大学学报(自然科学版)	NA-1	82	280
云南档案	G27	62	260
云南地理环境研究	NP9	101	299
云南地质	NP5	100	298
云南电大学报	GA-3	57	255
云南电力技术	TM	174	372
云南化工	TQ	186	384
云南建筑	TU	194	392
云南警官学院学报	BA-9	28	226
云南科技管理	G3	64	262
云南林业	S7	114	312
云南民族大学学报(哲学社会科学版)	CA-0	16	214
云南民族大学学报(自然科学版)	NA-1	82	280
云南农业	ST	107	305
云南农业大学学报	SA	105	303
云南农业大学学报(社会科学版)	SA	105	303
云南农业科技	ST	107	305
云南社会科学	C0	21	219
云南社会主义学院学报	BA-D	26	224
云南师范大学学报(对外汉语教学与研究版)	GA-H	58	256
云南师范大学学报(哲学社会科学版)	GA-1	50	248
云南师范大学学报(自然科学版)	NA-4	87	285
云南水力发电	TV	196	394
云南行政学院学报	BA-D	26	224

期刊名称	期刊类别	被引指标页码	来源指标页码
云南畜牧兽医	S8	117	315
云南冶金	TF	164	362
云南医药	RT	124	322
云南艺术学院学报	GA-J	59	257
云南中医学院学报	RA-1	122	320
云南中医中药杂志	R2	131	329
郧阳师范高等专科学校学报	GA-3	53	251
运城学院学报	NA-2	85	283
运筹学学报	NO1	91	289
运筹与管理	NO1	91	289
运动	G8	72	270
杂草科学	S4	110	308
杂交水稻	S5	111	309
灾害学	NP3	97	295
载人航天	TY	202	400
再生资源与循环经济	TX	204	402
凿岩机械气动工具	TD	159	357
早期教育(教师版)	G4	70	268
枣庄学院学报	GA-2	53	251
造船技术	TZ-6	201	399
造纸化学品	TS-0	187	385
造纸科学与技术	TS-0	187	385
噪声与振动控制	TB	157	355
轧钢	TF	164	362
粘接	TQ	186	384
战术导弹技术	TJ	169	367
战术导弹控制技术	TJ	169	367
湛江师范学院学报	GA-2	53	251
张家口职业技术学院学报	GA-3	57	255
漳州师范学院学报(哲学社会科学版)	CA-1	18	216
漳州师范学院学报(自然科学版)	NA-4	87	285
漳州职业技术学院学报	GA-3	57	255
昭通师范高等专科学校学报	GA-3	53	251
照明工程学报	TM	174	372
肇庆学院学报	NA-2	85	283

中国期刊名称类目索引(续)

期刊名称	期刊类别	被引指标页码	来源指标页码
哲学动态	B0	30	228
哲学研究	B0	30	228
浙江传媒学院学报	GA-3	58	256
浙江创伤外科	R6	140	338
浙江大学学报(工学版)	TA-0	152	350
浙江大学学报(理学版)	NA-1	82	280
浙江大学学报(农业与生命科学版)	SA	105	303
浙江大学学报(人文社会科学版)	CA-0	16	214
浙江大学学报(医学版)	RA-0	120	318
浙江档案	G27	62	260
浙江电力	TM	174	372
浙江纺织服装职业技术学院学报	GA-3	58	256
浙江柑橘	S6	112	310
浙江工贸职业技术学院学报	GA-3	58	256
浙江工商大学学报	FA	37	235
浙江工商职业技术学院学报	GA-3	58	256
浙江工业大学学报	TA-0	152	350
浙江国土资源	NP9	102	300
浙江海洋学院学报(人文科学版)	CA-1	18	216
浙江海洋学院学报(自然科学版)	NA-2	85	283
浙江化工	TQ	186	384
浙江建筑	TU	194	392
浙江交通职业技术学院学报	GA-3	58	256
浙江金融	F8	48	246
浙江经济	F0	39	237
浙江科技学院学报	NA-2	85	283
浙江理工大学学报	TA-0	152	350
浙江林业科技	S7	114	312
浙江临床医学	R4	136	334
浙江农林大学学报	SA	105	303
浙江农业科学	ST	107	305
浙江农业学报	ST	107	305
浙江气象	NP4	98	296
浙江青年专修学院学报	BA-D	26	224
浙江社会科学	C0	21	219
浙江师范大学学报(社会科学版)	GA-1	50	248
浙江师范大学学报(自然科学版)	NA-4	87	285
浙江实用医学	RT	124	322
浙江水利科技	TV	196	394
浙江水利水电专科学校学报	NA-3	85	283
浙江体育科学	G8	72	270
浙江外国语学院学报	GA-0	49	247
浙江万里学院学报	NA-2	85	283
浙江畜牧兽医	S8	117	315
浙江学刊	C0	21	219
浙江医学	RT	124	322
浙江医学教育	G4	70	268
浙江艺术职业学院学报	GA-3	58	256
浙江预防医学	R1	127	325
浙江中西医结合杂志	R2	131	329
浙江中医药大学学报	RA-0	120	318
浙江中医杂志	R2	131	329
针刺研究	R2	131	329
针灸临床杂志	R2	131	329
针织工业	TS-1	189	387
真空	TB	157	355
真空电子技术	TN	178	376
真空科学与技术学报	TB	157	355
真空与低温	TB	157	355
诊断病理学杂志	R3	133	331
诊断学理论与实践	R4	136	334
振动、测试与诊断	TY	202	400
振动工程学报	NO3	92	290
振动与冲击	TH	168	366
镇江高专学报	NA-3	85	283
震灾防御技术	NP3	97	295
征信	BD9	35	233
证据科学	BD9	35	233
证券市场导报	F8	48	246
郑州大学学报(工学版)	TA-0	152	350

期刊名称	期刊类别	被引指标页码	来源指标页码
郑州大学学报(理学版)	NA-1	82	280
郑州大学学报(医学版)	RA-0	120	318
郑州大学学报(哲学社会科学版)	CA-0	16	214
郑州航空工业管理学院学报	TA-V	154	352
郑州航空工业管理学院学报(社会科学版)	CA-1	18	216
郑州牧业工程高等专科学校学报	SA	105	303
郑州轻工业学院学报(社会科学版)	CA-1	18	216
郑州轻工业学院学报(自然科学版)	TA-S	154	352
郑州铁路职业技术学院学报	GA-3	58	256
政策瞭望	BD	32	230
政法论丛	BD9	35	233
政法论坛-中国政法大学学报	BA-9	28	226
政法学刊	BD9	35	233
政治思想史	G4	70	268
政治学研究	BD	32	230
政治与法律	BD9	35	233
知识产权	BD9	35	233
知识经济	F0	39	237
直升机技术	TY	202	400
职大学报	G4	70	268
职教论坛	G4	70	268
职教通讯	G4	70	268
职业	BD	32	230
职业技术教育	G4	70	268
职业教育(下旬)	G4	70	268
职业教育研究	G4	70	268
职业时空	F2	43	241
职业卫生与病伤	R1	127	325
职业卫生与应急救援	R1	127	325
职业与健康	R1	127	325
植物保护	S4	110	308
植物保护学报	S4	110	308
植物病理学报	S4	110	308
植物分类与资源学报	NQ	104	302
植物检疫	S4	110	308
植物科学学报	NQ	104	302
植物生理学报	NQ	104	302
植物生态学报	NQ	104	302
植物学报	NQ	104	302
植物研究	S7	114	312
植物医生	S4	110	308
植物遗传资源学报	S5	111	309
植物营养与肥料学报	S4	110	308
植物资源与环境学报	TX	204	402
纸和造纸	TS-0	187	385
指挥控制与仿真	TJ	169	367
指挥信息系统与技术	TJ	169	367
制导与引信	TJ	169	367
制冷	TB	157	355
制冷技术	TB	157	355
制冷学报	TS-0	187	385
制冷与空调	TB	157	355
制冷与空调(四川)	TB	157	355
制造技术与机床	TH	168	366
制造业自动化	TP	181	379
治淮	TV	197	395
质量与标准化	G3	64	262
质量与可靠性	TB	157	355
质谱学报	NO4	93	291
智能计算机与应用	TP	181	379
智能建筑	TU	194	392
智能建筑电气技术	TU	194	392
智能建筑与城市信息	TU	194	392
智能系统学报	G3	64	262
中北大学学报(社会科学版)	CA-0	16	214
中北大学学报(自然科学版)	TA-0	152	350
中草药	R2	131	329
中成药	R2	131	329
中氮肥	TQ	186	384
中等数学	G4	70	268

期刊名称	期刊类别	被引指标页码	来源指标页码
中风与神经疾病杂志	R74	145	343
中共成都市委党校学报	BA-D	26	224
中共党史研究	BD2	32	230
中共福建省委党校学报	BA-D	26	224
中共贵州省委党校学报	BA-D	26	224
中共桂林市委党校学报	BA-D	26	224
中共杭州市委党校学报	BA-D	26	224
中共合肥市委党校学报	BA-D	26	224
中共济南市委党校学报	BA-D	26	224
中共乐山市委党校学报	BA-D	26	224
中共南昌市委党校学报	BA-D	26	224
中共南京市委党校学报	BA-D	27	225
中共南宁市委党校学报	BA-D	27	225
中共宁波市委党校学报	BA-D	27	225
中共青岛市委党校青岛行政学院学报	BA-D	27	225
中共山西省委党校学报	BA-D	27	225
中共山西省直机关党校学报	BA-D	27	225
中共石家庄市委党校学报	BA-D	27	225
中共四川省委党校学报	BA-D	27	225
中共四川省委省级机关党校学报	BA-D	27	225
中共太原市委党校学报	BA-D	27	225
中共天津市委党校学报	BA-D	27	225
中共乌鲁木齐市委党校学报	BA-D	27	225
中共伊犁州委党校学报	BA-D	27	225
中共银川市委党校学报	BA-D	27	225
中共云南省委党校学报	BA-D	27	225
中共浙江省委党校学报	BA-D	27	225
中共郑州市委党校学报	BA-D	27	225
中共中央党校学报	BA-D	27	225
中共珠海市委党校珠海市行政学院学报	BA-D	27	225
中国 CT 和 MRI 杂志	R4	136	334
中国癌症防治杂志	R73	143	341
中国癌症杂志	R73	143	341
中国艾滋病性病	R75	145	343
中国安防	TX	204	402
中国安全科学学报	TX	204	402
中国安全生产科学技术	TX	204	402
中国版权	BD9	35	233
中国包装	TB	157	355
中国保险	F8	48	246
中国比较文学	GI	75	273
中国比较医学杂志	NQ	104	302
中国边疆史地研究	CK85	25	223
中国编辑	G21	60	258
中国标准导报	G3	64	262
中国标准化	G3	64	262
中国表面工程	TG	165	363
中国病案	R1	127	325
中国病毒病杂志	RT	124	322
中国病理生理杂志	R3	133	331
中国病原生物学杂志	R1	127	325
中国材料进展	TB	157	355
中国财政	F8	48	246
中国蚕业	S8	117	315
中国草地学报	S8	117	315
中国草食动物科学	S8	117	315
中国测试	TB	157	355
中国茶叶	S5	111	309
中国茶叶加工	TS-2	190	388
中国产前诊断杂志(电子版)	R71	142	340
中国超声医学杂志	R8	148	346
中国成人教育	G4	70	268
中国城市金融	F8	48	246
中国城市林业	S7	114	312
中国城乡企业卫生	R1	127	325
中国出版	G21	60	258
中国初级卫生保健	R16	129	327
中国储运	F4	44	242
中国处方药	R9	149	347
中国传媒大学学报(自然科学版)	NA-1	82	280

期刊名称	期刊类别	被引指标页码	来源指标页码
中国船检	TZ-0	197	395
中国大学教学	G4	70	268
中国当代儿科杂志	R71	142	340
中国当代医药	RT	124	322
中国党政干部论坛	BD2	32	230
中国档案	G27	62	260
中国道教	B9	30	228
中国稻米	S5	111	309
中国地方病防治杂志	R1	127	325
中国地方志	CK0	24	222
中国地震	NP3	97	295
中国地质	NP5	100	298
中国地质大学学报(社会科学版)	CA-0	16	214
中国地质教育	G4	70	268
中国地质灾害与防治学报	NP5	100	298
中国典籍与文化	G25	62	260
中国电化教育	G4	70	268
中国电机工程学报	TK	171	369
中国电力	TM	174	372
中国电力教育	G4	70	268
中国电力企业管理	F2	43	241
中国电视	TN	178	376
中国电梯	TU	194	392
中国电业	TM	174	372
中国电子科学研究院学报	TN	178	376
中国电子商情·通信市场	F7	46	244
中国电子商务	F7	46	244
中国动脉硬化杂志	R5	139	337
中国动物保健	S8	117	315
中国动物传染病学报	S8	117	315
中国动物检疫	S8	117	315
中国对外贸易	F7	46	244
中国俄语教学	GH3	74	272
中国儿童保健杂志	R71	142	340
中国耳鼻咽喉颅底外科杂志	R76	146	344

期刊名称	期刊类别	被引指标页码	来源指标页码
中国耳鼻咽喉头颈外科	R76	146	344
中国发明与专利	G3	64	262
中国发展	F0	39	237
中国发展观察	F0	39	237
中国法学	BD9	35	233
中国法医学杂志	R8	148	346
中国翻译	GH	73	271
中国防痨杂志	R1	127	325
中国防汛抗旱	TV	197	395
中国房地产业	F0	39	237
中国纺织	TS-1	189	387
中国非金属矿工业导刊	TD	159	357
中国肺癌杂志	R73	144	342
中国分子心脏病学杂志	R5	139	337
中国粉体技术	TU	194	392
中国蜂业	S8	117	315
中国辐射卫生	R1	127	325
中国腐蚀与防护学报	TG	165	363
中国妇产科临床杂志	R71	142	340
中国妇幼保健	R71	142	340
中国妇幼健康研究	R1	127	325
中国妇幼卫生杂志	R71	142	340
中国改革	F2	43	241
中国肝脏病杂志(电子版)	R5	139	337
中国感染控制杂志	R4	136	334
中国感染与化疗杂志	R4	136	334
中国肛肠病杂志	R5	139	337
中国钢铁业	TF	164	362
中国港口	TZ-0	198	396
中国港湾建设	TZ-6	201	399
中国高等教育	G4	70	268
中国高等医学教育	RT	124	322
中国高教研究	G4	70	268
中国高校科技	G3	64	262
中国个体防护装备	TX	204	402

期刊名称	期刊类别	被引指标页码	来源指标页码
中国给水排水	TU	194	392
中国工程机械学报	TH	168	366
中国工程科学	NT	89	287
中国工程咨询	F2	43	241
中国工商管理研究	F7	46	244
中国工业经济	F4	44	242
中国工业医学杂志	R1	127	325
中国工作犬业	S8	117	315
中国公共卫生	R1	127	325
中国公共卫生管理	R1	127	325
中国公路学报	TZ-4	200	398
中国公证	BD9	35	233
中国骨科临床与基础研究杂志	R4	136	334
中国骨伤	R2	131	329
中国骨与关节损伤杂志	R6	140	338
中国骨与关节外科	R6	141	339
中国骨与关节杂志	R73	144	342
中国骨质疏松杂志	R4	136	334
中国瓜菜	S6	112	310
中国管理科学	F2	43	241
中国管理信息化	F2	43	241
中国惯性技术学报	TH	168	366
中国光学	TN	179	377
中国广播电视学刊	G21	60	258
中国国家博物馆馆刊	CK85	25	223
中国国境卫生检疫杂志	R1	127	325
中国国情国力	C0	21	219
中国国土资源经济	NP5	100	298
中国果菜	S6	112	310
中国果树	S6	112	310
中国果业信息	S6	112	310
中国海关	F7	46	244
中国海商法研究	BD9	35	233
中国海上油气	TE	162	360
中国海事	TZ-0	198	396
中国海洋大学学报(自然科学版)	NA-1	82	280
中国海洋平台	TE	162	360
中国海洋药物	R9	149	347
中国航海	TZ-6	201	399
中国合作经济	F2	43	241
中国呼吸与危重监护杂志	R4	136	334
中国护理管理	R4	136	334
中国化工装备	TQ	186	384
中国环保产业	TX	204	402
中国环境管理	G3	64	262
中国环境监测	TX	204	402
中国环境科学	TX	204	402
中国机关后勤	BD	32	230
中国机械工程	TH	168	366
中国基层医药	R9	149	347
中国基础科学	NT	89	287
中国激光	TN	179	377
中国激光医学杂志	R8	148	346
中国急救复苏与灾害医学杂志	R4	137	335
中国急救医学	R4	137	335
中国集成电路	TN	179	377
中国集体经济	F0	40	238
中国脊柱脊髓杂志	R6	141	339
中国计划生育和妇产科	R1	127	325
中国计划生育学杂志	R71	142	340
中国计量	TB	157	355
中国计量学院学报	NA-2	85	283
中国记者	G21	60	258
中国寄生虫学与寄生虫病杂志	R3	133	331
中国家禽	S8	117	315
中国监狱学刊	BD9	35	233
中国减灾	TX	204	402
中国检察官	BD9	35	233
中国建材	TU	194	392
中国建材科技	TU	194	392

期刊名称	期刊类别	被引指标页码	来源指标页码
中国建设信息	TU	194	392
中国建筑防水	TU	194	392
中国建筑金属结构	TU	194	392
中国健康教育	R16	129	327
中国健康心理学杂志	R3	134	332
中国舰船研究	TZ-0	198	396
中国交通信息化	TZ-0	198	396
中国胶粘剂	TQ	186	384
中国矫形外科杂志	R6	141	339
中国教师	G4	70	268
中国教育技术装备	G4	70	268
中国教育网络	G4	70	268
中国教育信息化·高教职教	G4	70	268
中国教育信息化·基础教育	G4	70	268
中国教育学刊	G4	70	268
中国介入心脏病学杂志	R4	137	335
中国介入影像与治疗学	R4	137	335
中国金融	F8	48	246
中国金融电脑	TP	181	379
中国经济史研究	F0	40	238
中国经济问题	F0	40	238
中国经贸	F7	46	244
中国经贸导刊	F7	46	244
中国井冈山干部学院学报	BA-F	29	227
中国井矿盐	TS-2	190	388
中国军事科学	TJ	169	367
中国军转民	F4	45	243
中国勘察设计	TU	194	392
中国康复	R16	129	327
中国康复理论与实践	R16	129	327
中国康复医学杂志	R16	129	327
中国抗生素杂志	R9	149	347
中国考试	G4	70	268
中国科技产业	G3	64	262
中国科技成果	G3	64	262
中国科技翻译	GH	73	271
中国科技奖励	G3	64	262
中国科技论坛	G3	64	262
中国科技论文	NT	89	287
中国科技期刊研究	G21	60	258
中国科技史杂志	G3	64	262
中国科技术语	NT	89	287
中国科技投资	F8	48	246
中国科技信息	G3	64	262
中国科技资源导刊	NT	89	287
中国科技纵横	NT	90	288
中国科教创新导刊	NT	90	288
中国科学(地球科学)	NP5	100	298
中国科学(化学)	NO6	95	293
中国科学(技术科学)	TB	157	355
中国科学(生命科学)	NQ	104	302
中国科学(数学)	NO1	91	289
中国科学(物理学 力学 天文学)	NO4	93	291
中国科学(信息科学)	TP	181	379
中国科学:信息科学(英文版)	TP	181	379
中国科学基金	NT	90	288
中国科学技术大学学报	NA-1	82	280
中国科学院研究生院学报	NA-1	82	280
中国科学院院刊	NT	90	288
中国空间科学技术	TY	202	400
中国口腔颌面外科杂志	R78	147	345
中国口腔医学继续教育杂志	R78	147	345
中国口腔种植学杂志	R78	147	345
中国矿山工程	TF	164	362
中国矿业	TD	159	357
中国矿业大学学报	TA-P	154	352
中国矿业大学学报(社会科学版)	CA-0	16	214
中国劳动	C97	23	221
中国劳动关系学院学报	BA-D	27	225
中国老年保健医学	R16	129	327

中国期刊名称类目索引(续)

期刊名称	期刊类别	被引指标页码	来源指标页码
中国老年学杂志	R16	129	327
中国历史地理论丛	CK0	24	222
中国粮食经济	S5	111	309
中国粮油学报	TS-2	190	388
中国疗养医学	R16	129	327
中国林副特产	S7	114	312
中国林业	S7	114	312
中国林业教育	G4	70	268
中国林业经济	S7	114	312
中国临床保健杂志	R16	129	327
中国临床护理	R4	137	335
中国临床解剖学杂志	R4	137	335
中国临床神经科学	R74	145	343
中国临床神经外科杂志	R74	145	343
中国临床心理学杂志	R74	145	343
中国临床新医学	R5	139	337
中国临床研究	R1	127	325
中国临床药理学与治疗学	R9	149	347
中国临床药理学杂志	R9	149	347
中国临床药学杂志	R4	137	335
中国临床医生	R4	137	335
中国临床医学	R4	137	335
中国临床医学影像杂志	R4	137	335
中国流通经济	F7	46	244
中国氯碱	TQ	186	384
中国麻风皮肤病杂志	R75	145	343
中国麻业科学	S5	111	309
中国马铃薯	S6	112	310
中国慢性病预防与控制	R1	127	325
中国媒介生物学及控制杂志	R1	127	325
中国煤层气	TD	159	357
中国煤炭	TD	159	357
中国煤炭地质	TD	159	357
中国煤炭工业	F2	43	241
中国煤炭工业医学杂志	R1	127	325
中国美容整形外科杂志	R6	141	339
中国美术教育	GJ	77	275
中国锰业	TD	159	357
中国棉花	S5	111	309
中国棉花加工	TS-1	189	387
中国免疫学杂志	R3	134	332
中国民航大学学报	TA-V	155	353
中国民航飞行学院学报	TA-V	155	353
中国民间疗法	R2	131	329
中国民康医学	R1	127	325
中国民政	BD	32	230
中国民族	C92	23	221
中国民族教育	G4	70	268
中国民族民间医药	R2	131	329
中国民族医药杂志	R2	131	329
中国名城	CK0	24	222
中国木材	TS-0	187	385
中国钼业	TF	164	362
中国穆斯林	B9	30	228
中国内部审计	F2	43	241
中国内镜杂志	R8	148	346
中国奶牛	S8	117	315
中国男科学杂志	R3	134	332
中国南方果树	S6	112	310
中国脑血管病杂志	R4	137	335
中国能源	TK	171	369
中国酿造	TS-2	190	388
中国牛业科学	S8	117	315
中国农村观察	F3	44	242
中国农村经济	F3	44	242
中国农村科技	ST	107	305
中国农村水利水电	TV	197	395
中国农村卫生事业管理	R1	127	325
中国农机化学报	S2	109	307
中国农技推广	S1	108	306

期刊名称	期刊类别	被引指标页码	来源指标页码
中国农垦	S2	109	307
中国农史	ST	107	305
中国农学通报	ST	107	305
中国农业大学学报	SA	105	303
中国农业大学学报(社会科学版)	CA-0	16	214
中国农业教育	G4	70	268
中国农业科技导报	ST	107	305
中国农业科学	ST	107	305
中国农业会计	F2	43	241
中国农业气象	S1	108	306
中国农业信息	ST	108	306
中国农业银行武汉培训学院学报	FA	37	235
中国农业资源与区划	S1	108	306
中国皮肤性病学杂志	R75	145	343
中国皮革	TS-0	187	385
中国普通外科杂志	R6	141	339
中国普外基础与临床杂志	R6	141	339
中国钱币	F8	48	246
中国青年研究	BD	32	230
中国青年政治学院学报	BA-D	27	225
中国轻工教育	G4	70	268
中国全科医学	R4	137	335
中国热带农业	S5	111	309
中国热带医学	R1	127	325
中国人口·资源与环境	TX	204	402
中国人口科学	C92	23	221
中国人力资源开发	C97	23	221
中国人民大学学报	CA-0	16	214
中国人民公安大学学报(社会科学版)	CA-0	16	214
中国人民公安大学学报(自然科学版)	NA-1	82	280
中国人兽共患病学报	R3	134	332
中国人造板	TS-0	187	385
中国乳品工业	TS-2	190	388
中国乳业	TS-2	190	388
中国软科学	G3	64	262

期刊名称	期刊类别	被引指标页码	来源指标页码
中国森林病虫	S7	114	312
中国沙漠	NP3	97	295
中国伤残医学	R6	141	339
中国商界	F7	46	244
中国烧伤创疡杂志	R6	141	339
中国设备工程	TH	168	366
中国社会保障	BD	32	230
中国社会经济史研究	F0	40	238
中国社会科学	C0	21	219
中国社会科学院研究生院学报	CA-0	16	214
中国社会医学杂志	RT	124	322
中国社会组织	F2	43	241
中国社区医师	R1	127	325
中国社区医师(医学专业)	R1	127	325
中国神经精神疾病杂志	R74	145	343
中国神经免疫学和神经病学杂志	R74	145	343
中国审计	F2	43	241
中国生化药物杂志	R9	149	347
中国生漆	TQ	186	384
中国生态农业学报	S1	108	306
中国生物防治学报	S4	110	308
中国生物工程杂志	NQ	104	302
中国生物化学与分子生物学报	NQ	104	302
中国生物医学工程学报	R3	134	332
中国生物制品学杂志	R3	134	332
中国生育健康杂志	R71	143	341
中国石油大学胜利学院学报	CA-1	18	216
中国石油大学学报(社会科学版)	CA-0	16	214
中国石油大学学报(自然科学版)	TA-E	153	351
中国石油和化工	TE	162	360
中国石油勘探	TE	162	360
中国石油企业	TE	162	360
中国实验动物学报	NQ	104	302
中国实验方剂学杂志	R2	131	329
中国实验血液学杂志	R3	134	332

期刊名称	期刊类别	被引指标页码	来源指标页码
中国实验诊断学	R4	137	335
中国实用儿科杂志	R71	143	341
中国实用妇科与产科杂志	R71	143	341
中国实用护理杂志	R4	137	335
中国实用口腔科杂志	R78	147	345
中国实用内科杂志	R5	139	337
中国实用神经疾病杂志	R74	145	343
中国实用外科杂志	R6	141	339
中国实用乡村医生杂志	R1	127	325
中国实用眼科杂志	R76	146	344
中国实用医刊	RT	125	323
中国实用医药	RT	125	323
中国食品	TS-2	190	388
中国食品工业	TS-2	190	388
中国食品添加剂	TS-2	190	388
中国食品卫生杂志	R1	127	325
中国食品学报	TS-2	190	388
中国食品药品监管	R1	127	325
中国食物与营养	TS-2	190	388
中国食用菌	S6	112	310
中国史研究	CK0	24	222
中国史研究动态	CK0	24	222
中国市场	F7	46	244
中国市政工程	TU	194	392
中国兽药杂志	S8	117	315
中国兽医科学	S8	117	315
中国兽医学报	S8	117	315
中国兽医杂志	S8	117	315
中国书法	GJ	77	275
中国输血杂志	R4	137	335
中国蔬菜	S6	113	311
中国数学教育(初中版)	G4	70	268
中国数学教育(高中版)	G4	70	268
中国数字医学	RT	125	323
中国水产	S9	118	316
中国水产科学	S9	118	316
中国水稻科学	S5	111	309
中国水利	TV	197	395
中国水利水电科学研究院学报	TV	197	395
中国水能及电气化	TV	197	395
中国水泥	TU	194	392
中国水土保持	TV	197	395
中国水土保持科学	S1	108	306
中国水运(上半月)	TZ-6	201	399
中国水运(下半月)	TZ-6	201	399
中国税务	F8	48	246
中国司法	BD9	35	233
中国司法鉴定	BD9	35	233
中国饲料	S8	117	315
中国塑料	TQ	186	384
中国糖料	S5	111	309
中国糖尿病杂志	R5	139	337
中国陶瓷	TQ	186	384
中国陶瓷工业	TQ	186	384
中国特色社会主义研究	BD	32	230
中国特殊教育	G4	71	269
中国疼痛医学杂志	R4	137	335
中国体视学与图像分析	R8	148	346
中国体外循环杂志	R6	141	339
中国体育教练员	G8	72	270
中国体育科技	G8	72	270
中国天然药物	R9	149	347
中国甜菜糖业	TS-2	190	388
中国调味品	TS-2	190	388
中国铁道科学	TZ-2	199	397
中国铁路	TZ-2	199	397
中国听力语言康复科学杂志	R16	129	327
中国通信	TN	179	377
中国统计	F2	43	241
中国统一战线	BD	32	230

期刊名称	期刊类别	被引指标页码	来源指标页码
中国图书馆学报	G25	62	260
中国图书评论	G25	62	260
中国图象图形学报	TP	181	379
中国涂料	TQ	186	384
中国土地	F3	44	242
中国土地科学	F3	44	242
中国土壤与肥料	S1	108	306
中国外语	GH3	74	272
中国外资(下半月)	F8	48	246
中国微创外科杂志	R6	141	339
中国微侵袭神经外科杂志	R74	145	343
中国微生态学杂志	R3	134	332
中国卫生产业	R1	127	325
中国卫生法制	R1	128	326
中国卫生工程学	R1	128	326
中国卫生监督杂志	R1	128	326
中国卫生检验杂志	R4	137	335
中国卫生经济	R1	128	326
中国卫生事业管理	R1	128	326
中国卫生统计	R1	128	326
中国卫生信息管理杂志	R1	128	326
中国卫生政策研究	R1	128	326
中国卫生质量管理	R1	128	326
中国卫生资源	G4	71	269
中国文化	G0	59	257
中国文化研究	G0	59	257
中国文物科学研究	CK0	24	222
中国文学研究	GI	75	273
中国钨业	TD	159	357
中国无机分析化学	NO6	95	293
中国无线电	TN	179	377
中国物价	F7	46	244
中国物流与采购	F7	46	244
中国物业管理	F2	43	241
中国误诊学杂志	R4	137	335
中国西部科技	NT	90	288
中国稀土学报	TG	165	363
中国洗涤用品工业	TQ	186	384
中国戏剧	GJ	77	275
中国细胞生物学学报	NQ	104	302
中国纤检	F7	46	244
中国现代教育装备	G4	71	269
中国现代普通外科进展	R6	141	339
中国现代神经疾病杂志	R74	145	343
中国现代手术学杂志	R6	141	339
中国现代文学研究丛刊	GI	75	273
中国现代药物应用	R9	149	347
中国现代医生	RT	125	323
中国现代医学杂志	RT	125	323
中国现代医药杂志	R8	148	346
中国现代应用药学	R9	149	347
中国现代中药	R2	131	329
中国乡村医药	RT	125	323
中国乡镇企业会计	F2	43	241
中国消毒学杂志	R1	128	326
中国消防	TU	194	392
中国小儿急救医学	R71	143	341
中国小儿血液与肿瘤杂志	R71	143	341
中国校外教育(基教版)	G4	71	269
中国校外教育(理论)	G4	71	269
中国校医	R1	128	326
中国斜视与小儿眼科杂志	R76	146	344
中国心理卫生杂志	R74	145	343
中国心血管病研究	R5	139	337
中国心血管杂志	R5	139	337
中国心脏起搏与心电生理杂志	R5	139	337
中国新技术新产品	TB	157	355
中国新生儿科杂志	R71	143	341
中国新通信	TN	179	377
中国新药与临床杂志	R9	149	347

期刊名称	期刊类别	被引指标页码	来源指标页码
中国新药杂志	R9	149	347
中国信息界	G3	64	262
中国刑警学院学报	BA-9	28	226
中国刑事法杂志	BD9	35	233
中国行政管理	BD	32	230
中国性科学	R75	145	343
中国胸心血管外科临床杂志	R6	141	339
中国修船	TZ-6	201	399
中国修复重建外科杂志	R6	141	339
中国畜牧兽医	S8	117	315
中国畜牧兽医文摘	S8	117	315
中国畜牧业	S8	117	315
中国畜牧杂志	S8	117	315
中国畜禽种业	S8	117	315
中国学校卫生	R1	128	326
中国血管外科杂志(电子版)	R6	141	339
中国血吸虫病防治杂志	R4	137	335
中国血液净化	R5	139	337
中国血液流变学杂志	R3	134	332
中国循环杂志	R4	137	335
中国循证儿科杂志	R71	143	341
中国循证心血管医学杂志	R5	139	337
中国循证医学杂志	R4	137	335
中国烟草科学	TS-0	187	385
中国烟草学报	TS-2	190	388
中国延安干部学院学报	BA-F	29	227
中国岩溶	NP5	100	298
中国眼耳鼻喉科杂志	R76	146	344
中国养兔	S8	117	315
中国药房	R9	149	347
中国药科大学学报	RA-0	120	318
中国药理学通报	R9	150	348
中国药理学与毒理学杂志	R9	150	348
中国药品标准	R9	150	348
中国药师	R9	150	348
中国药事	R9	150	348
中国药物化学杂志	R9	150	348
中国药物经济学	R9	150	348
中国药物警戒	R9	150	348
中国药物滥用防治杂志	R9	150	348
中国药物依赖性杂志	R9	150	348
中国药物应用与监测	R9	150	348
中国药物与临床	R9	150	348
中国药学杂志	R9	150	348
中国药业	R9	150	348
中国冶金	TF	164	362
中国冶金工业医学杂志	R1	128	326
中国冶金教育	G4	71	269
中国野生植物资源	NQ	104	302
中国医刊	RT	125	323
中国医科大学学报	RA-0	120	318
中国医疗保险	RT	125	323
中国医疗器械信息	R16	129	327
中国医疗器械杂志	R3	134	332
中国医疗前沿	RT	125	323
中国医疗设备	RT	125	323
中国医师进修杂志	RT	125	323
中国医师杂志	RT	125	323
中国医学创新	RT	125	323
中国医学工程	R3	134	332
中国医学计算机成像杂志	R8	148	346
中国医学教育技术	G4	71	269
中国医学科学院学报	RA-0	120	318
中国医学伦理学	RT	125	323
中国医学前沿杂志(电子版)	RT	125	323
中国医学文摘-耳鼻咽喉科学	R76	146	344
中国医学文摘-皮肤科学	R75	145	343
中国医学物理学杂志	R3	134	332
中国医学影像技术	R8	148	346
中国医学影像学杂志	R8	148	346

期刊名称	期刊类别	被引指标页码	来源指标页码
中国医学装备	RT	125	323
中国医药	RT	125	323
中国医药导报	RT	125	323
中国医药导刊	R9	150	348
中国医药工业杂志	TQ	186	384
中国医药科学	RT	125	323
中国医药生物技术	R3	134	332
中国医药指南	RT	125	323
中国医院	R1	128	326
中国医院管理	R3	134	332
中国医院建筑与装备	R1	128	326
中国医院统计	R1	128	326
中国医院药学杂志	R9	150	348
中国医院用药评价与分析	R9	150	348
中国仪器仪表	TH	168	366
中国疫苗和免疫	R3	134	332
中国音乐	GJ	77	275
中国音乐教育	G4	71	269
中国音乐学	GJ	77	275
中国印刷与包装研究	TS-0	187	385
中国应用生理学杂志	R3	134	332
中国优生优育	R16	129	327
中国优生与遗传杂志	R71	143	341
中国油料作物学报	S5	111	309
中国油脂	TS-2	190	388
中国有色金属	TF	164	362
中国有色金属学报	TF	164	362
中国有色冶金	TF	164	362
中国有线电视	TN	179	377
中国渔业经济	S9	118	316
中国渔业质量与标准	S9	118	316
中国语文	GH	73	271
中国预防兽医学报	S8	117	315
中国预防医学杂志	R1	128	326
中国园林	TU	194	392
中国园艺文摘	S6	113	311
中国远程教育(综合版)	G4	71	269
中国运动医学杂志	R16	129	327
中国韵文学刊	GI	75	273
中国藏学	C92	23	221
中国造船	TZ-6	201	399
中国造纸	TS-0	187	385
中国造纸学报	TS-0	188	386
中国沼气	S1	108	306
中国照明电器	TM	174	372
中国哲学史	B0	30	228
中国针灸	R2	131	329
中国真菌学杂志	NQ	104	302
中国证券期货	F8	48	246
中国执业药师	R9	150	348
中国职业技术教育	G4	71	269
中国职业医学	R1	128	326
中国植保导刊	S4	110	308
中国制笔	TS-0	188	386
中国质量	TB	157	355
中国质量技术监督	TB	157	355
中国中西医结合儿科学	R71	143	341
中国中西医结合耳鼻咽喉科杂志	R76	146	344
中国中西医结合急救杂志	R2	131	329
中国中西医结合皮肤性病学杂志	R75	145	343
中国中西医结合肾病杂志	R2	131	329
中国中西医结合外科杂志	R6	141	339
中国中西医结合消化杂志	R2	131	329
中国中西医结合影像学杂志	R4	137	335
中国中西医结合杂志	R2	131	329
中国中药杂志	R2	131	329
中国中医骨伤科杂志	R2	131	329
中国中医基础医学杂志	R2	131	329
中国中医急症	R2	131	329
中国中医眼科杂志	R76	146	344

期刊名称	期刊类别	被引指标页码	来源指标页码
中国中医药科技	R2	131	329
中国中医药现代远程教育	R2	131	329
中国中医药信息杂志	R2	131	329
中国肿瘤	R73	144	342
中国肿瘤临床	R73	144	342
中国肿瘤临床与康复	R73	144	342
中国肿瘤生物治疗杂志	R73	144	342
中国肿瘤外科杂志	R73	144	342
中国种业	S3	110	308
中国重型装备	TH	168	366
中国猪业	S8	117	315
中国住宅设施	TU	194	392
中国注册会计师	F2	43	241
中国铸造装备与技术	TG	165	363
中国资产评估	F2	43	241
中国资源综合利用	TX	205	403
中国宗教	B9	30	228
中国综合临床	R4	137	335
中国总会计师	F2	43	241
中国卒中杂志	R5	139	337
中国组织工程研究	R3	134	332
中国组织化学与细胞化学杂志	R3	134	332
中华保健医学杂志	R16	129	327
中华病理学杂志	R3	134	332
中华超声影像学杂志	R8	148	346
中华传染病杂志	R1	128	326
中华创伤骨科杂志	R6	141	339
中华创伤杂志	R6	141	339
中华地方病学杂志	R1	128	326
中华儿科杂志	R71	143	341
中华耳鼻咽喉头颈外科杂志	R76	146	344
中华耳科学杂志	R76	146	344
中华放射学杂志	R8	148	346
中华放射医学与防护杂志	R8	148	346
中华放射肿瘤学杂志	R73	144	342
中华肺部疾病杂志(电子版)	R5	139	337
中华风湿病学杂志	R4	137	335
中华妇产科杂志	R71	143	341
中华妇幼临床医学杂志(电子版)	R71	143	341
中华肝胆外科杂志	R6	141	339
中华肝脏病杂志	R5	139	337
中华高血压杂志	R3	134	332
中华骨科杂志	R6	141	339
中华骨质疏松和骨矿盐疾病杂志	R6	141	339
中华关节外科杂志(电子版)	R6	141	339
中华航海医学与高气压医学杂志	R8	148	346
中华航空航天医学杂志	R8	148	346
中华核医学与分子影像杂志	R8	148	346
中华护理教育	R4	137	335
中华护理杂志	R4	137	335
中华急诊医学杂志	R4	137	335
中华疾病控制杂志	R1	128	326
中华检验医学杂志	R4	137	335
中华健康管理学杂志	R1	128	326
中华结核和呼吸杂志	R1	128	326
中华精神科杂志	R74	145	343
中华口腔医学研究杂志(电子版)	R78	147	345
中华口腔医学杂志	R78	147	345
中华口腔正畸学杂志	R78	147	345
中华劳动卫生职业病杂志	R1	128	326
中华老年多器官疾病杂志	R16	129	327
中华老年口腔医学杂志	R78	147	345
中华老年心脑血管病杂志	R16	129	327
中华老年医学杂志	R16	129	327
中华临床感染病杂志	R4	137	335
中华临床免疫和变态反应杂志	R5	139	337
中华临床医师杂志(电子版)	R4	137	335
中华临床营养杂志	R4	137	335
中华流行病学杂志	R1	128	326
中华麻醉学杂志	R3	134	332

期刊名称	期刊类别	被引指标页码	来源指标页码
中华泌尿外科杂志	R6	141	339
中华内分泌代谢杂志	R5	139	337
中华内分泌外科杂志	R6	141	339
中华内科杂志	R5	139	337
中华男科学杂志	R3	134	332
中华脑血管病杂志(电子版)	R74	145	343
中华女子学院学报	CA-1	18	216
中华皮肤科杂志	R75	145	343
中华普通外科学文献(电子版)	R6	141	339
中华普通外科杂志	R6	141	339
中华普外科手术学杂志(电子版)	R6	141	339
中华器官移植杂志	R6	141	339
中华腔镜泌尿外科杂志(电子版)	R6	141	339
中华腔镜外科杂志(电子版)	R6	141	339
中华全科医师杂志	RT	125	323
中华全科医学	RT	125	323
中华乳腺病杂志(电子版)	R73	144	342
中华疝和腹壁外科杂志(电子版)	R6	141	339
中华商标	F7	46	244
中华烧伤杂志	R6	141	339
中华神经科杂志	R74	145	343
中华神经外科疾病研究杂志	R74	145	343
中华神经外科杂志	R74	145	343
中华神经医学杂志	R74	145	343
中华肾脏病杂志	R5	139	337
中华生物医学工程杂志	R4	137	335
中华实验和临床感染病杂志(电子版)	R6	142	340
中华实验外科杂志	R6	142	340
中华实验眼科杂志	R76	146	344
中华实用儿科临床杂志	R71	143	341
中华实用诊断与治疗杂志	R4	137	335
中华手外科杂志	R6	142	340
中华损伤与修复杂志(电子版)	R6	142	340
中华糖尿病杂志	R5	139	337
中华外科杂志	R6	142	340
中华危重病急救医学	R3	134	332
中华危重症医学杂志(电子版)	R5	139	337
中华微生物学和免疫学杂志	R3	134	332
中华围产医学杂志	R71	143	341
中华卫生杀虫药械	R1	128	326
中华胃肠外科杂志	R6	142	340
中华文化论坛	G0	59	257
中华文史论丛	CK0	24	222
中华物理医学与康复杂志	R16	129	327
中华显微外科杂志	R6	142	340
中华现代护理杂志	R4	138	336
中华消化内镜杂志	R5	139	337
中华消化外科杂志	R6	142	340
中华消化杂志	R5	139	337
中华小儿外科杂志	R71	143	341
中华哮喘杂志(电子版)	R5	139	337
中华心律失常学杂志	R5	139	337
中华心血管病杂志	R5	140	338
中华行为医学与脑科学杂志	R74	145	343
中华胸心血管外科杂志	R6	142	340
中华血液学杂志	R3	134	332
中华眼底病杂志	R76	146	344
中华眼科杂志	R76	146	344
中华眼视光学与视觉科学杂志	R76	146	344
中华眼外伤职业眼病杂志	R76	146	344
中华医史杂志	CK0	24	222
中华医学超声杂志(电子版)	R8	148	346
中华医学教育探索杂志	G4	71	269
中华医学教育杂志	G4	71	269
中华医学科研管理杂志	RT	125	323
中华医学美学美容杂志	R6	142	340
中华医学图书情报杂志	G25	62	260
中华医学遗传学杂志	R3	134	332
中华医学杂志	RT	125	323
中华医院感染学杂志	R4	138	336

期刊名称	期刊类别	被引指标页码	来源指标页码
中华医院管理杂志	R3	134	332
中华胰腺病杂志	R5	140	338
中华移植杂志(电子版)	R6	142	340
中华预防医学杂志	R1	128	326
中华整形外科杂志	R6	142	340
中华纸业	TS-0	188	386
中华中医药学刊	R2	131	329
中华中医药杂志	R2	131	329
中华肿瘤防治杂志	R73	144	342
中华肿瘤杂志	R73	144	342
中南财经政法大学学报	FA	37	235
中南大学学报(社会科学版)	CA-0	16	214
中南大学学报(医学版)	RA-0	120	318
中南大学学报(自然科学版)	NA-1	82	280
中南林业调查规划	S7	114	312
中南林业科技大学学报	SA	105	303
中南林业科技大学学报(社会科学版)	CA-0	16	214
中南民族大学学报(人文社会科学版)	CA-0	16	214
中南民族大学学报(自然科学版)	NA-1	82	280
中南药学	R9	150	348
中南医学科学杂志	RT	125	323
中日友好医院学报	RT	125	323
中山大学学报(社会科学版)	CA-0	16	214
中山大学学报(医学科学版)	RA-0	120	318
中山大学学报(自然科学版)	NA-1	83	281
中兽医学杂志	S8	117	315
中兽医医药杂志	S8	117	315
中外法学	BD9	35	233
中外公路	TZ-4	200	398
中外管理	F2	43	241
中外建筑	TU	194	392
中外健康文摘	RT	125	323
中外能源	TK	171	369
中外葡萄与葡萄酒	TS-2	190	388
中外企业文化	F2	43	241

期刊名称	期刊类别	被引指标页码	来源指标页码
中外医疗	TQ	186	384
中外医学研究	RT	125	323
中文信息学报	TP	181	379
中西医结合肝病杂志	R2	132	330
中西医结合心脑血管病杂志	R2	132	330
中西医结合研究	R2	132	330
中小企业管理与科技	F2	43	241
中小学管理	G4	71	269
中小学教师培训	G4	71	269
中小学教学研究	G4	71	269
中小学实验与装备	G4	71	269
中小学心理健康教育	B84	30	228
中小学信息技术教育	G4	71	269
中小学英语教学与研究	G4	71	269
中兴通讯技术	TN	179	377
中学地理教学参考	G4	71	269
中学化学教学参考	G4	71	269
中学教研(数学)	NO1	91	289
中学生物教学	NQ	104	302
中学生物学	G4	71	269
中学生英语(外语教学与研究)	GH	73	271
中学数学	G4	71	269
中学数学教学	G4	71	269
中学数学研究	G4	71	269
中学数学月刊	G4	71	269
中学数学杂志(初中版)	G4	71	269
中学数学杂志(高中版)	G4	71	269
中学语文(上旬·教学大参考)	GH	73	271
中学语文(下旬·大语文论坛)	GH	73	271
中学语文教学	G4	71	269
中学政治教学参考	G4	71	269
中央财经大学学报	FA	37	235
中央民族大学学报(哲学社会科学版)	CA-0	16	214
中央民族大学学报(自然科学版)	NA-1	83	281
中央音乐学院学报	GA-J	59	257

期刊名称	期刊类别	被引指标页码	来源指标页码
中药材	R2	132	330
中药新药与临床药理	R9	150	348
中医儿科杂志	R71	143	341
中医教育	G4	71	269
中医临床研究	R2	132	330
中医外治杂志	R2	132	330
中医文献杂志	R2	132	330
中医学报	R2	132	330
中医研究	R2	132	330
中医药导报	R2	132	330
中医药管理杂志	RT	125	323
中医药临床杂志	R2	132	330
中医药通报	R2	132	330
中医药文化	R2	132	330
中医药信息	R2	132	330
中医药学报	R2	132	330
中医杂志	R2	132	330
中医正骨	R2	132	330
中原工学院学报	TA-0	152	350
中原文物	CK85	25	223
中州大学学报	NA-1	83	281
中州煤炭	TD	159	357
中州学刊	C0	21	219
肿瘤	R73	144	342
肿瘤防治研究	R73	144	342
肿瘤基础与临床	R73	144	342
肿瘤学杂志	R73	144	342
肿瘤研究与临床	R73	144	342
肿瘤药学	R73	144	342
肿瘤预防与治疗	R73	144	342
种业导刊	S5	111	309
种子	S3	110	308
种子科技	S3	110	308
种子世界	S3	110	308
仲恺农业工程学院学报	SA	105	303
重型机械	TH	168	366
重型汽车	TZ-4	200	398
周口师范学院学报	GA-2	53	251
周易研究	B0	30	228
轴承	TH	168	366
珠江水运	TZ-6	201	399
猪业科学	S8	117	315
蛛形学报	NQ	104	302
竹子研究汇刊	S7	114	312
住宅科技	TU	195	393
筑路机械与施工机械化	TZ-4	200	398
铸造	TG	165	363
铸造工程	TG	165	363
铸造技术	TG	165	363
铸造设备与工艺	TG	165	363
专用汽车	TZ-4	200	398
砖瓦	TU	195	393
砖瓦世界	TU	195	393
转化医学杂志	RT	125	323
装备环境工程	TH	168	366
装备学院学报	NA-2	85	283
装备制造技术	TH	168	366
装甲兵工程学院学报	TA-F	153	351
装饰	GJ	77	275
资本市场	F8	48	246
资源导刊	NP9	102	300
资源调查与环境	NP9	102	300
资源环境与工程	NP9	102	300
资源节约与环保	TX	205	403
资源开发与市场	F0	40	238
资源科学	TX	205	403
资源与产业	F0	40	238
资源与人居环境	TX	205	403
自动化博览	TP	181	379
自动化技术与应用	TP	181	379

期刊名称	期刊类别	被引指标页码	来源指标页码
自动化学报	TP	181	379
自动化仪表	TH	168	366
自动化与信息工程	TP	181	379
自动化与仪表	TH	168	366
自动化与仪器仪表	TP	181	379
自然辩证法通讯	B0	30	228
自然辩证法研究	B0	30	228
自然科学史研究	NT	90	288
自然杂志	NT	90	288
自然灾害学报	NP3	97	295
自然资源学报	TX	205	403
宗教学研究	B9	30	228

期刊名称	期刊类别	被引指标页码	来源指标页码
综合运输	TZ-0	198	396
卒中与神经疾病	R74	145	343
组合机床与自动化加工技术	TG	165	363
组织工程与重建外科杂志	R6	142	340
钻采工艺	TE	162	360
钻井液与完井液	TE	162	360
遵义师范学院学报	GA-2	53	251
遵义医学院学报	RA-1	122	320
作物学报	S5	111	309
作物研究	S5	111	309
作物杂志	S5	112	310